Immo Eberl

Die Zisterzienser

Immo Eberl

Die Zisterzienser

Geschichte eines europäischen Ordens

Jan Thorbecke Verlag Stuttgart

Die Deutsche Bibliothek – CIP-Einheitsaufnahme

Eberl, Immo: Die Zisterzienser: Geschichte eines europäischen Ordens / Immo Eberl – Stuttgart: Thorbecke, 2002
ISBN 3-7995-0103-7

http://www.thorbecke.de · e-mail: info@thorbecke.de

Dieses Buch ist aus alterungsbeständigem Papier nach DIN-ISO 9706 hergestellt.

Satz: polyma, Konstanz
Druck und Bindearbeiten: Franz Spiegel Buch GmbH, Ulm

Printed in Germany · ISBN 3-7995-0103-7

Inhaltsverzeichnis

Vorwort 7

I. Die Anfänge 11

1. Klöster und Reformen im 11. Jahrhundert 11
2. Die Anfänge von Cîteaux 19
3. Vom *Novum Monasterium* zum neuen Orden 25

II. Die Entwicklung des Ordens bis zur Bulle *Parvus Fons* (1265) 47

1. Die Ausbreitung des Ordens im 12. und 13. Jahrhundert 47
2. Bernhard von Clairvaux und die anderen führenden Persönlichkeiten des Ordens 85
3. Privilegien und Verfassung des Ordens und seiner Klöster 122
4. Der Orden und die Frauen 142
5. Spiritualität und Schrifttum des Ordens 159
6. Die Liturgie des Ordens 180
7. Architektur und Kunst des Ordens 192
8. Schrift und Buch, Wissenschaft und Studium im Orden 212
9. Wirtschaft und Handel des Ordens 227

III. Der Orden im Spätmittelalter bis zum Beginn der Reformationszeit 257

1. Die Entwicklung bis zur Bulle *Fulgens sicut Stella Matutina* (1335) 257
2. Die Entwicklung zwischen der Bulle *Fulgens sicut Stella Matutina* (1335) und den *Articuli Parisienses* (1494) 305
3. Verwaltung und Wirtschaft im spätmittelalterlichen Orden ... 359
4. Die spirituelle – geistige – künstlerische Entwicklung im spätmittelalterlichen Orden 370

IV. Der Orden in der Neuzeit bis zur Säkularisation 387

1. Die Reformationszeit und die Bildung der Kongregationen .. 387
2. Die Auseinandersetzungen der Observanzen 421
3. Die Säkularisationen des 18. und 19. Jahrhunderts 463

V. Der Orden im 19. und 20. Jahrhundert ... 479

1. Der Wiederaufstieg bis 1892 ... 479
2. Der geteilte Orden seit 1892 bis zur Gegenwart ... 499

VI. Anhang ... 517

1. Anmerkungen ... 517
2. Abkürzungen ... 573
3. Quellen ... 574
4. Literatur ... 579

Karte ... 518/19

Vorwort

Die historisch und religiös interessierte Öffentlichkeit nimmt seit längerer Zeit lebhaft an den Ergebnissen der Zisterzienserforschung teil. Tagungen mit Themen zur Geschichte der Zisterzienser sind immer überaus gut besucht. Dennoch ist seit der Veröffentlichung der deutschen Übersetzung der Ordensgeschichte von P. Ludwig J. Lekai OCist im Jahre 1958 im deutschen Sprachraum keine zusammenfassende Darstellung der Geschichte des Zisterzienserordens mehr erschienen. Das bis 1986 in insgesamt drei Auflagen veröffentlichte Werk des Abtes von Himmerod, Ambrosius Schneider, unter dem Thema »Die Cistercienser. Geschichte – Geist – Kunst« stand als Sammelband in einer etwas anderen Tradition als die Arbeit von P. Ludwig Lekai. Das gilt in gleicher Weise für den Katalog der großen Ausstellung »Die Zisterzienser. Ordensleben zwischen Ideal und Wirklichkeit«, der 1980 mit einem Vorspann wissenschaftlicher Beiträge erschien und zwei Jahre später durch einen Tagungsband ergänzt wurde. Die großen Ordensjubiläen der letzten Jahre – 900. Geburtstag Bernhards von Clairvaux (1990) und 900 Jahre Gründung von Cîteaux (1998) – haben im deutschen Sprachraum kein neues Werk zur gesamten Ordensgeschichte der Zisterzienser entstehen lassen. Dieses war dagegen in Frankreich mit dem Werk von Marcel Pacaut »Les moines blancs. Histoire de l'Ordre de Cîteaux« 1993 der Fall. Während in Spanien und Italien Neuauflagen des Werkes von Ludwig Lekai in Übersetzungen mit Anhängen zur regionalen Ordensgeschichte in beiden Ländern erschien, unterblieb selbst dieses im deutschen Sprachraum. Es ist daher vertretbar, eine neue zusammenfassende Geschichte der Zisterzienser vorzulegen. Die vorliegende Arbeit ist nicht nur für fachlich Vorgebildete verfaßt, sondern ist bewußt auch an die interessierte Öffentlichkeit gerichtet.

Das vorliegende Werk wurde durch vielfältige Eindrücke aus der Geschichte und Kultur der Zisterzienser angeregt. Die eigenen frühen Eindrücke im Kloster Maulbronn und den portugiesischen Abteien Alcobaça und Tarouca wurden später insbesondere durch die über die Partnerstädte Ellwangens, Langres und Abbiategrasso, immer wieder auftretenden Einflüsse der Abteien Morimond bei Langres und Morimondo bei Abbiategrasso ergänzt. Die Zisterzienser haben nach diesen vielfältigen Eindrücken im Mittelalter eine europäische Dimension besessen, die noch heute fortwirkt. Das zeigt nicht nur die aufopfernde und erfolgreiche Tätigkeit des ehemaligen Bürgermeisters von Langres, Jean Favre, für die geringen Überreste der ehemaligen Primarabtei Morimond, sondern ebenso die dafür bereitgestellte finanzielle Unterstützung durch die Erzdiözese München und Freising in Erinnerung an die Tätigkeit des Bischofs Otto von Freising als Abt in Morimond. In gleicher Weise fanden sich auch deutliche Spuren für diese Erinnerung in der Abtei Morimondo und der benachbarten Stadt Abbiategrasso. Somit ist eine neue größere und zusammenfassende Darstellung der Geschichte des Zisterzienserordens gerade auch im Hinblick auf die europäische Geschichte und Entwicklung von Bedeutung. Die Zisterzienser haben im Rahmen ihres Ordens bereits im hohen Mittelalter ein Europa im heutigen Maßstab gekannt.

Die vorliegende Untersuchung geht bei der Betrachtung der Ordensgeschichte immer von den Primarabteien aus, da diese bis ins späte 18. Jahrhundert trotz des großen Bedeutungsverlustes den Mittelpunkt des Ordens gebildet haben. Leider hat bislang keine der fünf Primarbeiten eine modernen historischen Gesichtspunkten entsprechende Bearbeitung gefunden. Auffallend ist auch, daß ein großer Teil der wissenschaftlichen Untersuchungen zu Einzelaspekten der Ordensgeschichte ihren Schwerpunkt in der Frühzeit des Ordens setzt, während insbesondere im Spätmittelalter und in der frühen Neuzeit noch immer deutliche Lücken klaffen. Die künftige Forschung wird sich hier in weit größerem Umfang mit dieser weniger »großen« Zeit des Ordens beschäftigen müssen, um zu umfassenderen und vielleicht irgendwann abschließenden Ergebnissen zu gelangen. In den Darstellungen der Ordensgeschichte müssen neben die »große« Zeit des Ordens im Zeitalter Bernhards von Clairvaux das 17. Jahrhundert mit der Erniedrigung des Ordens unter Kardinal Richelieu, dem gallikanischen Machtpolitiker, und das Zeitalter der Säkularisation mit der weitgehenden Vernichtung des Ordens und seiner Tradition in gleichberechtigter Weise in der Forschung treten. Zu dieser Entwicklung will die vorliegende Darstellung einen Beitrag leisten.

Der Verfasser kann am Ende seiner Arbeit, die sich länger hingezogen hat, als geplant war, nur allen danken, die ihn in dieser Zeit unterstützt haben. Da es außerordentlich schwierig ist, alle Unterstützungen einzeln zu würdigen und jeder in ihrem individuellen Beitrag gerecht zu werden, sei allen Helfern und Unterstützern hier in guter Tradition ein dankbares »Vergelt's Gott« gesagt.

Ellwangen (Jagst), den 20. August 2001 Immo Eberl

I. Die Anfänge

1. Klöster und Reformen im 11. Jahrhundert

Die Gründung von Cluny 910 hatte im 10. Jahrhundert eine Reformbewegung angestoßen, die ihren eigenen Höhepunkt erst in der zweiten Hälfte des 11. Jahrhunderts unter Abt Hugo (1049–1109) erreichen sollte[1]. Sie hatte aber auch weitere Klöster und Regionen erfaßt. Insbesondere *Gerhard von Brogne*[2], *Johannes von Gorze*[3] und *Wilhelm von Dijon*[4] haben für ihre weitere Ausbreitung gesorgt, sind dabei aber nicht von Cluny abhängig geworden. Wilhelm von Dijon stand aber dennoch in enger Verbindung zu diesem, denn er war von dort nach Saint Bénigne in Dijon gekommen. Die Entwicklung der Reform in Cluny und den übrigen Zentren in Burgund und Lothringen hat zwar entscheidend dazu beigetragen, daß die Kirche in der zweiten Hälfte des 11. Jahrhunderts unabhängig und der Ordensstand allgemein geachtet wurde, doch wurde sie von einer Reihe von Reformern angegriffen, weil sie von der monastischen Armut abwich. Aus dieser Kritik heraus entstanden Klöster, die sich in ihren Zielen und ihrer Geisteshaltung ähnlich waren und an die asketischen Traditionen der Wüstenväter anknüpften. Sie nahmen damit wieder Formen des Ordenslebens auf, für die in Cluny und seinen verwandten Reformbewegungen kaum Platz geblieben war[5].

Damit begann eine Rückkehr des Mönchtums zu der Vielfalt der einzelnen Lebensformen der Konvente, die aus der frühen Zeit der Kirche bekannt sind. Das Mönchtum begann sich aus der Welt zurückzuziehen, damit verbunden war eine zunehmende Wertschätzung von Askese, Handarbeit und Armut. Die Reformkreise forderten über das eigene Vorgehen hinaus auch eine Reform von Kirche, Klerus und Gesellschaft, die sich an ihrer eigenen Hinwendung zu einem christlichen Leben orientieren sollte. Diese Entwicklung führte seit der zweiten Hälfte des 11. Jahrhunderts zu den großen Umbrüchen in Kirche und Gesellschaft. Die Rückwendung zu den Lebensgewohnheiten im Mönchtum der Spätantike und des frühen Mittelalters ließen auch den Rigorismus und die Eigenwilligkeit des Mönchlebens dieser Zeit zurückkehren und neu aufleben.

Als einer der ersten griff *Nilus von Rossano* (910–1004) in der zweiten Hälfte des 10. Jahrhunderts im südlichen Italien an der Bruchstelle zwischen lateinischem und griechischem Mönchtum das Ideal des Eremitenlebens der frühen Kirche wieder auf. Er gründete das Basilianerkloster in Grottaferrata bei Rom[6]. Nachweislich hat er sich nach einem Leben als Basilianermönch und Eremit auch im Kloster Montecassino aufgehalten. Er kannte aufgrund seiner Erfahrungen also die verschiedenen Ausprägungen der einzelnen Lebensformen in den Konventen sehr gut. Vor allem hat er dem lateinischen Mönchtum die Lebensformen der Eremiten erneut bekannt gemacht.

Sein Beispiel hat *Romuald von Ravenna* (ca. 952–1027) beeinflußt. Er war Mönch der Abtei S. Apollinare in Classe in Ravenna gewesen. Diese Abtei verließ er in den 70er Jahren des 10. Jahrhunderts, als ihm das dortige Mönchsleben nicht mehr genügte, und wurde Eremit. Dabei verband sich bei ihm bereits das asketische Beispiel der Eremiten der frühen Kirche mit Wanderpredigt und Heidenmission. In Polen und Ungarn haben er und seine Schüler gewirkt und erste Erfolge dieser neuen Lebensweise des Mönchtums erreicht. Romuald von Ravenna, der auch mit den cluniacensischen Gewohnheiten vertraut war, sie aber nicht für befriedigend und erfolgreich ansah, gründete einige Einsiedeleien, darunter Camaldoli bei Arezzo. Seine Mönche lebten in kleinen Hütten in beständigem Schweigen und Fasten. Sie kamen nur zum gemeinsamen Gebet zusammen. Grundlage ihres Lebens war die Regula Benedicti, deren Auslegung aber in ihrer einseitigen Betonung des Eremitenlebens nicht dem Geist Benedikts entsprach. Das Einsiedlertum hat aber durch die Weisungen Romualds in der lateinischen Kirche eine feste Ausformung erhalten.

Aus der Einsiedelei Camaldoli ist am Ende des 11. Jahrhunderts der Kamaldulenserorden entstanden[7]. Romuald von Ravenna hatte auch das Kloster Fonte Avellana gegründet (992). In dieses trat *Petrus Damiani* (1027–1072)[8] nach seiner Bekehrung ein. Er wurde rasch zum geistig führenden Kopf dieses Eremitenklosters. Die Regula Benedicti sah er als für Anfänger im Mönchsleben verfaßt an und hat in seinem asketischen Rigorismus Romuald von Ravenna weit übertroffen. Er hat aber sich und seine Mitbrüder immer für Nachfolger des hl. Benedikt gehalten, wie die anderen Benediktiner auch. Papst Stephan X. berief Petrus Damiani 1057 zum Kardinalbischof von Ostia und machte ihn damit zum geistigen Führer der Reformbewegung, als der er zum machtvollen Bußprediger seiner Zeit wurde. Die eigentliche kämpferische Auseinandersetzung der Reformkreise mit den von ihnen verurteilten säkularen Formen in Politik und Kirche hat er nicht mehr miterlebt, gilt aber als einer der entschiedensten Wegbereiter des Investiturstreits und seiner Folgen.

Neben Petrus Damiani ist *Johannes Gualbertus aus Florenz* (ca. 1000–1073) zu nennen. Er war als Mönch im Kloster San Miniato mit dem Konventsleben unzufrieden. Er versuchte zuerst das Zönobiten- mit dem Eremitenleben auf der Grundlage der Regula Benedicti zu verbinden. Er ging daher von San Miniato nach Camaldoli und lebte dort einige Zeit als Eremit. Da ihm dieses Leben auf Dauer auch nicht der richtige Weg zu sein schien, gründete er um 1037 in Vallombrosa bei Florenz ein Kloster, das die Regula Benedicti weitgehend kontemplativ lebte. Johannes Gualbertus war kein so schöpferischer Geist wie Romuald von Ravenna, hat sich aber der weitergehenden Durchsetzung des Eremitentums innerhalb des mönchischen Lebens entgegengestellt und das Ideal des Zönobitentums verteidigt. Darüber hinaus war er von militanter Einsatzbereitschaft für die Kirchenreform geprägt. Für ihn galt das Armutsideal nicht nur für den einzelnen Mönch, sondern auch für die Gemeinschaft, die auch besonderen Wert auf die *conversatio morum* und körperliche Arbeit legte. Johannes Gualbertus hat neben den Chormönchen in Vallombrosa Laienbrüder für die erforderlichen Handarbeiten eingeführt, um den Chormönchen das kontemplative Leben zu ermöglichen[9]. Um Camaldoli[10] und Vallombrosa[11] bildeten sich weitere Konvente aus, die die dortigen *consuetudines* übernahmen. Auf diese Weise entstanden im Laufe der Zeit Orden, die aber weitgehend regional begrenzt blieben. Dennoch haben sie an der weiteren Entwicklung der Ordensgeschichte der Kirche bedeutenden Anteil durch die Vermittlung ihrer Lebensideale gehabt.

Die Reformbewegung in Lothringen wurde im Anschluß an Gerhard von Brogne durch Abt *Richard von St. Vanne* bei Verdun (1004–1046) fortgesetzt[12]. Er hatte jeden weltlichen Einfluß auf die von ihm reformierten Klöster abgelehnt. Trotz seiner Verbindungen zu Cluny und die Einflüsse von dort auf die von ihm verfaßten *consuetudines* für die von ihm reformierten Klöster, blieben er, sein Kloster und die von ihm geprägte Reform von Cluny unabhängig. Er hat aber die von ihm reformierten Klöster zu einer Kongregation zusammengefaßt und für diese jährliche Äbtekapitel eingeführt. Die Abteien blieben dabei nach der Regula Benedicti voneinander unabhängig[13]. Die im Umkreis von Camaldoli und Vallombrosa feststellbaren neuen Ideen sind in den letzten Jahrzehnten des 11. Jahrhunderts nördlich der Alpen in Frankreich und Lothringen gerade in den Gebieten sehr wirksam geworden, die bereits im 10. Jahrhundert von den Reformen in hohem Maße erfaßt worden waren. Die Armutsidee war dabei – wie in Italien – eine der wichtigsten Antriebskräfte. Die Vertreter dieser Idee konnten nicht verstehen, daß der einzelne Mönch arm war, die Klostergemeinschaft aber über großen Besitz verfügen konnte. Sie lehnten daher jeglichen Besitz grundsätzlich ab und beriefen sich häufig auf die Urkirche, die Apostel oder die Eremiten der frühen Kirche als Vorbilder. Die Apostel galten als Beispiel für das monastische Leben, weil sie in Armut und strenger Buße ihren Lebensunterhalt durch eigene Arbeit verdient hatten. Daher forderten viele Klosterregeln folgerichtig, dem Leben der Apostel und der Urkirche zu folgen[14].

Nach diesen Vorbildern und denen der frühkirchlichen Eremiten sowie teilweise wohl auch unter dem Eindruck der in Italien entstandenen Eremitenbewegung zogen sich auch nördlich der Alpen im späteren 11. Jahrhundert einzelne Reformer allein oder mit Gefährten in abgelegene Gebiete zurück. Sie ernährten sich dabei durch die Rodungen von Wäldern, Äckern und Wiesen. Ihre Kirchen und Wohnräume errichteten sie ohne jeden Prunk ausschließlich nach den jeweiligen Erfordernissen, weil sie die prächtigen Kirchen der älteren Klöster ablehnten. Einige Reformer gingen in der Nachahmung ihrer Vorbilder sogar soweit, daß sie als Wanderprediger herumzogen und versuchten, Anhänger zu gewinnen. Wie die Beispiele zeigen, ist ihnen dieses teilweise in hohem Maße gelungen.

Eine Generation jünger als Petrus Damiani und Johannes Gualbertus war *Bruno von Köln* (ca. 1030–1101). In Köln geboren und aufgewachsen, wurde er Kanoniker bei St. Kunibert in Köln und 1057 Scholaster in Reims. Nach über zwei Jahrzehnten dieser Tätigkeit, die eine Reihe von später bedeutenden Persönlichkeiten als Schüler zu ihm geführt hatte und einer kurzen Zeit als Kanzler des Erzbistums Reims zog sich der überzeugte Reformanhänger nach Auseinandersetzungen mit den Erzbischöfen von Reims aus der Welt zurück. Nach einem Aufenthalt im Kloster Molesme bei dessen berühmten Abt Robert zog sich Bruno mit zwei Schülern in die Einsamkeit zurück und gründete 1084 mit Unterstützung von Bischof Hugo von Grenoble († 1132) die Einsiedelei La Grand Chartreuse[15]. Von ihr erhielt der sich sehr langsam entwickelnde Orden auch seinen Namen Kartäuser. Wie in Camaldoli versuchte Bruno von Köln bei den Kartäusern das eremitische und zönobitische Ideal zu verbinden. Er hat die Ordenshäuser mit einer an der Regula Benedicti orientierten und auf die speziellen Lebensformen abgewandelten Ordnung geleitet. Erst 1127 wurden die Regeln der Kartäuser schriftlich niedergelegt. Papst Urban II. hat Bruno von Köln 1090 nach Rom gerufen. Dieser hat im folgenden Jahrzehnt bis zu seinem 1101 erfolgten Tod in Italien noch mehrere Kartausen begründet. Der neue Orden hatte somit frühzeitig Häuser diesseits und jenseits der Alpen, war aber bis 1151 nur auf vierzehn Konvente angewachsen. Die Anziehungskraft des asketischen Lebens der Kartäuser war somit wie die von Camaldoli und Vallombrosa eng begrenzt. Aus dem Nordwesten Frankreichs, aus den Wäldern von Craon, die an Anjou, Maine und die Bretagne angrenzten, haben mehrere der bekanntesten Vertreter der asketischen Richtung der Eremiten und Wanderprediger ihren Anfang genommen. Hier sind zu nennen *Robert von Arbrissel*[16] († 1116), *Bernhard von Tiron*[17] († 1117), *Vitalis von Savigny*[18] († 1122) und *Rudolf de la Fustaye*[19] († 1129). Auch *Stephan von Muret*[20] († 1124), der aber nicht aus dem Waldgebiet von Craon stammte, ist hier zu nennen, da er den genannten Wanderpredigern vergleichbar gelebt hat.

Diese Wanderprediger konnten mit ihrer Kritik am klösterlichen Leben der Zeit und der Moral des Klerus jeweils größere Zahlen von Anhängern um sich scharen und Klosterverbände gründen. Sie haben die vollkommene Nachfolge Christi gefordert und dabei die bislang vorhandenen Definitionen der einzelnen gesellschaftlichen Gruppierungen aufgebrochen. Der Unterschied zwischen Mönch, Kanoniker und Eremit war bei diesen Vertretern der rigorosen Reform nicht mehr eindeutig zu erkennen[21]. Auch die von ihnen befolgte Regel war der Nachfolge Christi im Evangelium nachgeordnet und daher zweitrangig.

Robert von Arbrissel gründete 1095 das Augustinerchorherrenstift La Roe bei Laval und 1096 das Doppelkloster Fontevrault, das die Regula Benedicti in ihrer ursprünglichen Strenge befolgte. Von Fontevrault aus wurden mehrere von Männern und Frauen besiedelte, aber von Frauen geleitete Priorate gegründet. Bernhard von Tiron versuchte das Kloster St. Cyprien zu reformieren und als dieser Versuch gescheitert war, wollte er sein Ideal durch Klostergründungen bei Savigny und in der Diözese Chartres verwirklichen. Zuletzt entstand unter seiner Leitung um das Kloster Ste. Trinité im Wald von Tiron die gleichnamige Kongregation von 23 Abteien und 80 Prioraten. Bernhard von Tiron dürfte die Entwicklung in Cîteaux gekannt haben, wie sich aufgrund seiner Stellung zur körperlichen Arbeit der Mönche und zu einer möglichst einfachen Liturgie vermuten läßt. Falls dieses nicht der Fall gewesen wäre, ließe sich daraus jedoch erkennen, daß bestimmte Problemfelder innerhalb der Konvente bei gleicher Geisteshaltung ähnlich gelöst wurden.

Vitalis von Savigny gründete im Forst von Savigny 1105 ein Kloster, in dem er die Handarbeit der Mönche mit Unterstützung durch Konversen besonders betonte. Das von ihm geschaffene Visitationssystem und das Generalkapitel hatten große Ähnlichkeit mit denselben Institutionen in Cîteaux. Daher wundert es auch nicht, daß sich die Kongregation von Savigny bereits 1147 mit dem Zisterzienserorden zusammenschloß. Rudolf de la Fustaye gründete 1100 in Nid-de-Merle bei Rennes ein dem Kloster Fontevrault sehr ähnliches Kloster.

Stephan von Muret ließ sich 1076 als Eremit in der Einöde Muret bei Limoges nieder. Die sich rasch um ihn sammelnden Eremiten leitete er nach dem Vorbild von Camaldoli, bezeichnete sich aber nicht als »Abt«, sondern als »Korrektor«. Als es nach seinem Tode 1124 zu Besitzstreitigkeiten kam, verlegten die Eremiten ihren Wohnsitz von Muret in das nahegelegene Grandmont, nach dem dann auch der sich entwickelnde Orden der Grammontenser benannt wurde[22], der auf der Grundlage der Benediktinerregel sein Konventsleben dem in Camaldoli vergleichbar gestaltete.

Diese Reformbewegung mit ihrer Rückwendung auf das Vorbild der Urkirche, der Apostel und Eremiten ging über den Kreis der Mönche weit hinaus. Neben den Klerikern, die an den Kathedral- und Stiftskirchen vor allem den neuen Typus des Regularkanonikers prägten, entwickelte sich aus den sogenannten Halbkonversen unter dem Einfluß der Eremiten mit der Prägung Romualds von Ravenna und der Vallombrosaner das Institut der Laienbrüder[23]. Bei den Halbkonversen hatte es sich um fromme Männer gehandelt, die sich am Rande eines Klosters angesiedelt und dabei auf Teile ihres Eigentums verzichtet hatten, um ein halbmonastisches Leben zu führen. Die Laienbrüder dagegen unterwarfen sich der Armut, Ehelosigkeit und Klosterdisziplin. Sie waren maßgeblich dafür verantwortlich, daß die Mönche ihr spirituelles Ziel der strengeren Klausur besser erreichen konnten, da sie ihnen die Aufgaben außerhalb des Konvents abnahmen. Die Laienbrüder hatten aber neben dieser Entwicklung aus klösterlicher Tradition auch eine Herkunft aus den Laienbewegungen der gregorianischen Reformzeit des Investiturstreits, die weite Kreise der Gesellschaft erfaßt hatten. Die Menschen dieser Zeit öffneten sich für die Anforderungen des Evangeliums und strebten eine Nachfolge Christi in wesentlich breiterem Umfang an als die vorangegangenen Generationen dieses getan hatten. Sie waren dabei von einem rigoristischen Purismus geprägt, der sie ihr gewünschtes Ziel erreichen ließ.

Es wird immer wieder darauf hingewiesen, daß diese Reformkreise zumindest im späteren 11. Jahrhundert in der Regel nicht mehr mit einem tatsächlich noch reformbedürftigen Mönchtum zusammenstießen[24], sondern es sich um die Suche nach neuen Formen des Klosterlebens gehandelt hat. Das Ordenswesen kehrte dabei wieder zu seiner in der Spätantike und dem frühen Mittelalter vorhandenen Vielfalt zurück, was eine sehr unterschiedliche Beurteilung erfuhr[25].

Die sich um Camaldoli und Vallombrosa bildenden Kongregationen, die erst in der zweiten Hälfte des 11. Jahrhunderts entstanden, blieben aber weitgehend auf den regionalen Bereich beschränkt. Dasselbe galt auch für die sich im 12. Jahrhundert entwickelnden Ordenszentren in Pulsano in Apulien und Montevergine[26].

Im deutschen Sprachraum beschränkte sich die Entwicklung neuer Reformzentren im 11. Jahrhundert auf die Gründung von Klöstern der reformierten Benediktiner. Während sich das von Abt *Wilhelm* (1069–1091) zu neuer Blüte geführte Kloster Hirsau in seinem Konventsleben auf die *consuetudines* des Klosters Cluny stützte[27], griffen die Reformzentren Siegburg[28] und St. Blasien[29] über das im Piemont gelegene Fruttuaria auf die Reform Wilhelms von Dijon im Kloster

Saint Bénigne in Dijon zurück, die letztlich aber auch auf der cluniacensischen Reform aufbaute. Da sich im iberischen und angelsächsischen Raum aufgrund der politischen Verhältnisse im späten 11. Jahrhundert nur zögerlich eine Klosterkultur entwickelte und dieselbe im skandinavischen und osteuropäischen Raum noch weitgehend fehlte, lag das Zentrum der Suche nach neuen, klösterlichen Lebensformen im heute französischen Raum.

Neben den erwähnten Reformbewegungen des 10. Jahrhunderts in Brogne, Gorze und Saint Bénigne in Dijon, die alle im 11. Jahrhundert weiterwirkten, haben sich im frühen 12. Jahrhundert in Fontevrault und Savigny umfangreiche Klosterverbände entwickelt. Obwohl sie auch auf der Regula Benedicti aufbauten, haben sie sich im Gegensatz zu den Reformbewegungen des 10. Jahrhunderts zu selbständigen Orden und nicht nur zu Reformkongregationen entwickelt. So entstanden in Grandmont[30] und La Grande Chartreuse[31] wie im Kloster Cîteaux neue Orden.

Neben den auf der Regula Benedicti aufbauenden Reformbewegungen, die im frühen 12. Jahrhundert zu der Entwicklung neuer Orden führte, entstand auch auf der Grundlage der Augustinerregel der Kanoniker im 11. Jahrhundert eine Reformbewegung, die zu den Regularkanonikern führte[32]. Die seit den 70er Jahren des 11. Jahrhunderts laufende Reformbewegung rief im frühen 12. Jahrhundert das Entstehen einer Reihe von Kongregationen hervor[33], die die zahlenmäßige Entwicklung bei den Benediktinern noch übertraf. Der Kanoniker *Norbert von Xanten* (ca. 1082–1134) gründete 1120 den Prämonstratenserorden, der seelsorgerliche Tätigkeit mit mönchischer Selbstheilung verband und nach der Augustinerregel lebte. Aus dem ersten Kloster des Ordens in Prémontré wuchs der neue Orden im 12. Jahrhundert vergleichbar mit den Zisterziensern zahlenmäßig sehr schnell heran und entwickelte im Laufe des 12. Jahrhunderts eine Verfassung nach deren Vorbild[34]. Das von ihnen geführte Leben stand in seiner Askese hinter dem der benediktinisch geprägten Konvente nicht zurück. Die Stifte der Prämonstratenser, aber auch der regulierten Chorherren waren in der Praxis des Ordenslebens kaum von den Reformklöstern der Mönche zu unterscheiden.

Bei den Reformbewegungen nach der Regula Benedicti haben alle im 11./12. Jahrhundert entstehenden neuen Ordenszentren mit Ausnahme von Cîteaux nur einen relativ kleinen Kreis von Mitgliedern gewinnen können und sich dazu häufig auch noch auf einen regional begrenzten Raum beschränkt. Sie haben meist sehr schnell ihre ursprüngliche Anziehungskraft wieder verloren, weil diese häufig allein auf der Persönlichkeit des Gründers beruhte und mit dessen Tod erlosch. Es erhebt sich daher die Frage, wie sich der in Cîteaux entstehende Orden von den übrigen Gründungen der Zeit unterschieden hat, da er sich in wenigen Jahrzehnten über ganz Europa ausbreitete. Es läßt sich dabei nicht leugnen, daß er auf der Grundlage der Gesamtentwicklung des Mönchtums des 11. Jahrhunderts aufgebaut hat. Am Ende des 12. Jahrhunderts stehen neben den Benediktinern die Zisterzienser auf der Seite der Orden mit der Grundlage der Regula Benedicti an vorderster Stelle, alle übrigen Orden folgen erst in weitem Abstand. Bei den Orden nach der Augustinerregel dagegen, steht neben den regulierten Chorherren der Prämonstratenserorden, der seine den Zisterziensern vergleichbare Entwicklung durch eine an diese angepaßte Verfassungsentwicklung genommen hatte.

2. Die Anfänge von Cîteaux

Auf dem Hintergrund der geistig-geistlichen Entwicklung im Mönchtum des späten 11. Jahrhunderts war die Gründung des Klosters Cîteaux nicht ungewöhnlich. Wie bei einer Reihe vergleichbarer Gründungen stand mit *Robert von Molesme*[1] auch hinter ihr ein Mann, der von der inneren Unruhe der Menschen seines Zeitalters um die richtige Nachfolge Christi erfaßt wurde und derselben dann mit Perfektion nachging. Diese Unruhe wurde zumindest in der zweiten Hälfte seines Lebens zur Ursache eines relativ unsteten Wanderlebens, das bei einem von der Regula Benedicti geprägten Lebenslauf eigentlich überrascht, das aber im Vergleich mit den Biographien der Gründer einiger anderer ähnlicher Konvente dieser Zeit nicht außergewöhnlich ist.

Robert von Molesme wurde um 1028 in der Champagne als Sohn der Adligen Dietrich und Irmengard geboren. Im Alter von 15 Jahren wurde er Mönch im Kloster Montier-La-Celle[2] bei Troyes, in dem er bis zum Prior aufstieg. Er muß während dieser Zeit außerhalb seines

Klosters weithin bekannt geworden sein, denn bald nach 1068 wählten ihn die Mönche des Klosters Saint Michel in Tonnerre[3] zu ihrem Abt. Als sich diese weigerten, die von ihm für notwendig erachteten Reformen anzunehmen, verzichtete er 1071 auf sein Amt und kehrte nach Montier-la-Celle zurück. Bald darauf – 1072/73 – wurde er Prior des von diesem Kloster abhängigen Saint Ayoul de Provins[4].

In dieser Stellung wurde er 1073/74 von den Eremiten im Forst von Collan bei Tonnerre zum geistlichen Führer gewählt. Es wird nicht deutlich, wann Robert von den geistigen Strömungen seiner Zeit vollständig erfaßt wurde. Doch dürfte dieses spätestens in seiner Zeit als Abt von Saint Michel in Tonnerre gewesen sein, da er erfolglos versuchte, den dortigen Konvent zu reformieren. Mit den Eremiten aus dem Forst von Collan gründete Robert 1075 das Kloster Molesme[5] und wurde dessen Abt. Das anfängliche Leben der Mönche in Holzhütten, Armut und harter körperlicher Arbeit war dem Konventsleben der Mönche in Camaldoli sehr ähnlich. Unter seiner Leitung wuchs Molesme rasch und seit 1081 sah er sich genötigt, Kirchenschenkungen, Übertragungen von Zehnten usw. für sein Kloster anzunehmen. Dadurch wurde Molesme in kurzer Zeit Mittel- und Ausgangspunkt einer monastischen Kongregation. Abt Robert griff bei der Gründung der Priorate auf das ihm aus Montier-la-Celle bekannte Vorbild zurück, das sich wiederum an Cluny orientiert hatte, von diesem aber unabhängig geblieben war. Montier-la-Celle besaß in seinem engeren Umkreis insgesamt 17 Priorate, von denen zehn in der Diözese Troyes und die übrigen in den benachbarten Diözesen lagen. Molesme hat unter seinen Prioraten nach dem Tode Abt Roberts auch zwei für Nonnen bestimmte gegründet: 1113 Jully[6] für die zunächst in Molesme lebenden Frauen und 1130 Crisenon[7].

Abt Robert hat sich bei der Entwicklung seines Klosters wie viele vergleichbare Reformer seiner Zeit verhalten: Cluny war zwar für ihn Vorbild im verfassungsmäßigen Bereich, aber er hat keine engere Bindung dorthin gesucht. Die Abtei Molesme wurde in den Reformkreisen der Zeit anscheinend rasch bekannt, denn Bruno von Köln[8], der Gründer des Kartäuserordens, hat sich in dem Priorat Sèche-Fontaine von Molesme aufgehalten, um sich mit dem Konventsleben dieses Klosters bekannt zu machen. Die Lage des Klosters Molesme in der Nähe der Straße von Paris über Lyon nach Italien hat sicherlich zu dieser Kenntnis über Molesme in weiten Kreisen der Reformer beigetragen. Mit dem zunehmenden Besitz des Klosters ist auch dessen Konvent rasch gewachsen. Dabei scheint aber die Zahl der Mönche, die ein Leben nach dem Vorbild von Cluny auch im Bereich des Konventslebens suchten, rascher zugenommen zu haben, als der Kreis der Mönche, der Abt Robert und den eremitisch-asketisch geprägten Gründungskonvent in ihrem Bemühen um eine rigoristische Auslegung der Regula Benedicti unterstützte. Die sich daraus ergebenden Spannungen führten um 1090 zu einem Auszug des Abtes Robert aus Molesme[9]. Er zog vermutlich allein oder mit sehr wenigen Begleitern in die Einsiedelei Aulx. Sein Konvent vermißte ihn jedoch rasch und rief ihn bald zurück.

Die im Konvent bestehenden Spannungen zwischen dem Reformkreis und dem anscheinend mehr cluniacensisch gesonnen Teil des Konvents ließen sich nicht beilegen. Die etwa um 1094 von Molesme aus erfolgte Gründung des Klosters Aulps in Savoyen durch Angehörige des Reformkreises um Abt Robert war zwar erfolgreich[10], konnte aber die im Konvent bestehenden Spannungen ebenfalls nicht lösen. Die Auseinandersetzungen um ein asketischer geprägtes Konventsleben sind in Molesme weitergegangen, wobei es sogar zu Ausschreitungen gegen den Reformkreis und seinen Anführer, den Prior Alberich, gekommen zu sein scheint. Alberich wurde dabei körperlich mißhandelt, geschlagen und in den Klosterkerker geworfen. Dieser Vorgang ist auch ein Zeichen für die Kräfteverhältnisse im Konvent nach dem Auszug des Gründungskonvents von Aulps. Undeutlich bleibt die Haltung von Abt Robert während dieser Auseinandersetzungen. Entweder hat er sich damals nicht in Molesme aufgehalten[11] oder er konnte aus heute nicht mehr durchschaubaren Gründen nicht eingreifen und den Prior schützen. Die Gründe für seine Nichteinmischung wären am ehesten in den Beziehungen des reformunwilligen Mönchskreises von Molesme zu suchen. Dabei ist deutlich herauszustellen, daß reformunwillig nicht ein Konventsleben gegen die Regula Benedicti meint, sondern lediglich ein solches in der rigoristisch-asketischen Ausrichtung des ehemals eremitisch lebenden Teiles des Konvents von Molesme.

Nach diesen Auseinandersetzungen hat der Reformkreis insgesamt oder teilweise Molesme verlassen und sich in »Vivicus« aufgehalten, das heute in Viviers-sur-Artaut gesucht wird. Da der Bischof von Langres, Robert von Burgund, Bruder des Herzogs, dieser Ansiedlung nicht gewogen war, kam es nochmals zu einer Versöhnung zwischen den beiden Gruppierungen des Konvents, die zu einer Wiedervereinigung führte, aber die Spannungen nicht beseitigen konnte[12]. Daher dürfte es schon bald zu neuerlichen Überlegungen einer Trennung der beiden Parteien im Konvent gekommen sein. Da die Planungen wieder auf den Auszug des rigoristisch-asketischen Teiles des Konvents hinausliefen, wird neuerlich bestätigt, daß dieser wohl zahlenmäßig der kleinere war. In der späteren Überlieferung wird darauf hingewiesen, daß Prior Alberich und der Mitbruder Stephan Harding bei diesen Vorbereitungen besonders aktiv gewesen wären[13].

Diese neuerliche Trennung der beiden Parteien im Konvent war anscheinend von Anfang an als eine endgültige Trennung der beiden Gruppierungen des Konvents von Molesme gedacht, um die Auseinandersetzungen zu beenden. Daher war dieses Mal auch Abt Robert zu einer Entscheidung für eine der beiden Gruppierungen gezwungen. Er schloß sich dabei wieder der Gruppe der asketisch-rigoristischen Reformer an, die Molesme verließ. Diese hat nach der Überlieferung aus 21 Mönchen bestanden, unter ihnen Abt Robert, Prior Alberich, Stephan Harding und noch vier weitere namentlich bekannte Mönche. Durch die verwandtschaftlichen Beziehungen Abt Roberts zum Hochadel Burgunds war den Reformern ein neuer Aufenthaltsort nach längerer Suche gesichert. Der mit Abt Robert verwandte Raynald Vicomte von Beaune schenkte diesem und seinen Mönchen die Einöde von Cîteaux mit dem dazugehörigen Land, ca. 22 km südlich von Dijon in der Diözese Chalon-sur-Saône, die ihren lateinischen Namen *Cistercium* vielleicht von einem alten Meilenstein an der Römerstraße zwischen Langres und Chalon *(cis tertium lapidem miliarium)* trug. Bischof Walther von Chalon-sur-Saône[14] bestätigte das neugegründete Kloster und Herzog Odo I. von Burgund hat dasselbe aufgrund der Empfehlungen des Apostolischen Legaten für Frankreich, Erzbischof Hugo von Lyon[15], sofort wirtschaftlich unterstützt und gefördert[16]. Die weitreichenden verwandtschaftlichen Beziehungen von Abt Robert haben diesen Neuanfang und seine wirtschaftliche Ausstattung ermöglicht. In gleicher Weise hatten sich diese verwandtschaftlichen Beziehungen auch ab 1075 auf die schnelle Entwicklung des neugegründeten Klosters Molesme ausgewirkt.

In einem bewußt feierlich und symbolisch ausgerichteten Gründungsakt mit einer neuen Profess[17] begann der Reformkreis in seinem wohl nur aus einigen Holzhütten bestehenden Kloster in Cîteaux sein neues Konventsleben am Tag des hl. Benedikt, am 21. März 1098, der in diesem Jahr mit dem Palmsonntag zusammenfiel. Die Mönche selbst bezeichneten ihr Kloster als *novum monasterium*, ein Name, der erst nach fast zwei Jahrzehnten gegenüber dem ursprünglichen *Cistercium* (= Cîteaux) zurücktrat.

Die Schwierigkeiten des Reformkreises hatten aber mit der Neugründung in Cîteaux kein Ende. Die in Molesme zurückgebliebenen Mönche hatten aus ihrer Mitte Gottfried zum Nachfolger des bisherigen Abts Robert gewählt. Sie mußten aber sehr rasch erkennen, daß Molesme durch den Auszug Abt Roberts und seiner Anhänger an Bedeutung verloren hatte und angefeindet wurde[18]. Es ist zu vermuten, daß die Adelskreise, die Abt Robert in Molesme unterstützt hatten, dem Kloster nicht nur nach Auszug weitere Förderung versagten, sondern sogar Schritte einleiteten, um ihre Schenkungen zurückzufordern. Ein solches Vorgehen würde das rasche Handeln des neuen Abts Gottfried und seines Konvents verständlich machen.

Die Mönche von Molesme mußten sich daher darum bemühen, Abt Robert als Abt nach Molesme zurückzubekommen. Ob sie sich an ihren Diözensanbischof in Langres und den Erzbischof von Lyon als Apostolischen Legaten in Frankreich gewandt haben, wird aus der Überlieferung nicht deutlich. Sofern sie dieses getan hatten, haben sie dort anscheinend keinen Erfolg gehabt. Nach dem zeitlichen Ablauf spricht aber einiges dafür, daß sie dieses wegen der allgemein bekannten Unterstützung der Gründung von Cîteaux durch den Bischof von Chalon-sur-Saône und den Erzbischof von Lyon wohl überhaupt nicht versucht, sondern sich sofort an Papst Urban II. gewandt haben. Sie forderten vor allem die Rückkehr Abt Roberts nach Molesme. Auffallenderweise wird dabei über die Abt Robert begleitende Reformpartei nichts ausgesagt. Daraus läßt sich erschließen, daß das Hauptinteresse der Mönche von Molesme auf die Person ihres ehemaligen Abtes gerichtet war.

Papst Urban II. beauftragte anscheinend im April 1099 seinen Legaten, Erzbischof Hugo von Lyon, die Angelegenheit zu untersuchen und zu entscheiden[19]. Dieser berief im Juni 1099 eine Versammlung von benachbarten Bischöfen und Äbten nach Port-d'Anselle ein. Anwesend waren die Bischöfe von Autun, Chalon-sur-Saône, Mâcon und Belley sowie die Äbte von Tournus, St. Bénigne in Dijon und Aindy, ferner noch der päpstliche Kämmerer Petrus. Die Entscheidung der Synode ist aus dem Schreiben des Erzbischofs von Lyon an den Bischof von Langres als Diözesanbischof von Molesme bekannt[20]. Dieser war auffälligerweise der doch sicher auch an ihn ergangenen Einladung des Legaten nicht gefolgt. Da er ein Bruder von Herzog Odo I. von Burgund war und 1110 im Kloster Molesme, also bei Abt Robert, verstorben ist, hat er anscheinend das Vorgehen Roberts und seiner Anhänger unterstützt. Nach dem Schreiben des Erzbischofs von Lyon hatte er den Nachfolger Abt Roberts in Molesme als Diözesanbischof eingesetzt und stand daher jetzt zwischen den beiden Parteiungen.

Die Synode in Port-d'Anselle entschied salomonisch: Während Abt Robert nach Molesme zurückkehren mußte, konnten die Mönche in Cîteaux sich frei entscheiden, ob sie nach Molesme zurückgehen oder in ihrem neuen Kloster bleiben wollten. Die Synode hatte gegenüber Abt Robert noch die Warnung ausgesprochen, daß er von seinem Nachfolger Gottfried sofort abgelöst werden würde, wenn er seine Pflichten als Abt von Molesme erneut vernachlässigen würde. Dazu wäre dann keine Neuwahl des Konvents erforderlich gewesen. Darüber hinaus sollten sich in Zukunft die beiden Klöster nicht regelwidrig Mönche abjagen. Abt Robert mußte der Leitung von Cîteaux vor dem Bischof von Chalon-sur-Sâone offiziell entsagen und sollte daraufhin vom Bischof von Langres wieder in sein Amt in Molesme eingesetzt werden.

Robert von Molesme hat sich dem Spruch der Synode gefügt und ist mit zwölf oder dreizehn Mönchen, die ihn erneut begleiteten, aus Cîteaux bald darauf nach Molesme zurückgekehrt. Er hat sein dortiges Amt als Abt bis zu seinem Tod am 29. April 1111 ohne weitere Streitigkeiten oder sonstige Auseinandersetzungen ausgeübt. Die Spannungen zwischen den beiden Gruppierungen im Konvent von Molesme sind in Zukunft ausgeblieben. Demnach ist der Kern der asketisch-rigoristischen Reformgruppe in Cîteaux zurückgeblieben. Die Quellen lassen nicht erkennen, weshalb sich Abt Robert der Entscheidung der Synode widerspruchslos gefügt hat. Nach seinem Verhalten bei den Angriffen auf seinen Prior Alberich vor dem Auszug nach Cîteaux könnte vermutet werden, daß Robert in seinen Anschauungen über die Reform vielleicht persönlich doch nicht ganz soweit gegangen ist, wie die Gruppe um den Prior Alberich.

Während das Exordium parvum als zeitlich nahe Quelle Abt Robert mit den ihm folgenden Mönchen unterstellt, daß sie »die Einöde nicht geliebt« hätten[21] und Wilhelm von Malmesbury zu Robert meint, daß dieser in das »angenehmere« Kloster Molesme zurückkehren wollte[22], verdächtigte das Exordium magnum am Ende des 12. Jahrhunderts die nach Molesme zurückkehrenden Mönche der Apostasie[23]. Die in Cîteaux im 12. Jahrhundert vorhandene Ablehnung Abt Roberts hat das Generalkapitel des Zisterzienserordens aber nicht daran gehindert, 1220 auf Anregung des Abtes von Molesme beim Papst um die Heiligsprechung Roberts von Molesme zu bitten[24]. Nach dieser 1222 wurde Robert von den Zisterziensern allgemein als Gründer von Cîteaux und erster Abt anerkannt und sein Fest in den Heiligenkalender des Ordens aufgenommen[25]. Damit war der Bruch des Jahres 1099 geheilt und dem Gründer von Cîteaux seine ursprüngliche Stellung zurückgegeben.

3. Vom Novum Monasterium zum neuen Orden

Die aus Kloster Molesme ausgezogenen 21 Mönche mit Abt Robert an der Spitze haben 1098 den Anfang ihres Konventslebens in Cîteaux auch symbolisch als Neuanfang ausgestaltet. Es gibt aber keinen Hinweis dafür, daß sie damit die Gründung eines neuen Ordens anstrebten. Die Mönche des *Novum Monasterium* wollten zunächst nur zur strengen Beachtung der Regula Benedicti zurückkehren und strebten nach der buchstäblichen Befolgung der überkommenen Vorschriften unter Aufgabe aller späteren Zutaten und Ermäßigungen. Sie hatten daher auch den programmatischen Namen *Novum Monasterium* für ihr Kloster gewählt. Diese Grundhaltung des Konvents von Cîteaux hatte bereits in Molesme die Spaltung zwischen dieser asketisch-rigoristisch-puristisch ausgerichteten Gruppe und den übrigen Mönchen hervorgerufen und war damit die entscheidende Ursache für den Auszug Abt Roberts und seiner Anhänger aus Molesme gewesen. Die Entscheidung der Kirchenversammlung in Port-d'Anselle im Juni 1099 hat den bereits vorhandenen Bruch zwischen Molesme und Cîteaux weiter vertieft und kirchenrechtlich bestätigt.

Die älteren Quellen zur Geschichte der Zisterzienser berichten übereinstimmend verbittert über die Entscheidung der Kirchenversammlung in Port-d'Anselle. Die Zisterzienser haben ihrem Gründer Robert von Molesme über einen Zeitraum von mehr als einem Jahrhundert übelgenommen, daß er sich der Entscheidung unterworfen hat und nach Molesme zurückgekehrt ist. Ein Grund für diese Haltung war die Enttäuschung der in Cîteaux zurückbleibenden Mönche, die teilweise über Jahre, wenn nicht Jahrzehnte hinweg Weggefährten Abt Roberts gewesen waren, vor allem aber wohl auch die Existenzkrise, in die Cîteaux nach der Rückkehr Roberts nach Molesme geriet. Obwohl die Kirchenversammlung von Port-d'Anselle den Mönchen in Cîteaux freigestellt hatte, dort zu bleiben oder nach Molesme zurückzukehren, sind die Mönche mehrheitlich Abt Robert gefolgt. Nach der späteren Überlieferung blieben nur acht Mönche in Cîteaux zurück. Dieser kleine Restkonvent setzte sein im März 1098 begonnenes Leben nach den sich selbst gegebenen Grundsätzen entschlossen fort.

Nach der Überlieferung des Exordium parvum, das im frühen 12. Jahrhundert entstand, wurde der bisherige Prior *Alberich* zum Nachfolger Roberts von Molesme gewählt. Die Überschrift betont dabei, daß er der erste Abt von Cîteaux war[1]. Wenn diese Überlieferung auch in der Retrospektive und Abgrenzung zu Robert von Molesme aufgezeichnet worden war, so hat man anscheinend im frühen 12. Jahrhundert durch diese Kennzeichnung des Abtes Alberich auch hervorheben wollen, daß mit der Abtswahl 1099 die eigentliche und selbständige Entwicklung von Cîteaux begonnen hat. Der Text des Berichtes wiederholt diese Darstellung nicht, sondern erläutert nur kurz, daß der seines Abtes beraubte Konvent mit Alberich einen neuen Abt wählte. Hier zeigt sich bereits die spätere Selbständigkeit jedes Zisterzienserkonvents. Cîteaux wählte 1099 nicht die Möglichkeit, Priorat von Molesme mit Robert als Abt zu bleiben, sondern trennte sich durch die Wahl eines neuen Abts endgültig vom Mutterkloster.

Alberich war ein langjähriger Begleiter Abt Roberts und hatte diesem in Molesme und Cîteaux als Prior gedient. Sein Zurückbleiben in Cîteaux zeigt den tiefen Graben, den Abt Robert durch seine widerspruchslose Rückkehr nach Molesme aufgerissen hatte. Alberich war mit Robert bereits als Eremit im Forst Collan zusammengetroffen und dürfte daher spätestens um die Mitte des 11. Jahrhunderts geboren worden sein[2]. Er hatte Robert bei der Gründung des Klosters von Molesme unterstützt und war dort Prior geworden, wobei nicht zu klären ist, ob er dieses Amt seit der Gründung von Molesme eingenommen hat, was aber zu vermuten ist. Er hatte also 1098 umfassende Erfahrungen bei einer Klostergründung und mit den ersten wirtschaftlich schweren Jahren eines solchen Hauses. Bei den Auseinandersetzungen im Konvent von Molesme hatte er sogar Mißhandlungen erlitten[3]. Auch in Cîteaux hatte er anscheinend von Anfang an das Amt des Priors eingenommen, da er an der Spitze der sechs im Schreiben des Apostolischen Legaten namentlich erwähnten Mönche des Konvents von Cîteaux genannt wurde[4]. In den wenigen[5] Nachrichten der Quellen, die sich auf ihn beziehen, wird er als »ein Mann von Gelehrsamkeit, wohl bewandert sowohl in göttlichen als auch in menschlichen Dingen, ein Liebhaber der Regel und der Brüder« dargestellt[6].

In der Existenzkrise des Jahres 1099 war der Prior Alberich daher der berufene Mann, der das *Novum Monasterium* in seinem weiteren Bestehen sichern konnte. Die Kirchenversammlung von Port-d'Anselle hatte das Kloster Cîteaux stillschweigend bestätigt, da es den Mönchen ausdrücklich die Wahl gelassen hatte, zwischen den Konventen Molesme und Cîteaux für ihr weiteres Mönchsleben zu wählen. Darüber hinaus durfte Cîteaux die *capella* Abt Roberts behalten, was das Kirchenmobiliar und die liturgischen Bücher und Geräte meinte. Lediglich ein kostbares Breviar mußte zurückgegeben werden, doch sollte es noch ein Jahr bis zum Fest St. Johannes Baptista (24. Juni) in Cîteaux bleiben, damit es dort abgeschrieben werden konnte[7]. Der Beschluß der Kirchenversammlung beweist, daß in Cîteaux bereits 1099 die Möglichkeit zum Abschreiben einer Handschrift, also ein Scriptorium, bestanden hat.

Die Kirchenversammlung von Port-d'Anselle hat zwar Abt Robert von Molesme in sein ursprüngliches Kloster zurückgesandt, aber nicht bewirkt, daß die maßgeblichen geistlichen Förderer der Neugründung ihre bisherige Unterstützung derselben aufgaben. Im Gegenteil hat es den Anschein, als hätten diese ihre Förderung bewußt fortgesetzt. Der Konvent von Molesme war deshalb wohl mit seinem Erfolg in Port-d'Anselle noch nicht zufrieden und feindete den in Cîteaux verbleibenden Konvent weiter an, der sich durch die Wahl eines neuen Abtes bewußt von dem Klosterverband um Molesme getrennt hatte. Nach dem späteren Schreiben des Apostolischen Legaten und Erzbischofs von Lyon waren die von Cîteaux befolgten Lebensgewohnheiten Grund dieser Haltung[8]. Es überrascht daher nicht, daß die sich in Frankreich befindenden Kardinäle Johannes und Benedikt selbst nach Cîteaux kamen, um sich persönlich vom dortigen Konventsleben zu überzeugen, wie sie Papst Paschalis II. in einem besonderen Schreiben mitteilten[9]. Aufgrund der fortgesetzten Streitigkeiten hat Abt Alberich auf Rat der beiden Kardinäle und mit Unterstützung des Bischofs von Chalon-sur-Saône und des Erzbischofs von Lyon die Mönche Johannes und Ilbodus zu Papst Pauschalis II. gesandt, um diesen zu bitten, das *Novum Monasterium* kirchenrechtlich zu bestätigen und unter den Schutz des Apostolischen Stuhls zu nehmen. Die beiden Mönche bekamen Schreiben des Diözesanbischofs Walther von Chalon-sur-Saône, von Erzbischof Hugo von Lyon und den beiden Kardinälen Johannes und Benedikt mit nach Italien[10].

Aus dem Schreiben des Diözesanbischofs ging hervor, daß er Abt Alberich im *Novum Monasterium* geweiht hatte[11]. Er bat den Papst, der Abtei ein Privileg auszustellen, das *locus ille abbatia libera in perpetuum permaneat*. Dieselbe Bitte war auch in den beiden anderen Schreiben zu finden. Die Mönche reisten in Italien dem sich in Apulien aufhaltenden Papst nach und erhielten dort in Troja von Paschalis II. am 19. Oktober 1100 das »Römische Privileg« ausgefertigt[12]. Darin nahm der Papst Cîteaux in seinen besonderen Schutz und bereitete auf diese Weise die spätere Exemtion der Abtei vor[13]. Er untersagte auch den Versuch, etwas an der Lebensweise von Cîteaux ändern zu wollen oder dem Kloster Mönche gegen die Aufnahme nach der Regel aufzudrängen. Darüber hinaus bestätigte er ausdrücklich die Entscheidung der Kirchenversammlung von Port-d'Anselle.

Das Privileg des Papstes sicherte die weitere Entwicklung von Cîteaux in seiner bislang befolgten Lebensweise. Weder Paschalis II. noch Abt Alberich haben hier an die Gründung eines neuen Ordens gedacht, sondern es ging nur darum, für Cîteaux den päpstlichen Schutz und die Sicherung seiner Lebensweise zu erreichen, gegen die von Nachbarklöstern und vor allem Molesme immer Vorbehalte bestanden haben. Das Privileg schrieb auch die 1099 durch die Neuwahl Alberichs beanspruchte Unabhängigkeit von Cîteaux vom Kloster Molesme endgültig kirchenrechtlich fest.

Cîteaux hat seine Existenzkrise 1099 durch die ihm verbliebene Förderung der politischen und geistlichen Führungskreise in Burgund relativ rasch überwinden können. Das päpstliche Privileg von 1100 stellte vermutlich schon das Ende der unmittelbarsten Gefahr für Cîteaux dar. Diözesanbischof und Erzbischof hatten sich bereits vor dem päpstlichen Privileg eindeutig für die von Cîteaux befolgte Lebensweise ausgesprochen und Abt Alberich ihre Unterstützung gewährt. Obwohl die strenge Auslegung der Regula Benedicti im Konvent anscheinend in dieser Zeit auf sich für das Mönchsleben interessierende Männer mehr abschreckend als anziehend gewirkt hat[14], spricht einiges dafür, daß es schon bald Neueintritte in den Konvent gegeben hat[15]. Auch die Beisetzung von Herzog Odo I. von Burgund im Kloster[16] 1102 ist Beweis dafür, daß sich Cîteaux zu diesem Zeitpunkt bereits von der Krise erholt hatte und im Wachstum begriffen war. Zu dieser Entwicklung würde auch die auf einer Inschrift unbekannten Datums aufbauende Nachricht passen, nach der die Mönche 1100 oder 1101 wegen Wassermangels den ursprünglichen Platz ihres Klosters aufgaben und in unmittelbarer Nähe das endgültige Kloster errichteten[17]. Die erste Kirche des Klosters weihte 1106 der Diözesanbischof Walther von Chalon-sur-Saône[18]. Da die von Ordericus Vitalis in seiner Historia Ecclesiastica genannte Zahl von 22 Mönchen aus Cîteaux unter Abt Alberich[19] eher auf das Ende von dessen Amtszeit deutet, läßt sich vermuten, daß dieser in dem Jahrzehnt seiner Regierung auch die ehemalige Größe des Konvents wiederhergestellt und damit den zahlenmäßigen Verlust nach der Kirchenversammlung von Port-d'Anselle ausgeglichen hatte.

Diese Überlieferung, die auf eine Reihe von Neueintritten in Cîteaux hinweist, wird durch die Nachricht über die Aufnahme des zweiten Sohnes von Herzog Odo I. von Burgund, Heinrich, in den Konvent unterstrichen, die zeitlich eher in die Regierungszeit Abt Alberichs als in die seines Nachfolgers passen würde. Die bei Hélinand von Froidmont im frühen 13. Jahrhundert berichtete Geschichte des Klerikers aus Vendœovre, der durch Vermittlung des Bischofs von Chalon-sur-Saône nach Cîteaux kam, beweist trotz ihrer späten Niederschrift, daß durch die Gunst der führenden Kreise Burgunds Cîteaux nicht nur bestehen blieb, sondern auch seine Verluste ausgleichen konnte.

Nachdem Cîteaux durch das Privileg Papst Paschalis II. seine Lebensgewohnheiten gesichert hatte, haben Abt Alberich und sein Konvent durch die Klosterverlegung und die damit verbundenen Baumaßnahmen begonnen, auch den äußeren Rahmen für das Konventsleben zu schaffen. Dadurch war Alberich während seiner Regierungszeit weitgehend auf die Beschäftigung mit dem eigenen Konvent festgelegt. Doch gibt es durch die Antwort des Abtes Lambert von St. Pierre de Pothières an Abt Alberich über die Betonung und den Sinn bestimmter lateinischer Worte Hinweise dafür, daß Cîteaux sich auch in diesen schwierigen Anfangsjahren neben den wirtschaftlichen Problemen und den Aufbau des Konvents wissenschaftlich mit den Reformkreisen der Zeit über theologische Fragen austauschte, sogar oft Initiator war. Abt Lambert war ein Schüler Brunos von Köln im Reims gewesen[20]. Die Antwort des Konvents von Cîteaux an die Kartäuser in Kalabrien auf die Nachricht vom Tode Brunos von Köln[21] zeigt die weiträumigen Beziehungen von Cîteaux in diesen frühen Jahren seiner Geschichte und beweist auch, wie engmaschig das Nachrichtennetz der Reformkonvente untereinander war. Die erst in späterer Zeit nachweisbaren *consuetudines* der neuen Observanz von Cîteaux, die in den *Instituta monachorum Cisterciensium de Molismo venientium*[22] vorliegen, werden allgemein Alberich zugeschrieben. Sie sind auf jeden Fall nach dem Privileg Paschalis II. entstanden. Wenn sie Abt Alberich tatsächlich selbst verfaßt hat, waren sie sicher nicht für einen sich bildenden neuen Orden bestimmt, sondern allenfalls für eine den Kongregationen anderer Klöster der Zeit vergleichbare Anzahl von Abteien.

Die *Instituta* beginnen mit Entscheidungen über die richtige Kleidung der Mönche. Die Änderung von Ordenstrachten hat angeblich in den Reformen immer eine besondere Rolle gespielt[23]. Abt Alberich wird allgemein zugeschrieben, daß unter ihm die Mönche von Cîteaux vom bislang schwarzen Ordenshabit der Benediktiner zum neuen weißen der Zisterzienser gewechselt hätten[24]. Die *Instituta* schrieben fest, daß die Mönche von Cîteaux auf die faltenreichen weiten Oberkleider *(froccos)*, das Pelzwerk *(pellicias)*, die Hemden *(staminia)*, die weiten Kapuzen *(caputia)* und die Beinkleider *(femoralia)* verzichten mußten[25]. Daneben wurden noch Kämme verboten, da sie wohl in der Regula Benedicti nicht genannt waren[26], ebenso auch Decken und Bettunterlagen. Bei derselben Mahlzeit im Refektorium durften den Mönchen nicht verschiedene Gerichte vorgesetzt werden, ebensowenig wie diese mit Fett zubereitet werden durften.

Die *Instituta* kamen abschließend nach den aufgezählten, verbotenen Einzelheiten zu dem umfassenden Schluß, daß alles, was gegen die Reinheit der Regula Benedicti *(puritas regulae)* verstoßen würde, abzulehnen sei. Die *Instituta* legten weiter fest, daß die Ausrichtung nach der Regula Benedicti *(rectitudo regulae)* Grundlage des Konventlebens in allen geistlichen und sonstigen Einzelheiten sein sollte. Die Mönche sollten sich aufgrund dieser Vorschriften freuen, den alten Menschen abzulegen und sich zu einem neuen wandeln zu können[27]. Da weder in der Regula noch in der Vita Benedicti etwas über den Besitz von Kirchen, Altären, kirchlichen Einkünften, Zehnten, Backöfen, Mühlen, Dörfern oder Bauern zu lesen war, sollten Schenkungen solcher Güter verboten sein, ebenso die Beisetzung von Toten[28]; auch war Frauen der Zutritt zum Kloster untersagt. Die Mönche wurden von Abt Alberich zur Handarbeit verpflichtet, wobei in den *Instituta* festgelegt wurde, daß Laienbrüder (Konversen) zur Unterstützung der Mönche in die Klosterfamilie aufgenommen werden sollten. Die *Instituta* legten abschließend nach der Regula Benedicti fest, daß Klöster nicht in Städten, Burgen oder Dörfern errichtet werden durften, sondern nur an Orten, die einsam gelegen waren. Ein solches Kloster mußte von mindestens zwölf Mönchen und dem Abt errichtet werden, wie es der hl. Benedikt festgelegt hatte. Da die frühen Quellen zur Geschichte der Zisterzienser nicht in einer Form überliefert sind, die gerade für die ersten beiden Jahrzehnte völlige Sicherheit gibt, wäre denkbar, daß dieser letzte Absatz den *Instituta* erst hinzugefügt wurde, als Cîteaux begann, Tochterklöster zu errichten. Es wäre aber auch denkbar, daß Abt Alberich diese Bestimmungen im Hinblick auf seine Erfahrungen in Molesme aufnahm, um bei etwa später erforderlichen Klostergründungen bereits eine klare Vorschrift zu besitzen. Alberich hat durch seine Tätigkeit Grundlagen für den künftigen Orden gelegt, obwohl er dessen Gründung nicht beabsichtigt und geplant hat. Nach 9¹/₂jähriger Regierung ist Alberich am 26. Januar 1109[29] gestorben und wurde im Kreuzgang seines Klosters bei der Tür in die Kirche beigesetzt[30].

Sein Nachfolger wurde der bisherige Prior *Stephan Harding*[31]. Wie sein Vorgänger war er über Jahre hinweg ein Weggefährte von Robert von Molesme gewesen. Er hatte 1099 Cîteaux ebenfalls nicht verlassen und sich damit für das in der Gründung des *Novum Monasterium* zum Ausdruck gekommene Ideal entschieden, das Alberich dann in den *Instituta monachorum* schriftlich fixiert hatte. Stephan Harding stammte aus einer angelsächsischen Adelsfamilie. Als diese in einem Aufstand gegen König Wilhelm den Eroberer verwickelt war, trat er 1069 in das Kloster Sherborne (Dorsetshire) ein. Da er nach der Überlieferung zu diesem Zeitpunkt sehr jung war, dürfte er spätestens in der Mitte der 50er Jahre geboren worden sein[32]. Der normannische Druck auf die angelsächsischen Klöster und sein Wissensdurst führten ihn bald nach seinem Klostereintritt nach Schottland und Frankreich. Nach intensiven Studien in Frankreich pilgerte er von dort aus nach Rom, wobei er sich auch in den Klöstern Camaldoli und Vallombrosa aufhielt. Nach seiner Rückkehr nach Frankreich ist er um 1085 in Molesme als Mönch eingetreten. Er hat dort zu dem Kreis der rigorosen Vertreter der Lebensform des Konvents nach den Vorschriften der Regula Benedicti gehört. Anscheinend hat er mit anderen Mönchen eine Zeitlang Molesme verlassen, um eine Einsiedelei zu gründen[33]. Diese Überlieferung hat nach der Entwicklung im Konvent von Molesme und der vorausgehenden Biographie Stephan Hardings einen hohen Wahrscheinlichkeitsgrad. Stephan Harding hat zu dem Kreis von Mönchen um Robert von Molesme gehört, der alle intellektuellen und spirituellen Angebote, die es in dieser Zeit gab, ausprobiert hatte[34]. Die Vertreter dieses Kreises, so auch Stephan Harding, waren mit den traditionellen Formen des Mönchtums nicht mehr einverstanden, sondern wollten in einem neuen, asketisch-puristisch geprägten Klosterleben die Bestimmungen der Regula Benedicti in allen Einzelheiten befolgen. Stephan Harding ist 1098 mit Abt Robert zusammen erneut aus Molesme ausgezogen und hat dann Cîteaux mitbegründet. Nach der Wahl Alberichs zum Abt von Cîteaux im Sommer 1099 ist er anscheinend sofort Prior des Klosters geworden und hat deshalb im folgenden Jahrzehnt dessen Schicksal zwar an zweiter Stelle im Konvent, aber damit doch an entscheidender Stelle mitbestimmt. Er dürfte in sämtliche Maßnahmen Alberichs vollständig eingebunden gewesen sein und war daher 1109 wie kein anderes Konventsmitglied auf die Nachfolge Alberichs vorbereitet. Der Konvent hat Stephan Harding und seine Arbeit als Prior sehr geschätzt, was aus der Nachricht bei Wilhelm von Malmesbury kenntlich wird, daß er in Abwesenheit vom Konvent zum Abt gewählt wurde[35].

Mit Stephan Harding nahm das Wachstum von Cîteaux in solchem Umfang zu, daß er mit dem Aufbau des Ordens beginnen konnte. Nicht ohne Grund bezeichnete ihn daher das *Exordium magnum* als *dux et signifer* des Ordens, womit er unter den *milites Christi*, wie sich die Mönche von Cîteaux schon unter Abt Alberich bezeichnet hatten, nicht nur die Befehlsgewalt einnahm, sondern auch das *signum* für alle Mönche sichtbar machte, damit sie diesem als Feldzeichen Christi nachfolgen konnten. Durch seinen Aufenthalt in Camaldoli und Vallombrosa, in Molesme und Cîteaux sowie in Sherborne war er nach einen Zeitraum von mindestens fast drei Jahrzehnten fest entschlossen, als Abt an den von seinen Vorgängern festgelegten *consuetudines* festzuhalten und diese weiter auszuformen.

Er hat sein Kloster nach dem in der Regula Benedicti vorgegebenen Abbild geleitet, das in der Forschung wiederholt als monarchisch bezeichnet wurde, was mit dem, was man unter diesem Begriff heute versteht, jedoch wenig gemein hat[36]. Als Beispiel für das Geschick Stephan Hardings, zu verhandeln und Entscheidungen zu fällen, wurde der Versuch von ihm dargestellt, sich über einander widersprechende Bibeltexte, vor allem im Alten Testament Klarheit zu verschaffen[37]. Um seine Fragen beantworten zu können, ging er zu jüdischen Rabbinern und besprach mit ihnen auf Französisch *(lingua romana)*, was in ihrer hebräischen Bibel stand. Er hat im Vergleich der Vulgata mit hebräischen und aramäischen Texten versucht, einen möglichst echten Bibeltext zu gewinnen, wie dieses später Nikolaus von Maniacoria vor der Mitte des 12. Jahrhunderts in Trois-Fontaines in wesentlich umfangreicherem Maße wiederholen sollte[38]. In seinem Vorgehen in einer von Fanatismus beherrschten Zeit zeigte der Abt den kühlen Verstand und auch den Mut, mit jüdischen Gelehrten über den echten Bibeltext zu verhandeln. Die heutige Forschung attestiert ihm dafür Vorstellungskraft, Phantasie, Flexibilität und Experimentierfreude. Ähnlich ging er vor, um eine bereinigte Textüberlieferung über die aus Mailand mitgebrachten Hymnentexte zu erhalten. Der Abt berief sich in Übereinstimmung mit der Regula Benedicti auf den gemeinsamen Beschluß oder den Konsens der Brüder des Klosters, sich bei den Hymnen auf die zu beschränken, die in Cîteaux für Dichtungen des hl. Ambrosius gehalten wurden[39]. Stephan Harding zeigte in diesem Bemühen um einen authentischen Text ein methodisches Vorgehen, das in dieser Ausprägung im 12. Jahrhundert sonst nicht bekannt ist.

Obwohl Abt Alberich den Konvent von Cîteaux während seiner Regierungszeit etwa wieder auf die Anzahl der Mönche bei der Gründung 1098 gebracht hatte, wurde der Konvent immer noch als sehr klein empfunden[40]. Stephan Harding war zu keinen Konzessionen im Konventsleben bereit, um rascher Novizen zu gewinnen. Diese Strenge im Leben nach der Regula Benedicti hat dem Konvent von Cîteaux zwar einen hervorragenden Ruf eingebracht, aber anscheinend in diese Zeit noch auf viele Menschen abschreckend gewirkt. Die asketisch-puristische Haltung hat sich auch im Verhältnis zu bedeutenden Gönnern des Klosters nicht verändert. Die Überlieferung nennt als ein Beispiel dafür Herzog Hugo II. von Burgund, der in den Forsten um Cîteaux zu jagen und anschließend im Kloster Hof zu halten pflegte. Stephan Harding hatte den Herzog gebeten, von diesem Brauch Abstand zu nehmen, um die klösterliche Abgeschiedenheit zu schützen[41]. Ein Zerwürfnis zwischen Abt und Herzog ist daraus nicht entstanden. Neuerlich zeigt sich an diesem Beispiel deutlich, daß neben den Bischöfen Burgunds auch die herzogliche Familie die Neugründung in Cîteaux maßgeblich unterstützt hat, wenn sie auch anfänglich die ansonsten allgemein übliche Förderung von Klöstern beibehielt. Es ist auch für die so weit in die Reform eingebundenen Vorgänger Stephan Hardings, Robert von Molesme und Alberich, aufschlußreich, daß sie diese Auftritte des Herzogs von

Burgund in ihrem Kloster hingenommen haben, obwohl sie doch auch von diesen belästigt und gestört worden waren. Die Beziehungen von Cîteaux zum herzoglichen Hof waren aber vielleicht durch den Eintritt des Bruders von Herzog Hugo noch enger geworden, so daß der Abt daraufhin diese Besuche des Herzogs ohne Schaden für sein Kloster abstellen konnte. Die Herzöge von Burgund haben nach diesen wenigen Überlieferungen in der Frühgeschichte von Cîteaux eine bedeutendere Rolle gespielt, als sich aus den geringfügigen Spuren auf den ersten Blick erkennen läßt.

Nach einer späteren Überlieferung war unter Abt Stephan Harding zu Pfingsten einmal nicht genug Brot im Konvent vorhanden, das dann durch ein Wunder plötzlich geliefert wurde[42]. Die Nachricht kann sich eigentlich nur auf die Anfangsjahre der Regierung von Stephan Harding beziehen, wenn man sie nicht überhaupt als legendenhaft abtun will; sie dürfte aber wohl doch die großen wirtschaftlichen Schwierigkeiten des Klosters in dessen Frühzeit aufzeigen. Trotz der unter Abt Alberich anzunehmenden Aufnahme von Novizen hatten sich die Güter und Einkünfte von Cîteaux seit der Gründung anscheinend nicht in großem Maße erweitert. Die Gönner des Klosters haben sich – soweit die urkundliche Überlieferung erkennen läßt – in den ersten Jahren mit Zuwendungen an dasselbe zurückgehalten, sofern dieses nicht selbst Schenkungen abgelehnt hat, um die von ihm aufgestellten Bedingungen nach der Regula Benedicti zu erfüllen. Stephan Harding scheint es hier gelungen zu sein, die Gratwanderung zwischen der ursprünglichen Ablehnung von Schenkungen aller Art und der sich daraus ergebenden schwierigen wirtschaftlichen Situation unter Abt Alberich auf der einen Seite und der Möglichkeit, größere Schenkungen von Grundbesitz zu erwerben auf der anderen Seite, zu meistern. Bald nach Beginn seines Abbatiats lassen sich nämlich mehrere Schenkungen von Grundbesitz an Cîteaux nachweisen[43]. Sie kamen bezeichnenderweise aus dem adeligen Umkreis des Herzogshofs von Burgund, vom Herzog selbst und von den bischöflichen Gönnern des Klosters. Der Kreis der Förderer von Cîteaux hatte sich demnach zu Beginn des zweiten Jahrzehnts des 12. Jahrhunderts gegenüber 1098 nicht verändert.

Es fällt auf, daß das in Cîteaux bestehende Scriptorium eine Reihe sehr umfangreich illuminierter Handschriften erstellt hat, die zudem eine hohe Kunstfertigkeit zeigen, was für eine dauernde Tätigkeit desselben spricht. Zu erwähnen sind hier insbesondere die um 1109 angefertigte Bibelhandschrift und die 1111 entstandene Abschrift der Moralia in Job Gregors d. Gr.[44]. Dabei wird Stephan Harding teilweise selbst als Illuminator der Handschriften in Anspruch genommen, was zweifelhaft sein dürfte, aber durch die aufgezeigten Anklänge an die englische Buchmalerei auf vielleicht heute nicht mehr in vollem Umfang faßbare Verbindungen zwischen Cîteaux und englischen Klöstern der Zeit hinweist. Ein Schreiben Stephan Hardings an seinen ehemaligen Konvent in Sherborne ist zumindest bekannt[45]. Die Arbeit des Scriptoriums in Cîteaux läßt auf gute wirtschaftliche Ressourcen des Klosters schließen und annehmen, daß diese Arbeiten bevorzugt gefördert wurden.

Die auf 1109 und 1111 datierten Handschriften und die aus denselben Jahren bekannte, zunehmende Anzahl von Schenkungen lassen aber auch den Schluß zu, daß es Stephan Harding nach Übernahme des Abbatiats gelang, die wirtschaftliche Situation von Cîteaux zu festigen und dadurch eine ausgedehntere Tätigkeit des bereits vorhandenen Scriptoriums zu ermöglichen.

Keiner dieser Schritte läßt aber über die unmittelbare Auswirkung auf Cîteaux hinaus Hinweise auf eine angestrebte Ordensgründung erkennen. Die entscheidenden Ereignisse auf dem Weg hierzu sind die Gründung des ersten Tochterklosters La Ferté 1113 und der in demselben Jahr erfolgte Eintritt Bernhards von Clairvaux mit 30 Begleitern in den Konvent von Cîteaux[46] und die Bestätigung der Carta Caritatis durch Papst Calixtus II. 1119[47].

Bernhard von Clairvaux war 1090 in der Burg von Fontaines-lès-Dijon oberhalb der Stadt Dijon als Sohn Tescelins von Fontaines geboren worden[48]. Dieser war einer der engsten Gefolgsleute der Herzöge Odo I. (1078–1102) und Hugo II. (1102–1143) von Burgund[49], die eine so bedeutsame Rolle in der Frühgeschichte von Cîteaux spielten. Bernhard erhielt nach einer sehr religiösen Erziehung im Elternhaus ab 1098 bei den Kanonikern von Saint-Vorles in Châtillon-sur-Seine eine an antikem Bildungsgut orientierte Ausbildung. Er hat aufgrund seiner Herkunft und der Beziehungen seiner Eltern das *Novum Monasterium* sicherlich gekannt. Aus den Quellen ist bekannt, daß Bernhard früh in eine Gruppe adeliger Söhne gleichen Alters eingebunden war, deren Anführer er sogar gewesen zu sein scheint. Nach einem langsam gereiften Entschluß, Mönch zu werden, überzeugte er seine Brüder und weitere Verwandte und Freunde, die teilweise schon zu der von ihm angeführten Gruppe Jugendlicher gehört hatten, mit ihm zusammen in Cîteaux einzutreten. Die mittelalterliche Geschichte überliefert mehrere Adelskonversionen ganzer Familien, die aber nie die Anzahl von 30 Männern erreichten, wie bei der Gruppe Bernhards. Nachdem dieser das gemeinsame Leben in klösterlicher Form mit seinen Begleitern bereits ein halbes Jahr vor dem Klostereintritt in Cîteaux begonnen hatte, ist davon auszugehen, daß entweder Bernhard alleine oder er und seine Gruppe gemeinsam sich dieses Kloster ganz bewußt ausgesucht hatten. Sie haben sich demnach von der in Cîteaux herrschenden Regelstrenge anziehen lassen, die andere abgestoßen hatte. Darüber hinaus wäre aber nach dem Eintritt des Sohnes bzw. Bruders des burgundischen Herzogs in Cîteaux auch zu fragen, ob nicht die enge Beziehung der Herren von Fontaines zum Herzogshof eine gewisse Rolle bei der Wahl dieses Klosters durch Bernhard gespielt hat.

Unter der Leitung von Stephan Harding war der Konvent von Cîteaux ab 1109 anscheinend rasch für Novizen anziehend geworden. Als Bernhard und seine Begleiter im Frühjahr 1113 in den Konvent eintraten, war der anfänglich so geringfügige Zugang von Novizen in Cîteaux bereits überwunden. Wenige Wochen nach der Aufnahme Bernhards in Cîteaux entsandte Stephan Harding nämlich den Gründungskonvent für das erste Tochterkloster La Ferté. Dabei wird von der großen Zahl von Mönchen in Cîteaux gesprochen, die nicht mehr ernährt werden konnte und für die sogar der Wohnraum im Kloster knapp wurde[50]. Daher hatte sich Stephan Harding um einen Ort bemüht, an dem sich Mönche seines Klosters niederlassen und »dem Leibe aber nicht dem Geiste nach« von Cîteaux getrennt leben konnten. Der große Förderer von Cîteaux, Bischof Walther von Chalon-sur-Saône, war an dieser Neugründung maßgeblich beteiligt. Die eigentlichen Stifter der Abtei waren die Grafen von Chalon-sur-Saône, Savari von Donzy und Wilhelm von Thiers[51]. Es fällt auf, daß die Stiftung von La Ferté in einer Zeit erfolgte, als die Grafen von Chalon-sur-Saône begannen, sich der Oberherrschaft des Herzogs von Burgund unterzuordnen. Es ist bei der Stiftung des Klosters La

Ferté also von einem entscheidenden Einfluß des Herzogs von Burgund auszugehen, zumindest ist die Stiftung aus seinem engeren Umkreis erfolgt.

Der Klostereintritt Bernhards und seiner Begleiter kann die Gründung von La Ferté kaum beeinflußt haben. Zwar erfolgte dieser Eintritt wenige Wochen vor der Gründung von La Ferté, aber einerseits befand sich die Gruppe noch im Noviziat und andererseits dürfte der Gründung von La Ferté eine wesentlich längere Vorbereitungs- und Planungsphase vorangegangen sein als der zeitliche Abstand zwischen den beiden Ereignissen umfaßte. Denkbar wäre nur, daß die halbjährige Vorbereitung Bernhards und seiner Schar auf den Klostereintritt bewußt stattfand, um Stephan Harding während dieser Zeit die Möglichkeit zu geben, die Gründung von La Ferté vorzubereiten. Das spätere, sehr lockere Verhältnis Bernhards zu Stephan Harding läßt diese Möglichkeit aber eher unwahrscheinlich erscheinen. Auf jeden Fall hat Stephan Harding als Abt eine Außenwirkung entwickelt, die seinem Kloster nicht nur eine Zunahme von Schenkungen, sondern auch ein Wachstum des Konvents gebracht hat.

Der Name des ersten Tochterklosters La Ferté war bewußt gewählt worden. Die *firmitas* der in Cîteaux befolgten *consuetudines* sollte in der Neugründung im Vordergrund stehen. Ob Stephan Harding bei der Gründung von La Ferté 1113 bereits an eine Ordensgründung gedacht hat, muß mangels schriftlichen Quellen darüber dahingestellt bleiben, erscheint aber eher unwahrscheinlich. Das Jahr 1113 mit der Gründung von La Ferté und dem Eintritt Bernhards markiert jedoch das Ende der frühen Jahre von Cîteaux. Die anfänglichen Schwierigkeiten des Klosters waren durch die Tätigkeit Stephan Hardings überwunden.

Dieser erhielt durch die große Zahl der mit Bernhard eingetretenen neuen Mönche schon 1114 die Möglichkeit, das zweite Tochterkloster Pontigny zu gründen[52]. Als Gründungsabt entsandte Stephan Harding den mit Bernhard eingetretenen hochadeligen Hugo von Mâcon, der 1136 Bischof von Auxerre wurde. Da er diese Aufgabe wenige Wochen nach seiner Profeß übertragen erhielt, wird dadurch neuerlich die Bedeutung der Gruppe Bernhards für die Ordensentwicklung bewiesen. Wenn Stephan Harding 1114 über eine größere Anzahl von Mönchen mit längerer Erfahrung im Klosterleben verfügt hätte, die für die Leitung eines Konvents geeignet gewesen wären, hätte er wohl auf einen von diesen und nicht auf den erst wenige Wochen als Mönch aufgenommenen Hugo zurückgegriffen.

Pontigny wurde auf Initiative des Eremiten Ansius gegründet, wobei die Gründungsdotation vom Grafen von Auxerre mit Unterstützung des Bischofs bereitgestellt worden zu sein scheint. Die Entsendung des Hugo von Mâcon als Gründungsabt läßt die Vermutung zu, daß auch politische Gründe dabei mitgewirkt haben könnten. Bischof Humbald von Auxerre war ein bekannter Vertreter der Reform[53]. Er hat daher schon von dieser Einstellung her das puristisch-asketische Cîteaux gefördert und sah vielleicht auch eine Möglichkeit, durch Portigny einen Ausgleich in seinen Auseinandersetzungen mit den Grafen von Auxerre zu erreichen. Die Gründung von Pontigny als Tochterkloster von Cîteaux hat somit bei aller Regelstrenge Stephan Hardings auch eine politische Komponente gehabt. Der Herzog von Burgund als Förderer von Cîteaux hat die Erweiterung des Klosters durch Tochterklöster in den Herrschaften seiner unmittelbaren Nachbarn sicherlich nicht ungern gesehen, da sich auf diese Weise auch sein Einfluß in diesen Gebieten nur verstärken konnte.

Der Schritt Bernhards und seiner Begleiter 1113 dürfte allgemeine Aufmerksamkeit erregt und das bereits vorher vorhandene Interesse an Cîteaux in Klerus und Adel entscheidend und vor allem werbewirksam gefördert haben. Der Konvent in Cîteaux wuchs durch dieses allgemeine Interesse rasch weiter. Stephan Harding konnte 1115 bereits die nächsten Tochterklöster Clairvaux[54] und Morimond[55] gründen. Das Gründungsjahr Morimonds wurde in der jüngsten Forschung angezweifelt und dafür die Jahre 1117 oder 1118 genannt[56]. Trotz der bewundernswürdigen Gedankentiefe der Gelehrten ist dieses Datum abzulehnen und beim alten zu bleiben, da sich die Klöster und Konvente im Orden von Anfang an beobachtet haben und daher ein falsches Gründungsjahr kaum ins Spiel gebracht werden konnte. Bei Morimond kommt dazu noch erschwerend das seit dem Eingreifen Bernhards in Morimond besondere Verhältnis zu Clairvaux hinzu. Clairvaux wurde in dem ursprünglich *vallis Absinthialis* (Wermuttal) genannten Gebiet gegründet, das erst durch das Kloster seinen neuen Namen *Clara Vallis* erhielt. Die Gründung erfolgte auf

Besitz des Gosbert Vicomte de la Ferté, eines Vetters Bernhards von Clairvaux, der über enge Beziehungen sowohl zum Herzog von Burgund als auch zum Grafen von der Champagne verfügte[57]. Es ist darauf hingewiesen worden, daß sich Stephan Harding um die Neugründung in Clairvaux kaum gekümmert hat, während er dieses in demselben Jahr in Morimond in hohem Maße tat[58]. Unter den Mönchen, die als Gründungskonvent Bernhard begleiteten, haben sich seine vier Brüder, ihr Onkel und zwei Vettern befunden. Damit war der Gründungskonvent fast geschlossen in der Hand der Familie Bernhards. Ob Stephan Harding sich somit derselben in Cîteaux weitgehend wieder entledigen wollte, kann aufgrund der Quellenlage nicht geklärt werden, obwohl das Verhältnis zwischen ihm und Bernhard kühl geblieben zu sein scheint, da unter Bernhards zahlreichen Kontakten und Briefpartnern später der Abt in Cîteaux fast nicht zu finden ist.

Bernhard ließ sich vom Bischof von Châlons-sur-Marne, Wilhelm von Champeaux[59], zum Abt und wohl auch zum Priester weihen[60]. Damit begann eine Freundschaft, die für Bernhards späteren Bekanntheitsgrad für überaus förderlich gehalten wird und vielleicht auch den Grund zu seiner späteren Feindschaft gegen Petrus Abaelard legte, der mit Bischof Wilhelm aus dessen Zeit als Lehrer an der Pariser Domschule zerstritten war[61]. Die von der Verwandtschaft Bernhards betriebene Gründung von Clairvaux hat die ersten Verbindungen zwischen Cîteaux und der Champagne hergestellt. Der Graf von der Champagne war auch Lehensherr des Gosbert Vicomte de La Ferté, weshalb sich Bernhard vermutlich auch durch den zur Champagne gehörigen Bischof von Châlons-sur-Marne weihen ließ.

In Morimond hatte sich zu Beginn des 12. Jahrhunderts ein Eremit Johannes mit Erlaubnis des Bischofs von Langres niedergelassen. Den Ort hatten Udalrich von Aigremont und seine Gemahlin Adeline gestiftet. Da die Planungen um diese Einsiedelei sich nicht in die Tat umsetzen ließen und Bischof Josseran von Langres gerne ein Tochterkloster von Cîteaux in seiner Diözese gegründet gesehen hätte, gab Udalrich von Aigremont dem Eremit Johannes den Rat, Morimond dem Abt und Konvent von Cîteaux aufzutragen, was dieser auch tat. Stephan Harding kam selbst nach Morimond, um die Klostergründung voranzutreiben. Der Name des neuen Klosters wurde von dem bisherigen Moiremont zu *mori mundo,* der Welt absterben, im Sinne der *consuetudines* von Cîteaux abgewandelt[62]. Udalrich von Aigremont und seine Ehefrau Adeline sowie anschließend auch Bischof Josseran und das Domkapitel von Langres übertrugen Morimond als Eigentum an Abt und Kapitel des Klosters Cîteaux[63]. Dazu erhielten die Mönche weiteren Besitz und Rechte durch die Gründer übertragen. Der Stifter Udalrich von Aigremont war über die zweite Ehe einer Großmutter Bernhards von Clairvaux ein angeheirateter Vetter desselben. Der die gesamten Rechtsvorgänge begleitende und überwachende Domherr von Langres, Willenc von Aigremont, der von 1125 bis 1136 Bischof von Langres war und als solcher die Gründung von Morimond urkundlich mit einer Darstellung der Gründung in allen Einzelheiten bestätigte, gilt durch diese Verwandtschaft als Halbonkel Bernhards und des Stifters von Morimond[64]. Auch die Gründung dieses vierten Tochterklosters von Cîteaux läßt somit eine Verbindung zum Umkreis der Herzöge von Burgund erkennen.

Da die Gründungsdotation Morimonds ein Lehen vom Grafen des Bassigny, Simon II. von Clefmont, war, mußte dieser noch der Schenkung zustimmen, was er, der ebenfalls zu der Familie der Herren von Fontaines verwandtschaftliche Beziehungen hatte, sofort in einer öffentlichen Versammlung tat[65]. Da Morimond auf der Grenze zwischen dem damaligen Frankreich und dem Deutschen Reich gelegen war[66], wurde der Gründungskonvent des neuen Klosters anscheinend entsprechend zusammengestellt. Der Gründungsabt Arnold hatte seine Ausbildung in Köln erhalten und stammte anscheinend auch aus dieser Erzdiözese. Es wird vermutet, daß er zu der mit Bernhard in Cîteaux eingetretenen Gruppe gehört hat[67]. Bei der Zusammensetzung der Gruppe um Bernhard erscheint diese Zugehörigkeit Arnolds aber zumindest anzweifelbar. Doch haben sich demnach, vergleichbar mit dem Aufenthalt von Bruno von Köln in Molesme, auch in Cîteaux schon früh deutschsprachige Mönche aufgehalten. Damit wird bewiesen, daß die *consuetudines* von Cîteaux in den Reformkreisen der Zeit weit über den französischsprachigen Raum hinaus bekannt waren.

Die Gründung der vier Primarabteien von 1113 bis 1115 hat Cîteaux anscheinend doch kräftemäßig belastet, denn erst zwei Jahre später kam es zur Gründung des nächsten Tochterklosters. Ein kurzer statistischer Überblick läßt erkennen, daß die vier Primarabteien mindestens 52 Mönche aus Cîteaux abgezogen hatten, denen als niedrigste Zahl dreizehn in Cîteaux verbleibende Mönche hinzugerechnet werden müssen. Diese Zahl war aber sicherlich erheblich größer. Die mit Bernhard eintretende Gruppe umfaßte 30 Begleiter. Aus diesen Zahlenverhältnissen wird deutlich, daß neben der Gruppe Bernhards weitere Novizen in Cîteaux eingetreten sein müssen. Die Anziehungskraft von Cîteaux und seinen vier Tochterklöstern hat sehr schnell zugenommen. Da ihre *consuetudines* 1113/15 gegenüber den anfänglichen um 1100 unverändert geblieben waren, als ihnen noch eine abschreckende Wirkung nachgesagt wurde, hatte sich die jüngere Generation in ihrer Haltung gegenüber denselben anscheinend verändert.

Die Schenkungen an Cîteaux nahmen in den folgenden Jahren zu, wobei wiederholt dieselben adeligen Wohltäter genannt wurden[68]. Diese lassen sich weitgehend dem bisherigen Wohltäterkreis von Cîteaux zuordnen. Erzbischof Guido von Vienne, der als Calixtus II. später Papst wurde (1119–1124)[69], rief 1117 Mönche aus Cîteaux nach Bonnevaux, das er 1119 als Papst bestätigte[70]. Er stammte aus der Familie der Grafen von Burgund und war durch seine Schwester Mathilde Schwager von Herzog Odo von Burgund († 1102), der sich in Cîteaux hatte beisetzen lassen, und Onkel Herzog Hugos II. bzw. Heinrichs, der in den Konvent von Cîteaux eingetreten war[71]. Damit führt diese Klosterstiftung in der Erzdiözese Vienne ebenfalls in den Umkreis des Hauses der Herzöge von Burgund. Graf Theobald II. von der Champagne und seine Mutter Adela von England schenkten 1118 das von ihnen erworbene Preuilly Stephan Harding und Cîteaux zur Gründung eines weiteren Tochterklosters[72]. Bischof Johannes von Orléans übergab 1119 die Gründungsdotation für die Abtei La Cour-Dieu[73] als weiterem Tochterkloster. Auch die Primarabteien hatten sich seit ihrer Gründung vergrößert und konnten selber Tochterklöster gründen. Von Pontigny aus wurden 1119 die Gründungskonvente von Bouras und Cadouin[74] entsandt und von Clairvaux entstand 1118 Trois-Fontaines und 1119 Fontenay[75].

Papst Calixtus II. bestätigte am 23. Dezember 1119 in Saulieu Stephan Harding die *capitula* (Beschlüsse) und die *constitutio*, die dieser zusammen mit seinen Mitbrüdern, den anderen Zisterzienserabten und den Bischöfen, in deren Diözesen die Abteien gelegen waren, abgefaßt hatte[76]. Obwohl aus dem Text der Papstbulle nicht hervorgeht, ob es sich dabei um eine frühe Fassung der Carta Caritatis gehandelt hat[77], geht die Forschung überwiegend davon aus, daß der Papst bereits eine erweiterte Fassung der Carta Caritatis bestätigt hat[78]. Die Entwicklung der Carta Caritatis, deren ältester erhaltener Text aus dem Jahr 1194 stammt[79], wird aus der Entwicklung des Klosters Cîteaux und seiner Tochterklöster heraus gesehen. Bei der Gründung der zweiten Tochterabtei Pontigny 1114 war es erforderlich, die Verbindungen zwischen Mutter- und Tochterkloster zu klären, weil Pontigny nicht in derselben Diözese wie Cîteaux lag, sondern in der Diözese Auxerre.

Die Forschung setzt daher zu diesem Zeitpunkt die Entwicklung der sogenannten Carta Caritatis primitiva durch Stephan Harding an[80]. Dieser hat anscheinend auf der Grundlage der *concordia Molismensis*[81], mit der Robert von Molesme 1110 das Verhältnis zwischen den Klöstern Molesme, Aulps und Balerne festgelegt hatte[82], die Richtlinien über das Abhängigkeitsverhältnis der Abteien untereinander, ihre Stellung zum Mutterkloster Cîteaux und ihre monastische und liturgische Ordnung aufgestellt. Es ist aufschlußreich, daß zwischen Molesme und seinen Tochterklöstern einerseits und Cîteaux und Stephan Harding andererseits trotz der Vorgänge von 1099 weiterhin Verbindungen bestanden haben. Die Entwicklung des von Cîteaux ausgehenden Ordens hat sich daher wohl auch im Laufe des zweiten Jahrzehnts des 12. Jahrhunderts langsamer bzw. evolutionärer vollzogen als dieser Vorgang bislang immer wieder gesehen wurde.

Die allem Anschein nach von Stephan Harding verfaßte Carta Caritatis primitiva beschränkte sich auf drei kurze Abschnitte. Im ersten gewährte sie den einzelnen Abteien in finanziellen Angelegenheiten volle Selbständigkeit. Der zweite Abschnitt legte fest, daß die Regula Benedicti einheitlich nach dem Beispiel von Cîteaux zu befolgen war. Nach dem dritten Abschnitt waren die in Cîteaux benutzten liturgischen Bücher auch für die Tochterklöster verbindlich. In den folgenden Jahren soll das Äbtekapitel die Carta Caritatis primitiva im Wortlaut präzisiert oder denselben abgeändert haben. Auf diese Weise entstand das Generalkapitel der Äbte im Mutterkloster und dessen zentrale Bedeutung für die Leitung des Ordens. Dabei wurde die Visitation über die Disziplin der jeweiligen Tochterklöster eingeführt und dem Abt von Cîteaux zugestanden, bei schweren Vergehen schuldige Äbte absetzen zu können. Auch das Verhältnis zwischen Mutter- und Tochterklöstern und die Wahl der Äbte wurde noch vor der Bulle Papst Calixtus II. von 1119 festgelegt[83].

Bei der Ausstellung dieser Bulle lag die Carta Caritatis prior anscheinend als erweiterte Fassung der Carta Caritatis primitiva bereits vor[84]. Damit ist unter der Leitung Stephan Hardings zwischen 1114 und 1119 der endgültige Schritt von der Gründung einer Kongregation zu einem Orden vollzogen worden. In der Forschung wurde darauf aufmerksam gemacht, daß die Carta Caritatis die Tätigkeit des Abtes unterstützte und damit auch das Leben nach der Regula Benedicti förderte. Eine in der Regula Benedicti klosterinterne Regelung der Pflichten und Aufgaben wurde durch die Carta Caritatis auf das äußere Verhältnis der Klöster übertragen, wobei die Stellung des Abtes betont wurde[85]. Cîteaux sicherte die Stellung jedes Abtes über sein Kloster, jedoch war dieser zugleich von einem Vaterabt abhängig, der in dieser frühen Zeit des Ordens noch mit dem Abt von Cîteaux identisch war.

Eine Reihe von überlieferten Erzählungen in Cîteaux und Clairvaux über Stephan Harding[86] beweisen, daß dieser als ein Mittelpunkt seines Ordens angesehen wurde. Er hat dafür gesorgt, daß das Generalkapitel des Ordens als eine Nachbildung des klösterlichen Kapitels entstand und eine vergleichbare Stellung einnahm. Stephan Harding war der geniale Organisator, der im Zeitraum zwischen 1114 und 1119 die Strukturen des Ordens aus den bereits bestehenden Teilen formte. Er hat die erste Phase der Geschichte von Cîteaux unter Abt Alberich (1099–1109) in wenigen Jahren überwunden und wirtschaftlich, personell und geistig durch die Erstellung authentischer Texte für ein regeltreues Leben bis 1113/14 die Ausgangssituation für die Entwicklung des Ordens geschaffen. An der Gründung der Tochterklöster hat er maßgeblichen Anteil genommen und 1119 für die Bulle von Papst Calixtus II. Sorge getragen, die dem Abt von Cîteaux und seinen Mönchen sowie den anderen ihm verbundenen Klöstern die weitere Ergänzung ihrer noch nicht abgeschlossenen Verfassung gestattete, deren Aufbau sie selbst bestimmen konnten, und allen geistlichen und weltlichen Personen verbot, diese Verfassung zu mißachten.

Obwohl Stephan Harding das Gemeinschaftsleben in Cîteaux und seinen ersten Tochterklöstern bis 1119 und darüber hinaus bis zu seinem Rücktritt als Abt 1133 entscheidend geprägt hat, ist zu zögern, ihn als den Hauptgründer des Zisterzienserordens zu bezeichnen[87]. Keines seiner Verdienste um Cîteaux und den Orden wird geschmälert, wenn man seine Stellung bei der Ordensgründung und Entwicklung in dieser Hinsicht relativiert. Stephan Harding war ein hochbegabter Organisator, wie seine Tätigkeit als Abt allein schon im Zeitraum von 1109 bis 1114 beweist. Obwohl er nicht wie Robert von Molesme auf einen verwandtschaftlichen Rückhalt in näherer und weiterer Umgebung seines Klosters zurückgreifen konnte, wie im übrigen auch Bernhard von Clairvaux, ist ihm der wirtschaftliche und personelle Aufbau in Cîteaux gelungen. Dabei hat er die geistige Nachfolge des hl. Benedikt und seiner Regel immer im Auge gehabt, wie seine quasi wissenschaftliche Suche nach dem richtigen Bibeltext und seine Beschäftigung mit den Texten des hl. Ambrosius von Mailand beweisen. Stephan Harding konnte aber auch auf die von seinem Vorgänger Alberich geschaffenen Grundlagen aufbauen. Trotz dieser großen Verdienste ist die Beteiligung Bernhards von Clairvaux an der Ordensgründung nicht zu übersehen.

Stephan Harding hat mit Unterstützung des Herzogs von Burgund, die insbesondere durch den Eintritt von dessen Bruder in Cîteaux zum Ausdruck kam, eine Ausgangssituation geschaffen, die Bernhard von Clairvaux und seine Gefährten in ihren Bann zog. Die Person Stephan Harding allein war dies aber zweifellos nicht, denn das Verhältnis Bernhards zu ihm ist, soweit es sich den Quellen entnehmen läßt, distanziert gewesen und geblieben. Die Jahrzehnte später im *Exordium magnum* überlieferte Geschichte, daß Bernhard als Novize in Cîteaux einige Bußpsalmen vergessen habe und deshalb von Stephan Harding gerügt wurde und fußfällig um Verzeihung bitten mußte, mag als mündliche Tradition dieses Verhältnisses zwischen Lehrer und Schüler gelten. Bernhard hat in einem seiner Briefe wohl auf dieses Verhältnis angespielt, als er von einer möglichen Rüge durch die Älteren sprach.

Trotz des persönlich distanzierten Verhältnisses haben Stephan Harding und Bernhard sowie die übrigen Äbte der Primarabteien den Orden gemeinsam errichtet und geleitet. Neben ihnen sind aber auch weitere bedeutende Männer tätig gewesen, die das Wachstum des Ordens mitverantworteten. Während Stephan Harding die Organisation geschaffen hat, hat Bernhard von Clairvaux diese und die geistigen Grundlagen so perfekt in der Öffentlichkeit vertreten, daß er nicht ohne Grund als Menschenfischer und Doctor mellifluus bezeichnet wurde. Er war die maßgebliche Persönlichkeit, die für den großen Zulauf in die Konvente des Ordens verantwortlich zeichnete. Dabei muß aber daran erinnert werden, daß die in den Klöstern des Ordens herrschende Atmosphäre die Neueintretenden in ihren Bann geschlagen hat und immer weitere Männer anzog. Die Gesamtleistung der Ordensgründung ging demnach weit über die beiden Protagonisten Stephan und Bernhard hinaus. Die ersten Jahrzehnte von Cîteaux und seinen Tochterklöstern lassen sich dadurch aufgliedern in:

1. Die Gründungsphase 1098/99
2. die Jahre des Beharrens und der langsamen Fortentwicklung unter Alberich 1099–1109
3. die Aufbaujahre unter Stephan Harding 1109–1113/14
4. die Übergangsphase zwischen Kongregation und neuem Orden durch die Gründung der Tochterklöster mit der Erstellung der Carta Caritatis primitiva und deren Weiterentwicklung 1114– 1119
5. die Weiterentwicklung des Ordens in einer ersten Phase ab 1119 bis zum Rücktritt Stephan Hardings (1133) und einer zweiten bis zum Tode Bernhards von Clairvaux (1153).

Das Privileg von Papst Calixtus II. hat Cîteaux und seinen Tochterklöstern die Möglichkeit gegeben, sich nach einer vorläufigen Verfassungsentwicklung zu einer endgültig neuen Form zu entwickeln, die keineswegs nur von Stephan Harding, sondern auch von Bernhard von Clairvaux und den aus seinem Umkreis stammenden Mönchen mitbestimmt wurde. Dabei ist die Unterstützung der Herzöge von Burgund und ihrer Verwandten sowie ihrem Gefolge zu beachten, die in der Geschichte der frühen Jahre von Cîteaux und des sich entwickelnden Ordens noch immer zu wenig berücksichtigt wurde und wird. Ohne diese Förderung wäre der Initialzündung in Cîteaux sicher kein so schneller und umfassender Erfolg beschert gewesen. Dabei ist vor allem auch zu berücksichtigen, daß Calixtus II. selbst aus diesem adeligen Umfeld von Cîteaux stammte.

II. Die Entwicklung des Ordens bis zur Bulle *Parvus Fons* (1265)

1. Die Ausbreitung des Ordens im 12. und 13. Jahrhundert

Die rasche, europaweite Ausbreitung des neuen Ordens rief und ruft immer wieder Erstaunen hervor. Dabei wird meist die fast zeitgleiche Entwicklung der Prämonstratenser und der Augustinerchorherren weniger beachtet. Schon der Cluniazensermönch Ordericus Vitalis (1075–1142), der in seiner *Historia ecclesiastica* über die frühe Geschichte des Zisterzienserordens berichtet hat, hat mit seinem Hinweis auf den Schwarm der Mönche, die sich über die ganze Welt ausbreiten würden, das Erstaunen der Zeitgenossen über die Ausbreitung der Zisterzienser beschrieben. Die Menschen des 12. Jahrhunderts sahen in dem Vorgang den Willen Gottes. Die Abtei Cîteaux hatte 1113 ihr erstes Tochterkloster gegründet, und als Papst Calixtus II. 1119 Stephan Harding das Privileg ausfertigte, das den neuen Orden bestätigte, bestand dieser aus zwölf Abteien. Davon waren sieben Tochterklöster von Cîteaux und je zwei der Primarabteien Clairvaux und Pontigny. Unmittelbar vor dem Tode Bernhards von Clairvaux umfaßte der Orden 333 Klöster. Diese Zahl stieg bis zur Mitte des 13. Jahrhunderts auf 647 an[1]. Da der Orden anschließend bis 1675 nur noch auf 742 Abteien wuchs, war die Zeit seiner hauptsächlichsten Ausbreitung das 12. und die erste Hälfte des 13. Jahrhunderts. Diese Entwicklung ist näher zu untersuchen.

Die Zisterzienser waren ein solcher Anziehungspunkt für die jungen Menschen dieses Zeitalters, daß das 12. Jahrhundert zurecht als das zisterziensische in der Geschichte bezeichnet wird. Obwohl sich die Zahl der Klöster rasch vergrößerte, blieben die Konvente der einzelnen Klöster zahlenmäßig unterschiedlich groß. Neben Abteien mit mehreren hundert Mönchen und Konversen, standen solche, die gerade die vom Generalkapitel festgelegte Konventstärke von zwölf Mönchen erreichten. Die Gesamtzahl der Mönche wird nach den sich aus der Forschung in den ersten Jahrhunderten ergebenden durchschnittlichen Konventsgrößen mit 15 Mönchen und 20 Laienbrüdern auf etwa 11600 Mönche im Jahr 1152 und rund 20000 im 13. Jahrhundert errechnet[2]. Über die Konvente des 12. und 13. Jahrhunderts liegen einige Mitgliederzahlen vor[3]:

Kloster	Mönche	Konversen
Clairvaux (um 1150)	200	300
Pontigny (um 1157)	100	300
Vaucelles	103	130
Rievaulx/England (1165)	150	500
Waverley/England (1187)	70	120
Villers/Brabant (Ende 13. Jh.)	100	300
Les Dunes/Flandern (Ende 13. Jh.)	181	350
Himmerod (1224)	60	200
Meaux/England (1249)	60	90
Froidmont bei Beauvais (Ende 13. Jh.)	50	100
Kamp (1280)	73	72
Walkenried (1280)	80	180
Volkenroda (1280)	50	104
Amelungsborn (1280)	50	90
Michaelstein (1280)	50	98
Neuenkamp (1280)	60	55

Der größere Teil dieser Zahlen stammt erst aus dem späten 13. Jahrhundert, also aus der Zeit, als die Zisterzienser bereits nicht mehr in diesem Maße Novizen anzogen wie in den Jahrzehnten des 12. Jahrhunderts. Es ist somit davon auszugehen, daß die Konvente in dieser Zeit bereits etwas kleiner geworden waren. Das Generalkapitel hatte 1237 Klöstern mit acht Konversen erlaubt, weltliches Küchenpersonal einzustellen und 1274 wurde diese Neuerung allgemein anerkannt, um die Küchenbrüder für andere Aufgaben freizustellen[4]. Diese Neuerung im Orden beweist, daß der Zugang von Novizen in den Konventen in den vorausgehenden zwei Generationen zurückgegangen war.

Die Zisterzienser haben sich vermutlich so rasch entwickeln können, weil sie in einer Zeit entstanden, als die Bevölkerung in hohem Maße zunahm. Dem von Bernhard und seinen Gefährten in das

Novum Monasterium genommenen Weg folgten in den folgenden Jahrzehnten zahlreiche nachgeborene Söhne des Adels. Der Eintritt Bernhards mit seinen 30 Gefährten hat die bereits bestehende Anziehungskraft von Cîteaux zusätzlich erhöht und dem sich in den folgenden Jahren herausbildenden Orden in weiten Kreisen öffentliches Interesse gebracht. Das Schisma zwischen Papst Innocenz II. und dem Gegenpapst Anaklet II. ab 1130 wird als Auseinandersetzung der neuen Reformkreise mit der älteren, maßgeblich von Cluny repräsentierten Haltung zum Konventsleben gesehen[5], obwohl sich Cluny selbst unter seinem Abt Petrus Venerabilis für Innocenz II. gewinnen ließ. In den Auseinandersetzungen hatte die Parteinahme Bernhards von Clairvaux für Papst Innocenz II. maßgebliche Bedeutung. Er hat diesem entscheidend mit zum Siege verholfen und damit die Zisterzienser in eine kirchenpolitsch bedeutsame Stellung gebracht, die schon bald in vielen zu Bischöfen aufsteigenden Zisterziensermönchen ihren Ausdruck fand, bis mit Eugen III. 1145 sogar ein Zisterzienserabt Papst wurde[6]. Ob die politischen Auseinandersetzungen der ersten Hälfte des 12. Jahrhunderts die Ausbreitung der Zisterzienser gefördert haben, läßt sich im Gegensatz zu ihrer Stellungnahme im Schisma keineswegs sicher behaupten. Es hat im Gegenteil sogar den Anschein, als hätten sie sich in diesen politischen Kämpfen der Zeit nicht bewußt betätigt. Ob sich aus der Stiftung einzelner Klöster durch bestimmte Personen in diesen Jahren auch immer sofort eine Parteinahme des Gesamtordens für deren politische Interessen ablesen läßt, darf bezweifelt werden.

Die Zisterzienser haben sich als Orden auch nicht ausschließlich auf die Kolonisation beschränkt, wie es in vielen Untersuchungen dargestellt wird. Neben Cîteaux und den vier Primarabteien lagen viele Klostergründungen des Ordens im Altsiedelland. Doch ist festzuhalten, daß die Zisterzienser nicht nur in den neuen Siedlungsgebieten Osteuropas kolonisiert haben, sondern auch im Altsiedelland im Rahmen der Binnenkolonisation tätig gewesen sind. Dadurch wurde der Grundbesitz der einzelnen Abteien im Laufe einiger Jahrzehnte erheblich erweitert und die Besiedlung dieser neuerschlossenen Gebiete ermöglicht. Das Landschaftsbild Europas ist auf diese Weise im Hochmittelalter von den Zisterziensern entscheidend mit beeinflußt worden.

Die Entwicklung des Ordens wird nach 1115 bzw. 1119 immer in den Filiationsreihen auf die fünf ersten Abteien zurückgeführt. Dabei wird von der Abhängigkeit der vier Primarabteien von Cîteaux abgesehen. Cîteaux hat nach den vier Primarabteien 24 weitere Tochterklöster gegründet bzw. durch Reformen zu Zisterzienserklöstern gemacht[7]. Insgesamt hat die von Cîteaux ausgehende Filiation 109 Abteien umfaßt[8]. Die Hälfte seiner unmittelbaren Tochterabteien hat Cîteaux bis 1147 errichtet[9]. Nach einer Pause von etwas über 50 Jahren wurde ab 1200 die zweite Hälfte der 24 unmittelbaren Tochterklöster begründet[10]. Innerhalb der ersten Hälfte lagen die Tochterklöster überwiegend in Frankreich, doch wurde eine Abtei in Italien (Sant Andrea di Sesto oder Sestri) und eine weitere in Dänemark bzw. Südschweden (Herrevad) gegründet. Die zweite Hälfte lag dagegen überwiegend außerhalb des französischen Kulturgebietes, auf der Iberischen Halbinsel (Carracedo, Sotos Albos, Escarpe), in Italien (San Salvatore del Mont'Aniata, San Salvatore di Monte Acuto), in England (Beaulieu), im englisch-normannischen Frankreich (L'Epau) und im heutigen Belgien (Moulins). Bei der Stiftung der im 12. Jahrhundert im französischen Kulturraum gegründeten Enkelklöster findet man die Stifter in derselben Adelsschicht wie bei den vorausgehenden übrigen Tochterklöstern von Cîteaux. Graf Theobald IV. von Blois gründete 1121 zum Beispiel L'Aumône (Dep. Loir-et-Cher), Fulko V. von Anjou in demselben Jahr Le Loroux (Dep. Maine-et-Loire), genau ein Jahrzehnt später stifteten Garnier II. Seigneur von Sombernon La Bussière (Dep. Côte-d'Or) und Humbert de Coligny Le Miroir (Dep. Saône-et-Loire). Guy II. Graf von Ponthieu legte 1137 den Grund für das Kloster Valloires (Dep. Somme) und Graf Guillaume von Alençon 1145 für Perseigne (Dep. Sarthe).

Das 1144 in der Erzdiözese Lund in Schonen errichtete Kloster Herrevad[11] wurde von Erzbischof Eskil[12] gegründet. Es handelte sich dabei nach dem 1131 bei Genua gegründeten Kloster Sant Andrea di Sesto bzw. Sestri um das zweite außerhalb des französischen Kulturraumes gegründete Tochterkloster von Cîteaux. Erzbischof Eskil hat sich als Vertreter einer tatkräftigen Kirchenpolitik gegenüber den Königen auf die Zisterzienser gestützt. Er reiste mehrfach nach Frankreich und traf dort in Clairvaux mit Bernhard zusammen. Die erste dieser Reisen wird auf das Jahr 1143/44 datiert. Er hat dabei wohl den Gründungskonvent für Herrevad in Cîteaux erbeten. Da Erzbischof Eskil in Hildesheim ausgebildet worden war, könnte er die Zisterzienser dabei in ihren ersten deutschen Klöstern kennengelernt haben. Herrevad hat drei Tochterklöster in Dänemark entstehen lassen: Tvis (1164; Nord-Jütland), Løgum (1171; Süd-Jütland) und Holme (um 1172; Fünen). Diese Klöster haben sich in Dänemark nicht nur durch Tochterklöster weiterverbreitet, da durch die späteren Verbindungen von Erzbischof Eskil zu Clairvaux und dessen Abt Bernhard dessen Filiation eine bedeutendere Stellung in Dänemark erhielt, als die von Cîteaux. Eskil selbst zog sich nach seiner Resignation 1177 als Mönch nach Clairvaux zurück und starb dort 1181.

Das in der Diözese Limoges gelegene Kloster Obazine (Dep. Corrèze)[13] war durch den Eremiten Stephan von Obazine († 1159) zwischen 1130 und 1142 als klösterliche Gemeinschaft entstanden, wobei gleichzeitig eine Gemeinschaft für Frauen im nicht allzuweit entfernten Coyroux gegründet wurde. Stephan von Obazine hatte seine Klöster zuerst den Kartäusern, dann der Kongregation von Dalon anschließen wollen, und als dieses nicht in der gewünschten Form gelang, erreichte er 1147 beim Generalkapitel die Aufnahme in den Zisterzienserorden[14], der das Konventsleben nach seinen *consuetudines* umgestaltete.

Als Cîteaux nach der Unterbrechung von mehr als fünf Jahrzehnten 1200 das im Nordwesten Spaniens gelegene Carracedo (Prov. León)[15] als Tochterabtei gewann, handelte es sich dabei nicht um eine Neugründung, sondern um die Aufnahme des ursprünglich als Benediktinerabtei gegründeten Klosters durch das Generalkapitel in den Zisterzienserorden. Es wurde zum ältesten der drei spanischen Tochterklöster von Cîteaux, wobei die Gründung der beiden jüngeren in Sotos Albos (Prov. Segovia) und Escarpe (Prov. Lerida) in einem gewissen Zusammenhang mit dem Abbatiat Arnolds I. in Cîteaux (1202–1212) stehen dürfte, der zuvor Abt in dem spanischen Poblet gewesen war und dadurch sehr gute Beziehungen zu Königtum und Adel in dem nordspanischen Königreich hatte.

König Johann von England gründete 1204 mit Mönchen aus Cîteaux das Kloster Beaulieu (Gft. Hampshire)[16]. Der mit 30 Mönchen angegebene Umfang des Gründungskonvents aus Cîteaux hat nach Ansicht der Forschung die Konversen mit umfaßt. Von dieser englischen Abtei ging ein neuer Anstoß des zisterziensischen Klosterlebens in England aus, indem es die Abteien Netley (1239), Hayles (1246), Newenham (1248) und zuletzt London (St. Mary Graces, 1350) initiierte.

Die Abtei L'Aumône (Dep. Loir-et-Cher), auch Petit-Cîteaux genannt, nahm eine besondere Rolle ein[17]. Sie gründete selbst 29 Tochterklöster, die alle in der Bretagne und in England lagen. Dort wurde von dem aus L'Aumône kommenden Gründungskonvent 1128 das von William Giffard, Bischof von Winchester, gestiftete Waverley als erstes Zisterzienserkloster in England besiedelt. Es wurde zum bedeutendsten Zentrum der Zisterzienser im südlichen und mittleren England. Der rasch wachsende Konvent ließ die Tochterklöster Forde (1136), Garendon (1137), Thame (1137/40), Bruerne (1147) und Combe (1150) entstehen, die selbst fünf Enkelklöster und diese wiederum nochmals drei Tochterklöster gründeten. L'Aumône besiedelte 1131 auch das in der Diözese Llandaff in Wales gelegene Kloster Tintern, das wiederum zwei Tochterklöster besiedelte. Insgesamt hatte die Abtei L'Aumône also 18 Tochterklöster in England.

Unter der in der Zeit nach 1200 gegründeten zweiten Hälfte der Tochterklöster von Cîteaux wurde Royaumont (Dep. Val-d'Oise) 1228 von König Ludwig IX. von Frankreich und L'Epau (Dep. Sarthe) 1229 durch die Witwe des englischen Königs Richard Löwenherz, Berengaria von Navarra, gestiftet, die sich dort auch beisetzen ließ.

Die geographische Lage der Tochterklöster hat weitgehend auch die Lage der von diesen ausgehenden Enkelklöstern festgeschrieben. Die von Cîteaux begonnene Filiationsreihe hat sich dadurch über Frankreich, Nordspanien, England und in geringem Umfang auch Skandinavien und Norditalien ausgebreitet.

Weshalb von Cîteaux aus fast sechs Jahrzehnte lang zwischen 1147 und 1200, bzw. eigentlich 1204, kein Tochterkloster gegründet wurde, dürfte mit der Haltung des Ordens zu erklären sein, der seit der Mitte des 12. Jahrhunderts versuchte, die weitere Ausdehnung in engen Grenzen zu halten. Das Generalkapitel von 1152 legte fest, daß für eine Neugründung mindestens 60 Mönche vorhanden sein mußten und eine solche Gründung nicht im Umkreis von 10 Meilen um eine bereits bestehende Abtei erfolgen durfte. Cîteaux ist bei dieser Entwicklung mit gutem Beispiel vorangegangen und wollte wohl auch eine allzu große Stärkung von Clairvaux und Morimond verhindern. Darüber hinaus wurde seit 1151 in Cîteaux der Abt in der Regel nicht mehr aus den Mönchen des eigenen Konvents gewählt, sondern aus den Äbten anderer Klöster des Ordens, die durch ihre Wahl in Cîteaux zum Oberhaupt des Ordens aufstiegen und deren Interessen daher weit mehr im Bereich des Ordens lagen als in der Erweiterung der Filiation des eigenen Klosters. Dennoch hat der Anteil der von Cîteaux aus begründeten Tochterklöster mit 24 bzw. 28 Abteien einen relativ hohen Prozentsatz der gesamten Filiation von Cîteaux eingenommen.

Die vom ältesten Tochterkloster Cîteaux' und ersten Primarabtei des Ordens, La Ferté, ausgehende Filiation war im Orden immer die kleinste. Sie umfaßte nur 16 Abteien[18]. Der Gründungskonvent von La Ferté wurde von Cîteaux vor dem Eintritt Bernhards von Clairvaux und seiner Begleiter entsandt und war daher aus Mönchen zusammengesetzt, die einerseits mit Robert von Molesme nach Cîteaux gekommen und andererseits dort in dem Jahrzehnt vor der Gründung des Klosters eingetreten waren. Damit waren die Äbte Bertrand oder Philibert (1113–1117) und wohl auch Peter I. (? 1117–1124), der 1124 Erzbischof von Tarentaise wurde und dort 1140 starb, Angehörige der älteren Mönchsgeneration in Cîteaux. Über den vielleicht zwischen ihnen um 1117/18 amtierenden Abt Opizo, der nur in einer frühneuzeitlichen Überlieferung erwähnt ist, ist zu wenig bekannt, um weitere Aussagen machen zu können[19].

Unter Abt Peter I. entstand 1120 das Tochterkloster Tiglieto (Diözese Acqui) in der Lombardei als erstes Zisterzienserkloster in Italien. Mönche aus La Ferté übernahmen 1124 auch die ehemalige Benediktinerabtei Locedio (Diözese Vercelli) in Piemont[20]. Schon bald darauf wurde der Abt des Klosters durch eine vehemente Verteidigung der Jungfrauengeburt Mariens weithin bekannt. Er setzte damit ein frühes Zeichen für die große Marienverehrung des Zisterzienserordens. Die Gründung von Tiglieto und die Übernahme von Locedio beweisen enge Verbindungen des Abtes Peter zum oberitalienischen Raum, was auch seine Wahl 1124 zum Erzbischof von Tarentaise beweist. Als erster Ordensangehöriger überhaupt wurde er auf einen Bischofsitz erhoben. Das dritte Tochterkloster von La Ferté entstand 1132 in Maizières (Dep. Saône-et-Loire) als Stiftung des Adeligen

Fulco de Réon[21]. Erst acht Jahrzehnte später wurde mit Barona (Diözese Pavia) das vierte[22] und 1235 mit St. Sergius nordöstlich von Beirut in Syrien das fünfte und letzte Tochterkloster gegründet[23].

Die Tochterklöster von La Ferté haben selbst nur wenige Tochterabteien besiedelt, weshalb die Filiationsreihe von La Ferté auch zahlenmäßig so gering blieb. Von Tiglieto aus entstand 1135 Staffarda in Piemont und 1150 Casanova bei Carmagnola. Staffarda gründete 1189 als einzige Tochterabtei das Kloster Sala westlich des Bolsena-Sees in Latium, während Casanova ohne Tochterkloster blieb. Von Locedio aus wurden folgende Klöster besiedelt: Chiaravalle di Castagnola bei Ancona 1147, Ripalta bei Tortona 1181, St. Georges de Jubino in Syrien bei Antiochia[24] 1214 und ebenfalls 1214 Chortaïtis in Makedonien[25]. Von Chiaravalle di Castagnola aus entstand als einziges Tochterkloster 1257 San Severo in Ravenna. Ripalta gründete als Tochterkloster die Abteien Aqualunga nördlich des Po (1204) und Del Preallo (1237)[26], das vermutlich zwischen Tortona und Genua lag. Von Maizières aus wurde bereits ein Jahrzehnt nach der Gründung 1143 Stürzelbronn bei Bitsch durch Herzog Simon I. von Lothringen gegründet[27].

Von den 16 Abteien der Filiation La Ferté lagen elf in Italien, zwei in Syrien, eine in Makedonien, eine in Frankreich und eine im deutschen Sprachgebiet. Der Schwerpunkt der Filiation lag demnach in Italien. Auch bei La Ferté ist eine zeitliche Lücke bei der Gründung der unmittelbaren Tochterklöster zwischen 1132 und 1210 festzustellen. Der Grund dürfte ebenfalls im Zeitraum ab 1152 in den Beschlüssen des Generalkapitels dieses Jahres zur Gründung von Tochterklöstern zu suchen sein. Die Anzahl der Enkelklöster von La Ferté ist zu gering, um deren Stellung zu weiteren Neugründungen eindeutig festlegen zu können. Doch wurde auch von ihnen auffallenderweise zwischen 1147 (Chiaravalle di Castagnola) und 1181 (Ripalta) keine Neugründung vorgenommen.

Die nächstgrößere Filiation nach La Ferté war die der 1114 gegründeten Primarabtei Pontigny mit 16 Tochterklöstern und insgesamt 43 Abteien[28]. Die ersten Äbte des Klosters Pontigny haben nicht nur ihre Abtei im Unterschied zu den Äbten von Cîteaux – nach dem Rücktritt Stephan Hardings – und von La Ferté teilweise über Jahrzehnte hinweg geleitet, sondern sind fast durchweg am Ende ihrer dortigen

Tätigkeit – vermutlich aufgrund ihrer Leistungen – zu Bischöfen erhoben worden. Der Gründungsabt Hugo von Mâcon, einer der 30 Gefährten Bernhards von Clairvaux, war in Pontigny von 1114 bis 1136 Abt, wurde dann Bischof von Auxerre, wo er 1151 kurz vor seinem im gleichen Jahr erfolgten Tode resignierte, dann nach Pontigny zurückkehrte, dort verstarb und beigesetzt wurde. Sein Nachfolger als Abt, Guichard, wurde nach fast drei Jahrzehnten (1136–1165) Erzbischof von Lyon (1165–1180). Er ließ sich nach seinem Tode ebenfalls in Pontigny beisetzen[29]. Der dritte Abt, Guérin de Gallardon (1165–1174), wurde Erzbischof von Bourges (1174–1180)[30]. Auch er ließ sich nach seinem Tode im Kloster Pontigny begraben. Nach der sehr kurzen Regierungszeit Abt Wilhelms (1174/77) folgte Peter (1177–1180), der anschließend Abt von Cîteaux (1180–1184) und als solcher zum Bischof von Arras (1184–1203)[31] gewählt wurde. Auch er wurde nach seinem Tode in Pontigny beigesetzt. Sein vermutlicher Nachfolger Guarmund soll für den Bischofsitz Auxerre vorgeschlagen worden sein, ist aber anscheinend vor der Erhebung zum Bischof verstorben[32]. Er war durch seine Brüder und Neffen eng mit dem Hof König Philipp II. Augusts von Frankreich verbunden. Abt Gérard I. wurde 1202 zum Kardinalbischof von Praeneste erhoben und Abt Walther (1214–1217) wurde Bischof von Chartres (1217–1234)[33]. Die beiden letzteren ließen sich nicht mehr in Pontigny beisetzen, was wohl als eine Lockerung ihrer Bindung an dieses Kloster gewertet werden kann.

Unter dem Gründungsabt Hugo von Mâcon wurden neun der 16 Tochterklöster gegründet: Bourras (1119; Dep. Nièvre), Cadouin (1119; Dep. Dordogne), Fontainejean (1124; Dep. Loiret), Jouy (1124; Dep. Seine-et-Marne), Saint-Sulpice (1130; Dep. Ain), Quincy (1133; Dep. Yonne), Chaalis (1136; Dep. Oise), Les Roches (1136; Dep. Nièvre). König Ludwig VI. hat die Abtei Chaalis (Caroli locus) zum Andenken an Karl den Guten, Grafen von Friesland († 1127), gestiftet, nachdem er sich in die Auseinandersetzungen nach der Ermordung Karls in Friesland erfolgreich eingemischt hatte. Fontainejean ist von Milo von Courtenay errichtet worden und die Gründung von Jouy geschah mit Unterstützung des Herzogs Theobald von der Champagne. Die übrigen Tochterklöster wurden von regionalen Adelsfamilien gestiftet.

Während der Zeit Abt Guichards entstanden als weitere Tochterklöster: 1141 le Pin (Dep. Vienne) und Cergamp (Dep. Pas-de-Calais), 1145 L'Estrée (Dep. Eure), L'Étoile (Dep. Vienne) und Trizay (Dep. Vendée) sowie 1156 Notre Dame de l'Ile de Ré. Es gelang Abt Guichard auch, 1162 die Abtei Dalon (Dep. Dordogne) mit ihren Tochterabteien für den Zisterzienserorden zu gewinnen. Dalon war 1120 von Géraud de Sales, einem Schüler Roberts d'Arbrissel, in Nachfolge eines eremitisch geprägten Klosterlebens gegründet worden. Als letztes Tochterkloster Pontignys entstand unter Abt Peter 1179 die Abtei Egresch bei Csanad in Ungarn. Während die von Abt Guichard gegründeten Tochterklöster von regionalen Adelsfamilien gestiftet wurden, wurde die Abtei Egresch von König Bela III. von Ungarn gegründet, der durch seine erste Ehe mit Anna (Agnes) von Châtillon und seine zweite mit der Schwester König Philipp II. Augusts von Frankreich zahlreiche Verbindungen zum französischen Kulturraum besaß. Bela III. hat die Zisterzienser in Ungarn besonders gefördert und ihnen in seinem Reich das ausschließliche Recht eingeräumt, Kirchen und Kapellen zu bauen, Altäre aufzurichten und Friedhöfe zu weihen.

Nach den Beschlüssen des Generalkapitels von 1152 zur Gründung von Tochterklöstern hat Pontigny nur noch zwei Klöster gegründet und die Abtei Dalon mit ihren Tochterklöstern in die eigene Filiation aufgenommen. Die Verbindung zwischen den Äbten von Pontigny und dem französischen Königtum läßt die Entsendung des Gründungskonvents von Egresch auf Bitten König Belas III. als eine Anfrage erscheinen, der sich das Kloster auf keinen Fall verschließen konnte. Pontigny hat sich nach dieser Entwicklung also seit der Mitte des 12. Jahrhunderts ebenfalls weitgehend an die Beschlüsse des Generalkapitels über die Gründung von Tochterklöstern gehalten.

Als 1162 die Abtei Dalon dem Zisterzienserorden angeschlossen wurde, folgten ihr sechs Tochterklöster: Bonlieu (1121; Dep. Creuse), Le Beuil (1123; Dep. Haute-Vienne), Loc Dieu (1123; Dep. Aveyron), Aubignac (1138; Dep. Creuse), Prébenoît (1140; Dep. Creuse) und Palais-Notre Dame (1156; Dep. Creuse). Von der Abtei Beuil aus wurde 1168 als Enkelkloster Pontignys Saint-Léonard-des-Chaumes (Dep. Charente-Maritimes) besiedelt, was die rasche Integration der Abtei Dalon und ihrer Tochterklöster in den Zisterzienserorden beweist. Das von Gérard de Sales ebenfalls um 1120 zeitgleich mit der Abtei Dalon gegründete Kloster Gondon (Dep. Lot-et-Garonne) in der Diözese Agen hatte sich schon bald nach der Gründung Pontigny als Tochterkloster angeschlossen. Cadouin (Dep. Dordogne), das 1115 von einigen Eremiten gegründet, 1119 durch einen Gründungskonvent von Pontigny aus erweitert und übernommen wurde, hatte denselben Schritt vollzogen. Von Cadouin aus wurden Ardorel (1124; Dep. Tarn), St. Marcel (1130; Dep. Tarn-et-Garonne) und La Faise (1137; Dep. Gironde) besiedelt und 1124 das noch 1119 vor dem Übertritt zu den Zisterziensern gegründete Bonnevaux (Dep. Vienne) wieder als Tochterkloster integriert. Die Abtei Gondon entsandte 1147 in das von Herzog Wilhelm IX. von Aquitanien gestiftete Fontguillem (Dep. Gironde) den Gründungskonvent, und die Abtei Chaalis gründete 1151 La Merci-Dieu (Dep. Vienne).

Von der Abtei Jouy aus entstanden die Enkelklöster: Bonlieu (1141 oder 1147; Dep. Gironde), La Noë (1144; Dep. Eure) und Selliéres (1168; Dep. Aube). Dazu wurde 1162 die Abtei Pontaut (Dep. Landes), die als eine benediktinische Gründung (1115) von den Zisterziensern 1151 übernommen worden war, als Tochterkloster angeschlossen. Von Pontaut aus entstand das Kloster Le Rivet (1189; Dep. Gironde). Das älteste Tochterkloster Pontignys Bourras gründete Chalivoy-sur-Vauvize (1138; Dep. Cher), und von der Abtei Saint-Sulpice (Dep. Ain) aus entstanden 1143 Falleri in der Toskana, 1150 San Martino al Cimino bei Viterbo, 1162 Chassagne (Dep. Ain) und 1171 San Sebastiano bei Rom. Die Abtei Egresch in Ungarn besiedelte um 1200 Kerz bei Hermannstadt (heute Rumänien) und 1214 Szent Kereszt (Heiligkreuz) bei Zengg in Slawonien.

Die Filiation von Pontigny hat fast ausschließlich aus Klöstern in Frankreich bestanden. Nur je drei Klöster der Filiation wurden in Ungarn und Italien gegründet. Es fällt auf, daß Pontigny keinen Tochterkonvent in England besaß, obwohl sich im 12. und 13. Jahrhundert drei Erzbischöfe von Canterbury, Thomas Becket (1162–1170), Stephan Langton (1207–1228) und Edmund von Abingdon (1234–1240), teilweise über längere Zeiträume hinweg im Exil in Pontigny aufgehalten hatten. Thomas Becket und Edmund von Abingdon wurden beide kurz nach ihrem Tode heiliggesprochen und letzterer war sogar in Pontigny beigesetzt worden.

Die umfangreichste Filiation des Ordens war die der dritten Primarabtei Clairvaux mit insgesamt 355 oder 356 Abteien[34], von denen 80 unmittelbare Tochterklöster von Clairvaux waren[35]. Bis zum Todesjahr Bernhards 1153 waren von diesen bereits 68 gegründet worden[36]. Somit hat sich Clairvaux im Unterschied zu den Primarabteien La Ferté und Pontigny weniger an den Beschluß des Generalkapitels von 1152 gehalten, Neugründungen zurückhaltender entstehen zu lassen. Die Filiation von Clairvaux hat sich über ganz Europa hinweg ausgebreitet, was in ähnlicher Form nur noch die Filiation von Morimond erreicht hat, obwohl sie zahlenmäßig hinter Clairvaux zurückgeblieben ist.

Nur drei Jahre nach seiner Gründung konnte Clairvaux 1118 bereits einen Gründungskonvent nach Trois-Fontaines (Dep. Marne) entsenden[37]. Der Bischof von Châlons-sur-Marne, Wilhelm von Champeaux, hatte als Freund des jungen Abts Bernhard die durch Hugo von Vitry vorgenommene Stiftung des Klosters gefördert. Von Trois-Fontaines ging eine ganze Reihe bedeutender Abteien als Tochterklöster aus[38]: La Chalade (1128; Dep. Meuse), Orval (1132; Belgien, Prov. Luxemburg), Hautefontaine (1136; Dep. Marne), Cheminon (1138; Dep. Marne), Monthiers-en-Argonne (1144; Dep. Marne), Chéry (1147; Dep. Ardennes), Châtillon (1153; Dep. Meuse) und nach einer langen Pause in Ungarn St. Gotthard (1184) und Bélakút (1233), das auch Petervárad genannt wurde. König Bela III. hat die Abtei St. Gotthard und sein Enkel Bela IV. die von Bélakút gegründet.

Das zweite Tochterkloster von Clairvaux, Fontenay (Dep. Côte-d'Or), wurde 1119 bei einer Eremitenklause auf dem von Rainard von Montbard, einem Onkel Bernhards von Clairvaux geschenkten Grundbesitz errichtet. Die Gebäude gelten heute als eine der am besten erhaltenen Klosteranlagen der Zisterzienser. Eine Gemeinschaft von Eremiten hatte dort mit dem klösterlichen Leben begonnen. Die ursprünglich in Val-St.-Jean bestehende Gründung wurde bald nach dem Eintreffen der Zisterzienser nach Acey verlegt. Fontenay gründete die Tochterklöster: Les Echarlis (1131; Dep. Yonne), Sept-Fons (1132; Dep. Allier) und Chézery (1140; Dep. Ain).

Bereits 1121 wurde von Clairvaux mit Unterstützung von Bischof Bartholomäus von Laon das dritte Tochterkloster in Foigny (Dep.

Aisne) gegründet, dessen Konvent 1135 schon 200 Mönche umfaßte und hundert Jahre später sogar 300[39]. Auch das 1126 von Renaud de Martigny des Prés, dem Erzbischof von Reims, in Igny gestiftete vierte Tochterkloster von Clairvaux hatte im Hochmittelalter einen Konvent von 300 Mönchen bei einem Besitz von ca. 5000 ha[40]. Dieses Tochterkloster ergänzte in der Champagne die Gründung von Trois-Fontaines. Das folgende Tochterkloster Reigny (Régny, Dep. Yonne) entstand 1128 durch Übernahme eines 1104 begründeten Benediktinerpriorates durch Clairvaux. Der Gründungsabt Stephan de Toucy verlegte das Kloster 1134 an seinen heutigen Standort, der von Graf Wilhelm von Auxerre und Nevers gestiftet wurde. Die Abtei Reigny war das zweite Tochterkloster von Clairvaux in Burgund.

Bernhard von Clairvaux gründete 1129 auf Grundbesitz des Bischofs von Noyon, Simon von Vermandois, am linken Ufer der Oise die Tochterabtei Ourscamp (Dep. Oise). Diese Abtei soll im 13. Jahrhundert ebenfalls mehr als 500 Mönche im Konvent besessen haben[41]. Zwei Jahre später, 1131, entsandte Clairvaux den Gründungskonvent für das für Graf Renaud III. von Burgund in Cherlieu (Dep. Haute-Saône) gegründete Kloster.

Die wachsende Bedeutung Bernhards von Clairvaux im Rahmen der Gesamtkirche seit Beginn des Schismas 1130 wird auch in der Entstehung der Tochterabteien von Clairvaux sichtbar. Auf Bitten des Bischofs von Soissons, Josselin de Vierzy, sandte Bernhard 1132 den Gründungskonvent auf die Schenkung des Gérard de Chérizy in Longpont (Dep. Aisne), das sich so rasch entwickelte, daß schon 1135 200 Mönche im Konvent lebten und ein Jahrhundert später sogar 300 Mönche gezählt wurden[42]. Ebenfalls 1132 gründete Bernhard auf dem von Hugo von Oisy, Kastellan von Cambrai, gestifteten Besitz in Vaucelles (Dep. Nord), ein weiteres Tochterkloster[43]. Im vierten Jahrzehnt des 13. Jahrhundert umfaßte der Konvent dieses Klosters 140 Mönche und 300 Konversen.

Das heute in der Westschweiz im Kanton Waadt (Vaud) gelegene Kloster Bonmont ist vor 1123 als Benediktinerkloster oder -priorat gegründet worden und hat seinen ersten Konvent von dem damals ebenfalls noch benediktinischen Kloster Balerne erhalten. Papst Innocenz II. löste 1132 das zwischen Balerne und Bonmont bestehende Abhängigkeitsverhältnis und unterstellte Bonmont der Abtei

Clairvaux. Die Gründe für diesen Übertritt sind unbekannt, wenn man nicht auf einen Wunsch aus der Mitte des Konvents schließen will, der sich für die zisterziensische Lebensform entschieden hatte. Clairvaux hat nach der Übernahme Bonmonts in seine Filiation sicherlich keinen vollständigen Gründungskonvent dorthin entsandt, zumal der Abt im Amt blieb, sondern wohl nur einige Mönche, um Abt und Konvent mit den *consuetudines* von Clairvaux bekannt zu machen[44]. Clairvaux hat mit Bonmot sein erstes Tochterkloster außerhalb der unmittelbaren Einflußsphäre des Cîteaux geneigten französischen Adels erhalten. Der Vorgang ist in engem Zusammenhang mit den Reisen Bernhards von Clairvaux durch die Westschweiz (1125, 1133, 1135) zu sehen, die seinen Einfluß in diesem Raum gestärkt haben. Auch die Bischöfe von Genf und Lausanne haben zu dieser Entwicklung beigetragen. Die Abtei Cherlieu hat auf dem ihr von dem Herrn von Glâne, Vasall der Grafen von Burgund, in Hauterive (Kanton Fribourg/Schweiz) überlassenen Grundbesitz zwischen 1131 und 1137 ein Tochterkloster gegründet[45], dem auf der in Hautcrêt 1134 an Cherlieu gemachten Schenkung des Bischofs von Lausanne, Guy de Marlagny, 1142/43 ein weiteres Enkelkloster von Clairvaux folgte[46]. Cherlieu hat weitere Gründungskonvente nach Acey (1134; Dep. Jura) und nach La Gard (1137; Dep. Somme) entsandt, sowie in das vom Bischof von Langres, Walther von Burgund, gegründete Kloster Beaulieu (1166; Dep. Haute-Marne). An der Gründung des Klosters Acey war neben dem Erzbischof von Besançon auch der Graf Renaud III. von Burgund beteiligt. Die Stifter riefen die Zisterzienser wie so oft in eine bereits dort bestehende Gemeinschaft von Eremiten. Die ursprünglich in Val-St-Jean bestehende Gründung wurde bald nach dem Eintreffen der Zisterzienser nach Acey verlegt. Von dort aus erhielt auf Beschluß des Generalkapitels 1184 das von König Bela III. in Ungarn gegründete Kloster Pilis seinen ersten Konvent. Bela III. hatte nach der zur Filiation von Pontigny gehörenden Abtei Egresch (1179) die Abtei Zirc (1182) gestiftet, die ihren Gründungskonvent unmittelbar aus Clairvaux erhielt, ebenso wie das 1205 von König Andreas II. gestiftete Kloster Tapolcza in Kroatien (Diözese Agram)[47], von dem aus 1255 das bei Agram (Zagreb) gelegene Kloster Szávaszigeter besiedelt wurde, das erst 1274 zur selbständigen Abtei erhoben wurde.

König Bela III. gründete mit Mönchen des Klosters Pilis 1190 eine weitere Abtei in Pásztó. Von Pilis kamen auch die ersten Mönche des 1232 von Bischof Cletus von Erlau und seinem Domkapitel in Béharomkút oder Apátfalva gegründeten Klosters und ebenso die der 1263 errichteten Abtei Abraham[48].

Nachdem das Kloster Bonmont der Filiation von Clairvaux angegliedert worden war, folgten in dessen Umgebung weitere Klöster diesem Schritt. Bernhard von Clairvaux hat Ende 1135/Anfang 1136 in einem Schreiben an den neugewählten Bischof von Genf, Arducius von Faucigny, diesem die Mönche von Aulps, Bonmont und Hautecombe empfohlen[49]. Hautecombe (Dep. Savoie), das Hauskloster der Grafen von Savoyen, war Anfang des 12. Jahrhunderts als Benediktinerkloster gegründet worden[50]. Es trat auf Anregung Bernhards von Clairvaux 1135 zu den Zisterziensern über und wurde der Filiation von Clairvaux angeschlossen. Nachdem 1139 einer der aus Clairvaux nach Hautecombe gekommenen Mönche, Amadeus von Clermont, Abt geworden war, wurde das Kloster um 1140 mit Unterstützung des Grafen Amadeus III. von Savoyen an seinen heutigen Standort verlegt. Abt Amadeus von Hautecombe wurde aber bereits 1144 zum Bischof von Lausanne gewählt.

Das Kloster Aulps (Dep. Haute-Savoie) hat sich ebenfalls auf Wunsch des Konvents 1136 dem Zisterzienserorden und der Filiation von Clairvaux angeschlossen. Der Aufenthalt Bernhards im Kloster auf seiner Rückreise aus Rom scheint diesen Wunsch hervorgerufen zu haben. Aulps war kurz vor 1098 von der Abtei Molesme aus gegründet worden. Die Gründer haben dabei anscheinend derselben Gruppe von Mönchen in Molesme angehört, die 1098 auch Cîteaux gründete. Aulps war zu Beginn des 12. Jahrhunderts von Molesme unabhängig geworden und vollendete jetzt konsequent den eigentlich schon bei der Gründung begonnenen Weg in die Richtung des Klosterlebens der Mönche von Cîteaux. Das Empfehlungsschreiben Bernhards von Clairvaux für die Mönche von Aulps, Bonmont und Hautecombe ist anscheinend unmittelbar nach der Aufnahme von Aulps in den Zisterzienserorden verfaßt worden, da alle drei Konvente ohne Unterscheidung nacheinander genannt wurden. Das ebenfalls als Benediktinerabtei 1107 gegründete Balerne (Dep. Jura) wurde 1136 als Tochterkloster von Clairvaux in dessen Filiation aufgenommen und Bernhard stellte an die Spitze der dorthin entsandten Gruppe von Mönchen seiner Abtei seinen Vertrauten Burchard[51].

Bernhard von Clairvaux sandte 1132 aufgrund einer Einladung von Erzbischof Thurstan von York den zu seinen Sekretären gehörenden William mit einem Gründungskonvent nach Rievaulx im nördlichen Yorkshire[52]. Die Gründungsdotation stellte dabei Walther Espee, Grundherr und königlicher Richter, zur Verfügung. Das neue Kloster wuchs sehr schnell und konnte schon 1136 in Melrose und Warden (Bedfordshire), 1142 in Dundrennan und Revesby (Lincolnshire) und 1146 in Rufford Tochterklöster entstehen lassen. Unter dem Einfluß der Gründung der Abtei Rievaulx kam es 1132 zu einer Auseinandersetzung im Benediktinerkloster St. Mary Abbey in York. Die eine Reform nach zisterziensischem Vorbild wünschende Partei verließ mit Unterstützung von Erzbischof Thurstan die Abtei und gründete Fountains Abbey südwestlich von Ripon. Die eigenständige Reformgründung blieb aber erfolglos, bis sie 1135 Tochterkloster von Clairvaux wurde[53]. Dieser Schritt war der Anfang für eine außerordentlich rasche Aufwärtsentwicklung des Klosters, daß innerhalb der zwei folgenden Jahrzehnte nicht nur acht Tochterklöster gründen konnte (Newminster, Kirkstead und Louth Park 1139, Woburn 1145, Lysa in Norwegen 1146, Kirkstall und Vandey 1147 sowie Meaux 1151), sondern auch zu einem der reichsten Grundherren in Yorkshire wurde. Bernhard von Clairvaux sandte Henry Murdac, den Abt von Vauclair (Dep. Aisne), der aus Yorkshire stammte, nach Fountains Abbey, wo er 1143 zum Abt geweiht wurde und von wo aus er 1147 mit tatkräftiger Unterstützung Bernhards zum Erzbischof von York aufstieg. Obwohl Fountains Abbey und Rievaulx nicht die ältesten Zisterzienserklöster in England waren, haben sie dennoch die bedeutendste Rolle unter den dortigen Abteien gespielt. Von den acht Tochterklöstern Fountains Abbeys gründete Newminster allein 1148 wiederum drei neue Abteien.

Von Fountains Abbey aus wurden auch die Zisterzienserklöster in Norwegen besiedelt. Das 1146 von Bischof Sigurd von Bergen in Lysa bei Bergen gegründete Kloster[54], hat anscheinend die Abtei Munkeby am Nordostende des Trondheimfjordes zwischen 1164 und 1184 gegründet[55], die dann 1207 nach Tautra nordöstlich von Trondheim verlegt wurde[56]. Da Fountains Abbey 1147 zu der von Bischof

Wilhelm von Oslo in Hovedöya im Oslofjord südlich von Oslo gegründeten Abtei keinen Gründungskonvent entsenden konnte, tat dieses dessen Tochterkloster Kirkstead in Lincolnshire, das noch kein Jahrzehnt bestand[57]. Sämtliche Zisterzen Norwegens haben dadurch zur Filiation von Clairvaux gehört. Vielleicht hat Erzbischof Eskil von Lund bei der Gründung der Zisterzen in Norwegen eine gewisse Rolle durch die Vermittlung der Gründungskonvente gespielt, da er in dieser Zeit Metropolit von ganz Skandinavien war.

Von Clairvaux aus wurden noch die Gründungskonvente der Abteien Whitland (1140), Boxley (1146) und Margam (1147) in England entsandt[58], sowie auch der der ersten in Irland gelegenen Zisterze Mellifont (1142; Gft. Louth)[59]. Kurz vor der Gründung in Mellifont war es zu einer engen Verbindung zwischen Bernhard von Clairvaux und Erzbischof Malachias von Armagh in Irland gekommen. Der Erzbischof vermittelte die Gründungsdotation des irischen Kleinkönigs von Oriel für Mellifont. Die dem Gründungskonvent angehörenden französischen Zisterzienser sollen nach nicht allzulanger Zeit fast gesamt nach Frankreich zurückgekehrt sein, weil sie mit ihren irischen Mitbrüdern unzufrieden waren. Trotzdem ist Mellifont rasch gewachsen und konnte schon zwischen 1147 und 1153 sieben Tochterklöster errichten, aus denen bis zum Beginn des 13. Jahrhunderts eine irische Filiation mit insgesamt 23 Zisterzen entstand, während in England die fünf Tochterklöster von Clairvaux insgesamt 36 Abteien gegründet haben[60].

Clairvaux gründete 1134 in Vauclair (Dep. Aisne) bei Laon sein 15. Tochterkloster. Wie bei den Gründungen in Ourscamp und Longpont war dabei der Diözesanbischof von Laon, Bartholomäus de Joux, neben der regionalen Aristokratie so maßgeblich beteiligt, daß er als Gründer des Klosters angesehen wird[61]. Entscheidenden Anteil an einer raschen wirtschaftlichen Entwicklung der Abtei hatte der Gründungsabt Henry Murdac, der aus Yorkshire in England stammte und daher von Bernhard von Clairvaux später auch dorthin als Abt nach Fountains Abbey gesandt wurde. Von den drei Tochterklöstern Vauclairs entstand Le Reclus (Dep. Marne) 1142 am Ort der Zelle des Eremiten Hugo le Reclus. Sie wurde 1164 in das Tal du Petit-Morin verlegt, wobei Graf Heinrich von der Champagne das Gelände stiftete. Dieser war auch 1167 der Gründer des dritten Tochterklosters von

Vauclair, La Charmoye (Dep. Marne). Das zweite Tochterkloster Montmirail im heutigen Belgien war 1142 gestiftet worden.

Bernhard von Clairvaux hatte 1132 auch maßgeblichen Einfluß auf die Wahl Alberos von Montreuil zum Erzbischof von Trier, den er schon längere Zeit persönlich kannte. Er kam mit diesem überein, ein Kloster in der Erzdiözese Trier zu gründen und entsandte 1134 den Gründungskonvent für das erste deutsche Tochterkloster seiner Abtei. Da jedoch kein fester Ort bestimmt worden war, ließen sich die Mönche nach einigen Zwischenstationen erst 1138 im Salmtal am Ort des heutigen Klosters Himmerod (Gem. Großlittgen, Kreis Wittlich/Eifel) nieder, das seinen anfänglichen Namen Claustrum schon bald in Himmerod änderte[62]. Dieser Konvent gründete 1189 Heisterbach (Stadt Königswinter) mit Unterstützung des Erzbischofs von Köln, Philipp von Heinsberg[63], von dem aus 1212 die Abtei Marienstatt bei Hachenburg im Westerwald entstand[64].

Nach dem Besuch Bernhards von Clairvaux in Mainz 1135 entsandte er den Gründungskonvent für das von Erzbischof Adalbert I. von Mainz in Eberbach (Gem. Eltville) gegründete Kloster[65], das rasch zu einem wirtschaftlich überaus bedeutsamen Konvent heranwuchs. Es gründete vier Tochterklöster: Schönau[66] 1142/45, Otterberg[67] 1144/45, Val-Dieu bei Maastricht[68] um 1180 und Arnsburg in der Wetterau[69] 1174/97. Als Enkelklöster wurden von Schönau aus 1190 Bebenhausen (Stadt Tübingen/Neckar)[70] und von Otterberg aus 1259 Disibodenberg[71] besiedelt. Damit war das Wachstum der Filiation von Clairvaux im deutschen Sprachraum bereits abgeschlossen. Sämtliche anderen deutschen Zisterzen gehörten zur Filiation von Morimond.

Nachdem von La Ferté aus sehr früh ein Tochterkloster in Italien gegründet worden war, dauerte es über ein Jahrzehnt, bis auch die Filiation von Clairvaux in Italien begann, Klöster zu besiedeln. Als ein Ergebnis der Reisen Bernhards wurde 1135 von Mailänder Bürgern Chiaravalle Milanese bei Bagnolo[72] als erstes Tochterkloster von Clairvaux in Italien gestiftet. Mit maßgeblicher Unterstützung des Bischofs von Piacenza folgte 1137 die Abtei Chiaravalle della Colomba[73] (Gem. Alseno, Prov. Piacenza). Papst Innocenz II. übertrug 1140 den Zisterziensern die unbewohnte Abtei Tre Fontane (St. Anastasius) am Stadtrand von Rom[74], die dort 1141 mit dem Gründungskonvent aus Clairvaux unter seinem Abt Bernardo Paganelli ihr klösterliches Leben begann. Abt Bernardo wurde schon 1145 als Eugen III. Papst. Das Tochterkloster von Clairvaux gewann rasch an Bedeutung, wie sich allein aus der Biographie des Gründerabts ergibt.

In Kalabrien gründete um 1140 Goffredo di Loritello, Graf von Catanzaro, mit Zustimmung Graf Rogers II. das Zisterzienserkloster Sambucina[75] bei Luzzi (Prov. Cosenza), das in die Filiation von Clairvaux aufgenommen wurde und seinen Gründungskonvent anscheinend ebenfalls unmittelbar aus Clairvaux erhalten hat. Von Sambucina aus wurden bald nach der Gründung Enkelklöster von Clairvaux in Kalabrien und Sizilien gegründet. Aus Sambucina ging auch Joachim von Fiore hervor, der dort lebte – ohne in das Kloster einzutreten – bis er in Corazzo Abt wurde. Das auf der Insel Sardinien 1149 gegründete Kloster Cabuabbas[76] wurde ebenso als Tochterkloster von Clairvaux aus besiedelt wie das 1152 von Papst Eugen III. den Zisterziensern übergebene Casamari[77] (Diözese Veroli, Prov. Frosinone). Nach dem Tode Bernhards von Clairvaux ist in Italien nach der Übernahme von Casamari kein weiteres Tochterkloster von Clairvaux mehr entstanden. Bei der Gründung von Enkelklöstern ist nach 1150 eine deutliche Zurückhaltung erkennbar, die erst im Übergang zum 13. Jahrhundert mit einer Reihe von Neugründungen wieder aufgegeben wurde.

Auffällig ist bei den Enkelklöstern, daß das erst 1135 durch Bernhard als Tochterkloster seiner Abtei angeschlossene Hautecombe in Savoyen noch im gleichen Jahr das von Papst Innocenz II. von einem Benediktiner- in ein Zisterzienserkloster umgewandelte Fossanova[78] bei Priverno im südlichen Latium als Tochterkloster übernahm. Fossanova selbst stieg rasch zu einer bedeutenden Abtei im südlichen Italien auf, was sich auch an der Wahl des Abtes Gerard von Fossanova 1170 zum Abt von Clairvaux zeigte. Fossanova hat ab 1185 mehrere Tochterabteien besiedelt. Nachdem Joachim von Fiore als Abt in Corazzo (1171–1177) die Zisterzienserregel eingeführt hatte, hatte er vergeblich versucht, sein Kloster den Abteien Sambucina und Casamari anzuschließen. Erst 1188 konnte sich Corazzo auf Intervention von Papst Clemens III. der Abtei Fossanova als Tochterkloster anschließen. Die fast zeitgleiche Aufnahme von Fossanova und Hautecombe in die Filiation von Clairvaux läßt darauf schließen, daß die

Integration der erstgenannten Abtei in den Zisterzienserorden durch Mönche aus Clairvaux vollzogen wurde, die vielleicht über Hautecombe nach Fossanova kamen. Der Status des Klosters im Orden hat wohl vor allem die künftige Festlegung der Visitationsrechte über Fossanova zum Zweck gehabt.

Die Verbindung der Abtei Fossanova zum Mutterkloster Hautecombe und der beiden zu Clairvaux kann unter Berücksichtigung der zeitgleich in Deutschland, Italien und Frankreich stattfindenden Gründungen weiterer unmittelbarer Tochterklöster von Clairvaux darauf schließen lassen, daß dieses bei der Aussendung von Gründungskonventen planvoll vorging und daher Fossanova an Hautecombe band. Bernhard besiedelte in den folgenden Jahren wieder in Frankreich entstandene Tochterklöster. Auf der von Herzog Wilhelm X. von Aquitanien geschenkten Gründungsdotation ließ Bernhard von Clairvaux 1135 das Tochterkloster La Grâce-Dieu (Dep. Charante-Maritime) entstehen, von dem aus aufgrund einer Schenkung der Königin Eleonore, der Tochter Herzog Wilhelms X. von Aquitanien und Ehefrau König Heinrichs II. von England, 1191 das Kloster Charron (Dep. Charente-Maritime) besiedelt wurde. Die Abtei Buzay (Dep. Loire-Atlantique) in der Bretagne wurde 1135 durch eine Stiftung der Herzogin Ermengarde gegründet und erhielt seinen ersten Konvent ebenfalls aus Clairvaux. Unter dem Gründungsabt Robert, einem Vetter Bernhards von Clairvaux, kam 1136 der erste Konvent aus Clairvaux auch in das von Ebbo, Herrn von Charenton, gestiftete Kloster Noirlac (Dep. Cher) und im gleichen Jahr ebenso nach Auberive (Dep. Haute- Marne) bei Langres. La Bénisson-Dieu (Dep. Loire) in der Auvergne folgte 1138 und Larrivour (Dep. Aube) in der Nähe von Troyes 1140. Graf Dietrich von Flandern und seine Gemahlin Sybille gründeten 1140 auf Rat Bernhards von Clairvaux mit einem von ihm entsandten Gründungskonvent Clairmarais (Dep. Pas-de-Calais) im Artois. Dasselbe Stifterpaar rief auch 1149 in seine Gründung in Loos (Dep. Nord) einen Konvent aus Clairvaux.

Philipp von Harcourt, Bischof von Bayeux, gründete wie so viele seiner Amtsbrüder 1143/44 ein Zisterzienserkloster in Le Val-Richer (Dep. Calvados). Da der aus dem von Ourscamp 1137 gegründeten Enkelkloster von Clairvaux in Mortemer erbetene Gründungskonvent seine Aufgabe nicht erfüllte, sandte Bernhard 1147 einen neuen Gründungskonvent unmittelbar aus Clairvaux, der das Kloster dann eigentlich erst entstehen ließ. Das im Berry gelegene Kloster La Prée (Dep. Indre) war 1141 von Clairvaux gegründet worden und in derselben Landschaft folgten 1149 Aubepierre (Dep. Creuse) und Fontmorigny (Dep. Cher), das sich als ursprüngliche Benediktinerabtei entschloß, zum Zisterzienserorden überzutreten.

Auch die im Languedoc gelegene Benediktinerabtei Belleperche (Dep. Tarn-et-Garonne) trat 1143 zum Zisterzienserorden über und wurde als Filiation Clairvaux angeschlossen. Bischof Adhémar III. von Rodez gründete 1144 in Belloc (Dep. Tarn-et-Garonne) ein weiteres Kloster, das Clairvaux besiedelte.

Das 1119 zur Filiation von Pontigny übergetretene Benediktinerkloster Cadouin (Dep. Dordogne) hatte in Grandselve (Dep. Tarn-et-Garonne) 1114 ein Tochterkloster gegründet, das ihm 1119 aber noch nicht in den Zisterzienserorden folgte. Erst 1145 entschloß sich auch der Konvent von Grandselve, zum Zisterzienserorden überzutreten, wurde jedoch Tochterkloster von Clairvaux. Mit Grandselve kam auch das zu dessen Oboedienz gehörige Kloster Fontfroide (Dep. Aude) zur Filiation von Clairvaux, wobei es Tochterkloster von Grandselve blieb. Von Fontfroide aus wurde in Katalonien die Abtei Poblet (1147; Prov. Tarragona) als Gründung des Grafen von Barcelona besiedelt und im Roussillon die Abtei Valbonne (1242; Dep. Pyrénées-Orientales). Von Grandselve aus war auch das Enkelkloster Santas Creus (1152; Prov. Tarragona) am Ebro entstanden[79]. Poblet[80] wurde zur Grablege der Könige von Aragon und gründete als eines der reichsten und größten Klöster des Ordens zwischen 1194 und 1509 insgesamt sieben Tochterklöster, davon drei vor der Mitte des 13. Jahrhunderts: Piedra (1194; Prov. Saragossa), Benifaza (1233; Prov. Tarragona) und La Real (1236; Prov. Baléares).

Der Eremit und Wanderprediger Vitalis von Savigny († 1122) hat im Grenzgebiet der Normandie, der Bretagne und von Maine in dem von Graf Rudolf I. von Fougères geschenkten Wald von Savigny 1112/13 das gleichnamige Reformkloster gegründet[81], das wie Cîteaux zu einem Zentrum der monastischen Erneuerung wurde, sich aber nicht wie dieses vollständig von den benediktinischen Traditionen löste. Der zweite Abt Geoffroy (1132–1138) begann die Kongregation seines Klosters aufzubauen, die bis 1147 auf 31 Abteien anwuchs und sich über die Normandie, die Bretagne, Anjou, Touraine, das Pariser Becken bis auf die Britischen Inseln erstreckte[82]. Die Kongregation war für die unzureichenden wirtschaftlichen Grundlagen zu rasch gewachsen und hatte dazu noch die inneren Schwierigkeiten, daß die englischen Tochterklöster nach mehr Unabhängigkeit strebten. Diese Situation hat 1147 Abt Serlo (1140–1153) bewogen, das Generalkapitel darum zu bitten, seine Kongregation dem Zisterzienserorden anzuschließen, zumal er von Bernhard von Clairvaux tief beeindruckt war. Das Generalkapitel genehmigte seine Bitte und Savigny wurde ordensintern die unmittelbare Stellung hinter den vier Primarabteien zugebilligt. Damit gehörte Savigny zur Filiation von Clairvaux. Bernhard sandte mit dem Zisterzienser Theobald einen früheren Mönch des Klosters Saint-Denis nach Savigny, um dort die Regeln der Zisterzienser einzuführen.

Der eigenständige Charakter der ehemaligen Kongregation von Savigny blieb trotz der Anschlusses an die Zisterzienser weiter erhalten, doch wurde dadurch zum Beispiel der alte Streit zwischen Savigny und seinem englischen Tochterkloster Furness um die Jurisdiktion über das Kloster Byland durch Papst Eugen III. endgültig beigelegt. Savigny und seine Tochterklöster gründeten im 12. und 13. Jahrhundert weitere Klöster. Dabei wurde das 1140 als Priorat entstandene Barbery (Dep. Calvados) 1176 zur Abtei erhoben. Savigny hatte somit dieses Prioratsverhältnis auch nach seinem Übertritt zum Zisterzienserorden beibehalten. Clairvaux hatte nicht nur in Nordfrankreich, sondern auch in England durch die Aufnahme von Savigny in seine Filiation einen weiteren entscheidenden Bedeutungszuwachs erreicht.

Auch die Benediktinerabtei Boulancourt (Dep. Haute-Marne) beantragte 1150 die Aufnahme in die Filiation von Clairvaux und ebenso Moreilles (Dep. Vendée) 1152. Beide Abteien wurden als Tochterabteien von Clairvaux in den Orden aufgenommen. Neue Klöster wurden von Clairvaux aus bis zum Tode Bernhards noch in Longuay (1149; Dep. Haute-Marne), in Clairmont (1152; Dep. Mayenne), in Mores (1152; Dep. Aube) und in La-Peyrouse (1153; Dep. Dordogne) besiedelt. Damit wurde das bestehende Netz der Zisterzienserabteien in diesen Gebieten Frankreichs weiter verdichtet.

Bernhard von Clairvaux hat die von seinem Kloster ausgehende Filiation maßgeblich beeinflußt. Die Gründung der vier Tochterklöster von Clairvaux im heutigen Belgien[83] in Les Dunes (1138), Villers (1146), Aulne (1147) und Cambron (1148) können in der Gesamtentwicklung zu der in der Normandie und Nordostfrankreich entstehenden führenden Stellung der Filiation von Clairvaux hinzugerechnet werden. Im Kartenbild fällt auf, daß östlich von Villers in Brabant bis zum Rhein keine weitere Zisterze nachgewiesen ist. Erst südlich der Maas lagen mit Val-Saint-Lambert und Valdieu sowie noch weiter südlich mit Orval und Himmerod Zisterzen, die alle zur Filiation von Clairvaux gehörten.

Im letzten Lebensjahrzehnt Bernhards hat die Filiation seiner Abtei auch auf die Iberische Halbinsel und nach Skandinavien auszugreifen begonnen. Zuerst kam der Schritt auf die Iberische Halbinsel. Dabei entstand in Portugal die erste Zisterze des Landes in der Abtei Tarouca (Prov. Beira Alta)[84]. Wie so oft war die Ansiedlung von Eremiten, die anscheinend nach der Regula Benedicti gelebt haben, auch der Anfang dieser Abtei. Durch benachbarte Adelsfamilien gefördert, wurde Tarouca 1143/44 in den Zisterzienserorden aufgenommen und Tochterkloster von Clairvaux. Eine Gruppe von acht Mönchen wird erwähnt, die anscheinend von Clairvaux nach Tarouca gesandt wurde, um das dortige Konventsleben nach den Gewohnheiten von Clairvaux umzugestalten[85]. Die Abtei Alcobaça (Prov. Leiria) wurde 1152/53 von König Alfons I. gestiftet und dazu vom Generalkapitel in Cîteaux ein Gründungskonvent erbeten, der aus Clairvaux gekommen zu sein scheint, da Alcobaça zu dessen unmittelbaren Tochterklöstern gehörte. Das dritte Tochterkloster von Clairvaux in Portugal war Lafões. Es war aber nicht schon, wie häufig behauptet, 1138 als Zisterze gegründet worden, sondern hat sich erst im späteren 12. Jahrhundert aus einer Eremitenniederlassung in eine Zisterze umgewandelt[86]. Als Tochterklöster von Tarouça sind São Tiago de Sever do Vouga (1143/44), Aguias (1170), Fiães (um 1194) und Aguiar (1163) genannt, wobei letzteres nicht von Tarouca, sondern vom Moreruela aus gegründet worden war. Als Tochterklöster von Alcobaça werden erwähnt: Tamarães, Seiça, Bouro, Maceira-Dão, São Paulo de Almazira und Estrela. Mit Ausnahme der letztgenannten Abtei sind diese Enkelklöster von Clairvaux alle in der zweiten Hälfte des 12. Jahrhunderts entstanden oder in einzelnen Fällen auch dem Zisterzienserorden affiliert worden[87].

Das erste Tochterkloster von Clairvaux auf der Iberischen Halbinsel überhaupt wurde in Osera (1141; Prov. Orense) in Galicien[88] gegründet. Ihm folgten in derselben Region Sobrado (1142; Prov. La Coruña) und Melón (1142; Prov. Orense). Als weitere Tochterklöster von Clairvaux entstanden in rascher Folge in Galicien Meira (1143; Prov. Lugo), La Espina (1147; Prov. Valladolid) und Monte de Ramo (1153; Prov. Orense), während Valparaiso (1143; Prov. Zamora) am oberen Douro lag[89]. Nach dem Beschluß des Generalkapitels von 1152 und dem Tode Bernhards 1153 wurden noch von Clairvaux aus als Tochterklöster 1158 Armenteira, 1183 Oya und 1225 Acibeiro (alle Prov. Pontevedra) in Galicien gegründet, während das Kloster Moreruela (Prov. Zamora), das lange Zeit als ältestes Tochterkloster von Clairvaux in Spanien galt, sich erst zwischen 1153 und 1158 von einem Benediktinerkloster in eine Zisterze umwandelte und der Filiation von Clairvaux als dessen Tochterkloster angeschlossen wurde[90].

Clairvaux hatte schon 1151 und 1152 über Fontfroide und Grandselve in Südfrankreich mit Poblet und Santas Creus Enkelklöster auf der Iberischen Halbinsel in Katalonien gegründet, denen dann ab 1164 auch Enkelklöster der spanischen Tochterklöster in Galicien und León folgten. Mit Ausnahme der in Katalonien gelegenen Klöster Poblet und Santas Creus haben sich die Klöster der Filiation von Clairvaux auf den westlichen Teil der Iberischen Halbinsel konzentriert[91], während der östliche durch die Klöster der Filiation von Morimond eingenommen wurde.

Bernhard von Clairvaux sandte 1143 einen größeren Gründungskonvent nach Schweden, der anscheinend von Bischof Gislo von Linköping und König Sverker d. Ä. zur Gründung von Abteien erbeten worden war. Vermutlich war Erzbischof Eskil von Lund als der damalige Metropolit der skandinavischen Reiche wie in Norwegen auch hier der entscheidende Vermittler[92]. Die von Clairvaux ausgesandten Mönche waren nach der Überlieferung vom Erfolg ihrer Aufgabe keineswegs überzeugt, denn Bernhard hat anscheinend dem zu der Gruppe gehörenden späteren zweiten Abt von Alvastra versprochen, ihn nach Clairvaux zurückzuholen, was 1193 tatsächlich geschah. Der Gründungskonvent hat sich geteilt und angeblich 1143 am gleichen Tag am Vormittag Alvastra in Östergötland und am Nachmittag Nydala in Småland offiziell besiedelt. Damit war Alvastra die ältere der beiden Zisterzen. Während Alvastra von König Sverker d. Ä. gestiftet wurde, hat Bischof Gislo von Linköping Nydala errichtet[93]. Die Bedeutung dieser Zisterzienserklöster bei der Vertiefung des Christentums in Schweden wird daraus deutlich, daß der Mönch Stephan aus Alvastra 1164 zum ersten Erzbischof von Uppsala erhoben wurde. Alvastra besiedelte 1152 über die Zwischenstationen von Lurö und Lugnås Varnhem in Västergötland[94], ferner um 1160 Viby, das zwischen 1174 und 1185 nach Julita in Södermanland verlegt wurde[95]. Als dritte und letzte Gründung von Alvastra aus entstand 1486 Gudsberga in Dalarna[96]. Das zweite Tochterkloster von Clairvaux in Schweden, Nydala, hat mit Gutnalia auf der Insel Gotland nur ein Enkelkloster besiedelt[97].

Erzbischof Eskil von Lund hat 1150/51 Esrom im Norden der Insel Seeland gegründet und den Konvent dazu von Clairvaux erbeten[98]. Esrom hat fünf Enkelklöster besiedelt: als erstes gemeinsam mit den damals zeitweise aus ihrem Kloster Varnhem in Schweden vertriebenen Mönchen Vitskøl in Nord-Jütland 1158, als zweites Sorø auf der Insel Seeland 1161, als drittes Dargun in Pommern 1172, das nach einer zeitweisen Aufgabe als Kloster 1200 erst 1209 vom Kloster Doberan aus für die Filiation Morimonds neu besiedelt wurde, aber weiterhin zu seiner bisherigen Filiation gehörte; als viertes Kolbatz in Hinterpommern 1174, das wiederum 1186 Oliva bei Danzig besiedelte, und als fünftes und letztes Guldholm bei Schleswig 1192, das 1209 nach Ryd verlegt wurde. Von Vitskøl aus wurde 1165/1172 Øm in Süd-Jütland begründet, von Sorø aus 1194 Ås in Halland und 1324 Knardrup auf Seeland. Von Dargun aus entstand 1199 das Kloster Eldena bei Greifswald[99].

Die Übersicht über die Entwicklung der Tochterklöster von Clairvaux bis zum Tode Bernhards 1153 zeigt, daß der Schwerpunkt der Filiation des Klosters in Frankreich lag[100]. Zur Filiation von Clairvaux gehörten alle in Irland, Norwegen, Portugal und Schweden bestehenden Zisterzen. Auch die in Dänemark, Ungarn und dem westlichen Teil der spanischen Königreiche gegründeten Zisterzen gehörten überwiegend der Filiation von Clairvaux an, was auch in Italien und England, jedoch in etwas geringerem Maße, für die dort bestehenden Zisterzen galt. Lediglich im deutschen Siedlungsraum war die Filiation von Clairvaux kaum und im slawischen Siedlungsraum überhaupt nicht vertreten. Nach dieser Aufstellung hatte sie in Europa am meisten Tochterklöster gegründet. Clairvaux hat noch zwölf seiner 80 Tochterklöster nach 1153 gegründet, was einem Anteil von 15% entspricht. Die Filiation ist infolge des wachsenden Ansehens seines Abtes Bernhard erst seit Beginn der 30er Jahre des 12. Jahrhunderts aus dem französischen Raum hinausgewachsen, wobei die meisten Gründungen sogar erst nach 1140 erfolgten. Die Enkelklöster haben sich an die Beschlüsse des Generalkapitels von 1152 über Maßnahmen gegen die vielen Neugründungen kaum gehalten. Die Filiation von Clairvaux hat auch eine Reihe von Benediktinerklöstern mit Zustimmung der Generalkapitel aufgenommen. Eine besondere Rolle kommt hier Savigny zu, das sich mit 31 Klöstern der Filiation von Clairvaux angeschlossen hatte.

Die fünfte Filiation des Zisterzienserordens ging von der 1115 gegründeten Primarabtei Morimond (Dep. Haute-Marne) aus. Sie gründete, ohne die zu ihr gehörenden spanisch-portugiesischen Ritterorden, insgesamt 28 Tochterklöster[101]. Die Gesamtzahl der zu dieser Filiation gehörenden Klöster ist von 193 bzw. 214[102] in der neuesten Zusammenstellung durch Gründungen der Neuzeit auf 251 gestiegen[103]. Von den 28 Tochterklöstern wurden 21 zwischen 1120 und 1149, weitere sechs zwischen 1157 und 1194 sowie das letzte 1470 gegründet. Wie bei Clairvaux und den anderen Primarabteien ist damit die überwiegende Zahl der Tochterklöster – hier 75% – vor der Mitte des 12. Jahrhunderts entstanden. Wie der Vergleich mit Clairvaux weiter ergibt, sind nach der Gründung von vier Tochterklöstern zwischen 1120 und 1127, zwölf zwischen 1131 und 1137 und fünf zwischen 1142 und 1149 die 30er Jahren des 12. Jahrhunderts der Zeitraum, in dem die meisten Tochterklöster besiedelt wurden.

Morimond gründete sein erstes Tochterkloster 1120 in Bellevaux (Dep. Haut-Saône), wobei ein Adeliger der Region den Grundbesitz mit Unterstützung des Erzbischofs von Besançon zur Verfügung stellte[104]. Das in der Nähe der französisch-deutschen Sprachgrenze gelegene Kloster hat mit seinen Tochterklöstern sowohl in den französischen als auch in den deutschen Sprachraum hinein gewirkt[105]. Von den sechs von Bellevaux ausgehenden Tochtergründungen sind vier bis 1135, die beiden übrigen 1207 und 1214 entstanden. Während die drei jüngsten Tochterklöster Montheron (1135; Kanton Vaud/Schweiz), Daphni bei Athen (1207) und Laurus (1214; Byzanz) keine weiteren Gründungen vornahmen, entstanden von La Charité (1133; Dep. Haut-Saône) aus jeweils eine Tochtergründung in La Grace Dieu (1139; Dep. Doubs) und von Rosières (1132; Dep. Jura) aus in S. Tommaso bei Torcello (1206; Venetien), das wiederum S. Stephanus bei Byzanz (1208) besiedelte. Als Gründer dieser Abteien lassen sich der Bischof von Lausanne (Montheron), die Herren von Montfaucon (La Grace Dieu) und regionale Adelige feststellen. Die Herren von Montfaucon haben auch Lützel (1124; Dep. Haut-Rhin) als das erste und bedeutendste Tochterkloster von Bellevaux gegründet. Lützels Tochterklöster haben mit ihren weiteren Gründungen vor allen Dingen den südwestdeutschen Raum für die Zisterzienser erschlossen. So entstanden von Neuburg (1131; Dep. Bas-Rhin) aus die Klöster Maulbronn (1139) und Herrenalb (1147) mit den Maulbronner Tochterklöstern in Bronnbach (1151) und Schöntal (1158); ebenso Kaisheim bei Donauwörth (1134), das Stams in Tirol (1273) besiedelte. Von den weiteren Töchtern Lützels gründete Salem (1138) Raitenhaslach (1143) und Wettingen (1227) sowie Königsbronn bei Heidenheim (1303) und Frienisberg bei Bern (1138) und das in Baden gelegene Tennenbach (1158). Die weiteren Tochterklöster Lützels Lieu-Croissant (1134; Dep. Doubs), Pairis (1139; Dep. Haut-Rhin) und St. Urban (1195; Kanton Luzern) haben keine Gründungskonvente entsandt.

Das zweite Tochterkloster von Morimond war La Crête (1121; Dep. Haute-Marne), in nächster Nachbarschaft zum Mutterkloster gelegen. Es gründete S. Bénoit-en-Wœvre (1132; Dep. Meuse) und Les-Vaux-en-Ornois (1133; Dep. Meuse) in Lothringen, wobei ersteres 1151 L'Isle-en-Barrois (Dep. Meuse) und letzteres 1144 Ecurey-en-Barrois (Dep. Meuse) besiedelte. Die beiden weiteren Gründungen von La Crête: Les Feuillants (1169; Dep. Haute-Garonne) in Aquitanien und Matallana (1174) bei Valladolid in Kastilien blieben ohne eigene Tochterklöster.

Das dritte Tochterkloster Morimonds, Kamp bei Moers am Niederrhein, wurde mit Unterstützung von Erzbischof Friedrich von Köln bereits 1123 gegründet, der sich damit von der ihm bisher geförderten Siegburger Reform der Benediktiner ab- und den Zisterziensern zuwandte. Kamp war die erste deutsche Zisterze überhaupt und beweist den großen Anteil deutscher Mönche am Konvent von Morimond. Von den Tochterklöstern Kamps aus haben die Zisterzienser den nord- und ostdeutschen Raum erschlossen, sind aber auch nach Böhmen vorgedrungen. Von den 13 Tochterklöstern Kamps wurden die fünf bedeutendsten Walkenried (1129), Volkenroda (1131), Amelungsborn (1135), Hardehausen (1140) und Michaelstein (1146) vor der Mitte des 12. Jahrhunderts im niedersächsisch-thüringischen Raum gegründet. Neuenkamp (1233) in Pommern, Marienkroon (1382) und Eytheren/Ijsselstein (1394) in Holland (Diözese Utrecht) folgten im 13./14. Jahrhundert sowie noch weitere Tochtergründungen in Holland, Westfalen und dem Rheinland im 15. Jahrhundert.

Walkenried gründete mit Pforta (1132) und Sittichenbach (1141) Tochterklöster in nicht allzu weiter Entfernung. Diese beiden haben sich durch ihre Gründungen an der Ostkolonisation beteiligt. Pforta besiedelte in Schlesien Leubus (1175) und in Sachsen Altzella (1175), im Baltikum Padis bei Dünamünde (1208), wo bei Dorpat das Kloster Falkenau (1234) entstand und zuletzt in Pommern Stolpe (1305). Im 13. Jahrhundert haben von diesen Klöstern nur Altzella mit Neuzelle (1281) in Sachsen und Leubus mit Mogila (1222), Heinrichau (1227) und Kamenz (1229) in Schlesien weitere Konvente ins Leben gerufen. Sittichenbach hat mit Lehnin (1183), Buch (1192) und Grünhain (1235) seine Tochterklöster der Ostkolonisation folgen lassen, was Lehnin mit seinen Tochtergründungen Paradies (1236), Mariensee (1258), Chorin (1260) und Himmelpforte (1299) im Gebiet der Markgrafschaft Brandenburg und dem westlichen Polen um Posen fortsetzte, wo das Kloster Paradies noch 1285 sein Tochterkloster Przement besiedelte.

Das zweite Tochterkloster Kamps, Volkenroda, besiedelte mit Waldsassen (1133) in der Oberpfalz, Reifenstein (1162) in Thüringen, Loccum (1163) in Niedersachsen und Dobrilugk (1165) in der Niederlausitz Klöster, die bislang siedlungsarme Gebiete zu erschließen begannen. Die folgende Klostergeneration der von Waldsassen abstammenden Tochterklöster Sedlec (1143) und Ossegg (1194) lagen in Böhmen und Walderbach (1143) in der Oberpfalz, ferner die von Loccum aus besiedelten Klöster Reinfeld (1190) in Holstein und

Neu-Dobrilugk (1282) in der Diözese Posen. Diese Zisterzen waren überwiegend an der Ostkolonisation beteiligt.

Das dritte Tochterkloster Kamps, Amelungsborn in Niedersachsen, hat durch die Besiedlung von Riddagshausen (1145) und dessen Tochtergründung Marienrode (1245) die Präsenz der Zisterzienser in Niedersachsen erweitert. Die zweite Gründung Amelungsborns in Doberan (1171) in Mecklenburg hat dagegen an der Ostkolonisation teilgenommen und 1209 das zu Esrom in Dänemark gehörende Dargun in Pommern wieder besiedelt, von dem dann 1260 aus Bukow in Hinterpommern gegründet wurde. Darüber hinaus hat es 1267 den Gründungskonvent nach Pelplin bei Danzig entsandt.

Von der vierten Tochtergründung Kamps in Hardehausen aus wurden als eigene Tochterklöster Marienfeld (1185), Bredelar (1199), Scharnebeck (1243) bei Lüneburg und Wahlshausen (1300/20) besiedelt, aber von diesen keine Enkelklöster mehr ins Leben gerufen. Auch das fünfte Tochterkloster Kamps, Michaelstein, hat keinen Gründungskonvent entsenden können und das in Pommern 1233 gestiftete sechste Tochterkloster Neuenkamp hat nur eine einzige Gründung in Hiddensee auf Rügen 1296 gegründet, das aber nicht zu einem bedeutenden Kloster wurde.

Arnold, der erste Abt Morimonds (1115–1125), stammte aus der Erzdiözese Köln und hatte in seinem Konvent eine Anzahl deutschsprachiger Mönche. Daher überrascht das Ausgreifen von Morimond nach Deutschland mit der Gründung des Tochterklosters Kamp nicht. Als Abt Arnold Ende 1124 mit einem Teil seines Konvents Morimond verließ, um ins Heilige Land zu reisen und dort einen Tochterkonvent zu gründen, kam es zu einer Krise Morimonds, weil Arnold niemand im Orden über seine Absichten informiert hatte[106]. Bernhard von Clairvaux bezog gegen ihn Stellung, und die Situation war noch ungelöst, als Abt Arnold im Januar 1125 starb. Sein Nachfolger in Morimond wurde der Prior Walther von Clairvaux, der bis zu seinem Tode 1138 im Amt blieb, und mit insgesamt 13 der 28 Tochterklöster fast die Hälfte derselben gründete. Nach den Vorgängen von 1124/25 hat es den Anschein, als hätte Abt Walther von Morimond in der Folgezeit mit Bernhard von Clairvaux zusammengearbeitet oder, was ebenso denkbar wäre, nachdem er jahrelang dessen Prior gewesen war, daß er als Abt Morimond im Sinne Bernhards geleitet hat.

Morimond gründete 1127 mit dem im Steigerwald in Franken gelegenen Ebrach sein viertes Tochterkloster und sein zweites im deutschen Sprachraum. Dieses Tochterkloster entstand als erstes nach der Krise von 1124/25. Von dort aus wurden die Klöster Rein (1129) in der Steiermark, Heilsbronn bei Nürnberg (1133), Langheim (1133) und Bildhausen (1158) in Franken, Nepomuk (1145) in Böhmen und Aldersbach (1146) in Niederbayern besiedelt. Aldersbach blieb mit seinen Tochterklöstern Fürstenfeld (1261), Fürstenzell (1276) und Gotteszell (1320) in Bayern. Nepomuk gründete Heiligenfeld (1157) und Zdar/Saar (1252) in Böhmen. Dort lag auch die Tochtergründung Langheims, Plass (1145), wie auch dessen erstes Tochterkloster Hradist (1177), während das zweite Welehrad (1205) und dessen Tochtergründung Wisowitz (1262) in Mähren entstanden. Der Versuch Langheims, in Schlägl (1204) in Oberösterreich ein weiteres Kloster zu gründen, schlug fehl, da der Gründungskonvent wegen der Klimaverhältnisse in Schlägl schon 1218 aufgab und das Kloster danach an den Prämonstratenserorden überging. Während Heilsbronn überhaupt kein Tochterkloster gründete, entstanden von Rein aus Sittich/Sticna bei Laibach (1136) und Wilhering bei Linz an der Donau (1146) sowie Neukloster in Wiener Neustadt (1444) und in der Neuzeit noch Schlierbach in Oberösterreich (1620).

Das in Theuley (1131; Dep. Haute-Saône) gegründete fünfte Tochterkloster Morimond entsandte nur einen Gründungskonvent nach Hauteseille (1140; Dep. Meurthe-et-Moselle). Dasselbe gilt für das sechste Tochterkloster in Clairfontaine (1132; Dep. Haute-Saône) und dessen Tochterkonvent Vaux-la-Douce (1168; Dep. Haute-Marne) sowie das achte Tochterkloster Morimonds in Bithaine (1133; Dep. Haute-Saône) und dessen Tochterkonvent in Clairlieu (1151; Dep. Meurthe-et-Moselle). Das siebte Tochterkloster Morimonds in Villers-Bettnach (Weiler-Bettnach; 1133; Dep. Moselle) dagegen gründete Viktring bei Klagenfurt/Kärnten (1142), Eußerthal (1148) bei Annweiler in Rheinland-Pfalz, Wörschweiler (1171) bei Homburg/ Rheinland Pfalz und zuletzt Pontifroid (1323; Dep. Moselle). Nur das Kloster Viktring hat als einzige dieser Zisterzen in Landstraß (1248) in Slowenien ein Enkelkloster gegründet.

Das neunte Tochterkloster Morimonds entstand in Altenberg (1133) im Bergischen Land. Von dort aus wurden die Klöster Lekno-

Wongrowiec (1143) und Lad/Lond (1146) in Polen gegründet, wobei ersteres Obra (1237) besiedelte. Obwohl in Polen gelegen, nahmen diese drei Klöster nur Deutsche aus der Erzdiözese Köln auf und behielten diesen besonderen Charakter bis ins 16. Jahrhundert. Von den weiteren Tochtergründungen Marienthal (1143), Zinna (1171) und Haina (1188), kam nur ersteres mit Hude (1232) in Oldenburg zur Besiedlung eines Enkelkonventes.

Mit Morimondo (1135) bei Mailand besiedelte Morimond sein zehntes Tochterkloster, das in Acquafredda (1143; Prov. Brescia) am Comer See und in Casalvolone (1169; Prov. Novara) Enkelklöster gründete. Auch das elfte und zwölfte Tochterkloster Morimonds, Beaupré (1135; Dep. Meurthe-et-Moselle) und Heiligenkreuz bei Wien (1135) haben nur eine Enkelgeneration von Konventen gründen können. Von Beaupré aus entstand Baumgarten (1148; Dep. Bas-Rhin) im Elsaß und von Heiligenkreuz aus Zwettl (1138) in Niederösterreich, Baumgartenberg (1142) in Oberösterreich, Cikador (1142) in Ungarn bei Fünfkirchen, Borsmonostor (1197) in Ungarn bei Oedenburg, Lilienfeld (1206), Goldenkron (1263) in Böhmen und Neuberg (1327) in der Steiermark.

Aiguebelle (1137; Dep. Drôme) war das dreizehnte Tochterkloster Morimonds. Von hier aus wurde Feniers (1137; Dep. Cantal) und von diesem wiederum Le Bouchet/Vauluissant (1198; Dep. Drôme) gegründet.

L'Escaladieu (1137; Dep. Hautes-Pyrénées) war als vierzehntes Tochterkloster Morimonds in den Pyrenäen entstanden. Von dort aus wurden als Tochterkonvente Fitero (1141; Prov. Navarra), Monsalud (1141; Prov. Guadalajara), Sacramenia (1142; Prov. Segovia), Veruela (1146; Prov. Saragossa), La Oliva (1150; Prov. Navarra) und Bugedo (1172; Prov. Burgos) gegründet, die jenseits der Pyrenäen in den iberischen Königreichen lagen, während die Tochtergründungen Bouillas (1150; Dep. Gers) und Flaran (1151; Dep. Gers) etwas nördlich des Mutterklosters entstanden. Die von den spanischen Tochtergründungen besiedelten Konvente lagen alle im nordostspanischen Raum.

Etwas nördlich von L'Escaladieu wurde im gleichen Jahr wie dieses als 15. Tochterkloster Morimonds Berdoues (Dep. Gers) gegründet. Von seinen vier Tochtergründungen lagen Valbuena (1143; Prov.

Valladolid) und Huerta (1144; Prov. Soria) in Nordspanien, Gimont (Planselve) (1143; Dep. Gers) und Eaunes (Dep. Haute-Garonne) in Südfrankreich. Die von Gimont gegründeten Tochterklöster lagen mit Rueda (1153; Prov. Saragossa) und Sanvelade (1287; Dep. Basses-Pyrénées) sowohl nördlich als südlich der Pyrenäen, während die von Valbuena aus entstandenen Gründungen in Rioseco (1148; Prov. Burgos), Bonaval (1164; Prov. Guadalajara) und Palazuelas (1169; Prov. Valladolid) alle im nordostspanischen Raum erfolgten.

Bonnefont (1137; Dep. Haute-Garonne) wurde als 16. Tochterkloster Morimonds ebenfalls in Südwestfrankreich gegründet. Es besiedelte insgesamt sechs Tochterklöster, von denen drei (Villelongue, 1150, Dep. Aude; Boulbonne, 1150, Dep. Haute-Garonne; Perignac, 1151, Dep. Lot-et-Garonne) in Südwestfrankreich, ein viertes 1184 an der Loire (La Bennison-Dieu, Dep. Loire) und zwei in Nordostspanien (Santa Fé, 1223, Prov. Saragossa; La Baix, 1234, Prov. Lerida) entstanden. Das einzige Enkelkloster entstand von Boulbonne aus 1175 in Nordostspanien (Ovila).

Auf Abt Walther folgte in Morimond 1138 für wenige Monate Otto von Freising, der noch im gleichen Jahr zum Bischof von Freising erhoben wurde. Sein Nachfolger Rainald (1139–1154) war ein Bruder Graf Friedrichs von Toul und konnte in seinem längeren Abbatiat fünf Tochterklöster besiedeln. Er begann 1142 nach einer fünfjährigen Unterbrechung mit der Gründung des 17. Tochterklosters in Georgenthal in Thüringen, das 1320 in Georgenzell einen Enkelkonvent gründete. Das 18. Tochterkloster wurde von Morimond aus 1143 in Franquevaux (Dep. Gard) gegründet. Nach einer neuerlichen Pause von vier Jahren wurde 1147 als 19. Tochterkloster in England Dore (Gft. Herford) besiedelt und im gleichen Jahr auch das 20. Tochterkloster Silvacane (Dep. Bouches-du-Rhône) in Südfrankreich. Von Dore aus entstand in der zweiten Hälfte des 13. Jahrhunderts das Enkelkloster Vale Royale (1274; Gft. Cheshire) und von Silvacane aus Valsainte (1188; Dep. Alpes-de-Haute, Provence).

Mit dem 1149 bei Krakau gegründeten 21. Tochterkloster Andrejow (Jedrzejow) besiedelte Morimond ein erstes Kloster in Polen. Von dort aus entstanden die Tochterklöster Szczyrzye (1239) in Polen, und die in Oberschlesien gelegenen Klöster Rauden (1255) und Himmelwitz (1290).

Nach dem Tode des Abtes Rainald von Toul haben die ihm folgenden Äbte meist sehr kurz regiert. Ein Zusammenhang zwischen der Gründung von Tochterklöstern und der Zeitdauer der einzelnen Abbatiate ist jedoch nicht feststellbar. Nach 1149 wurde von Morimond aus erst 1157 mit Belmont bei Tripoli in Syrien das 22. Tochterkloster gegründet. Von dort aus entstanden drei Enkelklöster auf Zypern 1169, 1187 und 1235. Auch das 23. Tochterkloster Morimonds, Salvatio, wurde 1161 bei Tripoli in Syrien gegründet. Nach einer neuerlichen längeren Pause besiedelte dann Morimond mit den Klöstern Sulejow (1177), Wachok (1179) und Koprzywnica (1185) drei weitere Tochterklöster in Polen, von denen das erste 1256 in Koronowo und das zweite mit Szepes (1223) in Ungarn Enkelklöster gründete.

Nach einer neuerlichen Pause wurde 1194 von Morimond aus das 27. Tochterkloster in San Pedro de Gumiel (Prov. Burgos) auf der Iberischen Halbinsel gegründet. Von dort aus entstand im Jahre 1301 das Kloster San Isidro bei Sevilla. Nach einer weiteren Pause von fast 300 Jahren besiedelte Morimond 1470 sein 28. und letztes Tochterkloster in Freistorff (Dep. Moselle).

Eine Besonderheit der Filiation von Morimond sind die ihr angegliederten Ritterorden auf der Iberischen Halbinsel. Zum Schutz der heiligen Stätten und der Pilger hatten sich im Zuge der ersten Kreuzzüge Ritterorden gebildet[107]. Der Templerorden war 1120 entstanden und hatte sich 1129 eine von Bernhard von Clairvaux zusammengestellte und daher von den Gewohnheiten der Zisterziensern beeinflußte Regel gegeben[108]. Dazu wurde der Orden von einem Personenkreis aufgebaut, der in enger verwandtschaftlicher und sozialer Verbindung zu den Kreisen stand, aus denen Bernhard und ein großer Teil der maßgeblichen Zisterzienser der ersten Generation stammte und die seine und seines Ordens Klostergründungen gerade in den Jahrzehnten zwischen 1120 und 1150 so lebhaft förderten[109]. Die Beziehung der Gedankenwelt der Ritterorden zu den Zisterziensern führte zu der Entwicklung auf der Iberischen Halbinsel. Aufgrund der Vorstellung des Zisterziensers Diego Velasquez, der mit König Sancho III. von Kastilien zusammen erzogen worden war, übernahm Abt Raimund von Fitero 1158 die Burg Calatrava nordöstlich von Ciudad Real am Ufer des Guadiana von König

Sancho III. mit dem Auftrag der Verteidigung und Erweiterung des Königreichs Kastilien. In den folgenden Jahre lebten Ritter und Mönche aus Fitero gemeinsam auf der Burg. Nach dem Tode Abt Raimunds zogen sich die Mönche nach Fitero und Ciruelos zurück. Die Ritter wählten einen *maestre* genannten Vorsteher, der sich in der Folgezeit um die Beziehungen zu den Zisterziensern bemühte. Er hat die Aufnahme der Gruppe in den Zisterzienserorden beantragt, denn im September 1164 nahm sie das Generalkapitel in Cîteaux als *vere fratres* auf und gab ihnen eine *regula et forma vivendi*.

Die Visitation wurde dem Vaterabt von Fitero in L'Escaladieu (Dep. Hautes-Pyrénées) übertragen. Noch in demselben Monat bestätigte Papst Alexander III. den Zusammenschluß. Die vollständige Aufnahme des Ritterordens in den Zisterzienserorden wurde aber erst 1187 vollzogen und derselbe in die Filiation der Abtei Morimond eingeordnet[110]. Der Ritterorden besaß 1180 schon neun Komtureien, diese Zahl erweiterte sich im Laufe des 13. Jahrhunderts durch die Reconquista erheblich. Der im Königreich León gegründete Ritterorden von Alcántara hatte 1176 die päpstliche Bestätigung erlangt. Er übernahm vor 1187 die Zisterzienserregel und unterstellte sich dem Orden von Calatrava. Seinen endgültigen Namen erhielt er erst 1218 mit der Übernahme von Burg und Stadt Alcántara[111]. Auch die 1166 in Évora entstandene Bruderschaft von Rittern hat sich, vermutlich um die päpstliche Bestätigung zu erlangen, vor 1187 dem Orden von Calatrava angeschlossen. Sie blieb aber durch den von ihr gewählten eigenen Großmeister selbständiger. König Alfons II. von Portugal übertrug ihr 1211 das Gebiet um Aviz, in das der Orden 1223/24 seinen Sitz verlegte und sich dann in Zukunft nach ihm benannte[112]. Auch der Ritterorden von Monsfrag hat sich 1221 dem Orden von Calatrava angeschlossen[113], ebenso wie der Ritterorden von Montesa[114] (1317/19) und in derselben Zeit auch der Christusorden (1317/19) in Portugal[115], der dort in Nachfolge des aufgehobenen Templerordens entstanden war.

Die Zisterzienser haben sich zahlenmäßig zwischen 1119 und 1133, dem Jahr des Rücktritts von Stephan Harding, relativ ausgeglichen entwickelt[116].

Filiation	Tochterklöster allgemein			Tochterklöster unmittelbar				Tochter-klöster unmittelb. gesamt	Tochter-klöster allgem. gesamt
	bis 1119	1124	1133	bis 1119	1124	1133	1153		
Cîteaux*	7	7	24	7	9	12	16	28	109
La Ferté	-	2	3	-	2	3	3	5	16
Pontigny	2	5	6	2	4	5	13	16	43
Clairvaux	2	4	16	2	3	11	68	80	356
Morimond	-	4	21	-	3	9	21	28	214
Orden	12	23	70	11	21	40	121	157	738
(gesamt mit Cîteaux)	11	22							

* Primarabteien (ohne Tochterklöster) einbezogen

Das Wachstum der drei großen Filiationen hat sich zwischen 1124 und 1133 bereits von den beiden kleineren deutlich abgesetzt. Clairvaux hatte aber 1133 noch keine über die Filiation von Cîteaux und Morimond hinausgehende Stellung. Erst in den zwei Jahrzehnten bis zum Tode Bernhards von Clairvaux 1153 hat sich die herausragende Stellung der Filiation von Clairvaux ausgebildet. Damit verlief diese Entwicklung zeitgleich mit der Zunahme des öffentlichen Ansehens und des Einflusses des Abtes Bernhard. Die Zahlenentwicklung der unmittelbaren Tochterklöster der fünf Abteien zeigt diesen Vorgang am deutlichsten. Bei den 1133 bestehenden 40 unmittelbaren Tochterklöstern betrug der Anteil der zur Filiation von Clairvaux gehörenden 11 Abteien 12,5% bzw. 1/8, zwei Jahrzehnte später lag er dagegen bei insgesamt 122 Abteien mit 68 Abteien bei etwa 56% und damit über der Hälfte der unmittelbaren Tochterklöster von Cîteaux und den vier Primarabteien. Die Anziehungskraft Bernhards in der damaligen Welt wird dadurch verdeutlicht. Die erreichte Stellung von Clairvaux innerhalb des Ordens veränderte sich nach 1153 nur geringfügig. Ein Vergleich der Gesamtzahlen der unmittelbaren Tochterklöster der fünf Abteien zeigt bei 157 Klöstern einen Anteil von 80 Klöstern der Filiation von Clairvaux, was einem Prozentsatz von ca. 48,5% entsprach.

Nach dem anfänglichen Wachstum des Ordens zwischen 1119 und 1124 um rund 90% und von 1124 bis 1133 um rund 300% nahm er zwischen 1133 und 1153 um rund 480% zu (jeweils von der vorausgehenden Basis aus gerechnet). Es ist somit berechtigt, in diesem gesamten Zeitraum von einer »explosionsartigen Entwicklung« des Ordens zu sprechen[117]. Der folgende Zeitraum bis 1250 wird als Periode der Konsolidierung und Festigung des Ordens angesehen, während nach 1250 sein Höhepunkt überschritten war und seine bislang führende Rolle im Mönchtum an die Bettelorden überging. Dieser Vorgang spiegelt sich in den Zahlen der Klostergründungen wider. Die Zunahme des Ordens von der Mitte des 12. bis zur Mitte des 13. Jahrhunderts lag beim Wachstum von 333 auf 647 Klöstern nur noch bei rund 95%. Diese Entwicklung wird bei der Untersuchung der unmittelbaren Tochterklöster von Cîteaux und den vier Primarabteien wesentlich deutlicher. Die Zahl dieser unmittelbaren Tochterklöster, also der Enkelgeneration, war 1119–1124 um rund 90%, 1124–1133 wieder um 90% und 1133–1153 sogar um 305% (jeweils von der vorausgehenden Basis berechnet) gewachsen. Damit hat die Entwicklung der unmittelbaren Tochterklöster die Entwicklung des Ordens insgesamt mitvollzogen, ist aber insbesondere zwischen 1124 und 1133 hinter der Gesamtentwicklung zurückgeblieben. In der Zeit nach 1153 wird dieses verzögerte Wachstum besonders deutlich[118]. Während der Orden insgesamt von der Mitte des 12. bis zur Mitte des 13. Jahrhunderts immerhin nochmals um 95% zunahm, stieg die Zahl der unmittelbaren Tochterklöster nach 1153 und ohne die Beschränkung auf die Gründung bis zur Mitte des 13. Jahrhunderts nur noch von 121 auf 157 Konvente, also um rund 30%. Daraus wird deutlich, daß die Antriebskraft im Zentrum des Ordens nach 1153 nachgelassen hat und das Wachstum in höherem Maße in den vom Zentrum weiter entfernten Ordenshäusern erfolgt ist. Hier ist an die Beschlüsse des Generalkapitels von 1152 zu denken.

Clairvaux hatte an diesem Wachstum der Zahl der unmittelbaren Tochterklöster nach 1153 einen Anteil von 33% auf Ordensebene und 18% auf der Ebene der eigenen Filiation. Bei Cîteaux betrug dieses Verhältnis 33% auf Ordensebene zu 75% in der Filiation, wobei sich die letztere Zahl nur durch die Stellung als Mutterkloster des Ordens erklären läßt, die Cîteaux Pflichten auferlegte, die die Primarabteien nicht hatten. Bei Morimond betrug das Verhältnis 20% auf der Ebene des Ordens gegenüber 33% auf der der Filiation, während es bei La Ferté und Pontigny mit jeweils 6,5% auf der Ebene des Ordens gegenüber der der Filiation bei ersterem mit 67% und letzterem mit 14% lag. Cîteaux und Clairvaux haben nach 1153 bei der Entwicklung der Zahl ihrer unmittelbaren Tochterklöster mit jeweils einem Drittel der Gesamtentwicklung des Ordens gleichgezogen, während sich Morimond, La Ferté und Pontigny zusammen das letzte Drittel geteilt haben.

Die Anziehungskraft Bernhards von Clairvaux hat die Zahlen der Filiation seines Klosters selbst über seinen Tod hinaus entscheidend beeinflußt. Doch ist auffällig, daß im Verhältnis der Zahlen der unmittelbaren Tochterklöster zu der allgemeinen festzustellen ist, daß diese Verhältniszahl bei Morimond wesentlich höher lag, als bei den übrigen Filiationen. Aufschlußreich ist auch ein Vergleich der regionalen Verteilung der unmittelbaren Tochterklöster bis 1153.

Filiation	Cîteaux	La Ferté	Pontigny	Clairvaux	Morimond
gesamt	16	3	13	68	21
Frankreich	14	1	13	41	13
Deutschland (mit Österreich)	-	-	-	2	5
Polen	-	-	-	-	1
England	-	-	-	5	1
Irland	-	-	-	1	-
Dänemark	1	-	-	1	-
Schweden	-	-	-	2	-
Italien	1	2	-	6	1
Portugal	-	-	-	2	-
Spanische Königreiche	-	-	-	8	-
Syrien	-	-	-	-	-

Die unmittelbaren Tochterklöster von Cîteaux und den Primarabteien lagen überwiegend im französischen Sprach- und Kulturraum[119].

Ihre Zahl und die hinzukommenden Zahlen der Enkelklöster macht den Beschluß des Generalkapitels von 1152 über den Mindestabstand einer Neugründung von bestehenden Zisterzen verständlich. Die regionale Verteilung der dritten Klostergeneration im Orden kündigte bereits die Verteilung der Filiationen über ganz Europa an. Bei Cîteaux hat sich durch die nach 1200 besiedelten Tochterklöster die geographische Verteilung zwar verbreitert, aber mit sechs Klöstern ist die Hälfte der Neugründungen dieser Spätzeit wieder im französischen Kulturraum entstanden. Je nachdem, ob man die Primarabteien einbeziehen will oder nicht, lagen somit 66,6% oder rund 75% seiner gesamten unmittelbaren Tochterklöster in Frankreich. Dieser Anteil hat vor 1153 sogar über 80% betragen. La Ferté hatte von Anfang an bei der Gründung seiner Tochterklöster Italien im Auge. Von den 16 Abteien der Filiation lagen elf in Italien, zwei in Syrien und je eins in Frankreich, Deutschland und Syrien. Bei Pontigny war die Verteilung der gesamten Filiation von 43 Abteien mit 37 in Frankreich und jeweils drei in Italien und Ungarn eindeutig auf Frankreich als Schwerpunkt ausgerichtet. Auch bei den weitgehend über ganz Europa verteilten Filiationen von Clairvaux und Morimond überwog in der dritten Klostergeneration des Ordens der Standort Frankreich. Die Aufsplitterung der Klöster auf die übrigen europäischen Länder war zu weitgehend, um dabei Schwerpunkte festzustellen.

Cîteaux und die Primarabteien haben keineswegs alle in ihrer Filiation genannten Tochterklöster auch tatsächlich neu begründet. Eine größere Anzahl von Benediktinerklöstern ist zum Zisterzienserorden übergetreten und hat ihre Aufnahme in den Orden beantragt. Sogar ganze Klosterverbände sind dabei auf Antrag durch die Generalkapitel aufgenommen worden. So wurde der Filiation von Cîteaux 1147 das Kloster Obazine angeschlossen, ebenso der Filiation von Pontigny 1162 der Klosterverband von Dalon mit der Abtei Dalon und deren sechs Tochterklöstern sowie 1147 der Filiation von Clairvaux der Klosterverband von Savigny mit Savigny und 31 Tochterabteien. Bei der Aufnahme dieser Klosterverbände in den Orden blieben die Abhängigkeitsverhältnisse der Tochterklöster erhalten und wurden nur nach den Anforderungen des Zisterzienserordens verändert. Damit kamen auch Gebräuche in den Orden, die so anfänglich von den Gründern von Cîteaux nicht gewollt waren. Die Ausbreitung des Ordens enthielt somit auch große Gefahren für die bisherige spirituelle Ausrichtung. Die Ausbreitung des Ordens beweist, daß die Zisterzienser spätestens seit der Mitte des 12. Jahrhunderts ein europäischer Orden mit dem Zentrum in Burgund waren. Die europäische Kulturlandschaft hat aus den vielfältigen Beziehungen großen Gewinn gezogen, da auf den verschiedensten Gebieten durch die Klöster des Ordens neue Anstöße gegeben wurden.

2. Bernhard von Clairvaux und die anderen führenden Persönlichkeiten des Ordens

Die Geschichte des Zisterzienserordens im 12. Jahrhundert wird in der Regel durch eine ausführliche Biographie Bernhards von Clairvaux begleitet. Dadurch wird seine große Bedeutung für die Ausbreitung des Ordens unterstrichen. Dabei wird aber häufig vergessen, daß bei den langen Reisen Bernhards im Dienste der Kirchenpolitik schon in seinem eigenen Kloster vieles nicht von ihm, sondern von seinen Prioren entschieden wurde. Die Quellenlage über das Leben und Wirken Bernhards ist gut, läßt aber dennoch nicht zu, genau festzustellen, wie weit Bernhard die Verfassung seines Ordens beeinflußt hat[1]. Nachdem die Historiographie heute aber an der Wiege des Ordens neben Stephan Harding auch Robert von Molesme und Abt Alberich als Gründer sieht, ist es trotz der Bedeutung Bernhards erforderlich, die neben ihm innerhalb des Ordens führenden Persönlichkeiten zu betrachten und sich dabei bewußt zu machen, daß ihm diese rechtlich gleichgestellt waren. Seine Bedeutung beruhte auf seiner Persönlichkeit. Dieses, auch aus der für den Orden zentralen Bedeutung des Generalkapitels der Äbte vorgegebene Bild einer Ordensleitung auf gemeinsamer Grundlage ist über den Tod Bernhards 1153 hinauszuführen[2].

Als Papst Calixtus II. 1119 *Stephan Harding* die Carta Caritatis prior und damit die Zisterzienser als Orden bestätigte, war für diesen der Weg abgeschlossen, den er 1113 mit der Gründung der ersten Primarabtei La Ferté begonnen hatte. Stephan Harding hat die frühe Entwicklung der Carta Caritatis maßgeblich geprägt. Dennoch war er nicht der alleinige Gründer des Zisterzienserordens[3]. Nachdem er in der Carta Caritatis die Selbständigkeit der von ihm gegründeten

Tochterklöster betonte und mit dem täglichen Mönchsleben ein deutliches Zeichen gegenüber der Praxis im Verhältnis zu Cluny und dessen Prioraten setzte, hatte er die Äbte der Tochterklöster sicherlich in diese Entwicklung eingebunden und den Konsens mit ihnen auf einem Generalkapitel hergestellt. Aus der Vita Bernhards von Clairvaux ist bekannt, daß solche Generalkapitel schon vor 1119 stattfanden und in Rechte und Selbständigkeit der Töchterklöster eingreifen konnten[4], wie der Beschluß beweist, den durch seine strenge Askese kranken und daher anscheinend auch nicht am Generalkapitel teilnehmenden Abt Bernhard für einige Zeit dem Gehorsam des Bischofs von Châlons-sur-Marne zu unterstellen, der um seine Gesundheit besorgt war. Das Generalkapitel beurlaubte Bernhard für diese Zeit von seinem Amt als Abt.

Stephan Harding hat in den folgenden Jahren die ihm durch die Carta Caritatis vorgeschriebenen Visitationspflichten sicherlich wahrgenommen. Er hat sich auch darum bemüht, die Schenkung früherer Jahre an sein Kloster zu sichern und neue zu gewinnen[5]. Obwohl ihm spätere Überlieferungen eine zunehmende Askese im Alter nachsagten[6], beschrieb ihn der Zeitgenosse Wilhelm von Malmesbury mit den Worten *sermone comis, facie iocundus, animo semper in Domino laetus*[7]. Auch in seinen späteren Jahren findet sich noch sein schon am Beginn seines Abbatiats festzustellendes Interesse im theologischen Bereich[8]. Als er 1124 die Abtei Saint-Vaast in Arras besuchte und dort eine Gebetsverbrüderung zwischen Saint-Vaast und Cîteaux abschloß[9], ließ er sich durch den zum Konvent von Saint-Vaast gehörenden Schreiber Oisbert die *Expositio Sancti Jheronimi presbiteri super Jheremiam prophetam* abschreiben[10], die mit einer Miniatur[11] verziert wurde, die neben dem Schreiber und Maler Oisbert auch die beiden Äbte zeigte. Stephan Harding hat in dieser Miniatur nichts Anstößiges gesehen, wie er auch in den übrigen Handschriften, die unter ihm in Cîteaux entstanden sind, an der benediktinischen Tradition der Buchmalerei in englischer Ausprägung festgehalten hat. An diesem farbigen und lebhaften Buchschmuck hat Bernhard von Clairvaux Anstoß genommen und ihn indirekt, aber heftig kritisiert[12]. Stephan Harding hatte auch die Erinnerung an seine im Kloster Sherborne in England verbrachten ersten Mönchsjahre nicht vergessen, wie sein Schreiben an Abt Thurstan von Sherborne beweist, daß auf 1131 datiert wird[13]. Das sich diplomatisch gebende Schreiben stand in Zusammenhang mit der Gründung der ersten Zisterzen in England. Es war daher die Absicht dieses Schreibens, auf die englischen Abteien verbindlich zu wirken und dortige Befürchtungen abzubauen.

Die zu Papst Calixtus II. bestehende enge Verbindung des Klosters Cîteaux kam auch darin zum Ausdruck, daß dieser 1124 sein Herz vor dem Hochaltar der Klosterkirche beisetzen ließ[14]. Stephan Harding war zusammen mit Bernhard von Clairvaux und Hugo von Pontigny 1129 auf der Synode von Troyes, auf der Bernhard von Clairvaux die Regel des Ordens der Templer entwarf, die an die des Zisterzienserordens angelehnt war. Der von Bernhard von Clairvaux so nachdrücklich unterstützte Papst Innocenz II. stellte Stephan Harding am 10. Februar 1132 in Cluny eine Bulle aus[15], die den Besitz des Klosters bestätigte und dieses in den Schutz des Apostolischen Stuhls nahm, gleichzeitig dem Kloster aber auch die freie Abtwahl verlieh und dem Abt von Cîteaux und den anderen Zisterzienseräbten das Privileg gewährte, nicht mehr auf Konzilien oder Synoden von Erzbischöfen oder Bischöfen erscheinen zu müssen. Der Papst sprach Stephan Harding als Abt von Cîteaux und Haupt des Ordens an, wenn er in dieser Bulle formulierte *huius religionis origo est atque principium.* Eine Woche später stellte der Papst in Lyon Bernhard von Clairvaux ein weitgehend identisches Privileg für sein Kloster aus[16], wobei er ihm mit Hinweis auf das Schisma als *murum inexpugnabilem pro domo Dei* bezeichnete. Der Papst hat mit der besonderen Ausfertigung dieser Bulle Bernhards Tätigkeit für ihn im Schisma belohnen wollen. Nach der Bulle für Stephan Harding kann sie aber keineswegs als Zeichen dafür angesehen werden, daß »der Orden noch auf die Primarabteien hin orientiert war«[17]. Wäre dieses der Fall gewesen, müßten vergleichbare Privilegien auch für die anderen Primarabteien vorliegen. Tatsächlich sind aber nur die Bullen für Stephan Harding und Bernhard von Clairvaux ausgestellt worden. Stephan Harding hat auf dem Generalkapital im September 1133 vermutlich aus Altersgründen und nahezu blind auf sein Amt verzichtet und ist bereits am 28. März 1134 verstorben[18]. Seit 1628 wird er am 16. Juli als Heiliger verehrt[19].

Stephan Harding wollte selbständige Tochterklöster. Doch hat er bei der Berufung der Gründeräbte das Recht der Nomination ausgeübt und damit ihm geeignet erscheinende Persönlichkeiten in die leitenden Stellungen des Ordens gebracht. Er hat auf diese Weise die Anfänge der einzelnen Tochterklöster für Jahre oder sogar Jahrzehnte geprägt.

Als Stephan Harding 1113 La Ferté gründete, spielte er nach dem Bericht darüber die Hauptrolle[20]. Der von ihm nach La Ferté entsandte Gründungsabt *Bertrand oder Philibert* (1113–1117) hat seine Pflichten erfüllt, aber er ist nicht in den Vordergrund getreten, denn über ihn ist fast nichts bekannt. Es ist auch nicht gesichert, ob er in den Kreis von Mönchen gehört hat, die mit Robert von Molesme 1098 nach Cîteaux gezogen waren[21]. Dieses läßt sich vermuten, weil für seinen Nachfolger *Peter I.* (1117–1124) dieser Tatbestand ausdrücklich überliefert wird. Abt Peter I. kam anscheinend bereits mit dem Gründungskonvent nach La Ferté[22], da nicht erwähnt wurde, daß er bei seinem Amtsantritt aus einem anderen Konvent kam. Über die Abtwahl von 1117 in La Ferté ist nichts bekannt, doch ist davon auszugehen, daß Stephan Harding auf sie Einfluß genommen hat. Abt Peter I. muß sich einen überaus vorteilhaften Ruf als Leiter seiner Abtei erworben haben, denn schon 1124 wurde er zum Erzbischof von Tarentaise (1124–1140) im französisch-italienischen Grenzraum gewählt. Er war damit der erste Zisterzienser überhaupt auf einem Bischofstuhl.

Auch über die zweite, 1124 in La Ferté stattfindende Abtwahl sind Einzelheiten unbekannt. Doch hat sich anscheinend weder in La Ferté selbst noch in Cîteaux als Mutterkloster ein geeigneter Kandidat gefunden, denn der neue Abt *Bartholomäus I.* (1124–1160) war vor seiner Wahl Mönch in Clairvaux[23]. Es hat sich bei ihm aber nicht um den Bruder Bernhards von Clairvaux gehandelt, wie einige Historiographen behauptet haben, da der Name des urkundlich nachgewiesenen Neffen von Abt Bartholomäus nicht in der Familie Bernhards vorkam. Da Bartholomäus I. Mönch in Clairvaux war, war seine Wahl von der Zustimmung seines Abtes abhängig. Es muß offen bleiben, ob Stephan Harding diesen Ausgriff von Clairvaux nach La Ferté gefördert hat oder aber ob er diesen nur nicht verhindern konnte. Bernhard hatte sich seit der Gründung von Clairvaux bemüht, möglichst viele Novizen zu gewinnen. Dabei hat er keineswegs nur Adelige anzuziehen versucht, sondern ebenso auch zahlreiche, an den

Domschulen gut ausgebildete Männer. Es ist daher denkbar, daß sich in Clairvaux im Gegensatz zu den anderen Primarabteien eine überproportionale Anzahl geeigneter Kandidaten für das Amt eines Abtes gefunden hat. Auffallend ist jedoch, daß nach der fast ein Jahrzehnt andauernden Aufbauarbeit in Clairvaux Bernhard in diesem Jahr seinen ersten Traktat *De gradibus humilitatis et superbiae* verfaßte und bei der Weihe der Kirche von Foigny am 11. November 1124 das Wunder gegen die störenden Fliegen bewirkte[24]. Am Ende des gleichen Jahres griff Bernhard auch in die Vorgänge im Kloster Morimond ein[25]. Der Abt von La Ferté erscheint nicht in den Briefen Bernhards und war ihm demnach wohl auch weniger nahestehend, doch hat Bernhard mit der Wahl eines Mönches aus seinem Konvent die Stellung von Clairvaux und die eigene im Generalkapitel zumindest indirekt gestärkt.

Abt Bartholomäus war ein theologisch gebildeter und interessierter Mann, wie die von ihm 1134 veranlaßte Abschrift eines Kommentars zum Buch Job beweist, das als »Moralia von St. Gregor« bekannt ist. Er war 1142 am Abschluß des Freundschaftsbundes mit dem Prämonstratenserorden beteiligt und 1146/47 bei der feierlichen Ausstellung der Reliquien des hl. Lazarus in Autun mit vier Bischöfen, acht Äbten, Herzog Hugo von Burgund und Graf Wilhelm von Chalon anwesend. Abt Walther von St. Martin in Autun weihte 1148 die St. Nikolauskapelle im Kloster La Ferté. Daraus ist erkennbar, daß Abt Bartholomäus in den Kreis der Äbte des Ordens und in das Generalkapitel vollständig eingebunden war, sich aber eher kontemplativ auf sein Kloster und seinen Konvent konzentriert hat.

Stephan Harding wählte 1114, als er den Gründungskonvent nach Pontigny entsandte, den ersten Abt dieses Klosters bereits aus der Gruppe aus, die mit Bernhard zusammen ein Jahr zuvor in Cîteaux eingetreten war und deren Noviziatsjahr erst kurz zuvor geendet hatte. Er hat mit *Hugo von Mâcon* (1114–1136) den ranghöchsten unter den Begleitern Bernhards ausgewählt, der mit diesem selbst und den führenden Adelskreisen Burgunds verwandt war[26]. Hugo war als Abt in Pontigny sehr erfolgreich, wie die zahlreichen von ihm gegründeten Tochterabteien und seine spätere Erhebung zum Bischof von Auxerre (1136–1151) bezeugen. Er hat 1123 die Zehntfreiheit des Besitzes von Pontigny in der Diözese Langres durch den Bischof erwirkt[27] und dasselbe auch vom Erzbischof von Sens für dessen Erzdiözese verbrieft erhalten[28]. Der Bischof von Auxerre hatte dagegen 1127 die Zehntfreiheit des Klosters Pontigny nur für eine Grangie desselben gewährt[29]. Hugo konnte 1131 auch Zollprivilegien für sein Kloster bei Ludwig VI. von Frankreich[30] und Heinrich II. von England[31] erwirken. Ludwig VI. hat diese Privilegien 1135 in erweiterter Form nochmals den Klöstern Cîteaux, Pontigny und Clairvaux gemeinsam verbrieft[32]. Nach der Zahl der von Abt Hugo zwischen 1119 und 1136 gegründeten Tochterklöster hat sein Konvent zahlenmäßig rasch zugenommen, was auch Forderungen an die Baulichkeiten des Klosters stellte. Allein nach der Entsendung der Gründungskonvente müssen etwa 150 Mönche unter Hugo in Pontigny eingetreten sein. Zu dieser Zahl ist die der im Konvent verbleibenden und der sich dort aufhaltenden Konversen hinzuzuzählen. Damit ist in den ersten zwei Jahrzehnten unter Abt Hugo in Pontigny ein zahlenmäßig beachtlicher Konvent entstanden.

Hugo hat sich als Abt ebenfalls weniger für Angelegenheiten außerhalb seines Klosters interessiert. Im Mittelpunkt seines Wirkens stand dessen Aufbau. Er war auf der Synode von Troyes 1129 neben Stephan Harding und Bernhard von Clairvaux anwesend. Nach der Chronik von Maurigny hat Papst Innocenz II. auf dem Konzil von Reims 1131 mit großer Freude darüber berichtet, daß ein Zisterzienserabt die Kartäuser unterstützte. Er meinte mit diesem Bericht Abt Hugo von Pontigny, der später als Bischof von Auxerre auch die Prämonstratenser gefördert hat[33]. Demnach hat er sich schon als Abt von Pontigny nicht auf die ausschließliche Linie des zisterziensischen Mönchtums festlegen lassen, obwohl sein Kloster wie sein Orden noch im Aufbau waren. Seine Sympathie galt aber den strengen Reformorden seines Zeitalters. Aus dem täglichen Leben seines Klosters und den geistlichen Pflichten als Abt ist er durch seine Predigten zum Verfasser geistlicher *sermones* geworden, die im Orden eine weitere Verbreitung erhielten[34]. Sie ermöglichen einen Einblick in die Spiritualität Abt Hugos und ebenso auch in die der frühen Zisterzienser.

Hugo von Mâcon hat sich nicht nur von Bernhard von Clairvaux für den Eintritt ins Kloster Cîteaux gewinnen lassen, sondern er hat nachweislich auch als Abt und als Bischof zu Bernhard Verbindungen über die übliche Ordensöffentlichkeit hinaus unterhalten. Aus den Briefen Bernhards wird diese Verbindung deutlich. Anfang der 20er Jahre[35] kam es zwischen Bernhard und Hugo von Mâcon zu einer kurzen Verstimmung. Diese ging auf folgenden Vorfall zurück: Drogo, Mönch des Benediktinerklosters St. Nicasius zu Reims, hatte von dort ins Kloster Clairvaux übertreten wollen, wie so viele junge Mönche in dieser Zeit. Bernhard wollte Abt Jorannus von St. Nicasius nicht verärgern und sandte Drogo daher nach Pontigny, wo ihn Hugo aufnahm[36]. Bernhard wollte Drogo als Mönch in den Orden aufnehmen, aber keinerlei politische Rückwirkungen in Kauf nehmen. Hugo verhielt sich nun zu Bernhards Ärger nicht so diplomatisch wie von ihm gewünscht, was er in seinem Schreiben an Hugo deutlich zum Ausdruck brachte[37]. Er sah sich von ihm nämlich gegenüber dem Abt von St. Nicasius bloßgestellt. Er redete diesen in seinem Brief eher wie ein Dienstvorgesetzter als einen rechtlich Gleichgestellten und dazu noch im Geiste der Liebe und der Brüderlichkeit sowie in langer Freundschaft Verbundenen an. Der Benediktiner Drogo war in Pontigny ebenfalls nicht zufrieden, sondern kehrte nach St. Nicasius zurück, wurde 1128 erster Abt von St. Jean in Laon und 1134 Kardinalbischof von Ostia[38]. Die Angelegenheit war zwischen Bernhard und Hugo rasch erledigt, doch ist erstaunlich, wie sich letzterer von Bernhard hatte rügen lassen.

Bernhard hat um 1127 mit Abt Artald von Preuilly, einem Tochterkloster von Cîteaux, über dessen Absicht, in Spanien ein Tochterkloster zu gründen, korrespondiert[39]. Dabei drückte er diesem, obgleich Preuilly in keinem rechtlichen Verhältnis zu Clairvaux stand, sein deutliches Mißfallen über die Absicht aus, in weiter Ferne ein Tochterkloster zu errichten und riet ihm, diese Gründung doch in größerer Nähe vorzunehmen. Bernhard sah dafür sogar eine Möglichkeit, aus der seine dauernde Verbindung zu Hugo von Mâcon und die Kenntnis über Einzelheiten im Kloster Pontigny kenntlich wird. Er machte nämlich Abt Artald auf ein dem Kloster Pontigny gehöriges Grundstück aufmerksam, das er in der Nähe für die Gründung eines Tochterkonvents von Preuilly für geeignet hielt. Der Abt von Preuilly würde damit, so Bernhard, Pontigny helfen, weil dieses für das bebaute Grundstück selbst keine augenblickliche Verwendung hatte. Bernhard mischte sich damit in die Gründungsabsichten von nicht zu seiner Filiation gehörigen Klöstern ein. Es ist sogar anzunehmen, daß Artald von Preuilly auf diesen Rat einging, denn sein Kloster gründete nicht nur kein Tochterkloster in Spanien, sondern 1127 in der Nähe das Tochterkloster Vauluisant (Dep. Yonne). Aus dem Schreiben läßt sich nach dem Hinweis Bernhards, daß Artald und er noch zu den Jungen im Orden gehörten und daher vorsichtig sein müßten, um nicht wegen Leichtfertigkeit getadelt zu werden, auf gewisse Spannungen zwischen der älteren und der jüngeren Generation im Orden schließen[40]. Dieser Hinweis ist bei der hohen Stellung der beiden Äbte im Orden kaum auf einfache Mönche zu beziehen, sondern wohl nur als eine Anspielung auf Stephan Harding zu verstehen.

Bernhard bewog Hugo von Mâcon auch zu gemeinsamen kirchenpolitischen Stellungnahmen, so 1125 an den Kanzler Haimerich am Apostolischen Stuhl[41] und 1129 an Papst Honorius II. im Streit des Bischofs von Paris mit König Ludwig VI.[42]. An einem zweiten Schreiben der beiden Äbte in demselben Jahr und derselben Angelegenheit an den Papst war auch Stephan Harding als dritter Mitwirkender beteiligt[43]. Bernhard und Hugo schrieben auch gemeinsam an Abt Odo von Marmoutier bei Tours[44]. Als Hugo von Mâcon Bischof von Auxerre wurde, hat sich an seiner engen Verbindung zu Bernhard wenig geändert, wie dessen Schreiben an Papst Innocenz II. um 1140 beweist, in dem er sich für den Bischof beim Papst verwandte und dabei die zwischen ihnen bestehende Freundschaft, die allgemein bekannt sei, besonders hervorhob[45]. Bernhard hat sich trotz seiner sonst so rigorosen Haltung von diesem Freund nicht abgewandt, als derselbe sich als Bischof wie ein weltlicher Feudalherr benahm. So hat Bischof Hugo Auxerre mit dröhnenden Jagdhörnern und kläffenden Hundemeuten durchzogen[46], und kurz bevor er 1151 starb auch sein Eigentum, daß nach Bernhard aus den bischöflichen Einkünften herrührte[47], nicht den Armen seiner Diözese oder den Kirchen vermacht, sondern einem nach Bernhards Aussage untauglichen Neffen. Bernhard ging in einem Schreiben an Papst Eugen III. mit diesem Verhalten hart ins Gericht, entschuldigte Hugo aber damit, daß er wohl nicht wußte, was er tat. Da Bischof Hugo kurz vor seinem Tod auf sein Bischofsamt verzichtet und sich nach Pontigny zurückgezogen hatte, wo er auch starb, befand sich sein Eigentum dort und sollte von dem Kloster an den Neffen ausgehändigt werden. Die Zisterzienser haben diesem Vorgehen anscheinend Schwierigkeiten gemacht, mußten sich aber wohl der eindeutigen Rechtslage beugen.

Hugo von Mâcon verließ Pontigny erst nach dem Tode Stephan Hardings. Sein Nachfolger im Kloster wurde *Guichard,* der nach fast drei Jahrzehnten zum Erzbischof von Lyon (1165–1180) gewählt wurde[48]. Guichard dürfte vor seiner Wahl vermutlich zum Konvent von Pontigny gehört haben, da bei ihm Hinweise auf die Herkunft aus einem anderen Kloster fehlen. Nach seinem Lebensalter ist anzunehmen, daß er nach 1114 in Pontigny selbst Mönch geworden ist und damit nicht mehr Angehöriger des Gründungskonvents war. Im Mittelpunkt seines Wirkens als Abt stand der Bau der zweiten Klosterkirche zwischen 1140 und 1160[49]. Nachdem der Konvent um 1157 neben 100 Mönchen, von denen etwa 50 Priester waren, 300 Konversen umfaßt hat, waren die durch Abt Theobald IV. von der Champagne geförderten Baumaßnahmen erforderlich. Als Wohltäter des Klosters werden auch die Grafen von Nevers, Troyes, Joigny, Blois, Bar und die Vicomtes von Joigny und Saint-Florentin genannt[50]. Abt Guichard hat für seine Abtei Privilegien bei den Päpsten Innocenz II. (1142), Hadrian IV. (1156) und Alexander III. (1159) erwirkt[51].

Abt Guichard erscheint in keiner unmittelbaren Verbindung zu Bernhard von Clairvaux. Dessen Bruder Guy, der Cellerar von Clairvaux war, wurde auf der Rückreise von La Prée 1141 in Pontigny krank und starb dort. Nachdem in Zusammenhang mit dieser Überlieferung auf die Prophezeiung Bernhards abgehoben wird, daß sein Bruder kein Begräbnis in seinem Heimatkloster erhalten würde[52], ist davon auszugehen, daß der Cellerar auch in Pontigny beigesetzt wurde. Da der frühere Abt Hugo als Bischof von Auxerre und Bernhard von Clairvaux gemeinsam wiederholt für den Grafen der Champagne in dessen Auseinandersetzung mit König Ludwig VI. von Frankreich in Verhandlungen tätig wurden, und der Graf gleichzeitig in Pontigny die Baumaßnahmen förderte, haben Verbindungen zwischen Abt Guichard und Bernhard sicher bestanden, wenn diese vermutlich auch weitgehend über Hugo von Mâcon hergestellt worden sind. Es läßt sich aber auch die Vermutung äußern, daß in der Überlieferung der Briefe Bernhards dessen Schriftwechsel mit Abt Guichard vielleicht als weniger wichtig angesehen und daher ausgeschieden wurde. Abt Guichard hat zusammen mit Abt Rainald von Cîteaux und Abt Bartholomäus I. von La Ferté die Verhandlungen mit Hugo von Fosses und den anderen Prämonstratensern geführt, die 1142 zu dem Vertrag zwischen den beiden Reformorden geführt haben[53]. Bei diesen für den Orden bedeutsamen Verhandlungen war also Abt Guichard im Kreis seiner Mitäbte tätig.

Stephan Harding hat sich 1115 um die Gründung des auf der Grenze zum Imperium Romanum liegenden Tochterklosters Morimond besonders bemüht. Der Gründungskonvent hat neben dem Abt *Arnold* anscheinend noch einige weitere deutsche Mönche umfaßt. Ob Stephan Harding dabei bereits an ein Ausgreifen seines Ordens in das Gebiet östlich des Rheins gedacht hat, läßt sich nicht beweisen. Vielleicht wollte der Abt auch nur die Mönche gleicher Herkunft und Sprache bei dieser Gelegenheit weitgehend in einem Konvent zusammenfassen. Bei dem Organisationstalent Stephan Hardings erscheint diese Überlegung näherliegend als eine unsichere Planung in die Zukunft. Abt Arnold hat seine Ausbildung in der Kathedralkirche in Köln erhalten. Seine Herkunft wird aus Flandern oder Lothringen vermutet[54]. Er soll aus Köln nach Burgund gekommen sein und sich dort dem Kreis um Bernhard angeschlossen haben, mit dem er dann in Cîteaux eingetreten ist. Diese Ansicht erscheint nach seiner Herkunft eher zweifelhaft, zumal die Zeugnisse dafür nur indirekt sind[55].

Morimond hatte sich unter Arnolds Leitung in den ersten Jahren trotz seiner anscheinend geringen Gründungsdotation bemüht, mit den anderen Abteien des Ordens gleichzuziehen. Der – nach den Briefen Bernhards – für Ratschläge unzugängliche Arnold soll auch in seinem Konvent herrschsüchtig gewesen sein. Er hatte zwischen 1119 und 1123 drei Tochterklöster gegründet, wobei es 1123 in Köln nach der Gründung des Klosters Kamp zu einem Skandal kam, als Arnold den Sohn des Herzogs von Bayern, Konrad, mit sich nach Morimond nahm, um ihn dort in den Konvent aufzunehmen[56]. Dieser Schritt scheint Arnold bereits im Kreis seiner Mitäbte Schwierigkeiten bereitet zu haben, da diesen an einer Unterstützung durch den Hochadel gelegen war. Nach dem anschließenden harten Winter

1123/24, der Hungersnot von 1124 und den Kriegszügen im Sommer 1124 kam es im November desselben Jahres in Morimond zur Krise[57]. Die durch das Verhalten Arnolds aufgebauten Widerstände kamen in der Notzeit zum Ausbruch[58]. Die Mönche gehorchten ihm nicht mehr, die Konversen arbeiteten nachlässig und die Umgebung belästigte die Abtei und ihre Güter[59]. Arnold war seines Amtes unter diesen Belastungen überdrüssig. Anstatt zu resignieren, verfiel er aber auf den Gedanken, ins Heilige Land zu ziehen, um dort ein neues Kloster seines Ordens zu gründen. Bei dieser, eigentlich dem Zeitgeist entsprechenden Planung, handelte er vollkommen unüberlegt. Er holte sich weder bei Stephan Harding noch seinen Mitbrüdern die Zustimmung zu dem geplanten Unternehmen ein und gewann unter Mißbrauch des Gehorsamsgelübdes mit dem Hinweis auf eine – tatsächlich nicht vorhandene – Zustimmung des Papstes zu seinem Plan die besten seiner Mönche dafür, ihn zu begleiten. Alle namentlich bekannten Mönche dieses Kreises waren wie Arnold deutscher Herkunft.

Arnold verließ Morimond mit diesem Teil der Mönche, während ein anderer dort zurückblieb, und begab sich auf die Fahrt nach Jerusalem. Vermutlich um Geldmittel für das dort geplante Kloster zu sammeln, wandte er sich aber zuerst nach Flandern. Durch ein Schreiben wollte er Stephan Harding über seine Schritte informieren. Doch dieser wurde von dem Boten in Cîteaux nicht angetroffen, weil er sich selbst auf einer Fahrt nach Flandern befand. Der Bote reiste ihm bis nach Clairvaux nach, über das Stephan Harding nach Norden gezogen war. Als er dort eintraf, war Stephan Harding bereits abgereist und nicht mehr erreichbar, wie Bernhard in seinem Antwortschreiben behauptete. Bernhard handelte sofort, indem er Abt Arnold antwortete, einen Mönch Adam im Gefolge Arnolds anschrieb und sich auch an Papst Calixtus II. sowie den ihm bekannten Prälaten Bruno von Berg wandte[60], der einige Jahre später zum Erzbischof von Köln gewählt wurde. Bruno von Berg war durch die Vorgänge in Morimond auch persönlich betroffen, weil sich sein Bruder Eberhard im Gefolge Arnolds befand[61]. Ob und wie Bernhard Stephan Harding informierte, ist unbekannt. Nachdem er aber in seinem Schreiben so besonders auf den Gehorsam abhob, ist ein ganz eigenständiges Vorgehen Bernhards eigentlich kaum anzunehmen[62].

Bernhard lehnte das Projekt Arnolds im Heiligen Land ab, da dort »kämpfende Ritter notwendiger wären als singende oder weinende Mönche«. Energisch versuchte er daher, ihn zur Rückkehr zu bewegen. In seinem Schreiben an den Mönch Adam schlug er diesem ebenfalls eine Unterredung an einem beiden zusagenden Ort vor, um ihn zur Rückkehr zu bewegen. Bernhard konnte sich an den Mönch Adam wenden, weil dieser in Foigny mit seiner Unterstützung vom Benediktiner zum Zisterzienser geworden und anscheinend anschließend von Bernhard als Deutscher nach Morimond gesandt worden war. Bernhard versuchte durch sein Schreiben an Adam natürlich auch, die übrigen Mönche von ihrem Irrweg abzubringen. Mit dem Schreiben an Papst Calixtus II. wollte er Arnold den Weg verbauen, von diesem die offizielle Erlaubnis für seine Absicht im Heiligen Land zu erhalten. Er ließ keinen Zweifel daran, daß Arnold seine Pläne im Ungehorsam gegenüber seinem Orden verfolgte. Bernhard wollte auch Bruno von Berg dazu bewegen, die Arnold begleitenden Mönche durch ein Gespräch zur Rückkehr aufzufordern. Er teilte ihm dabei deutlich mit, daß er sich um Arnold selbst nicht bemühen müsse, weil dieser in seiner Haltung nicht mehr zu beeinflussen wäre.

Diese Ende November/Anfang Dezember 1124 entstandenen Probleme lösten sich schneller als erwartet. Arnold starb am 3. Januar 1125 in Flandern eines »gebührenden, aber erschrecklichen Todes«, wie Bernhard schreibt und damit vermutlich ein plötzliches Ableben ohne Buß- und Beichtmöglichkeit meinte. Die Arnold begleitenden Mönche hatten sich mit Ausnahme eines mit Namen Heinrich, der tatsächlich auf Bernhards Bemühungen hin nach Morimond zurückgekehrt war, entschlossen, ihren mit Arnold begonnenen Weg nach Jerusalem fortzusetzen. In seinem zweiten Schreiben an den Mönch Adam[63] setzte Bernhard diesem die Gehorsamspflichten ausführlich auseinander und forderte aufgrund des inzwischen stattgefundenen Kapitels der Äbte des Ordens die Mönche zur sofortigen Rückkehr auf. Der Satz »die zurückkommen, werden leben; die sich widersetzen, werden sterben« nahm die Exkommunikationsformel des Kapitels auf[64]. Der Mönch Adam ist mit dem größten Teil seiner Begleiter daraufhin nach Morimond zurückgekehrt. Er wurde schon 1127 als Gründungsabt von Morimond nach Ebrach in Franken gesandt[65], das von einer Schwester des Mönches Konrad von Bayern und ihrem Ehemann Markgraf Leopold von Österreich gegründet worden war. Der Mönch Eberhard von Berg ist nicht mit Adam zurückgekehrt, sondern hat erst nach längerer Zeit Frieden mit seinem Orden gefunden. Er war anscheinend im Kloster Altenberg Schweinehirt. Nachdem er erkannt worden war, wurde er dort Mönch und 1142 als Gründungsabt nach Georgenthal in Thüringen gesandt[66]. Der von Bernhard mehrfach erwähnte Herzogssohn Konrad von Bayern war in sein Elternhaus zurückgekehrt, ging als Eremit ins Heilige Land und starb 1126 auf der Rückreise in Süditalien. Obwohl Abt Arnold von seinem Orden im Rückblick nicht gut dargestellt wurde, nahm ihn Morimond dennoch in den Nekrolog auf[67], und Bischof Willenc von Langres aus der Stifterfamilie des Klosters Morimond bezeichnete ihn 1126 in der Bestätigungsurkunde der Gründung des Klosters sogar als *virum per omnia venerabilem*, während er die Bemühungen Bernhards um Morimond überhaupt nicht erwähnte[68].

Der Konvent von Morimond wählte bald nach dem Tode Arnolds Anfang 1125 den Prior *Walther* von Clairvaux zum Abt, der in dem Jahrzehnt seit der Gründung der Abtei dort tätig gewesen war und entsprechende Erfahrung mitbrachte. Seine Wahl dürfte auf dem Äbtekapitel kurz zuvor vorbereitet, wenn nicht bei der Situation von Morimond sogar beschlossen worden sein. Bernhard von Clairvaux hatte mit dieser Wahl endgültig Einfluß auf alle Primarabteien des Ordens erhalten, wenn dieser Status für Morimond auch erst seit 1157 allgemein gesichert erscheint[69]. Abt Walther hat Morimond nach den Maßstäben von Clairvaux verwaltet und durch seine Tätigkeit dafür gesorgt, daß es zu einer weitgehenden vergleichbaren Entwicklung gelangte[70]. Dieses läßt sich vor allem an der Zahl der von ihm gegründeten Tochterklöster ablesen. Dennoch ist es ihm nicht gelungen, Morimond vollständig nach dem Bild von Clairvaux zu formen. Wie bereits dargestellt, wurde Abt Arnold in den Nekrolog von Morimond aufgenommen und darin vom Bischof von Langres 1126 positiv beurteilt. Es hat also im Konvent und im Umkreis des Klosters Morimond weiterhin Anhänger von ihm gegeben. Zumindest war dieser Personenkreis dazu bereit, das Vorgehen Arnolds zu entschuldigen. Darüber hinaus hat sich im Konvent von Morimond eine Reihe deutscher Hochadeliger befunden. Schon unter Abt

Arnold haben nachweislich mit Eberhard von Berg und dem Welfen Konrad von Bayern zwei hochadelige Mönche dem Konvent angehört. Unter Abt Walther ist spätestens 1129 Heinrich von Spanheim, Sohn des Herzogs Engelbert von Kärnten, in Morimond eingetreten[71], der 1133 als Gründerabt in das Tochterkloster Weiler-Bettnach entsandt und von dort aus Bischof von Troyes (1145–1169) wurde. Auf der Rückreise vom Studium in Paris nach Österreich trat 1132/33 der Babenberger Otto von Österreich mit 15 Begleitern in Morimond ins Kloster ein[72]. Die symbolische Übereinstimmung dieses Klostereintritts mit dem von Bernhard von Clairvaux ist nicht zu übersehen. Es ist zu fragen, ob mit diesem Klostereintritt des Enkels Kaiser Heinrichs IV. für Morimond eine besondere Absicht verbunden war. Eine solche läßt sich nicht nachweisen. Abt Walther, der einerseits die Entwicklung von Morimond nach dem Vorbild von Clairvaux gestaltete, hat andererseits die von ihm angetroffenen Traditionen im Konvent von Morimond unverändert belassen. Auf diese Weise ist es ihm gelungen, Morimond erfolgreich zu leiten und dessen weiteren Aufstieg zu sichern. Nach erfolgreicher Tätigkeit ist er am 6. Januar 1138 gestorben[73].

Als Nachfolger Walthers wählte der Konvent den noch sehr jungen Babenberger *Otto.* Nachdem dessen Halbbruder Konrad am 7. März 1138 als Konrad III. in Koblenz zum ersten König aus der Familie der Staufer gewählt geworden war, könnte es sich bei der Wahl Ottos in Morimond um eine Reaktion auf die Königswahl gehandelt haben, obwohl eine längere Sedisvakanz zwischen dem Tode Abt Walthers und der Wahl Ottos überraschen würde. Otto war als Abt in Morimond kaum tätig, denn schon am 19. Juni desselben Jahres wurde er als Bischof von Freising erwähnt. Die Chronik Alberichs von Trois-Fontaine spricht sogar davon, daß die Bischofswahl am Tage nach der Abtwahl erfolgt sei[74]. Wenn dieses auch nicht stimmen kann, so ist doch die Wahl zum Bischof der zum Abt nach wenigen Wochen gefolgt. Otto hat auch als Bischof seine Verbindung zum Zisterzienserorden behalten. Als er 1158 in Morimond zu einem Besuch weilte, ist er dort verstorben und wurde im Kloster beigesetzt.

Die Wahl als Ottos Nachfolger fiel auf *Rainald,* den Bruder des Grafen Friederich von Toul (1138–1154), der nach der Überlieferung bereits Mönch im Kloster gewesen war. Da unter ihm weiterhin Tochterklöster gegründet wurden, wird dadurch bewiesen, daß sich die Blüte Morimonds unter ihm fortsetzte. Durch seine verwandtschaftlichen Verbindungen hat er dem Kloster sicherlich genützt, obwohl davon Einzelheiten kaum bekannt sind. Abt Rainald hat sich noch weniger in öffentliche Angelegenheiten eingemischt oder an solchen beteiligt, als dieses von den anderen Äbten der Primarabteien seiner Zeit bekannt ist. Trotz seiner über eineinhalb Jahrzehnten dauernden Regierungszeit als Abt erschien der wohl ebenfalls eher kontemplativ veranlagte Abt in nur wenigen Urkunden. Auch sein Amtsverzicht 1154 spricht für eine solche Veranlagung.

Von allen Äbten der Primarabteien in der ersten Hälfte des 12. Jahrhunderts hat *Bernhard von Clairvaux* seine Abtei am längsten geleitet. Dabei hat er im Vergleich mit seinen Mitäbten aber die weitaus meiste Zeit außerhalb seiner Abtei verbracht. Obwohl er 1113 die 30 Personen umfassende Gruppe geleitet hatte, die in Cîteaux eintrat, nominierte ihn Stephan Harding 1114 bei der Gründung von Pontigny noch nicht als Abt für dieses zu gründende Tochterkloster von Cîteaux. Erst ein Jahr später wurde er bei der Gründung in Clairvaux zum Abt berufen. Nach der schriftlichen Überlieferung hat Stephan Harding für die Gründung dieses Tochterklosters außerordentlich wenig Interesse gezeigt. Die Forschung hat darin den Nachweis für eine zumindest latente Spannung zwischen ihm und Bernhard sehen wollen. Die Gründungsdotation von Clairvaux ist aus dem Verwandtenkreis Bernhards gekommen und dieser hat bei der Zusammenstellung des ihn begleitenden Konvents auf eine Reihe seiner Verwandten zurückgegriffen[75], die ihn auch schon 1113 nach Cîteaux begleitet hatten. So vermittelt der Anfang von Clairvaux eigentlich den Eindruck eines Familienklosters neuen Stils.

Durch den Aufbau seiner Abtei war Bernhard über ein Jahrzehnt weitgehend gebunden[76], doch konnte er bereits ab 1124 beginnen, sich um außerhalb seines Klosters liegende Angelegenheiten zu kümmern[77]. Das bedeutet, daß ab diesem Zeitpunkt die anfänglichen Schwierigkeiten in Clairvaux überwunden gewesen sein dürften. Bernhard wünschte einen möglichst großen Konvent, wobei es sein Wunsch war, ein Adelskloster mit Intellektuellen zu schaffen[78]. Er hat in der frühen Zeit von Clairvaux auf Reisen, zum Beispiel nach

Châlons-sur-Marne, nach seiner Vita zahlreiche Novizen angeworben, unter denen sich vornehme und gebildete Kleriker befanden. Nach den Berichten über Stephan von Vitry, einen berühmten Lehrer in Châlons-sur-Marne, der nach kurzer Zeit sein Noviziat in Clairvaux wieder aufgab, sind aber wohl keineswegs alle Novizen auch Mönche geworden. Bernhard wurde wegen seines heftigen Werbens um Novizen von Wilhelm von Saint-Thierry und Petrus Venerabilis von Cluny als »Menschenfischer« bezeichnet. Die Anspielung auf den Apostel Petrus ist dabei unüberhörbar und neben dem »Menschenfischer« ist bei diesem Vergleich auch an die Gleichsetzung von Petrus mit dem Fels zu denken, auf dem Christus seine Kirche errichtete. Die beiden Theologen haben mit ihrem Vergleich sicher eine Anspielung auf den Zisterzienserorden und den von Bernhard verteidigten Papst Innocenz II. verbunden. Der Bericht in der Vita Bernhards über seine harte Askese, die Wilhelm von Champeaux, Bischof von Châlons-sur-Marne, bewog, sich Bernhard durch das Generalkapitel seinem Gehorsam unterstellen zu lassen, wird in die Zeit zwischen 1116 und 1118 datiert[79]. Da Bernhard nicht zu dem gerade tagenden Generalkapitel nach Cîteaux reiste und anschließend eine längere Krankheitspause einlegte, könnte auch auf Auseinandersetzungen mit dem Bischof von Langres und Stephan Harding geschlossen werden. Es gibt jedoch keine weiteren Indizien für einen solchen Tatbestand.

Bernhard hat in den folgenden Jahren wie die anderen Primarabteien Tochterklöster gegründet. Erst 1124/25 griff er anläßlich der Krise im Kloster Morimond in das Ordensgeschehen ein. Stephan Harding war damals über Clairvaux nach Flandern gereist, was zwar der Reiseroute von Cîteaux nach Norden entsprach, aber nach dem folgenden Auftreten Bernhards zumindest darauf schließen läßt, daß er sich mit Stephan Harding einig wußte oder aber davon ausgehen konnte, von diesem anschließend nicht öffentlich korrigiert zu werden. Bernhard begann in derselben Zeit auch, Traktate, Predigten, Sentenzen, Parabeln[80] und Briefe zu verfassen, wobei die letzteren in der Überlieferung der frühen Jahre wohl größere Lücken aufweisen[81]. Nachdem wegen Abt Arnold und dem Kloster Morimond Anfang 1125 ein außerordentliches Äbtekapitel stattgefunden hatte, haben Stephan Harding und die übrigen Äbte Bernhards Schreiben und Vorgehen gegen Abt Arnold anerkannt. Aus dem Äbtekapitel wird sichtbar, daß Bernhard in seinen ersten zwei Jahrzehnten – solange Stephan Harding lebte – zumindest in Ordensangelegenheiten, die über die Filiation von Clairvaux hinausgegangen sind, wohl doch nicht nur nach seinen Worten »nichts allerdings, wovon feststeht, daß es Gott betrifft, ist mir meines Erachtens fremd!« handeln konnte. Wie sein Schriftwechsel mit Guigo I., dem 5. Prior der Grande Chartreuse (1109–1136) beweist[82], hat Bernhard sich durch seine vielfältigen Verbindungen bereits Anfang der 20er Jahre eine in breiten Kreisen des reformierten Mönchtums anerkannte Stellung geschaffen, die Stephan Harding nicht abgelehnt, sondern anscheinend für den Orden eher genützt hat. Daraus dürfte sich der Freiraum Bernhards für sein Schreiben und damit auch Handeln entwickelt haben. Nachdem die Krise in und um Morimond aufgrund seines harten Vorgehens für die Zisterzienser günstig ausgegangen war, hat Bernhard sich auch der schon sechs Jahre zurückliegenden Angelegenheit um seinen Vetter Robert von Châtillon angenommen und diese zu einer grundsätzlichen Auseinandersetzung mit Cluny herangezogen. Robert von Châtillon war 1113 Bernhard nach Cîteaux gefolgt und von diesem auch nach Clairvaux mitgenommen worden. Unter dem Druck des dortigen harten Lebens der Anfangszeit scheint sich Robert daran erinnert zu haben, daß er von seinen Eltern als Oblate für Cluny bestimmt worden war. Auf jeden Fall wechselte er 1119, als Bernhard nicht in Clairvaux war, nach Cluny. Bernhard und sein Kloster konnten sich gegen diesen Schritt rechtlich nicht wehren. Wie das Schreiben Bernhards beweist, war sich dieser anscheinend auch aufgrund seiner Härte einer gewissen Mitschuld an der Entscheidung Roberts bewußt. Er benutzte aber sein sicherlich als offener Brief an Robert gerichtetes Schreiben zu einer generellen Abrechnung mit den nach seiner Meinung zu laxen Mönchen in Cluny[83]. Die sich aus diesem Schreiben ergebenden Diskussionen zwischen den Reformmönchen um Cîteaux und dem traditionellen Mönchtum um Cluny haben das weitere 12. Jahrhundert entscheidend mitgeprägt. Bernhard hat sich durch sein kompromißloses Eintreten für das harte Mönchsleben in Clairvaux, dem sich übrigens Robert nach einigen Jahren wieder anschloß, und seine Angriffe auf die Gewohnheiten in Cluny einen weit über die Reformkreise hinausreichenden Bekanntheitsgrad erworben. Seine frühzeitige Förderung durch den Bischof von Châlons-sur-Marne, der ein weithin bekannter Gelehrter seiner Zeit war, hat ihn in seinem Wirken weiter bestärkt und bot ihm in seinen ersten Jahren entscheidenden Rückhalt. Aufgrund dieser Förderung bzw. Duldung durch seine Freunde und den Orden wird auch sein erstmals nachweisbares tatkräftiges Eingreifen in die Diskussion um die Bischofsnachfolge in Châlons-sur-Marne 1126 verständlich[84]. Er versuchte in dieser Zeit auch, zu Abt Suger von Saint-Denis erste Verbindungen anzuknüpfen. Das in seiner Echtheit umstrittene Schreiben König Balduins II. von Jerusalem an ihn vom Oktober 1126 über eine Unterstützung für die Templer könnte bei nachweisbarer Echtheit desselben ein Beweis für die bereits allgemein anerkannte Stellung des Abtes sein.

Dieser war sich aber bei wachsender Bedeutung außerhalb seines Klosters über seine eigenen Unzulänglichkeiten im Tagesgeschäft im klaren, ebenso wie er sich später auf seinen vielen Reisen des dauernden Zwiespalts der eigenen Person zur *stabilitas loci* des Mönchs und zum Mönchsleben überhaupt bewußt war. Bernhard hat in dieser realistischen Einschätzung der eigenen Person seinen Verwandten Gottfried von La Roche, den er 1119 als Gründungsabt nach Fontenay gesandt hatte, nach rund einem Jahrzehnt als Prior nach Clairvaux zurückgeholt. Nach einem weiteren Jahrzehnt hat er sich erfolgreich bemüht, diesen vertrauten Mitarbeiter, der ihm nachweislich auch Unannehmlichkeiten offen sagen konnte, zum Bischof von Langres zu erheben. Bernhard griff damit bei wachsenden Verpflichtungen außerhalb von Clairvaux und damit verbundener langer Abwesenheit auf einen Mann zurück, der als erfahrener, ihm gegenüber offener, aber vor allem auch loyaler Mitarbeiter das Kloster in seinem Sinn leitete.

Bernhard war im Mai 1128 auf dem Provinzialkonzil in Arras einer der anwesenden Äbte, wobei nicht deutlich wird, ob er der einzige Vertreter seines Ordens war. Für das Konzil in Reims läßt sich seine Teilnahme vermuten und auf der von ihm mit vorbereiteten Regionalsynode in Troyes im Januar 1129 war er neben Stephan Harding, weiteren Äbten seines Ordens sowie Erzbischöfen und Bischöfen anwesend[85]. Dabei wurde ihm die Formulierung der Regel des Templerordens aufgrund der ihm vom Großmeister Hugo von

Payens vorgetragenen Gebräuche der Templer übertragen. Nach der Diskussion durch die Synode wurde sie von dieser beschlossen und vom Patriarchen von Jerusalem und dem Papst bestätigt. Die in dieser Regel vorhandenen Bestimmungen zisterziensisch-benediktinischer Herkunft lassen sich somit wohl auf Bernhard zurückführen. Obwohl dieser Vorgang die Zisterzienser nur am Rande betraf, scheint Bernhard – wie 1124/25 – wieder im Einvernehmen mit Stephan Harding gehandelt zu haben. In ähnlicher Übereinstimmung wurde Bernhard auch in dem Streit zwischen dem Bischof von Paris, Stephan von Senlis, und König Ludwig VI. tätig. Dabei führte er für Stephan Harding und seinen Amtskollegen von Pontigny nachweislich die Feder im Schriftwechsel. Bernhard trat hier bei offizieller Erwähnung der anderen Äbte in gewisser Weise als »Ordenssekretär« auf. Neuerlich dürfte damit bestätigt werden, daß Stephan Harding keine Einwände gegen Bernhards Auftreten und Schriften gehabt hat.

Die Vorgänge 1128/29 waren für Bernhard gewissermaßen das Vorspiel für sein künftiges Vorgehen im päpstlichen Schisma. Er hat sich 1130 sehr rasch für den in Reformerkreisen allgemein anerkannten Innocenz II. entschieden[86] und diese Entscheidung auf der in Étampes von Ludwig VI. im Sommer oder Herbst einberufenen Versammlung auch vertreten. Diese teilte Bernhards Ansicht und entschied sich für Innocenz II. Für Bernhards Entscheidung dürften seine bereits zu Wählern dieses Papstes bestehenden Verbindungen, sein seit einigen Jahren mit dem päpstlichen Kanzler Haimerich bestehender Schriftwechsel und die einhellige Parteinahme der reformwilligen Geistlichkeit Frankreichs für Innocenz verantwortlich gewesen sein. Ende des Jahres soll er – so berichtet seine Vita – im Vorfeld der sich anbahnenden Entscheidungen der weltlichen Herrscher auch König Heinrich I. von England für Innocenz II. gewonnen haben. Eine wichtige Rolle bei dieser Verhandlung hat für Bernhard sicher auch die von ihm in England geplante Gründung eines Tochterklosters gespielt, die 1132 in Rievaulx erfolgte[87]. Kurz zuvor, Ende 1130, war Bernhard in Châlons-sur-Marne zum Bischof gewählt worden, hat dieses Amt aber abgelehnt[88].

Bernhard empfing 1131 Innocenz II. in Clairvaux, wobei der Papst und seine Begleiter die Armut und Demut der Brüder bewunderten. Der Abt reiste in der Folgezeit nach Aquitanien, um Herzog Wilhelm X. für Innocenz II. zu gewinnen. Im Februar 1132 erhielten zuerst Stephan Harding für den Orden und eine Woche später Bernhard nochmals besonders die bereits erwähnten Exemtionsprivilegien. Obwohl die Quellen zu dem Verhältnis von Bernhard zu Stephan Harding und den anderen Äbten der Primarabteien schweigen, zeigen die Privilegien deutlich, daß Bernhard in seiner Parteinahme für Innocenz auch für seinen Orden sprach und handelte.

Bernhard hat sich auf seinen Reisen zur Unterstützung seines Kandidaten im Schisma auch immer darum bemüht, weitere Mönche für sein Kloster zu gewinnen. So hat er von einer Reise in Nordfrankreich 1131 wieder – wie 1113 – 30 gebildete Männer vornehmer Herkunft nach Clairvaux mitgebracht[89]. Unter ihnen befanden sich einige, die für die künftigen Geschicke des Ordens bedeutsam wurden, so Gottfried von Péronne, Schatzmeister der Kathedrale in Lüttich, der 1140 Prior in Clairvaux wurde; Robert von Bruges, der 1138 Abt von Dunes und 1153 Nachfolger Bernhards in Clairvaux wurde; Gottfried, der 1139/40 Prior von Clairvaux war und 1140 Abt von Clairmarais wurde; Alan von Flandern, der 1140 Abt von Larrivour und 1152 Bischof von Auxerre wurde; Rainier von Thérouanne, der 1146 Prior von Clairvaux wurde. Bernhard hatte damit für seinen damals auf 200 Mönche und 500 Konversen geschätzten Konvent[90] durch seine persönliche Wirkung eine Reihe künftiger enger Mitarbeiter in Kloster und Orden gewonnen.

Er begleitete 1133 Papst Innocenz II. auf dessen Zug nach Italien. Dabei wurde er im Auftrag des Papstes diplomatisch vermittelnd zwischen Genua und Pisa tätig, die wegen der normannischen Unterstützung für den Gegenpapst Anaklet II. bedeutsam waren. Bernhard war erfolgreich. Eine Quelle berichtet in diesem Zusammenhang davon, daß ihm das Bistum Genua angeboten worden wäre[91], was er wiederum ablehnte. Auf seiner Rückreise nach Frankreich gab ihm Papst Innocenz II. den Auftrag, die strittige Erzbischofswahl in Tours zu entscheiden. Bernhard hat im Juli/August in Blois auf einem Gerichtstag die Angelegenheit nicht zum Abschluß gebracht, sondern neuerlich an den Papst verwiesen.

Nach der Resignation von Stephan Harding auf dem Generalkapitel 1133 wurde kurz darauf in Cîteaux *Wido (Guido)*, der zweite Abt des zur Filiation von Clairvaux gehörenden Trois-Fontaines gewählt[92]. Es dürfte nach der Struktur des Ordens kaum denkbar sein, daß diese Wahl ohne Zustimmung des Vaterabts von Trois-Fontaines, also Bernhards, erfolgt ist. Das Verhältnis von Stephan Harding und Bernhard ist in den zwei Jahrzehnten ihrer Tätigkeit im Orden distanziert geblieben, doch haben sich beide – soweit die geringen Zeugnisse über gemeinsames Handeln dieses zulassen – an den ihnen von den Ordenssatzungen gesetzten Rahmen gehalten. Darüber hinaus entsteht der Eindruck, daß Bernhard im Kreis des Generalkapitels für die schriftlichen Angelegenheiten federführend war. Auch seine theologischen Abhandlungen sind in den Klöstern des Ordens und dem Kreis der Äbte auf Zustimmung gestoßen.

Schon seit 1124/25 wurden alle Primarabteien von Äbten geleitet, die in enger Verbindung zu Bernhard gestanden hatten oder noch standen. Nach der vorliegenden Überlieferung war diese Zugehörigkeit zum engen Umkreis um Bernhard aber nicht gleichbedeutend mit einer engen Verbindung zu Bernhard selbst. Besonders deutlich wird dies im Vergleich zwischen den Äbten Hugo von Mâcon in Pontigny und Walther I. in Morimond. Obwohl Walther in Clairvaux Prior gewesen war und damit längere Zeit als Stellvertreter Bernhards mit diesem wesentlich enger zusammengearbeitet hatte als Hugo von Mâcon, blieb ersterer im Umfeld Bernhards – zumindest nach der Überlieferung – eine Randfigur. Er hat sich aber in Morimond die in Clairvaux verfolgte Linie als Richtschnur genommen, wie die von ihm gegründete Anzahl von Tochterklöstern beweist. Auch Hugo von Mâcon hat als Abt eher einen Bernhards Linie entsprechenden Ausbau seiner Filiation und damit auch des Ordens verfolgt. Diese Linie hat aber auch der von Stephan Harding in Cîteaux festzustellenden Tendenz entsprochen. Das zwar nur in Umrissen erkennbare Zusammenwirken Stephan Hardings, Hugos von Mâcon und Bernhards hatte von dieser Seite aus betrachtet eine gemeinsame Grundhaltung in der Frage der Ordensentwicklung. Walther von Morimond ist hier der Linie gefolgt, die er in Clairvaux kennengelernt hatte. Abt Bartholomäus von La Ferté, der 1124 von Clairvaux dorthin kam, hat es nicht erreicht, La Ferté so zu verändern, daß es die von Clairvaux verfolgte Tendenz übernahm. Wenn man dazu berücksichtigt, daß La Ferté in seinem Gründungskonvent vor allem Mönche aus der Zeit vor Bernhard in Cîteaux umfaßt hat, wird deutlich, daß Stephan Harding ab 1113 mit dem Aufbau des Ordens begonnen hat, den er vielleicht anfänglich noch als eine Art Kongregation ansah. In den zwei Jahrzehnten zwischen 1113 und 1133 hat nur La Ferté seine Filiation zurückhaltend ausgebaut. Weshalb dort so viel weniger Novizen eingetreten sind als in den übrigen Primarabteien, kann seine Erklärung nur in dessen Konvent finden. Dieser wurde in La Ferté aber von einer Tradition geprägt, die in die früheste Zeit Stephan Hardings und seiner Vorgänger zurückreicht. Damit war diese ältere Tradition weniger an einem Ausbau des Ordens und der Klöster interessiert als am unmittelbaren Konventsleben. Hier ist ein deutlicher Anklang an den Kartäuserorden, aber auch an die Klöster Camaldoli und Vallombrosa festzustellen.

Die Wahl des Abtes Wido (Guido) von Trois-Fontaines ist auf dem Generalkapitel 1133 beim Rücktritt Stephan Hardings auf jeden Fall besprochen worden. Die Äbte der Primarabteien waren mit der im Anschluß an das Generalkapitel in Cîteaux stattfindenden Wahl einverstanden, weil sie davon ausgegangen sein dürften, daß die von Stephan Harding verfolgte Politik inner- und außerhalb des Ordens fortgesetzt wurde. Insbesondere Bernhard von Clairvaux dürfte mit Wido einverstanden gewesen sein. Er hatte ihm als Abt von Trois-Fontaines zweimal auf Anfragen geantwortet, die beweisen, daß Wido Bernhard nicht nur als Abt des Mutterklosters, sondern auch als theologische Instanz betrachtete. In seinem ersten Schreiben hatte Wido wegen eines unbewußten Formfehlers bei der Liturgie angefragt. Die Antwort Bernhards[93] legte dem Abt neben den Bußpsalmen täglich die siebenmalige Selbstgeißelung auf und bestimmte, daß der gesamte Konvent gegeißelt werden solle, falls man sich darüber entrüsten sollte. Im zweiten Schreiben hatte Wido bei Bernhard angefragt, ob er einen aus dem Konvent von Trois-Fontaines ausgetretenen Bruder, der zurückkehren wolle, wieder aufnehmen dürfe. Bernhard ließ sich in seiner Antwort[94] von der Barmherzigkeit leiten. In der Briefsammlung Bernhards befindet sich noch ein Schreiben[95] an einen namentlich ungenannten Mönch von Trois-Fontaines, hinter dem Wido vermutet wird[96]. Das Schreiben dürfte bald nach dem Tode des ersten Abts und Amtsvorgängers von Wido, Roger, verfaßt sein, weil Bernhard den Adressaten über dessen Tod tröstet und ihm sein baldmöglichstes Kommen zur Visitation ankündigt. In einem oder vielleicht sogar zwei weiteren Schreiben erwähnt Bernhard den Abt von Trois-Fontaines. Im ersten[97] empfiehlt er dem Bischof von Verdun das von Abt Wido errichtete Tochterkloster La Chalade in dessen Diözese; im zweiten Schreiben[98], das an den Herzog von Lothringen gerichtet ist, erwähnt er einen Bruder Wido, der den Herzog treffen will, um in dessen Land einen geeigneten Ort für eine Klostergründung ausfindig zu machen. Alle Schreiben deuten auf ein gutes, wenn nicht sogar engeres Verhältnis Bernhards zu Wido von Trois-Fontaines hin.

Es kam aber sehr bald nach der Wahl Widos zu Vorgängen, die in der zisterziensischen Geschichtsschreibung mit vollkommenem Schweigen übergangen wurden und nur zu dem Hinweis führten, daß Wido nach einer »tadelswerten« Amtsführung abgesetzt worden wäre. Die über eine Generation später im letzten Viertel des 12. Jahrhunderts schreibenden Zisterzienser Herbert von Torres und Konrad von Eberbach sehen Wido als einen lasterhaften Abt, der deshalb aus dem Amt vertrieben wurde[99]. Das ist sicher eine Übertreibung, dürfte aber einen wahren Kern enthalten, wenn »Laster« nicht im modernen, sondern im Sinne der Mönche des 12. Jahrhunderts verstanden wird. Die Absetzung Widos soll auf dem Generalkapitel 1134 erfolgt sein[100]. Dieser Zeitansatz erscheint glaubhafter als eine zeitlich frühere Annahme der Absetzung, denn das Fehlverhalten Widos – in welcher Form auch immer –, mußte sich erst zeigen, Widerstand erregen und zu den anscheinend gemeinsamen Konsequenzen der Äbte der Primarabteien führen. Diese Entwicklung dürfte einen Zeitraum von rund elfmonatiger Amtsführung zwischen Widos Wahl im Oktober 1133 und seiner Absetzung auf dem Generalkapitel 1134 ohne weiteres ausfüllen. Da Wido anscheinend der Wunschkandidat Stephan Hardings war, erscheint eine Absetzung vor dessen Tod Ende März 1134 und dazu noch auf einem besonders einberufenen Generalkapitel eher unwahrscheinlich zu sein. Die Vermutung, daß Wido auf Betreiben Bernhards abgesetzt wurde, wird in der Forschung als »haltlose Spekulation« zurückgewiesen[101]. Was könnten aber die so sorgsam verschwiegenen Gründe gewesen sein, den »lasterhaften« Wido aus seinem Amt zu entfernen? In den Beziehungen des Ordens zur Außenwelt haben sie sicher nicht gelegen, da man diese wohl offen dargestellt hätte. Somit kommen eigentlich nur innere Gründe in Betracht. Ob Bernhard maßgeblich am Sturz Widos beteiligt war, sei dahingestellt. Die Stellungnahme gegen Wido wurde anscheinend von den Äbten der Primarabteien gemeinsam und einhellig eingenommen. Die herausragendste Stellung unter ihnen hat nach dem Tode Stephan Hardings Bernhard eingenommen. Es ist zu vermuten, daß der Begriff »lasterhaft« für Wido meinte, daß dieser die Stellung des Abtes in Cîteaux gegenüber derjenigen der Primarabteien stärken wollte und damit das gemeinschaftliche Wirken der Äbte verletzte.

Vielleicht hängt Widos Sturz auch mit den bald nach Stephan Hardings beginnenden Vorberatungen einer Reform des liturgischen Gesanges im Orden zusammen, deren Datierung nicht genau möglich ist[102]. Dabei wurde die von Stephan Harding eingeführte Liturgie grundlegend revidiert. Das Generalkapitel hat Bernhard die Leitung der dafür verantwortlichen Reformkommission übertragen, der sich in dieser Aufgabe durch Mitäbte beraten ließ, so vor allem durch den aus Clairvaux stammenden Abt Guido von Cherlieu[103]. Bernhard hat seine Revision mehr an dem im 12. Jahrhundert in Frankreich üblichen Kirchengesang orientiert und die geistliche Musik des Ordens vereinfacht und vereinheitlicht[104]. Damit wurde Mönchen mit benediktinischem Hintergrund, wie zum Beispiel den Mönchen aus dem Klosterverband von Savigny, der Anschluß an die Zisterzienser erleichtert. Vielleicht hat Wido sich gegen diese Reform der Liturgie aufgrund seines sicherlich vorhandenen engen Verhältnisses zu Stephan Harding gesperrt und damit seine Ablösung eingeleitet.

Nach dem Sturz Widos wurde in Cîteaux Rainald, Sohn des Grafen Milo von Bar-sur-Seine, zum Abt gewählt[105]. Er war vor seiner Wahl Mönch im Konvent von Clairvaux. Mit dieser Wahl war Bernhard faktisch in die zentrale Stellung innerhalb des Ordens hineingewachsen, obwohl sich an seiner unmittelbaren Stellung als Abt von Clairvaux nichts änderte. Die zwei folgenden Jahrzehnte bis zu seinem Tode war Bernhard unangefochten die bedeutendste Persönlichkeit im Orden.

Die durch Wido ausgelöste Krise hat Bernhard 1133/34 an sein Kloster gebunden. Erst im Herbst 1134/35 griff er wieder in das Geschehen des päpstlichen Schismas ein, wobei er in Aquitanien tätig wurde. Er hat dabei neuerlich seine Arbeit für Papst Innocenz II. genutzt, um auch seinen Orden in Aquitanien und im Languedoc zu fördern[106]. Bernhard reiste für Innocenz II. 1135 nach Bamberg und erneut nach Italien, wo er im Mai an dem von diesem nach Pisa einberufenen Konzil mit einer Reihe weiterer aus Frankreich angereister Äbte teilnahm[107]. Bernhard stand nach der Überlieferung auf diesem Konzil bereits als einer der bedeutendsten Vertreter der Partei Papst Innocenz' II. im Mittelpunkt des allgemeinen Geschehens. Wie sich auf der Reise Bernhards durch die Westschweiz zeigte, hat dieser seinen dortigen Aufenthalt ebenso wie den in Mailand, um dort im Auftrag des Papstes zu vermitteln, genutzt, um für seinen Orden neue Tochterklöster zu gewinnen bzw. zu gründen[108]. In Mailand wurde Bernhard während seiner Verhandlungen der Erzbischofsitz angeboten, den er jedoch ablehnte.

Nach seiner Rückkehr nach Clairvaux hat Bernhard mit dem Neubau des Klosters begonnen, der durch den kontinuierlich wachsenden Konvent erforderlich wurde. Bernhard hatte sich erst nach langer Auseinandersetzung mit seinem Prior Gottfried von La Roche für diesen Schritt gewinnen lassen, weil ihm die finanzielle Basis für einen Neubau zu fehlen schien. Diese ist dann durch die Unterstützung aus der Öffentlichkeit rasch vorhanden gewesen, wobei wieder der Graf von der Champagne eine besondere Rolle spielte. Bernhard hat sich in dieser Zeit – vielleicht wegen der Baumaßnahmen – in ein eigenes Haus zurückgezogen und sich dort erneut in der Meditation mit dem Hohelied zu beschäftigen begonnen. Die daraus entstandenen Predigttexte wurden von Bernhard in den folgenden Jahren bis an seinen Tod verfaßt[109]. Die Kirchenpolitik ließ Bernhard aber auch in den folgenden Jahren nicht zur Ruhe kommen. Im Winter 1136/37 reiste er, keineswegs begeistert, mitten im Winter nach Rom und blieb in der unmittelbaren Umgebung des Papstes, bis Mitte 1138 das Schisma nach dem bereits im Januar 1138 erfolgten Tod Anaklets II. endgültig beigelegt war[110].

In Clairvaux wartete schon die nächste große Auseinandersetzung auf Bernhard: der Kampf um die Neubesetzung des Bischofsitzes von Langres. Nachdem Bernhard die erste Wahl der Domherren heftig kritisiert hatte, wählten diese ihn selbst zum Bischof, was er jedoch ablehnte. In einem heftigen diplomatischen Ringen gelang es ihm, seinen Vetter Gottfried von La Roche, der ihm seit einem Jahrzehnt als Prior diente, im Frühjahr 1139 als Bischof durchzusetzen[111]. Damit hatte Bernhard jetzt auch einen ihm vertrauten Mönch seines Klosters als Diözesanbischof von Clairvaux durchgesetzt.

Fast zeitgleich mit seinem Prior Gottfried verlor Bernhard im Oktober 1138 auch seinen älteren Bruder Gerhard, der in Clairvaux das Amt des Cellerars versehen hatte. Nach der Klage Bernhards hatte ihm dieser besonders nahe gestanden und ihm vor allem anscheinend auch den Rücken für seine kirchenpolitischen Unternehmungen freigehalten[112]. Bernhard hat sich seine neuen Mitarbeiter aus dem Kreis der gebildeten Kleriker gewählt, die er wenige Jahre zuvor aus Nordfrankreich mit nach Clairvaux gebracht hatte.

Im Frühjahr 1139 wurde Bernhard in Reims in den dortigen Streit um die Nachfolge des Erzbischofs als Vermittler einbezogen. Nachdem er die Wahl eines neuen Erzbischofs ermöglicht hatte, fiel diese wieder auf ihn. Bernhard hat auch dieses Mal das Angebot abgelehnt und die Wahl auf einen ihm genehmen Kandidaten gelenkt[113]. Aufgrund von Hinweisen des ihm seit Jahren verbundenen Wilhelm von Saint-Thierry, Mönch in der Zisterze Signy, begann sich Bernhard in der Fastenzeit 1140 mit den Lehren Petrus Abaelards zu beschäftigen. In den folgenden Monaten griff er diese so geschickt an, wobei er die ihm nahestehenden Bischöfe um Unterstützung bat, daß im Mai 1141 vom Erzbischof nach Sens zu einem Konzil eingeladen wurde, um in einer öffentlichen Disputation eine Entscheidung zu finden[114]. Bernhard erreichte am Vorabend dieser Disputation durch die anwesenden Bischöfe eine Verurteilung der Lehrsätze Abaelards. Obwohl Petrus Abaelard am nächsten Tag an den Papst appellierte, war durch die Entscheidung der Bischöfe die spätere Verurteilung der Lehrsätze durch den Papst vorbestimmt[115]. Diese Auseinandersetzung ist von den vielen anderen Kämpfen Bernhards zu unterscheiden, da er nicht nur eigene theologische Überzeugungen gegen Abaelard verteidigte, sondern auch gegen diesen vorging, weil er seinen Lehrer und Förderer Wilhelm von Champeaux, Bischof von Châlons-sur-Marne, Jahrzehnte zuvor angegriffen hatte. Abaelard war zudem noch von dem von Bernhard bekämpften königlichen Ratgeber Stephan von Garlande gefördert worden und hatte sich mit anderen Bernhard und seinem Orden nahestehenden Bischöfen überworfen[116]. Bernhard hat diese Auseinandersetzungen mit Petrus Abaelard aufgrund seines taktischen Geschicks gewonnen. Otto von Freising hat später als

Ordensbruder Bernhards und Schüler Abaelards das Vorgehen Bernhards kritisiert[117], weil Bernhard ihm zu fanatisch gegen Petrus Abaelard vorging. Auch Abt Rainald von Bar hat sich 1142 als Abt von Cîteaux mit Petrus Venerabilis von Cluny bemüht, Bernhard und Petrus Abaelard vor dem Tod des letzteren zu versöhnen, was auch gelang. Abt Rainald scheint also das Vorgehen Bernhards ebenfalls nicht geteilt zu haben.

Der Härte Bernhards in der geistigen Auseinandersetzung mit Petrus Abaelard steht sein diplomatisches Geschick, in weltlichen Auseinandersetzungen zu vermitteln gegenüber, das im Schisma von Papst Innocenz II. schon genützt worden war. Bernhard hat 1142/44 geduldig versucht, den Frieden zwischen König Ludwig VII. und Graf Theobald von der Champagne zu vermitteln. Beide Herrscher hatten die Zisterzienser gefördert und über längere Zeit Verbindungen zu Bernhard gehabt. Die Kämpfe zwischen den beiden Herrschern belasteten auch die Zisterzen dieses Gebiets, was Bernhard in seinen Bemühungen um einen Ausgleich sicherlich bestärkt hat. 1142 hatte Bernhard mit den Äbten der anderen Primarabteien an dem Treffen mit Vertretern des Prämonstratenserordens teilgenommen, das wegen der zwischen den beiden Orden bestehenden Spannungen aufgrund gegenseitiger Übertritte notwendig war. Die dabei getroffene Vereinbarung, diesen Wechsel in Zukunft nicht mehr zu gestatten, wurde schon bald darauf wieder nicht eingehalten.

Obwohl sich Bernhard fast ein Jahrzehnt für Papst Innocenz II. im Schisma eingesetzt hatte, kühlte sich nach dessen Ende das Verhältnis zwischen beiden stark ab. Bernhard hat dieses sehr wohl empfunden, aber seine Mahnungen und Appellationen deshalb nicht eingestellt. Nach dem Tode Innocenz II. 1143 haben dessen Nachfolger Coelestin II. (1143–1144) und Lucius II. (1144–1145) zu kurz regiert, um ihr Verhältnis zum Abt von Clairvaux eindeutig beurteilen zu können, jedoch haben beide als Kardinäle zum Umkreis des Kanzlers Haimerich gehört und waren damit Bernhard aus der Zeit des Schismas gut bekannt. Mit Eugen III. bestieg 1145 für die letzten Lebensjahre Bernhards ein Mönch aus Clairvaux, den Bernhard als Gründungsabt nach Rom gesandt hatte, den Papstthron[118]. Bernhard war mit der Wahl des Zisterziensermönches nicht einverstanden, da er ihn durch diese Wahl von seinem eigentlichen Weg im Kloster abgebracht sah. Bei den vielen Interventionen Bernhards für andere Zisterzienser nach deren Wahl zu Bischöfen ist diese Haltung nicht ganz verständlich. Er hat in den folgenden Jahren verschiedentlich versucht, Eugen III. zu beeinflussen, was aber keineswegs in allen Fällen möglich war. Auch wenn Bernhard Eugen III. in einem dieser Fälle schrieb, die Öffentlichkeit würde behaupten, daß er – Bernhard – der eigentliche Papst wäre[119], war Eugen III. doch weitgehend selbständig. Der Einfluß Bernhards hat sich gegenüber den vorausgehenden Pontifikaten kaum erhöht. Die Anziehungskraft der Zisterzienser und insbesondere Bernhards blieb in den folgenden Jahren ungebrochen: 1146 trat Heinrich, Bruder König Ludwigs VII., als Mönch in Clairvaux ein und war keineswegs überaus willig, als ihm nach seiner Wahl zum Bischof von Beauvais, von Bernhard befohlen wurde, diese Wahl anzunehmen[120]. Eugen III. hatte am 1. Dezember 1145 zum Kreuzzug aufgerufen, und auf der Versammlung der Großen König Ludwigs VII. in Bourges hatte Bischof Gottfried von Langres an Weihnachten 1145 ebenfalls eifrig für den Kreuzzug geworben. Da es keine Einigung unter den Großen über den Kreuzzug gab, wurde Bernhard von Clairvaux zur nächsten Versammlung gerufen. Er befragte zuerst Eugen III. und erhielt von diesem am 1. März 1146 die Predigtvollmacht zum Kreuzzug[121].

Bernhard war seit der Krise in Morimond immer gegen Pilgerfahrten der Mönche ins Heilige Land gewesen, weil seiner Meinung nach das wahre Jerusalem im Kloster zu finden war. Er hatte auch Klostergründungen im Heiligen Land abgelehnt[122]. Petrus Venerabilis von Cluny und der Prior von La Grande Chartreuse handelten ähnlich. Auf diesem Hintergrund wird verständlich, weshalb Bernhard sich dieser Aufgabe im Vorfeld durch Hinweise auf seine schwache Gesundheit entziehen wollte. Eugen III. und Ludwig VII. forderten ihn mehrfach auf, die Aufgabe zu übernehmen. Er tat dies widerstrebend, wie sich aus der Wendung in einem späteren Schreiben von Eugen III. ablesen läßt, wonach dieser ihm in dieser Angelegenheit befohlen, er aber gehorcht hätte[123]. Trotz seiner Vorbehalte hat er sich der Kreuzzugspredigt in den folgenden Monaten mit großem Erfolg angenommen. Auf der Versammlung in Vézélay (31. März 1146) nahmen neben Ludwig VII. eine große Anzahl von dessen Großen das Kreuz[124]. Als es am Rhein nach den Predigten eines wohl zu der Filiation von Clairvaux gehörenden Mönch Radolf zu Judenpogromen kam, rief der Erzbischof von Mainz Bernhard zu Hilfe. Dieser zog sofort nach Mainz und verbot dem Mönch Radolf weiterhin zu predigen[125]. Er selbst benützte seinen Aufenthalt am Rhein, um dabei ebenfalls für den Kreuzzug zu werben. An Weihnachten 1146 konnte er endlich auch den zögernden deutschen König Konrad III. für den Kreuzzug gewinnen[126]. Im März 1147 nahm er am Konzil in Frankfurt teil, das den Wendenkreuzzug beschloß, für dessen Beteiligung der Papst dieselben Vergünstigungen gewährte wie für einen Kreuzzug ins Heilige Land[127].

Eugen III. kam Anfang 1147 nach Frankreich, traf sich in Dijon mit Ludwig VII. und besuchte Clairvaux am 6. April 1147. In dieser Zeit wurde offenkundig, daß der Kreuzzug zum internationalen Unternehmen geworden war[128]. Als im späten Frühjahr 1147 die Kreuzheere aufbrachen, hat der Bischof von Langres, Gottfried von La Roche, Ludwig VII. ins Heilige Land begleitet. Während seiner Abwesenheit hat er Bernhard als Verwalter der Diözese Langres eingesetzt[129]. Dieser war aber durch seine übrigen Aufgaben so beansprucht, daß er in dieser Funktion kaum tätig wurde.

In dieser Zeit geriet Bernhard mit Gilbert de la Porrée, Bischof von Poitiers und ehemaligen Leiter der Domschule von Chartres, in Auseinandersetzungen über dessen – nach seiner Meinung – häretische Lehrmeinungen. Nach langer Diskussion kam die Auseinandersetzung auf dem Konzil von Reims 1148 zur Entscheidung. Die von Bernhard neuerlich versuchte diplomatische Taktik einer Vorverurteilung Gilberts scheiterte an den Kardinälen, die darüber wachten, daß der Einfluß Bernhards auf den Zisterzienserpapst Eugen nicht zu groß wurde. Die Disputation der beiden Gelehrten endete mit der Zusage Gilberts, die entscheidenden Stellen seiner Werke abzuändern, was seine Verurteilung nicht mehr nötig machte. Eine von Bernhard angestrebte Versöhnung lehnte der Bischof aber überheblich ab[130].

Das Generalkapitel im September 1147, an dem Papst Eugen III. teilnahm, bedeutete für Bernhard einen neuen Höhepunkt in seiner Stellung im Orden. Die benediktinischen Kongregationen von Savigny und von Obazine wurden auf ihre Gesuche hin in den Zisterzienserorden aufgenommen[131]. Für beide Kongregationen war anscheinend Bernhard die für ihr Gesuch ausschlaggebende Persönlichkeit im Zisterzienserorden. Dieser konnte sich durch den Zuwachs in Nordfrankreich und England entscheidend vergrößern und stärken. Eugen III. hat in dieser Zeit den Orden der Gilbertiner[132] zwar bestätigt, aber die von dessen Gründer Gilbert von Sempringham ebenfalls gewünschte Aufnahme in den Zisterzienserorden verhindert. Bernhard hat Gilbert anschließend für längere Zeit nach Clairvaux eingeladen, was eigentlich darauf schließen läßt, daß er wohl eine Aufnahme der Gilbertiner in seinen Orden angestrebt hat. Der Vorgang zeigt deutlich, wie sehr Bernhard an einer fortgesetzten Erweiterung seines Ordens interessiert war. Dabei waren für ihn die bestehenden Unterschiede der Klöster und Konvente weniger interessant.

Schon der Wendenkreuzzug hatte den Teilnehmern keinen eigentlichen Erfolg gebracht. Die Rückkehr der Kreuzfahrer aus dem Heiligen Land Anfang 1149 machte den Mißerfolg der gesamten Unternehmung in weiten Kreisen Europas deutlich. Nachdem die Bedeutung Bernhards jahrzehntelang kritiklos anerkannt worden war, wurde er jetzt für seine Kreuzzugspredigten kritisiert[133]. Otto von Freising, der ehemalige Abt von Morimond, verschwieg in seinem Werk dieses Vorgehen Bernhards ebensowenig wie dessen Vorgehen gegen Gilbert de la Porrée, was zu der Vermutung führte, daß er anscheinend nicht darüber erfreut war, daß sich Bernhard, anstatt sich mit den Kreuzfahrern zu befassen, der Anklage Gilberts de la Porrée als Ketzer zugewandt hatte[134]. Teilweise scheinen regional sogar die Schenkungen an die Zisterzienser nach diesem Rückschlag abgenommen zu haben[135]. Doch wurde Bernhard in seiner Haltung aus Klosterkreisen auch bestärkt[136]. Er und Abt Suger von Saint-Denis wollten im Frühjahr 1150 sogar zu einem neuen Kreuzzug aufrufen, doch fand das Unternehmen von Anfang an so wenig Resonanz, daß es nicht weiter verfolgt wurde[137]. Dabei scheinen insbesondere auch Zisterzienser eine Rolle gespielt zu haben[138], vielleicht weil sie die negative Werbung durch einen neuerlichen Fehlschlag dieses Unternehmens befürchteten.

Bernhard war sich durchaus im klaren über seinen für einen Mönch ungewöhnlichen Lebensweg. Seine durch die dauernden Aktivitäten außerhalb des Klosters, nicht zu übersehenden Regelverstöße waren ihm bewußt. Dennoch blieb er im politischen Getriebe aktiv. In seinen letzten Lebensjahren verfaßte er aber zusätzlich eine Reihe von theologischen Werken. Politisch hatte er erkannt, daß Eugen III. nach seiner Wahl zum Papst zwar noch persönlich als Zisterzienser gelebt hat, aber als Papst nicht bereit war, seine – Bernhards – Ziele durchzusetzen. Wenige Wochen nach dem Tode Eugens im Juli 1153 starb Bernhard am 20. August desselben Jahres. 1174 wurde er heiliggesprochen, nachdem er schon in seinem Leben als Heiliger betrachtet worden war[139].

Das Ableben Bernhards stellte einen bedeutenden Einschnitt in die Geschichte seines Ordens dar. Im Unterschied zu vielen Ordensbrüdern auch der ersten Generation hatte er nie vergessen, daß er in erster Linie Mönch war. Trotzdem hat er den Schwerpunkt seiner Tätigkeit außerhalb seines Klosters und des Ordens gelegt. Die gesamte Entwicklung seines Ordens ist von seiner jahrzehntelangen Außenwirkung geprägt worden. Obwohl ihm mehrfach angeboten wurde, Bischofsitze einzunehmen, hat er dieses immer abgelehnt und ist seiner Gründung und seinem Konvent, seiner *familia*, treu geblieben. Bernhard, der sich selbst einmal in einem Brief als »die Chimaere seiner Generation, nicht Kleriker und nicht Laie«, bezeichnet hatte, war dieses auch in seinem Orden. Er war teilweise über Monate hinweg aus seinem Kloster abwesend, um Aufgaben im Dienst der Kirche auszuführen. Viele derselben haben vordergründig nur wenig mit dem Orden zu tun gehabt. Doch wird bei genauerer Betrachtung sichtbar, daß er bei allen diesen Unternehmungen immer auch an seinen Orden dachte und vor allem dessen Ausbreitung im Auge hatte. Wiederholt hat er sich erfolgreich darum bemüht, Kreise von jungen, gelehrten Männern aus dem Bereich der Dom- und Kathedralschulen für das Klosterleben in Clairvaux zu gewinnen. Trotz seiner langen Abwesenheiten hat sich Clairvaux sehr gut entwickelt. Er war somit nicht nur ein erfolgreicher Kirchenpolitiker, sondern auch ein überaus erfolgreicher Abt.

Nach der Absetzung des unmittelbaren Nachfolgers von Stephan Harding kam es – wohl auch aufgrund der Überlieferung – zu dem Eindruck, als wäre Bernhard in der Folgezeit der fast allein entscheidende Vertreter des Ordens gewesen. Die leise Kritik Ottos von Freising an Bernhard zeigt wohl auch, daß die Abtskollegen der Primarabteien trotz ihres engen Verhältnisses sich ihm kaum in allen ordenswichtigen Fragen untergeordnet haben. Der neben Bernhard wenig hervorgetretene Abt von Cîteaux, *Rainald von Bar-sur-Seine* (1134–1150), hat in seinem Versuch, seinen Mitabt und den sterbenden Abaelard zu versöhnen, eine eigenständige Haltung gezeigt, die sich nicht den Ansichten Bernhards gebeugt hat. Er hat dabei auch durch das Zusammenwirken mit Petrus Venerabilis, dem Abt von Cluny, seine Stellung innerhalb des Ordens zum Ausdruck gebracht. Obwohl Abt Bernhard zu Abt Rainald ein sehr gutes Verhältnis hatte[140], war sich dieser also seiner führenden Rolle im Zisterzienserorden sehr wohl bewußt. Nicht umsonst hat Bernhard nach seinem Tod betont, daß dieser ein Verlust für den ganzen Orden wäre, daß er selbst aber mit Abt Rainald sowohl einen Vater als auch einen Sohn verloren habe[141]. Aus diesem Wortspiel Bernhards wird leicht deutlich, daß Rainald auch Bernhard zu erkennen gegeben hat, daß er als Abt von Cîteaux das Oberhaupt, der Vater des Ordens war. Abt Rainald war im Vergleich zu Bernhard eher kontemplativ und hat daher die innere Tätigkeit in Orden und Kloster wahrgenommen. Noch am Ende seiner Regierungszeit hat er anscheinend eine offizielle Sammlung der Ordensstatuten begonnen. Zwischen 1140 und 1150 hat er wegen der stark gewachsenen Zahl der Mönche seines eigenen Klosters auch eine neue Klosterkirche errichtet und war 1142 bei den Verhandlungen mit dem Prämonstratenserorden anwesend. Papst Eugen III. hat 1148 während der Baumaßnahmen Cîteaux besucht und den Friedhof des Klosters geweiht.

Zum Nachfolger Abt Rainalds wurde der aus Lothringen gebürtige Abt *Goswin* des Klosters Bonneval (1151–1155) gewählt. Bernhard von Clairvaux hat mit einem Schreiben an Papst Eugen III. gebeten, diese Wahl zu bestätigen. Er wies dabei darauf hin, daß der Papst Goswin persönlich kennen würde und dessen Lebensführung und seine Weisheit für ihn sprächen[142]. Eugen III. hat 1152 ebenso wie Papst Anastasius IV. Goswin Privilegien ausgestellt. Goswin ist sich seiner Stellung als Abt von Cîteaux ebenfalls sehr bewußt gewesen. Das *Exordium Magnum* berichtet nämlich, daß er dem toten Bernhard am Tage nach seinem Ableben bei seinem Gehorsam befohlen habe, keine Wunder mehr auf dem Totenbett zu wirken. Die drei Wunder, die sich binnen eines Tages am Leichnam Bernhards ereignet hatten, hatten nämlich eine große Volksmenge angezogen, die den Frieden des Klosters störte. Goswin griff daher ein und wollte die Situation beruhigen. Vermutlich war er beim Tode Bernhards anwesend oder zumindest von dessen letzter Krankheit so frühzeitig benachrichtigt worden, daß er rasch nach Clairvaux reisen konnte.

Stephan Harding und Rainald von Bar haben Cîteaux über mehr als vier Jahrzehnte geleitet. Stephan Harding wurde als Prior zum Abt gewählt, Rainald von Bar als Mönch von Clairvaux, wobei sicher die Unterstützung Bernhards nachgeholfen hat[143]. Der zwischen ihnen nur wenige Monate regierende Abt Wido war vor seiner Wahl Abt in Trois-Fontaines gewesen. In der zweiten Hälfte des 12. Jahrhunderts wurde Cîteaux und damit auch der Orden von insgesamt dreizehn Äbten mit jeweils sehr kurzen Regierungszeiten geleitet. Damit hat sich die leitende Persönlichkeit im Orden in jeweils sehr kurzen Zeitspannen verändert. Dieser rasche Wechsel dürfte sich auch im Generalkapitel und im Kreis der Äbte der Primarabteien ausgewirkt haben.

Goswin (1151–1155) war von Cîteaux aus Abt in Bonneval geworden, von wo aus er nach Cîteaux zurückkehrte[144]. Sein Nachfolger *Lambert* (1155–1161) stieg als Mönch in Morimond zum Abt von Clairefontaine und anschließend von Morimond auf[145]. Unter ihm soll nach neuerer Forschungsmeinung Morimond zur vierten Primarabtei aufgestiegen sein, was möglich wäre[146]. Nachdem er als Abt von Cîteaux resigniert hatte, zog er sich nach Morimond zurück und starb dort 1163. Abt *Fastred* (1161–1163) war Mönch in Clairvaux und von dort aus 1148 als Gründungsabt nach Cambron entsandt worden und 1157 Abt von Clairvaux geworden[147]. Aus diesem Amt wurde er zum Abt von Cîteaux gewählt. Abt *Gilbert* (1163–1168) war vor seiner Wahl in Cîteaux Abt von Ourscamp gewesen[148]. Der aus Köln gebürtige Kanoniker an Mariengraden *Alexander* war von Bernhard selbst für den Zisterzienserorden gewonnen worden, wurde aber schon nach zwei Jahren Abt von Grandselve. Aus diesem Amt wurde er zum Abt von Cîteaux (1168–1178) gewählt[149]. Sein Nachfolger wurde Abt *Wilhelm I.* von La Ferté (1178–1180). Dieser wurde noch 1178 als Abt von La Ferté genannt, wobei aber auf seine Wahl zum Abt von Cîteaux hingewiesen wurde[150].

In den folgenden zwei Jahrzehnten ist die Abtsliste wegen der fehlenden Quellen kaum zu rekonstruieren. Abt *Peter* von Pontigny wurde in Cîteaux wohl 1180 gewählt. Nach seiner Erhebung zum Bischof von Arras hat er 1184 auf sein Amt resigniert. Der ihm folgende Abt *Bernhard* von Fontenay ist am 1. Januar 1186 verstorben. Abt *Wilhelm* von La Prée (1186–1189) wurde als Schiedsrichter zwischen den Mönchen und Konversen von Grandmont erwähnt[151], dabei ist nicht deutlich, ob er bereits Abt in Cîteaux war. Die ihm nachfolgenden Äbte *Thibaut* (1189–1190), *Wilhelm* (1190–1194) und *Peter II.* (1194) werden kaum erwähnt. *Giudo de Paredo,* Abt von Notre Dame du Val, wurde 1194 Abt[152]. Der Papst ernannte ihn 1200 zum Kardinalbischof von Praeneste, worauf er als Abt resignierte. 1204 wurde er zum Erzbischof von Reims gewählt[153].

Die biographischen Angaben zeigen, daß nach 1150 in Cîteaux fast ausschließlich Äbte anderer Zisterzen zum Abt gewählt wurden. Die Wähler haben dabei nach dem Privileg von Papst Innocenz II. gehandelt, das Cîteaux gestattete, seinen Abt aus allen Klöstern des Ordens zu wählen. Für die Wähler war anscheinend die vorherige Tätigkeit des Kandidaten von besonderer Bedeutung, damit dieser als Abt von Cîteaux bereits mit den Aufgaben seines Amtes vertraut war. Die Leitung des Generalkapitels und der eigenen Filiation forderte bei der Amtsübernahme sofort umfassende Kenntnisse, die einem erfahrenen Abt eher zugerechnet wurden als einem Prior oder Mönch. Es fällt auf, daß die Äbte in der zweiten Hälfte des 12. Jahrhunderts eher aus anderen Zisterzen als aus den Primarabteien stammten. Vielleicht zeichnet sich darin eine frühe Konkurrenz der Primarabteien ab. Es hat sich bei den anderen Zisterzen aber ausschließlich um Klöster des französischen Kulturraumes gehandelt. Nur von einem der Äbte, Gilbert, ist überliefert, daß er aus England stammte. Erst nach 1200 hat sich auch Cîteaux für die Wahl von Äbten aus anderen Regionen des Ordens geöffnet. Abt *Arnold* (1200–1212) kam über die Leitung der Klöster Poblet und Grandselve[154] und *Konrad von Urach* (1217–1219) über die von Villers (1209–1215) und Clairvaux (1215–1217) nach Cîteaux[155]. Bei beiden ist anscheinend ihre fremde Herkunft durch die Leitung französischer Abteien ausgeglichen worden. Auch die Äbte des frühen 13. Jahrhunderts haben vor ihrer Wahl andere Zisterzen im französischen Kulturraum geleitet. Die Regierungszeiten der einzelnen Äbte sind dabei etwas länger als im 12. Jahrhundert, was für ein etwas jüngeres Wahlalter sprechen könnte. Die Zahl der Äbte ist dadurch jedoch nicht geringer geworden als im 12. Jahrhundert.

Die Äbte von Cîteaux sind bis zur Mitte des 13. Jahrhunderts gute Verwalter, aber nicht mehr die herausragenden Persönlichkeiten eines Stephan Harding oder Bernhard gewesen. Da sie relativ rasch im Amt wechselten, hat auch keiner dieser Äbte einen von ihm geprägten größeren Zeitraum vorweisen können. Sie haben jedoch den üblichen Anforderungen vollständig entsprochen.

Auch die vier Primarabteien haben nach der Regierung der ersten Äbte in der zweiten Hälfte des 12. und der ersten Hälfte des 13. Jahrhunderts überwiegend sehr kurze Regierungszeiten aufzuweisen. In La Ferté standen fünf Äbte im ersten Zeitabschnitt acht Äbten im zweiten gegenüber. In Pontigny waren es acht zu sechs, in Clairvaux neun zu neun und in Morimond sogar dreizehn zu mindestens vier. Während die Quellenlage bei La Ferté, Pontigny und Morimond keine umfassenden Aussagen über die Stellung der Äbte bei ihrer Wahl zuläßt, ist dieses bei Clairvaux möglich. Alle Äbte bis zur Mitte des 13. Jahrhunderts waren vor ihrer Wahl bereits in einer anderen Zisterze Abt gewesen[156]. Damit ist auch bei diesen Wahlen das Privileg von Papst Innocenz II., daß sich die Primarabteien ihre Äbte aus den jeweiligen Tochterklöstern der Filiation wählen durften, befolgt worden. Die Biographie einiger Äbte hat mit dem Eintritt als Mönch in Clairvaux begonnen und von dort aus, ob mit oder ohne vorherige Verwaltung eines wichtigen Klosteramtes, über die Stellung als Abt einer Zisterze in der Filiation von Clairvaux wieder dorthin als Abt des Mutterklosters zurückgeführt. Beispielhaft ist für diesen Weg Abt *Gottfried* (1161–1165) zu nennen, der Sekretär des hl. Bernhard in Clairvaux war, von dort als Abt nach Igny ging und dann nach Clairvaux zurückkehrte. Abt *Robert II.* (1221–1223) war zuerst Cellerar in Clairvaux und dann Abt in Noirlac gewesen, ebenso Abt *Eberhard* (1235–1238), der als Cellerar in Clairvaux zum Abt von Larivour gewählt wurde und von dort aus Abt von Clairvaux wurde. Während eine Reihe von Abteien in diesem Jahrhundert in der Biographie der Äbte von Clairvaux nur einmal erwähnt werden, werden andere, so insbesondere Igny, mehrfach genannt. Ob hieraus engere Verbindungen zwischen Clairvaux und diesen Zisterzen zu erschließen sind oder ob es sich jeweils um besondere Eignungen dieser Äbte für die Aufgabe in Clairvaux gehandelt hat, ist nicht feststellbar. In La Ferté, Pontigny und Morimond lassen sich bei einigen Äbten ähnliche Entwicklungen aufzeigen. So war Abt *Wilhelm III. von Montaigu* (1233–1239) zuerst Prior in Clairvaux, dann Abt in La Ferté und zum Schluß in Cîteaux[157]. Abt *Walther* von Pontigny (1215/17) war vor seiner dortigen Wahl Abt in Preuilly und Fontainejean[158]. In Morimond war Abt *Lambert I.* (1154–1155) zuerst Mönch in seinem Kloster gewesen, dann Abt in Clairefontaine und anschließend noch Abt in Cîteaux[159]. Abt *Odo* (1160–1161) wurde als Prior von Morimond Abt in Beaupré und kehrte dann in sein Profeßkloster zurück[160]. Eine Ausnahme bildet Abt *Aliprandus* (1162–1168)[161], der als Mönch in Morimondo bei Mailand zum Abt in Morimond gewählt wurde. Die Quellenlage über die Äbte der Primarabteien läßt die Vermutung zu, daß die Biographien der übrigen Äbte ähnlich verlaufen sind. Das Beispiel von Clairvaux zeigt, daß es für die Äbte eine Art »Laufbahn« gegeben hat. Wie bereits bei Cîteaux festgestellt wurde, wollten auch die Konvente der Primarabteien erfahrene Männer an die Spitze ihrer Klöster wählen. Das Ergebnis davon waren die im allgemeinen sehr kurzen Regierungszeiten der Äbte. Wie schon das Schreiben Bernhards von Clairvaux über die Abtwahl in Trois-Fontaines aufzeigt, wurden diese in der Regel von außen mitbestimmt. Das zeigt sich auch bei Gottfried von Clairvaux, dem Sekretär des hl. Bernhard. Als nach nicht vollständig erkennbaren Auseinandersetzungen in Clairvaux 1170 der Abt von Fossanova in Italien dort Abt wurde, übernahm Gottfried das Amt als Abt in Fossanova und sechs Jahre später folgte er Heinrich de Marcy[162] als Abt in Hautecombe, als dieser von dort nach Clairvaux wechselte. Die Verbindungen der Zisterzen untereinander waren demnach sehr eng. Angesichts der jährlichen Visitationen der Tochterklöster durch die Mutterklöster und dem Generalkapitel kann dieses nicht überraschen. Dennoch sind aus den Zisterzen außerhalb des französischen Sprachraumes fast keine Äbte in die Leitung der Primarabteien ihrer Filiation eingerückt.

Die Bedeutung Bernhards von Clairvaux wird aufgrund seiner Biographie heute eher dem kirchenpolitischen Raum zugeordnet. Dadurch wird häufig zu wenig berücksichtigt, daß er auch eine Reihe sehr beachteter theologischer Abhandlungen verfaßt hat. Durch seine für den klösterlichen Bereich bestimmten Werke *De gradibus humilitatis et superbiae* (Über die Stufen der Demut und des Hochmuts; vor 1125), *De diligendo deo* (Über die Gottesliebe; um 1126), *De gratia et libero arbitrio* (Über die Gnade und den freien Willen; um 1127) und die Auseinandersetzungen mit den Cluniazensern hatte er sich einen weiten Bekanntheitsgrad in Reformerkreisen und weit darüber hinaus erworben. Trotz seiner Tätigkeit auf kirchenpolitischem Gebiet hat Bernhard immer wieder größere theologische Schriften verfaßt; so hat er in seinem Werk *De praecepto et dispensatione* (Über Gebot und Dispens; um 1142) Fragen des Ordenslebens behandelt und umfangreiche Predigtzyklen geschaffen. So stehen in dem Zyklus *De tempore* das Kirchenjahr und im Zyklus *De sanctis* die Heiligenfeste, in den unvollendet gebliebenen *Sermones super Cantica Canticorum* (1135–1153) das Hohelied im Mittelpunkt seiner Betrachtungen. Seine Marienverehrung ist für den Orden richtungsweisend geworden. Bernhard stand in der Tradition der monastischen Theologie und hat diese als einer ihrer bedeutendsten Lehrer zusammengefaßt und vertreten. Aus seinen theologischen Ansichten, die die innige Versenkung als Weg zur Gotteserkenntnis ansah, war seine Auseinandersetzung mit den Vertretern der aufkommenden Scholastik wie Peter Abaelard und Gilbert de la Porrée vorgezeichnet.

Durch seine theologischen Schriften ist Bernhard auch zu einer führenden geistigen Persönlichkeit seiner Zeit geworden. Er hat dadurch die Zisterzienser für viele Intellektuelle zu einem anziehenden Orden werden lassen, zumal Bernhard auf diesem Gebiet keineswegs allein stand. Neben ihm sind im Orden Aelred von Rievaulx, Wilhelm von Saint-Thierry, Adam de Perseigne, Isaak von Stella, Stephan von Salley, Abt Hugo von Pontigny, Guerrian von Igny, Odo von Morimond und Odo von Ourscamp aufzuzählen, um zu zeigen, daß im 12./13. Jahrhundert die Zisterzienser nicht nur führende Persönlichkeiten im Bereich der Kirchenpolitik, sondern auch auf geistig-wissenschaftlichem Gebiet besessen haben[163].

3. Privilegien und Verfassung des Ordens und seiner Klöster

Cîteaux entstand als eines der vielen Benediktinerklöster der Gründungszeit, die der Reform eng verbunden waren und Armut, Einsamkeit und strenge Askese in den Mittelpunkt ihres Konventslebens stellten. Die Grundlage desselben bildeten die Regula und die Vita Benedicti. Dabei wurde in Cîteaux versucht, die zönobitischen und eremitischen Züge des Mönchsleben miteinander zu verbinden. Die Mönche von Cîteaux wollten einen Neubeginn des Konventslebens. Sie haben sich dabei anfänglich als die eigentlichen Benediktinermönche angesehen und sind aus dieser Anschauung im Zusammenhang mit der Cîteaux und seine Tochterklöster betreffenden Gesetzgebung Stephan Hardings durch die Bulle von Calixtus II. 1119 endgültig zu einem Orden geworden. Die Ansicht von Cîteaux über sich selbst und die anderen Benediktiner wird besonders darin deutlich, daß zum Beispiel Mönche aus Cluny in Cîteaux nicht wie Mönche, sondern wie Laien behandelt wurden. Diese Haltung hat den Zisterziensern Gegner, vor allem in Mönchs- und Klerikerkreisen, geschaffen.

Stephan Harding gründete 1113–1115 die vier Primarabteien als Kopien von Cîteaux. Diese Gründungen, denen bald weitere folgten, forderten eine schriftlich festgelegte Regelung des Konventslebens, um die angestrebte Gleichheit aller Tochterklöster von Cîteaux festzuschreiben. Da bereits das zweite Tochterkloster Pontigny in einer anderen Diözese als Cîteaux lag, kam sehr schnell die Frage nach der Stellung der Tochterklöster zwischen Diözesanbischof und Mutterkloster auf. Die Carta Caritatis (CC) wurde daher als eine für alle Zisterzienser gültige Verfassungsurkunde neben die Regula Benedicti gestellt. Die frühe textliche Entwicklung der CC ist trotz intensiver Forschung noch nicht endgültig geklärt und wird sich wohl auch nicht klären lassen. Sicher dürfte sein, daß die erste Formulierung der CC von Stephan Harding als Abt von Cîteaux erfolgte. Bereits im Zusammenhang mit der Gründung von Pontigny 1114 sind vermutlich die ersten Ansätze in Form der CC primitiva entstanden[1]. Eine wichtige Grundlage dieser verlorenen Urfassung bildete die *concordia Molismensis* von 1110, in der sich das Kloster Molesme und Abt Robert mit seinen Tochterklöstern Aulps und Balerne über das gegenseitige Rechtsverhältnis einigten[2]. Die drei Abschnitte über die gegenseitigen Abhängigkeitsverhältnisse der Zisterzen voneinander werden aufgrund dieser Entwicklung als Kern der CC primitiva angesehen. Stephan Harding hat dabei die klosterinterne Regelung der Pflichten und Aufgaben des Abtes nach außen übertragen, wobei sein Vorrang als Abt von Cîteaux erhalten blieb[3]. Im Gegensatz zu dem von Cluny durchgeführten Organisationsmodell mit einem Abt an der Spitze und diesen unterstellten Prioraten schuf Cîteaux ein patriarchalisches Rechtsverhältnis zwischen sich und den Tochterklöstern. Aus der benediktinischen Familie des Einzelklosters entstand auf diese Weise die Großfamilie des Klosterverbandes. Diese Entwicklung wurde durch die Entwicklung der CC rechtlich gesichert und im Zuge der Gründungen der Tochterklöster erweitert.

Die CC primitiva enthielt im ersten ihrer drei Abschnitte die Bestimmung, daß Cîteaux seinen Tochterklöstern keine finanziellen Forderungen stellte. Die Tochterklöster waren vom Mutterkloster wirtschaftlich unabhängig. Der Abt von Cîteaux behielt sich aber die Sorge für das geistliche Wohl der Tochterklöster vor. Wenn die Tochterklöster von ihren Vorsätzen abweichen und nicht mehr nach der Regula Benedicti leben würden, sollten sie durch den Abt von Cîteaux zum rechten Lebensideal zurückgeführt werden. Der zweite Abschnitt legte die einheitliche Auslegung der Regula Benedicti nach dem Beispiel von Cîteaux fest und im dritten wurden für die Tochterklöster dieselben liturgischen Bücher vorgeschrieben, wie sie in Cîteaux verwandt wurden. Dabei wurde betont, daß Mutter- und Tochterklöster einig in Liebe, Regel und gleichen Gewohnheiten leben sollten[4].

Stephan Harding hat Vorkehrungen getroffen, um diese Gleichförmigkeit auch für die Zukunft zu gewährleisten. Im Gegensatz zu den benediktinischen Klosterverbänden hat er innovatives Recht geschaffen, das durch die verbindliche Festschreibung einzelner Bestimmungen Vorsorge für künftiges Geschehen traf[5]. Er hat darüber hinaus wohl schon 1114/15 die jährlichen Äbtekapitel in Cîteaux eingeführt, wobei für Abt und Konvent von Cîteaux Vorrechte bestanden[6]. Auf diesen Äbtekapiteln wurde die CC primitiva vermutlich unter dem maßgeblichen Einfluß Stephan Hardings überarbeitet. Die sich daraus ergebene Neufassung, die CC prior, wurde 1119 vom Papst Calixtus II. in seiner Bulle bestätigt, wobei der Text auf den Konsens der Äbte und Brüder des neuen Ordens abhob[7]. Die CC prior enthielt bereits die gesamte Grundlage der späteren Ordensverfassung der Zisterzienser. Das jährliche Äbtekapitel in Cîteaux am Fest Kreuzerhöhung (14. September) war unter dem Vorsitz des Abtes von Cîteaux die oberste Aufsichts-, Regierungs-, und Gerichtsinstanz des Ordens. Die wirtschaftlich und verwaltungsmäßig unabhängigen Tochterklöster wurden von der Mutterabtei durch jährliche Visitationen ihres Konventslebens überwacht. Die Abtei Cîteaux wurde von den Primarabteien La Ferté, Pontigny und Clairvaux visitiert. Dazu wurde bestimmt, daß jede wirtschaftlich notleidende Zisterze durch den Orden unterstützt werden sollte. Die weitere CC regelte das Vorgehen gegen unwürdige Äbte, den Ablauf der Abtwahlen und den Vorrang unter den Äbten.

Diese Fassung der CC prior hat sich in der *Summa Cartae caritatis* erhalten, die als Auszug der nicht überlieferten Erstfassung[8] in der 1123/24 als Privatarbeit angelegten Sammlung mit dem *Exordium Cistercii* und einigen Entscheidungen vorangegangener Generalkapitel überliefert wurde[9]. Stephan Harding hat für seine Arbeit an der CC die Arbeiten der Kanonisten Burchard von Worms († 1025), Anselm von Lucca (um 1080) und Ivo von Chartres († 1116) herangezogen, die für die gregorianische Reform von großer Bedeutung gewesen waren. Durch diese Übernahmen aus ihren Werken wurden die Zisterzienser in großem Umfang auch in rechtlicher Bedeutung Träger der gregorianischen Reformen. Im Gegensatz zur Regula galt die Form der CC auch in der Folgezeit im Orden keineswegs als unveränderbar. Die Generalkapitel erweiterten und veränderten den Text nach den jeweiligen Erfordernissen. Die sich aus diesen Veränderungen ergebende Form der CC wurde um 1151 redaktionell überarbeitet und von Papst Eugen III. am 1. August 1152 neuerlich bestätigt[10]. Doch wurde auch in den folgenden Jahren an der CC weitergearbeitet. Die mit »Sacrosancte« beginnenden Bullen der Päpste Eugen III. (1152), Anastasius IV. (1153), Hadrian IV. (1157) und Alexander III. (1163 und 1165) haben jeweils neue Zusätze zur CC enthalten, die eine Gesamtbestätigung des Papstes erhalten sollten[11]. Papst Eugen III. hat in seiner Bulle verboten, Zisterzienser vor ein weltliches Gericht zu bringen und die Zisterzienser von den Auswirkungen eines allgemeinen Interdikts befreit. In der Bulle Alexanders III. von 1163 wird der Abt von Morimond erstmals als

Primarabt genannt, während in der zweiten von 1165 festgehalten ist, daß der neugewählte Abt nicht aufgrund des Oboedienzeides der Gewalt des Bischofs ausgeliefert oder verpflichtet war, diesem gegen die Ordensstatuten zu gehorchen. Damit kündigte sich bereits der Kampf der Bischöfe gegen die durch das *salvo ordine meo* entleerte Oboedienzformel der Zisterzienseräbte an, der über Jahre hinweg andauern sollte.

Die Änderungen der CC forderten eine weitere Revision derselben, die zwischen 1165 und 1190 erfolgte[12] und die CC posterior zum Ergebnis hatte. Dabei wurden zwar das alte Vorwort und die CC primitiva Stephan Hardings – ob im ursprünglichen Wortlaut ist fraglich – beibehalten, alles übrige aber neu geordnet. Die endgültige Fassung der CC posterior besaß zwei einander ergänzende Prinzipien, das genossenschaftliche der jährlichen Generalkapitel und das hierarchische, das im Filiationssystem und der herausragenden Stellung des Abtes von Cîteaux zum Ausdruck kam[13]. Die Ordensverfassung hat sich im Laufe des 12. Jahrhunderts folgendermaßen entwickelt:

1. Die Stellung der Äbte der Tochterklöster und Primarabteien sowie der Generalkapitel wurde auf Kosten der Stellung des Abtes von Cîteaux gestärkt. Cîteaux wurde in Zukunft jährlich durch die vier Primarabteien visitiert.
2. Die bischöfliche Jurisdiktion und die Rechte der Domkapitel wurden vollständig ausgeschaltet, nachdem sich der Orden schon vorher diese Rechte in letzter Instanz vorbehalten und dem Generalkapitel als Kontrollinstanz in rechtlichen, liturgischen und disziplinaren Fragen übertragen hatte, die über die Grenzen der einzelnen Diözesen hinweg verband.
3. Die Betonung der einheitlichen Regelauslegung, der Liturgie und des Mönchslebens, die zentrale Gesetzgebung und Leitung forderten auch eine Gleichstellung der Zisterzen im Verhältnis zu den Bischöfen.
4. Die von Eugen III. 1152 bestätigte Bestimmung, vor jeder Klostergründung vom Bischof eine Bestätigung der Zisterzienserstatuten zu fordern, stellte den Bischof vor die Wahl, entweder die Gründung des Klosters abzulehnen oder auf jedes Einspruchsrecht auf die innere Leitung des Klosters zugunsten der zentralen Ordensleitung zu verzichten, was die CC zu einem Sonderrecht des Orden werden ließ.

Die CC behandelte überwiegend das Verhältnis der Zisterzen untereinander und nicht das Verhältnis von diesen zur Außenwelt. Dadurch wurde die Trennung der Klöster von der Welt besonders hervorgehoben. Das ausdrückliche Verbot in den jüngeren Fassungen der Carta, Privilegien anzunehmen, die den gemeinsamen Bestimmungen entgegen standen, verstärkt diesen Eindruck[14]. Die Trennung gegenüber dem übrigen Mönchtum wurde in der Entwicklung der CC zwischen 1119 und 1152 deutlicher. Neben das schon früh geltende Verbot, einen nicht zum Zisterzienserorden gehörigen Mönch zum Abt zu wählen, trat das Verbot hinzu, Zisterzienser in ordensfremden Klöstern zu Äbten zu wählen.

Neben der alljährlichen Visitation von Cîteaux mußten die Primaräbte auch bei der Vakanz des Abtstuhles für die Verwaltung der Mutterabtei sorgen. Die Äbte mußten alljährlich die Tochterklöster ihrer Abteien visitieren oder durch Beauftragte visitieren lassen. Während einer Sedisvakanz war der Vaterabt auch für das monastische Leben und die Verwaltung der Tochterabteien verantwortlich. Die Neuwahl des Abtes erfolgte mit seinem Rat und Willen. Da die Zustimmung des Vaterabtes für die Wahl erforderlich war, konnte er auch den Wahlausgang entscheidend mitbestimmen. Die Äbte von Cîteaux und den vier Primarabteien hatten aufgrund ihrer Stellung als Vateräbte ihrer Filiationen im Orden große Bedeutung. Neben Leitungsaufgaben in den Filiationen übten sie Koordinierungs- und Führungsaufgaben im gesamten Ordensverband aus. Die Bestimmungen über die Beteiligung der Äbte von Tochterklöstern an den Abtswahlen in den Mutterabteien und der Wahl von Mönchen und Äbten der Tochterklöster zu Äbten der Mutterabteien beweisen die engen Bindungen innerhalb der Filiation.

Der Gefahr des Filiationssystems, den Orden in mehrere selbständige Gruppen aufzuspalten, begegnete die CC mit dem ausdrücklichen Verbot, in den einzelnen Filiationen jährliche Kapitel abzuhalten. Nur der Gesamtorden durfte ein solches als Generalkapitel jährlich im Herbst durchführen. Mit Ausnahme der kranken Äbte und der Äbte von Zisterzen in allzu weiter Entfernung von Cîteaux waren alle übrigen verpflichtet, an dem alljährlichen Generalkapitel teilzunehmen. Dieses faßte praktisch die Mönche der Einzelklöster zu einem einzigen Konvent zusammen[15]. Das Generalkapitel war die eigentliche Ordensleitung. Die von ihm gefaßten Beschlüsse hatten für alle Klöster des Ordens Gesetzeskraft. Die CC gab dem Generalkapitel auch die Vollmacht, die Regula Benedicti und den *ordo*, das heißt die Lebensweise des gegen das andere Mönchtum abgeschlossenen und in sich einheitlichen Verband der Zisterzienser, bindend auszulegen, Streitigkeiten zwischen den Klöstern des Ordens zu schlichten und zu entscheiden sowie in Disziplinarangelegenheiten der Äbte tätig zu werden. Die Generalkapitel waren auch verpflichtet, im gemeinsamen Vorgehen Zisterzen zu helfen, die sich in wirtschaftlichen Schwierigkeiten befanden.

An den Generalkapiteln haben bis 1134 neben den Äbten der Zisterzen auch die Mönche der Abtei Cîteaux teilgenommen[16]. Seit 1134 durften nur noch die Äbte an den Generalkapiteln teilnehmen. Der größte Teil der Beschlüsse der Generalkapitel aus der ersten Hälfte des 12. Jahrhunderts hat sich nicht überliefert. Die bedeutendsten Beschlüsse sind – in wahrscheinlich überarbeiteter Form – in zwei offiziellen Sammlungen erhalten, den *Instituta generalis capituli* und den nur die Konversen betreffenden *Usus conversorum*[17]. Nach den jüngsten Forschungen sind diese Beschlüsse der Generalkapitel in den *Instituta* anscheinend von verschiedenen Äbten zum Gebrauch in ihren Klöstern aufgezeichnet worden. Dadurch entstanden allmählich Sammlungen, in die neben den ausdrücklichen Beschlüssen auch weitere Angaben aufgenommen worden sind. Während einige Kompilatoren die Beschlüsse chronologisch ordneten, haben andere diese nach Sachthemen zusammengefaßt. Einige Aufzeichnungen wurden dabei auch nach lokalen Begebenheiten oder Gebräuchen abgeändert[18]. Die Datierung der frühen Beschlüsse und ihre Zuordnung zu bestimmten Kapiteln ist daher nur annäherungsweise möglich. Während der erste Teil um 1135 oder etwas früher entstanden ist, dürften die folgenden Beschlüsse aus den Jahren 1134–1147 stammen[19]. Das Jahr 1147 ergibt sich, weil in ihm die Kongregationen von Savigny und Obazine dem Zisterzienserorden beitraten. Für die vielen Tochterklöster benötigte man eine Zusammenstellung mit genauen Anweisungen über die bei den Zisterziensern gebräuchliche Observanz in der Befolgung der Regula Benedicti[20].

Die Lebensweise der frühen Zisterzienser ist in den *Ecclesiastica officia* festgehalten[21]. In ihnen sind die liturgischen Gebräuche oder *consuetudines* der Mönche beschrieben. Die Zisterzienser haben diese nicht vollständig neu entwickelt, sondern sich an den Gewohnheiten des Reformkreises von Saint Bénigne in Dijon orientiert. Dabei wurde festgestellt, daß sich die zisterziensischen Gewohnheiten von den vorhergehenden des älteren Mönchtums durch einen konsequent normativen Charakter abhoben[22].

Die jährlichen Beschlüsse der Generalkapitel führten zu einer fortlaufenden Erweiterung des Ordensrechts. Die Benutzung derselben in einzelnen Zisterzen zwang zu einer Zusammenfassung und Systematisierung der wichtigsten Regelungen des geltenden Rechts, das außerhalb der Ordensverfassung lag und nicht zum liturgischen Bereich gehörte. Die erste Kodifikation dieser Art erfolgte unter der Bezeichnung *Libellus definitionum* 1202[23]. Sie war vermutlich umfangreicher als die Zusammenstellung des 12. Jahrhunderts und reihte die Rechtssätze nicht mehr willkürlich aneinander, sondern ordnete sie in 15 Distinktionen, die jeweils eine bestimmte Thematik betrafen. Die Themenbereiche umfaßten überwiegend die Ordensorganisation und nur in geringem Umfang spirituelle Probleme, wie zum Beispiel den Gottesdienst. Die wichtigsten päpstlichen Privilegien wurden dabei ebenfalls mit aufgenommen. Die Kodifikation ordnete die vorliegenden Rechtssatzungen, wobei die 15. Distinktion die *capitula* aufnahm, die zu keiner eigenen Distinktion gehörten[24]. Das Generalkapitel von 1204 schrieb die Kenntnis der Kodifikation verbindlich vor[25], um die Kenntnis der Äbte über das Recht des Ordens auf ein gleiches Niveau zu stellen und zugleich deutlich zu machen, daß das Generalkapitel im Orden die Instanz für die Promulgation der Kodifikation war. Der Abt von Cîteaux und die vier Äbte der Primarabteien beauftragten 1214 eine Kommission damit, eine neue Sammlung zu erstellen[26]. Diese war 1220 abgeschlossen und hat die Sammlung von 1202 auf den gültigen Rechtsstand gehoben, wobei die bisherige Einteilung der Kodifikation beibehalten wurde[27]. Eine 1234 vom Generalkapitel angeordnete Überarbeitung der Kodifikation wurde von vier Äbten aus der Filiation von Cîteaux, La Ferté, Pontigny und Clairvaux vorgenommen[28]. Ein Vertreter der Filiation von Morimond fehlte dabei, was für die Entwicklung der Stellung von Morimond als Primarabtei wichtig ist. Das Generalkapitel beschloß 1237 diese Überarbeitung[29]. Die wichtigste Änderung gegenüber der bisherigen Einteilung bestand darin, daß die bis dahin thematisch offene 15. Distinktion jetzt von der Thematik der Frauenklöster des Ordens besetzt wurde[30]. Das Verfahren wiederholte sich 1256/57[31]. Dabei blieb das Gesamtsystem unverändert, doch wurde die Kodifikation wieder dem aktuellen Rechtsstand angeglichen.

Die Stellung des Abtes von Cîteaux innerhalb des Ordens hat schon bald zur Auseinandersetzung zwischen ihm und den Äbten der Primarabteien geführt[32]. Der Abt von Cîteaux wurde außerhalb des Ordens weithin als dessen »Generalabt« angesehen. Die Äbte der Primarabteien und hier insbesondere der Abt von Clairvaux, haben dagegen mit Unterstützung ihrer Tochterklöster auf den Generalkapiteln versucht, die Stellung des Abtes von Cîteaux einzuschränken. Die Spannungen und Auseinandersetzungen haben sich um die Mitte des 13. Jahrhunderts zum Nachteil der Autorität des Generalkapitels als oberster Instanz des Ordens gehäuft. Ein erster Höhepunkt waren die Auseinandersetzungen unter Abt Johann I. von Cîteaux (1236/38) wegen dessen Vorgehen bei der Einforderung eines Subsidiums des Ordens für Cîteaux[33]. Einen weiteren Höhepunkt bildete die Wahl Abt Jakobs II. 1262 als Nachfolger des zum Kardinal ernannten Abtes Guido III.[34]. Die Primaräbte unter Führung von Abt Philipp von Clairvaux erklärten die Wahl wegen einiger Formfehler für ungültig. Als Vermittlungsversuche von Papst Urban IV. und König Ludwig IX. von Frankreich gescheitert waren, kam es im Herbst 1264 zu einer Spaltung beim Generalkapitel. Während Abt Philipp seine Partei in Clairvaux versammelte, wurde in Cîteaux das Generalkapitel eröffnet. Die drohende Spaltung des Ordens ließ den Papst eingreifen. Der neugewählte Papst Klemens IV. (1265–1268) gab unter Berufung auf seine Stellung dem Orden 1265 mit der Bulle *Parvus Fons* oder *Klementina* eine neue Konstitution, die nach langen Verhandlungen mit den beiden Parteien auf Anregung von Kardinal Guido verfaßt worden war[35].

Die Bulle *Parvus Fons* war für die Entwicklung der Ordensverfassung von größter Bedeutung. Sie gab eine genaue Auslegung und Ergänzung der CC, deren viertes Kapitel widerrufen wurde und wollte vorrangig die Auseinandersetzung im Orden beenden, den Einfluß der Primaräbte verringern und die Autorität des Generalkapitels wiederherstellen. Die Visitatoren konnten in Zukunft bei der Absetzung eines Abts nicht mehr die letzte Entscheidung fällen, sondern diese war dem Generalkapitel vorbehalten. Darüber hinaus beendete die Bulle *Parvus Fons* die langen Auseinandersetzungen um das Gremium der Definitoren. Es legte die Zahl für diese beratende Körperschaft auf 25 Äbte fest. Neben dem Abt von Cîteaux und den vier Primaräbten sollten jeweils vier Äbte aus jeder Filiation vom Abt von Cîteaux und den Primaräbten ernannt werden und das Gremium bilden[36].

Der Abt von Cîteaux und die Primaräbte hatten über die Ernennung und Gestaltung des Definitoriums lange gestritten. Während der Abt von Cîteaux die Definitoren selbst bestimmen wollte, hatten die Primaräbte eine Beteiligung gewünscht, die ihnen der Papst auch zubilligte[37]. In diesem Streit wurde die zentrale Stellung des Generalkapitels im Orden sichtbar. Das Filiationsprinzip wurde durch diese Auseinandersetzung zu einer Grundlage für die Stellung des einzelnen Amtsinhabers im Gesamtorden[38]. Der Abt von Cîteaux nahm dabei trotz aller Vorrechte innerhalb des Ordens nur die Stellung eines *primus inter pares* ein[39].

Das Amt der Definitoren ist in seinen Ursprüngen nicht gänzlich aufzuklären[40]. Es ist auf die Ernennung der vier Äbte durch den Abt von Cîteaux hingewiesen worden, um Meinungsverschiedenheiten im Generalkapitel zwischen gleichberechtigten Parteien zu schlichten. Ebenso wird das Amt eines Definitors im *Auctarium Savignense* zum Jahre 1147 erwähnt. Der Begriff der *definitores* wird erstmals 1197 in einem Beschluß des Generalkapitels erwähnt[41]. Das Definitorium war seit 1222 eine ordentlich gewählte, administrative Körperschaft der Kapitel, deren Charakter auch die Bulle *Parvus Fons* überdauert hat. Ihre Vorschriften mußten jedoch die Zustimmung der Plenarversammlung erhalten, um Rechtskraft zu erlangen[42]. Da die Generalkapitel im Laufe der Zeit immer weniger besucht wurden, erhielten die Definitoren eine erhöhte Bedeutung, was bei der Abfassung der Bulle *Parvus Fons* aber nicht voraussehbar war.

Das Definitorium ist vielleicht durch Einfluß der Dominikaner auf die Zisterzienser weiterentwickelt worden. Die enge Verbindung zwischen den beiden Orden in der ersten Hälfte des 13. Jahrhunderts würde diesen Einfluß erklären[43]. In der päpstlichen Kommission für die Ausarbeitung der neuen Konstitution, waren die beiden Dominikaner Gottfried von Beaulieu und Humbert des Romans tätig. Die

Entwicklung des Definitoriums vor der Bulle *Parvus Fons* folgte genau der Abfassung der Konstitution der Dominikaner von 1220, in der die Definitoren als Vertreter der einzelnen Provinzen des Ordens bei den Generalkapiteln eine entscheidende Rolle spielten. Auch in der Einschränkung der Macht der Äbte von Cîteaux und der Betonung der Autorität des Generalkapitels wird der Einfluß der Dominikaner auf die Zisterzienser gesehen[44].

Die zentralistische Stellung des Ordens wird auch dadurch deutlich, daß dieser offizielle Vertreter an die Kurie entsandte. 1220 befaßten sich zwei Weltpriester mit gesetzlichen Angelegenheiten des Ordens, die der Papst regeln sollte. In einem Beschluß des Generalkapitels von 1303 wird ein Generalprokurator als ständiger Interessenvertreter des Ordens bei der Kurie erwähnt. Die Abteien erhielten den Auftrag, alle Angelegenheiten an die Kurie über diesen Interessenvertreter vorzutragen[45]. Er hatte die Rechte und Privilegien des Ordens zu vertreten, sie zu sichern und notfalls auch zu verteidigen. Der Generalprokuratur unterstand dem Generalkapitel. Der gesamte Orden mußte zu seinem Unterhalt beisteuern. Aus ähnlichen Gründen entstand später das Amt des Kardinalprotektors, der auf franziskanischen Einfluss zurückging und erstmals 1260 unter der Bezeichnung *protector ordinis* für Johannes Kardinal von Toledo erwähnt wurde. Das Amt hat seine eigentliche Bedeutung aber erst in späterer Zeit gewonnen[46].

Die Gesetzgebung hatte auf den Generalkapiteln aufgrund der CC zuerst im Mittelpunkt gestanden[47]. Ausdruck dafür waren die in fast regelmäßigem Abstand erstellten neuen Kodifikationen des Ordensrechtes, die auch nach der Bulle *Parvus Fons* fortgesetzt wurden (1289, 1316, 1339, 1350)[48]. Wichtige administrative Entscheidungen, so zum Beispiel Neugründungen und Auflösungen von Abteien und die Außenbeziehungen des Ordens, wurden ebenfalls ausschließlich vom Generalkapitel wahrgenommen[49]. Darüber hinaus wurde das Generalkapitel auch zum Gerichtshof des Ordens mit der Entscheidung bis hin zu Vergehen von einfachen Mönchen und Konversen. Im allgemeinen wurden aber Mißstände aufgegriffen, die sich gegen die Generalkapitel oder den Orden gerichtet hatten[50]. Die Generalkapitel versuchten auch, bei ordensinternen Auseinandersetzungen zu schlichten. Sie haben die Einzelfälle häufig den Äbten zur endgültigen Entscheidung oder nur zur Untersuchung mit Berichterstattungspflicht delegiert, was aus praktischen Gründen wegen der kurzen Dauer der Generalkapitel erforderlich war. Hierin zeigte sich das Bestreben der Generalkapitel als zentrale Instanz des Ordens, die Einheit desselben zu bewahren.

Die zentralen Institutionen des Ordens haben sich mit der dazugehörigen Gesetzgebung in rund eineinhalb Jahrhunderten entwickelt. Ein ähnlicher Vorgang ist auch bei den Freiheiten des Ordens aufzuzeigen. Bei ihnen handelt es sich weitgehend um die Exemtion von den Rechten des jeweiligen Diözesanbischofs. Eine herausragende Rolle nahm dabei das Recht der freien Abtwahl ein. Obwohl ein wichtiges Anliegen der Abteien der Reformzeit und der Päpste, hat der Episkopat seine Ansprüche auf eine Teilnahme an den Abtwahlen nicht aufgegeben und diese setzte sich erst durch die päpstliche Privilegierung durch[51].

Cîteaux war kein Eigenkloster und erst durch die Bulle Papst Paschalis II. zur *abbatia libera* geworden, was aber keine Exemtion vom Bischof bedeutete. Die CC hat die freie Abtwahl für den Orden insgesamt beansprucht. Die Bulle von Papst Innocenz II. betonte, daß sich Cîteaux seinen Abt aus allen Abteien des Ordens wählen durfte, was in gleicher Form für die übrigen Abteien galt, die ihren Abt aus den Klöstern ihrer jeweiligen Filiation wählen konnten. Wie sich in den Abtslisten von Cîteaux und den Primarabteien zeigt, haben die Klöster von diesem Privileg eifrig Gebrauch gemacht. Der Einfluß des Bischofs auf die Abtwahl war auf diese Weise indirekt abgeschnitten und die Wahlstatuten der CC bestätigt worden. Nachdem Alexander III. den Zisterziensern das Privileg gewährt hatte, daß der von den Äbten den Bischöfen geleistete Oboedienzeid im Rahmen der Benediktion diese nicht den letzteren ausliefern oder ihnen Verpflichtungen auferlegen würde, haben Bischöfe versucht, die Abtwahlen zu beeinflussen, indem sie drohten, die neu Gewählten nicht zu benedizieren. Um diese neuerliche Einflußnahme einzuschränken, wurde den freien Klöstern das Recht gewährt, die Benediktion der Äbte entweder vom Papst selbst oder von einem beliebigen Bischof spenden zu lassen bzw. die Weihe ohne Oboedienzversprechen zu empfangen. Papst Alexander III. erlaubte den Zisterziensern nach dreimaliger Bitte im Falle einer Weigerung des Bischofs, ohne Benediktion alle Abtfunktionen auszuüben, bis der Bischof nachgab. Urban III. erlaubte neugewählten Äbten des Ordens, während der Vakanz des Bischofssitzes einen anderen Bischof um die Benediktion zu bitten, doch schränkte er dieses Privileg mit dem Hinweis ein *sic tamen, ut ex hic in posterum propriis episcopis nullum praeiudicium generatur*. Der Papst sicherte damit die Freiheit der Zisterzen, ohne deren Bindung an die Weihegewalt des Ortsbischofs abreißen zu lassen[52]. Bei den übrigen Pontifikalien, also den dem Bischof vorbehaltenen Weihehandlungen, wie Priesterweihe, Weihe der hl. Öle etc. erhielten die Zisterzen erst durch Papst Urban III. die Erlaubnis, in Abwesenheit des Bischofs oder wenn dieser verhindert war, die Pontifikalien von benachbarten Bischöfen zu erbitten, was aber die Rechte des Diözesanbischofs nicht beeinträchtigen sollte. Erst Gregor IX. gestattete, daß jeder Bischof, der im Kloster Aufenthalt genommen hatte, dort ordinieren und die Pontifikalien erteilen konnte. Papst Alexander IV. gewährte 1260 den Äbten das Privileg, ihren Mönchen die niederen Weihen zu erteilen[53]. Das Generalkapitel desselben Jahres beschloß aber, wegen der sich daraus mit den Bischöfen ergebenden Probleme, den Äbten zu empfehlen, dieses Sonderrecht nur mit Genehmigung des Generalkapitels zu gebrauchen[54].

Bei der Approbation der CC im Zuge der Neugründung einer Zisterze durch den Diözesanbischof anerkannte dieser auch die in derselben genannten Verfassungsorgane des Ordens[55]. Innocenz II. verbot den Bischöfen ausdrücklich, die Zisterzienseräbte zur Teilnahme an den Diözesansynoden zu zwingen, außer wenn diese sich mit Glaubensfragen befaßten[56]. Die Visitationsrechte der Zisterzen sind in der CC umfassend geregelt. Da sich im 12. Jahrhundert über die Durchführung von Visitationen kaum Urkunden und Streitigkeiten finden, wird in der Forschung angenommen, daß die Bischöfe in dieser Zeit die Rechte und Statuten der Zisterzienser geachtet haben[57]. Erst im 13. Jahrhundert haben sich Auseinandersetzungen über die Visitationen ergeben. Die Generalkapitel von 1211 und 1212 untersagten allen Bischöfen, also auch den aus dem Orden hervorgegangenen, die Visitation der Klöster des Ordens[58]. Innocenz IV. hat Mitte des 13. Jahrhunderts ausdrücklich anerkannt, daß nur die von den Ordensstatuten bestimmten Äbte das Visitationsrecht über die Klöster des Zisterzienserordens hatten und daß es bislang nie einer

Fremdvisitation bedurft hätte[59]. Ein Jahrzehnt später verbot Alexander IV. den Bischöfen und auch nachdrücklich den Zisterzen, die Visitationstaxe für die nicht vorgenommenen Visitationen abzufordern und hob deshalb verhängte Kirchenstrafen auf[60].

Die Bulle von Paschalis II. hatte Cîteaux neben der freien Vermögensverwaltung auch das Recht gewährt, den *status conversationis,* den es lebte, zu erhalten. Die Änderungsvollmacht behielt sich der Apostolische Stuhl unmittelbar vor. Der Diözesanbischof konnte solche Änderungen auch nicht mit Exkommunikation, Suspension oder Interdikt erzwingen. Da die Strafen gegen eine päpstliche Verfügung verhängt waren, waren sie ungültig. Dagegen blieb die Abtei unter der Aufsichtsgewalt des Bischofs[61]. Papst Calixtus II. bestätigte 1119 die CC mit den *capitula* über das Generalkapitel. Damit stand dasselbe als Verfassungsorgan des Ordens unter der Oberaufsicht des Papstes. Der als oberste Instanz im Filialsystem für die Aufsichtsfunktion vorgesehene Abt von Cîteaux wurde im Laufe der Entwicklung durch das Generalkapitel ersetzt, für das er handelte[62]. Der Bischof konnte demnach zwar die Ausführung der *capitula* nicht behindern, aber die Äbte noch zur Teilnahme an den Diözesansynoden zwingen. Papst Innocenz II. beschränkte diese Teilnahme auf Diözesansynoden, die Glaubensangelegenheiten behandelten. Damit war den Bischöfen die Möglichkeit genommen worden, bei Fernbleiben eines Abtes Strafen zu verhängen. Papst Eugen III. erlaubte den Zisterzen in seiner Bulle von 1152 ausdrücklich bei einem allgemeinen Interdikt bei verschlossenen Türen und *submissa voce* das Chorgebet fortzuführen. Da dieses Privileg nur Klöstern verliehen wurde, die von der Strafgewalt des Bischofs befreit waren, ist dieses für die Zisterzen ebenfalls anzunehmen[63]. Alexander III. betonte in seiner Bulle von 1169, daß die von den Päpsten verliehenen Sonderrechte der Zisterzen von den Bischöfen nicht durch Strafen be- und verhindert werden durften. Er handelte hierbei unter dem besonderen Druck durch das Schisma und den sich daraus ergebenden politischen Problemen.

Papst Lucius III. stellte 1184 das Rechtsverhältnis zwischen Zisterzen und Diözesanbischöfen eindeutig klar. Die Zisterzen unterstanden der Lehrgewalt des Bischofs, doch hatte niemand das Recht, Zisterzienseräbte im Zusammenhang mit den in den *instituta* bestätigten Freiheiten mit kirchlichen Strafen zu belegen, Ordensangehörige zu exkommunizieren, zu suspendieren oder über sie ein Interdikt zu verhängen. Er begründete diese Straffreiheit gegenüber dem Bischof als Folge des päpstlichen Schutzes[64]. Der Orden hatte auf diese Weise in Fragen der inneren Disziplin eine faktische Autonomie gegenüber dem Diözesanbischof[65], war aber nicht allgemein von der bischöflichen Strafgewalt befreit[66]. Diese beschränkte Strafbefreiung war dem Orden ausdrücklich seit der Bulle Alexanders III. von 1169 verbrieft, war aber wohl schon mit der Bestätigung der CC durch Calixtus II. 1119 entstanden. Die Verwirklichung dieser für das 12. Jahrhundert außergewöhnlichen Erscheinung im Rechtsleben war nur durch die innerklösterliche Disziplin der Zisterzen möglich, die ein Eingreifen des Bischofs für überflüssig erscheinen ließ[67].

Der Orden hielt an seinem Prinzip, keine Außenseelsorge zu betreiben, in den ersten eineinhalb Jahrhunderten seines Bestehens fest. Fountains Abbey und Kirkstall in England rissen sogar Pfarrkirchen von Dörfern ab, die sie zu Grangien umgewandelt hatten[68]. Die Beichtjurisdiktion des Abts oder Priors galt für die Klosterfamilie, die neben Mönchen und Laienbrüdern auch das Dienstpersonal umfaßte. Außerhalb des Klosters war den Äbten und Mönchen durch Calixtus II. jede Seelsorge untersagt. Die Privilegierung erstreckte sich nur auf die Klosterfamilie. Alexander III. erteilte das Privileg, daß jeder Priestermönch in den Orden Eintretende, die wegen Brandstiftung, Realinjurien gegen Kleriker oder Religiosen oder wegen Gemeinschaft mit Exkommunizierten selbst exkommuniziert worden waren, absolvieren konnte, selbst wenn das Bekenntnis erst nach dem endgültigen Eintritt in das Kloster erfolgte[69]. Unter Honorius III. wurde das den vier Primaräbten zustehende Dispensrecht auf das Generalkapitel übertragen. Innocenz IV. erweiterte die Jurisdiktion und Dispensgewalt der Äbte auf alle Fälle, mit Ausnahme von Mord, nachgewiesenem Meineid, Sakrileg und überlegtem Blutvergießen. Der Papst wollte nach seiner Begründung für dieses Privileg verhindern, daß die Betreffenden außerhalb ihrer Klöster unter dem Vorwand herumziehen konnten, daß sie einen Beichtvater suchten. Mit derselben Tendenz hat auch Alexander IV. die bereits vorliegenden Privilegien bestätigt[70]. Die anfänglich auf die enge Klosterfamilie beschränkten Privilegien der Jurisdiktion wurden unter Papst Alexander III. auch auf die Nachbarn und Lohnarbeiter ausgedehnt und gegen diese verhängte Kirchenstrafen aufgehoben. Diese Tendenz hielt weiter an, wie Innocenz IV. aufgrund einer Bitte des Generalkapitels über die gegen Lohnarbeiter und Familiaren der Zisterzienser gerichteten Kirchenstrafen entschied[71]. Eine Bulle, die die *firmarii, tenentes seu servientes* von der Jurisdiktion des Bischofs befreite, wurde vielfach Alexander III. zugeschrieben, konnte aber von der Forschung endgültig für Alexander IV. und das Jahr 1257 beansprucht werden[72]. Unter dem Einfluß der Bettel- und Ritterorden haben die Zisterzienser anscheinend auch auf ihre Dienstleute und Zinspflichtigen die Befreiung vom Pfarrzwang und die Unterstellung unter die Jurisdiktion des Abts erbeten, zu dessen Kloster diese gehörten. Damit trat der Orden erstmals in eine Konkurrenz zur Pfarrseelsorge[73].

Die CC hatte bereits in ihrer ursprünglichsten Fassung festgeschrieben, daß jede Zisterze mit der Gründung zu einer eigenständigen Abtei wurde[74]. Der Abt des Klosters hatte innerhalb desselben die von der Regula Benedicti abgeleitete Stellung inne. Diese wurde aber von Anfang an durch die alljährliche Visitation durch den Abt des Mutterklosters eingeschränkt, denn an die dabei getroffenen Regelungen war er gebunden. Dazu war er auch zum Besuch des jährlichen Generalkapitels in Cîteaux verpflichtet und an die Befolgung der von diesem getroffenen Entscheidungen. Die Entwicklung der Ordensgesetzgebung im 12. Jahrhundert schränkte seinen Spielraum noch weiter ein. Doch hatte er selbst die Möglichkeit, über das Generalkapitel an der Leitung des Ordens teilzunehmen und auch in der Filiation, zu der sein Kloster gehörte, mitzuwirken. Darüber hinaus war er – sofern sein Kloster Töchterklöster gegründet hatte – Visitator derselben und konnte dabei selbst Regelungen festlegen, um diese Klöster zu leiten. Die Ordensgesetzgebung legte für sein Handeln aber gewisse Spielräume fest. Nach außen wurde das Kloster dabei jedoch in allen Angelegenheiten von ihm vertreten.

Neben dem Amt des Abtes bedurfte eine Abtei einer Reihe weiterer Ämter[75]. Der Abt wurde während seiner oft längeren Abwesenheiten in allen Angelegenheiten vom Prior vertreten. Dieser stand an der Spitze des Konvents und hatte die Aufsicht über das gesamte monastische Leben der Klausur. Er wurde vom Abt ernannt und war das Bindeglied zwischen diesem und dem Konvent. Häufig wurden

Priore zu Äbten gewählt, was den Anschein einer fortlaufenden Karriere vermittelt. Der Subprior unterstützte den Prior bei seinen Amtspflichten. Nach Abt und Prior war der Cellerar die einflußreichste Persönlichkeit im Konvent. Neben der Verwaltung des gesamten Klosterguts versorgte er den Konvent mit Nahrung und allen anderen Bedürfnissen. Er war auch für die zahlreichen Eigenwirtschaftsbetriebe, wie die Werkstätten im Klosterbereich und die landwirtschaftlichen Außenbetriebe zuständig. Die Leiter dieser Betriebe hatten ihm Rechnung zu legen. Der Cellerar war oft auf Reisen und stand in dauerndem Verkehr mit der Welt. Er entschied die Besitz- und Wirtschaftsfragen der Abtei, über die er mindestens einmal im Monat dem Abt Rechenschaft abzulegen hatte, wenn er mit diesem nicht sowieso in dauernder Verbindung stand. Als sein Stellvertreter erscheint der Subcellerar, der für die im Kloster benötigten Vorräte zuständig war. In einer Reihe von Abteien war das Amt des Cellerars im 13. Jahrhundert aufgrund der vielfältigen Aufgaben sogar dreigeteilt und neben dem Ober- bzw. Großkeller und dem Unterkeller erscheint noch ein Mittelkeller. Öfters wird auch das Amt eines Grangiars erwähnt, der mit der Aufgabe der landwirtschaftlichen Betriebe betraut und dem Cellerar zugeordnet war. Die Gelder der Abtei wurden vom Bursar verwaltet. Mit der sich erweiternden Geldwirtschaft und dem Rückgang des klösterlichen Eigenbaus haben sich die Kompetenzen des anfänglich sogar dem Cellerar unterstellten Bursars erweitert, der in einer Reihe von Abteien im Spätmittelalter sogar an die Stelle des Cellerars trat. Der *camerarius* trat häufig in Verbindung mit dem Cellerar auf. Der *vestiarius,* der Vorsteher der Kleiderkammer, war ebenfalls dem Cellerar zugeordnet und für die Verteilung von Kleidung, Schuhwerk und Bettzeug zuständig. Der Pfistermeister war für das gesamte Verpflegungswesen und die Vorratskammern zuständig, während das Amt des Kaufmanns für den Besuch der Märkte verantwortlich war.

Der Pitanzier verwaltete das Natural- und Geldvermögen, das dem jeweiligen Konvent geschenkt worden war, um Speise und Trank zu verbessern und zu vermehren. Weitere Klosterämter waren das des *portarius* (Pförtner), der für den Zugang zum Kloster zuständig war, des *infirmarius,* dem das Krankenhaus unterstand, in dem die kranken und gebrechlichen Mönche untergebracht waren, dem *piscator* war die Fischerei und Fischteichverwaltung, vielleicht auch das gesamte Bewässerungs-, Teich- und Kanalsystem des Klosters zugeordnet. Der Novizenmeister führte die Novizen in das Mönchsleben und den zisterziensischen *ordo* ein. Der *Magister servorum* hatte die Aufsicht über die Bediensteten der Abtei und der *refectuarius* über das Refektorium. Der Gastmeister hatte die Besucher und Reisenden im Kloster unterzubringen und zu betreuen. Im Kloster Salem gab es zeitweise sogar zwei Gastmeister, den *magister hospitum honestiorum* für die Ritter und vornehmen Reisenden sowie den *magister hospitum inferiorum* für das einfache Volk. Im liturgischen Bereich nahmen Diakon und Subdiakon, Kantor und Subkantor, der Sakristan und sein Gehilfe jeweils klar umrissene Aufgaben wahr.

Da die einzelnen Klosterämter zur Deckung ihrer Ausgaben verschiedene Güter und Gefälle übertragen bekamen, entwickelte sich aus dem Kaufmannsamt, dem Kelleramt, dem Pitanzamt, dem Pfisteramt und dem Reventeramt häufig eigene dezentrale Klosterämter. Im Hochmittelalter bildeten Abt, Prior und Cellerar die Führungsspitze der Zisterzen, der in der Regel das *consilium*, ein Kreis herausragender Mönche des Klosters, zur Beratung zur Verfügung stand. Über die Funktion, Tätigkeit und Zusammensetzung dieses Gremiums herrscht weithin Unklarheit. Es wird vermutet, daß zu ihm neben den amtierenden Inhabern der Klosterämter auch deren ehemalige Inhaber gehört haben. Ebenso sollen in ihm auch erfahrene und gebildete Mönche mitgewirkt haben, die in den Konventen des hohen und späten Mittelalters teilweise Analphabeten und Nichtklerikern gegenüberstanden und dabei häufig in der Minderzahl waren. Ferner haben zu dem Gremium wohl auch die Mönche aus besonders vornehmen Familien gehört[76], die das Kloster in den Jahrzehnten seit der Gründung gefördert hatten.

Neben den Mönchen lebten in Zisterzen noch die Laienbrüder oder Konversen, die sich in der Regel in der Überzahl befanden und den Mönchen erst ihr von der Welt abgeschiedenes, regeltreues Leben ermöglichten. Ursprünglich war jeder, der die geistich-religiöse Umkehr, die *conversio* vollzogen hatte, zum *conversus* geworden. In der sich weiter ausdifferenzierenden Mönchswelt entwickelten sich seit dem frühen Mittelalter unterschiedliche organisatorische Formen und Ausprägungen der Konversen[77]. Die in der ersten Hälfte des 11.

Jahrhunderts in Camaldoli, Fonte Avellana und Vallombrosa nachweisbaren Konversen[78] gaben den Mönchen durch ihre Arbeit die Möglichkeit der ungestörten, eremitisch geprägten Lebensweise, wobei sie nicht mehr weltliche Diener waren, sondern dem klösterlichen Raum angehörten. Die Gründer von Cîteaux haben sich von der Eremitenbewegung in Italien beeinflussen lassen und von dort die Konversen übernommen. Das *Exordium parvum* nennt als Motiv für diesen Vorgang den Wunsch, das alte zönobitische Einsamkeitsideal zu sichern[79]. Während die ältere Forschung die Übernahme der Konversen durch Cîteaux schon um 1100 ansetzte, sieht die jüngere diesen Vorgang erst im zweiten Jahrzehnt des 12. Jahrhunderts[80]. Dabei wurden die Gründe für die Übernahme der Konversen kaum noch unter religiösen Gesichtspunkten, sondern fast ausschließlich unter ökonomischen Gesichtspunkten gesehen[81].

Es ist sicher, daß diese Sicht von den modernen Gedanken des 19. und 20. Jahrhunderts beeinflußt war. Cîteaux hatte aufgrund seines großen Reformwillens den Wunsch der klösterlichen *familia* bzw. der Halbkonversen im Umkreis der Benediktinerkonvente erfaßt, in das monastische Leben intensiver eingebunden zu sein. Daher bezog es die Konversen, allerdings ohne sie zu vollkommenen Mönchen werden zu lassen, in die Konvente ein und vollzog damit eine verfassungmäßige Neuschichtung der Ordensgemeinschaft[82]. Dadurch konnte Cîteaux unter Verzicht auf die Renten- und Pachtwirtschaft des Zeitalters den Eigenbetrieb in den Mittelpunkt stellen. Doch mußte der Orden trotzdem noch weltliches Personal in größerem Umfang beschäftigen, das in der Überlieferung als *mercennarii, servientes, garciones* oder *famuli* auftrat[83].

Die Konversen haben keineswegs nur aus den Unterschichten gestammt, wie die Forschung zu einem überwiegenden Teil immer wieder behauptet hat, sondern haben Menschen der verschiedensten sozialen Herkunft vereint[84]. Während die Angehörigen der unteren Schichten als Konversen neben dem religiösen Leben mit der Anwartschaft auf das Jenseits vielfach eine bessere soziale Stellung im Orden erreichten, gab es trotz des ausdrücklichen Verbots durch das Generalkapitel von 1188[85] unter den Konversen auch Adelige. Der Orden hatte die schwierige Aufgabe, die in der Klostergemeinschaft verbundenen Mönche und Konversen dagegen im Status, in der

Lebensweise und im Pflichtenkreis deutlich voneinander zu trennen und den Konversen als Ordensleuten und Laien eine Stellung unterhalb der Mönche zuzuweisen[86]. Trotzdem wurde ihre Arbeitsleistung gegenüber den liturgischen Pflichten der Mönche vielfach als gleichwertig angesehen. Überwiegend jedoch betonte man ihre untergeordnete Stellung, die man mit der von Knechten und Vasallen verglich. Sie galten vielfach als »Klosterbrüder zweiter Klasse«, als »Arbeiter im Mönchskleid« oder als »Typus des wirtschaftenden Menschen«[87], wobei teilweise ihre schlechte soziale Stellung hervorgehoben wurde[88].

Neben der offiziellen Bezeichnung als *conversus* finden sich auch die Bezeichnungen *frater, frater barbatus, frater laicus, frater exterior* u. a. Beim Mindestalter von 18 Jahren[89] hatte der Konverse vor der Aufnahme als Konvers-Novize dem Kloster sechs Monate in weltlicher Kleidung zu dienen[90]. Nach dem ein Jahr umfassenden Noviziat, in dem sie einige Gebete, wie Paternoster, Credo, Miserere und Versikel auswendig lernen mußten, legten die Konversen vor dem Abt knieend ein Gehorsamsgelübde ab, bei dem sie auch auf eigenen Besitz verzichteten[91]. Sie wurden dadurch Religiosen, erhielten aber keine aktive oder passive Beteiligung bei der Abtwahl[92] oder sonstigen wichtigen Rechtsentscheidungen im Konvent. Auch ihre Kleidung war durch eine dunklere Farbe von der der Mönche unterschieden. Sie trugen Cappa, Tunica, Skapulier (mit Kapuze), Strümpfe und Schuhe, aber keine Cuculle. Der Unterschied zwischen Mönchen und Konversen wurde auch in der Unterbringung der letzteren im Kloster deutlich. Das Konversenhaus bildete meist den Westflügel der Klosteranlage, in dem die Konversen eigene Schlaf-, Speise-, Kapitel- und Wärmesäle hatten. Von dort aus führte oft parallel zum westlichen Teil des Kreuzgangs der Konversengang zum westlichen Teil der Klosterkirche, in dem die Konversen ihren Platz hatten. Sie waren durch den Lettner vom östlich gelegenen Mönchschor in der Klosterkirche getrennt[93] und hatten ein eigenes *infirmitorium* für den Krankheitsfall[94].

Der Konversenmeister betreute die Konversen als Beichtvater und stand ihnen seelsorgerlich am Krankenbett und bei der Arbeit bei[95]. Die Konversen erhielten bei der Tätigkeit auf den Ackerhöfen zusätzliche Nahrungsrationen bei einer Einschränkung der Fastengebote[96]. Ihre liturgischen Pflichten waren deutlich geringer als die der Mönche, da sie auch an einigen Feiertagen arbeiteten. Dabei war nicht nur ihr Schweigegebot etwas lockerer, sondern sie haben auch über eine Zeichensprache verfügt. Die Konversen wurden zu Arbeiten im Kloster selbst und in den Werkstätten im äußeren Klosterbereich etwa als Weber, Schneider, Gerber, Schuster, Kürschner, Müller, Fischer, Brauer, Bäcker, Maurer, Steinmetze, Zimmermann, Schmied, Schuhmacher usw. herangezogen. Als Leiter dieser Werkstätten haben in der Frühzeit ebenfalls Konversen und keine Mönche gewirkt. Dabei wird eine Schichtung in Meister und Gesellen sichtbar[97]. Die überwiegende Zahl der Konversen dürfte sich jedoch – abgesehen von den sonn- und feiertäglichen Gottesdienstbesuchen in der Klosterkirche – auf den landwirtschaftlichen Außenbesitzungen aufgehalten haben, die meist als Grangien organisiert waren[98]. Diese Grangien hatten teilweise erhebliche Ausmaße, die zwischen 50 und 400 ha lagen, im Durchschnitt aber etwa 150–200 ha umfaßten. Die Wirtschaftsgebäude der Grangien entsprachen ebenfalls diesem Umfang. Innerhalb der durch Mauern oder Graben geschützten Gebäude lagen oft auch Kranken- und Gästezimmer sowie die Wohnräume der Konversen, die in der neueren Forschung einfacher gesehen werden, als dieses bislang der Fall war. Die Grangien unterstanden dem Cellerar, der die Aufsicht verschiedentlich an den Grangiar abtrat. Diesen Amtsinhabern war der *magister grangiae,* der Grangienmeister, selbst ein Konverse, rechenschaftspflichtig. Die Konversen haben auch in den Stadthöfen der Klöster gewirkt[99]. Die von den Konversen in diesem Bereich überlieferten Berufsbezeichnungen, wie Bauer, Hirte, Winzer, Ochsenführer, Zimmermann und Sattler lassen auf eine berufliche Spezialisierung in dieser Frühzeit schließen[100].

Wenn auch die Mehrzahl der Konversen nur einfache Tätigkeiten verrichtet haben mag, so gab es unter ihnen doch auch Fachkräfte mit besonderen Kenntnissen, zum Beispiel Baumeister oder medizinisch bewanderte Konversen. Daneben waren sie auch als Boten und Reisebegleiter der Äbte zu den Generalkapiteln tätig[101]. Die Relation zwischen Mönchen und Konversen lag bei 2 : 3 oder sogar bei 1 : 3, wie die bekannten Zahlen zeigen.

Die wachsende Zahl der Konversen führte noch im 12. Jahrhundert zu disziplinarischen Problemen. Es kam zu zahlreichen Aufständen, die zur Ursache für weitere Untaten wurden. Zwischen 1168 und 1308 werden 123 Aufstände von Konversen in den einzelnen Klöstern erwähnt. Es kam zu Einschüchterungen bei Abtwahlen, ja sogar zu Mordanschlägen auf die Äbte und andere Amtsträger in den Klöstern. Im 13. Jahrhundert verlor das Konverseninstitut durch die Bettelorden und den Wohlstand auf dem Land an Anziehungskraft. Leichtere Aufnahmebedingungen, die einige Klöster planten, wurden vom Generalkapitel nicht bewilligt[102]. Parallel zu diesen Versuchen wurden die Konversen zunehmend von ihren Aufgaben abgelöst und durch Laien ersetzt[103]. Damit begannen sich die Zisterzen an die zurückgehenden Zahlen von Mönchen und Konversen anzupassen, womit sie ihr weiteres Überleben als Orden gesichert haben.

4. Der Orden und die Frauen

Die religiöse Erneuerungsbewegung des 11. Jahrhunderts, der Cîteaux sein Entstehen verdankte, hatte auch die Frauen betroffen[1]. Während in der Theologie des 11./12. Jahrhunderts das Frauenbild als das der Tochter Evas weiter ausgebildet wurde[2], nahm in derselben Zeit die Marienverehrung einen bedeutenden Aufschwung. Im Gegensatz zu der verheirateten Frau wurden Maria und mit ihr die Nonnen als Bräute Christi nach *Lukas 20, 34–35,* zu einem wichtigen Vorbild der Gesellschaft und der Frauen. Daher hat die religiöse Bewegung auch zahlreiche weibliche Laien in die Zentren der Reformen geführt. Diese aus Adel und vermögendem Bürgertum stammenden Frauen versuchten ihre Vorstellungen über die Nachfolge Christi ebenso wie die Männer ihrer Zeit in freiwilliger Armut und rigoristischer Strenge als Nonnen auszuleben. Während bei Benediktinern und Augustinern über weibliche Klöster und Gemeinschaften berichtet wird[3], und auch die Prämonstratenser sich mit ihrer Gründung sofort für die Frauen öffneten[4], verhielten sich die Zisterzienser gegenüber der Frauenbewegung zurückhaltender.

Die Ordensforschung hat auf das Verbot von 1134 für die Äbte hingewiesen, Frauen in den geistlichen Stand aufzunehmen[5], und ebenso darauf, daß kein eigener weiblicher Zweig des Ordens entstanden ist[6]. Da auch die offiziellen Statutensammlungen des Ordens über Frauenklöster des 12. Jahrhunderts vollkommen schweigen, entstand das Bild, daß die Zisterzienser gegenüber der religiösen Frauenbewegung dieser Zeit indifferent, wenn nicht sogar ablehnend gewesen seien[7]. Aus den Überlieferungen der einzelnen Klöster ergibt sich ein etwas anderes Bild: Auch die Zisterzienser haben seit ihrer Frühzeit Frauen dabei unterstützt, ihre religiösen Ziele zu erreichen[8].

Molesme, das Mutterkloster von Cîteaux, hatte zwischen 1113 und 1115 – vermutlich um 1113 – in Jully[9] aufgrund einer Schenkung des Grafen Milo von Bar ein Frauenkloster errichtet[10], in das die in Molesme lebenden Nonnen versetzt wurden. Der Stifter gehörte zum Familienkreis Bernhards von Clairvaux und erste Priorin des Klosters wurde Elisabeth, die Ehefrau von Bernhards Bruder Guy, der mit diesem zusammen in Cîteaux Mönch geworden war[11]. Die Priorin Elisabeth wechselte um 1125 an die Spitze des Klosters Larrey und als Priorin in Jully folgte ihr die um 1122 als Nonne eingetretene Schwester Bernhards von Clairvaux, Humbeline[12]. In den folgenden Jahren lassen sich immer wieder Beziehungen zwischen Jully und Bernhard von Clairvaux finden. Abt Guido von Molesme (1112–1132) hat um 1128 die vorläufigen Statuten für Jully aufgestellt, nachdem er sich mit Bernhard von Clairvaux und den Äbten der Zisterzen von Pontigny, Morimond und Fontenay beraten hatte[13]. Diese auch für das Verhältnis zwischen Molesme und Cîteaux interessante Verbindung hat aber nichts daran geändert, daß Jully bis zu seiner Aufhebung 1790 unter der Jurisdiktion des Klosters Molesme verblieb[14].

Um 1120/25 verließen einige Nonnen das Kloster Jully, um ein neues Kloster zu gründen. Durch die Vermittlung von Stephan Harding schenkten ihnen der Ritter Arnoul Cornu und seine Ehefrau Emeline ihren Besitz in dem 12 km von Dijon entfernten Tart[15]. Diese Schenkung wurde von Bischof und Domkapitel von Langres bestätigt und ebenso auch vom Herzog von Burgund, der die Stiftung durch eine Grangie erweiterte. Nach der Gründungsurkunde des Klosters von 1132 hat sich der Gründungsvorgang bis zu diesem Jahr hingezogen. Die Klostergebäude wurden 1132 bezogen und im gleichen Jahr die Kirche geweiht[16]. Als erste Äbtissin des Klosters wurde Elisabeth von Vergy eingesetzt, Tochter von Savari von Donzy und der Elisabeth von Vergy, dem Ehepaar, das 1113 die Primarabtei La

Ferté gegründet hatte und 1110 und 1111 als Wohltäter des Klosters Cîteaux erwähnt wurde[17]. Bernhard von Clairvaux war an der Gründung von Tart unbeteiligt, doch hat er später wiederholt Beziehungen zu diesem Kloster gehabt[18].

Jully war als Priorat von Molesme mit einer Priorin an der Spitze entstanden. Neben derselben stand ein Prior, der vom Abt von Molesme ernannt wurde, diesem verantwortlich war und die Aufsicht über die Güterverwaltung und die klösterliche Disziplin der Nonnen führte[19]. Dagegen wurde in Tart bei der Gründung sofort eine Äbtissin eingesetzt, neben der die Priorin als Stellvertreterin stand[20]. Stephan Harding hat demnach Tart bewußt als zisterziensisches Frauenkloster errichtet und ihm die innere Verfassung der Zisterzienserklöster auf der Grundlage der Regula Benedicti und der Carta Caritatis gegeben[21]. Die von Tart aus gegründeten Tochterklöster haben diese Verfassung in gleicher Form übernommen[22]. Die Ordensgeschichtsschreibung hat das Vorgehen Stephan Hardings in Tart als eine private Initiative desselben ohne Auftrag des Ordens erklärt[23]. Die neuere Forschung hat dieser Darstellung widersprochen[24] und auf die sich erst allmählich herausbildende Stellung des Generalkapitels im 12. Jahrhundert hingewiesen. Sie hat daraus den Schluß gezogen, daß es am Anfang der Ordensgeschichte in der Kompetenz der einzelnen Zisterzienseräbte stand, Frauenklöster zu gründen. Da auch andere Äbte Zisterzienserinnenklöster im 12. Jahrhundert gründeten[25] und diese Vorgänge der Praxis bei benediktinischen Verbänden entsprach[26], besteht kein Grund, diese Darstellung anzuzweifeln. Das Verbot des Generalkapitels von 1134, daß die Äbte keine Nonnen weihen durften, sollte anscheinend das bischöfliche Recht der Nonnenweihe verteidigen, da die Zisterzen zu diesem Zeitpunkt noch nicht exemt waren[27].

Die Zisterzienseräbte haben somit seit der Gründung von Tart an der Gründung von Frauenklöstern mitgewirkt und diese betreut, obwohl sie nicht in den Ordensverband eingegliedert waren. Eine neue Entwicklung begann, als 1147 die Kongregation von Obazine dem Zisterzienserorden angeschlossen wurde. Nach langen Verhandlungen wurde dabei auch das Frauenkloster Coyroux in den Orden aufgenommen, wobei die neue Rechtsform auf dem Generalkapitel Widerstand gefunden hatte[28]. Nach der Aufnahme von Coyroux hat anscheinend auch Tart seine offizielle Aufnahme in den Orden durchsetzen können. Abt Guido II. von Cîteaux nennt nämlich in seiner Urkunde für Kloster Tart kurz vor 1200 das Kloster *propria filia cisterciensis* und bestätigte dem Kloster, von Stephan Harding gegründet worden zu sein. Nach dieser Urkunde konnte der Abt von Cîteaux in Tart Veränderungen vornehmen und Anordnungen treffen, aber auch die Äbtissinnen nach der Form des Ordens wählen und absetzen. Tart dürfte damit zur Filiation von Cîteaux gehört haben[29]. Die Urkunde Abt Guidos zählte insgesamt 18 Frauenklöster auf, die Tart angeschlossen waren und bestätigte, daß sie und die noch hinzukommenden der *cura* und *ordinatio* von Cîteaux unterstehen würden. Darüber hinaus bestätigte der Abt auch, daß sich die Äbtissinnen der genannten Klöster alljährlich am St. Michaelstag in Tart zum Generalkapitel versammelten, wobei der Abt von Cîteaux oder sein Stellvertreter den Vorsitz führten[30]. Eine Urkunde von 1233 aus dem Tochterkloster Poulangy von Tart beweist, daß die Äbtissin von Tart ihre Tochterklöster auch visitiert hat[31]. Die Äbtissin von Tart nahm also die Aufgabe einer Mutteräbtissin in gleicher Weise wie die Äbte von Zisterzen wahr. Ihre Stellung war aber gegenüber der von Vateräbten eingeschränkt, da der Abt von Cîteaux neben ihr die Paternität über ihre Tochterklöster innehatte. Nach einem Beschluß des Generalkapitels von 1228 durfte die Äbtissin von Tart nichts gegen die Entscheidung von Äbten anordnen, die die Frauenklöster auf Weisung des Abts von Cîteaux besucht hatten. Bei den Visitationen dieser Äbte durfte sie nicht zugegen sein, sondern nur anschließend in deren Sinne liebevolle Ermahnungen geben. Darüber hinaus wurden ihre Anordnungen auch nicht schriftlich erteilt[32].

Die in der Urkunde Abt Guidos und in der Bulle Papst Innocenz' III. von 1200 genannten Tochterklöster von Tart haben sich ausschließlich im französischen Sprachgebiet befunden. Während in der Champagne und Franche-Comté jeweils fünf Klöster lagen, bestanden in Burgund und Lothringen jeweils zwei. Im Languedoc, der Gascogne und der Auvergne lag jeweils eine Abtei, und zwei Abteien befanden sich an einem nicht genau festzulegenden Ort[33]. Wie sich die Visitationsrechte der Äbtissin von Tart ausgebildet haben, ist nicht bekannt. Doch wird dieser Vorgang in der jüngeren Forschung auf die Mitte des 12. Jahrhunderts datiert, als die Anzahl der Tochterklöster von Tart bei etwa neun lag[34]. Es wird dabei kein Grund genannt, weshalb sich die Visitationsrechte von Tart erst so spät entwickelt haben. Im Grunde wäre eher von einer kontinuierlichen Entwicklung wie bei den Männerklöstern auszugehen. Dieses würde bedeuten, daß sich die Visitationsrechte schon um 1130 mit der Gründung der ersten Tochterklöster ausgebildet haben müßten. Auch der Beginn der nach dem Muster der Generalkapitel geschaffenen Äbtissinnenzusammenkünfte wird auf die Mitte des 12. Jahrhunderts datiert. Auch in diesem Fall spricht eigentlich nichts gegen eine den Männerklöstern vergleichbare Entwicklung, was einen früheren Ansatz dieser Zusammenkünfte auf die 30er Jahre mit sich bringt. Die Urkunde Abt Guidos II. gibt auf Fragen zu diesem Zeitansatz keine Antwort, außer der, daß die Darstellung keineswegs für ein Entstehen dieser Rechtslage zum Zeitpunkt der Urkundenausstellung spricht, sondern eher für deren bereits langjähriges Bestehen.

Protokolle der Äbtissinnenzusammenkünfte haben sich erst seit 1268 erhalten[35]. Sie haben überwiegend das unentschuldigte Fehlen von Äbtissinnen bei den Zusammenkünften, Erlasse über das Fleischverbot und die Kleidung der Nonnen behandelt. Die Stellung des Abtes von Cîteaux als Vorsitzender der Äbtissinnenversammlungen in Tart war stärker als auf den Generalkapiteln der Äbte. Diese Generalkapitel waren im 13. Jahrhundert auch für die Frauenklöster als Gesetzgeber zuständig, wie sich aus den Kodifikationen ergibt. Die Äbtissinnen mußten auf ihren Versammlungen darüber beraten, wie die Erlasse des Generalkapitels in den einzelnen Konventen durchgeführt werden konnten. Der Verfassungsaufbau der Frauenklöster war den männlichen Klöstern genau nachgebildet. Wenn die Frauenklöster im Verband von Tart auch eine gegenüber den Männerklöstern eingeschränkte Stellung hatten, so unterschied sich diese doch von der Stellung der sonstigen Zisterzienserinnenklöster. Während bei diesen Frauenklöstern die Visitationsgewalt ausschließlich bei den Vateräbten lag und Zusammenkünfte und Beratungen der Äbtissinnen untersagt waren, konnte der Klosterverband von Tart mit der Ordensleitung direkt Verbindung aufnehmen und sich untereinander auf den Versammlungen der Äbtissinnen beraten[36].

Nachdem die Entstehung des Klosterverbands von Tart mit der Gründungszeit der ersten Tarter Tochterklöster angenommen wird, sind die in Spanien ab 1189 bekannten Äbtissinnenversammlungen nach der schriftlichen Überlieferung einige Jahre älter als die in Tart, was aber anzuzweifeln ist, da Tart bereits mehrere Tochterklöster zu dem Zeitpunkt besaß, als die ersten Zisterzienserinnenklöster in Spanien überhaupt gegründet wurden. Daher dürften die in Spanien überlieferten Verfassungsformen eher von Tart übernommen worden sein als umgekehrt[37], wenn sie sich nicht auch in Spanien selbständig nach dem Vorbild der Männerklöster entwickelt haben.

In Tulebras (Navarra) war 1157 das erste Zisterzienserinnenkloster außerhalb Frankreichs entstanden. Alfons VIII. von Kastilien gründete 1187 das Kloster Las Huelgas, in dem seine Tochter Äbtissin wurde[38]. Seit 1189 fanden dort Äbtissinnenversammlungen der spanischen Zisterzienserinnenklöster unter dem Vorsitz des Abtes von Cîteaux statt und im Jahrzehnt bis 1199 konnte Las Huelgas seinen Anspruch als Mutterkloster der spanischen Nonnenkonvente mit königlicher Unterstützung – obwohl eigentlich gegen die Ordenssatzungen – mit Ausnahme von Tulebras bei allen Klöstern durchsetzen. Tulebras weigerte sich aufgrund seines höheren Alters nach den Vorschriften des Ordens auch in Zukunft Las Huelgas das Visitationsrecht zuzugestehen[39]. Die Zahl der Las Huelgas unterstehenden Frauenklöster wird um 1200 mit zwölf angegeben[40]. Während Las Huelgas seinen Anspruch bis in die Neuzeit bewahren konnte, sind in Tart die Äbtissinnenkapitel am Ende des 14. Jahrhunderts aufgegeben worden[41].

Neben den weiblichen Klosterverbänden von Tart und Las Huelgas waren seit der Gründungszeit der ersten Tochterklöster von Tart weitere Frauenklöster gegründet worden, über deren Organisation wenig bekannt ist, die aber – soweit erkennbar – überwiegend Clairvaux unterstanden[42]. Bei ihnen ist ein Äbtissinnenkapitel nicht nachweisbar, jedoch das Visitationsrecht durch die Äbtissin des Mutterklosters. Das Generalkapitel gewährte 1225 der Äbtissin von Argensolles ausdrücklich dieses Recht[43]. Dabei wurde ausgesagt, daß unter dem Abt von Clairvaux mehrere Äbtissinnen als Visitatorinnen tätig waren. Clairvaux hat anscheinend im Gegensatz zu Cîteaux die Frauenklöster in seiner Filiation weniger zentralistisch geleitet. Die Forschung geht bei diesem Modell aber von einer größeren Mitwirkung der den jeweiligen Frauenklöstern benachbarten Männerkonventen aus. Als die Anzahl der Frauenklöster im 13. Jahrhundert im Orden zunahm, soll das eher regionale Modell von Clairvaux für den Orden richtungsweisend geworden sein[44].

Die Zisterzienser mußten im frühen 13. Jahrhundert in etwa zeitgleich mit den Prämonstratensern und später auch den Dominikanern und Franziskanern ihre Verbindungen zu den Frauenklöstern und der gesamten religiösen Frauenbewegung neu regeln, zumal letztere – wie dargestellt – für ein rasches Wachstum der Anzahl der Frauenkonvente sorgte. Während sich die geistigen und persönlichen Verbindungen zwischen den Frauengemeinschaften der religiösen Frauenbewegung und den männlichen Klöstern problemlos herstellen ließen, haben die institutionellen Verbindungen erhebliche Schwierigkeiten bereitet[45]. Nicht nur die Zisterzienser, sondern auch die übrigen Orden hatten anscheinend Bedenken, Frauenklöster in größerer Anzahl in ihren jeweiligen Verband aufzunehmen, weil ihnen daraus künftige Verpflichtungen in den Bereichen der Jurisdiktion und Seelsorge erwuchsen. Die Frauenklöster waren aber dagegen auf die dauernde Betreuung auf diesen Gebieten durch Männerklöster angewiesen.

Die Zisterzienser hatten bereits im 12. Jahrhundert Frauenklöster betreut, deren Zahl aber innerhalb ihres Ordens in überschaubaren Grenzen gehalten. Die Filiation von Tart umfaßte um 1200 18 Klöster, die von Las Huelgas in Spanien zwölf Klöster. In England wird die Zahl der Zisterzienserinnenkonvente in derselben Zeit auf 28[46], in Deutschland auf 15 geschätzt[47]. Die beginnenden Klostergründungen seit dem frühen 13. Jahrhundert ließen im westdeutschen Raum bis 1230 25 Konvente entstehen, davon lagen in den Bistümern Mainz elf, Köln sieben, Trier drei und Konstanz vier, ihnen folgten von 1230–1250 weitere 66 Gründungen[48]. Der Orden nahm zwischen 1213 und 1220 jedoch nur vier Konvente, bis 1228 weitere fünf und daran anschließend bis zwischen 1240 nochmals 28 auf[49]. Diese Zahlen, die im deutlichen Widerspruch zu dem Andrang standen, der von der religiösen Frauenbewegung entstand, scheinen dem Orden in ihrer Aufgabenstellung für die Zukunft bewältigbar gewesen zu sein?

Das Generalkapitel beriet 1191 erstmals über Angelegenheiten zisterziensischer Frauenklöster in Spanien, hielt sich jedoch in diesen

Auseinandersetzungen zurück[50]. Das Generalkapitel verbot 1206 die Erziehung von Knaben in den Frauenklöstern des Ordens[51] und legte 1213 bei der ersten Erwähnung der in den Orden inkorporierten Frauenkonvente fest, daß die Nonnen ohne Erlaubnis des Vaterabtes keinen Ausgang haben durften und eine Aufnahme von Frauenklöstern in den Orden nur dann erfolgen konnte, wenn diese eine strenge Klausur einhielten[52]. Darüber hinaus durften die Frauenklöster keine Nonnen ohne Erlaubnis des Generalkapitels aussenden, um weitere Konvente zu gründen. Das Generalkapitel ordnete auch an, daß die Vateräbte sich in den ihnen unterstehenden Frauenklöstern bemühen sollten, diese Anweisungen des Generalkapitels durchzusetzen. Nach diesem Beschluß waren nicht nur 1213 Frauenklöster dem Orden bereits inkorporiert, sondern die Zuständigkeit über sie war von den Vateräbten auf das Generalkapitel übergegangen[53]. Damit war der Orden zu Beginn des 13. Jahrhunderts entschlossen, die bisherige Organisation der Frauenklöster durch die Inkorporation zu ersetzen. Nach den bekannten Zahlen der Frauenklöster dieses Zeitraums hätte sich kein Problem ergeben, wenn sich nicht durch die religiöse Frauenbewegung zahlreiche Frauen dem Orden zugewandt hätten. Der aufgrund seiner Erfahrungen im heute belgischen Raum schreibende Jacob von Vitry sagte, daß sich die Zisterzienserinnenklöster wie Sterne am Himmel vermehrt hätten[54]. Diese Aussage hat ihre Berechtigung, wenn man sieht, daß den 15 Frauenklöstern des Ordens in Deutschland im 12. Jahrhundert 220 um 1250 gegenüberstanden[55]. Schon bald war die Anzahl der weiblichen Konvente größer als die der männlichen[56]. Wenn man dazu die Entwicklung der Inkorporation der Frauenklöster in den anderen Orden berücksichtigt, wird die Intensität der Frauenbewegung deutlich.

Nach dem Beschluß des Generalkapitels von 1213 konnten nur Konvente mit strenger Klausur in den Orden aufgenommen werden. Da nur Klöster mit ausreichenden Einkünften die Klausur einhalten konnten, wurden also nur die reichen Klöster in den Orden inkorporiert. Da den Nonnen das Geldverdienen nicht erlaubt war, engte sich der Kreis der aufgenommenen Schwestern überwiegend auf vermögende, meist adelige Frauen ein, deren Lebensunterhalt durch ihre Mitgift beim Klostereintritt oder die Dotierung ihrer Familie gesichert war[57].

Das Generalkapitel von 1218 legte die Entfernung von Frauenkonventen untereinander und zu den Männerkonventen fest, betonte die einzuhaltende Klausur bei den Frauenklöstern und gab liturgische Anweisungen[58]. Auf demselben Generalkapitel wurden auch die Bedingungen für die Inkorporation von Frauenklöstern festgeschrieben und im folgenden Jahr bestätigt[59]. Die Nonnen hatten danach die vollkommene Klausur einzuhalten und durften keinen Eigenbesitz haben. Auch die Äbtissinnen durften nur mit Erlaubnis des Vaterabtes und in Begleitung ihr Kloster verlassen. Darüber hinaus sollte der Vaterabt die Zahl der Nonnen im Konvent nach der ökonomischen Leistungsfähigkeit des jeweiligen Klosters festsetzen. Diese Zahl durfte vom Frauenkonvent selbst nicht überschritten werden.

Die Aufnahmegesuche in den Orden haben anscheinend trotz dieser Einschränkungen nicht abgenommen. Daher beschloß das Generalkapitel 1220, daß dem Orden in Zukunft keine Frauenklöster mehr inkorporiert werden sollten[60]. Zwei Jahre später beschloß das Generalkapitel, den Papst zu bitten, Mönche und Konversen nicht mehr zum Wohnen in den Frauenklöstern zu zwingen. Diese sollten dort die Nonnen in den weltlichen Geschäften unterstützen. Das Generalkapitel sah darin eine Gefahr für den Orden[61]. Das Generalkapitel hat hier wegen der Belastungen durch die Frauenkonvente für die Männerklöster gehandelt.

Das Generalkapitel 1225 ergänzte die 1219 aufgestellten Bedingungen für die Inkorporation von Frauenklöstern. Dabei wurde festgelegt, daß die Äbtissinnen abgesetzt werden sollten, die die festgelegten Zahlen der Nonnen in ihren Klöstern durch Neuaufnahmen überschritten. Das Betreten der Frauenklöster war nur den Visitatoren gestattet. Frauenklöster durften nur in den Orden aufgenommen werden oder Nonnen aus bestehenden Klöstern in neue Niederlassungen gesandt werden, wenn in diesen Klöstern die Gebäude den Ansprüchen entsprechend vollendet und die Konvente mit den benötigten Gütern so ausgestattet waren, daß sie die Klausur einhalten konnten und dabei der Lebensunterhalt der Nonnen gesichert war[62]. Das Generalkapitel legte 1227 auch fest, daß exkommunizierte Nonnen durch ihren Vaterabt absolviert werden sollten[63]. Im folgenden Jahr beschloß das Generalkapitel über die Kompetenzen der Mutteräbtissinnen[64]. Auf demselben Generalkapitel wurde auch beschlossen[65], im Namen des Ordens keine Frauenklöster mehr zu bauen oder sie dem Orden zu inkorporieren. Wenn eine Frauengemeinschaft nach den zisterziensischen Regeln leben wollte, übernahm der Orden weder Seelsorge noch Visitation und stellte zuwiderhandelnde Äbte und Mönche unter Strafe. Frauenklöster, die in den letzten sieben Jahren inkorporiert worden waren, wurde eine dreijährige Frist zur Einführung der Klausur gesetzt. Wenn sie diese Frist nicht einhalten würden, sollten sie wieder vom Orden getrennt werden. Einen Abt, der ein diese Frist nicht einhaltendes Kloster visitierte, sollte abgesetzt werden. Damit das Generalkapitel nicht mit den Rechtsfällen der Frauenklöster belastet wurde, sollten die Definitoren aus ihrer Reihe drei Auditoren ernennen, die über diese Fälle zu entscheiden hatten[66].

Bereits auf dem folgenden Generalkapitel 1229 wurde die Strafandrohung für die Äbte gemildert, die Frauenkonvente mit noch nicht bestehender Klausur visitierten[67]. Sie sollten nicht mehr abgesetzt werden, sondern nur noch jeden Freitag bis zum nächsten Generalkapitel, auf dem sie sich zu entschuldigen hatten, Wasser und Brot erhalten. Die Konversen der Frauenklöster wurden mit denen der Männerklöster zum Refektorium zugelassen[68].

Das Generalkapitel 1230 trug den nach Rom reisenden Äbten auf, dem Papst den Ordensbeschluß zur Kenntnis zu bringen, nach dem der Orden keine Frauenklöster mehr aufnehmen würde. Ferner erbat man von ihm die Zusage, daß seine Inkorporationsanträge keine Geltung hätten, wenn in ihnen nicht das Ordensstatut erwähnt wäre[69]. In den Beschlüssen des Generalkapitels wurden auch in den folgenden Jahren die Frauenklöster immer wieder erwähnt. So erfolgten 1231, 1233, 1237 und 1241 Bestimmungen über die Beichte und die Beichtväter der Nonnen, über die der Vaterabt die Kontrolle haben sollte[70]. Der Habit der Zisterzienserinnen wurde 1235 in den Statuten festgelegt[71]. In der offiziellen Gesetzessammlung des Ordens wurden ab 1237 bzw. 1257 die Statuten über die Frauenklöster in einer eigenen Distinktion zusammengefaßt[72]. Dieser Vorgang dokumentiert nachdrücklich die wachsende Bedeutung der Frauenklöster im Orden.

Die Inkorporation der Frauenkonvente in den Orden war weiterhin Thema auf den Generalkapiteln. Die Äbte legten 1239 auf der Grundlage des kodifizierten Textes von 1237 fest[73], daß die Inspektoren der zu gründenden oder zu inkorporierenden Frauenklöster unter der Drohung der eigenen Absetzung genau prüfen sollten, ob der Besitzstand der Konvente ausreichte, um die Klausur einzuführen. Die Aufnahme von Nonnen wurde nur den Vateräbten oder ihren Abgesandten gestattet, da die unüberlegte Aufnahme von Nonnen in den Klöstern bereits viel Ärgernis ausgelöst hatte. Die Äbte beschlossen 1241, daß Nonnen bei denselben Vergehen wie die Mönche ebenfalls Kerkerhaft zu verbüßen hatten[74]. Seit dem Generalkapitel von 1244 war die Inkorporation eines Frauenklosters erst dann möglich, wenn der Inspektor die Urkunde des zuständigen Diözesanbischofs über die Entlassung des Konvents aus der Diözesangewalt und Übergabe an den Orden vorliegen hatte[75]. Nachdem Innocenz IV. 1251 zugesichert hatte, keine Inkorporation von Frauenklöstern vom Orden mehr zu erbitten, außer er würde die von diesem gefaßten Beschlüsse ausdrücklich außer Kraft setzen, beschloß das Generalkapitel von 1251 neuerlich, in Zukunft keine Frauenklöstern mehr zu inkorporieren[76].

Die seit Anfang des 13. Jahrhunderts rasch wachsende Zahl von Inkorporationsanträgen von Frauenklöstern hat trotz der bestehenden gravierenden Zahlenunterschiede zwischen Männer- und Frauenklöstern im Orden die ablehnenden Beschlüsse der Generalkapitel von 1220, 1228 und 1251 ausgelöst. Entscheidend dafür dürfte keine latente Frauenfeindschaft gewesen sein, sondern die sich für die Männerkonvente ergebende Dauerbelastung durch die Aufgaben in den Bereichen der Seelsorge und Verwaltung. Es erscheint daher kaum möglich, von einer eigentlich im Orden vorhandenen Aufnahmebereitschaft gegenüber Frauenklöstern auszugehen, wie dieses die neueste Forschung versucht[77]. Neben den durch die Aufnahme in den Orden ausgelösten Dauerbelastungen durch die Frauenkonvente ist auch noch davon auszugehen, daß die Novizenaufnahmen in den Männerklöstern in dieser Zeit bereits rückläufig waren. Die Belastungen hätten somit das angestrebte kontemplative Leben der Klöster erheblich gestört. Die Mönche haben sehr wohl erkannt, daß sich trotz ihrer Beschlüsse weitere Inkorporationen von Frauenklöstern nicht vermeiden ließen. Sie haben daher versucht, die Inkorporationen auf die nach Besitz und Lebensweise (hier strenge Klausur) geeigneten Klöster zu beschränken[78].

Nachdem anfänglich Benediktinerinnen die Zisterzienserreform übernahmen bzw. einige Neugründungen sofort nach dieser Lebensform entstanden, haben seit Beginn des 13. Jahrhunderts anscheinend rasch zunehmend Gemeinschaften von Klausnerinnen und Beginen um die Inkorporation nachgesucht. Da die Gemeinschaften bei ihrem Antrag überwiegend bereits nach den Vorschriften der Zisterzienser lebten, entstand eine wachsende Zahl von nicht dem Orden inkorporierter Frauenklöster, die nach dessen Vorschriften lebten[79]. Die Aufnahme in den Orden gewährte den Frauenklöstern weitgehend dieselben Privilegien wie den Männerklöstern. Sie waren damit diesen im Orden gleichgestellt. Das Generalkapitel hatte durch seine Beschlüsse von 1220 und 1228 die Inkorporation, die bislang durch die Äbte informell erfolgt war, an sich gezogen und damit auf eine für den gesamten Orden gleiche Entscheidungsbasis gestellt. Zwischen 1228 und 1251 entwickelte sich die mit Dominikanern und Franziskanern vergleichbare Politik gegenüber den Frauenklöstern. Die Bulle von Papst Innocenz IV. gewährte 1251 den Zisterziensern dasselbe Recht bei der Inkorporation von Frauenklöstern, wie dieses bereits 1239 den Dominikanern und 1250 den Franziskanern gewährt worden war. Die Zisterzienser haben auf diese Weise die sich aufgrund der Privilegien für die beiden Bettelorden unter Umständen für sie ergebende Zunahme der Inkorporationswünsche abwenden können. Die größte Blüte der Zisterzienserinnen ging in dieser Zeit bereits ihrem Ende zu. Die Frauenklöster, die um die Mitte des 13. Jahrhunderts nach den Satzungen von Cîteaux lebten, werden auf etwa 900 geschätzt. Allein im deutschsprachigen Raum standen 220 Zisterzienserinnenkonventen etwa 115 Benediktinerinnenklöster gegenüber[80].

Die Gründung der Frauenklöster erfolgte in sehr unterschiedlicher Form. Nicht alle an den Gründungen beteiligten Kräfte sind immer deutlich erkennbar. Es gibt sogar Gründungsvorgänge, bei denen die eigentlichen Stifter in den Hintergrund traten. Bereits bei den ersten Klostergründungen des Ordens wurden die unterschiedlichen Kräfte erkennbar. Während Kloster Tart in den 20er Jahren des 12. Jahrhunderts durch eine adelige Stiftung unter Beteiligung des Klosters Cîteaux entstand, wurde Las Huelgas durch den König von Kastilien gegründet, wobei der Wunsch nach einer Königsgrablege und vor allem nach einem klösterlichen Wirkungskreis für seine Tochter entscheidend war. Für das Entstehen von Frauenzisterzen lassen sich vor allem drei verschiedene Wege feststellen: erstens nahmen bereits bestehende Konvente – hier vor allem Benediktinerinnen – die Regel der Zisterzienser an; zweitens entschlossen sich bestehende Schwestergemeinschaften, die Zisterzienserregel anzunehmen, was für sie meist nicht nur Klausur und Chorgebet mit sich brachte, sondern öfters auch eine Verlegung ihres bisherigen gemeinschaftlichen Wohnsitzes[81]; drittens erfolgten Neugründungen durch edelfreie Familien, Ministerialengeschlechter oder auch durch die Stiftung von Bischöfen. In einer Reihe von Fällen ergab sich auch eine Mischung aus der zweiten und dritten Gründungsform. So hat zum Beispiel der Salemer Abt Eberhard von Rohrdorf in der Zeit von 1212–1240 die Gründung von sechs Frauenklöstern unterstützt, die fast alle aus Schwesterngemeinschaften hervorgingen und durch Stiftungen von Reichsministerialen erweitert und gesichert zu ihrer späteren Stellung gelangten[82]. In vielen Fällen dürften die Nonnen selbst maßgeblich zur materiellen Sicherung ihrer Gründung beigetragen haben. Insbesondere ist dieses zu vermuten, wenn die Stifter unbekannt sind, aber das Kloster von Anfang an über größere Geldsummen verfügt hat[83]. Auch wird den späteren Nonnen der für die Gründung eigentlich entscheidende Anstoß in vielen Fällen zugeschrieben.

Oft war schon im Gründungsvorgang die künftige Entwicklung der Frauenzisterze angelegt. Der Orden versuchte auch bei ihnen, möglichst jeden weltlichen Einfluß vom monastischen Leben fernzuhalten. Daher wurde jede Vogtei über das Kloster abgelehnt, dagegen aber eine *defensio* angestrebt, das heißt eine Schutzherrschaft ohne Rechte auf herrschaftliche Maßnahmen, vor allem auf Abgaben und Leistungen. Um die Vogtfreiheit abzusichern, bemühten sich die Frauenzisterzen zum Beispiel im südwestdeutschen Raum, den kaiserlichen bzw. königlichen Schutz und Schirm zu erlangen. Diese Bestrebungen kamen hier der staufischen Politik entgegen, die diese Klöster der eigenen Politik dienstbar machen wollte. Daher hat sich die staufische Zisterzienservogtei in Südwest- und Mitteldeutschland durchgesetzt[84]. Von den sechs Kloster Salem unterstehenden Frauenklöstern haben allein vier von den Staufern die *defensio* oder wenigsten ein Schutzversprechen erlangt. Der Bischof von Würzburg dagegen hat zum Beispiel die Vogteirechte bzw. die weltliche Gerichtsbarkeit zwar nicht über die Zisterzienserinnenklöster selbst, aber über ihren Besitz zur Entwicklung seiner Landesherrschaft genutzt. Selbst königliche Schutzprivilegien haben an der Stellung dieser Klöster nichts geändert. Die Schutzherrschaft war bei anderen Klöstern oft nichts als eine Vogtei der Stifterfamilie im neuen Gewand. Wenn die königliche Schutzvogtei über die Klöster nicht durch Reichsbeamte ausgeübt wurde, übernahmen die Landesherren dieselbe und bauten sie zur Kastvogtei mit den entsprechenden Rechten auf wirtschaftlichem, gerichtlichem und innerklösterlichem Gebiet aus. Durch die Rechte der Landesherren über die weltlichen Territorien der Frauenklöster wurden diese weithin landsässig[85]. Die Landesherren haben daraus unmittelbar finanziellen Gewinn gezogen, aber auch Erfolge beim Aufbau ihrer Territorien.

Auch die Exemtion vom jeweiligen Diözesanbischof war unterschiedlich. Während zum Beispiel in der Diözese Konstanz in der ersten Hälfte des 13. Jahrhunderts den Zisterzienserinnenklöstern von den Bischöfen die Exemtion gewährt wurde, hat der Würzburger Bischof Hermann von Lobdeburg (1225–1254) diese nicht gewährt, weil sie seiner Landesherrschaft entgegengestanden hätte. Er behielt sich sogar über die *pleno iure* dem Orden inkorporierten Frauenklöster die Rechte über Temporalien und Spiritualien vor und überließ dem Orden nur die Beaufsichtigung des innerklösterlichen Lebens[86].

Die außerhalb des Ordens nach der Zisterzienserregel lebenden Klöster haben sich den Diözesanbischöfen unterstellt. Die dem Orden inkorporierten Klöster glichen den Männerklöstern, wobei ein vom Generalkapitel ernannter Vaterabt die Jurisdiktion im Namen von Cîteaux ausübte[87]. Er bestätigte und benedizierte die neugewählten Äbtissinnen, nahm die Profeß der Klosterfrauen entgegen, legte die Zahl der Konventsmitglieder fest, ernannte die Beichtväter und Prokuratoren (Pröpste) und nahm Konversen und Familiare in das Kloster auf. Er visitierte das ihm unterstellte Frauenkloster, wobei er dessen geistliche und wirtschaftliche Situation prüfte, und bestrafte schwere Vergehen. Die Vateräbte wurden durch diese vielfältigen Aufgaben in den Frauenkonventen von der Arbeit in den eigenen Klöstern abgehalten[88].

Obwohl Männer- und Frauenzisterzen ordensrechtlich gleichberechtigt und damit auch in Aufbau, Organisation und Verwaltung weitgehend identisch waren, sind die Frauenzisterzen aufgrund der besonderen Stellung der Frau in Gesellschaft und Kirche öfters erheblich von der Ordensnorm abgewichen[89]. So wurden die Frauenkonvente häufig in der Nähe von Siedlungen gegründet und als Gründungsdotation wurden ihnen Pfarrkirchen inkorporiert. Einige Ordensvorschriften, so zum Beispiel über Uhrzeiten und Orte des Chorgebetes, die Fastengebote und Arbeitsvorschriften wurden für die Frauenklöster abgemildert, dagegen jedoch die Klausurbestimmungen verschärft[90].

Die Familia der Frauenzisterzen bestand neben dem Nonnenkonvent, der sich häufig aus adeligen Frauen, und zwar Töchtern von edelfreien, niederadelig-ministerialen und patrizischen Familien zusammensetzte, aus den Laienschwestern, die dem Konversenstand angehörten. Diese waren für die körperlichen Arbeiten von Haus, Küche, Wäscherei, Garten, Weberei, Brauerei, teilweise auch für die Arbeit auf den Feldern und die Bedienung der Nonnen zuständig. Sie lebten nach den Vorschriften des *Usus conversorum* von den Nonnen streng getrennt, hatten ihren eigenen Platz in der Kirche, verminderte religiöse Pflichten und einen besonderen Konversenhabit. Während aufgrund ihrer Tätigkeit die Klausurvorschriften für sie nur teilweise galten, waren sie dem Keuschheits- und Armutsgebot vollständig unterworfen. Sie legten der Äbtissin nach einjährigem Noviziat ein einfaches Gehorsamsversprechen ab, wodurch sie in den Orden aufgenommen, aber keine geweihten Nonnen wurden. Sie waren daher auch vom Nonnenkapitel, den Äbtissinnenwahlen und den Klosterämtern ausgeschlossen. Ihre Stellung glich somit der der männlichen Konversen in den Zisterzen. Obwohl sie eine hinter den ebenfalls in den Frauenzisterzen vorhandenen männlichen Konversen zurücktretende Stellungen einnahmen, gibt es keinen Grund dagegen anzunehmen, daß in den Frauenzisterzen von Anfang an Laienschwestern vorhanden waren[91].

Die männlichen Konversen der Frauenzisterzen waren seit dem Beschluß des Generalkapitels von 1229 den Konversen der Männerklöster gleichgestellt und lebten nach denselben Vorschriften wie diese und die Laienschwestern. Nachdem sie in der Gründungsphase vermutlich aus benachbarten Männerklöstern des Ordens gekommen sind, traten sie später unmittelbar in die Frauenklöster ein, nachdem sie eine sechsmonatige Probezeit in weltlichen Kleidern und dann anschließend ein einjähriges Noviziat hinter sich gebracht hatten. Sie waren durch ihr Gehorsamsversprechen im Nonnenkonvent vor der Äbtissin auf Lebenszeit an ihr Profeßkloster gebunden und haben im übrigen die Vorschriften des Ordens für die Konversen erfüllt. Sie waren im Kloster in einem separaten Bereich, oft im Vorhof nahe den Werkstätten untergebracht. Während die Laienschwestern aus dem Bauerntum und den unteren sozialen Schichten der Stadtbevölkerung gestammt haben, gehörten die männlichen Konversen sehr unterschiedlichen sozialen Schichten an. Sie entstammten sowohl bäuerlichen und handwerklichen Familien als auch dem städtischen Bürgertum und teilweise niederadeligen-ministerialen Familien, die oft mit den Äbtissinnen und Nonnen nahe verwandt waren[92]. Im Unterschied zu den Männerzisterzen finden sich in Frauenklöstern männliche Konversen in leitenden Verwaltungsfunktionen und wichtigen Aufgaben der klösterlichen Gerichtsbarkeit.

Die Äbtissinnen haben in den Frauenzisterzen nicht ganz dieselbe Stelle eingenommen wie die Äbte in ihren Klöstern. Sie haben für die Aufnahme von Kandidatinnen die Zustimmung des Vaterabts benötigt, durften sie dann einkleiden, aber nicht die Profeß entgegennehmen, was dem Vaterabt vorbehalten war. Wie das Beispiel Las Huelgas im 13. Jahrhundert beweist, haben Äbtissinnen auch ihre Stellung überzogen. Die Äbtissin von Las Huelgas versuchte sich der Jurisdiktion des Vaterabts zu entziehen und nahm ab 1210 nicht nur die Profeß ihrer Nonnen selbst entgegen, sondern übte auch priesterliche Funktionen aus, wie Predigten in der Kirche und Beichtehören von den Nonnen[93]. Das Generalkapitel beschloß 1238, diese Mißbräuche abzustellen und gab dem Abt von Cîteaux die volle Autorität, Strafen zu verhängen. Als später das Kloster versuchte, sich der Visitation durch den Abt von Cîteaux zu entziehen, exkommunizierte das Generalkapitel 1261 die damalige Äbtissin.

Einige Frauenkonvente haben schon im 12. Jahrhundert einen Priestermönch als Beichtvater besessen. Himmerod hat zum Beispiel 1179 den Prior als Beichtvater für das Kloster St. Thomas bei Kyllburg gestellt und einen weiteren Mönch als Prokurator für die Wirtschaftsverwaltung desselben Klosters[94]. Da das Generalkapitel 1222 die Seelsorge in Frauenklöstern durch Mönche des Ordens untersagt hatte, wurde das Amt des Beichtvaters in der Regel von Weltgeistlichen ausgeübt, die sich als Familiare dem Orden angliederten und zur Ordensliturgie verpflichtet waren. Die Beichtjurisdiktion erteilte ihnen jeweils der Vaterabt oder der Diözesanbischof. Im Laufe des 13. Jahrhunderts traten an die Stelle dieser Weltgeistlichen trotz des Verbotes mehr und mehr Mönche des jeweiligen Klosters des Vaterabts.

Die Nonnen hatten ein einjähriges Noviziat nach ihrer Einkleidung zu verbringen, an dessen Ende die Profeß vor dem Vaterabt erfolgte. Das Generalkapitel gestattete 1287 die Aufnahme ins Kloster im Alter von zehn Jahren, doch durfte die Profeß frühestens im Alter von dreizehn Jahren abgelegt werden. Der Alltag der Nonnen bestand neben dem Chorgebet aus der Wirtschaftsverwaltung und Haushaltung. Wie in den Männerklöstern unterstützten die Äbtissinnen hierbei eine Reihe von Amtsfrauen, wie Novizenmeisterin, Schwesternmeisterin, Schul-, Gast- und Siedemeisterin, Sängerin, Schreiberin, Pförtnerin und Küsterin. In den Scriptorien der Frauenklöster wurden Handschriften nicht nur abgeschrieben, sondern auch meisterlich illuminiert. Dabei ist festzustellen, daß neben der Schreibkenntnis bei den Nonnen auch umfassende Lateinkenntnisse vorhanden waren. Die Nonnen haben auch kostbare Paramente angefertigt. Frühzeitig haben sie sich auch mit der Mädchenbildung beschäftigt und Schule gehalten. In Helfta zum Beispiel wurden die Mädchen schon mit vier oder sieben Jahren in den Orden aufgenommen und unterrichtet, wie sich aus den Biographien der hll. Mechthild und Gertrud von Helfta ergibt.

Die Frauenzisterzen des 13. Jahrhunderts haben unter dem Einfluß des bernhardinischen Gedankenguts entscheidend zum Blühen der frühen Mystik beigetragen. Dabei hat insbesondere auch die Verehrung des heiligsten Herzens Jesu in vielen Frauenzisterzen schon vor der Mitte des 13. Jahrhunderts eine wichtige Rolle gespielt. Neben Helfta wird hier besonders der Kreis von Frauenzisterzen erwähnt, die sich um die Abtei Villers in Brabant bildete[95].

Obwohl im Laufe der letzten zwei Jahrzehnte eine Reihe von Arbeiten zu den Zisterzienserinnen vorgelegt wurde, fehlt noch immer eine zusammenfassende Gesamtschau[96]. Häufig wird auch heute noch ein Bild des Ordens gezeichnet, nach dem dieser anfänglich die Frauen abwehrte, wobei er sich eigentlich nur vor der durch die Frauenklöster ihm aufgebürdeten Arbeit schützen wollte. Nachdem das Generalkapitel im frühen 13. Jahrhundert immer wieder versuchte, die strenge Klausur bei den Frauenzisterzen durchzusetzen und man in der Zeit des sogenannten Verfalls der Klosterzucht im 14./15. Jahrhundert gerade diese immer wieder in den Klöstern vermißt, erhebt sich die Frage, ob sich die strenge Klausur tatsächlich in allen Klöstern so nach den Buchstaben der Generalkapitelsbeschlüsse durchgesetzt hat oder ob nicht im Hochmittelalter andere Zustände herrschten.

5. Spiritualität und Schrifttum des Ordens

Die politische und wirtschaftliche Tätigkeit der Zisterzienser ist im Laufe der letzten Jahrzehnte durch die Forschung umfassend untersucht worden. Im Vergleich damit ist die Spiritualität als eigentlicher Ausgangspunkt des klösterlichen Lebens jedoch weniger intensiv bearbeitet worden. Da den Historikern aufgrund ihrer Vorbildung der Weg zu diesem Forschungsbereich meist verschlossen ist, haben sich mit ihm überwiegend theologisch gebildete Ordensangehörige befaßt[1]. Die bisher vorliegenden Forschungen haben noch kein abschließendes Ergebnis erreicht. Während einerseits eine zisterziensische Spiritualität verneint und nur eine zisterziensische Theologie derselben anerkannt wird[2], wird andererseits eine einheitliche Zisterzienserspiritualität bis zum Eindringen scholastischer Denkweisen in den Orden in der Mitte des 13. Jahrhunderts festgestellt[3]. Als eine Voraussetzung für die Spiritualitätsforschung wurde das Verhältnis der Zisterzienser zu ihrem Umfeld untersucht[4]. Der Begriff »Spiritualität« ist in den neueren Untersuchungen an die Stelle des älteren Begriffs der »Geistigkeit« getreten[5]. Er erscheint heute eher unscharf[6] und wird zwischen Theologie und Mystik angesiedelt[7]. Er wird auch als »subjektive Seite der Dogmatik«[8] erklärt und mystisch fundiert gesehen[9]. Der Begriff »Spiritualität« war im Mittelalter bei Klerus und Mönchtum eindeutiger[10]. Er bezeichnete die Abwendung vom Körperlichen, von der Welt und der in dieser eingebundenen *vita activa* und die Hinwendung zu Gott im Gottesdienst und der Askese. Diese Spiritualität war im Mönchtum keineswegs frei, sondern in festen Formen geordnet. Diese wurden im Kloster als der *schola* unter dem Abt geübt, von der Regel und deren Ausführungsvorschriften *(consuetudines)* bestimmt und durch Kirche und Mönchtum im allgemeinen geregelt[11]. Nachdem der Mensch diese *schola* durchlaufen hatte, war er nach seiner Umkehr *(conversio)* als *homo spiritualis* so geformt und gefestigt, daß er in die Selbständigkeit des Eremitentums, das heißt in die selbständige Auseinandersetzung mit der Welt entlassen werden konnte. Dieses und nicht die Einsamkeit an sich, war nach Benedikt Eremitentum. Dabei waren die nach der Regula Benedicti lebenden Mönche immer für eine strengere *schola* offen, wie die zahlreichen Reformen des 10. und 11. Jahrhunderts beweisen, aus denen sowohl Cluny als auch Cîteaux entstanden sind[12]. Die polemische Stellungnahme von Cîteaux gegen Cluny im 12. Jahrhundert kann über die trotz allem engen geistigen Verbindungen zwischen beiden nicht hinwegtäuschen[13].

Robert von Molesme und seine Begleiter verbanden im *Novum Monasterium* das Eremitenideal mit den überlieferten Formen des benediktinischen Mönchtums[14], wobei die Regula Benedicti im Mittelpunkt stand, nachdem sie von allen Zusätzen gereinigt war *(puritas regulae)*[15]. Eine buchstäbliche Befolgung der Regula war dabei keineswegs das Ziel, sondern sie wurde in Cîteaux den Zeitverhältnissen und dem eigenen Reformprogramm angepaßt. Während die Einsetzung von Dekanen (RB cap. 21) und die Aufnahme von Knaben (RB cap. 59) als nicht mehr verbindlich angesehen wurden, wurden das Totenoffizium und die Konversen neu eingeführt[16]. Gerade im Zusammenhang mit letzterem ist darauf hinzuweisen, wie hoch die Handarbeit geschätzt wurde, die für das *Novum Monasterium* und die Zisterzienser als Askese und Mittel einer gelebten Armut galt. Diese war neben der Einsamkeit einer der beiden Hauptbegriffe des Reformprogramms der Gründer von Cîteaux[17]. Sie wollten zwar in der klösterlichen Gemeinschaft, aber in der Einsamkeit leben und arm bleiben, um ihre Unabhängigkeit von den Reichen und Mächtigen der Welt zu bewahren. Die Gründer von Cîteaux sahen im Streben nach Einsamkeit und Armut die wesentlichen Bestandteile der Regula Benedicti. Sie haben sich daher bemüht, zu den fundamentalen Zügen der Regula zurückzukehren und diese nicht im wörtlichen Sinn zu befolgen.

Daraus ergab sich, daß die Mönche in der Einsamkeit Land urbar machten, das bislang unbebaut geblieben war, Sümpfe trocken legten und Ackerboden gewannen. Auf diese Weise entstand schon bald ein eigentlich ungewollter Wohlstand, der sich durch die Ergebnisse der handwerklichen Tätigkeiten und des Handels weiter vermehrte[18].

In diesen Bereichen hat sich das in seiner Form eher traditionell bleibende Cîteaux[19] nicht gescheut, Neuerungen offensiv aufzunehmen und umzusetzen. Im Bereich der Landwirtschaft könnte sich hinter diesem Vorgehen auch die Notwendigkeit verborgen haben, die rasch wachsenden Konvente angemessen zu ernähren. Die Forschung hat darauf hingewiesen, daß sich Cîteaux durch seine Organisation den geistigen Neuerungen der Zeit geöffnet hat[20]. Wilhelm von Malmesbury betonte in seinem Bericht über die Zisterzienser, daß Stephan Harding die Rationalität der Regula Benedicti betont habe[21]. Obwohl diese Äußerungen nicht wörtlich genommen werden können, wird vermutet, daß sie entweder die Gedankenwelt Stephan Hardings oder zumindest der frühen Zisterzienser wiedergeben[22]. Stephan Harding hat nach dieser Annahme die *ratio* als Grundstruktur und Norm der gesamten Schöpfung und damit auch der monastischen Spiritualität gesehen. Er war somit nicht nur »der« Organisator des Ordens, sondern auch Träger einer bestimmten neuen logisch-institutionellen Spiritualität. Die Organisation war nur das Ergebnis dieser Spiritualitätsform[23]. Stephan Harding nannte Cîteaux auch die »Schule der Urkirche«[24], die er von den Besuchen der adeligen Wohltäter freihalten wollte. Dabei erweiterte er das Gebot der Einfachheit in Liturgie und Klostereinrichtung[25] und schuf die revidierte Vulgata, die sogenannte Stephansbibel, und auch die ambrosianischen Hymnen[26]. Die von Benedikt von Nursia vorgeschriebene *lectio divina* (RB cap. 73) bildete die Grundlage der geistig-religiösen Schulung der Mönche. Auf sie bauten die Unterweisungen der Äbte auf, die die Mönche zu kontemplativen Menschen formen sollten[27].

Während Stephan Harding hier eher als Vertreter einer neuen Spiritualität erscheint, wurde Bernhard von Clairvaux mehr der alten zugerechnet, doch hat keiner von beiden einer bestimmte Richtung vollständig angehört[28]. Die zwischen den beiden Gründervätern des Ordens spürbare Distanz könnte hier einen ihrer Gründe haben. Bernhard hat zwar die Organisation des Ordens nach der neuen Spiritualität mitgeformt, aber im theologischen Bereich hat er die dialektische Theologie und Philosophie abgelehnt und den Orden für über ein Jahrhundert von ihr ferngehalten[29], während sie sich dort durchsetzte, wo ihre theologischen Konsequenzen nicht so leicht erkennbar waren. Kennzeichnend für diese Haltung war sein Kampf gegen die von Petrus Abaelard und Gilbert de la Porrée vertretene Theologie, da ihm diese den Weg zur religiösen Erkenntnis zu versperren schien, der für ihn über Kontemplation und Mystik führte[30].

Bernhard hat vermutlich auf die Redaktion der Gründungsgeschichte des Ordens im *Exordium Cisterciense* und *Exordium parvum* Einfluß genommen[31]. Die Überlieferung läßt den Wandel im Verständnis der Regula Benedicti von der *integritas regulae* hin zur *rectitudo* und *puritas regulae* verfolgen[32] und verdeutlicht die Reformziele der ersten Generationen, die Bernhard in einen Brief folgendermaßen zusammenfaßte: »Unser Orden bedeutet ein Leben der Demut, des Verzichts und freiwilligen Armut, des Gehorsams, des Friedens und der Freude im hl. Geist; unser Orden heißt, sich einem Meister zu unterwerfen, einem Abt, einer Regel, einer Disziplin. Unser Orden verlangt Schweigen, Fasten, Wachen und Beten sowie körperliche Arbeit. Vor allem aber sollen wir dem erhabenen Weg der Liebe folgen; in all diesen Dingen heißt es, Tag für Tag vollkommener zu werden und in ihnen bis zum letzten Tag zu verharren«[33].

Bei Bernhard spielte die Philosophie der Liebe eine besondere Rolle. Bei den griechischen Vätern war die ungeteilte Hingabe an Gott als die einzige Philosophie bezeichnet worden. Bernhard benannte nach diesem, ihm über die benediktinische Tradition vertrauten Begriff sein Kloster als »Schule der himmlischen Philosophie«[34]. Im Sinne Benedikts (RB cap. 73) sah Bernhard das Erwerben und Bewahren der Liebe als höchste Stufe der Vollkommenheit und Sinn und Zweck des monastischen Lebens an. Damit war die Vorstufe zur mystischen Vereinigung der menschlichen Seele mit ihrem Schöpfer erreicht. Der Mönch wurde, so Bernhard, in der Schule Christi in die wahre Lebenskunst, die Liebe, eingeführt. Bernhards Predigten über das Hohelied, seine Traktate und Briefe bezeugen, welche Bedeutung diese Liebe für ihn hatte. Ausgehend von der *amor carnalis* des Menschen, vergeistigte er diese zur sinnenhaften Betrachtung der Menschheit Christi[35].

Die Zisterzienser haben sich weit über Bernhard hinaus der Patristik der Ostkirche geöffnet. Sie folgten hier nicht nur Benedikt (RB cap. 73), sondern sie haben sich von den Kirchenvätern der Ostkirche unmittelbar beeinflussen lassen. Die Mystik und Schriftenexegese Bernhards lassen dieses ebenso erkennen, wie die in vielen Zisterzienserbibliotheken vorhandenen Werke der östlichen Patristik. Diese mit der beginnenden Aristotelesrezeption im Westen zeitlich parallel verlaufende Beschäftigung mit der christlichen Philosophie der Ostkirche ist besonders zu beachten. Bernhard von Clairvaux hat insbesondere in der Auslegung des Hohenliedes seine Christologie entwickelt, wobei er zwischen dem göttlichen Pantokrator und dem historischen Christus unterschied. Die menschliche Liebenswürdigkeit Christi als Ausdruck der göttlichen Liebe erschütterte Bernhard mehr als der göttliche Pantokrator. Die Aufnahme des Pauluswortes »Jesus kennen und zwar als den Gekreuzigten« sowie die Nachfolge Christi durch die Erniedrigung zur Rechtfertigung und Vollendung ließ Bernhard zu einem bedeutenden Lehrer der Christusmystik und daraus zum Kämpfer gegen die dialektisch-rationale Lehre in der Theologie werden[36]. Er hat sich in dieser Gedankenwelt aber an vorhandene Traditionen des Mönchtums angeschlossen und keineswegs neue Traditionen geschaffen. Die Verehrung der Menschheit Christi hat Bernhard auch zu seiner innigen Marienverehrung als der vom Herrn geschenkten Mutter gelangen lassen. Obwohl er selbst weniger Marienpredigten verfaßt hat als seine Schüler, hat seine Mariologie ebenso wie seine Christologie die Spiritualität seines Ordens entscheidend mitgeprägt. Über die Verehrung des hl. Herzens Jesu ist die vertiefte Verehrung der Eucharistie und daraus das Fronleichnamsfest entstanden[37], das erstmals 1252 in der Zisterze Villers in Brabant überliefert ist[38]. Die Marienverehrung der Zisterzienser führte zum Anruf »Unsere Liebe Frau« und im 13. Jahrhundert zu den ersten Darstellungen der Schutzmantelmadonnen[39]. Von Molesme übernahmen die Gründer von Cîteaux das Marienpatrozinium der Klosterkirche, das schon bald für alle Kirchen des Ordens festgeschrieben wurde[40]. Maria galt 1281 als »Patronin von Cîteaux«[41]. Als äußerer Ausdruck dieser Verehrung wurde 1335 vom Generalkapitel beschlossen, daß jedes Konventssiegel das Bild der Gottesmutter zeigen mußte[42]. Die Marienverehrung des Ordens führte zu einer immer weitergehenden Einbindung derselben in seine Liturgie[43]: aus dem seit 1152 bekannten Gedächtnis im täglichen Offizium wurde seit 1185 das marianische Offizium als Gemeinschaftsgebet und 1194 die tägliche Messe zu ihren Ehren. Die marianische Votivmesse am Samstag war seit 1220 im Missale des Ordens festgeschrieben und die Bernhard von Clairvaux zugeschriebene Schlußanrufung »oh gütige, oh milde, oh süße Jungfrau Maria!« wurde seit 1251 in jedem Konvent nach der Komplet feierlich gesungen.

Neben und mit Bernhard von Clairvaux haben im Orden einige bedeutende Theologen gewirkt, die dessen Spiritualität beeinflußt haben. Als Grundvoraussetzung jeder geistigen Tätigkeit hatte Cîteaux ein gut funktionierendes Scriptorium und hat seine Mönche in der Hl. Schrift und der Patristik vorgebildet[44].

Bedeutendster Vertreter der Spiritualität des Ordens nach Bernhard war *Wilhelm von St. Thierry* († 1148)[45]. Der aus Lüttich stammende *Doctor contemplationis* wurde an einer Stadtschule ausgebildet, wurde Schüler Anselms von Laon († 1117), lernte in Reims und Lyon, trat 1113 in das Benediktinerkloster St. Nicaise ein und wurde 1119 (1121) Abt von St. Thierry bei Reims. Er war seit 1118 mit Bernhard befreundet, dessen Schüler und Ratgeber er zugleich war. Dieser lehnte seine wiederholten Bitten um Aufnahme in Clairvaux ab, um die Reform bei den Benediktinern durch seine Tätigkeit zu fördern. Nachdem Wilhelm dieses nach Kräften getan hatte, wurde er nach seiner Resignation als Abt Mönch in der Zisterze Signy in den Ardennen. Wegen der Härten der Observanz erhielt er durch Bernhards Bitten vom Generalkapitel Erleichterungen. Bei seinen Bemühungen um die Bibliothek von Signy hat Wilhelm nicht nur Werke der Patristik des Ostens, sondern auch profane Philosophen der Antike angeschafft. Der am Entstehen der mystischen Theologie mit einer trinitarischen Mystik beteiligte Mönch hat in Signy seine wichtigsten Werke verfaßt, so den *Epistola ad fratres de Mons Dei*, auch als Goldener Brief bekannt, an die Kartäuser von Mont-Dieu, einen Kommentar zum Hohenlied, seine Streitschrift gegen Abaelard und das erste Buch der Vita S. Bernardi. Wilhelm von St. Thierry hat die Spiritualität der Benediktiner, Zisterzienser und Eremiten in sich vereint. Seine Lehre über die Kontemplation und die mystische Vereinigung mit Gott haben die Spiritualität seines Ordens entscheidend geprägt[46]. Dabei kam dem Goldenen Brief eine hervorgehobene Bedeutung zu, weil er in das monastische Leben einführte.

Guerricus von Igny († 1157)[47] war ebenfalls Schüler Bernhards von Clairvaux. Er stammte aus Tournai, war dort Schüler Odos an der Stiftsschule, später Kanoniker und Magister scholarum (Lesemeister). Erst im reifen Mannesalter trat er 1122 in Clairvaux ein. Bernhard nannte ihn einen »wahrhaft gottverbundenen und bußfertigen Mönch« und empfahl, ihn 1138 zum Abt von Igny zu wählen. Guerricus hat in diesem Amt mit den Kapitelsansprachen an seine frühere Lehrtätigkeit angeknüpft. Nach ihm war das Ziel des monastischen Lebens die Umwandlung des Menschen in die Lebensform Christi durch die innige Teilnahme an den Geheimnissen seiner Menschheit in Liturgie und Hl. Schrift. Er starb bald nach seiner Resignation als Abt 1147 im Kloster Signy.

Aelred von Rievaulx († 1167)[48] war für die Entwicklung der mystischen Theologie von großer Bedeutung. Der um 1110 in Hexham geborene Aelred wurde am schottischen Königshof erzogen und war dort zuletzt Palastverwalter. Nach seinem Eintritt in den Konvent von Rievaulx um 1134 wurde er von Abt Wilhelm und dem Novizenmeister Simon in die Spiritualität und die Gebräuche des Ordens eingeführt. Unmittelbar darauf wurde er bereits zum Cellerar ernannt. Als Delegierter seines Ordens hat er 1142 gegen den vom Papst ernannten Erzbischof von York Stellung genommen. Dabei traf er in Clairvaux zweimal mit Bernhard zusammen, der ebenfalls gegen diesen beim Papst tätig geworden war. Die Gespräche der beiden haben sich aber nicht nur auf diesen sie verbindenden kirchenpolitischen Anlaß beschränkt. Aelred hat nämlich aufgrund der Anregung Bernhards nach seiner Rückkehr nach Rievaulx und Übernahme des Amts als Novizenmeister des Klosters den *Speculum caritatis* verfaßt. Dieses theologisch-psychologische Werk über die Liebe als Seelenkraft des Menschen und Ursprung der guten und schlechten Neigungen desselben will aufzeigen, wie diese Kräfte geordnet werden müssen, um Gott als Objekt der Liebe richtig genießen zu können. Aelred hat in diesem Werk auch eine schlichte, vergeistigte Bauweise des Ordens verteidigt. In dem Traktat *De spirituali amicitia* verband Aelred die Gedankenwelt Ciceros in dessen Werk *De amicitia* mit der Lehre Augustins, der Hl. Schrift und den Aussagen Bernhards. Er warb dabei für die geistliche Freundschaft mit dem Ziel, die Gottesliebe zu fördern. Der mystische Traktat Aelreds *De Jesu puero duodenni* (über den zwölfjährigen Jesusknaben) zeigt die Liebe Aelreds zum Menschen Christi, die auch Bernhard von Clairvaux zu seinen mystischen Werken angeregt hatte. Die Abtei Rievaulx sandte Aelred 1143–1147 als Gründungsabt nach Revesby. 1147 kehrte er als Abt nach Rievaulx zurück, das er bis zu seinen Tode 1167 leitete. Aufgrund seiner Werke wurde er auch als »Bernhard des Nordens« bezeichnet und hat das Frömmigkeitsleben des Mittelalters weit über den Zisterzienserorden hinaus nachhaltig beeinflußt.

Neben diesem engen Kreis der bedeutendsten theologischen Schriftsteller des Ordens um Bernhard von Clairvaux bestand noch ein weiterer Kreis von Gelehrten im Orden, die dessen Spiritualität durch ihre Arbeiten mitgeprägt haben. Sie haben teilweise zeitgleich wie Bernhard gelebt, zu diesem jedoch weniger nachweisbare Verbindung gehabt, haben teilweise aber auch in den auf Bernhard folgenden Generationen gewirkt.

Unter den in Frankreich bekannten Gelehrten ragte besonders *Isaak von Stella* († 1178) hervor[49]. Er war um 1100/10 in England geboren worden, hatte in Paris bei Petrus Abaelard und in Chartres bei Gilbert de la Porrée studiert und war 1140 selbst in Chartres und 1142 in Poitiers als Lehrer an den Domschulen tätig. Er wurde 1144/45 in Cîteaux Mönch und 1147 Abt des Klosters L'Étoile (Diözese Poitiers). Für den mit ihm befreundeten Erzbischof Thomas Becket von Canterbury hat er 1163 das Exil im Kloster Pontigny vorbereitet. Die Drohungen König Heinrichs II. von England bewirkten 1166/67 seine Absetzung und Verbannung als Abt in das Kloster N.-D. des Châtelliers auf der Insel Ré, wo er starb und beigesetzt wurde. In seinem Traktat *Epistola de anima* (1162) war er von platonischem und augustinischem Gedankengut beeinflußt. Das monastische Leben war für ihn gelebtes Dogma, das im Dienst der Kontemplation stand. Obwohl Isaak Bernhard von Clairvaux schätzte, ist er von dessen Affektfrömmigkeit abgewichen und stand als Scholastiker Wilhelm von St. Thierry geistig näher. Seine Predigten und sein Traktat *De officio Missae* zeigen neben seiner Ekklesiologie mit dem Leitgedanken des mystischen Leibes Christi auch die aus der Ekklesiologie abgeleitete Mariologie, die Kirche und Maria in Analogie setzte und sich damit von Bernhards Marienfrömmigkeit erheblich unterschied.

Thomas von Perseigne, der vermutlich mit Thomas von Cîteaux und Thomas von Vaucelles als ein und dieselbe Person identifiziert werden kann[50], verfaßte zwischen 1170 und 1189 einen Kommentar zum Hohenlied, der eine Kompilation aus der Hl. Schrift und der Patristik darstellte. Diese Arbeit ist aus den Bibliotheken vieler Zisterzen bekannt und hat demnach einen größeren Einfluß im Orden gehabt. Thomas deutete das Hohelied marianisch und knüpfte auch an die profane antike Dichtung an. In ähnlich kompilatorischer Weise hat er auch sein Werk *De praeparatione cordis* verfaßt. Er war beeinflußt von Hugo und Richard von St. Victor und verstand mit diesem die Bibelauslegung als Inbegriff eines wissenschaftlichen Weltverhältnisses.

Adam von Perseigne[51] stammte aus bäuerlicher Familie in der Champagne und wurde nach seiner Ausbildung an den Kathedralschulen von Troyes, Sens und Reims Hofkaplan der Gräfin Maria von der Champagne, der er eine Erklärung des 44. Psalmes in Anlehnung an Augustin und Gregor d. Gr. widmete. Obwohl ihm Gilbert von Hoyland († 1172) aufforderte, Zisterzienser zu werden, wurde er zunächst Regularkanoniker, dann Benediktiner und trat erst später in die Abtei Pontigny ein, wo er Novizenmeister wurde. 1188 wurde er zum Abt in Perseigne gewählt, in welchem Amt er bis zu seinem Tode 1221 blieb. Der Orden betraute ihn mit schwierigen Aufgaben: so verteidigte er 1195 in Rom die Lehren Joachims von Fiore; 1196 war er Schiedsrichter zwischen dem König von England und englischen Zisterzen; 1201 war er mit der Predigt zum 4. Kreuzzug (1202–1204) beauftragt, den er zeitweilig als Feldgeistlicher begleitete; 1208 verhandelte er im Auftrag des Papstes mit den Königen von Frankreich und England über ihre Teilnahme am Kreuzzug gegen die Albigenser. Adam von Perseigne galt als einer der bedeutendsten Seelenführer seiner Zeit. Seine Briefe sind dem geistlichen Leben, der monastischen Berufung, der Ausbildung der Novizen und der Kontemplation gewidmet, während seine Predigten die Mutter Gottes in den Mittelpunkt stellen. Maria ist für Adam von Perseigne als »Unsere Mutter« und »Meeresstern« der Zugang zu Christus. Er übertraf in seiner Marienverehrung Bernhard von Clairvaux. In seinem Traktat

De amore wies er im Sinne der zisterziensischen Spiritualität auf die Umgestaltung zum »neuen Menschen« durch Gottesfurcht und Demut hin. Christus war dabei für ihn Lehrmeister und Vorbild der Demut und in seiner »Schule der Liebe« wurde die Hingabe an den Vater gelernt.

Hélinand von Froidmont (ca. 1160–nach 1229)[52] war als Minnesänger ausgebildet, gab aber nach überstandener Todesgefahr das höfische Leben auf und wurde um 1182 Mönch in der Zisterze Froidmont (Diözese Beauvais). Neben einem Kommentar zur Apokalypse, vielleicht auch einem weiteren zum Hohenlied, verfaßte er 31 Predigten zu den liturgischen Festen, die seine vollständige Bindung an die Zisterzienserspiritualität zeigen. Dasselbe gilt für seine Traktate über die Selbsterkenntnis und seine Bekehrung. Am bekanntesten ist sein Gedicht *Vers de la Mort,* eine Betrachtung über den Tod. Trotz ihrer tiefen Religiosität weisen die Spontaneität und der metaphernreiche Stil seiner Werke auf seine Ausbildung als Minnesänger hin.

Aus dem Umkreis von Clairvaux und damit Bernhards sind weitere Schriftsteller des Ordens hervorgegangen, die ebenfalls wichtige Zeugnisse zu dessen Spiritualität in ihren Werken abgelegt haben. Auf die *sermones* Hugos von Mâcon († 1151), Abt von Pontigny und Bischof von Auxerre, wurde bereits hingewiesen. Bedeutend waren als Schriftsteller auch die beiden Sekretäre Bernhards, *Gottfried* († 1188) und *Nikolaus von Clairvaux* († 1180). Gottfried[53] hatte sich 1140 als Schüler von Petrus Abaelard Bernhard angeschlossen und war in Clairvaux Mönch geworden. Als Sekretär Bernhards hat er diesen seit 1145 auf seinen Reisen begleitet, was ihn später befähigte, dessen Biographie teilweise abzufassen und für die übrigen Teile wichtige Hinweise zu geben. Er wurde 1156 Abt von Igny und 1162 von Clairvaux. Nach seiner Resignation wurde er 1171 Abt in Fossanova und anschließend in Hautecombe. Neben der von ihm zusammengestellten Briefsammlung Bernhards von Clairvaux verfaßte er die Vita von Erzbischof Petrus von Tarentaise. Neben seinen Predigten und Kommentaren zum Hohenlied und zur Offenbarung sind sein Brief zur Eucharistie und seine Stellungnahme gegen die Trinitätstheologie Gilberts de la Porrée für die Zisterzienserspiritualität von Bedeutung.

Nikolaus[54] war als Mönch der Benediktinerabtei Montiéramey (Diözese Troyes) Kaplan des Bischofs von Troyes geworden und 1145 in Clairvaux eingetreten. Als Bibliothekar wurde er Sekretär Bernhards und hat dessen Vertrauen über Jahre besessen. Er hat Teile der Korrespondenz Bernhards erledigt, bis er 1151 von diesem wegen Mißbrauch seines Siegels entlassen wurde. Später scheint er vielleicht sogar als Abt in sein ursprüngliches Kloster Montiéramey zurückgekehrt zu sein. Seine Briefe und Homilien hat er in starker Abhängigkeit von Bernhard von Clairvaux, aber in gekünstelter Sprache und rhetorischem Stil verfaßt. Dabei ist er in seiner Marienverehrung über Bernhard hinausgegangen, denn Maria stand als *consors regis* bei ihm fast auf gleicher Stufe wie Christus.

Arnold von Bonneval[55] war in der Benediktinerabtei Marmoutiers Mönch, trat zu den Zisterziensern über und wurde nach 1138 Abt von Bonneval (Diözese Chartres), wo er nach 1156 starb. Als Freund Bernhards von Clairvaux hat er dessen Vita mit verfaßt. Seine Abhandlung zu den Hauptwerken Christi (13 Predigten), dem Sechstagewerk, die 7 Worte Christi am Kreuz, die Vorzüge der Gottesmutter, die 7 Gaben des Hl. Geistes, eine Auslegung des Psalms 132 und zu Jesaja sowie Meditationen und Gebete zeigen neben hoher Bildung auch die tiefe mystische Frömmigkeit der Zisterzienserspiritualtität des Kreises um Bernhard.

Galland von Régny[56] war als Abt dieses Klosters mit Bernhard befreundet und hat ihm seinen *Libellus proverborum*, eine Sammlung geistlicher und profaner Sprichworte gewidmet. In direkter, einfacher Schriftauslegung gibt der Verfasser unter Einbezug der täglichen Erfahrung Ratschläge für das monastische Leben. Es handelt sich bei diesem Werk um eine Arbeit aus der täglichen Praxis für die tägliche Praxis des klösterlichen Lebens, wobei die zisterziensische Spiritualität der Frühzeit greifbar wird.

Fast zwei Generationen jünger als Bernhard von Clairvaux war *Heinrich von Marcy*[57]. Er war um 1140 in Marcy bei Cluny geboren worden und trat etwa 1155/56 in die Abtei Clairvaux ein. Schon 1160 wurde er Abt von Hautecombe und 1176 von Clairvaux. Papst Alexander III. erhob ihn 1179 zum Kardinalbischof von Albano und päpstlichen Legaten in Albi. Heinrich war in den folgenden Jahren im Kampf gegen die Albigenser tätig. Neben seiner kirchenpolitschen

Tätigkeit verfaßte er den *Tractatus de peregrinante civitate Dei*, dessen Titel sicherlich bewußt in Anlehnung an Augustin gewählt wurde. Er schuf in diesem Traktat eine eigene zisterziensische Ekklesiologie, in der die Kirche nach dem Vorbild der Zisterzienser der Ort des beschaulichen monastischen Lebens war. Darüber hinaus hat er auch eine Briefsammlung hinterlassen. Heinrich starb 1189 in Arras und wurde in Clairvaux beigesetzt.

Etwa gleichaltrig mit ihm war *Garnier von Rochefort*[58], der um 1140 geboren, 1180 Abt von Auberive und 1186 von Clairvaux wurde. 1193 wurde er Bischof von Langres, kehrte nach einem Streit mit seinem Domkapitel 1199 nach Clairvaux zurück, wo er nach 1225 starb. Seine 40 überlieferten Predigten setzten die Zisterziensertraditionen in der Spiritualität fort, wobei er vor allem die allegorische Exegese anwandte, aber die geistliche Höhe Bernhards nicht erreichen konnte.

Neben diesen, dem Orden verbundenen Theologen haben sich im Umkreis von Clairvaux auch andere, diesen und seinem Abt Bernhard weniger verbundene Gelehrte befunden. Als erster ist hier *Odo von Ourscamp* († 1171)[59] zu nennen, der ein Schüler von Petrus Abaelard, Anselm von Laon und Petrus Lombardus war. Er war Kanoniker und Scholaster an der Kathedralschule von Paris (ca. 1145–1160) und zuletzt Kanzler derselben (1160–ca. 1166). Nach seinem Klostereintritt wurde er 1167 Abt von Ourscamp (Diözese in Noyon) und zuletzt von Alexander III. 1170 zum Kardinalbischof von Frascati erhoben. Als Anhänger der Dialektik vertrat er den Standpunkt der Porretaner, was ihm die hl. Hildegard von Bingen in einem Schreiben vorhielt. Da er erst spät in den Orden eingetreten ist, hatte er sein Leben geistlich zum größten Teil außerhalb desselben verbracht, was man bei einer Beurteilung seiner Werke beachten muß. Nach seinen Briefen von 1170/71 hat er sich trotz der bestehenden großen spirituellen Unterschiede zum Orden diesem außerordentlich verbunden gefühlt.

Auch *Alanus von Lille* († 1203)[60] hat erst am Ende seines Lebens zu den Zisterziensern gefunden. Um 1125/30 in Lille geboren, war er nach seiner Ausbildung in der Kathedralschule von Chartres Lehrer in Paris und Montpellier geworden. Wie Odo von Ourscamp stand er in seiner theologischen Lehrmeinung Gilbert de la Porrée nahe und hat durch seine Werke der Aristotelesrezeption den Weg bereitet. Der als *Doctor universalis* bezeichnete hochgeachtete Lehrer hat unter anderem die philosophisch und kirchengeschichtlich wichtige Schrift »Gegen die Häretiker« verfaßt, mit denen vor allem die Albigenser gemeint waren. Trotz seiner abweichenden Spiritualität von den Zisterziensern zog er sich aber zuletzt nach Cîteaux zurück, wo er bis an sein Ende blieb.

Petrus Lombardus[61] bietet ein weiteres vergleichbares Beispiel. Nach langer Lehrtätigkeit in Reims und Paris wurde er 1183 Cantor in Notre Dame in Paris und 1196 Domdekan in Reims. Er starb aber im folgenden Jahr als Novize in der Zisterze Longpont. Auch er war somit, nach einem Leben in der spirituellen Distanz zu den Zisterziensern, von deren Spiritualität angezogen zuletzt in den Orden eingetreten.

In England hatte sich durch Aelred von Rievaulx und seine Werke das spirituelle Leben des Ordens zu hoher Blüte entwickelt[62]. *Gilbert von Hoyland* († 1172)[63] war um 1150 von Aelred als Abt in das Kloster Swineshead gesandt worden, um dem ursprünglich zur Kongregation von Savigny gehörigen Konvent die zisterziensische Spiritualität zu vermitteln. Er dürfte unmittelbare Verbindungen zu Clairvaux gehabt haben, denn er hat sich in seinem Unterricht – wie Bernhard – mit dem Hohenlied befaßt. Neben 48 Hohenliedpredigten, die dort einsetzen, wo Bernhard aufhörte, war er auch nach dessen Tode in der Lage, den Kommentar Bernhards zum Hohenlied fortzusetzen, ohne freilich zum Abschluß zu gelangen. In seinen sieben Traktaten über das Gebet, die Meditation und Kontemplation behandelte Gilbert die Verantwortung des Seelenführers und das monastische Leben. Wegen ihres Stils sind seine Predigten von Anfang an mit den Predigten Bernhards zusammen verbreitet worden. Sein Hauptthema war die Gottsuche der Seele als Braut Christi im Glauben und der Liebe. Gilbert hat hier die mystische Tradition von Bernhard und Aelred fortgeführt.

Noch zu Lebzeiten Gilberts wirkte auch der aus Exeter stammende *Balduin von Canterbury*[64], der – obwohl von niedriger Herkunft – zu einem angesehenen Lehrer wurde und zuletzt Archidiakon von Exeter war. Er trat um 1169/70 in das Zisterzienserkloster Forde (Gft. Devonshire)[65] ein, als dessen Abt er um 1175 bezeugt ist. 1180 wurde er Bischof von Worcester und 1184 Erzbischof von Canterbury, was er bis zu seinem frühen Tod auf dem Kreuzzug 1190 blieb. Seine theologisch-asketischen Werke, Predigten und Briefe zeigen ihn als Vertreter einer sich scharf von der Scholastik absondernden Mönchstheologie, der es nicht um abstrakte Probleme, sondern um das Geheimnis der Offenbarung ging, und die deshalb bewußt den Weg der mystischen Betrachtungen mit einbezog. Sein Hauptwerk *De Sacramento altaris* weist auf die Eucharistie als zentralen Punkt der Gottesverehrung hin und zeigt bereits deutliche Ansätze für die zunehmende Verehrung der Eucharistie.

Der neben Balduin von Canterbury im Konvent Forde lebende Mönch *Roger von Forde*[66] schrieb neben marianischen Gedichten den Traktat *Lac parvulorum*, in dem er einen Freund zum monastischen Leben aufforderte. Der Mönch *Maurinus von Forde* ist durch ein Gedicht zum Leben und zur Passio Thomas Beckets bekannt[67], und ein weiterer Mönch desselben Konvents, *Wilhelm,* hat eine Sammlung von Maria zugeschriebenen Wundern zusammengestellt[68].

Johannes von Forde[69] war Sekretär Balduins von Canterbury und wurde 1190 Abt in Forde. Er hat bis zu seinem Tode 1214 mit 120 Predigten über das Hohelied den von Bernhard von Clairvaux begonnenen und von Gilbert von Hoyland fortgesetzten Kommentar abgeschlossen. Trotz seines eigenen Stils bildet sein Werk mit dem seiner beiden Vorgänger eine Einheit, da er deren Gedanken weitergeführt hat. Im Mittelpunkt seines Werkes steht die Menschwerdung Gottes. Dabei betont er besonders deren Erlösungsaspekt. Maria ist für ihn als Mutter Christi auch Mutter der Kirche als mystischer Leib Christi. Maria ist durch ihre Heiligkeit Bild und Urbild der liebenden Kirche. Die Liebe war für Johannes von Forde Einheitsprinzip zwischen Gott und Kirche, aber ebenso auch zwischen den Gläubigern untereinander. Dieses galt besonders für die Mönche, die Christus in Armut und Erniedrigung nachfolgten und durch dieses Leben zur Einheit mit Gott gelangten.

Stephan von Fountains oder *Salley* († ca. 1245)[70] war in der auf Johannes von Forde folgenden Generation ein besonders fruchtbarer Schriftsteller, der sich als Abt bemühte, seinen Mönchen die mystischen Lehren Aelreds und Gilberts in kleinen Schriften im Alltagsleben zugänglich zu machen. Seine Werke gaben Anleitungen zum

Gebet und führten in die Betrachtung der Schrift, der Psalmen sowie des Lebens Christi ein. Sein »Novizenspiegel« gab eine praktische Einführung in das monastische Leben nach der Bekehrung mit seinen Übungen, Lesungen und der Gebetspraxis. In seinen beiden Meditationssammlungen gab er systematische Darstellungen, wie man von einem Text der Hl. Schrift oder einem Ereignis im Leben Jesu ausgehend das Geheimnis in Gebet und Liebe erforscht und dafür zuletzt in bewundernder Kontemplation Gott dankt. Die »Einführung in das Psalmengebet« gibt Hinweise darauf, wie die Psalmen während des langen Chorgebets zu einem persönlichen Gebet werden konnten. Das Werk Stephans zeigt die Spiritualität der nordenglischen Zisterzen im frühen 13. Jahrhundert, wie dieses die Werke im Umkreis des Klosters Forde für den südenglischen Raum getan hatten. Ein gutes Beispiel für die nordenglische Spiritualität der Zisterzienser bietet auch der wohl in diesem Raum im 13. Jahrhundert von einem unbekannten Zisterzienser verfaßte Hymnus *Jesu dulcis memoria,* bekannt auch als *Jubilus S. Bernardi.* Der Hymnus stellt in gefühlsbetonter Sprache das Mysterium der Menschwerdung Christi und der Liebe zu ihm vor. Aus den englischen Zisterzen sind aber auch Theologen wie *Johannes Godhard,* Abt von Newenham[71], und *Johann von Toledo* († 1275)[72] hervorgegangen. Letzterer war neben seinen theologischen Arbeiten auch wegen seiner medizinisch-naturwissenschaftlichen Kenntnisse angesehen.

Die Spiritualität des Ordens fand ihren Weg in das deutsche Sprachgebiet über die Filiationen von Clairvaux und Morimond. *Konrad von Eberbach*[73], der Ende des 12. Jahrhunderts in Clairvaux Mönch geworden war, gelangte bald darauf in den Konvent von Eberbach und wurde dort 1221 – kurz vor seinem Tode – Abt. Er verfaßte dort den *Liber virorum illustrium Ordinis Cisterciensis,* besser bekannt als *Exordium magnum.* Das Werk ist eine Lobrede auf den Orden und seine Mönche in der Form eines Erbauungsbuches. Die theoretischen Abhandlungen über das monastische Leben sind im *Exordium magnum* durch die dargestellten Beispiele ersetzt. Das Werk hat auf diese Weise die Ordensspiritualität vermittelt und dadurch bis ins 16. Jahrhundert die Konvente beeinflußt. Der legendäre Inhalt des Werkes von Konrad von Eberbach wurde von den Arbeiten des Mönches *Herbert* († um 1180) in Clairvaux beeinflußt.

Dieser hatte ebenso wie *Goswin von Clairvaux* († 1203) Mirakelbücher verfaßt, deren Vorbild der Prior *Johannes* († 1179) von Clairvaux war, der bereits Wundergeschichten gesammelt hatte.

Aus der Filiation von Clairvaux ist auch *Cäsarius von Heisterbach*[74] hervorgegangen, der einer der bekanntesten Vertreter der Zisterzienserspiritualität zu Beginn des 13. Jahrhunderts ist. Der um 1180 in der Umgebung von Köln geborene Cäsarius erhielt seine Ausbildung am St. Andreas-Stift in Köln und der dortigen Domschule. Er trat 1199 als Novize in Heisterbach ein, ist dort Priester geworden und war zumindest seit vor 1219 bis 1222 Novizenmeister seines Klosters. Dabei hat seine Lehrtätigkeit wohl auch das theologische Hausstudium mit umfaßt. Nach 1227 könnte er auch das ihm wiederholt zugeschriebene Amt des Priors ausgeübt haben, was aber die neuere Forschung eher bezweifelt. Er hat Abt Heinrich (1208–1244) öfters auf seinen Reisen begleitet und kannte daher die mit Heisterbach verbundenen Zisterzen. Um 1240 ist er im Alter von etwa 60 Jahren verstorben. Er hat sein umfangreiches Werk nicht nur aus eigenem Antrieb, sondern auch auf Anregungen anderer hin, wohl vor allem seiner Äbte verfaßt. Das von ihm selbst um 1237/40 zusammengestellte Verzeichnis seiner Schriften umfaßt insgesamt 36 Titel, von denen vierzehn noch nicht identifiziert worden sind. Tatsächlich hat Cäsarius aber 39 verschiedene Schriften verfaßt. Seine frühesten Schriften waren *sermones* über die Apokalypse und Stellen der Bibel. An eine Auslegung der Sequenz *Ave, praeclara maris stella* schlossen sich weitere Predigten an. Geburt und Kindheit Christi waren das Thema der Homilien, die sich auf 1218/19 datieren lassen. Der in der Zeit zwischen 1219 und 1223 entstandene *Dialogus miraculorum* ist in Form eines Gesprächs zwischen einem fragenden Novizen und einem erklärenden Mönch angelegt. Dabei sah sich Cäsarius selbst in der Stellung des Mönchs. Das Werk ist ein Programm des monastischen Lebens in seiner täglichen Form, wie es in Heisterbach gelebt wurde. Er hat eine allgemein verständliche Sprache verwandt, die durch die zusätzlich eingefügten Geschichten insbesondere für die weniger gebildeten Laienbrüder einprägsam war. Neben den Geschichten war damit auch die Sprache für den Unterricht von Cäsarius bedeutsam. Er hat stärker als andere Schriftsteller des Ordens unter Beachtung der Volksfrömmigkeit die Verehrung der Eucharistie oder Mariens herausgestellt, jedoch alles immer der Spiritualität seines Ordens untergeordnet.

Im Anschluß an den *Dialogus miraculorum* wandte sich Cäsarius wieder seinem Homilienwerk zu und verfaßte Predigten für die bis dahin nicht behandelten Sonntage des Kirchenjahres. Im Auftrag des Erzbischofs von Köln verfaßte er 1226/27 eine Vita des 1225 ermordeten Erzbischofs Engelbert und schrieb dann auf Anweisung Abt Heinrichs und seiner Mitbrüder 33 Homilien zu den Heiligenfesten. Eine Abhandlung zu Ehren Mariens unter Berücksichtigung des Hohenliedes und zwei Homilien zur Verklärung Christi sowie acht Homilien zur Leidensgeschichte Christi folgten. Zu den beiden letztgenannten Arbeiten wurde er durch Bitten von Mitbrüdern aus Himmerod und Marienstatt bewogen. Cäsarius wandte sich in der auf diese Werke folgenden Zeit wieder der Psalmenauslegung und seinem Homilienwerk zu, die er beide abschloß. Er schrieb 1236/37 auch eine Vita der hl. Elisabeth von Thüringen und vielleicht nach 1238 eine Fortführung der Geschichte der Kölner Erzbischöfe, die aber weniger bedeutsam ist. Ein Predigtwerk über die Marienfeste und ein weiteres Homilienwerk, die *omeliae de Sanctis,* beschlossen sein Lebenswerk. Cäsarius von Heisterbach gilt als einer der interessantesten und meistgelesensten Schriftsteller des 13. Jahrhunderts. Sein Werk gibt unmittelbaren Einblick, wie die Ordensspiritualität das tägliche Leben eines Konvents beeinflußt hat.

Die aus der Filiation von Morimond hervorgegangenen Schriften sind im allgemeinen weniger bekannt als die Werke des Cäsarius von Heisterbach. Von Abt *Volkuin von Sittichenbach* († um 1154)[75] hat sich nur eine Homilie erhalten, die den starken Einfluß Bernhards von Clairvaux erkennen läßt. Volkuin von Sittichenbach war Mönch in den Konventen Kamp und Ebrach, 1127 Prior in Walkenried und 1141–1154 Abt in Sittichenbach. Er gehörte damit zur ersten deutschen Zisterziensergeneration. Der bereits als Abt von Morimond erwähnte *Otto von Freising* († 1158)[76] hat in seinen Hauptwerken, der *Chronica de duabus civitatibus* und den *Gesta Friderici imperatoris* auf Platon und Augustin aufbauend eine eigene Geschichtsphilosophie entwickelt. Da seine philosophischen Briefe und Schriften verloren gegangen sind, wird er als Vertreter zisterziensischer Spiritualität jedoch immer nur am Rande erwähnt. Doch wurde sein Brief an

Wibald von Stablo über Psalm 23 und Stellen in seiner *Chronica* in ihren eschatologischen Aussagen schon als Hinweis auf seine zisterziensische Herkunft genannt[77].

Abt *Odo von Morimond* († 1161)[78] war als Prior von Morimond 1150 Abt in Beaupré in Lothringen geworden und kehrte von dort 1160 als Abt nach Morimond zurück. Er hat eine allegorische Erklärung der Zahlen unter dem Titel *Analetica numerorum* verfaßt und vermutlich auch den *Liber de tribus hierarchiis et de tribus gradibus quibus pervenitur ad salutem.* Doch sind die zahlreich von ihm überlieferten, aber noch nicht vollständig erforschten Predigten das Hauptwerk dieses eng mit Bernhard von Clairvaux verbundenen Zisterziensers. Er vertritt in diesen Predigten die Ordensspiritualität, die er in den drei Stufen zusammenfaßt: innere Bekehrung, Fortschritt durch die Tugendübung zur Weisheit und einem tieferen Verständnis Christi und den Weg zum Licht der Kontemplation. Dabei sah er in Christus das Heilungssakrament.

Die von dem Mönch *Hermann von Rein* († um 1180)[79] verfaßten zahlreichen *sermones* zum liturgischen Jahr, die während der Liturgie und bei Tisch im Refektorium gelesen wurden, sind in der Nachfolge Bernhards von Clairvaux abgefaßt, haben jedoch eine selbständige Sprache und einen sachlichen Stil. Von ihnen haben sich nur 108 Sermones erhalten. Sie betonen die Bedeutung der liturgischen Feste für das monastische Leben und zeigen auf, wie man durch dieses in der Ruhe der Kontemplation zur vollen Gottähnlichkeit zurückzukehren versucht.

Wie andere Äbte hat auch Abt *Berthold von Raitenhaslach* († 1217/19)[80] eine Reihe von Predigten verfaßt, die aber bislang nicht näher untersucht wurden. Ähnliches gilt für die umfangreiche Predigtsammlung des Abtes *Leodegar von Altzella* († 1234)[81]. Der etwas ältere Magister *Heinrich*[82], der 1190–1195 Abt von Hautcrêt und später Weihbischof von Konstanz war, hat als erfahrener Theologe eine umfangreiche Homiliensammlung erstellt. Etwa gleichzeitig mit ihm schrieb *Gerhard von Lüttich* (um 1230)[83] sein Werk und *Engelhard von Langheim* († um 1210)[84] verfaßte eine Legendensammlung. *Gunther von Pairis* († nach 1208/10)[85] stand bereits unter dem Einfluß der Scholastik. Er war Erzieher von Konrad von Schwaben, dem vierten Sohn Kaiser Friedrichs I. Barbarossa und wurde nach seiner vermutlichen Tätigkeit als Domscholaster 1203 Mönch in Pairis. Neben seinem im Kloster verfaßten Traktat *De tribus christianorum actibus, oratione videlicet, ieiunio et eleemosyna* ist er vor allem durch seine historischen Schriften bekannt geworden, obwohl sich die Identität der Verfasser keineswegs sicher belegen läßt. Es handelt sich dabei um den *Solimarus* (= Jerusalem), eine Schilderung des Ersten Kreuzzugs, die *Historia Constantinopolitana*, eine Beschreibung des Vierten Kreuzzugs, und den *Ligurinus*, der die Taten Friedrichs I. in der Lombardei verherrlichte. Die historischen Werke lassen keine ausgeprägte zisterziensische Spiritualität erkennen.

Robert von Pomuk[86], der bis 1240 Bischof von Olmütz war, verfaßte einen Kommentar zum Hohenlied in 140 kleinen Kapiteln. Der sel. Bischof Vincenz Kadlubek von Krakau[87] hatte in Paris und Chartres studiert, war dann am Hofe Kasimirs II. in Krakau tätig und wurde zuletzt dort Bischof (1208–1218). Nach seiner Resignation zog er sich in die Abtei Andrejow (Jedrzejow) zurück, wo er auch starb. Das von ihm verfaßte *Chronicon Polonorum* beweist seine Bildung, besagt jedoch wenig zur zisterziensischen Spiritualität, der ihr Verfasser nach seiner Biographie wohl auch erst in der Abtei Andrejow näher gekommen sein dürfte.

Nachweislich sind die Schriften Bernhards von Clairvaux über die Filiation von Morimond rasch im deutschen Sprachraum verbreitet und schon früh durch mittelhochdeutsche geistliche Texte ergänzt worden, die ebenfalls weit verbreitet waren.

Italien und Spanien haben wenig zu den geistlichen Schriften des Ordens beigetragen, wie sich aus der bisherigen Forschung ergibt. Im 12. Jahrhundert hat *Girald von Casamari*[88] ein Mirakelbuch verfaßt. Der Mönch *Nikolaus Maniacutia*[89] im Kloster Tre Fontane bei Rom hat um 1145 wie Stephan Harding die Bibeltexte auf ihre Genauigkeit überprüft. Über den engeren regionalen Rahmen hinaus hat aber *Joachim von Fiore* († 1202)[90] Bedeutung erlangt. Er war um 1135 in Celico (Kalabrien) als Sohn eines Notars geboren worden. Seine in der Kanzlei König Wilhelms I. begonnene Ausbildung für den Hofdienst brach er 1166/67 ab, um ins Hl. Land zu pilgern. Nach seiner Rückkehr hielt er sich in verschiedenen Klöstern auf. Obwohl er im Konvent des Klosters Corazzo Prior geworden war, lehnte er die ihm angetragene Abtwürde des Klosters ab und zog sich wieder in andere Klöster zurück. Aufgrund von Interventionen kirchlicher Würdenträger kehrte er 1171 als Abt nach Corazzo zurück und führte in den folgenden Jahren die Zisterzienserregel im Konvent ein, doch wurde das Kloster erst 1188 dem Orden affiliert. Joachim von Fiore zog sich mit Erlaubnis von Papst Clemenz III. 1188 von der Leitung seines Klosters zurück, um sich seinen Schriften widmen zu können. Das Generalkapitel seines Ordens rief ihn 1192 nach Corazzo zurück, doch gründete er in S. Giovanni da Fiore eine neues Kloster, das er als Abt leitete und das bereits 1194 von Kaiser Heinrich VI. privilegiert wurde.

Joachim von Fiore gilt als einer der bedeutendsten Mönchstheologen des 12. Jahrhunderts. In S. Giovanni da Fiore gründete er eine eigene Kongregation seines Ordens, die aber das Generalkapitel nicht anerkannte. Sein Einfluß im Orden war im Unterschied zu seiner Wirkung außerhalb desselben nur geringfügig. Seine Werke sind fast alle exegetische Arbeiten über Bücher der Hl. Schrift. Er vertrat eine allegorische Exegese, wobei die Trinität im Mittelpunkt seiner Betrachtungen stand. Er gliederte die Geschichte in diesen in drei Perioden, die er mit der Trinität in Verbindung brachte. Im Zeitalter des Hl. Geistes war für ihn die ideale Kirche eine Mönchskirche. Das Mönchtum sollte von der Welt distanziert, absolut arm und herzensrein sein. Sein Geschichtsbild war dem augustinischen Denkmodell entgegengesetzt. Obwohl Joachim von Fiore selbst innerhalb des vorgeschriebenen Rahmens der Kirchenlehre blieb, wurde sein Werk von 4. Laterankonzil verurteilt, was dessen Wirkung aber nicht minderte. Die Forschung hat seine Werke bislang nicht abschließend über ihren Zusammenhang mit der Verbindung Joachims zum Zisterzienserorden untersucht.

Abt *Oglerius von Locedio* († 1214)[91] verfaßte einen Traktat *De laudibus S. Dei Genitricis* und 13 Reden *Super Evangelium in ultima cena.* Bei den Werken handelt es sich weniger um exegetische oder theologische Betrachtungen, sondern um affektive Meditationen. Oglerius von Locedio hat dabei aber dogmatische Aussagen gemacht. So hat er bereits die Unbefleckte Empfängnis Mariä vertreten. In seiner Werken erscheint die menschliche und göttliche Liebe wiederholt. Sie weisen deutlich auf seine Verbindung zum Orden und dessen Spiritualität hin.

Die von Bernhard von Clairvaux und seinem Umkreis vertretene Spiritualität des Ordens wandelte sich im Laufe des 13. Jahrhunderts. Das Kloster Clairvaux selbst hatte schon seit dem dritten Jahrzehnt seinen Ordensnachwuchs zur weiteren Ausbildung nach Paris an die Universität gesandt. Eine solche »moderne« Ausbildung war aber nicht in allen Klöstern des Ordens üblich. Bei der allgemeinen Verbreitung dieser Form der Ausbildung spielte Stephan von Lexington[92] eine bedeutende Rolle. Er stammte aus England (Lexington = Laxton, Gft. Nottinghamshire), hatte in Paris und Oxford studiert und war 1221 in Quarr, einem Tochterkloster von Savigny, Mönch geworden. 1223 wurde er Abt von Stanley und bald darauf von Savigny. Bei der Visitation der irischen Klöster stellte er 1228 fest, daß die mangelnde humanistische und theologische Bildung der Mönche eine entscheidende Ursache für den Niedergang des monastischen Lebens in den Zisterzen war. Er wünschte daher eine bessere Auswahl, aber vor allem auch Bildung der Novizen des Ordens. Durch seine Wahl zum Abt von Clairvaux 1242 konnte er seine Vorstellungen umsetzen. Clairvaux hatte schon 1227 einen Stadthof in Paris erworben, der den dortigen studierenden Mönchen als Aufenthaltsort diente. Abt Stephan richtete 1244/45 diesen Hof als eigenständiges Zisterzienserkolleg und Bestandteil der Universität mit eigenen Professoren und Promotionsrecht ein (Collège de Chardonnet bzw. de St. Bernard), was das Generalkapitel 1245 genehmigte. Es schrieb sogar die Einrichtung eines solchen *studium theologiae* für jede Ordensprovinz vor[93]. Der Beschluß war aber im Orden nicht allgemein anerkannt, wie der Widerstand Arnulfs von Löwen, Abt von Villers (1240–1248) zeigte, der befürchtete, daß durch die Studien die Demut und religiösen Tugenden leiden würden. Tatsächlich hat die neue Ausbildung im universitären Rahmen das Ordensleben und damit die Spiritualität der Zukunft beeinflußt. Obwohl die Liturgie und sonstigen Gebräuche weitgehend beibehalten wurden, setzte sich im Bereich der Lesung bei der jüngeren, universitär gebildeten Generation ein Wandel durch. Die stille, einfache Lesung der Schrift und der Väter in Form der *lectio divina* wurde durch die wissenschaftliche scholastische Bildung beeinflußt. Sie wurde zur *lectio scholastica,* nach der Praxis der studierten Mönche, die ihre jüngeren Mitbrüder unterrichteten oder mit der Seelsorge in und um das Kloster betraut wurden.

Diese Entwicklung wurde auch bei der Ergänzung der Klosterbibliotheken beachtet, die seit dem 13. Jahrhundert mehr »moderne« theologische Literatur ihrer Zeit aufnahmen. Wie sich an einzelnen Beispielen beweisen läßt, wurden diese Werke teilweise von den studierten Mönchen aus Paris mit in ihr heimatliches Kloster gebracht. In etwa zeitgleich mit dem Abschluß der verfassungsmäßigen Entwicklung durch die Bulle *Parvus Fons* 1265 begann somit der neue Einfluß auf die Ordensspiritualität, die die spätmittelalterliche spirituelle Entwicklung des Ordens einleitete.

6. *Die Liturgie des Ordens*

Erst in der Neuzeit wurden die gottesdienstlichen Handlungen unter dem Begriff Liturgie zusammengefaßt. Das Mittelalter hatte für die einzelnen gottesdienstlichen Handlungen eigene Bezeichnungen. Der Begriff *officium divinum* ist dabei am ehesten zusammenfassend für den Gesamtablauf des Gottesdienstes. Jedoch schon im früheren Mittelalter engte sich das *officium divinum* zunehmend auf das Stundengebet der Mönche und Nonnen ein[1]. Die Liturgie war Bestandteil des *opus Dei,* das das gesamte Leben der Mönche umfaßte und war die wohl hauptsächlichste monastische Pflicht. Seit Benedikt von Nursia hatte das gemeinschaftliche Psalmensingen das persönliche Gebet verdrängt, da die Psalmen zum Gebet wurden und die Mönche zu »berufsmäßigen Sängern des Gotteslobs, stellvertretend für die Christen draußen«[2]. Benedikt gestaltete unter Einbeziehung der seit Cassian entstandenen monastischen Gebetsordnung das Gebet als Stundengebet, das er in seine Regula einbezog[3]. Die Reformen des 9. bis 11. Jahrhunderts haben die monastische Liturgie erfaßt und ihr teilweise erheblichen Umfang am Tagesablauf der Mönche zugewiesen. Insbesondere in Cluny wurde das *officium* durch zusätzliche Psalmen erweitert und mit Prozessionen, Litaneien und sonstigen Gebeten so ausgebaut, daß in der Fastenzeit täglich 220 Psalmen rezitiert wurden. Petrus Damiani verglich in einem Schreiben (Ep. VI, 5) diese lange Dauer des Stundengebets mit einem Bleimantel, der auf den Mönchen lastete und ihnen kaum eine Pause gönnte. Einige Klöster der cluniacensischen Kongregation führten die Tagzeiten sogar in drei Gruppen ohne Unterbrechung *(laus perennis)* durch[4]. Die feierlich ausgestaltete Liturgie war das beherrschende Element des monastischen Tagesablaufs, denn sie galt als die wesentliche und einzig würdige Aufgabe der Mönche, um Gott die ihm gebührende Verehrung im höchsten Maße zuteil werden zu lassen. Aus dieser Haltung ergab sich auch die prächtige Ausgestaltung der cluniacensischen Kirchen mit kostbaren Gewändern, Geräten und großartiger Architektur, die einen Eindruck von der Majestät Gottes vermitteln sollten.

Die Gründung von Cîteaux erfolgte 1098 – wie schon die seines Mutterklosters Molesme – gegen die hinter dieser Pracht stehende Geisteshaltung. Sie wollte auf allen Gebieten die Regula Benedicti luxuriosa durch die *puritas regulae* ersetzen. Die Auseinandersetzungen im Konvent von Molesme und die Gründung von Cîteaux haben diese Geisteshaltung deutlich gezeigt. In Cîteaux war von Anfang an die cluniacensische Tagesordnung abgeschafft und die Liturgie nicht mehr die einzige Beschäftigung der Mönche.

Die Regula Benedicti betraf in ihren liturgischen Anweisungen kaum die Messe, sondern überwiegend das Stundengebet. In Cîteaux waren zwar alle Ergänzungen der Regula rigoros abgeschafft worden, doch hatte Benedikt nur die äußere Ordnung der Offiziumsliturgie beschrieben. Er hatte nicht geregelt, welcher Hymnus und welche Antiphon nach welcher Melodie zu singen war[5]. Die in Cîteaux befolgte Liturgie hat sich anfänglich vermutlich an den Gewohnheiten von Molesme orientiert[6], obwohl Einzelheiten nicht bekannt sind. Aus dem Hinweis *Ambrosianum* in der Regula Benedicti sah Stephan Harding einen eindeutigen Hinweis auf die Hymnen des hl. Ambrosius von Mailand gegeben und ließ dort Kopien der Hymnen anfertigen, die als dessen Werk galten. Stephan Harding hat diese Lokaltradition aus Mailand wohl unmittelbar nach seiner Wahl zum Abt übernommen, um seine Grundsätze in der Gestaltung der Liturgie durchzusetzen. Einheitlicher Gesang und einheitliche Bücher sah er später nach Gründung der Tochterklöster auch als Ausdruck der Einheit des sich entwickelnden Ordens an. Für die Texte und Riten der Messe ergaben sich keine Schwierigkeiten, da diese Elemente der Liturgie im Umkreis von Cîteaux so einheitlich waren, daß sie übernommen werden konnten. Bei der musikalischen Ausgestaltung der Gottesdienste war dieses anders. Nach den *consuetudines* sollten die Mönche würdevoll singen und nicht wie Possenreißer.

Aufgrund seiner Forderung nach einheitlichen Büchern erstellte Stephan Harding eine revidierte Fassung der Vulgata, wie bereits oben dargelegt wurde. Auch im Bereich des Kirchengesangs waren Stephan Harding und seine Umgebung an einer authentischen Fassung interessiert, die sie dem Orden als verbindlich vorschreiben konnten. Sie vermuteten diese Fassung bei den Meßgesängen, dem Graduale, in Metz. Dort war noch die Erinnerung an den Gregorianischen Choral lebendig, der in der *Schola cantorum* des Bischofs Chrodegang († 766) gepflegt worden war.

Stephan Harding hatte somit seine liturgische Reform in Cîteaux insgesamt auf Autoritäten abgestützt: den Bibeltext auf Hieronymus, das Stundengebet auf Benedikt von Nursia, das Hymnar auf Ambrosius von Mailand und das Antiphonar und Graduale auf Papst Gregor d. Gr. Wie der Weg zu dem revidierten Bibeltext der Vulgata zeigt, war das »Moderne« Stephan Hardings und seines Ordens, daß sie sich vom Überkommenen lösten, wenn sich eine bessere Möglichkeit bot und sich auch nicht von der Tradition abhalten ließen, nach einer besseren bzw. authentischeren Überlieferung zu forschen.

In der Carta Caritatis schrieb Stephan Harding die Liturgie vor, die später weiter ausgeführt wurde. Liturgie und musikalische Gestaltung des Gottesdienstes sollten sich nach der Regula Benedicti ausrichten. Um Mitternacht begannen nach ursprünglichem Brauch die Vigilien oder *hora nocturna* (später Matutin). In verschiedenen, nach den Jahreszeiten unterschiedlichen Zeitabständen folgten die Tageshoren: Laudes, Prim, Terz, Sext, Non, Vesper und Komplet. Zwischen Sonn- und Werktagen gab es Unterschiede, weil sonntags die körperliche Arbeit entfiel und dafür das Stundengebet länger dauerte. Der Tagesablauf in Cîteaux war vollständig nach den sich aus der Regel ableitenden Tagzeiten gestaltet. Er sah werktags im Sommer etwa folgendermaßen aus[7]:

2.00 Uhr Vigilien (Nachtwachen)
3.15 Uhr Laudes (Lobgebet zur Morgendämmerung)
4.30 Uhr Prim (Gebet zur ersten Stunde), Kapitelsitzung
5.00 Uhr Arbeit
7.45 Uhr Terz (Gebet zur dritten Stunde)
8.00 Uhr Konventmesse
8.50 Uhr religiöse Lektüre, Arbeit

10.40 Uhr Sext (Gebet zur sechsten Stunde)
11.00 Uhr Mittagessen
14.00 Uhr Non (Gebet zur neunten Stunde)
14.30 Uhr Arbeit
18.00 Uhr Vesper (Gebet zum frühen Abend)
18.40 Uhr Abendessen
19.00 Uhr Komplet (Gebet zum Tagesschluß)
20.00 Uhr Nachtruhe

Um die Forderung Benedikts zu erfüllen, den ganzen Psalter in einer Woche gebetet zu haben und das Gebet kurz zu halten[8], wurden alle Zusätze gestrichen und das Stundengebet damit wesentlich kürzer als in Cluny. Während dort täglich 137 Psalmen gesungen wurden, waren es in Cîteaux nur 37. Auch der Aufbau der Horen richtete sich nach der Regel. Eine Hore bestand aus fünf Grundelementen[9]: 1. Psalmen; 2. Litaneien; 3. Lesung; 4. Hymnen; 5. Gebet. Diese stellten sich im einzelnen folgendermaßen dar:

1. Die Psalmen waren der Grundbestand jeder Hore. Sie wurden nach dem Text des *psalterium Gallicanum* gesungen, der eine Revision des *psalterium Romanorum*, des Psalters der Vulgata, war. Ein Psalm wurde nicht immer ganz gesungen, sondern auch geteilt und mit neutestamentlichem Abschluß versehen. Die Psalmen wurden dabei responsorisch oder antiphonisch vorgetragen.
2. Die Litaneien waren Psalmen oder neutestamentliche Verse, die aus ihrem Zusammenhang herausgelöst wurden und den Übergang zu einer Lesung bildeten.
3. Die Regula Benedicti gab genaue Anweisungen für die Lesungen. Sie sollten fortsetzend je nach Hore, Zeit und Fest das Alte und das Neue Testament sowie die katholischen Väter enthalten. Längere Lesungen wurden in den Vigilien, Vesper und Laudes vorgetragen, in den kürzeren Horen Prim, Terz, Sext, Non und Komplet wurden auswendig gelernte Kapitel rezitiert.
4. Die Hymnen waren religiöse Dichtungen nach Art des Lobgesangs der Psalmen.
5. Die Gebete oder Kollekte hatten eine feste Form und bildeten Einleitung und Abschluß einer Hore.

Die von Stephan Harding geforderte Einheit des Ordens sollte im Bereich der Liturgie durch die Visitationen der Vateräbte überwacht werden. Darüber hinaus sollten die Mutterklöster den Tochterklöstern bei der Gründung die liturgischen Bücher mitgeben und auf diese Weise die Einheit sichern. Nach den *Instituta Generalis Capituli apud Cistercium* (cap. 12) waren dieses: … *Missali, Epistolari, Textu Evangelii, Regulae, libro Usuum, Psalterio, Hymnario, Collectaneo, Antiphonario, Lectionario, Graduali.* Da keine Meßbücher wie in der Gegenwart für die Feier der Liturgie vorlagen, mußten verschiedene Bücher herangezogen werden. Das Missale enthielt die bei der Messe benötigten Texte und Gebete für den Priester am Altar, das Epistolar die neutestamentlichen Briefe für den Subdiakon. Das Evangeliar wurde vom Diakon benötigt. In ihm standen die für die Messe erforderlichen Evangelien bzw. Perikopen. Im Lektionar waren die Lesungen für das *officium divinum.* Der Chor benötigte das Psalterium mit den Psalmen, das Hymnarium mit den Hymnen, das Antiphonarium mit den Antiphonen für die Messe und das Offizium und das Graduale mit den Gesängen für die Messe. Auch die Regula Benedicti und der *Liber Usuum* oder *Consuetudines Cistercienses* galten als liturgische Bücher. Im *Liber Usuum* enthält der erste Teil die *Ecclesiastica Officia Cisterciensis*[10], die liturgische Ordnung, der zweite unter der Bezeichnung *Instituta Generalis Capituli apud Cistercium*[11] behandelt die Vorgänge bei Klostergründungen und die Einzelheiten des monastischen Lebens, während der dritte den Lebensgewohnheiten der Konversen gewidmet ist. Die *Consuetudines Cistercienses* haben nach der Forschung cluniacensische Gebräuche – wohl über Molesme – übernommen[12]. Zwischen Cîteaux und Cluny haben damit Berührungspunkte bestanden und Cîteaux hat seine liturgischen Gewohnheiten auf denen des traditionellen Mönchtums in Cluny aufgebaut. Seine Forderungen nach strenger Einfachheit lassen die Unterschiede jedoch größer erscheinen als diese tatsächlich waren.

Die *Instituta* legten auch fest, daß … *omnia monasterii ornamenta, vasa, utensilia sine auro et argento et gemmis preter calicem et fistulam, que quidem duo sola argentea et deaurata, sed aurea nequamquam habere permittimur*[13]. Damit waren im Unterschied zu Cluny einfache liturgische Gewänder und Geräte neben einfacher künstlerischer Ausgestaltung der Kirchen festgelegt worden. Diese Bestimmungen wirkten sich auch auf die Anzahl der Feste aus. Wie sich aus dem Kalendar des Stephansbreviers ergibt[14], wurden einige Feste gestrichen und nur noch 57 Feste mit eigenem Festoffizium gefeiert. Diese hatten nach dem Vorbild der Sonntage 12 Lesungen. Nur an den Sonntagen und 20 hohen Feiertagen wurden jeweils zwei Konventmessen – die *Missa festiva* (feierliche Messe) und die *Missa ferialis* oder *matutinalis* (Morgenmesse) gelesen, weshalb sie die Bezeichnung *festa duarum missarum* trugen. Cîteaux hat sich – abgesehen von cluniazensischen Einflüssen über Molesme – nach dem in der Diözese Chalon-sur-Saône wie im mittelalterlichen Frankreich üblichen römisch-gallikanischen Ritus gerichtet. Auf diese Weise hat sich der eigene Ordensritus herausgebildet[15].

Die Konventmesse an Sonn- und Feiertagen hatte einen feierlichen Meßritus. Sie wurde vom Zelebranten und zwei Ministranten, dem Diakon und Subdiakon zelebriert. An den höchsten Feiertagen des Kirchenjahres feierte sie der Abt selbst, weshalb sie dann als *Missa abbatis* bezeichnet wurde[16]. Der Abt hielt an diesen Feiertagen auch eine Ansprache im Kapitel, was zum Anlaß für die zahlreichen Predigtsammlungen im Orden wurde. An den Wochentagen war der Ritus einfacher[17]: der Zelebrant hatte nur einen Ministranten, der die Aufgabe von Diakon und Subdiakon zusammen verrichtete[18]. Die Konventmesse wurde nicht an allen Tagen zur gleichen Zeit gefeiert, im Winter war es nach der Prim, im Sommer nach der Terz. Das Konventamt war der Mittelpunkt der klösterlichen Tagesordnung, es nahm den ersten Rang unter den täglichen geistlichen Übungen ein. Die ganze Klostergemeinde nahm daran teil, wenn diese am Hochaltar im baulich hervorgehobenen Ostchor der Klosterkirche gehalten wurde. Nur in der Erntezeit waren die Mönche oft nicht anwesend, da sie auf entfernten Grangien arbeiteten. Dann nahmen im Kloster an der Konventmesse nur die alten und kranken Mönchen teil[19]. Die Mönche haben nur am Sonntag kommuniziert, die Konversen sogar nur einige Male im Jahr. Die ältesten Statuten hatten den Empfang der hl. Kommunion auf einmal im Monat festgelegt, außer wenn der Abt es davon abweichend bestimmte[20].

Da in Klöstern mit großer Priesterzahl der Wunsch nach eigener Zelebration bald nicht mehr erfüllt werden konnte, zelebrierten die Priestermönche an Nebenaltären leise für sich, nur von einem Ministranten unterstützt. Die Mönche besaßen die Freiheit, diese Privatmesse täglich zu zelebrieren oder nicht. Dabei war es für die Priestermönche bis in die Neuzeit hinein kaum üblich, täglich Messe zu lesen. Der hl. Bernhard hat hier eine berühmte, aber trotzdem im Orden nicht nachgeahmte Ausnahme gebildet. Die Zeit, in der man diese Privatmesse lesen konnte, war jedoch genau festgelegt: außerhalb der für das Chorgebet festgesetzten Zeiten und nach dem Offertorium des Konventamtes. Besondere Bestimmungen galten für die Erntezeit[21]. Immer wieder aber läßt sich feststellen, daß den Klöstern des Ordens Stiftungen gemacht wurden, um den Mönchen das Zelebrieren der Privatmesse und die Anwesenheit bei der Konventmesse zu ermöglichen.

Seit der Gründungszeit wurde im Orden eine tägliche *Missa pro defunctis in conventu dicenda semel in hepdomada* außer an hohen Feiertagen für die verstorbenen Mitglieder des Konvents, Wohltäter und Verwandte des Ordens zelebriert und für die verstorbenen Mitglieder des Konvents eine wöchentliche Votivmesse gehalten[22]. Die in Cluny übliche Sorge für die Verstorbenen hat Cîteaux bei diesen Messen und im Totenoffizium beeinflußt[23]. Letzteres wurde zusätzlich zum kanonischen Offizium im Chor täglich auch an hohen Feiertagen gehalten. Es umfaßte drei Horen, bestehend aus Vesper, Nokturn und Laudes. Im Winter, also zwischen 1. Oktober und Ostern, wurde die Totenvesper nach der Vesper am Vorabend und Nokturn und Laudes am anderen Morgen, in der Pause nach der Matutin gehalten. Von Ostern bis zum 1. Oktober fanden Vesper und Nokturn nach der kanonischen Vesper und die Laudes am anderen Morgen statt[24]. Von den Prozessionen der bisherigen Liturgie blieben bei den Zisterziensern nur die am Palmsonntag und Lichtmeß erhalten[25]. Die auf den Altären stehenden Kreuze aus bemaltem Holz[26] wurden auch zu den Prozessionen genutzt. Die einfache Art dieser Ausführung setzte Papst Innocenz II. bei seinem Besuch in Clairvaux in Erstaunen. Das Generalkapitel von 1157 verbot nochmals ausdrücklich, diese Kreuze aus kostbarem Metall herzustellen[27]. Dennoch haben sich einige Konvente dieser Anweisung nicht gefügt, denn im folgenden Jahr schärfte das Generalkapitel den Äbten nochmals ein, daß bei den Prozessionen keine goldenen oder silbernen Kreuze mitgetragen werden durften[28]. Die internen Auseinandersetzungen im Orden um eine bessere Ausschmückung des Altars scheinen angehalten zu haben, denn 1185 legte das Generalkapitel fest, daß an hohen Feiertagen während der Messe ein Kreuz als zusätzlicher Schmuck auf dem Altar erlaubt war. Es hat sich bei diesem Kreuz anscheinend um ein zweites gehandelt[29].

Während das *Exordium parvum* von einer Kerze in einem eisernen Leuchter bei der Messe spricht[30], erwähnen die *consuetudines* zwei Kerzen rechts und links vom Altar. Dieser Gebrauch von zwei Kerzen galt noch im dritten Jahrzehnt des 13. Jahrhunderts als Zeichen für ein hohes Fest[31], doch gestattete das Generalkapitel von 1226, bei Prozessionen zwei Kerzen vor dem Kreuz zu tragen[32]. Der Orden wollte diese schlichte Ausschmückung auch weiterhin beibehalten. Noch 1270 verbot das Generalkapitel selbst an Feiertagen Fackeln oder Kerzen während der Messe, ließ dieses dann aber 1288 doch zu[33]. Damit begann der Orden, sich sichtbar von der ursprünglich geforderten Schlichtheit zu verabschieden, die anscheinend in dieser Form schon lange nicht mehr, wenn überhaupt je allgemein, eingehalten worden war.

Das Generalkapitel hatte schon 1152 erlaubt, Lampen in der Kirche Tag und Nacht brennen zu lassen[34], und seit 1189 durfte auch in der Nacht vor dem Fest eines Heiligen eine Lampe, aber ausdrücklich keine Kerze, vor dem Altar desselben angezündet werden[35]. Vor dem Hochaltar wurden an hohen Feiertagen sogar drei Lampen geduldet und nach dem Generalkapitel von 1195 war dieses auch am Palmsonntag erlaubt[36].

Reliquien auf dem Altar waren nach dem Generalkapitel von 1185 zugelassen. Es war jedoch verboten, Kerzen vor ihnen zu brennen[37]. Eine Ausnahme bildeten jedoch hohe Feiertage, an denen zwei Kerzen erlaubt waren[38]. Die Forschung geht auch von einer sich seit der Frühzeit des Ordens herausbildenden Gewohnheit aus, das Altarsakrament in der Kirche in unmittelbarer Nähe des Altars zu verwahren. Es ergibt sich durch das Schweigen der Quellen aber keine Andeutung auf die Form, doch wird diese aus den späteren Formeln der Aufbewahrung erschlossen. Als früheste Form wird dabei eine Nische in der Wand angesehen[39], die vielleicht so ausgestaltet wurde, daß das in ihm verwahrte Gefäß mit den Hostien sichtbar war. Die Sakramentshäuser in einer Reihe von Klosterkirchen scheinen sich daraus erst in der Zeit der Gotik entwickelt zu haben. In der Frühzeit wurde in der Kirche nicht durch besonderen Schmuck auf das Sakrament – sofern es in derselben verwahrt wurde – aufmerksam gemacht.

Als Altartücher verwandte der Orden einfache Leinentücher. Noch 1199 wurden vom Generalkapitel ausdrücklich gestickte Tücher verboten[40]. Wenn ein Bischof zelebrierte, waren aber die ansonsten verbotenen seidenen oder goldbestickten Altartücher anscheinend im Gegensatz zur Ansicht des Generalkapitels im Gebrauch und damit also auch im jeweiligen Vorrat der Sakristeien[41]. Doch schon 1256 gestattete das Generalkapitel die allgemeine Verwendung von seidenen Altartüchern[42]. Das Generalkapitel dürfte hier wohl einen seit langem bestehenden Unterschied zwischen Anspruch der Vorschriften und tatsächlichem Gebrauch anerkannt haben.

Die Weihrauchfässer wurden in der Frühzeit ebenfalls nur aus Kupfer oder Eisen gefertigt, kostbarere Metalle waren verboten. Nur für Kelch und Fistula durfte Silber oder vergoldetes Metall verwandt werden[43]. Wie jedoch eine Schenkung anläßlich der Weihe der Klosterkirche von Mellifont in Irland 1157 beweist, wurde hier ein goldener Kelch für den Hochaltar zusammen mit einer kostbaren Ausstattung für die neuen übrigen Altäre nicht abgelehnt[44]. Ob es sich hier um ein Gewährenlassen eines eigentlich gegen die Ordensvorschriften verstoßenden Vorganges gehandelt hat, wie die Forschung meint, oder wohl doch eher um eine verbreitete Praxis in Klöstern, die von den Ordenszentren weiter entfernt waren, muß offen gelassen werden.

Auch bei den liturgischen Gewändern wurde in Cîteaux auf größtmögliche Schlichtheit Wert gelegt. Nach dem *Exordium parvum* durften sie nur aus Baumwolle oder Leinen gefertigt werden und keine Gold- oder Silberstickerei aufweisen. Im Laufe der Zeit wurde Wolle zum hauptsächlichsten Material dieser Gewänder. Eine Reihe üblicher Gewänder wurde grundsätzlich verboten[45] (so *Exordium parvum, cap. XVII: Pallia vero atque dalmaticas, cappas, tunicasque ac toto dimiserunt*) und auch vorgeschrieben, daß die Meßgewänder mit Ausnahme von Stola und Manipel ohne Seide hergestellt sein mußten und die Kaseln nur einfarbig sein durften[46]. Diese Vorschrift der frühen Zeit des Ordens ging auch bei den Gewändern im Laufe der Zeit verloren – oder konnte sich vielleicht nie ganz durchsetzen.

Schon 1152 erlaubte das Generalkapitel einem Abt, während seines Gottesdienstes ein seidenes Pluviale zu tragen[47]. Dagegen wurde vom Generalkapitel 1183 ein Abt mit eintägigem Fasten bei Wasser und Brot bestraft, weil er eine seidene Kasel getragen hatte[48], und 1207 wiederholte das Generalkapitel den ursprünglichen Beschluß über die einfachste Gestaltung der Kaseln ohne jede Stickerei oder Farbengebung[49]. Dennoch setzte sich der Gebrauch von Seide langsam durch: 1226 erlaubte das Generalkapitel seidene Meßgewänder, wenn sie dem Kloster geschenkt wurden, doch blieb die Strafe des Fastens für das Tragen derselben bestehen. 1257 und 1258 erlaubte das Generalkapitel den Äbten seidene Rauchmäntel während des Gottesdienstes, in Prozessionen mit Albe und Stab sowie bei der Weihe der Novizen zu tragen. Damit wurde anscheinend der Weg zur spätmittelalterlichen Entwicklung begonnen, der die anfängliche Schlichtheit nicht mehr kannte[50].

Die liturgischen Reformen haben naturgemäß besonderes Aufsehen in der Öffentlichkeit ihrer Zeit erregt. Sie wurden überwiegend als Bruch mit der Tradition angesehen. So kritisierte zum Beispiel Petrus Abaelard in einem Schreiben an Bernhard von Clairvaux zwischen 1132 und 1136 diese Reformen[51]. Er fand es unangemessen, daß sich die Zisterzienser außerhalb der überlieferten Ordnung stellten. Die problematischste Neuerung sah er darin, daß im Gottesdienst des Ordens neue Hymnen von teilweise zweifelhaftem Wert eingeführt worden waren. Er schätzte hier die Mailänder Hymnen richtig ein, weil mit ihnen auch einige neue Kompositionen übernommen worden waren. Darüber hinaus kritisierte Abaelard das Verbot, die Heiligen anzurufen und die *commemorationes* für die Jungfrau Maria wegzulassen. Während er zu ersterem feststellte, daß anscheinend die Welt die Gebete der Mönche benötige, diese aber nicht die Fürsprache der Heiligen, fragte er zu letzterem eher erstaunt, wieso der Orden bei diesem Vorgehen seine Kirche der Gottesmutter weihen würde. Scharfe Kritik kam auch aus den Orden selbst, weil die musikerfahrenen Mönche im Umkreis Bernhards von Clairvaux einen authentischen Gesang nach der Reform vermißten. Sie stellten in teilweise scharfer Form die ihrer Ansicht nach verfehlte musikalische Ausgestaltung fest und haben eine Revision derselben befürwortet oder sogar gefordert. Sie haben dabei an das Metzer Antiphonar

Anforderungen gestellt, die dieses nicht erfüllen konnte[52]. Die bedeutendsten Vertreter dieser Haltung waren Guido von Cherlieu († nach 1158)[53], ab 1131 Abt, der vermutlich das Vorwort des Antiphonars von 1147 zusammenstellte, ferner Guido von Chaalis und Guido von Longpont, der anscheinend das Werk *Regulae de arte musica* verfaßte[54]. Sie hielten die Ansicht Stephan Hardings für verfehlt, daß sich die authentische Fassung des Gregorianischen Chorals an einem Ort erhalten haben könne und wollten bei diesem die musikalischen Grundsätze befolgt wissen.

Ein Generalkapitel aus der Zeit unmittelbar nach dem Tode Stephan Hardings, aber vor 1148, bestätigte die frühere Anweisung, einheitliche Bücher zu verwenden, setzte dann jedoch eine Reformkommission unter Bernhard von Clairvaux ein, die sich erneut mit der Frage der Liturgie befassen sollte[55]. Bernhard wählte die Mitglieder dieser Kommission selbst aus und hat damit vermutlich entscheidenden Einfluß auf die Arbeit derselben ausgeübt, wenn er auch diese wegen seiner vielen Belastungen nicht selbst mitgetragen hat.

Die Kommission arbeitete vermutlich längere Zeit. Die in Theorie und Praxis gebildeten und erfahrenen Brüder sahen nach dem Vorwort des revidierten Antiphonars ihr Ziel darin, die Wahrhaftigkeit der Regel zu stärken, indem sie die »Täuschung« und die »Willkür« der bisherigen Liturgie abschafften und nach Maßgabe Isidors von Sevilla zum rechten Wissen vom Singen zurückkehrten[56]. Bernhard von Clairvaux hatte im Gegensatz dazu diplomatisch nur von der Fehlerhaftigkeit der bisherigen Liturgie und von dem von den Büchern ausgehenden Ärgernis gesprochen. Das wohl 1147 vom Generalkapitel nach einer Interimsvorlage gebilligte Corpus der liturgischen Bücher, das für den Orden als verbindlich vorgeschrieben wurde, blieb als Grundlage beim Metzer Antiphonar, also dem überlieferten Gregoranischen Choral. Text und Melodien wurden jedoch in dieser zweiten Reform einer Revision unterzogen, wobei alle Textwiederholungen, fehlerhaften Stellen und nichtbiblischen Stücke getilgt werden sollten. Die Revision der Melodien folgte soweit erkennbar vier theoretischen Prinzipien:

1. Der Ambitus (Tonumfang einer Melodie) wurde begrenzt, er durfte zehn Töne nicht überschreiten. Diese Forderung wurde fälschlicherweise mit Psalm 143,9 *In psalterio dedachordo psallam*

tibi begründet, obwohl ihr eigentlich das Ideal der Schlichtheit zugrunde lag. Die Beschränkung des Ambitus forderte die meisten Änderungen im Graduale.

2. Authentische und plagiale Tonarten sollten klar unterschieden und getrennt werden. Einige Choräle entsprachen dieser Tonartenregel nicht, weshalb sie nach dieser Theorie revidiert wurden.
3. Melismen (längere Melodien auf einer Silbe) und Texte wurden vereinfacht und zum Teil bei Wiederholung gestrichen.
4. Durch die Transposition der Melodie eines ganzen Textes wurde das b-moll vermieden.

Die Änderungen schufen eine auffällig schlichte Liturgie. Sie haben sicherlich den Vorstellungen Bernhards entsprochen, aber die Ergebnisse der Reform fanden 1147 auf dem Generalkapitel trotzdem keine ungeteilte Zustimmung. Die Äbte lehnten die geplante Änderung des Pslamengesangs im Offizium ab, weil dort die Psalmen von allen Mönchen gesungen wurden. Den reformwilligen Musiktheoretikern des Ordens blieb nur das Bekenntnis, daß sie nicht für die stehengebliebenen Inkorrektheiten des 4. und 7. Psalmentons, der nicht zur Finalis führt, verantwortlich seien[57]. Das Antiphonar wurde noch weiter korrigiert und auch am Graduale scheinen keineswegs alle Vorschläge der Reformkommission übernommen worden zu sein. Es könnte sich dabei um die Stellen handeln, die in traditioneller Form stehengeblieben sind. Abgesehen von diesen Einzelheiten hat sich die Reformkommission aber mit ihrer Arbeit durchgesetzt und Bernhard von Clairvaux hat das Ergebnis veröffentlicht. Die Zisterzen führten die Reform bereitwillig ein. Da dabei einige Konvente keine neuen Handschriften erstellten, sondern die alten nur korrigierten, lassen sich die Veränderungen heute feststellen.

Obwohl Stephan Hardings Reform durch die Maßnahmen der Reformkommission abgeändert wurden, war sein eigentliches Ziel, das der einheitlichen und schlichten Liturgie, erreicht worden. Da die Noten auf das Vier-Linien-System Guidos von Arezzo aufgezeichnet wurden, machen auch die Codices einen gleichförmigen Eindruck. Die durch Bernhard von Clairvaux in Kraft gesetzte Reform hat aufgrund seiner Autorität über Jahrhunderte im Orden Bestand gehabt. Das Eindringen von Mehrstimmigkeit wurde vom Orden unterbunden und drei- oder vierstimmiger Vortrag des Gregorianischen

Chorals 1215 ausdrücklich abgelehnt. Der Dominikanergeneral Humbert von Romans (1254–1263) konnte daher den Zisterzienserchoral als vorbildlichen Gesang seiner Überarbeitung des Graduales des Dominikanerordens zugrunde legen.

Die Reformen der Liturgie bei der Zisterziensern waren nicht aus künstlerischen Prinzipien durchgeführt worden. Während die erste von Stephan Harding aus monastischem Denken entstanden war, erhielt die zweite ihren Anstoß aufgrund wissenschaftlicher Bemühungen innerhalb des Ordens[58]. Die Entwicklung der liturgischen Gewänder und Gefäße sowie die Gestaltung des Altars verlief unabhängig von diesen Reformen, wobei sich die angestrebten schlichten Formen oder das Bedürfnis, sie allgemein durchzusetzen, mehr und mehr verloren. Deutlich sichtbar wird dieses auch darin, daß die Anzahl der Feste mit zwei Messen von 1173 bis 1259 von 22 auf 32 anstieg und sich dann von 1259 bis um 1300 weiter auf 41 erhöhte[59].

7. Architektur und Kunst des Ordens

Gebäude aus der Gründungszeit haben sich in Cîteaux nicht erhalten. Die anfängliche Armut des Klosters und die im ersten Jahrzehnt erfolgte Verlegung an den heutigen Standort haben den ältesten Baubestand vermutlich kaum über ein provisorisches Stadium hinauskommen lassen. Es spricht nichts dagegen, daß diese aus Holz bestehenden Bauten denen der ersten, ab 1115 errichteten und bis ins 17. Jahrhundert erhaltenen Klosteranlage in Clairvaux für den Gründungskonvent vergleichbar waren[1]. Es handelte sich in Clairvaux um eine ganz aus Holz errichtete Stabkirche mit Mönchschor und Hauptaltar im Zentralraum sowie zwei Nebenaltären im vierseitigen, niedrigen Umgang. An diese Kirche grenzte ein zweigeschossiges Mönchshaus mit Refektorium, Dormitorium und Abtszelle. Küche und Vorratsräume waren in einem Anbau untergebracht. Nach der Überlieferung waren die Gründungskonvente von Abt und zwölf Mönchen häufig in vergleichbaren provisorischen Klosteranlagen untergebracht. Diese haben sich jedoch durch die späteren Um- und Neubauten selten erhalten[2].

Die Architektur in Cîteaux war von Anfang an wie die Liturgie durch die Bestimmungen der Regula Benedicti festgelegt. Damit bestand eine grundsätzliche Ähnlichkeit zwischen den Bauten der Benediktiner und Zisterzienser. Duby meinte sogar, daß »der Bau von Cîteaux letztlich der von Cluny ohne Dekor« gewesen wäre[3]. Die um 1120 in Cîteaux und Clairvaux begonnenen großen Kirchenbauten aus Stein haben die Baumaßnahmen der Tochterklöster maßgeblich beeinflußt. Da aber die erhaltenen Zisterzienserbauten in ihren ältesten Bestandteilen nur auf das dritte Jahrzehnt des 12. Jahrhunderts zurückgehen, ist weder für die Architektur noch die künstlerische Ausgestaltung der Gebäude feststellbar, ob sie eine ähnliche Veränderung durchlaufen haben, wie sie sich bei der Ausgestaltung der Codices mit Initialen und Miniaturen vollzog. Diese Veränderung hin zu einer strengen, schmucklosen Schlichtheit wurde mit dem wachsenden Einfluß Bernhards von Clairvaux im Orden in Verbindung gebracht[4]. Bernhard hat in seiner *Apologia ad Guillelmum* (1123/25) die übertriebenen Ausmaße der Bauten in Cluny und deren kostbaren Schmuck kritisiert. Diese Kritik war aber nur gegen Cluny als Klosterkirche gerichtet, während er für Bischofskirchen durch die zu ihr gehörende Bevölkerung andere Beurteilungskriterien gelten ließ. Er forderte von Mönchen eine innerliche Frömmigkeit, die diese durch Armut, Askese und Disziplin erlangen sollten. So verglich er in einer Predigt auf das Kirchweihfest die Kirche mit dem Tempel des Hl. Geistes in den Seelen. Die innerliche Frömmigkeit und vergeistigte Liturgie und Kunst sollte durch die einfache Ausgestaltung derselben gefördert werden[5].

Der Orden hat die Grundsätze Bernhards aus der *Apologia* in Liturgie und Kunst übernommen, da sie zu dem von Cîteaux vertretenen Armutsideal paßten. Bereits in den ältesten aus den 30er Jahren des 12. Jahrhunderts überlieferten Beschlüssen des Generalkapitels findet sich das Verbot figürlicher und mehrfarbiger Gestaltung von Initialen mit prunkvollen Einbänden der Codices, von bemalten Kirchenfenstern, figürlichen Schnitzereien und Wandgemälden in den Klosterkirchen und -gebäuden sowie Skulpturenschmuck an den Portalen und Kapitellen[6]. Das Generalkapitel hat diesen Weg fortgesetzt: 1157 verbot es, Kirchentüren zu bemalen und erlaubte anstatt Kirchtürmen aus Stein nur kleine Dachreiter aus Holz für zwei Glocken[7]. Diese Dachreiter haben das äußere Bild der Zisterzienserkirchen in Zukunft maßgeblich geprägt. Die Fußböden durften nach einem Verbot von 1148, das 1218 wiederholt wurde, nicht verziert werden[8] und Altarbilder waren nach dem Verbot von 1240 zu entfernen[9].

Der auf Gleichförmigkeit bedachte Orden hat durch diese Anweisungen einheitliche Entwicklungen in Architektur und Kunst gefördert, wobei der Verzicht auf »Überflüssiges« die besondere Form der Zisterzienserarchitektur entstehen ließ[10]. Ein Kriterium dieser Architektur war der als Grundriß einer »église du pur type cistercien« erkannte[11] und in der Folgezeit weiter erforschte sogenannte »bernhardinische Plan«[12].

Es ist durch bruchstückhafte Quellen und die Zerstörung wichtiger Bauten für die baugeschichtliche Entwicklung nicht gelungen, alle Fragen zu klären[13]. Da keine Bestimmungen in den Quellen für den Kirchbau bestanden und Bernhards Ausführungen unterschiedlich gedeutet werden können, ist die Forschung zu einer Betrachtung gelangt, die auf einander entgegengesetzte Vorgaben aufbaut[14]. So habe die Kunstlandschaft Burgunds einerseits durch die Herkunft des Ordens und jährlichen Generalkapitel auf die Entwicklung der Architektur eingewirkt, während andererseits die regionalen und lokalen Einflüsse durch die Beteiligung einheimischer Bauleute an den Bauten noch verstärkt wurden. Ebenso habe der einerseits wirksamen Ordenstradition im Bauen andererseits die stilistische Weiterentwicklung gegenübergestanden. In gleicher Weise wurde der asketisch-spiritualistischen Ausrichtung des Ordens mit Verzicht auf alle schmückenden Element das grundsätzliche Bedürfnis des Menschen, seine Umgebung ästhetisch zu schmücken, entgegengesetzt.

Die Klosterbauten wurden häufig in Tälern, abgelegen von Siedlungen, aber auch belebten Verkehrswegen errichtet. Dabei ging man an Bach- oder Flußläufen meist soweit wie möglich aufwärts, um Wasser und ein ebenes Gelände für die Klosteranlage und deren Wirtschaftsbetrieb zu besitzen[15]. Die Klosteranlage wurde von einer Mauer umgeben, um diese zu schützen, aber auch deutlich von der Welt abzutrennen. Diese Mauern waren bei einigen Klöstern, so zum Beispiel Maulbronn und Poblet (Spanien), besonders stark – fast befestigungsartig – ausgebaut. Innerhalb der Gesamtanlage hob sich die Baugruppe des engeren Klosters, also Klosterkirche und Wohngebäude des Konvents, von den übrigen Wirtschaftsgebäuden ab.

Wenn die relativ ebene Fläche für die Gesamtanlage an einer Stelle erhöht war, wurde diese für die Klosterkirche gewählt. Da diese in der Regel nach Osten ausgerichtet war, befand sich an ihrer Längsseite im Norden oder Süden der Kreuzgang. Damit war jeweils die Lage der wichtigsten Räume des Klosters festgelegt.

Die Kirche war eine dreischiffige Basilika mit Querhaus, Chor und westlicher Vorhalle. Ein Lettner oder eine Chorschranke teilte sie in den Chor der Mönche und den der Konversen. Für die Mönche wurde der Gottesdienst am Hauptaltar im Chor abgehalten, während für die Konversen der Marienaltar und der Altar für die Totenmessen am Lettner zur Verfügung standen. Die Kapellen im Osten der Querarme dienten den Mönchen für ihre privaten Messen und Bußübungen. Die Mönche betraten die Kirche am Ostende des Seitenschiffs aus dem Kreuzgang und im Querhausarm über eine Treppe aus dem Dormitorium, während die Konversen am Westende des Seitenschiffs aus der Konversengasse in die Kirche gelangten. Gemeinsam – wohl auch symbolisch zu verstehen – war für Mönche und Konversen die Pforte im anderen Querhausarm. Durch sie wurden die Toten nach einem kurzen Gottesdienst auf den meist nordöstlich der Kirche gelegenen Friedhof gebracht. Doch sind auch Beisetzungen in den Kreuzgängen bekannt. Da die Kirche dem Volk nicht allgemein zugänglich war, wurde das letzte Joch des Langhauses für die Familiaren und Lohnarbeiter des Klosters freigehalten, während die Gäste des Klosters bis zur Vorhalle (Paradies) gehen durften[16].

Der Kern der Klausur war der rechteckige oder quadratische Kreuzgang, der sich jeweils nach den Ortsverhältnissen an das nördliche oder südliche Seitenschiff der Kirche anschloß. Der Kreuzgang war neben seiner Aufgabe als Meditationsraum der Mönche auch Verbindungsweg und an Festtagen fanden in ihm vor dem Hochamt Prozessionen statt. In dem Flügel mit der Steinbank an der Kirchenwand wurde abends vor der Komplet die Kollatslesung gehalten und derselbe daher als Kollationsgang bezeichnet. In diesem Teil des Kreuzgangs fanden auch am Samstag beim Singen des *mandatum* die liturgischen Fußwaschungen durch die beiden Mönche statt, die in der laufenden und folgenden Woche den Küchendienst versahen. Kollationsgänge haben sich noch in Hardehausen (1260) und in Walkenried (1294) erhalten. Die ursprünglich flach gedeckten Kreuzgänge erhielten im Laufe der Zeit Kreuzgrat- oder Kreuzrippengewölbe[17]. Überhaupt zeigen sie mehr ornamentalen Schmuck als die Kirchen[18]. Damit läßt sich beweisen, daß die strengen Bestimmungen der Generalkapitel im Bereich der Kirchen mehr beachtet wurden als in den eher als Wohnbereich angesehenen Räumen.

Im Ostflügel des Klosters befanden sich die Aufenthaltsräume der Mönche. Im Erdgeschoß lag neben der Kirche als Anschluß an den Querhausarm nach Osten die Sakristei und zum Kreuzgang hin der als *Armarium* zur Aufbewahrung der liturgischen Bücher für die *lectio divina* und das *opus Dei* genutzte Raum. Dieser war in einigen Klöstern nur eine Wandnische im Kreuzgang neben dem Kirchenzugang, in der die liturgischen Bücher verwahrt waren. An das Armarium angebaut war der Kapitelsaal, in dem der Konvent sich täglich versammelte, um alle wichtigen Angelegenheiten zu beraten. Er hatte zum Kreuzgang hin einen offenen Eingang und öfters auch noch Fensterarkaden, um den Novizen und bei den Festpredigten auch den Konversen das Zuhören zu gestatten[19]. Dieser nach der Kirche bedeutendste Raum im Kloster wurde meist baulich hervorgehoben. Neben dem Eingang und den Fensterarkaden ist dieses in dem häufig quadratischen, in Frankreich meist rechteckigen Raum mit Gewölbe an den zumeist vier Säulen zu erkennen[20]. In einigen Klöstern, so zum Beispiel Altenberg, Arnsburg, Chorin und Walkenried, wurde der Kapitelsaal in einem solchen Umfang erweitert, daß er nach Osten aus der Gebäudeflucht heraustrat. In anderen Klöstern, wie Bronnbach und Bebenhausen, wurde er kapellenartig ausgebaut, um einen Altar zu errichten. Das Niveau des Fußbodens wurde häufig gegenüber dem des Kreuzgangs abgesenkt, um dem Raum eine größere Höhe zu geben und an den Wänden durch eine bis drei Steinstufen Sitzplätze für die Mönche zu schaffen. Im Kapitelsaal wurden in einer Reihe von Zisterzen Stifter und Äbte beigesetzt, so zum Beispiel in Altenberg, Arnsburg, Loccum und Wettingen[21].

Nach dem Kapitelsaal folgte die sogenannte Tagestreppe zum Dormitorium, ein Durchgang zum Garten und das Auditorium, der Sprechraum des Priors. In letzterem wurde den Mönchen nach der Prim die Arbeit und die Arbeitsgeräte zugewiesen. Nach Außenarbeiten kehrten die Mönche in diesen Raum zurück. Vielfach diente er ihnen auch als Arbeits- und Studienraum, so in Altenberg, Arnsburg,

Doberan, Eberbach, Walkenried und Wettingen. In anderen Klöstern war der große Raum geteilt. Beispiele finden sich dafür in Bebenhausen, Bronnbach, Riddagshausen und Zwettl. Dabei war in einigen Fällen der Ostdurchgang zwischen diese beiden Räume gelegt, wobei dann das wesentlich kleinere Auditorium neben dem Kapitelsaal lag[22]. Der bei dieser Anordnung entstandene größere Raum am Südende des Ostflügels wird in der Literatur als Brüdersaal oder Fraterei bezeichnet[23]. Er ist in der Regel ein großer, vom Kreuzgang aus zu betretender, gewölbter, zwei- oder dreischiffiger Raum. In Einzelfällen schloß sich wie in Zwettl noch ein Raum für Novizen und eine Latrine an.

Im Obergeschoß des Ostflügels lag über dessen gesamter Länge das Dormitorium, das über die Tagestreppe aus dem Kreuzgang und die Nachttreppe im Querhaus der Kirche erreicht werden konnte. Es bestand zumeist aus einer zwei- oder dreischiffigen Halle mit Längen zwischen 40 und 83 m bzw. Breiten von 10–15 m. Die zahlreichen, eng aufeinanderfolgenden Fenster oder Fenstergruppen waren anscheinend jeweils einer Liegestatt zugeordnet[24]. Diese standen ursprünglich ohne jede Trennwand nebeneinander. Im 13. Jahrhundert kam unter dem Einfluß der Kartäuser und Dominikaner, die seit ihrer Gründung Einzelzellen besaßen, und funktionalen Gründen, wie eine veränderte Lesehaltung und ein Bedürfnis nach erhöhter Privatsphäre, zwischen den Betten im Dormitorium Trennwände aus Tüchern oder Holz auf, während zum Gang hin Schranken eingezogen wurden. Aus diesen noch relativ offenen »Zellen« entstanden dann durch Einziehen fester Zwischenwände und Türen, deren einsehbare Öffnungen immer kleiner wurden, im Laufe des 14. Jahrhunderts die Einzelzellen[25]. Das Dormitorium wurde damit zum »Zellen-Dormitorium«. Papst Benedikt XII. hat den Zisterziensern noch 1335 die Einzelzelle verboten, aber den Einbau von Verschlägen mit Vorhängen im Dormitorium genehmigt. Erst Alexander VII. hat 1666 den Zisterziensern die Einzelzelle zugestanden. Trotzdem hat diese bereits in vielen Klöstern des Ordens im 15. Jahrhundert bestanden. Daher ist auch gegenüber der Genehmigung von 1335 mit einem längeren zeitlichen Vorlauf bei dem Einbau der Verschläge zu rechnen.

In dem der Kirche gegenüberliegenden Flügel lag die Wärmestube *(calefactorium).* Es war der einzige durch eine Hypokaustanlage heizbare Raum im Kloster. In diesem Raum wärmten sich die Mönche täglich auf oder trockneten sich, wenn sie bei Außenarbeiten naß geworden waren. Daneben wurden in diesem Raum auch die Tätigkeiten ausgeübt, für die Wärme erforderlich war, so zum Beispiel Einfetten der Schuhe, Vorbereitung von Pergament und Tinte zum Schreiben oder überhaupt Schreibarbeiten[26]. Nach Westen zu schloß an den Raum das Refektorium an, das teilweise bis in den Westflügel reichte, aber in manchen Klöstern auch im rechten Winkel zum Kreuzgang ausgerichtet war, so zum Beispiel in Bebenhausen, Bronnbach, Maulbronn und Wettingen. Es handelt sich dabei meist um einen über einer schlanken, hohen Säulenreihe stehenden zweischiffigen Raum, der kreuzgratgewölbt ist. Es gibt auch einschiffige (Altzella) oder vierschiffige (Georgenthal) Refektorien. Das Lesepult, häufig in einem kleinen Anbau liegend, wurde meist über eine Wendeltreppe erreicht. Westlich des Refektoriums lag die Küche und angrenzend das Refektorium der Konversen[27]. Damit war die Entfernung zwischen Küche und Refektorium der Mönche bzw. Konversen etwa gleich weit. Vor dem Refektorium der Mönche bestand eine Waschgelegenheit, die meist als Brunnenhaus in der Mitte des Kreuzgangflügels eingebaut war[28]. Es diente auch zum Rasieren der Mönche und zum Schneiden von deren Tonsuren. Die Architektur hat hier die verschiedensten Entwürfe umgesetzt.

Im Westflügel befand sich über dem Refektorium der Konversen auch deren Dormitorium. Die räumliche Trennung zwischen Mönchen und Konversen wurde in einigen Klöstern dadurch verstärkt, daß der Konversenflügel vom Westflügel des Kreuzgangs abgetrennt wurde, wobei die sogenannte Konversengasse die Verbindung zur Kirche und zum Kreuzgang herstellte. Die Konversen durften den Kreuzgang aber nur an Festtagen betreten. Als die Konversenzahlen in den Klöstern zurückgingen, wurde in den meisten Klöstern der Westflügel zur inneren Klausur hinzugenommen und in ihm die Bibliothek oder das Winterrefektorium eingerichtet, vielfach wurde es zum Gäste- oder Abteibau.

Außerhalb des Kreuzgangs lagen als weitere Klausurgebäude östlich das Noviziatsgebäude und das Klosterspital mit einer angebauten Kapelle[29]. Im Westen der Konventsgebäude lagen innerhalb der Klostermauer die Wirtschaftsgebäude mit Kornspeicher, Scheunen,

Mahl- und Walkmühlen, Bäckerei, Brauerei, Werkstätten, Ziegelei, Brennöfen und Ställen. An den Wirtschaftsgebäuden vorbei wurde durch die Klausur meist ein vom Wasserlauf im Tal abgeleiteter Kanal geleitet, der die benötigte Wasserkraft mit sich brachte und die Abwässer aus Wirtschaftsgebäuden, Küche, Refektorium und Abortanlage ableitete. Außerhalb der Klostermauer im weiteren Umkreis des Klosters befanden sich Wirtschaftshöfe, die zuerst als Grangien, später von Dienstpersonal betrieben wurden, um das Kloster zu versorgen[30].

Die Änderungen im Bauplan der Zisterzen gegenüber dem Plan von Benediktinerabteien waren geringfügig. Schon in Cluny II (954/981) war das Auditorium und damit der Zugang zur Klausur in den Ostflügel zwischen Kapitelsaal und Mönchssaal verlegt worden[31]. Die Zisterzienser haben diese Anordnung nur übernommen. Auch die Gebäude der Konversen lagen in Cluny II und III bereits im Westen der Klosteranlage[32]. Die Zisterzienser haben sie dann – aber keineswegs überall – in die Klausurgebäude miteinbezogen. Im Unterschied zu den Benediktinern haben die Zisterzienser ihre Kirche überwiegend monastisch genutzt. Sie war weder für die Mitbenutzung durch eine Pfarrgemeinde noch einen Pilgerbetrieb vorgesehen und ohne Krypta. Sie benötigte daher, zumal die Liturgie des Ordens kaum Prozessionen vorsah, auch keinen Raum für diese, sondern nur Altäre für die Priestermönche und Raum für die Chorgestühle der Mönche und Konversen. Aus dieser Aufgabenstellung ergab sich die überproportionale Länge des Langhauses gegenüber dem Chor. Auch als dieser in Cîteaux und Clairvaux um die Mitte des 12. Jahrhunderts erweitert wurde, wurde er nicht insgesamt verlängert, sondern die Altäre und Kapellen um das Sanctuarium herum im Halbkreis oder im rechten Winkel vermehrt[33].

Die Kirchen der Zisterzen übernahmen die Kreuzform des benediktinischen Grundrisses. Der gerade geschlossene Chor und ebensolche Kapellen war bei den Kirchen im Burgund des 11. Jahrhunderts häufig zu finden. Die Zisterzienser haben demnach an die Bautradition ihrer Herkunftsregion angeknüpft[34]. Dasselbe galt für den Langhausaufriß mit Tonnengewölbe, dem Verzicht auf die Beleuchtung des Obergadens und das wenig aufwendige Vorlagensystem, die einer vorzisterziensischen Tradition des südfranzösisch-burgundischen Raumes bis ins 12. Jahrhundert entstammten[35]. Die Zisterzienser haben bewußt auf in dieser Zeit unmoderne Bauformen[36] zurückgegriffen. Sie haben die Architektur von Cluny III ebenso unbeachtet gelassen wie anfänglich auch die jüngere burgundische Bauschule und die Kathedralgotik der Ile de France mit ihrem bedeutendsten Beispiel in St. Denis. Erst im Laufe der Zeit kam es unter dem Einfluß der letzteren zu Lockerungen[37]. Ein Vergleich der Westwand von Chorin (um 1300) mit den »scheunenartigen« Fassaden der frühen Kirchen des Ordens zeigt die Entwicklung[38]. Neben diesen, vielleicht teilweise durch Gönner des Ordens bewirkte Entwicklungen in einigen Zisterzen sind andere in ihren Bauten dem Gründungsideal des 12. Jahrhunderts verhaftet geblieben[39].

Der gerade geschlossene Chor mit ebenfalls gerade schließenden Nebenkapellen knüpft an die burgundische Bautradition an und gilt als die Form des sogenannten bernhardinischen Plans[40]. Diese Ostlösung war aber keineswegs die einzige im Orden. Von Anfang an standen neben ihr andere Modelle[41]. Dabei wurde die Ostlösung des bernhardinischen Plans unter dem Einfluß Bernhards in der Filiation von Clairvaux zwischen 1135 und 1153 ausschließlich verwandt. Das nach 1153 mit Chorumgang und Kapellenkranz erweiterte Clairvaux II wurde ebenfalls vorbildhaft[42]. Bei der Erweiterung von Cîteaux II (um 1180, geweiht 1193)[43] wurde um das gerade schließende Sanctuarium ein ebenso gerade schließender rechteckiger Umgang herumgeführt, an dessen drei Außenseiten zwölf Kapellen angeordnet wurden, die im Gesamtgrundriß eine rechteckige Form erhielten. Vorbild für diese Lösung war anscheinend der 1155 begonnene Chor von Morimond. Das Bauhüttenbuch Villards de Honnecourt von 1235 sah in diesem Plan die eigentliche Zisterzienserkirche[44]. Eine weitere Ostlösung stellte der apsidiale Ostschluß mit je einer flankierenden, ebenfalls apsidialen Nebenkapelle dar, der in Bezug zu Cluny II gesehen wird und sich neben Sittich[45], als Tochterkloster von Morimond, in den zur Filiation von Cîteaux gehörenden Klöstern, wie zum Beispiel in Léoncel, Bonnevaux und Tamié findet[46]. Im osteuropäischen Raum und zeitlich späten Neugründungen, vereinzelt aber auch in Frankreich (Bénisson-Dieu), Unteritalien und Irland findet sich der sogenannte Kolonialtyp mit dem gerade geschlossenen Presbyterium mit seitlich jeweils einer ebenfalls geschlossenen Nebenkapelle[47]. Der als zisterziensisch angesprochene Bautyp findet sich häufig bei Klöstern der Filiation von Morimond.

Die Ostlösung mit dem apsidialen Presbyterium und jeweils zwei ebenfalls apsidialen, gleichlangen Nebenkapellen war auf keine Region beschränkt. Auch ist in keiner Filiation des Ordens ein gehäuftes Vorkommen zu erkennen. In Frankreich und Mitteldeutschland kam dieser Typus jedoch relativ oft vor[48]. Auch der Staffelchor fand bei den Zisterziensern von Anfang an Verwendung. Er geht auf Cluny II zurück, doch haben die Zisterzienser die ursprünglich zum Chor hin offenen Nebenkapellen durch Mauern voneinander getrennt. Obwohl dieser Typus in Deutschland am weitesten verbreitet war[49], läßt er sich nicht mit einer der Filiationen des Ordens verbinden.

Der Wandaufriß der Kirchen zeigt die bei den Zisterziensern üblichen schlichten Bauformen in besonderer Ausprägung. Die Mittelschiffwand besaß meist einen zweigeschossigen Aufbau, Arkaden und Lichtgaden. Die Wölbung bestimmte den Eindruck des Mittelschiffs. In Burgund und von dort aus bei den frühen Zisterzienserkirchen hat es sich um ein Tonnengewölbe gehandelt. Obwohl in Deutschland und Italien im allgemeinen lange Zeit an der flachen Decke oder dem offenen Dachstuhl festgehalten wurde[50] und sich hier Zisterzienserkirchen ohne Steingewölbe feststellen lassen, wie zum Beispiel Amelungsborn, haben die Zisterzienser ihre Kirchen überwiegend eingewölbt. Dabei war schon bald an die Stelle des Tonnengewölbes das Kreuzgrat- oder Rippengewölbe getreten[51]. Dieser Übergang ist in der Kirche von Marienfeld/Westfallen dokumentiert, da hier die Rippen der Wölbung teilweise aufgemalt und ohne konstruktive Bedeutung erscheinen.

Das Gewölbe der Zisterzienserbauten hat die sogenannte Abkragung zwar nicht allein verwandt, hat sie aber zu solcher Bedeutung entwickelt, daß sie eines der charakteristischen Merkmale der Architektur des Ordens geworden ist[52]. Abkragungen können in allen gewölbten Klosterräumen auftreten. Dort setzen die Gewölbe meist unmittelbar auf Konsolen auf. Das Abfangen der Gewölbe durch Konsolen wurde im 13. Jahrhundert außer in Kirchenräumen allgemein üblich. Abkragung bedeutete, daß Dienste oder allgemeine Vorlagen, die Gurt- und Scheidbögen oder Rippen nach unten ableiteten, nicht bis zum Boden herabgeführt, sondern weit oberhalb abgefangen wurden. Dieses geschah entweder durch ein Zurückführen in die Wand oder durch eine eigene Konsolkonstruktion mit Kapitell[53]. Im

Langhaus der Klosterkirchen von Le Thoronet, Pontigny, Noirlac, Tennenbach, Doberan und Chorin sind die Dienste abgefangen. In einigen Kirchen wie in Morimond, Riddagshausen, Loccum oder Varnhem wurden Abkragungen auch in den Seitenschiffen verwandt. Besonders auffällig war dabei die unterschiedliche Gestaltung der Vierungspfeiler, bei der die westlichen gegenüber den östlichen durch das Abfangen der Dienste stark reduziert wurden. Beispiele dazu bieten sich in Lehnin, Eberbach, Arnsburg, Walkenried, Riddagshausen und Eldena. Auf diese Weise wurden die westlichen Vierungspfeiler in die Stützenreihe des Hauptschiffes einbezogen und die Vierung als eigner Bauteil zurückgestuft. Die Vierung war in der Zisterzienserarchitektur aber unbedeutend. Bei den Kirchen, die dem Plan von Fontenay folgten, so auch in Maulbronn, fehlte sie vollständig. Sofern bei ihrem Vorhandensein ihre westlichen Stützungspfeiler den Pfeilern des Langhauses angeglichen wurden, folgten die Erbauer den liturgischen Gegebenheiten. Vierung und erstes Langhausjoch bildeten nämlich den *chorus maior* (Oberen Chor), in dem das Chorgestühl der Mönche stand. Bei abgekragten Diensten konnte dieses bis an den Pfeilerkern herangerückt werden.

Dieser Vorzug allein dürfte aber nicht für die Entwicklung maßgebend gewesen sein, denn Dienste traten auch in Bereichen auf, in dienen kein Chorgestühl stand. Die Baugewohnheiten des Ordens dürften daher entscheidend gewesen sein. Die Abkragung betonte nämlich den Wandcharakter des Pfeilers und die Zisterzienserarchitektur hat aufgrund ihres burgundischen Erbes die Mauer immer gegenüber dem Gliederbau bevorzugt. Das Beispiel der Kirche in Arnsburg zeigt sogar, daß Pfeilervorlagen nachträglich wieder entfernt wurden, um die Gliederung zu vermindern.

Die Höhe der Abkragungen war sogar in ein und demselben Bauwerk unterschiedlich, wie zum Beispiel im Refektorium und Kreuzgang von Maulbronn. Die Forschung sieht darin einen Beweis dafür, daß sich ein Detail verselbständigte und zu einem Kennzeichen der Zisterzienserbauten wurde[54]. Eine endgültige Klärung hat die Forschung bislang aber noch nicht vorlegen können.

Die in vielen Einzelheiten unterschiedliche Architektur des Ordens wurde durch dessen Statuten unter den Begriffen der Einheit und der Schlichtheit zu einer vielfältigen, schlichten Einheit im äußerlichen Bild zusammengefaßt. Durch Bauform und bewußt karge Ausschmückung sind die Bauten des Ordens sofort als zusammengehörig erkennbar. Die Zisterzen haben untereinander von Anfang an in enger Verbindung gestanden, und dieses hat neben dem alljährlichen Treffen der Äbte auf dem Generalkapitel in Cîteaux entscheidend zu dem lebhaften Austausch der Formen beigetragen. Daneben stand teilweise auch die in der Forschung wenig oder überhaupt nicht beachtete Ansicht des jeweils hinter dem Bau stehenden Bauherrn.

Während sich die Architektur der Männerklöster als deutliche Einheit bei aller im Detail zu findenden Unterschiede zeigt, war die Architekturgeschichte der Zisterzienserinnen sehr uneinheitlich. Es wäre zu einfach, wenn man die Erklärung dafür nur in der Übernahme der Architektur von außerhalb des Ordens sieht, weil die Nonnen eine Neugründung erst beziehen durften, wenn alle Gebäude fertiggestellt waren und somit deren Ausführung häufig nicht in der Hand von Zisterziensern lag[55].

Die Kirchen der Zisterzienserinnen weisen trotz aller Unterschiede dennoch einige Typen auf. Feststellbar sind basilikale, einschiffig-kreuzförmige Kirchen und Saalkirchen, die in ihren Ausmaßen vollkommen verschieden waren[56]. Die in Frankreich in Zisterzienserinnenklöstern vorhandenen großen dreischiffigen Basiliken, wie zum Beispiel Port Royal (Dep. Seine et Oise), waren den Kirchen der Männerklöster des Ordens nahe verwandt und auf Veranlassung von Hochadeligen errichtet worden. Die typische Zisterzienserinnenkirche Frankreichs dagegen bestand aus einer kleinen einschiffigen Anlage mit oder ohne Querschiff mit überwiegend rechteckigem Chorabschluß. Vier verschiedene Gruppen sind festzustellen:

1. Eine einschiffige Kirche in der Form des lateinischen Kreuzes. Bei einigen Kirchen wurde das gerade geschlossene Chorhaupt seitlich von je zwei Querhauskapellen begleitet. Die Kirchen werden als einschiffige Ausführung des bernhardinischen Plans angesehen. Als bekannte Beispiele gelten die Kirchen der Klöster Les Blanches (Dep. Manche), Droiteval (Dep. Vosges) und Le Sauvoir (Dep. Aisne).
2. Eine lange rechteckige Saalkirche. Einige dieser Klosterkirchen besitzen Nebenkapellen ohne genau festgelegten Standort. Bekannte Beispiele dieses Typs sind Rieunette (Dep. Aude), Fontaine-Guérard (Dep. Eure) und Coiroux (Dep. Corrèze).

3. Eine einschiffige Kirche mit querhausartigen Anbauten und dreiapsidialem Staffelchor. Die französischen Zisterzienserinnen waren teilweise wohl durch Einflüsse ihrer Wohltäter und der Stilentwicklung im Gegensatz zur Architektur ihres Ordens für apsidiale oder polygonale Chorschlüsse aufgeschlossen. In Fontaine-Guérard wurde das Quadrat des noch gerade geschlossenen Chors der Saalkirche von einem Gewölbe mit der strahlenförmigen Rippenführung des 5/10-Schlusses und Halbjoch überdeckt, womit im Inneren die Wirkung eines Chorpolygons erzeugt wurde. Die zum Typus der Klosterkirche in Form eines lateinischen Kreuzes gehörige Kirche Le Bouchet erhielt einen apsidialen Chorschluß. Diese Tendenz und die Form des lateinischen Kreuzes ließen eine weitere Grundrißform entstehen. Dabei wurde an dem einschiffigen, halbrund oder polygonal abschließenden Kirchenraum beiderseits ein quadratischer Raum angebaut, der zum Schiff hin bis zu einem Durchgang in den Ausmaßen eines Vierungsbogens geöffnet sein konnte. Diese Räume erhielten im Osten einen apsidialen Abschluß. Dadurch bekam das lange Schiff als Haupt einen breiten, dreitürigen Staffelchor, der der Bauform des lateinischen Kreuzes nahestand. Beispiele sind die Klosterkirchen von Bonlieu (Dep. Drôme), Vignogoul (Dep. Hérault) und Bonlieu (Dep. Savoie), die aus dem 13. Jahrhundert stammen. Die Forschung sieht hier eine Hinwendung zu cluniazensischen Bauformen[57].
4. Eine langgestreckte Saalkirche mit halbrundem oder polygonalem Chor. Dieser Typus hat sich anscheinend im 13. Jahrhundert als Kompromißlösung zwischen den beiden vorausgehenden Formen entwickelt, vermutlich weil die Nonnen bei der schlichten Gestaltung ihrer Kirchen durch die Hereinnahme von Apsis oder Chorpolygonen die sakrale Wirkung ihrer Kirchen erhöhen wollten. Die erhaltenen Bauten dieser Grundrißformen entstammen dem 13. Jahrhundert. Beispiele bieten Notre-Dame de l'Eau (Dep. Eure-et-Loire), Marquette (Dep. Nord) und Gigeau (Dep. Hérault).

Die Zisterzeinserinnenkirchen Frankreichs haben den Nonnenchor zu ebener Erde eingebaut. Er befand sich meist im einschiffigen Langhaus und war vom übrigen Raum durch lettnerartige Chorschranken getrennt[58]. Zusammenfassend sieht die Forschung die Architektur dieser Zisterzienserinnenkirchen als eine Mischform zwischen regionalen Bauformen und den vom Orden gesetzten. Durch ihre kleinen Maße, die einfachen Grundrisse und die halbprofanen Elemente standen diese Zisterzienserinnenkirchen meist am Rand der großen Architektur.

Die Darstellung der Zisterzienserinnenkirchen in Deutschland ist noch differenzierter als in Frankreich. Etwa ein Dutzend Klosterkirchen fällt wie in Frankreich aus der Einordnung in die Gesamtgruppe heraus. Bei ihnen handelt es sich um Münsterkirchen mit Chorlösungen und Turmgruppen. Dieses Abweichen von den Ordensvorschriften geht wie in Frankreich meist auf hochadelige Stifter zurück. Als Beispiele sind Roermond (Liebfrauen), Bamberg (St. Theodor), Goslar (Neuwerk), Bergen auf Rügen und Trebnitz in Schlesien zu nennen[59]. Die übrigen Zisterzienserinnenkirchen haben sich den Baugeboten ihres Ordens weitgehend unterworfen. Eine Eigenheit bei einer Reihe diese Klosterkirchen ist der Turm, den sie aber wohl daher besaßen, weil sie im Unterschied zu den Männerklöstern zugleich Pfarrkirchen für die Umgebung waren. Viele dieser Klosterkirchen wurden mit Hilfe der Bauhütten benachbarter Zisterzen errichtet, wie aus den Bauformen erschlossen wurde[60]. Die Grundrißtypen lassen sich auch in Deutschland in verschiedene Gruppen gliedern[61]:

1. der basilikale Grundrißtyp: in der Schweiz und in Oberschwaben, in Mainfranken/Thüringen und im Raum Köln kam dieser Bautyp ohne Querschiff vor[62]. Beispiele sind: Baindt, Heiligkreuztal, Gutenzell, Niederschönenfeld, Ichtershausen, Mariengarten in Köln und Walberberg. Die basilikalen Zisterzienserinnenkirchen finden sich in verschiedenen Formen:

a) als kreuzförmige Basilika mit oder ohne Apsis an den Querarmen und apsidialem oder geradem Abschluß des Hauptchors. Es handelt sich bei dieser Gruppe um Bauten, die sich von den Grundrißformen des Ordens nicht beeinflussen ließen[63]. Beispiele sind: Wilhelmshausen (Hessen), Frauenroth (Unterfranken) und Goslar (Neuwerk);
b) als querschifflose Basilika mit Apsiden in verschiedenen Schemen[64];
c) als querschifflose Basilika mit rechteckigem Chorschluß. Beispiele finden sich in Brenkhausen (Westfalen), Heiligkreuztal und Baindt[65].

2. Die einschiffige Kreuzkirche, die bereits aus Frankreich bekannt war (Droiteval in den nördlichen Vogesen), hat sich im Ober-

rheingebiet und in Westfalen verbreitet. Beispiele sind: Friedenweiler (Schwarzwald), Fröndenberg bei Unna und Welver bei Soest. Sie trat ebenfalls mit einer Reihe von Untertypen auf[66].

3. Die einschiffige Saalkirche war der in Mitteleuropa am weitesten verbreitete Bautyp[67]. Sie war mit insgesamt fünf Untertypen vertreten:

a) die einförmige, rechteckige Saalkirche, die im Grundriß nicht einmal die Seite des Altars klar zu erkennen gibt und wie ein großes Haus aussieht;
b) die Saalkirche mit gewölbter Apsis;
c) der Kirchensaal mit anschließendem Presbyterium und Apsis oder polygonalem Chor;
d) die Saalkirche mit eingezogenem, rechteckigem Chor;
e) die Saalkirche mit halbrundem oder meist drei- bis fünfseitigem gebrochenem Ostende.

Die überwiegende Zahl der Zisterzienserinnenkirchen war nur im Chor gewölbt, doch kamen in der ersten Hälfte des 13. Jahrhunderts schon vollständig gewölbte Zisterzienserinnenkirchen vor. Im Unterschied zu den französischen Klosterkirchen mit dem Nonnenchor zu ebener Erde befand sich derselbe in Deutschland in der Regel auf der Nonnenempore im westlichen Teil des Langhauses mit einem Zugang zum Wohnteil der Nonnen oder zum Dormitorium. Diese Nonnenemporen waren in einigen Fällen so lang, daß sie einen großen Teil des Langhauses benötigten[68]. Sie boten den für die großen Konvente erforderlichen Platz. Als Vorbilder scheinen dabei die Kanonikerchöre in Stifts- und Domkirchen Südfrankreichs und der Iberischen Halbinsel, zum Beispiel in der Kathedrale von Maguelone, gedient zu haben[69]. Durch den Ausbau dieser Nonnenemporen wurde ein Teil des Langhauses unter ihnen zu den sogenannten Krypten, die in den verschiedensten Ausgestaltungen überliefert sind[70]. Der sich im Laufe des 13. Jahrhunders in der Architektur der Zisterzienserinnenklöster durchsetzende Einfluß der Gotik hat die individuellen Züge der Bauten trotz deren einheitlicher Ausrichtung weiter gefördert[71]. Die Einflüsse der zisterziensischen Architektur auf die Baukunst der Prämonstratenser und der Bettelorden, bei letzterem besonders in Italien, ist in der Forschung unbestritten[72].

Obwohl die strengen Beschlüsse der Generalkapitel von Anfang an bemüht waren, überflüssigen Schmuck von den Kirchen und

Anlagen des Klosters fernzuhalten, ist dadurch keineswegs jedes Schmuckelement verdrängt worden. Das läßt sich insbesondere an den Kapitellen, Schlußsteinen und Fensterrosen der Zisterzienserbauten aufzeigen. Da außer dem Bild Christi auf dem Kruzifix Figurenschmuck verboten war, wurden dafür geometrische und pflanzliche Motive übernommen oder entwickelt. Die Kapitelle der frühen Ordensbauten wurden entweder als einfache, schmucklose Blöcke belassen oder mit Borten versehen[73]. Seit der Mitte des 12. Jahrhunderts kamen in Burgund schlichte Zungenformen auf, die sich als geometrische Blattformen mit schwachem Relief zeigen, deren Spitzen teilweise leicht gekrümmt sind[74]. Bis zur Mitte des 13. Jahrhunderts ist der Kapitellschmuck der Zisterzienserbauten weitgehend dem Vorbild in den französischen Vorgängerbauten gefolgt[75]. Als Beispiel dafür werden Kapitelle im Laienrefektorium von Eberbach (um 1200), in Otterberg (1190/1248) und Arnsburg (1200–1240/60) genannt[76].

Auch beim Kapitellschmuck haben die Formen der engeren Umgebung auf die Zisterzienserbauten eingewirkt. So haben sich die aus der zweiten Hälfte des 12. Jahrhunderts stammenden Würfel-, geschuppte Würfel- und Akanthuskapitelle der Zisterze Marienthal an der benachbarten Benediktinerabtei Königslutter und an Hildesheim orientiert. Kloster Bronnbach übernahm Palmettenmuster mit diamantierten Stengeln aus Worms und Riddagshausen sowie Formen aus Magdeburg und Königslutter[77]. In Riddagshausen wurden die besonders qualitätvoll verzierten Kapitelle am Eingang zum Sanctuarium angebracht[78]. Diese vermutlich kostenintensiven Bauteile sind also anscheinend nur an besonders hervorgehobenen Plätzen in den Kirchen eingeplant worden. Maulbronn hat im Paradies, im Lesegang und im Herrenrefektorium (1210–1225) ein Kapitell entwickelt, das den Übergang zum gotischen Kelchkapitell anzeigt. Neben den Zisterzen Ebrach, Schönau und Walkenried sind bedeutende Bauten außerhalb des Ordens damit beeinflußt worden, was Rückschlüsse auf die Wanderung und Arbeitsweise der Steinmetzen zuläßt[79]. Neben dieser Form verbreitete sich von den französischen Zisterzen herkommend das Knospenkapitell in den verschiedensten Ausprägungen. Mit der Gotik kam in den Zisterzen das naturalistische Blattwerk auf, das sich in hoher Vollendung in Altenberg,

Bebenhausen, Heilsbronn (nach 1263), Chorin (nach 1272), Riddagshausen (ca. 1275) und im Kreuzgang von Walkenried (Anfang 14. Jahrhundert) findet. Schon bald begann die Blattornamentik aber zu erstarren. Am Ende des 13. Jahrhunderts lassen die Blätter der Kapitelle im Ostflügel des Maulbronner Kreuzganges nur noch unklar die Eigentümlichkeiten der natürlichen Vorbilder erkennen[80].

Die Entwicklung der Schlußsteine vollzog sich in gleicher Weise. Die Rosette, die dabei immer auftrat, wird als Hinweis auf die Rose angesehen, die Blume Mariens, die auch als Zeichen der Geduld und der Liebe galt[81]. Das auf einem Schlußstein in Heilsbronn auftretende dräuende Tier (um 1230/40) dürfte eine Ausnahme sein. Im 13. Jahrhundert begann auch der Einbau von Rosenfenstern in Klosterkirchen, wie in Otterberg und Ebrach, die sich aber nach Vorbildern aus Burgund und der Ile-de-France entwickelten[82]. Es hat sich bei ihnen damit um eine Übernahme des Bauschmucks bzw. der Architektur gehandelt.

Bernhard von Clairvaux hat sich in seiner *Apologia* negativ über die Fußböden der Klöster aus Marmor, Porphyr oder Mosaiken geäußert. Das Generalkapitel hatte farbige Fußböden 1148 verboten und bestätigte dieses 1218. Der Abt von Pontigny mußte aber 1205 vom Generalkapitel angewiesen werden, einen zum allgemeinen Ärgernis gewordenen Fußboden in seiner Klosterkirche zu entfernen[83]. Dasselbe war 1235 im Kloster Le Gard (Dep. Somme) erforderlich[84]. Ob es sich dabei um Einzelfälle gehandelt hat, muß offengelassen werden[85]. Als Kompromiß zwischen den strengen Regeln über die Gestaltung der Fußböden und dem Bedürfnis nach Schmuck wird die Verwendung der meist in dunklen Tönen glasierten Tonfliesen gesehen[86]. Sie sind mit Mosaiken geometrischer Muster an die Stelle der figürlichen Darstellung getreten. Erst im späten 13. und 14. Jahrhundert kamen in Frankreich Fußböden mit Tieren und Fabelwesen bei den Zisterzen auf[87]. Die Muster der Tonfliesen haben sich in den Klöstern von Frankreich herkommend ausgebreitet; auffallend ist jedoch, daß im Kloster St. Urban (Kanton Aargau) bereits 1255/59 Backsteine mit figürlichen christlichen Symbolen und Wappenfriesen hergestellt wurden[88]. In den französischen Zisterzen entwickelte sich die Technik, einen Fliesenboden aus sehr kleinen, einzelnen Teilfliesen zusammenzusetzen, was auch die englischen Zisterzen mit außerordentlich vielfältigen Mustern schon seit dem späten 12. Jahrhundert eingeführt hatten. Die deutschen Abteien haben diese Entwicklung ebenfalls aufgenommen, wie Reste eines Belags in der »Bibliothek« des Klosters Eberbach beweisen. Sie haben dabei vor allem geometrische Muster entwickelt. Während die meisten Klöster Bodenfliesen nur für den Eigengebrauch produziert haben, haben andere, wie zum Beispiel Eberbach, nach der weiten Verbreitung der von ihm entwickelten Fliesenmuster zu urteilen, anscheinend auch für den Vertrieb produziert[89]. Wie ein Vorgang im Kloster Belbec (Dep. Seine-Maritime) aus dem Jahr 1210 beweist, haben einige Zisterzen dabei nicht nur mit Fliesen gehandelt, sondern auch geeignete Konversen zum Verlegen derselben auf Abruf bereitgestellt. Das Generalkapitel hat diese Arbeit sofort verboten[90]. Dennoch haben sich die aus Fliesen bestehenden Fußböden im Laufe des 13. Jahrhunderts immer weiter verbreitet. Die Entwicklung der Bodenfliesen läßt auch erkennen, wie die ursprüngliche Schlichtheit in den Ordensbauten trotz aller Versuche der Generalkapitel immer weiter verlorenging.

Einige Zisterzen, die Steinbrüche besaßen, sind mit ihren Fußböden bei Steinplatten geblieben. Dagegen gab es andere, vor allem in der Normandie, die sogar bei Grabplatten den Gebrauch von Stein aufgaben und diese aus Fliesen zusammensetzten[91].

Damit ist von den Fliesen im Fußboden ein Übergang zu anderen Erzeugnissen der bildenden Kunst in den Klöstern hergestellt. Die Glasmalerei nimmt innerhalb derselben eine besonders herausragende Stellung ein. Bernhard von Clairvaux hatte auch die farbigen Verglasungen der Cluniazenserkirchen kritisiert und sein Orden war ihm mit entsprechenden Beschlüssen der Generalkapitel gefolgt. Das Verhältnis zur schlichten Ausgestaltung der Kirchen prägt sich in ihrer Entwicklung deutlich aus. Die aus der Zeit vor 1134 stammende älteste Vorschrift schrieb weißes Glas ohne jede Bemalung vor[92]. Sie wurde aber anscheinend nicht überall beachtet, denn 1182 beschloß das Generalkapitel, daß bemalte – also keineswegs farbige – Verglasungen binnen zwei Jahren unter Strafandrohungen für Abt, Prior und Cellerar zu entfernen seien[93]. Die Vorschrift von vor 1134 wurde 1240 nochmals, jetzt aber mit einer Toleranzklausel für die Klöster, die aus einem anderen Orden zu den Zisterziensern übergetreten waren, wiederholt[94]. Das Generalkapitel nahm diese Bestimmung

1256 nochmals in fast gleicher Form auf[95]. Obwohl es somit fraglich erscheint, daß tatsächlich alle Zisterzen im 12./13. Jahrhundert sich durch ihre Lichthelle von allen anderen Kirchen der Zeit unterschieden haben[96], hat sich ein überwiegender Teil der Klöster des Ordens an dieser Vorschrift orientiert. Der Beschluß von 1182, nach dem die bemalten Fenster »verbessert« sprich »entfernt« werden sollten, wird mit der Haltung des Ordens zu Augustin in Verbindung gebracht. Dieser hatte nämlich das Tageslicht als die Königin der Farben bezeichnet (Confess. X, 34).

Die ältesten überlieferten Fragmente von Verglasungen des 12. Jahrhunderts stammen aus Bonlieu, Obazine, La Bénisson-Dieu und Eberbach[97]. Es handelt sich dabei um sogenannte Blankverglasungen. Dabei wurden die Glasscheiben mit dem Kröseleisen in kleine Teile gebrochen und diese mit Bleiruten so zusammengefügt, daß ein Ornament entstand, dessen Verlauf allein vom Blei bestimmt wurde[98]. Auf diese Frühform folgte die sogenannte Ornamentverglasung. Dabei wurden die Scheiben in möglichst großen Stücken zusammengefügt und der mehr oder weniger unregelmäßige Verlauf des Bleinetzes durch ein auf die Gläser aufgebrachtes und eingeschmolzenes Ornament überdeckt, so daß sich das Liniennetz weitgehend aus dem auf das Glas aufgeschmolzenen Schwarzlot ergab[99]. An Beispielen aus Doberan und Heiligenkreuz läßt sich erkennen[100], wie durch Schwarzlotflächen verschiedener Dichte und Schraffur das Flechtbandornament gegen einen dunkleren Hintergrund abgesetzt wurde. Das helle Glas war dabei nicht farblos, sondern zeigte leichte Farbschattierungen. Weitere Beispiele sind aus Pontigny, Noirlac, Marienstatt und Haina bekannt[101]. Die Vorbilder dieser Ornamentscheiben werden in den orientalischen Transennen, den ornamentierten, durchbrochenen Fensterplatten aus Stuck gesehen[102].

Im 13. Jahrhundert kamen zu den abstrakten Linienfolgen pflanzliche Ornamente hinzu, die zuerst als Rahmen erscheinen und dann auch die Hauptflächen zu füllen begannen. Die Farbe drang ebenfalls von den Einfassungsbändern am Rand her in die Blattfüllungen vor. An den Verglasungen von Haina und Altenberg läßt sich diese Entwicklung verfolgen[103]. In Altenberg wird deutlich, daß die in der Bauplastik erscheinenden Pflanzen auch in der Glasmalerei auftreten[104]. Das Vordringen des aristotelischen Denkens wird für diese

Entwicklung mit verantwortlich gemacht[105]. Dabei wurden zum Beispiel die als Symbol benutzten Pflanzen Weinstock und Rose dargestellt, ferner die in der Heilkunst, im Zauber und Dämonenglauben benutzten Zaunrübe und Wermut. Die frühesten Scheiben in Altenberg mit naturalistischen Pflanzenmotiven im Chorumgang werden auf etwa 1259–1269 datiert[106].

Die Entwicklung der Glasmalerei innerhalb des Ordens wandte sich in der Folgezeit thematisch und formal von der bisherigen Schlichtheit ab und begann sich der Kunst außerhalb des Ordens anzugleichen. Noch im Verlauf des 13. Jahrhunderts wurden dabei figürliche Darstellungen in die Fenster aufgenommen. Dieses vollzog sich zuerst in den Fenstern der Kreuzgänge, dann auch der Kirchen. Eine frühe figürliche Kreuzgangsverglasung ist in Heiligkreuz und als Kirchenfenster in Haina eine Kreuzigung im Westfenster zu erwähnen. Dabei ist letztere als Darstellung von Christus am Kreuz wohl im Einklang mit den Ordensvorschriften zu sehen. Die Glasmalerei des Ordens im 14. Jahrhundert hat sich der allgemeinen Entwicklung geöffnet. So wurden in Kappel um 1310 Reihen von Heiligenfiguren angebracht und 1330/40 in Amelungsborn die 36 Scheiben des großen Ostfensters mit Darstellungen aus dem Marien- und Christusleben[107].

Ob die Glasfenster immer von Konversen ausgeführt wurden, muß offengelassen werden. Aus den Klöstern Haina und Hude sind immerhin Konversen als Glasmaler bekannt. Die Glasfenster zeigen in vielen Fällen aber auch enge Werkstattverbindungen zu Glasfenstern außerhalb des Ordens auf.

Obwohl den Zisterziensern seit der Gründungszeit figürliche Darstellungen verboten waren, haben diese im Bereich der Freskomalerei anscheinend ebenso wie in der Glasmalerei den Weg in die Klöster gefunden. Schon bei der Weihe der Klosterkirchen in der Frühzeit des Ordens zog mit den dabei an den Wänden angebrachten Apostelkreuzen die erste Farbe in die Kirche ein[108]. Später folgten anscheinend dekorative Bemalungen der Mauerfugen, wobei offenbleibt, ob es sich dabei um Kunst im verbotenen Sinne handelte. In der St. Anna-Kapelle des Eberbacher Hofes in Mainz wurde jedoch schon um die Mitte des 13. Jahrhunderts ein geschlossener zisterziensischer Christus-Maria-Freskenzyklus um das Hauptbild des

Throns Salomonis angebracht. Als Initiator des Zyklus wird der in der bernhardinischen Marienmystik und der christologisch-mariologischen Theologie seiner Zeit bewanderte Abt von Eberbach angesehen[109]. Der Freskenzyklus lag zwar außerhalb eines Klosterbezirkes, war aber mit seiner figürlichen Malerei nach den Satzungen der Generalkapitel in einem Haus des Ordens untersagt. Die Entwicklung vollzog sich in der Folgezeit wie bei der Glasmalerei. Im frühen 14. Jahrhundert finden sich dann zum Beispiel die Wandmalereien in Wienhausen im Kreuzgang (1320/30).

Zusammenfassend läßt sich über die künstlerische Entwicklung festhalten, daß sie mit überaus großer Schlichtheit bei der Ordensgründung begann, sich aber mit zunehmendem Reichtum der Klöster von ihren Anfängen immer weiter entfernte und der allgemeinen Entwicklung der Zeit in Architektur und Kunst anpaßte. Bereits in der zweiten Hälfte des 13. Jahrhunderts war diese Entwicklung soweit fortgeschritten, daß Architektur und Kunst des Ordens nicht mehr außergewöhnlich waren, wenn sich auch in vielen Einzelheiten noch immer Züge der Anfänge und damit Gemeinsamkeiten in allen Bauten des Ordens bewahrt hatten.

8. Schrift und Buch, Wissenschaft und Studium im Orden

Wissenschaft und Studium sind auch im Mittelalter untrennbar mit Büchern und Bibliotheken verbunden gewesen. Da bis zur Erfindung des Buchdrucks Bücher ausschließlich durch Abschreiben vervielfältigt wurden, befanden sich Bibliotheken fast allgemein in Klöstern, die über Scriptorien verfügten. Die Klöster benötigten auch im Gottesdienst und für die bei Tisch üblichen Lesungen sowie für die geistliche Lesung der einzelnen Mönche eine Bibliothek mit größeren Buchbeständen[1]. Die Regula Benedicti räumte der geistlichen Lesung, zu der das Studium der Hl. Schrift und der Kirchenväter gehörte, einen großen Teil des Tages ein und stellte sie neben die Arbeit. Cîteaux hat diese benediktinische Tradition übernommen und fortgeführt. Mit der Gründung ist in Cîteaux ein Scriptorium entstanden, das nach den aus ihm überlieferten Handschriften aus den Anfangsjahren Abt Stephan Hardings (1109–1133) auf eine langjährige Erfahrung und Übung zurückblicken konnte.

Es überrascht daher nicht, daß schon die ältesten Beschlüsse der Generalkapitel, die zu Lebzeiten Bernhards aufgezeichnet wurden, das Scriptorium erwähnen. Nach diesem Beschluß sollte im Scriptorium Stillschweigen wie im eigentlichen Kloster gehalten werden[2]. Der Beschluß ist vermutlich aus praktischen Gründen ergangen, um die »Fehlerquote« der Schreiber gering zu halten. Der Beschluß von 1154, der Schreibern jede Betätigung außerhalb des Scriptoriums untersagte[3], sollte verhindern, daß am Scriptorium weniger interessierte Klosterobere die Schreiber auch zu anderen Arbeiten heranzogen. Das Gewicht des Scriptoriums verdeutlicht auch der wiederholte Beschluß des Generalkapitels von 1212, daß die bei der Neugründung dem ausgesandten Konvent mitgegebenen liturgischen Bücher abgeschrieben werden mußten[4].

Die Leitung des Scriptoriums oblag dem Kantor. Die Mönche schrieben im Sommer im Studier- und Arbeitsraum der Mönche, im Winter dagegen in der Wärmestube, wo sie auch das Pergament und die beschriebenen Blätter trockneten. Die Schreiber durften auch die Küche betreten, um bestimmte Tätigkeiten für das Schreiben vorzubereiten[5]. Sie sind mit wenigen Ausnahmen anonym geblieben, obwohl sie am Ende ihrer Handschriften öfters die Mühe der geleisteten Arbeit betonten. Ihre Arbeitsleistung war natürlich verschieden und läßt sich aufgrund der geringen Überlieferung nur in Umrissen abschätzen. Der im Kloster Wettingen tätige Priestermönch Johannes hat von seinem Noviziat 1232 bis 1283 43 Bücher kopiert. Ein erfahrener und guter Schreiber hat demnach für ein Buch etwa ein Jahr benötigt. Als Tagesleistung wurden etwa sechs bis zehn Seiten im Quartformat (25 x 35 cm) geschrieben. Dabei ist zu berücksichtigen, daß die Scriptorien im 12./13. Jahrhundert durch die wachsende Bedeutung ihrer Klöster auch zum Schreiben der Urkunden und zu sonstigen Schreibarbeiten ihrer Klöster herangezogen wurden[6].

Die Mönche verwandten zum Schreiben und Malen[7]:

a) in Kirschgummi gelöste Tinten, dabei wurde Ruß für Schwarz, Safran und Ocker für Gelb, Indigo und Holunderbeerblau für Blau, grüne Erde für Grün, Umbra für Braun und Menese (Mischfarbton) für violettes Dunkelblau benutzt;
b) in Eiklar gelöste Tinten, Grünspan für Grün, Menning für Rot;

c) Sepia, einen tierischen Farbstoff für Braun;
d) als eigentlichen Schreibstoff jedoch Eisengallustinte.

Der Arbeitsplatz des Schreibers war ein Schreibpult, an dem rechts das Tintenhorn hing, über dem eine Palette zum Mischen der Farbstoffe angebracht war, wie sich aus einer Abbildung des Mönches Rutger im Kloster Kamp von 1312 erschließen läßt. Das Erstellen eines Manuskripts war nicht die Arbeit eines einzelnen Schreibers, sondern vollzog sich als Gemeinschaftsarbeit[8]. Nach der Untersuchung des Scriptoriums im Augustinerstift Frankenthal um die Mitte des 12. Jahrhunderts haben verschiedene Schreiber an einer Handschrift mitgeschrieben. In ähnlicher Weise dürfte auch in den Scriptorien größerer Zisterzen gearbeitet worden sein. Die gemeinsame Arbeit vollzog sich um die Arbeitseinheiten der Lagen, die jeweils aus acht Pergamentblättern bestanden. Sie waren aus Kalbs-, Ziegen- oder Lammhäuten – vermutlich aus der eigenen Tierzucht des Klosters – gewonnen worden. Auf dem vorbehandelten Pergament zog der Lehrling oder der noch unter diesem stehende Eleve mit einem Bleigriffel Linien mit Hilfe von Markierungslöchern. Das linierte Pergament wurde dem Textschreiber übergeben, der entweder auf das Pergament den entsprechenden Text schrieb, oder wenn er Musterschreiber war, für den Lehrling als Vorbild eine Textvorlage abschrieb, die dann dieser fortsetzte. Der Lehrling wurde im Laufe seiner Tätigkeit zum selbständigen Textschreiber, mußte aber dazu auch das Rubrizieren, das heißt Überschriften und bestimmte Initialen in Rot zu schreiben, beherrschen sowie ferner in der Lage sein, den ihm vorgeschriebenen Textumfang korrigieren und bei verschiedenen Vorlagen die Stimmigkeit des Textes prüfen zu können. Das Rubrizieren nahm der Meisterschreiber selbst vor und beaufsichtigte dabei den Lehrling. Dieser begann das Rubrizieren mit Initialen, die ihm in Form von Marginalien vorgegeben worden waren. Die vom Textschreiber oder vom Lehrling geschriebene Lage wurde vom verantwortlichen Schreiber aufgrund der Vorlage bzw. Vorlagen kollationiert und korrigiert. Er war für die Redaktion und Genauigkeit der Abschrift verantwortlich. Das Beispiel von Frankenthal ergab, daß neben der Hauptvorlage für die Abschrift sehr wohl weitere Handschriften als Vorlage mit herangezogen wurden. Somit waren an einer Handschrift mindestens drei Schreiber tätig (verantwortlicher Schreiber, Textschreiber, Lehrling). Die Lehrlinge scheinen aus dem Kreis der Schreibereleven wohl aufgrund von Prüfungen der Handschrift und der Fähigkeit zum Abschreiben ausgewählt worden zu sein. Die Handschriften wurden mit Gänsefedern geschrieben und nach ihrem Abschluß – sofern gewünscht – von Illuminatoren bzw. Miniatoren mit Initialen oder Miniaturen ausgemalt und zuletzt gebunden.

Die Scriptorien waren von Anfang an in der Lage, ihre Handschriften zu binden. Der Beschluß des Generalkapitels von 1154, der das Binden von Handschriften außerhalb des Scriptoriums untersagte[9], bestätigt diese Annahme. Ob dabei zutrifft, daß Schreiber und Buchbinder ein und dieselbe Person waren[10], erscheint nach der schon in der Mitte des 12. Jahrhunderts überaus arbeitsteilig betriebenen Schreibarbeit zweifelhaft. Die spätere Arbeitsteilung zwischen Schreibern und Buchbindern dürfte diese Vermutung bestätigen. Kostbare Bucheinbände und -schließen waren den Zisterziensern verboten[11], weshalb sie frühzeitig Gebrauchseinbände entwickelten. Es hat sich dabei meist um Holzdeckeleinbände gehandelt, die mit Leder oder Pergament überzogen waren. Der Einband wurde durch verschieden geformte Nägel (Buckel) oder Messingbeschläge auf den Buchdeckeln geschont. Diese Einbandart ist schon im 11./12. Jahrhundert bei Handschriften der Klöster Clairvaux und Pontigny festzustellen. Die in vielen Zisterzen früh festzustellenden eigenen Bindewerkstätten lassen den Schluß zu, daß diese sehr früh entstanden sind. Da dadurch eine Bestimmung des Generalkapitels nicht eingehalten wurde, ist zu vermuten, daß die Bindewerkstatt zum Scriptorium gehört hat und somit Schreiben und Binden der Handschriften Hand in Hand vor sich ging, obwohl für jeden Arbeitsvorgang speziell ausgebildete Mönche zur Verfügung standen.

Die Miniatoren haben nach Lehrbüchern und Vorlagen gearbeitet. Die Abtei Rein in der Steiermark hat ein um 1200/10 entstandenes Musterbuch überliefert, in dem auf dreizehn Seiten 20 braun-rote Federzeichnungen (Miniaturen) sowie zahlreiche Beispiele für verzierte Initialen, Ornamente und geometrische Zeichnungen vorliegen. Einige Nachträge des Musterbuchs lassen auf einen längeren Gebrauch desselben in der Praxis schließen. So wurden zum Beispiel die im Musterbuch gezeigten Ornamente vielfach im Bereich der Fußbodenfliesen verwandt.

Die Haltung der Abtei Cîteaux gegenüber dem Buchschmuck war in ihren ersten Jahrzehnten so unterschiedlich, daß allem Anschein nach die persönlichen Anschauungen der Äbte eine ausschlaggebendere Rolle gespielt haben als die Haltung des Klosters zum Armutsideal. Robert von Molesme hatte 1098 ein Psalterium nach Cîteaux mitgebracht, das der karolingischen und nordfranzösisch-sächsischen Tradition verhaftet war. Als Stephan Harding seine heute vierbändige, jedoch eigentlich auf zwei Bände angelegte Bibel schreiben ließ[12], haben die beiden ersten Bände – bzw. der erste Band – in ihrer Ausstattung an das Psalterium Roberts von Molesme angeknüpft. Neben dem ornamentalen Schmuck mit verflochtenen Ranken und Tiergestalten waren figürliche Darstellung seltener. Im dritten und vierten – bzw. eigentlich zweiten – Band der Bibel änderte sich diese Ausgestaltung. Zahlreiche Miniaturen zeigen vor allem historische Szenen aus der Hl. Schrift. Diese lassen eine Abhängigkeit von englischen Vorlagen erschließen. Deshalb wird einerseits vermutet, daß Stephan Harding einen englischen Miniator in das Scriptorium von Cîteaux aufgenommen hat, während andererseits verschiedene Forscher den Abt selbst als diesen Künstler vermutet haben[13]. Von demselben Miniator ist auch die fast gleichzeitige, vierbändige Handschrift der *Moralia in Job* Gregors d. Gr. geschmückt worden[14]. Als weitere Handschrift hatte der Miniator noch einen Augustinuskommentar ausgestattet. Nach diesen Arbeiten bricht aber der englische Einfluß auf das Scriptorium von Cîteaux wieder ab. Nach dem Abschluß der Schreibarbeit am ersten Band der Bibel Stephan Hardings an Weihnachten 1109 sind diese Arbeiten wohl nicht allzuviel später zu datieren. Weitere Hinweise in Cîteaux fehlen. Es ist aber sicher, daß Stephan Harding sein Interesse an Handschriften mit Miniaturen nicht verloren hat, denn noch 1125 hat er bei seinem Besuch in der Abtei St. Vaast in Arras den vom Mönch Osbert geschriebenen Jeremiaskommentar des hl. Hieronymus in Auftrag gegeben, die dieser auch mit einer großen Miniatur über die Gebetsverbrüderung zwischen St. Vaast und Cîteaux geschmückt hatte[15].

Nach den frischen, auch als derb-humorvoll bezeichneten Miniaturen des englischen Miniators wohl zu Beginn des Abbatiats von Stephan Harding sind aus Cîteaux erst wieder Miniaturen aus dem zweiten Viertel des 12. Jahrhunderts überliefert, so zum Beispiel in den Bänden eines Prophetenkommentars des Hieronymus und einem Legendar. Der Stil derselben stand in enger Beziehung zum Kloster St. Bénigne in Dijon. Dieser Miniator arbeitete nach einer Handschrift in Chalon-sur-Saône auch in der Primarabtei La Ferté. Seine Tätigkeit wird auf um 1134 bzw. schon um 1120 datiert[16]. Das Scriptorium von Cîteaux hat im weiteren Verlauf des 12. Jahrhunderts keine Miniaturen mehr angefertigt, sondern nur noch farbige und teilweise bescheiden verzierte Initialen verwandt. Dieser monochrome Stil wird in seinen frühesten Zeugnissen auf um 1140 datiert. Als Beispiel für ihn wird die nur noch fragmentarisch erhaltene Bibel von Cîteaux erwähnt[17]. Das Scriptorium von Cîteaux hat sich anscheinend nach dem Tode Stephan Hardings an den strengen Bestimmungen des Ordens orientiert, deren genaues Beschlußjahr aber nicht bekannt ist, und in deren Befolgung die gemalten figürlichen Darstellungen aufgegeben wurden. Dennoch hat der von ca. 1140–1190 angesetzte monochrome Stil den im Scriptorium zeitlich vorangehenden nicht vollständig verdrängen können, sondern dieser soll zeitlich parallel neben ihm noch etwa bis 1180 fortbestanden haben. Aus dem frühen 13. Jahrhundert sind aus der Klosterbibliothek von Cîteaux Handschriften erhalten, die figürliche Darstellungen und Goldverzierungen aufweisen. Nach den strengen Statuten werden sie als Geschenke oder Käufe, zumindest aber nicht als Erzeugnisse des klostereigenen Scriptoriums angesehen[18].

Das Scriptorium von Clairvaux hat mit Ausnahme einer halbfigürlichen Darstellung des hl. Augustin in einer Handschrift mit dessen Psalmenkommentar und zwei mit Drachen verzierten Initialen keine Handschriften mit Miniaturen erstellt, ja sogar illuminierte Initialen in einer Handschrift wurden abradiert[19]. Das Scriptorium hat den monochromen Stil von Cîteaux übernommen. Die vom französischen Prinzen Heinrich bei seinem Klostereintritt 1145 mitgebrachten sechs illuminierten Handschriften eines Pariser Scriptoriums haben anscheinend keine Nachahmung in Clairvaux angeregt[20]. Das Scriptorium hat dagegen aber eine große Meisterschaft im Bereich der Zierbuchstaben erworben. Am Ende des 12. Jahrhunderts sind jedoch im Scriptorium figürliche Federzeichnungen entstanden. Sie wurden zum Teil Vorlage für einen Codex des Klosters Himmerod, einem Tochterkloster von Clairvaux[21]. Während das Scriptorium einerseits figürliche Federzeichnungen schaffte, wurden zur gleichen Zeit illuminierte Initialen in einer anderen Handschrift abgeschabt. Dieses dürfte auf unterschiedliche Ansichten im Scriptorium hindeuten.

Das Scriptorium des Klosters Pontigny[22] hat zwischen 1124 und 1170 für Thomas Becket, als er sich im Kloster und dessen Nachbarschaft aufhielt, Handschriften, vor allem Bibelkommentare, geschrieben und illuminiert, wie bald nach 1170 auch für Beckets ehemaligen Sekretär Herbert von Bosham. Beide Handschriftengruppen zeigen figürliche Darstellungen und besitzen Goldverzierungen. Obwohl diese Handschriften nicht im Kloster selbst verwandt wurden, was die Herstellung solcher Handschriften als durch die Statuten nicht unbedingt verboten erscheinen läßt, überrascht die große Kunstfertigkeit des Scriptoriums, die eigentlich nur durch eine häufige Ausübung vergleichbarer Arbeiten erklärt werden kann[23]. Es ist daher zu fragen, ob das Scriptorium häufiger ähnliche Arbeiten für Auftraggeber außerhalb des Klosters übernommen hat.

Aus der vierten Primarabtei des Ordens, Morimond, hat sich aus dem 12. Jahrhundert nur eine einzige, unverzierte Handschrift erhalten. Nach einem Eintrag in einem Graduale, das in Kamp Anfang des 19. Jahrhunderts erhalten war, hat Morimond dem nach Kamp entsandten Gründungskonvent die zum täglichen Gebrauch erforderlichen Handschriften mitgegeben, wie dies durch die Satzungen vorgeschrieben war. Ein Vergleich von Handschriften aus Kamp und Heiligenkreuz, einem weiteren Tochterkloster Morimonds, ergab, daß diese auf allgemein französische Vorbilder zurückgehen, zu denen noch englische und salzburgische hinzukamen. In Heiligenkreuz wurden schon in der zweiten Hälfte des 12. Jahrhunderts neben einer reichen Kolorierung szenische Darstellungen verwandt[24].

Die Scriptorien der fünf Mutterklöster des Ordens haben die Handschriften für den täglichen Gebrauch unverziert gelassen oder sie nur mit einfachen, einfarbigen Initialen versehen, haben aber dennoch die strengen Statuten ihres Ordens über den Buchschmuck nicht umfassend oder zumindest auf Dauer befolgt. Sie haben bereits am Ende des 12. oder im frühen 13. Jahrhundert die geforderte Schlichtheit aufgegeben und begonnen, den in ihrer Zeit üblichen figürlichen Schmuck zu verwenden[25], obwohl das Generalkapitel 1202 nochmals die kostbaren Einbände, aber auch Initialen mit bildlichen Darstellungen in Gold und Silber untersagt hatte. Während in Frankreich von der Paläographie herkommend festgestellt wurde, daß die Zisterzienser in Schrift und Dekor »ein sehr einheitliches Buchwesen« geschaffen hätten, wobei der *punctus circumflexus* sogar zum Kennzeichen der Interpunktion in Zisterzienserhandschriften wurde, läßt sich in West- und Norddeutschland nur mit Vorbehalt von einer typischen Zisterzienserschrift sprechen[26]. In Süddeutschland hielten die Zisterzienser sogar an der schrägovalen Schrift fest. Von der Buchmalerei herkommend wird bereits nach Untersuchung der Scriptorien der fünf Mutterklöster des Ordens und einer Reihe von deutschen Zisterzen unter Einbeziehung der Scriptorien der Zisterzienserinnenklöster festgestellt, daß die vielfältige Ausstattung der Manuskripte verhindert, von einer ordensspezifischen, also einheitlich zisterziensischen Buchmalerei zu sprechen[27]. Dabei wird als ein Beispiel der Einflüsse aus den Scriptorien der Umgebung auf das Scriptorium eines Zisterzienserklosters die Bibel des Klosters Kamp genannt[28]. Dabei werden aber Verbindungen zwischen den Handschriften einzelner Zisterzen, so zwischen Kamp und Altenberg, keineswegs geleugnet. Die Kunst der Illuminierung der Initialen verbreitete sich nicht nur unter den Scriptorien der Zisterzen, sondern auch in denen der Prämonstratenser und Dominikaner[29], was sich am Beispiel von Kloster Lützel und seinen Tochterklöstern im oberrheinischen Raum sehr gut nachweisen läßt[30]. Neuerlich wird die besondere Betonung der Schrift bei den Zisterziensern bis ins frühe 13. Jahrhundert hervorgehoben, wobei das Abgehen von diesem monochromen Stil in einem gewissen Zusammenhang damit gesehen wird, daß sich die Zisterzienser insgesamt von ihren ursprünglich strengen Vorschriften auf verschiedenen Gebieten des geistigen Lebens zu lösen begannen[31]. Dabei haben sich bei ihnen in der Buchmalerei einige Themen entwickelt, die über einen längeren Zeitraum auf den Orden beschränkt blieben[32]. Neben der für den Orden verständlichen Ikonographie des hl. Bernhard wird hier vor allem die Kreuzigung Christi durch die Tugenden und die Entwicklung des Themas der Schutzmantelmadonna ausgehend vom Werk des Caesarius von Heisterbach genannt.

Der Aufbau der Scriptorien und die Entwicklung von Schrift und Buchmalerei sowie Buchbinderei sind wichtige Schritte in der Bildungsgeschichte der Klöster. Dazu kommt aber auch die Geschichte der Verwahrungsorte der abgeschriebenen Bücher: der Bibliotheken. Die in den Scriptorien geschriebenen Bücher wurden im sogenannten Armarium verwahrt. Dieses war ursprünglich eine Nische in unmittelbarer Nähe des Portals vom östlichen Kreuzgangflügel zur Kirche. Die im Laufe der Zeit zunehmende Zahl der Bücher hat deren Verwahrung in der Wandnische nicht mehr zugelassen und einen eigenen Raum gefordert, der aber den bisherigen Namen übernahm[33]. Diese Entwicklung hat sich wohl bereits vor der Gründung des Zisterzienserordens vollzogen.

Der Kantor war für die Bücher zuständig, was darauf hindeutet, daß diese vom Inhalt her ursprünglich weitgehend zum Gottesdienst gehört haben. Der Kantor aber hat auch die Bände an einem abgesonderten Platz verwahrt, die – wie zum Beispiel die juristischen Werke – nur mit besonderer Erlaubnis gelesen werden durften. Damit war der Weg hin zu einer eigenständigen Bibliothek angetreten worden. Ob diese gesonderte Aufbewahrung von einzelnen Themenbereichen das im Kloster Altenberg im 13. Jahrhundert nachgewiesene eigenständige Armarium des Abtes mit umfaßt hat, bleibt fraglich, wäre aber denkbar. In der Frühzeit haben jedenfalls die vorhandenen Räumlichkeiten der Klöster für den Buchbestand ausgereicht. Die Bibliothek von Clairvaux wird zum Beispiel am Ende des 12. Jahrhunderts auf etwa 340 Codices geschätzt, die überwiegend aus dem klostereigenen Scriptorium hervorgegangen waren[34]. Mit dem sich im 13. Jahrhundert entwickelnden Studium der Mönche an den Universitäten und dem sich in der Folge in den einzelnen Konventen herausbildenden Lehrbetrieben wuchsen die Ansprüche an die Klosterbibliotheken. Die klostereigenen Scriptorien, die in steigendem Maße mit den immer mehr Umfang einnehmenden Schreibaufgaben der wachsenden Verwaltung der Klöster belastet wurden, konnten diesen Anforderungen nicht genügen. Daher begannen die Klöster, Bücher für ihre Bibliotheken auch auswärts zu kaufen. Sie baten dabei Wohltäter um Bücherspenden[35]. Damit stieg die Zahl der in den Armarien der Klöster verwahrten Bücher rasch weiter an. Die Generalkapitel haben dieser Entwicklung folgend die Klöster nicht nur angehalten, ihren Buchbestand zu vergrößern, sondern auch, Bibliotheken in einem moderneren Sinne einzurichten. So wuchs der Buchbestand in Clairvaux bis zum 14. Jahrhundert auf etwa 850

Bände ohne die liturgischen Werke. Die weiteren Zuwächse bis 1472 führten zu einem Gesamtumfang von 1788 Bänden. Allein im Zeitraum von anderthalb Jahrhunderten hatte sich damit der Gesamtumfang der Bibliothek nochmals verdoppelt. Am Übergang vom 15. zum 16. Jahrhundert haben auch andere Konvente vergleichbare Buchbestände aufgewiesen[36]. Die Entwicklung dürfte dabei ähnlich wie in Clairvaux verlaufen sein.

Im Zeitalter des Übergangs von der handschriftlichen zur gedruckten Buchproduktion stand damit in den Klöstern auch ein Wandel im Bereich der Aufbewahrung und Benutzung der Bücher an. Die Bücher wurden dabei nicht mehr nur im Armarium aufbewahrt und nach der Ausgabe in anderen Räumen eingesehen, sondern es entstanden Bibliotheksräume mit Arbeitspulten, an denen die oft angeketteten Bücher auch gelesen werden konnten. Diese Räume entsprachen am ehesten den heutigen Lesesälen der Bibliotheken mit Freihandaufstellung der Bestände. Auf diese Weise entstanden im Übergang vom Mittelalter zur frühen Neuzeit zahlreiche Studienbibliotheken.

Cîteaux errichtete unter Abt Jean de Cirey (1476–1501) für seine ca. 1200 Bände umfassende Bibliothek südöstlich der Kirche einen einschiffigen Raum mit Kreuzgewölbe[37]. Die in etwa gleichzeitig in Clairvaux errichtete Bibliothek war etwas kleiner. Sie umfaßte neben den Aufstellungsmöglichkeiten für den umfangmäßig größeren Buchbestand als in Cîteaux 48 Arbeitspulte für die Mönche. Bei einem auf etwa 1000 Bände geschätzten Umfang stellte die zu Beginn des 16. Jahrhunderts eingerichtete Bibliothek in Altzella immerhin 36 Arbeitspulte bereit. Kloster Himmerod besaß schon 1453 etwa 2000 Bände in der Bibliothek, für die es dann 1506 an der Südostecke des Konventgebäudes eine Bibliothek anbaute. Die Bibliotheken von Lehnin mit ca. 1000 Bänden (1450) und Zwettl mit ca. 500 (1451) waren wesentlich kleiner[38].

Andere Klöster, vor allem solche mit geringerem Finanzvolumen, haben keine besonderen Bibliotheksgebäude errichtet, sondern meist im Westflügel neue Bibliotheksräume geschaffen, wobei sie ursprünglich von den Konversen genützte Räume umwidmeten. Beispiele dafür sind Marienfeld in Westfalen, wo um 1403/04 aus einem Teil des bisherigen Speisesaals der Konversen eine Bibliothek wurde, ferner Altzella und Heilsbronn, wo diese Umbauten aber erst zu Beginn des 16. Jahrhunderts erfolgten. In Eberbach dagegen wurde im Obergeschoß des südlichen Kreuzganges und in Bronnbach über dem Brunnenhaus Platz für die wachsende Zahl von Büchern geschaffen. In Raitenhaslach erfolgte eine erste Verlegung der Bibliothek innerhalb der Klostergebäude 1594 und ein Neubau für die Bibliothek erst Ende des 18. Jahrhunderts[39]. Es hat daher den Anschein, als hätten die Klöster für ihre Bibliotheken immer erst dann neuen Raum geschaffen, wenn der bisherige überhaupt nicht mehr ausreichte. Sie haben somit nicht im großen Umfang Raum auf die Zukunft hin geschaffen, sondern nur Raum für die bereits vorhandenen Bücher.

Die Klöster besaßen im Mittelalter die bei weitem umfangreichsten Bibliotheken. Selbst die Bestände großer weltlicher Bibliotheken, die sich überhaupt erst im Spätmittelalter ausgebildet haben, überstiegen sie im Umfang nicht. So umfaßte die Sammlung der Medici in Florenz um 1470 etwa 800 Handschriften und die Universitätsbibliothek Heidelberg 1461 bei 841 Werken nur 1600 Bände[40]. Die umfangreichen Bibliotheken gaben den Mönchen die Grundlage, sich zu bilden und geistig tätig zu werden. Die Zisterzienser haben geistige Tätigkeit keineswegs abgelehnt, wie die neben Bernhard von Clairvaux und Stephan Harding im Orden wirkenden Gelehrten beweisen. Ein großer Teil von ihnen hat sich erst durch die Predigten Bernhards für den Orden gewinnen lassen. Sie haben durch ihre Arbeiten den Ausbau der Klosterbibliotheken gefördert. Die Klöster haben ihre theologischen, aber auch historischen und philosophischen Schriften weitergereicht und verbreitet. Trotz dieser geistigen Beweglichkeit haben sich die Gelehrten vermutlich weniger aus Gründen ihrer wissenschaftlichen Arbeit für ein Ordensleben entschieden, sondern eher dessen meditative Seite gesucht, die Bernhard so in den Mittelpunkt seines Wirkens gestellt hatte. Wie dieser in den Prozessen gegen Petrus Abaelard und Gilbert de la Porrée gezeigt hatte, war er zwar nicht wissenschaftsfeindlich, aber er lehnte die von der Scholastik beeinflußte geistige Entwicklung seiner Zeit ab. Da sich in der Folgezeit die Scholastik aber durchsetzte, war zu befürchten, daß die Zisterzienser ihre Anziehungskraft auf die gebildeten Schichten verlieren würden, wenn sie ihre bisherige Haltung unverändert beibehielten. Diese Entwicklung wurde dadurch begünstigt, daß das III. und IV. Laterankonzil 1179 und 1215 dem Klerus empfahl, sich den höheren Studien zu öffnen und zeitgleich der Franziskaner- und Dominikanerorden entstand, die ihre Mitglieder für die Tätigkeit in Lehre und Predigt auf den Universitäten schulen ließen. Die von den beiden Orden gegründeten Schulen um Thomas von Aquin († 1274) und Bonaventura († 1274) bedeuteten den endgültigen Sieg der Scholastik in der Theologie. Dem 1229 errichteten Studium generale der Dominikaner in Verbindung zur Universität Paris kam im Rahmen der Ausbildung des Ordensnachwuchses eine besondere Bedeutung zu.

Diese Veränderungen zu Beginn des 13. Jahrhunderts zwangen die Zisterzienser, verbesserte Studienmöglichkeiten innerhalb ihres Ordens zu überdenken. Die entscheidende Weichenstellung nahm dabei Stephan Lexington vor. Er war nach seinem Studium in Oxford und Paris 1221 Zisterzienser geworden. Schon bald zum Abt aufgestiegen, wurde er 1229 als Abt nach Savigny transferiert. Nachdem er schon 1227 in einem Schreiben den drohenden Verfall des Ordens voraussah, weil das geistige Niveau der Novizen abnahm und daher die Studierfähigkeit des Nachwuchses verloren ging. Es ist aufschlußreich, daß er in seiner Darstellung für den Orden nur die hochgebildeten Mönche, die Ordensleben und Studium in ihrer Person vereinten, herausstellte. Während seines weiteren Aufstiegs im Orden blieb ihm die Sorge um dessen Zukunft erhalten. So schrieb er 1233/34 an den Abt von Pontigny mit Sorge über die Studienverhältnisse im Orden und ihre Auswirkungen auf die Klosterzucht. Da schon seit mehr als einem Jahrzehnt kein bekannter Theologe mehr in den Orden eingetreten war, sah er die von einem Dominikaner angekündigte Übernahme der Ordensleitung der Zisterzienser durch gelehrte Dominikaner innerhalb des kommenden Jahrzehnts ohne weiteres im Bereich der Möglichkeiten[41].

Stephan Lexington war mit seiner Sorge um die Zukunft seines Ordens nicht allein. Die Abtei Clairvaux erhielt 1237 die Erlaubnis, in ihrem Haus in Paris ein Studienhaus für ihre Mönche einzurichten, um diesen den Besuch der Universität zu gestatten[42]. Da die jungen Mönche nun bei den dominikanischen und franziskanischen Professoren studierten, traten in der Folgezeit einige von ihnen zu den Bettelorden über. Um diesen Mißstand zu steuern, setzte der inzwischen zum Abt von Clairvaux gewählte Stephan Lexington die päpstliche Bestätigung für das Studienhaus (Studium generale) seines Ordens am 5. Januar 1245 durch[43]. Die Ausbildung der jungen Mönche lag damit in der Hand von Professoren, die zum Orden gehörten, und die studierenden Mönche konnten gleichzeitig ihre monastische Lebensform fortführen. Stephan Lexington ließ im Stadtteil Chardonnet ab 1246/49 ein neues Kolleggebäude errichten. Die dabei anfallenden Baukosten wurden durch Ablaßbewilligung der französischen Hierarchie aufgebracht. Der Zeitgenosse Matthäus Paris berichtete in seiner Chronik wohl im Hinblick auf diesen Neubau des Kollegs, daß die Zisterzienser in Paris eine eigene Schule errichteten, weil sie damit der Verachtung der Franziskaner, Dominikaner und gelehrten Weltgeistlichkeit entgehen wollten[44].

Obwohl die Pläne Stephan Lexingtons vom Papst unterstützt wurden, hatte sich im Orden eine größere Opposition gegen ihn gebildet. Das Generalkapitel hatte daher 1245 die päpstliche Bulle über das Studium generale den Klöstern im Orden zwar mitgeteilt, gleichzeitig aber den Äbten freigestellt, nach ihrem eigenen Ermessen Mönche nach Paris zum Studium zu entsenden[45]. Diese Entscheidung blieb auch nach dem Neubau des Kollegs bestehen. Das Generalkapitel setzte Stephan Lexington 1255 sogar als Abt ab, weil er angeblich ohne vorherige Zustimmung des Generalkapitels das Studienkolleg gegründet hatte.

Die Absetzung Stephan Lexingtons war zwar ein Sieg der den Traditionen des 12. Jahrhunderts im Orden verhafteten Seite im Generalkapitel. Dennoch war der Durchbruch zur scholastischen Theologie im Orden nicht aufzuhalten. Das Studienkolleg in Paris blühte trotz der anfänglichen Schwierigkeiten auf. Die Magister und Lektoren des nach Bernhard von Clairvaux benannten Kollegs haben zahlreiche Werke veröffentlicht. Naturgemäß lagen diese Arbeiten überwiegend im Bereich der Theologie. Guido von L'Aumône († nach 1253) war der erste an der Universität Paris promovierte Zisterzienser. Sein Schüler war Johannes von Weerde, Mönch des Klosters Les Dunes in Flandern. Als Rektor (1275–1293) schloß er das Kolleg St. Bernhard endgültig der Universität Paris an. Humbert von Prully († 1298) lehrte an diesem Kolleg fast zeitgleich mit Johannes von

Weerde. Er hat der Lehre des Thomas von Aquin und der Scholastik im Orden endgültig zum Durchbruch verholfen. Seine Kommentare dienten in den Ordenskollegien als Schulbücher und kamen dadurch auch rasch in die Profeßklöster der studierenden Mönche[46].

Der 1245 bei der päpstlichen Bestätigung des Studium generale in Paris eingeschaltete Kardinal Johannes von Toledo veranlaßte 1260 die Abtei Valmagne, ein Kolleg in Montpellier zu gründen. Zwei Jahrzehnte später folgte das Zisterzienserkolleg in Oxford, 1281 das der Abtei Grandselve in Toulouse, 1285 das vom Erzbischof von Köln im Kamperhof in der Stadt Köln gegründete Kolleg und 1289 das spanische Kolleg in Estella, das 1335 nach Salamanca verlegt wurde[47].

Das Generalkapitel schrieb 1281 allen Abteien mit mehr als 80 Mitgliedern vor, in ihren Konventen ein theologisches Hausstudium einzurichten[48], was 1311 das Konzil von Vienne für alle Orden als verbindlich vorschrieb. Erst ein Jahrzehnt später, 1321, nahm das Generalkapitel das St. Bernhardskolleg in Paris als Studienhaus des Ordens in Besitz[49] und gab ihm 1322 eine genaue Studien- und Hausordnung. Damit war die ordensinterne Auseinandersetzung um den Studienbetrieb endgültig abgeschlossen.

Da die Universitätsausbildung lange dauerte und teuer war, haben die Zisterzen sie immer nur einem ausgesuchten Kreis von Mönchen angedeihen lassen und die übrigen Novizen im Kloster in Form des theologischen Hausstudiums ausgebildet. Die zweite Hälfte des 13. Jahrhunderts war damit im Orden eine entscheidende geistige Umbruchphase. Wie im künstlerischen Bereich öffneten sich die Abteien auch im wissenschaftlichen den außerhalb ihrer Klostermauern üblichen Ansichten und Formen und übernahmen diese in ihre Lebensgewohnheiten. Obwohl die Klöster in der Folgezeit durch das auf einige Mönche beschränkte Universitätsstudium bewußt eine Elitebildung innerhalb der Konvente vornahmen, haben die studierten Mönche in ihren Heimatklöstern in ihrem späteren Leben nicht nur eine herausragende Stellung eingenommen, sondern auch im Rahmen des Hausstudiums ihr Wissen an die übrigen Mönche des Klosters weitergegeben. Damit haben sich die theologischen Lehrmeinungen und Lehrentwicklungen der Universitäten relativ rasch im Orden verbreitet. Dabei waren die Bibliotheken für die Bildung innerhalb der Konvente von großer Bedeutung. Die Befürchtungen Stephan

Lexingtons über die Zukunft seines Ordens waren durch die Gründung des Studium generale nicht eingetroffen. Der Zisterzienserorden war im weiteren Verlauf des 13. Jahrhunderts auch für gut begabte Novizen wieder von Interesse. Dabei blieb die wissenschaftliche Bildung der Mönche auf den schon zuvor hauptsächlichen Bereich der Theologie ausgerichtet. Dazu sind aber neben der Geschichte und Philosophie schon früh auch umfassende praktische Kenntnisse auf den verschiedensten Gebieten getreten, die für das Konventsleben der Klöster von hoher Bedeutung waren. An erster Stelle sind hier juristische und medizinische Kenntnisse zu nennen, die für die Verwaltung und Betreuung der gerade im 12./13. Jahrhundert so großen Konvente unerläßlich waren[50]. Sie dürften innerhalb der Klöster und des Ordens in der Regel durch die praktische Tätigkeit erworben und weitergegeben worden sein. Dazu hat man sich die neuesten Erkenntnisse in Form von Büchern für die Klosterbibliotheken besorgt.

Im Bereich der Naturwissenschaften und der Mathematik waren die Kenntnisse der Mönche nach ihren eigenen Äußerungen dürftig[51]. Dennoch haben die Mönche über umfassendes Wissen auf diesen Gebieten verfügt, wie es das monastische Leben fast tagtäglich forderte. Die Klosterbauten setzten eine ausgereifte Bautechnik mit mathematischen und statischen Kenntnissen voraus[52]. Ebenso waren im Bereich des Tiefbaus, der Erschließung von Bauland, der Energieversorgung, des Wegebaus[53] und der Wasserwirtschaft[54] umfangreiche, solide Kenntnisse erforderlich. Der Betrieb von Steinbrüchen und Bergbauunternehmen setzte geologische Kenntnisse voraus, die Erzverhüttung in gleicher Weise metallurgisches Wissen. Diese Kenntnisse wurden nach dem Musterbuch des Klosters Rein für Buchmaler aber im Vergleich der *artes liberales* und der *artes mechanicae* den im Mittelalter hochgeschätzten handwerklichen Techniken zugerechnet, die überwiegend von den Konversen ausgeübt wurden. Sie dürften die eigentlichen Träger dieser Kenntnisse gewesen sein, zumal die Mönche sich an diesen praktischen Arbeiten wegen der Gottesdienste immer nur zeitweise beteiligten[55]. Damit gewinnen die Konversen für die frühe Zeit der Ordensgeschichte eine weitaus größere Bedeutung, als in den Quellen greifbar wird.

Obwohl die Zisterzienser keine Schulen in ihren Klöstern wünschten, haben eine Reihe von Zisterzen im 12. Jahrhundert dennoch nach dem Vorbild der Benediktiner Schulen für Knaben eingerichtet, die keine Mönche oder Kleriker werden wollten. Nach langen Auseinandersetzungen auf den Generalkapiteln wurde 1195 von diesem beschlossen, daß solche in den Klöstern zur Ausbildung befindlichen Knaben erst im Alter von mindestens 12 Jahren in die Konvente aufgenommen werden durften[56].

Abschließend ist festzustellen, daß die praktischen Tätigkeiten und Kenntnisse überwiegend bei den Konversen gelegen haben dürften, von diesen ausgeübt und weitergegeben wurden, während die Mönche eher die Kenntnisse der *artes liberales* besaßen und pflegten.

9. Wirtschaft und Handel des Ordens

Die Zisterzienser haben in ihren Klöstern im 12./13. Jahrhundert ein »Wirtschaftswunder« geschaffen, das weit über die Forschung hinaus große Resonanz gefunden hat. Es hat auf der Wirtschaftstätigkeit und den Handel der Klöster aufgebaut. Aufgrund der großen Besitzungen der Klöster stand an erster Stelle die Agrarwirtschaft, ihr folgten die industriellen Unternehmungen und der Handel. Die Wirtschaftstätigkeit der Mönche und Konversen begann mit der jeweiligen Klostergründung. Dabei haben in der Frühzeit die mönchischen Ideale den Rahmen für die Wirtschaftstätigkeit gesetzt. Die Mönche haben in den *capitula* des *Exordium Cistercii*, die in der Frühzeit des Ordens entstanden sind, ihre Wirtschaftsverfassung niedergelegt[1]. Diese sah vor[2], daß die Mönche von ihrer Handarbeit, Ackerbau und Viehzucht leben sollten. Daher durften sie zum eigenen Gebrauch Gewässer, Wälder, Weinberge, Wiesen, Äcker, die von den Siedlungen der Weltleute abgelegen waren, ebenso wie Tiere besitzen, außer jenen, die mehr Schaueffekte als Nützlichkeiten aufwiesen, wie Hirsche, Kraniche o. ä. Den Klöstern waren Einkünfte aus Kirchen, Altären (Benefizien), Begräbnissen, Zehnten, Dörfern, Hörigen, Zinsen aus Ländereien, Backhäusern oder Mühlen verboten und alles ähnliche, was dem reinen Mönchtum entgegenstand[3]. Die Zisterzienser haben damit die Regula Benedicti wesentlich verschärft[4]. Sie haben die Grundherrschaft als Form der Agrarwirtschaft in den Benediktinerklöstern abgelehnt[5], die Handarbeit aller Mönche gefordert und die als Grangien bezeichneten Agrarhöfe durch Konversen bewirtschaften lassen. Mit der von ihnen vertretenen Handarbeit aller Mönche haben sie die hochmittelalterliche Aufteilung der Gesellschaft auf verschiedene Stände abgelehnt[6] oder – was eher zutreffen dürfte – diese in der gemeinsamen Arbeit offenhalten wollen. Sie wollten mit der Arbeit nicht nur die materielle Existenz ihrer Klöster sichern, sondern auch die Klöster als selbständige Wirtschaftseinheiten möglichst weit von der Welt außerhalb der Klostermauern trennen. Die Arbeit gehörte dabei für sie zur monastischen Frömmigkeit und sollte dazu beitragen, daß die Klöster Almosen verteilen konnten. Die mit der Arbeit verbundene Askese, Buße und Demut war dabei aber wichtiger als der unmittelbare materielle Nutzen[7]. Ob die in der Forschung unterschiedlich bewertete Arbeitsleistung der Mönche, die meist skeptisch oder gering eingestuft wird[8], dieses auch tatsächlich war, läßt sich nicht mit letzter Sicherheit entscheiden. Es ist aber darauf hinzuweisen, daß in Kamp noch zu Beginn des 13. Jahrhunderts Mönche und Konversen gemeinsam Einöden urbar gemacht haben und in Salem am Anfang des 14. Jahrhunderts auch die Mönche in der Landwirtschaft halfen, wenn dies erforderlich war[9]. Die Mobilisierung zusätzlicher bzw. aller verfügbaren Arbeitskräfte in der Landwirtschaft war in bestimmten Situationen, zum Beispiel während der Ernte, noch in der ersten Hälfte des 20. Jahrhunderts ein normaler Vorgang im Wirtschaftsleben eines Gutes, den sich der maschinenverwöhnte Mensch der Gegenwart nicht mehr vorstellen kann. Aus diesen Notwendigkeiten wird auch der Beschluß des Generalkapitels verständlicher, der die Mönche im Scriptorium von solchen Arbeitseinsätzen grundsätzlich ausnahm.

Bereits in den frühen Quellen zur Wirtschaftsorganisation des Ordens wurden neben den Mönchen als Arbeitskräfte die Konversen und Lohnarbeiter *(mercenarii)* genannt, die anscheinend den größten Teil der körperlichen Arbeiten erledigt haben. Dabei werden die Konversen in hohem Maße für den wirtschaftlichen Erfolg der Zisterzienser verantwortlich gemacht[10]. Sie waren überwiegend bäuerlicher Herkunft und haben anscheinend häufig durch den Ordenseintritt ihre soziale Stellung verbessert[11]. Sie kamen aber auch aus den bürgerlichen Schichten der sich langsam herausbildenden Städte und aus dem Adel[12]. Vor ihrem Klostereintritt hatten sie vielfach weltliche Tätigkeiten ausgeübt, deren Kenntnisse sie in ihre Konvente einbrachten. Ihre Aufgabenbereiche haben sich auch keineswegs nur auf die von Ackerbauern, Hirten, Handwerksgesellen und vergleichbare Arbeiten beschränkt[13], sondern sie haben als handwerkliche Spezialisten die entsprechenden Wirtschaftsbetriebe ihrer Klöster aufgebaut und geleitet[14]. Sie waren aber auch in den Grangien und Stadthöfen als Kaufleute und Wirtschaftsverwalter mit großer Verantwortung tätig[15]. Sie sind dabei von den in den Quellen schlecht nachweisbaren Lohnarbeitern unterstützt worden. Die Konversen haben diese beaufsichtigt und angeleitet[16]. Als die Zahl der Konversen im 13. Jahrhundert abnahm, mußte sich zwangsläufig die Zahl der Lohnarbeiter erhöhen, um die Arbeitsleistung im bisherigen Umfang zu erbringen.

Die Standortwahl für eine neue Zisterze war maßgeblich von wirtschaftlichen Faktoren mitbestimmt. Die Klöster durften nach den Satzungen des Ordens nicht in der Nähe von Siedlungen oder unmittelbar an Verkehrswegen liegen, sondern mußten in unkultiviertem Gelände errichtet werden, in dem aber ein fließendes Gewässer vorhanden sein mußte, um die Abwässer des Klosters zu beseitigen und seinen Wirtschaftsbetrieben in seiner unmittelbaren Umgebung, wie Öl-, Loh-, Walk- und Kornmühlen, aber auch Hammerwerken, Schmelzhütten etc. die erforderliche Wasserkraft zur Verfügung zu stellen[17]. Trotz der strengen Vorschriften des Ordens wurden die Neugründungen jedoch keineswegs soweit von der Welt abgesondert, wie sich aus den übertriebenen Berichten über die »Wüsteneien« zu ergeben scheint, in denen die neuen Klöster entstanden[18]. Die für die Wahl der Standorte ausgesandten Kundschafter der Mutterabteien haben diese so festgelegt, daß sie zwar mit den strengen Vorschriften des Ordens übereinstimmten, die neuen Zisterzen aber nicht allzu fern von den Verkehrswegen, in bereits bebautem Ackerland, am Rande von Rodungsflächen, in einigen Fällen am Fuße einer Burg und auch in weiterer Nachbarschaft von Dörfern, nicht selten auch Märkten bzw. Städten lagen[19]. Für einen solchen Standort können zahlreiche Beispiele genannt werden: Marienstatt fand nach einer Verlegung seinen Platz an der Furt eines Seitenwegs der bedeutenden Straße Köln – Leipzig, während oberhalb der Furt die Burg Froneck errichtet wurde. Hardehausen, Villers und Orval entstanden in bereits gerodetem Gebiet; Loccum an einer alten Straße und Amelungsborn neben einer Stadt. Die Standortwahl war häufig die Grundlage für die künftigen Verbindungen zwischen den Zisterzen und den Städten[20]. Da die Standortwahl nicht immer günstig erfolgte, kam es an vielen Orten zu Verlegungen der neugegründeten Zisterzen[21]. Als einige bekannte Beispiele sind Cîteaux selbst, aber auch Altenberg, Heisterbach, Himmerod, Hude, Loccum, Maulbronn, Schöntal und Wienhausen zu nennen. Bei der oben dargestellten provisorischen Bauweise der ersten Klostergebäude fragt es sich, ob nicht diese an einem günstig erscheinenden Ort errichtet wurden, um dem Gründungskonvent dann die Möglichkeit zu geben, später durch seine persönliche Ortskenntnis der weiteren Umgebung für die endgültigen Klostergebäude den besten Platz zu finden.

Die weltlichen Stifter von Zisterzen haben neben der geistlichen Bedeutung für ihre Familie auch wirtschaftliche Vorteile gehabt. So wurden ihre Herrschaften für die Siedlung erschlossen und dadurch bisheriges Ödland kultiviert. Die im 12. Jahrhundert in vielen Fällen festzustellende Initiative der Diözesanbischöfe zur Gründung von Zisterzen beruhte nicht nur auf der Absicht, den Landesausbau zu fördern, sondern auch auf dem Wunsch, von diesen Reformklöstern Impulse für das geistliche Leben ihrer Diözesen zu erhalten.

Die Wasserversorgung war bei der Gründung der Zisterzen ein entscheidender Faktor. Da Wasser für verschiedene Zwecke benötigt wurde, entstanden die Zisterzen meist in Tallage an fließenden Gewässern. Gründungen an Seen wie Chorin oder am Meer wie Dünamünde, Hiddensee auf Rügen und Ter Duinen sind Ausnahmen. Die Zisterzienserinnen haben ihre Klöster meist ebenfalls an fließenden Gewässern errichtet. Auch bei ihnen sind abgelegene Stellen an Seeufern als Standorte neuer Klöster die Ausnahme, wie zum Beispiel bei Bellerive am Genfersee und Wurmsbach am Zürichsee. Da die Standorte häufig Regulierungen der anfallenden Wassermengen erforderlich machten, mußten mit den Klostergebäuden Stauwehre angelegt werden, wie beispielsweise in Morimond[22]. In vielen Fällen mußten dabei zur Entwässerung und zur Zu- und Ableitung des Wassers umfangreiche Tiefbaumaßnahmen durchgeführt werden. Dabei wurden Fischteiche angelegt und so die Fischzucht erweitert. Die Klöster konnten auf diese Weise einen guten Teil ihrer Nahrungsversorgung sichern, weil außer den kranken Mönchen den Konventen der Fleischgenuß das ganze Jahr hindurch untersagt war. Die Wasserbaumaßnahmen sind zum Beispiel in Altenberg, Eberbach, Maulbronn und in der Poebene in Chiaravalle bei Mailand noch heute deutlich zu erkennen.

Wie die rasche Entwicklung des Ordens gezeigt hat, haben sich die Neugründungen meist sehr erfolgreich entwickelt. Viele hatten einen so schnellen Zuwachs an Mönchen und Konversen zu verzeichnen, daß sie selbst in Kürze wieder Tochterklöster gründen konnten. Dieser Tatbestand läßt auch die meist weit weniger überlieferte Zunahme des Grundbesitzes erschließen. Die meisten Zisterzen haben innerhalb weniger Jahrzehnte ihre optimale Wirtschaftskraft erreicht. Dabei war keineswegs alles den Klöstern überlassene Land von allen feudalen Lasten befreit, wie es die Vorschriften des Ordens eigentlich forderten. Da damit aber viele Stifter wirtschaftlich überfordert gewesen wären, mußten die Klöster diese Aufgabe selbst lösen oder die Lasten akzeptieren[23].

Die Zisterzienser haben dadurch seit ihrer Gründung besteuertes Land und zinsende Dörfer und Höfe besessen. Um ihre Nahrungsmittelproduktion zu sichern und wohl auch um die Steuer- und Zinsfreiheit zu erreichen, die für die von ihnen selbst bewirtschafteten Ländereien in Aussicht gestellt war, haben sie eine eigene landwirtschaftliche Betriebsstruktur aufgebaut, die auf den im Umkreis um die Klöster gelegenen Grangien beruhte. Bei diesen hat es sich um landwirtschaftliche Großbetriebe gehandelt, die mit allem Zubehör im Eigenbau betrieben[24] zum Kennzeichen des zisterziensischen Wirtschaftssystems wurden[25]. Sie sollten in der Frühzeit des Ordens nicht weiter als eine Tagesreise vom Kloster entfernt sein. Häufig lagen sie wie ein Kranz um die Zisterzen herum, wie die Forschung zum Beispiel bei den südwestdeutschen Zisterzen nachgewiesen hat. Mit dem Besitz der Klöster wuchsen auch die Entfernungen zwischen den Grangien und ihren jeweiligen Klöstern. Die Grangien waren eine der Grundlagen des wirtschaftlichen Erfolges der Zisterzienser. Erst als sie aufgrund der zurückgehenden Konversenzahlen mehr und mehr Lohnarbeiter einsetzen mußten, wurde der Eigenbetrieb kostspielig oder sogar unrentabel.

Die Zisterzienser haben die zinsenden Dörfer und Höfe meist aufgelöst, um die dadurch freigesetzten Flächen in die Eigenwirtschaft der Grangien einzubeziehen. Dieses »Bauernlegen« erfolgte, um die Grangien abzurunden und besser zu organisieren sowie die mit der Auflösung der Dörfer freigesetzten Arbeitskräfte im Eigenbetrieb einzusetzen[26], wohl aber auch, um die von der Regel geforderte Abgeschiedenheit von weltlichen Siedlungen zu gewährleisten[27]. Beispiele für diese Vorgänge finden sich im 12. Jahrhundert häufig. Kloster Maulbronn erhielt so 1159 vom Bischof von Speyer das Dorf Eilfingen geschenkt, doch hatte dieser zuvor die Rechte aller Adligen und Bauern am Ort aufgekauft und damit weitgehend den Anforderungen der Zisterzienserregel entsprochen. Die Grangie wurde dann vom Kloster errichtet und die früheren Bauern als Landarbeiter auf derselben verwandt[28]. Im gleichen Jahr schenkte der Bischof dem Kloster weitere sechs Grangien mit 1200 Schafen[29]. Die Zisterzen und Grangien haben östlich der Elbe sogar an bestehende Siedlungen angeknüpft, wie beispielsweise an den im Bereich des Klosters Lehnin liegenden Ortswüstungen von mehreren slawischen Siedlungen deutlich wird[30].

Die größte Zahl der Grangien wurde im 12./13. Jahrhundert im Zusammenhang mit dem Ausbau der Wirtschaftstätigkeiten der jeweiligen Zisterzen angelegt. Die kleineren Abteien im westlichen Deutschland besaßen in der ersten Hälfte des 13. Jahrhunderts 10 bis 15 Grangien, die größeren zwischen 16 und 20[31]. Kloster Himmerod, das 1138 seinen endgültigen Platz gefunden hatte, hatte zum Beispiel zwei Jahrzehnte später sechs Grangien, 1184 zehn und bei der päpstlichen Besitzbestätigung 1219 dreizehn und nochmals einige Jahrzehnte später sogar 16 Grangien; die Abtei Lützel besaß 15 Grangien, Wettingen dagegen nur zwei; Loccum wies 1350 zehn Grangien auf, Villers dagegen um 1200 bereits fünfzehn[32]. Bei den französischen Zisterzen konnten zwischen fünf und fünfzehn Grangien nachgewiesen werden[33]. Die großen englischen Abteien Fountains, Meaux und Warden besaßen zwischen 20 und 30 Grangien, die kleineren Abteien in Südengland dagegen wieder weit weniger[34]. Sie entsprachen damit eher den Zisterzen auf dem Kontinent.

Die Gründungsdotation der Zisterzen war öfters nicht sehr umfangreich, da ihre Stifter zum Teil aus den weniger begüterten Adelskreisen stammten. Die Abteien haben sich daher von Anfang an bemüht, ihren Grundbesitz zu erweitern. Während dieses im

13. Jahrhundert in großem Maße durch Käufe geschah, lassen sich dafür im 12. Jahrhundert vor allem Schenkungen nachweisen[35], obwohl auch schon in dieser Zeit Güterkäufe in größerem Umfang getätigt worden sein dürften. Nachdem die Zisterzienser durch die ältere Forschung vor allem als »Rodungsorden« dargestellt worden waren[36], hat die jüngere Forschung ihren Anteil am Landesausbau sehr gering eingeschätzt[37], während in der Gegenwart wieder betont wird, daß der Anteil der Zisterzienser am Landesausbau wohl doch nicht so ganz geringfügig war. Sie haben vor allem an den Rändern des Altsiedellandes Rodungen und Verbesserungen weniger genutzten Landes durchgeführt[38], wobei häufig auch Feuchtgebiete entwässert wurden[39].

Der Aufbau von Grangien im Altsiedelland konnte sich, sofern diese nicht auf Rodungen entstanden, durch die Ablösungen der zahlreichen Rechte jahrzehntelang hinziehen, wie Beispiele aus den Klöstern Eberbach und Salem beweisen[40]. Das in Bauernhand befindliche Land wurde meist durch Kauf der Besitz- und Nutzungsrechte von den häufig verschuldeten adeligen Besitzern erworben. Teilweise kam es dabei durch zu rasches Vorgehen der Klöster, aber auch durch Gemengelagen von Bauerngütern und Grangien zu Unruhen unter den Bauern[41]. Um Grangien einzurichten, wurden diesen dann Höfe in anderen Orten zur Verfügung gestellt oder ihre zeitlich befristeten Leiheverträge nicht verlängert (sog. Abstiften)[42]. In Rapperswil versetzte man die Bauern bei der Gründung der benachbarten Zisterze beispielsweise als Ackerbürger in die neugegründete Stadt[43]. Dieses Vorgehen der Zisterzienser ist bereits im 13. Jahrhundert von Zeitgenossen heftig kritisiert worden.

Die Grangien waren in ihrer Größe sehr unterschiedlich[44]. Sie hing von den wirtschaftlichen Möglichkeiten des jeweiligen Klosters, der Freigiebigkeit der Stifter, aber auch von den Bodenverhältnissen und der Anlage auf Alt- oder Neusiedelland ab. Die im 12. Jahrhundert gegründeten Grangien waren größer als die später entstandenen, ebenso Grangien mit Viehwirtschaft gegenüber solchen mit Weinbau. Im walisischen Strata Florida gab es zwei Grangien zu je 5000 Morgen (1 Morgen = 0,4 ha). In Villers in Brabant umfaßten die Grangien 1250 Morgen, in Igny dagegen nur 600. Auch bei den deutschen Zisterzen sind erhebliche Unterschiede festzustellen, wenn auch die durchschnittliche Größe bei 500–700 Morgen lag. Die vier auf Viehwirtschaft ausgerichteten Grangien des Klosters Salem umfaßten durchschnittlich nur 235 ha, die vor allem auf Ackerbau spezialisierten des Klosters Bebenhausen lagen bei nur 193 ha. Die Grangien des Klosters Eberbach hatten Größen zwischen 600 bis 1500 Morgen, was einem Durchschnitt von 884 Morgen oder 354 ha entsprach. In Himmerod lagen sie zwischen 450 und 600 Morgen und Loccum besaß zwei Grangien mit 500 und 600 ha[45]. Da die Fronhöfe der Grundherren bei durchschnittlich etwa 30–40 ha lagen, waren die Grangien somit im allgemeinen mindestens sechsmal so groß.

Die besondere Stellung der Grangien zeigte sich auch in deren Bauten. Neben den Gebäuden mit den Wohn- und Schlafräumen für das Personal gab es eine Reihe verschiedener Wirtschafts- und Vorratsgebäude, Scheunen, Getreidespeicher, Viehställe, Werkstätten, Meiereien, Bäckereien, Brauhäuser und in Weinbaugebieten auch Keltern. Die Hofanlagen waren häufig mit Mauern und Wällen umgeben[46]. Der Größe der Grangien entsprechend war auch deren Viehbestand. Clairvaux hielt im 13. Jahrhundert auf einer Grangie 3000 Schafe, Zwettl 1311 nur 2000 und eine Grangie Walkenrieds beklagte 1381 den Verlust von 91 Pferden, 600 Schafen, 36 Kühen und 130 Schweinen nach einem Überfall[47], wobei es sich aber wohl nicht um den gesamten Viehbestand derselben gehandelt hat. Als Cîteaux 1303 von königlichen Truppen verwüstet wurde, verlor es 14 000 Schafe.

Die Flurformen der Grangien haben zum Teil denen des bäuerlichen Zinslandes geglichen, waren aber auch zu großen Flächen zusammengefaßt worden, wie sich beispielsweise aus Urbaren süddeutscher Zisterzen ergibt[48]. In der Abtei Tennenbach gab es Parzellen mit 30, 40, aber auch 100 Jauchert. Die Bearbeitung der Streifenfluren durch Landarbeiter war günstig zu beaufsichtigen, da sie leichter kontrolliert werden konnten. Die am Meer gelegenen Zisterzen haben sich schon frühzeitig um die Gewinnung von Neuland aus dem Meer bemüht. Dafür sind insbesondere die Abteien Dünamünde an der Ostsee und Ter Duinen im heutigen Belgien bekannt geworden. Letztere hat im 13. Jahrhundert rund 25 000 Morgen Neuland gewonnen, das auf Grangien aufgeteilt angebaut wurde[49].

Die Zisterzienser haben die allgemein üblichen Werkzeuge bei der Feldarbeit eingesetzt, doch wird ihnen bei der Einführung des Räderpflugs eine Rolle als Vorbild und Pionier zugeschrieben. Der Räderpflug war besonders geeignet für schwerere Böden, benötigte aber leistungsfähige Ochsengespanne, die die Grangien stellen konnten[50].

Der Ackerbau und hier wiederum der Anbau von Getreide war immer der wichtigste Teil des klösterlichen Wirtschaftslebens. Als Beweis für die Bedeutung des Getreideanbaus kann das Verhältnis zwischen Ackerland und Heuwiesen dienen, das bei den Grangien der Zisterzen in der Schweiz zwischen 4 : 1 und 9 : 1 lag. Zeugnis für die Bedeutung des Getreideanbaus geben auch die großen Getreidespeicher der Grangien, die teilweise die Größe von Kirchenschiffen besaßen[51].

Die Bodenqualität und das Klima bestimmten, ob Weizen, Gerste, Hafer oder Roggen angebaut wurde[52]. Weizen wurde im allgemeinen seltener angebaut. Der Anbau von Gerste nahm erst mit der Brauaktivität der Klöster zu. Die herkömmliche Anbaufolge des zweijährigen Fruchtwechsels von Winterfrucht und Sommerfrucht hatte beim Wintergetreide Roggen und Weizen bereits höhere Erträge ergeben als bei den Sommergetreiden Hafer und Gerste. Die Zisterzienser sind frühzeitig von dieser Anbaufolge und der damit verbundenen Feldgraswirtschaft abgekommen und haben sich der ertragreicheren Dreifelderwirtschaft zugewandt[53].

Die Klöster haben bald die Bedeutung der richtigen Düngung für den Anbau erkannt. Wie alle Klöster haben sich die Zisterzienser seit ihrer Gründung mit Weinbau befaßt. Klöster wie Altenberg und Eberbach haben aber nicht nur den Weinbau und Weinausbau in ihren Kellereien betrieben, sondern sich auch in großem Umfang am Weinhandel beteiligt. Der Weinbau wurde von den Klöstern sogar in klimatisch weniger geeigneten Gebieten versucht[54], weil der Bedarf sehr groß war. Wie die Rodung und Terrasierung des Steilhangs Dézaley über dem Genfersee durch die Mönche des Klosters Hautcrêt in der Mitte des 12. Jahrhunderts beweist, haben die Klöster die entsprechend vorgebildeten Fachleute besessen und die harte körperliche Mühe der Anlagearbeiten nicht gescheut[55].

Von Anfang an sind in den Zisterzen auch Obst- und Gemüsegärten angelegt worden, deren Erzeugnisse hauptsächlich dem Eigenbedarf dienten. Durch die internationalen Beziehungen des Ordens wurden neue Sorten rasch verbreitet und weitergezüchtet[56]. So war die norwegische Abtei Lysa an der Entwicklung des skandinavischen Obstbaus führend beteiligt und konnte ihre Überschüsse sogar nach England exportieren, was seit 1212 durch königliches Privileg steuerfrei blieb. In den Gemüsegärten wurden verschiedene Kohlarten, Hülsenfrüchte, Rüben, Hanf, Hopfen, Senf, Möhren, Wicken, Zwiebeln, Flachs, Lein u. a. angebaut, wobei Klima und Bodenverhältnisse berücksichtigt wurden[57]. In den Klostergärten wurden von Anfang an auch Kräuter gezogen, wie einzelne Überlieferungen bezeugen[58]. Bemerkungen bei Cäsarius von Heisterbach über den Gartenbau lassen erkennen, daß sich nicht nur die Konversen, sondern auch die Mönche eingehend mit diesem befaßt haben, was wiederum auf die Beteiligung der Chormönche an der praktischen Arbeit im Kloster rückschließen läßt[59].

Obwohl den Zisterziensern selbst der Fleischgenuß untersagt war, haben sie in ihren Grangien intensive Viehzucht betrieben. Sie haben die Pferde als Reit-, Last- und Zugtiere gezüchtet, die Rinder vor allem für die Milch- und Käseproduktion, die Ochsen für ihre Tätigkeit als Zugtiere beim Ackerbau und die Schafe für die Fleisch-, Woll- und Pergamentproduktion. Für die Abtei Sardaigne ist bei der Gründung 1205 ein Viehbestand von 200 Pferden, 50 Rindern, 2000 Schweinen, 300 Schafen und 1000 Ziegen nachgewiesen. Clairvaux hatte im 13. Jahrhundert einen Bestand von 900 Rindern, Morimond von 700 und in kleineren Zisterzen dürften es immerhin noch etwa 300–400 Rinder gewesen sein. Der Bestand an Pferden war bei einigen Zisterzen ähnlich umfangreich. Die Abtei Jervaulx in England war zum Beispiel für ihre Pferdezucht berühmt. Die französische Abtei Froidmont besaß 1224 250 Pferde, die Abtei Meaux in England 1318 sogar 720. Die Schweinehaltung war durch die Waldmast der Tiere relativ einfach. Deshalb waren die Tierbestände auch außerordentlich groß, so zum Beispiel in Morimond im 13. Jahrhundert mit 2000 Tieren neben 700 Rindern[60]. Auch die oben genannte Abtei Sardaigne besaß 2000 Schweine. Die Schweinehaltung wird in der Forschung als ein Zeichen für das Abrücken von der ausschließlichen Selbstversorgung, hin zum marktorientierten Absatz von Überschüssen angesehen[61].

Die Zisterzen haben auch die Weiden und Forste in ihre landwirtschaftliche Nutzung einbezogen und durch intensive Pflege zu guten

Erträgen gebracht. Während die Wiesenerträge zur Fütterung des Viehs dienten, wurde das in den Wäldern geschlagene Holz in den klostereigenen Werkstätten weiterverarbeitet oder als Rohstoff verkauft.

Nach den Zahlenverhältnissen der Viehbestände entsteht der Eindruck, als hätten sich einzelne Klöster bei der Viehzucht auf bestimmte Tierarten spezialisiert. In England ist dieses für die Schafzucht und die dadurch erreichte Wollproduktion nachgewiesen[62]. Die Abtei Kirkstall hatte zum Beispiel Ende des 13. Jahrhunderts ca. 4000 Schafe auf ihren Weiden, die Abtei Meaux 1270/80 sogar rund 11 000. Die Abtei Kirkstall hat mit ihrem Viehbestand von 216 Ochsen, 160 Kühen, 152 trächtigen Tieren und Jungochsen, 90 Kälbern und 4000 Schafen keineswegs zu den überaus wohlhabenden Abteien gehört. Neben der Wollproduktion war die Schafhaltung auch für die Produktion von Pergament bedeutsam und mit einem sehr geringen Betriebsaufwand verbunden[63]. Die Schafzucht der Klöster war teilweise auch für die Wirtschaft der benachbarten Städte wichtig. So war die Schafzucht des Klosters Hauterive bei Fribourg (Schweiz) eng mit der Tuchproduktion und den Gerbereien dieser Stadt verbunden und hat vermutlich sogar einen guten Teil von deren Grundlage gebildet.

Die in England erzeugte Wolle wurde im 13. Jahrhundert bis nach Italien exportiert[64]. Die dadurch erzielten hohen Einkünfte zeigten sich auch darin, daß die englischen Klöster 1193 mehr als ein Drittel des Lösegelds für König Richard Löwenherz aufbringen mußten.

Wie in der Pflanzenzucht haben die internationalen Verbindungen der Zisterzienser dazu beigetragen, daß die Klöster schon frühzeitig wertvolles Zuchtvieh erhielten. So hat Clairvaux nachweislich bereits 1153 zehn Zuchttiere in Italien besorgt[65]. Die Pferdezucht wurde 1157 vom Generalkapitel eingeschränkt, um wegen dieser mit der Öffentlichkeit Streitfälle zu vermeiden[66]. Der Adel hat von den Klöstern immer wieder als ein Herrschaftsrecht die Hundehaltung und -zucht gefordert, was neben der rechtlichen Bedeutung ebenfalls als deutliches Zeichen für die umfassenden Kenntnisse der Mönche und Konversen im Bereich der Tierhaltung und -zucht angesehen werden kann. Obwohl es von Anfang an den Klöstern verboten war, exotische Tiere zu halten, haben sich einige Klöster nicht an diese Vorschrift gehalten. Sie haben diese besonderen Tiere nicht nur gehalten, sondern wohl auch gezüchtet, um sie an den Adel zu verkaufen. So wurde der Abt von Pairis 1206 vom Generalkapitel abgestraft, weil er Pfauen hielt[67].

Auf den Grangien wurde anscheinend auch in größerem Umfang Geflügel gehalten, um Fleisch und Eier zu erzeugen. Dieses Fleisch unterlag nämlich nicht dem üblichen Fleischverbot, sondern war den Mönchen erlaubt. Auch hier ist wie bei der Viehzucht schon bald für den Bedarf der jeweils benachbarten Märkte mitproduziert worden.

Die Wasserbautechnik und Teichanlagen führten bei den Klöstern zu einer planmäßigen Fischzucht. Die Abtei Lehnin hat Karpfen, Brassen, Kaulbarsche, Hechte, Aale und Stinte gezogen, in Waldsassen sind noch Schleien und Forellen hinzugekommen. Die Mönche haben sich umfassend über die biologischen Abläufe der Fischentwicklung informiert, wie die angesetzten Schonzeiten während der Laichzeit beweisen. Kloster Reinfeld in Holstein hat anscheinend bereits im 13. Jahrhundert 61 Teiche angelegt, um seine umfangreiche Fischzucht zu betreiben[68]. Der Biber wurde im Mittelalter wegen seiner Lebensweise als Fisch angesehen und sein Fleisch unterlag daher nicht dem Abstinenzgebot. Daher spielten Biber als eine Abgabe in einzelnen Klöstern, so in Pforta um 1200 eine gewisse Rolle[69]. Auch hier ist wieder eine Art von Spezialisierung bei einzelnen Klöstern feststellbar, die aber von der bisherigen Forschung noch wenig aufgehellt wurde, zumal wegen der lückenhaften Überlieferung Probleme bestehen.

Eine wichtige Rolle auf den Grangien hat auch die Bienenzucht gespielt. Sie war wegen der Honig- und Wachsproduktion von großer Bedeutung. Honig war als einziger Süßstoff ein wichtiges Nahrungsmittel der mittelalterlichen Küche. Kloster Waldsassen besaß »Bienenwälder«, in denen die noch relativ wilden Bienenvölker durch Zeidler betreut wurden. In den Klöstern wird der *apiarius* als dafür Zuständiger genannt. Auf diese Weise ist es anscheinend schon recht früh zu einer immer weitergehenden Zähmung der Bienenvölker gekommen, was einer intensiven wirtschaftlichen Nutzung derselben entgegen kam. Die Klöster haben auf diese Weise nicht nur bald Wachs zur Beleuchtung auf die Märkte gebracht, sondern auch die weitgehend mit Honig erzeugten Genußmittel Honigmet und Lebkuchen[70].

Die Grangien waren auf der einen Seite Agrarbetriebe zur Nahrungsmittelerzeugung, auf der anderen aber auch Wirtschaftsunternehmen. Die Zisterzienser haben diese Doppelfunktion ihrer Großbetriebe von Anfang an erkannt und auf eine genaue Betriebsführung Wert gelegt. Abt Stephan Lexington war nicht nur um die Bildung seiner Mönche besorgt, sondern auch um die wirtschaftliche Situation seines Klosters. Er hat deshalb 1230 für das damals von ihm geleitete Kloster Savigny eine Wirtschaftsordnung aufgestellt[71]. Nach ihr wurde am Jahresanfang von Abt und Cellerar festgelegt, wieviel Getreide für das Brotbacken und zum Bierbrauen benötigt wurde. Davon ausgehend bestimmten die Grangien den Anteil für den Eigenbedarf des Klosters und für den Verkauf[72]. Zweimal jährlich war der Vorrat an Nahrungsmitteln, Gewürzen und Stoffen, aber auch an Arbeitsgeräten zu prüfen. Diese Kontrolle war aber nicht nur auf die Mönche beschränkt, die Klosterämter versahen, sondern galt auch für die Konversen auf den Grangien[73]. Die Grangien und Werkstätten waren in jedem Quartal von den Amtsinhabern des Klosters zu überprüfen[74]. Die Leiter der Grangien hatten dem Kloster ebenfalls pro Quartal Bericht über die Wirtschaftslage zu erstatten[75]. Auch die Offizialen des Klosters mußten über alle Ein- und Ausgaben Rechnung legen[76]. Der Cellerar sollte die Erträge der Grangien an Korn und Geld aufzeichnen lassen und zweimal im Jahr den Viehbestand und das Inventar der Höfe erfassen, um deren Rentabilität genau einschätzen zu können[77]. Der Grangienmeister hatte einen relativ großen Handlungsspielraum[78]. Er vertrat die Grangie beim Kauf von Grundstücken, pfarrechtlichen Auseinandersetzungen und bei Streitigkeiten mit den Nachbarn. Auf der Grangie selbst war er verpflichtet, seinen Hof zweimal in der Woche vollständig zu kontrollieren und die bereits genannten Wirtschaftsberichte abzugeben.

Der Aufbau der Grangienwirtschaft der Zisterzienser vollzog sich im 12. Jahrhundert in einer Zeit grundlegender wirtschaftlicher Veränderungen. Dabei wurden Handel und Geldwirtschaft weiterentwickelt und die Arbeitsteilung zwischen agrarischer und gewerblicher Produktion ausgebaut. In der Agrarwirtschaft wurde das bisherige Fronhof- oder Villikationssystem zunehmend von der Rentengrundherrschaft ersetzt. Dabei wurde die Eigenwirtschaft der Grundherren verkleinert oder aufgegeben und das bisher von Hörigen bebaute Salland diesen gegen Geld- und Naturalabgaben überlassen. Die Zisterzienser haben ihre umfangreiche Eigenwirtschaft entgegen der allgemeinen Entwicklung der Wirtschaft und Gesellschaft aufgebaut[79]. Dieses System konnte daher nur solange funktionieren, wie die »Berufungen« zum Ordensleben genügend Arbeitskräfte bereitstellten. Ein Absinken der Mönchs- und Konversenzahlen mußte sofort wirtschaftliche Veränderungen im Bereich der Grangien nach sich ziehen.

Die Wirtschaft der meisten Zisterzen war aber nicht ausschließlich in Grangien organisiert. Sie hatten seit ihrer Gründung Schenkungen von ihnen eigentlich verbotenen Gütern erhalten, die sie nicht insgesamt in ihre Grangien integrieren konnten. Dazu kam auch umfangreicher Besitz in Streulage. Diese Güter wurden im Rahmen einer Rentengrundherrschaft verwaltet[80]. Die meisten Zisterzen haben auf diese Weise bereits seit ihrer Gründung ein gemischtes Wirtschaftssystem besessen. Später gegründete und vom burgundischen Zentrum des Ordens weiter entfernte Zisterzen haben sich die Grangienwirtschaft immer weniger zu eigen gemacht[81]. Als im Übergang vom 12. zum 13. Jahrhundert die Zahl der Konversen bereits zurückging, erlaubte das Generalkapitel 1208, entfernt liegendes und weniger nützliches Land an zinsende Bauern auszuleihen. 1224 erlaubte es sogar die Auflösung von Grangien, wenn der Abt des Mutterklosters zustimmte[82]. Das Generalkapitel nahm damit in einem historisch leichter nachprüfbaren Raum – wie wohl auch auf anderen Gebieten – die tatsächlichen Verhältnisse im Orden und die äußere Entwicklung in seine Gesetzgebung auf. Die Grangienwirtschaft, die die Prämonstratenser teilweise übernommen hatten[83], wurde keineswegs sofort aufgegeben, sondern nur die spätmittelalterliche Wirtschaftsentwicklung des Ordens eingeleitet. Die Wirtschaftsordnung von Stephan Lexington beweist, daß auch im französischen Raum, also in größerer Nähe des Ordenszentrums, ein Teil der Güter an Lehensleute ausgegeben und nicht in Grangien bewirtschaftet wurde[84]. Nach ihr wurden nämlich zweimal jährlich Mönche in die Amtsbezirke der Abtei entsandt, um die zusammengerufenen Amtmänner und Lehensleute unter Eid nach ihrem Lehensbesitz und den genauen Abgaben zu befragen. Diese Angaben sollten sorgfältig aufgezeichnet werden, was alles schon bald zur Anlage von Urbaren und Abgabenverzeichnissen der Klöster führte.

Neben der eigenständigen Versorgung mit Nahrungsmitteln durch die Grangien siedelten die Klöster auch Werkstätten innerhalb der Klostermauern an, um sich im Bereich des Handwerks ebenfalls eine weitgehende Unabhängigkeit von der Welt zu sichern, wie dieses bereits die Regula Benedicti (cap. 66) gefordert hatte. Die Zisterzienser sind dieser Aufforderung gefolgt. In ihren Klöstern wurden so frühzeitig von Konversen die Gewerbe des Bäckers, Webers, Schuhmachers, Gerbers, Kürschners, Schmieds, Zimmermanns und Maurers ausgeübt, daß diese wohl mit der Gründung der jeweiligen Abtei entstanden sind. Die Handwerker haben in ihren Werkstätten die Erzeugnisse der Agrarwirtschaft weiter verarbeitet. Aufgrund der hohen Qualität dieser Produkte wurden sie schon bald von den Laien begehrt, oft als Gegenleistungen für Schenkungen. So haben zum Beispiel Wohltäter der Klöster jährlich von diesen Schuhe erhalten. Daraus folgte, daß sich weltliche und geistliche Herren ihre Schuhwaren, selbst Jagdstiefel, von bestimmten Zisterzen liefern ließen. Ähnliches ist für die Klosterschmiede und -ziegeleien feststellbar[85] und ebenso bei der Holzverarbeitung, den Brauereien und Branntweinbrennereien. Auf diese Weise begann sich für das klösterliche Handwerk ein Markt außerhalb der Klostermauern zu entwickeln, der zunehmend mit Waren beliefert werden wollte.

Die Zisterzienser haben sich den von außen an sie herangetragenen Forderungen an ihre klösterliche Wirtschaft sofort geöffnet. Die klösterlichen Handwerksbetriebe benötigten mit ihrer Gründung Energie. Diese wurde meist durch die Wasserkraft geliefert und durch die ausgeklügelte Wasserbautechnik der Mönche und Konversen innerhalb des Klosters und seiner Werkstätten bereitgestellt[86]. Wie die Gesamtanlagen beweisen, ist die Frage der Wasserkraft in der Regel bereits im Zusammenhang mit der Standortfrage der Klöster gelöst worden. Die anfänglich provisorische Klosteranlage nach der Gründung hatte wohl auch die Aufgabe, die Verhältnisse vor Ort über einen längeren Zeitraum zu prüfen. Die am Anfang vieler Klöster erwähnten Verlegungen derselben an einen günstigeren Ort, haben vermutlich teilweise ihren Grund in Fragen der Umsetzung der Wasserkraft gehabt. Da die Forschung immer wieder behauptet, daß die bei der Verlegung von Klöstern genannten Wasserprobleme ein Topos seien, muß diese Frage in jedem Fall genau geprüft werden.

Der Betrieb von Mühlen war für die Zisterzienser überaus wichtig. Er war ihnen nur in Form der grundherrschaftlichen Mühle verboten, war für den eigenen Bedarf im Klosterareal und auf den Grangien aber gestattet. Die Abteien in Burgund besaßen je nach Größe durchschnittlich zwischen 10 un 20 Mühlen[87]. Sie wurden keineswegs nur zum Mahlen des Getreides benutzt, sondern je nach der Gegend auch zum Pressen von Oliven oder Nußkernen als Ölmühle, im handwerklichen Bereich als Walk- oder Lohmühle zum Walken von Wolltuch und Mahlen von Lohe für die Gerberei oder als Sägemühle usw. Die Zisterzienser haben an geeigneten Stellen auch Windmühlen errichtet, wobei sie vielleicht die sogenannte Bockwindmühle als technische Verbesserung geschaffen haben[88].

Die vielfältigen Klosterbetriebe forderten sofort Materialien und Rohstoffe, die teilweise von der Landwirtschaft nicht bereitgestellt werden konnten. An erster Stelle sind hier die Baumaterialien Steine, Ziegel und Dachschiefer zu nennen. Die zahlreichen Klostergründungen des Ordens mit ihren vielen Steinbauten haben eine erhöhte Nachfrage nach Baumaterialien ausgelöst[89]. Die Zisterzienser haben sich sehr bald nach der Gründung um die Anlage von Steinbrüchen bemüht, um die für ihre Baumaßnahmen benötigten Steine möglichst billig zu gewinnen. Sie haben für diese Bauten aber auch Kalkstein- und Schieferbrüche angelegt und Gips gewonnen. Cîteaux selbst hat schon früh eigene Gipssteinbrüche geschaffen. Für die Bauten haben die Klöster meist Steine aus der näheren Umgebung verwandt, so zum Beispiel Walkenried den weißgrauen Dolomit und Marienstatt den nahe beim Kloster anstehenden Bruchschiefer. In der letztgenannten Abtei sind Baumaterialien aus weiterer Entfernung und damit also teuerer nur für wichtigere Bauteile verwandt worden, so Tuff für die Gewölbe und Trachyt für die Bauplastik[90]. Marienstatt hat auch frühzeitig unterirdische Dachschieferlager ausgebeutet[91].

Die in den Klöstern festzustellende Ziegelfabrikation hat wohl ebenfalls mit der Produktion für den Eigenbedarf begonnen. Neben den Dachziegeln wurden auch Backsteine, Kaminsteine und Bodenfliesen im gleichen Verfahren aus gebranntem Ton hergestellt. Da die Klöster ihren Eigenbedarf in den Großbaustellen auf Jahre hinaus voraussahen, haben sie sehr bald technisch aufwendigere feste Brennöfen errichtet[92]. Sie waren auch zu den langwierigen Produktionsgängen in der Lage, die Raum, technisch erfahrenes Personal und für das erforderliche Holz entsprechenden Waldbesitz benötigten. Die qualitativ hochwertigen Erzeugnisse haben sehr bald auch die Bedürfnisse weltlicher Kundschaft geweckt und die Klöster zu einer quasi industriellen Fertigung angeregt. Die aus St. Urban in der Schweiz bekannten Backsteine und Bodenfliesen sind in ähnlicher Form auch in anderen klostereigenen Ziegeleien entstanden. Es dürfte bei fast jeder Zisterze eine Ziegelei anzunehmen sein, die zumindest den Eigenbedarf des Klosters gedeckt hat. In St. Urban wurden nicht nur die geometrischen Muster des Reiner Musterbuchs verwandt, sondern auch schon im 12. Jahrhundert figürliche Darstellungen aufgenommen[93]. Die Klosterziegeleien haben auch bald für die Fliesen Glasuren verwandt und wie in Kloster Reinfeld (Schleswig-Holstein) durch Verwenden verschiedenfarbiger Tone und dosierte Brenndauer auffallende Farbeffekte erzielt[94]. Die Klosterziegeleien sind auf diese Weise auf dem Markt bekannt geworden und haben am Burgenbau und dem Ausbau der Städte im 12. bis 14. Jahrhundert sicherlich gut verdient.

Auch Glashütten sind von den Klöstern früh errichtet worden. Sie sind für Cîteaux und Morimond sowie so viele andere Abteien bekannt, daß man davon ausgehen kann, daß eine Glashütte errichtet wurde, wenn die erforderlichen Rohstoffe vorhanden waren. Das vorrangige Ziel war die Deckung des Eigenbedarfs, aber auch bald, benachbarte Märkte zu beliefern. Ein Beispiel dafür bietet Doberan, das seit vor 1268 die einzige Glashütte in Mecklenburg betrieb, die ihre Erzeugnisse vor allem im benachbarten Rostock absetzte[95].

Die Klöster haben sehr früh begonnen, Bodenschätze auszubeuten, weil sie diese für ihre Werkstätten benötigten. Dabei läßt sich nicht eindeutig nachweisen, ob sie dieses anfänglich nur für den Eigenbedarf taten oder ob von Anfang an auch die Produktion für den Markt gedacht war. Die burgundischen Mutterklöster hatten so früh Verbindungen zur Montanindustrie, daß sich vermuten läßt, die anfängliche Eigenversorgung hat durch ihre qualitativ hochwertigen Erzeugnisse den Markt für die Klosterwerkstätten in einem Umfang geöffnet, daß sich die Klöster wiederum um die erforderlichen Rohstoffe bemühen mußten. Bei den etwas später gegründeten Klöstern dürfte dann von Anfang an bei der Standortwahl die Verhüttung von

Bodenschätzen berücksichtigt worden sein. Solche Überlegungen sind vermutlich bei der Gründung von Clairlieu im Tal der oberen Mosel und wohl auch bei Walkenried im Südharz angestellt worden[96]. Bis zum Beginn des 14. Jahrhunderts konnten etwa 35 Zisterzen nachgewiesen werden, die an der europäischen Eisenproduktion beteiligt waren[97]. Bis um 1200 waren die französischen und englischen Klöster auf diesem Gebiet im Orden allein tätig. Einen Schwerpunkt haben dabei die Champagne und Lothringen gebildet. Die Eisenverhüttung wird in den Klöstern urkundlich so früh erwähnt, daß diesen ein erheblicher Anteil an der Einführung derselben zugeschrieben wird[98].

Morimond besaß Werkstätten, um die von ihm bei Chaligny abgebauten Minetteerze weiterzuverarbeiten. Fontenay betrieb um 1140 schon Hochöfen und Hammerwerke[99]. Auch in Clairvaux wurde frühzeitig mit der Eisenverhüttung begonnen. Die Zisterzen Beaupré, Clairlieu, Hauteseille, Orval und Châtillon sind in der Eisenverhüttung im ostfranzösischen Raum besonders hervorgetreten. Sie haben neben den Prospektions- und Schürfrechten in der Regel gleichzeitig auch die Rechte erworben, Holz in den in der Umgebung gelegenen Wäldern zu fällen, um die benötigte Holzkohle zu erzeugen. Die klösterlichen Eisenhütten waren dabei betrieblich mit dem Bergbau verbunden.

In England hat die Abtei Fountains in den 30er Jahren des 12. Jahrhunderts, also unmittelbar mit seiner Gründung, stillgelegte Bleiminen in seiner Umgebung wieder in Betrieb genommen[100]. Im deutschsprachigen Raum haben Zisterzen für ihre Schmiedewerkstätten Raseneisenerze abgebaut und verhüttet, wie zum Beispiel Heiligenkreuz bei Wien oder Kloster Zinna. Auf eine ähnliche Eisengewinnung dürfte auch die 1197 im Kloster Sorø auf Seeland nachgewiesene Eisenhütte zurückgegriffen haben[101]. Im Orden waren gute Kenntnisse über den Abbau von Eisenerzen und deren Verhüttung weit verbreitet. Die Klöster haben unter ihren Konversen dafür besondere Fachleute gehabt. Es wird vermutet, daß französische Ordensbrüder als Fachleute bei der Gründung der Zisterzen Walkenried und Sittichenbach mitgewirkt haben[102], da diese an Stellen entstanden, an denen auf natürliche Weise ein Kupferschieferflöz abgebaut werden konnte. Walkenried war schon 1188 am Silberbergbau im Rammelsberg bei Goslar beteiligt und besaß neben seinen Eisenhütten im frühen 13. Jahrhundert auch Schmelzhütten für Kupfer, Blei und Silber. Es hat in dieser Zeit seine Hüttenwerke ausgebaut und sich gleichzeitig darum bemüht, Waldanteile im Harz zu erwerben, um genügend Holz für die Verhüttung zur Verfügung zu haben.

Im 13. Jahrhundert ist auch in der in Kleinpolen gelegenen Zisterze Wachok Eisenerz- und Kupferabbau nachweisbar, die vor Ort verhüttet wurden. Aus diesem Grund wird den Zisterziensern auch die Einführung des Hüttenwesens in der Region von Kielce zugeschrieben[103]. Die Eisenerzgewinnung und -verarbeitung scheint in dieser Zeit weiter verbreitet gewesen zu sein, als sich heute erkennen läßt. Beispielhaft dafür sind die schweizerischen Zisterzen, von denen über Eisenerzabbau oder -verarbeitung kaum etwas bekannt ist. Doch deuten Flurnamen wie »Ysengraben« oder »Ysenmatten« in der Umgebung der dortigen Zisterzen vermutlich auf Erzabbau hin[104]. Dieses und die zahlreichen weiteren Beispiele für Erzabbau und -verarbeitung lassen eigentlich nur den Schluß zu, daß die Klöster Hüttenwerke betrieben haben, wenn die entsprechenden Erze in der Nachbarschaft vorhanden waren. Dabei haben sich die Klöster untereinander über technische Weiterentwicklungen verständigt und ausgetauscht[105], was anzeigen dürfte, daß sich die Klöster gegenseitig keine wirtschaftliche Konkurrenz gemacht haben. Der Orden hat auf diesen Gebieten somit einheitlich gehandelt.

Die Zisterzienser haben auch frühzeitig begonnen, Steinkohle zu fördern, zuerst im Tagebau, dann auch unter Tage[106]. Die schottischen Zisterzen Newbattle und Culross waren auf diesem Gebiet sehr früh tätig. Die Abtei Culross hat sogar 170 Schiffe gehalten, um die Steinkohle transportieren zu können. Auf dem Kontinent lassen sich vergleichbare Beispiele im Kohleabbau erst im 15. Jahrhundert feststellen. Es ist aber zu vermuten, daß auch hier schon wesentlich früher von den Klöstern mit dem Kohleabbau begonnen wurde.

Salzproduktion und Salzhandel war für die Zisterzienser ebenfalls schon frühzeitig von großer Bedeutung. Sie haben sich schon im 12. Jahrhundert an beidem beteiligt, obwohl sie bereits ein ausgebildetes Salinenwesen und einen gut organisierten Salzhandel vorfanden. Die zahlenmäßig großen Konvente und die viehreichen Grangien hatten einen hohen Salzverbrauch, der in der mittelalterlichen Zeit zudem etwa dreimal so hoch wie heute war. Salz war aber nicht nur ein Nahrungs- und Gewürzmittel für Mensch und Tier, sondern auch als Konservierungsmittel von großer Bedeutung[107]. Die Zisterzen waren daher bemüht, das relativ teuere Salz im Wege der Eigenversorgung billiger zu erhalten[108]. Daher haben sich viele Zisterzen Salinenanteile beschafft. Französische, englische und deutsche Abteien haben eigene Siedehütten betrieben oder Anteile an solchen bzw. Siedepfannen besessen.

Als erste deutsche Zisterze ist für Kloster Rein überliefert, daß es 1147 in Aussee zwei Salzpfannen geschenkt erhielt. Diese hat das Kloster mit eigenem Personal betrieben, das so viel von der Salzgewinnung verstand, daß es, als die Förderung der Saline nachließ, eine neue anlegen konnte[109]. Doch schon bald darauf wurde das Kloster vom Landesherrn aus dieser produktiven Saline verdrängt und mußte sich mit einer prozentualen Beteiligung an deren Produktion begnügen. Die fränkischen Zisterzen Ebrach und Langheim haben 1152 eine Salzquelle in Lindenau bei Heldburg in Thüringen erworben und gemeinsam genutzt[110]. Die wirtschaftliche Zusammenarbeit verschiedener Klöster wird hier wieder sichtbar. Raitenhaslach hat in derselben Zeit seinen Anteil an der Saline in Reichenhall erworben. Als der Erzbischof von Salzburg die Saline in Hallein einrichtete, hat er 1201 Anrechte an derselben dem Kloster Salem geschenkt und ebenso 1207 Raitenhaslach. Dadurch hat er die fachkundigen Klöster zu seiner Unterstützung gewonnen. Beide Klöster ließen das Salz in einem eigenen Sudhaus wohl durch bezahlte Arbeitskräfte gewinnen[111] und engagierten sich in der Saline, obwohl der Salzburger Erzbischof die Produktion schon nach wenigen Jahren drosselte, um den Salzpreis zu stabilisieren, weil sie über den Eigenbedarf hinaus von Anfang an auch das gewonnene Salz dem Handel zuführen wollten[112]. Raitenhaslach und Salem haben sich schon bald um Zollprivilegien bemüht, um das Salz zollfrei auf den Markt zu bringen. Salem ließ sich das Salz in seinen Klosterhof in Konstanz liefern, Raitenhaslach in seinen Hof zu Krems. Damit wurden auch die Zielrichtungen des jeweiligen klösterlichen Salzhandels deutlich. Im 13. Jahrhundert erhielten die Zisterzen Heiligenkreuz (1219), Zwettl (1243), Lilienfeld (1244), Wilhering (1246) und Aldersbach (1246) Rechte zum Bezug von bestimmten Salzmengen in Hallein geschenkt[113], die sie ebenfalls auf den Markt brachten.

An den Salinen im oberen Seilletal in Lothringen waren die Zisterzen Weiler-Bettnach und Werschweiler beteiligt[114], neben denen auch die Zisterzen Clairvaux, Morimond, Beaupré, Bithaine, Cherlieu, Clairlieu, La Crête, Hauteseille, St. Bénoit-en-Wœvre, Trois-Fontaines und Vaux-en-Ornoy Anteile an der dortigen Salzproduktion besaßen[115]. Als der Bischof von Metz 1208 mit den Zisterzen einen Vergleich über die Angaben von den Salinenanteilen schloß, waren inzwischen sogar 16 Abteien beteiligt. Sie haben dann bald darauf ihre Salinenrechte als Zinslehen ausgegeben.

An der bedeutenden Saline Schwäbisch Hall war von den Zisterzen im weiteren Umkreis nur Kloster Schöntal beteiligt[116]. Auch Amelungsborn, Hardehausen, Loccum, Marienfeld, Marienrode und Riddagshausen haben sich Anteile an Salinen in Westfalen und dem südlichen Niedersachsen verschafft[117]. Die Zisterzen in Mecklenburg, Pommern und Polen haben über eigene Anlagen zur Salzgewinnung verfügt, wobei sich nicht genau bestimmen läßt, ob dieses im Eigenbetrieb unter der Leitung klösterlicher Vertreter, durch Konversen oder freie Lohnarbeiter geschah. Doberan hatte seine Anlagen in Sülze, Dargun, Kolbatz und Buckow in Kolberg, andere Zisterzen lagen dagegen sogar neben Salzquellen, wie zum Beispiel Eldena und Neuenkamp[118]. Die Zisterzienser haben bei diesen Klostergründungen wegen des Handelswertes des Salzes sich von Anfang an um diese Rechte bemüht. Soweit den Klöstern festgelegte Salzmengen garantiert waren, haben diese den Eigenbedarf deutlich überschritten und waren daher von Anfang an für den Handel bestimmt[119]. Die Beteiligung der Zisterzen an der Saline Lüneburg war eine mittelbare Beteiligung, um Salz zu gewinnen, indem sie Anteile an den Produktionsstätten erwarben und dafür jährliche Abgaben erhielten. An der Saline Lüneburg waren die Zisterzen Reinfeld, Doberan, Scharnebeck, Amelungsborn und Marienrode, später auch Neuenkamp und Walkenried beteiligt[120]. Von den etwa 100 Zisterzen im deutschen Sprachraum waren 46 an 31 Salinen beteiligt, wobei aber nur wenige eigenständige Siedebetriebe eingerichtet und das gewonnene Salz vermarktet haben. In vielen Salinen wurden die Klöster schon frühzeitig nur auf Abgaben von Salz oder Zinse beschränkt.

Der Wunsch nach weitgehender Eigenständigkeit hat die Wirtschaft der Zisterzienser zu ihrer breiten Tätigkeit angeregt. Es ist ihnen aber trotz aller Bemühungen nicht vollständig gelungen, eigenständig zu werden, weil nicht jede Zisterze alles, was sie benötigte, zur Verfügung hatte. Dazu sind beispielsweise Salz und Eisen zu nennen. Die Zisterzienser waren auf den Markt angewiesen, um die ihnen fehlenden Materialien zu erwerben. Um auf dem Markt einkaufen zu können, war es notwendig, die Überschüsse der eigenen Produktion zu verkaufen, was die Regula Benedicti (cap. 57) erlaubte. Während die Benediktiner eigene Klostermärkte bei ihren Klöstern eingerichtet hatten, haben die Zisterzienser darin eine Störung ihres klösterlichen Lebens gesehen und eigene Märkte überhaupt nicht in Betracht gezogen[121]. Die Statuten des Ordens haben daher den Marktbesuch einzelner Konventsmitglieder stillschweigend für besser gehalten, obwohl sie ihn als »gefährlich und wenig ehrenvoll« einstuften. Bernhard von Clairvaux hatte in seiner *Apologia* den Cluniacensern vorgeworfen, daß sie sich, um Kutten zu kaufen, auf den Märkten herumtreiben würden. In dem kurz nach Bernhards Tod abgefaßten *Dialogus duorum monachorum* verteidigten die Zisterzienser unter anderem den Marktbesuch damit, daß ihre Klöster keine Bauern oder Zinse besitzen und daher den Markt zum Verkaufen und Kaufen benötigen würden. Doch stellten sie weiterhin fest, daß sie nur zu den nächstgelegenen Märkten gingen, um wohlfeile Dinge zu erstehen, während die Cluniacenser zu fernen Märkten zogen, um kostbare Dinge zu erwerben[122]. Tatsächlich war den Zisterziensern nur der Besuch von Märkten erlaubt, die nicht weiter als drei oder vier Tagesreisen vom jeweiligen Kloster entfernt waren. Es durften auch nur zwei Mönche oder Konversen dorthin fahren und diese mußten sogar ihren Proviant mitnehmen. Es war ihnen auch verboten, im Auftrag von weltlichen Personen Handel zu betreiben.

Wie die zahlreichen Verbote der Generalkapitel der folgenden Jahrzehnte zeigen, haben sich trotz dieser Einschränkungen die in den Klöstern für den Handel ausgewählten Fachleute *(mercatores)*[123], die überwiegend Konversen waren, bemüht, für ihre Klöster Vorteile zu erreichen. Sie haben daher immer wieder den verbotenen Handel mit eigenen oder fremden Waren über die unmittelbaren Bedürfnisse ihrer Klöster hinaus versucht. Dabei sollten die Erzeugnisse der Klöster eigentlich im großen Stil an weltliche Kaufleute gegen Geld oder ungemünztes Edelmetall verkauft werden, um mit diesem dann auf dem Markt einkaufen zu können. Der Warenaustausch sollte gegenüber diesen Verkäufen – Käufen zurücktreten. Damit hatten sich die Zisterzienser für die im Aufschwung begriffene moderne Geldwirtschaft entschieden[124].

Die Generalkapitel haben durch zahlreiche Einzelverordnungen versucht, den Handel der Klöster zu behindern und einzuschränken. Sie wollten damit das Ideal der Eigenwirtschaft bewahren. Doch erzeugte gerade dieses erfolgreich betriebene Modell Überschüsse, die abgesetzt werden mußten und daher den Markt benötigten. Schon relativ früh waren die einzelnen Klöster in den Handel eingebunden, wie die zahlreichen Zollprivilegien beweisen. Ludwig VI. von Frankreich hatte 1135 Cîteaux, den Primarabteien Pontigny und Clairvaux sowie allen Abteien des Ordens ein umfassendes Zollprivileg gewährt. Weitere Zollprivilegien zeigen, daß die Klöster anfänglich mit den Überschüssen ihrer Agrarproduktion auf die Märkte gingen, aber sehr schnell mit Bodenschätzen folgten[125]. Die Zollprivilegien im französisch-burgundisch-lothringischen Raum haben in den folgenden zwei Jahrzehnten zahlenmäßig zugenommen. Die östlich des Rheins gelegenen Zisterzen sind dieser Entwicklung mit einer geringen Zeitverzögerung gefolgt. So erhielt Altenberg 1183 Zollprivilegien vom mittleren Main bis nach Antwerpen, und Eberbach wurde 1185 vom Rheinzoll bei Koblenz befreit[126]. In den folgenden Jahren folgten weitere Zollprivilegien, die zu einer »fast lückenlosen Kette« zwischen Worms und Köln führten[127]. Die Zisterzienser waren am Ende des 12. Jahrhunderts bereits ein gewichtiger Faktor im Handelsgeschehen.

Die Klöster haben ihre Waren mit eigenem Personal und Transportmitteln zu den Märkten gebracht. Dabei kam ihnen zugute, daß sie trotz aller Vorschriften dennoch von den großen Verkehrswegen nicht allzu weit entfernt lagen. Sie haben auch vieles über den Wasserweg befördert. Ihre Schiffe waren auf dem Rhein und seinen Nebenflüssen ebenso zu finden, wie auf der Nordsee und dem Ärmelkanal. Selbst die im Bereich der heutigen Schweiz gelegenen Zisterzen haben die Wasserwege in ihrer Umgebung benützt. Die Klöster haben dabei auch darauf geachtet, daß die Schiffe auf der Hin- und Rückfahrt beladen waren. Kloster Neuburg im Elsaß hat so zum Beispiel Wein in die eine und Heringe und Salz in die andere

Richtung transportiert[128]. Die Zisterzienser haben diese Transportgestaltung wohl in ähnlicher Form in ganz Europa betrieben, sofern sie sich aus der Lage der Straßen und Wasserwege ergab. Da sie alle Möglichkeiten ausschöpften, konnten sie häufig Waren preisgünstiger anbieten als andere Händler.

Die Entwicklung der Stadt in der zweiten Hälfte des 12. Jahrhunderts war eine wichtige Voraussetzung für den Aufschwung des Handels der Zisterzienser. Die rasch wachsende Bevölkerung ließ die Nachfrage nach Nahrungsmitteln und Rohstoffen für die städtische Produktion steigen. Die Zisterzienser haben sich damit der Stadt, die sie eigentlich ablehnten[129], in wirtschaftlicher Hinsicht rasch genähert. Am Übergang vom 12. zum 13. Jahrhundert haben sie im Wirtschaftsleben der frühen Städte bereits eine bedeutende Rolle gespielt.

Sie waren in der Lage, den städtischen Märkten die geforderten Mengen an Getreide, Wein, Wolle und Fleisch sowie Bodenschätzen wie Salz und Eisen zu liefern. Sie haben auf diesen für ihre eigenen Werkstätten eingekauft, wie der Kauf von großen Mengen von Häuten trotz ihrer umfangreichen Viehzucht auf den Grangien nahelegt. Die Forschung erschließt aus diesem Vorgang, daß die Klöster in großem Umfang Lederwaren für die Märkte hergestellt haben[130]. Es wäre noch zu prüfen, ob und wie die städtische Produktion mit der klösterlichen verbunden war, da sich nach dem Beispiel der Wirtschaftsverbindung zwischen der Stadt Fribourg und der Zisterze Hauterive in der Woll- und Tuchproduktion ähnliche Verbindungen auch in anderen Regionen annehmen lassen.

Mit dem zunehmenden Handel wuchs die Bedeutung der Zollprivilegien, da sie den Klöstern die Durchgangszölle ersparten. Frühzeitig haben sie auch Grundbesitz in den Städten erworben. Die Stadtherren haben den Zisterziensern teilweise sogar die städtischen Grundstücke überlassen, weil damit der Warenaustausch gefördert und die jeweiligen Klöster enger in das Netz der wirtschaftlichen Interessen von Stadt und Stadtherrn eingebunden wurden. Ihre anfänglich kleinen Handelsniederlassungen sind sehr schnell zu den großen Stadthöfen ausgebaut worden, die für die Städte und die Klöster von großer Bedeutung waren[131]. Die Mönche haben ihre im Stadthof gelagerten Waren von dort aus an die städtischen Händler, später auch direkt an die Einwohner verkauft und im Gegenzug ihre benötigten Waren auf dem Markt eingekauft. Nach den Statuten war den Mönchen und Konversen um die Mitte des 12. Jahrhunderts noch verboten gewesen, in den Stadthöfen zu wohnen, deren Besitz damit für die Klöster stillschweigend vorausgesetzt wurde[132]. Den Konversen wurde schon vor 1180 der ständige Aufenthalt in den Stadthöfen erlaubt[133] und die Statuten von 1202 untersagten nur noch den Mönchen, ihren Aufenthalt in der Stadt zu nehmen[134].

In sehr früher Zeit sind bereits Stadthöfe der Zisterzen Ebrach und Heilsbronn in Würzburg nachgewiesen[135]. Die Abtei Weiler-Bettnach besaß 1147 einen Stadthof in Metz[136], und die Klöster Langheim, Ebrach und Heilsbronn haben 1154 einen gemeinsamen Stadthof in Bamberg eingerichtet[137]. Die Zisterzen Altenberg und Eberbach haben in derselben Zeit fast gleichzeitig ihre Höfe in Köln errichtet[138]. Die zurückhaltende Politik des Generalkapitels dürfte mit dazu beigetragen haben, daß die Stadthöfe anfänglich von den Klöstern als eine relativ flexible Handelsinstitution in ihr Wirtschafts- und Verwaltungssystem eingebaut wurden.

Cîteaux erwarb 1162 vor den Toren der Stadt Dijon einen Hof[139]. Hardehausen richtete seinen Stadthof in Paderborn 1160 ein, Rein 1164 in Graz und Raitenhaslach vor 1165 in Burghausen[140]. Auch im nordfranzösischen Raum haben die dortigen Zisterzen in dieser Zeit Stadthöfe erworben: Igny 1161 in Reims, Chaalis 1163 in Senlis und Ourscamp vor 1169 in Soissons und Compiègne[141]. Die Klöster haben in den folgenden Jahrzehnten das Netz ihrer Klosterhöfe weiter ausgebaut. Im frühen 13. Jahrhundert hatte jede Zisterze zumindest in der für sie wichtigsten Stadt einen Hof, die Regel waren sogar mehrere Höfe in den benachbarten Städten. Anfänglich hatten die Klöster auch mehrere Höfe in einer Stadt erworben, was das Generalkapitel von 1189 jedoch auf einen Hof beschränkte[142]. Bedeutende Zisterzen haben etwa zehn bis fünfzehn Stadthöfe in den Städten der jeweils näheren und weiteren Umgebung unterhalten[143]. In der Wirtschaft der Zisterzienser war damit im ersten Jahrhundert ihres Wirkens der Stadthof als Absatzmarkt neben die für die Produktion bestimmte Grangie getreten. Vielfach waren auch bestimmte Grangien auf Stadthöfe bezogen und damit ein wirtschaftlicher Verbund gebildet[144]. Die Klöster haben sich dabei aber flexibel nach den regionalen Gegebenheiten ausgerichtet.

Die Stadthöfe bestanden meist nicht nur aus einem Gebäude, sondern waren ein ausgedehnter Hof mit Stallungen, Scheunen, Kellern und auch Verkaufs- und sogar Schankräumen[145]. Der Ausschank von Wein in den Stadthöfen war seit 1182 erlaubt. Einige dieser Stadthöfe haben in ihren jeweiligen Städten bedeutende Rollen gespielt. So hat der Salemer Hof in Konstanz vielleicht bis zum Bau des städtischen Kaufhauses 1387 dessen Stelle eingenommen[146]. Auch in Graz war der Stadthof der Abtei Rein das älteste Kaufhaus der Stadt[147]. Die Reihe dieser Beispiele ließe sich weiter fortsetzen.

Die Stadthöfe erhielten in vielen Fällen im 13. Jahrhundert eigene Kapellen und wurden dadurch immer besser für längere Aufenthalte von Konventsangehörigen geeignet. Sie waren wohl schon seit ihrer Gründung zur Aufnahme der vor Fehden und Angriffen mit ihrem Besitz und Archiven aus den Klöstern flüchtenden Mönchen geeignet. Wie zum Beispiel die Ausstattung des Stadthofs des Klosters Kappel in Zürich beweist, haben die Höfe auch eine gewisse Stellung im gesellschaftlichen und kulturellen Leben der jeweiligen Stadt gespielt[148]. Die Verbindungen zwischen einzelnen Bürgern und den Klöstern wurden häufig über die Stadthöfe angeknüpft.

Die Zisterzen haben schon im 12. Jahrhundert erhebliche Gewinne erwirtschaftet, womit sie ihre großen Baumaßnahmen in diesen Jahrzehnten finanzieren konnten. Seit dem frühen 13. Jahrhundert wurden umfangreicher Besitz und zahlreiche Rechte gekauft[149], um bereits vorhandenen Besitz abzurunden. Die Zisterzienser haben ihre wirtschaftlichen Erfolge zu einem großen Teil ihrer schriftlichen Rechnungsführung und ihrer dauernden Überprüfung der wirtschaftlichen Situation ihres Besitzes verdankt. Da sie zudem schon frühzeitig mit den Händlern der Städte Verbindungen aufgenommen hatten und ihre in den Stadthöfen tätigen Konversen als Kaufleute ausbilden und handeln ließen, waren sie auch auf diesem Gebiet erfolgreich.

Die Einkünfte hatten von den Klöstern schon sehr früh Überlegungen gefordert, wie sie ihr Geld anlegen sollten. Bereits 1157 wandte sich das Generalkapitel gegen die Pfandleihe, bei der der Darlehensnehmer zum Beispiel Grundbesitz als Pfand bis zur Rückzahlung des Darlehens setzte, wobei der Darlehensgeber die Erträge erhielt. Falls das Pfand nicht ausgelöst werden konnte, verfiel es dem Gläubiger. Nachdem diese Form der Pfandleihe 1163 als Wucher verboten worden war, blieb nur die Pfandnutzung zur Schuldentilgung übrig. Im 13. Jahrhundert wurde der Rentenkauf für die Zisterzen wie für die anderen Klöster bedeutsam. Dabei gewährten die Klöster gegen die Übergabe von Grundbesitz oder Bargeld eine jährliche Rente auf Lebenszeit, die später häufig bei 5% lag. Die Zisterzen nahmen in derselben Zeit auch das Einlagengeschäft auf, das heißt sie verwahrten Sachgüter oder Geld gegen Gebühren. Auf diese Weise wurden sie in kurzer Zeit zu bankähnlichen Institutionen. Insbesondere die gut geschützten Stadthöfe, in die auch die Konvente bis ins 18. Jahrhundert ihre Wertsachen und Archive flüchteten, wurden für die Hinterlegung von allen möglichen Waren und Gütern, aber auch Wertsachen und Geldern von großer Bedeutung. Die Generalkapitel haben sich seit 1183 immer wieder mit diesen *deposita* in den Klöstern befaßt und grundsätzliche Regelungen getroffen. Die Wirtschaftsordnung Stephan Lexingtons regelte ebenfalls die Deponierung von fremden Gütern in einem Umfang, der beweist, daß diese Bestandteil des üblichen Wirtschaftslebens der Zisterzen war[150].

Die außerordentliche Fähigkeit der Zisterzienser in Verwaltungs- und Geldangelegenheiten führte schon im 12. Jahrhundert dazu, daß geistliche und weltliche Fürsten qualifizierte Mönche in ihren Verwaltungsdienst nahmen. Das Generalkapitel, das solche Gesuche genehmigen mußte, war anfänglich sehr restriktiv, lockerte aber im Laufe des 13. Jahrhunderts seine Handhabung[151], zumal diese Mönche und Konversen an Fürstenhöfen und Bischofssitzen für den Orden und seine Klöster sehr nützlich waren. Der Kölner Erzbischof Rainald von Dassel (1159–1167) hatte beispielsweise bereits für seine Wirtschaft Konversen aus Altenberg und Kamp angefordert, und der Bischof von Sitten erhielt 1279 vom Generalkapitel die Erlaubnis, einen Mönch aus der Abtei Hautcrêt und einen Konversen aus einem anderen Konvent nach seiner Auswahl anzustellen[152]. Die Forschung sieht von der Tätigkeit dieser Fachleute einen Einfluß auf die Entwicklung der fürstlichen und kommunalen Haushaltsführung ausgehen. Da das Vorbild durch diese praktische Tätigkeit gewirkt hat, lassen sich direkte Verbindungslinien zu der Ausbildung der öffentlichen Haushalte nur in sehr geringem Umfang ziehen.

Die Zisterzienserinnen unterlagen in wirtschaftlicher Hinsicht denselben Vorschriften wie die Männerklöster. Sie haben ebenfalls ein gemischtes Wirtschaftssystem besessen, das auf der Eigenwirtschaft und der Rentengrundherrschaft aufbaute. Der eigenwirtschaftliche Anteil war jedoch wegen der geringeren materiellen Ausstattung und vor allem dem kleineren Arbeitskräftepotential wesentlich niederer[153]. Von den sechs oberschwäbischen Zisterzienserinnenklöstern, die zwischen 1212 und 1240 gegründet wurden, besaßen Heiligkreuztal eine, Heggbach und Baindt je zwei und Wald vielleicht sogar drei Grangien. Sie waren jedoch recht klein, lassen sich erst im 14. Jahrhundert nachweisen und wurden in diesem bereits wieder aufgegeben. Später haben die Klöster nur noch am jeweiligen Klosterort einen Wirtschaftshof betrieben[154]. Die Grangien dürften schon bald nach der Gründung der Klöster angelegt worden sein, haben aber in dieser Spätphase der Grangienbildung kurz vor der Mitte des 13. Jahrhunderts keine vollständige Ausbildung mehr erfahren, was sich vor allem am sehr geringen Grundbesitz zeigt. Die Entwicklung in anderen Zisterzienserinnenklöstern ist ähnlich verlaufen[155]. Sie haben trotz ihrer kleinen Wirtschaftsgrößen auch Stadthöfe errichtet. Bei den oberschwäbischen Zisterzienserinnenklöstern hatten Heiligkreuztal einen im benachbarten Riedlingen, Heggbach in Biberach und Wald sogar zwei, einen in Überlingen und den anderen in Pfullendorf[156]. Die Stellung der Konversen war in der Verwaltung des Güterbesitzes bei den Zisterzienserinnen erheblich einflußreicher als in den Zisterzen der Männer, weil sich die Zisterzienserinnen wegen der strengen Klausur an der Verwaltung ihrer Klöster weniger beteiligen konnten, als dieses die Zisterzienser taten[157]. Es wird auf diese Weise deutlich, daß die kleinen Kirchen und Konventbauten der Zisterzienserinnen ihre deutliche Parallele in den kleineren Grangien und Eigenwirtschaftsbetrieben und damit auch wesentlich geringeren Einkünften hatten.

Die Zisterzienser sind im wirtschaftlichen Bereich mit hohen Forderungen an ihre Klostergemeinschaft, ihren Orden, aber auch sich selbst angetreten. Untersuchungen der frühen Geschichte der burgundischen Zisterzen im 12. Jahrhundert haben in jüngster Zeit ergeben, daß auch die Abteien, die in der Frühzeit des Ordens gegründet worden waren mit Ausnahme von Clairvaux verbotenen Besitz innegehabt haben[158]. Dieses Ergebnis zeigt die besondere Stellung von Bernhard von Clairvaux im Kloster, im Orden, in der Kirche und in der Welt auf. Er hat die Forderungen der Regel selbst gelebt und in die Tat umgesetzt, was ihnen in seiner Person auch die große Durchsetzungskraft und dem Orden seine Ausbreitung gab. Dieses Ergebnis vermittelt aber auch den Anschein, daß die Normen, die sich der Orden gesetzt hatte, nur in wenigen Klöster verwirklicht worden sind. Es erscheint kaum glaublich, daß diese Normen erst als Reaktion auf die praktische Wirtschaftsführung formuliert wurden, um die Mönche zur schlichten Lebensform des Anfangs zurückzuführen. Es ist eher anzunehmen, daß die Wirtschaftspraxis zwischen den anfänglichen Vorstellungen und dem tatsächlichen Leben einen Gegensatz hervorgebracht hat[159].

Die von den Zisterziensern angewandten Prinzipien haben zu dem »Wirtschaftswunder« der Klöster geführt, dessen Ergebnis in Form des erworbenen Gewinns und Reichtums in deutlichem Widerspruch zu den Forderungen des Ordens stand. Sehr früh hat die Kritik an den Zisterziensern diese Bruchstelle zwischen »Ideal und Wirklichkeit« bemerkt und hervorgehoben. Die Gründe des wirtschaftlichen Erfolges der Mönche lagen im Ideal der Arbeit, ihrer asketischen Lebensweise[160], ihrer Organisationsfähigkeit und dem planmäßigen Aufbau des gesamten Wirtschaftsbereichs, wozu auch der Umgang mit der Zeit gehörte[161]. Die Zisterzienser haben in diesen eher äußeren Anforderungen erfolgreich der Rationalität der Scholastik nachgelebt, die sie im theologisch-spirituellen Bereich erst ein bis eineinhalb Jahrhunderte später übernommen haben. Die Klöster haben mit dem Aufbau der Grangien als landwirtschaftlichem Großbetrieb und den klösterlichen Werkstätten zur Eigenversorgung mit dem in den Konversen zur Verfügung stehenden hochmotiviertem Personal eine Ausgangsbasis besessen, die jedoch für ihren tatsächlichen wirtschaftlichen Erfolg den Aufschwung des Städtewesens mit der Zunahme der Stadtbevölkerung und deren Interesse, die Überschüsse der landwirtschaftlichen Erzeugung in den Grangien aufzukaufen, benötigt hat[162]. Die Tätigkeit der Zisterzienser ist durch die Zoll- und Handelsprivilegien der Könige und Fürsten unterstützt und ergänzt worden. Die Politik des 12./13. Jahrhunderts hat – wie sich daran zeigt – die Arbeit der Zisterzienser benötigt, wie auch die Unterstützung für den raschen Auf- und Ausbau der Stadthöfe der Klöster durch die Stadtherren beweist, der teilweise sogar gegen die vordergründigen Interessen der Städte durchgesetzt wurde.

III. Der Orden im Spätmittelalter bis zum Beginn der Reformationszeit

1. Die Entwicklung bis zur Bulle Fulgens sicut Stella Matutina (1335)

Der Orden breitete sich seit der Mitte des 12. Jahrhunderts zunehmend langsamer aus. Dazu nahm im 13. Jahrhundert die Rivalität zwischen Cîteaux und den vier Primarabteien zu, die ihren ersten Höhepunkt in den Auseinandersetzungen nach der Wahl Abt *Jakobs II.* von Cîteaux (1262) erlebte und Anlaß für die Bulle *Parvus Fons* von Papst Clemens IV. (9. Juni 1265) wurde[1]. Der Wortführer der Primaräbte gegen den Abt von Cîteaux war Abt Philipp von Clairvaux, was die Stellung der Abtei Clairvaux innerhalb der Primarabteien aufzeigt. Das Generalkapitel von 1265 konnte im Anschluß an die Bulle *Parvus Fons* zumindest den äußerlichen Ausgleich zwischen den Parteien erreichen. Die Abtei Cîteaux befand sich zu dieser Zeit in einer schlechten wirtschaftlichen Situation, was einer der Hauptgründe für den Rücktritt des Abtes Jakob 1266 wurde[2]. Seine Nachfolge trat der bisherige Abt von Savigny, *Johann II. de Ballon* (1266–1284), an[3]. Papst Clemens IV. beauftragte am 5. März 1267 den Abt von St. Germain in Auxerre, die wirtschaftliche Lage von Cîteaux zu untersuchen[4]. Dabei ergab sich, daß die Abtei eine Schuldenlast von 20 000 Livres tournois hatte. Der Papst warnte die Gläubiger der Abtei, diese zu bedrängen, sondern wies sie an, auf die Zahlungen derselben zu warten, die diese mit jährlich 4000 Livres vornehmen sollte. Der Papst wies im Dezember desselben Jahres auch das Generalkapitel des Ordens an, Cîteaux wirtschaftlich zu unterstützen. Das Generalkapitel beschloß wegen der 1268 festgesetzten außerordentlichen Steuern für den Kreuzzug erst 1269 konkrete Maßnahmen für Cîteaux. Es wurde dem Abt von Cîteaux erlaubt, 20 Äbte von der Teilnahme an den Generalkapiteln 1270 und 1271 zu entbinden, um deren Reisekosten für die Bezahlung noch ausstehender Schulden von Cîteaux einzusammeln[5]. Auf diese Weise erhielt Abt Johann II. die Mittel, um die Schulden seiner

Abtei zu bezahlen. Er konnte sogar neue Ausgaben tätigen. So ließ er 1280 eine neue Mauer um das Kloster errichten und kaufte 1282 für 3200 Livres Güter[6].

Johanns Nachfolger *Theobald von Saulcy* (1284–1294) stieß schon bald nach der Thronbesteigung Philipps IV. (1285–1314) mit diesem zusammen, weil Philipp die Rechte der französischen Krone auszuweiten versuchte. Der Abt informierte 1286 den Orden über die von ihm und dem Abt von Pontigny mit Philipp IV. geführten Verhandlungen über die Höhe der Zehnten, die der Orden für den Krieg gegen Aragon bezahlen sollte[7]. Der dabei erzielte Kompromiß hat den König aber nicht gehindert, weiterhin hohe Forderungen an den Orden und seine Klöster zu erheben, was 1292 zu einem Protest Abt Theobalds und des Abtes von Clairvaux führte. Als dieser erfolglos blieb, haben die Äbte an den Apostolischen Stuhl appelliert. Cîteaux stieß hier erstmals auf den sich im Spätmittelalter festigenden weltlichen Staat, der seine finanziellen Forderungen an die kirchlichen Institutionen richtete und diese in seine Herrschaft einbinden wollte. Diese Entwicklung wurde in den folgenden Jahrzehnten für viele Klöster bedeutsam. Der Nachfolger Abt Theobalds, *Robert II.,* war nur wenige Monate im Amt. Der Papst verlieh ihm ein Privileg über Schenkungen an Cîteaux und erhob ihn zum Kardinal, weshalb er am 18. September 1294 als Abt resignierte. Da er auch als Kardinal seinen Mönchshabit weitertrug, wurde er als der »weiße Kardinal« bezeichnet. Nach seinem Tode in Parma 1305 wurde er zuerst in der Abtei Valserena beigesetzt, wurde aber später nach Cîteaux überführt.

Auch der nachfolgende Abt *Rufinus* (1294–1299) hat enge Verbindungen zur päpstlichen Kurie gehabt. Bonifaz VIII. verlieh ihm 1296 und 1297 die Privilegien, nicht nur mit weißem Wachs zu siegeln, sondern auch die Figur des Abts auf dem Siegel in sitzender Stellung abbilden zu dürfen. Im Juni 1298 wurde ihm vom Papst gestattet, in Zukunft die Wahl des Dekans der Hl. Kapelle in Dijon zu bestätigen. Damit wurden diesem Amt die Kosten für die päpstliche Bestätigung erspart[8], die zumindest teilweise Cîteaux zugeflossen sein dürften.

Abt Rufinus ist wie sein Vorgänger Theobald mit der sich herausbildenden weltlichen Staatsmacht zusammengestoßen[9]. Eduard I. von England verbot 1298 den Äbten und Mönchen des Zisterzienserordens ohne besondere Erlaubnis am Generalkapitel teilzunehmen.

Gleichzeitig forderte er die Klöster auf, ihm das *apportum* zu überlassen, das sie zum Generalkapitel mitnehmen wollten[10]. Der König schrieb Abt Rufinus, um die Mönche zu entschuldigen. Kurz darauf beauftragte er seine Beamten zu untersuchen, welche Klöster Geld oder Wolle an die Äbte von Cîteaux oder Clairvaux gesandt hatten. Auch 1299 verbot der König die Teilnahme am Generalkapitel, die nur Abt John von Garendon gestattet wurde. Die von Abt Rufinus erhobenen Proteste blieben ergebnislos.

Der Konflikt zwischen Papst Bonifaz VIII. und den weltlichen Mächten spitzte sich unter Abt *Johann III. von Pontoise* (1299–1303) weiter zu. Das hatte Auswirkungen auf Cîteaux und den Orden. Abt Johann III. war vor seiner Wahl in Cîteaux Abt in Mortemer und Igny gewesen[11]. Er erwarb 1299 das Priorat Gilly von der Abtei St. Germain in Auxerre, das in der Nähe von Cîteaux lag, für 17 000 Livres und eine jährliche Rente von 400 Livres. Dazu war Cîteaux nach einer Bulle des Papstes verpflichtet, drei Mönche in dem Priorat wohnen zu lassen. Herzog Robert II. von Burgund zwang Abt Johann III. und Cîteaux unter seine Herrschaft. Er hob die Privilegien des Klosters über die hohe und niedere Gerichtsbarkeit auf und forderte für die Bestätigung derselben 11 000 Livres. Das Kloster erfüllte diese Forderung, mußte aber trotzdem am folgenden Osterfest dem Herzog vor Erzbischof Heinrich von Lyon Gehorsam schwören und sich unter seinen Schutz und Schirm stellen[12].

In England konnte der Abt ebenfalls keine Veränderungen erreichen. König Eduard I. blieb bei seiner harten Haltung. Er verbot den Zisterzen seines Reichs im Februar 1302 nochmals ausdrücklich, den Abgesandten der Abtei Cîteaux Subsidien zu übergeben[13]. Johann III. hatte bereits 1300 die Jurisdiktion über die Zisterzen in Aragon und Kastilien auf den Abt in Poblet übertragen. Er stieß auch neuerlich mit König Philipp IV. von Frankreich zusammen. Als dieser im Juni 1303 die Stände im Paris versammelte, um von diesen Unterstützung gegen Papst Bonifaz VIII. dahingehend zu erhalten, daß sie gemeinsam mit ihm gegen den Papst an das nächste Konzil appellierten, verweigerte Abt Johann seine Zustimmung. Es ist nicht nachzuweisen, ob er damit gegen den politischen Druck auf Kirche und Orden protestieren oder nur seine Dankbarkeit gegenüber Bonifaz VIII. zeigen wollte, der am 18. Dezember 1301 alle Güter des

Ordens von der kirchlichen Besteuerung befreit hatte[14]. Als Antwort auf seine Haltung wurde der Abt von Philipp IV. gefangengesetzt und sein Kloster samt Grangien durch das königliche Heer verwüstet[15]. Die Soldaten trieben dabei allein von letzteren 14 000 Schafe weg. Cîteaux wurde in einem Maße ausgeplündert, daß es sich davon erst nach fast 200 Jahren erholt hatte. In ähnlicher Form wurden auch andere französische Abteien geschädigt. Diese Vorgänge haben anscheinend Abt Johann III. bewogen, auf sein Amt zu verzichten. Während sein Epitaph ihm nur eine Amtszeit von dreieinhalb Jahren zubilligt, was darauf schließen ließe, daß er bald nach der Versammlung in Paris im Juni 1303 als Abt resigniert hätte, gibt es Hinweise für eine Amtsausübung Johanns III. noch im November 1303[16].

Philipp IV. hat diesen Verzicht beeinflußt, denn als Nachfolger Johanns wurde der bisherige Abt *Heinrich* von Jouy in der Ile-de-France gewählt (1303–1315)[17], der enge Verbindungen zum französischen Königshof hatte. Er sollte vermutlich den Widerstand im Orden gegen die Politik Philipps IV. brechen[18]. Der König stellte Abt Heinrich im Juni 1304 ein Schutzpatent für den Orden aus, in dem er diesem Unterstützung zusagte, um die von seinen Truppen angerichteten Schäden wieder herzustellen[19]. Doch sind diese anscheinend nur zu einem sehr geringen Teil ersetzt worden.

Abt Johann III. hatte Ende 1303 noch versucht, durch den Abt von Dore in den englischen Abteien das *apportum* einsammeln zu lassen, was aber wieder an der Wachsamkeit Eduards I. und seiner Beamten scheiterte. Der inzwischen in Cîteaux zum Abt gewählte Heinrich protestierte gegen dieses Vorgehen und rief dadurch den Beschluß der Großen gegen das Einsammeln des *apportum* im englischen Parlament von 1305 hervor[20]. Abt Heinrich sah in der Weigerung König Eduards, das *apportum* aus seinem Reich abführen zu lassen, den eigentlichen Grund für die von ihm in Cîteaux vorgefundene Schuldenlast. Er dürfte dieses aufgrund seiner engen Bindung an Philipp IV. und dessen Politik behauptet haben. Als die englischen Zisterzen sich 1305 mit den königlichen Maßnahmen gegen ihre Fahrten zum Generalkapitel für dieses entschuldigten, wandte er sich an den Apostolischen Stuhl. Papst Clemens V. ließ im April 1306 durch den Erzbischof von York und die Bischöfe von Winchester und London den Zisterzen bei Strafe der Exkommunikation die Teilnahme an den Generalkapiteln befehlen. Die englische Öffentlichkeit ließ sich durch diese Schritte nicht beunruhigen. Der Vorstoß der Großen im Parlament von 1305 gegen die Zahlung des *apportum* an Cîteaux, aber auch an Cluny, Prémontré und Grande Chartreuse führte im Januar 1307 zum Parlamentsbeschluß von Carlisle *De asportis religiosorum*, der alle Zahlungen an Cîteaux unter strenger Strafe verbot und ebenso den Äbten und Mönchen die Reise auf den Kontinent untersagte, wenn diese zum Zweck der Visitation oder aus anderen Gründen erfolgte[21]. Das Vorgehen des Abtes von Cîteaux hatte zwar keinen Erfolg beim König und den Großen, dafür aber doch im Orden. 1308 reisten nämlich mindestens sieben Äbte ohne königliche Erlaubnis zum Generalkapitel[22] und 1309 haben 18 Abteien diese Erlaubnis erbeten[23]. Die königlichen Einschränkungen blieben weiterhin bestehen und damit eine deutliche Einschränkung der bisherigen Unabhängigkeit des Ordens. Dieser hatte nicht mehr die Macht, den englischen König dazu zu bewegen, die Einschränkungen aufzuheben. So wie sich Cîteaux selbst dem Schutz und Schirm des burgundischen Herzogs hatte unterwerfen müssen, so wenig waren die englischen Zisterzen bereit, sich in eine grundsätzliche Auseinandersetzung mit König und Adel über ihre Stellung zum Orden zu begeben. Diese Haltung ist auch ein Beweis dafür, daß sich die Bindungen innerhalb des Ordens gelockert hatten.

Die wirtschaftliche Lage der Primarabteien hat die Situation des Ordens mitbestimmt. Sie war anscheinend zu einem Teil durch ausbleibende Zahlungen aus den englischen Abteien entstanden. Das Generalkapitel 1311 ermächtigte Abt Heinrich und die Äbte der vier Primarabteien, Geld einzusammeln, um die Schulden abzutragen. Äbte, die sich weigerten, die Abgaben an den Orden zu bezahlen, sollten eine Woche bei Wasser und Brot verbringen, während Priore, Subpriore, Cellerare und Bursare solcher Abteien abgesetzt werden sollten[24]. Abt Heinrich hat seinen Orden noch auf dem Konzil von Vienne 1311 vertreten und hat 1315 wegen seines hohen Alters auf sein Amt verzichtet.

Abt *Konrad II. von Metz* (1315–1317) war nur wenige Monate im Amt. Sein Nachfolger *Wilhelm V.* (1317–1337) war zuvor Abt in Vaucelles. Nach der erst 1316 als *Libelli antiquarum definitiorum Capituli generalis Ordinis Cisterciensis* erfolgten neuerlichen Zusammenfassung der Statuten des Ordens beauftragte das Generalkapitel schon 1322 die Äbte von La Ferté, Morimond und Preuilly, wieder die *Libelli* zu überprüfen und abzuändern[25]. Obwohl die englischen Könige und Cîteaux wegen der königlichen Maßnahmen in einem gespannten Verhältnis standen, rief Eduard II. 1321 Abt Wilhelm V. um Hilfe an, als sich die irischen Abteien um Mellifont weigerten, Engländer oder deren Verwandte in ihre Konvente aufzunehmen. Die vom Abt von Cîteaux beauftragten Äbte von Margam und Dore forderten die irischen Äbte auf, jeden aufzunehmen, der ein den Satzungen des Ordens gemäßes Leben im Kloster führen wollte[26]. Abt Wilhelm mußte 1336 in Spanien mit Schwierigkeiten im Orden von Calatrava kämpfen, die sogar die Aufmerksamkeit der Kurie auf sich gezogen hatten. Abt Wilhelm starb im Februar 1337, nachdem er die Reformmaßnahmen Papst Benedikts XII. (1334–1342) für die Zisterzienser beratend unterstützt hatte. Die zu dieser Reform erlassene Bulle des Papstes *Fulgens sicut Stella Matutina* (1335)[27] war genau siebzig Jahre nach der Bulle *Parvus Fons* ein weiterer Schritt des Ordens in seiner spätmittelalterlichen Entwicklung.

Cîteaux hat Papst Benedikt XII. zusammen mit den Primarabteien unterstützt. Die Ordensspitze war für die päpstlichen Reformen, um dem Orden neues Leben zu verleihen. Die Stellung der Abtei innerhalb des Ordens hatte sich zwar nicht mehr verändert, doch war ihre äußere Bedeutung zurückgegangen. Die englischen und französischen Könige hatten in ihren Maßnahmen keine Rücksicht auf die Interessen des Ordens genommen, sondern die in ihrem Machtbereich gelegenen Zisterzen ihren politischen Interessen untergeordnet. Der Herzog von Burgund hatte sogar die Stellung der Abtei Cîteaux gemindert, indem er sie seiner Herrschaft unterstellte.

Die älteste Primarabtei La Ferté hatte in den Auseinandersetzungen der Primarabteien mit Cîteaux 1263–1265 zwar ebenfalls gegen dieses Stellung bezogen, war dabei aber nicht weiter hervorgetreten, obwohl der Abt 1264 zusammen mit dem Abt von L'Aumône im Auftrag des Generalkapitels an der Kurie über die wirtschaftliche Situation des Ordens berichtet hatte[28], weil dieser die Taxen nach Rom nicht bezahlen konnte. Nachdem die Abtei bereits im 12./13. Jahrhundert keine größere Bedeutung außerhalb des Ordens gehabt hat, hat sich diese in den Jahrzehnten zwischen 1265 und 1335 eher vermindert als erhöht. Die Filiation von La Ferté verlor mit dem Ende der Kreuzfahrerstaaten seine syrischen Abteien und Abt Johann II. von Marcilly (1321–1341) mußte 1322 in den italienischen Abteien Locedio und Staffarda eingreifen, weil die dortige Observanz zu wünschen übrig ließ[29]. Die Stellung der Abtei als ältestes Tochterkloster von Cîteaux blieb jedoch unverändert, wie der Auftrag des Generalkapitels 1322 an den Abt beweist, den *Libellus definitionum* von 1316 mit zu überprüfen und ebenso der Wunsch Benedikts XII., ihn bei der Vorbereitung der Bulle von 1335 zu beraten.

Die Abtei Pontigny war Anfang der 60er Jahre des 13. Jahrhunderts hoch verschuldet[30], hat sich dadurch aber nicht abhalten lassen, unter Abt Reginald an der Auseinandersetzung mit dem Abt von Cîteaux 1263–1265 teilzunehmen. Die Abtei hat in dieser Zeit sogar eigene Beziehungen zur Kurie unterhalten. Abt Robert (1285–1293), der 1293 nach Cîteaux wechselte, hat 1285 seinen dortigen Amtsvorgänger in den Auseinandersetzungen mit König Philipp IV. über den Zehnten für den Krieg gegen Aragon unterstützt. Obwohl Roberts Nachfolger Stephan I. und Simon in der Geschichte ihres Klosters keine Spuren einer bedeutsamen Außenwirkung hinterlassen haben, besaßen die Abtei und ihr Abt in der Kirche der Zeit hohes Ansehen. Als Kardinal Arnaud Nouvel den neugewählten Papst Johannes XXII. um eine Reform des Zisterzienserordens bat, die er als ehemaliger Abt der Zisterze Fontfroide für notwendig hielt, beauftragte der Papst neben dem Abt von Chaalis, Jaques de Thérines, den Abt von Pontigny mit einer Stellungnahme[31]. Während der seit dem Konzil von Vienne als Vertreter einer Kirchenreform bekannte Abt von Chaalis die Ordensreform für unnötig hielt, ist das Urteil des Abtes von Pontigny unbekannt. Da der Papst in der Folgezeit jedoch keine Reformmaßnahmen eingeleitet hat, dürfte auch der Abt in Pontigny solche abgelehnt haben. Dafür spricht auch, daß Jacques II. de Thérines (1319–1321) kurz darauf Abt nach Pontigny wurde. Er war im St. Bernhardskolleg in Paris einer der Lehrer des späteren Papstes Benedikt XII. und hat mehrere Schriften verfaßt, um die Privilegien von Cîteaux, insbesondere die Exemtion, zu verteidigen[32]. Pontigny stand in dieser Zeit unter der Schutzvogtei der Grafen von Tonnerre, wie deren Übergabe 1321 durch Graf Wilhelm an seine Tochter Johanna bezeugt. Die Schriften des Abtes Jacques II. zur Verteidigung der Ordensrechte zeigen, daß sich die führenden

Persönlichkeiten sehr wohl bewußt waren, wie ihre Klöster in die weltlichen Herrschaften eingebunden wurden und versuchten, möglichst viel von den alten Privilegien zu erhalten, aber weder eine grundlegende Änderung erreichen konnten noch die Kraft oder den Willen zu einer umfassenden Auseinandersetzung über die Rechte des Ordens hatten. Der 1331 genannte Abt Thomas I., der 1339 starb[33], dürfte keine allzu große Rolle in der Kirchengeschichte seiner Zeit gespielt haben, denn er fehlte 1335 als einziger der vier Primaräbte im Kreis der Berater Papst Benedikts XII. für dessen Reformbulle. Die Meinung, dieses als Zeichen für eine Reformbedürftigkeit von Pontigny zu deuten, dürfte nicht richtig sein, da Abt Thomas weder abgesetzt noch zur Rechenschaft gezogen wurde.

Die Primarabtei Morimond ist in den Jahrzehnten zwischen 1265 und 1335 kaum in den Vordergrund getreten. Abt Nikolaus I. (1263–1271) hatte sich vor 1265 gegen den Abt von Cîteaux gestellt. Morimond hatte mit erheblichen wirtschaftlichen Problemen zu kämpfen und wurde deshalb vom Generalkapitel 1267 auf drei Jahre und von dem 1272 sogar auf fünf Jahre von seinen Zahlungen an den Orden befreit[34]. Das Generalkapitel 1265 hatte dem Abt das Recht gewährt, den Prior des Ordens von Calatrava zu ernennen, was ihm die Päpste Clemens IV. und Gregor X. (1268, 1271) bestätigten. Die Äbte Johann I. (1272–1284) und Wilhelm I. (1303–1320) haben nachweislich den Orden von Calatrava in Spanien visitiert. Demnach sind die von den Ordenssatzungen vorgeschriebenen Visitationen zu Beginn des 14. Jahrhunderts noch in vollem Umfang durchgeführt worden. Morimond hatte sich aber der allgemeinen Entwicklung im Orden nicht verschließen können. Da ein großer Teil von den 15 Grangien des Klosters in der Diözese Toul lag, ließ sich Abt Hugo I. (1284–1286) vom Bischof von Toul gegen den bisherigen Brauch den Bau von Kapellen auf den Grangien seines Klosters genehmigen. Die Äbte Dominicus (1286–1296), Gerhard (1296–1301) und Hugo II. (1301–1303) sind außerhalb ihres Klosters kaum in Erscheinung getreten. Unter Abt Walther III. (1320–1331) kam es in Spanien zu Streitigkeiten zwischen dem Orden von Calatrava und dem König von Kastilien. Dieser setzte 1328 sogar den Meister des Ordens ab.

Abt Walther hatte 1325 den Abt von Palazuelos bei Valladolid mit der Visitation der spanischen Zisterzen beauftragt. In demselben Jahr kam es im Konvent von Morimond zu Streitigkeiten, die ein Licht auf die nachlassende Ordenszucht in den Mutterklöstern des Ordens wirft. Der Prior Johann von Morimond wurde 1325 vom Generalkapitel abgesetzt und aus seinem Kloster ausgewiesen, weil er diffamierende Schreiben verfaßt und im Orden versandt hatte. Es wurde dem Prior verboten, ohne ausdrückliche Erlaubnis des Abts von Cîteaux nach Morimond zurückzukehren[35]. In der späteren Ordensgeschichtsschreibung wird der Prior als ein für seine Frömmigkeit und Tugend berühmter Mönch dargestellt. Damit dürfte sich die Auseinandersetzung im Kloster vermutlich an der Frage der Ordensreform entzündet haben, die in diesen Jahren in weiten Kreisen der französischen Zisterzienser diskutiert wurde. Die Amtszeit von Abt Reginald (1332–1341)[36] brachte unter Papst Benedikt XII. diese Reform. Im Vorfeld hat der Abt beratend an der Reformbulle mitgewirkt. Er war 1332 und 1338 in Spanien, um den Orden von Calatrava zu visitieren und wurde 1335 für das in Metz gegründete Ordenskolleg verantwortlich. Im St. Bernhardskolleg in Paris erhielt der Abt von Morimond den Platz hinter dem Abt von Cîteaux. Bei seiner Ankunft im Hause wurde eine Glocke geläutet, um die Studenten des Hauses zum Gebet zu versammeln. Doch hat es in der Ordenszucht des Hauses noch weitere Schwierigkeiten gegeben. So mußte sich das Generalkapitel von 1337 mit den Vorgängen um einen aus Morimond entlaufenen Mönch befassen, der im Lande umherzog und behauptete, er sei Bischof[37]. Bei ihm hat es sich wohl eher um einen psychisch Kranken gehandelt.

Clairvaux war im 12. Jahrhundert durch Bernhard zur bedeutendsten Primarabtei geworden. Daher wurde Abt Philipp I. (1262–1273) zum Wortführer der Primaräbte gegen den Abt von Cîteaux. Er konnte mit der Bulle *Parvus Fons* erreichen, daß die Rechte der Primarabteien gegenüber Cîteaux festgeschrieben wurden. Die gegen ihn auf dem Generalkapitel von 1265 erhobenen Anklagen *(super excessibus quibusdam),* die sich wohl auf sein Vorgehen gegen Cîteaux bezogen haben, sind wirkungslos geblieben[38]. Abt Philipp wurde gemeinsam mit dem Bischof von Lüttich und dem Abt von St. Trond beauftragt, die Tugenden der stigmatisierten Nonne zu Herkenrode in Limburg, Elisabeth von Spalbeck, zu untersuchen[39]. Philipps Nachfolger Bovo (1273–1280) war vor seiner Wahl Abt von Trois-Fontaines gewesen. Das Generalkapitel 1275 beauftragte ihn mit der Visitation der Zisterzen in Ungarn. Er konnte auch die Auseinandersetzungen zwischen Cîteaux und den Primarabteien beilegen, wie sich an der Ämterfolge seines Sekretärs Theobald von Saulcy zeigte. Dieser war zuvor Abt von Noirlac gewesen, dann Sekretär bei Abt Bovo, wurde anschließend daran Prior, dann Abt (1280–1284) und zuletzt Abt von Cîteaux. Theobalds Nachfolger Gerhard II. (1284–1286) und Johann II. (1286–1291) hatten zuvor die Abteien Igny und Noirlac geleitet, wobei sie aber keine über die Mauern ihrer Abtei hinausgehende Bedeutung gewonnen haben. Dasselbe galt für die Äbte Wilhelm III. (1312–1313) und Konrad II. (1313–1316), die aus Cherlieu bzw. Hautecombe nach Clairvaux gekommen waren[40]. Sie haben jedoch die von Abt Johann III. von Saulcy (1291–1312), dem älteren Bruder Abt Theobalds, verfolgte Politik fortgesetzt. Johann III. hat sich wie der Abt von Cîteaux gegen die Politik König Philipps IV. gewehrt. Doch hat er dieses anscheinend so geschickt gemacht, daß der König keine Handhabe erhielt, um gegen ihn vorzugehen. Im Gegenteil: Philipp IV. sagte dem Abt von Clairvaux 1313 seine Hilfe zu, um es vor dem finanziellen Zusammenbruch zu bewahren. Die finanziellen Belastungen durch den König und die Entwicklung des 13. Jahrhunderts haben somit auch in Clairvaux zu Schulden geführt.

Matthäus I. von Aumâle (1316–1330) war Sekretär und später Cellerar unter Abt Johann III. gewesen[41]. Wie die unter ihm angefertigten beiden mit kostbaren Edelsteinen geschmückten silbernen Kreuze beweisen, hatte sich sogar Clairvaux selbst am Anfang des 14. Jahrhunderts von den schlichten Formen Bernhards abgewandt. Wegen der hohen Schulden der Abtei übergab der Abt den Unterhalt des Bernhardskollegs in Paris nach einem Beschluß des Generalkapitels 1320 dem Orden, was Clairvaux finanziell entlastete. Da die häufige Abwesenheit des Abtes auf Visitationsreisen für die Ordenszucht des Klosters ungünstig war, hat er diese teilweise aufgeben wollen. Das Generalkapitel 1324 übertrug daher die Visitationen weitentfernter Klöster von Clairvaux auf jeweils benachbarte Abteien. Obwohl dieser Schritt der Abtei Clairvaux nützte, war er für die Struktur des Ordens und das in ihr festgelegte Visitationsschema schädlich. Die wirtschaftliche Situation in Clairvaux hatte vermutlich dem Cellerar Matthäus den Weg zur Abtswürde mitgebahnt, und sie hat ihn 1330 wohl ebenso mitbewogen, auf sein Amt wieder zu verzichten. Als Nachfolger von ihm wurde wiederum der Cellerar des Klosters als Johann IV. von Aizanville (1330–1345) gewählt. Er ließ für die Häupter Bernhards von Clairvaux und des hl. Malachias kostbare Reliquienscheine aus Gold und Silber anfertigen. Wenn dieses einerseits eine wirtschaftliche Konsolidierung der Abtei anzeigt, so war es andererseits ein Beweis dafür, wie weit sie sich von den Idealen des 12. Jahrhunderts entfernt hatte. Dennoch hat Abt Johann IV. Papst Benedikt XII. vor der Veröffentlichung der Reformbulle *Fulgens sicut Stella Matutina* 1335 beraten.

Cîteaux und die vier Primarabteien haben sich zwischen 1265 und 1335 in etwa gleich entwickelt: sie haben nur noch relativ wenig Besitz hinzuerworben und wenn dieses erfolgte, geschah es durch Käufe. Nach ihren hohen Schulden haben auch die Primarabteien bereits in der zweiten Hälfte des 13. Jahrhunderts erhebliche wirtschaftliche Schwierigkeiten gehabt. Trotz der Auseinandersetzungen zwischen Cîteaux und den Primarabteien haben sich die Klöster im Rahmen des Generalkapitels gegenseitig wirtschaftlich unterstützt. Das hat manche schwierige Situation überwinden lassen. Die latente Rivalität zwischen dem Abt von Cîteaux und den Äbten der Primarabteien, die auch nach dem Ausgleich von 1265 bestehen blieb, hat dem Orden geschadet. Die Abtsstühle wurden zwar meist mit Äbten von Tochterklöstern besetzt, wie dieses bislang der Fall gewesen war, doch gelang im 14. Jahrhundert auch Amtsträgern im eigenen Kloster, die Wahl zum Abt zu erreichen. Die übliche Wahl von Männern, die langjährige Erfahrung als Äbte besaßen, führte dazu, daß die Regierung der Äbte in den Primarabteien meist nur kurzfristig war. Damit wurde eine längerfristige Politik verhindert. In einer Zeit, in der in Westeuropa der Staat gegenüber den geistlichen Institutionen seine Forderungen stärker zu betonen begann und die Abteien seiner Herrschaft unterstellte, wären stärkere Abtspersönlichkeiten mit längeren Regierungszeiten erforderlich gewesen. In den sieben Jahrzehnten ist die Überlieferung mancher Abteien so undeutlich, daß sogar die Abtslisten ungenau sind. In einer Zeit zunehmender Schriftlichkeit ist auch dieses ein Zeichen für die geminderte politische Bedeutung der Abteien und Äbte außerhalb ihrer Konvente. Die französischen Zisterzen haben wie die Primarabteien schon in der zweiten Hälfte des 13. Jahrhunderts vielfach unter Schulden gelitten. Neben den Belastungen staatlicherseits waren dafür die zahlreichen Fehden, rückläufige Zahlen bei Professen von Mönchen, Konversen und vor allem auch Schenkungen verantwortlich. Dazu kam – was die Forschung bisher zu wenig beachtet hat – die hohe Zahl von Zisterzen, die schon im 12. Jahrhundert zu genauen Vorschriften über Mindestabstände zwischen den einzelnen Häusern geführt hatte. Diese konnten nur bei einer wirtschaftlich erfolgreichen Gesamtsituation blühen. Jede größer werdende wirtschaftliche Gesamtbelastung mußte sich auf sie sehr schnell negativ auswirken.

Die Entwicklung in den Klöstern des Ordens in den übrigen europäischen Regionen war aber keineswegs überall gleich, wie eine Übersicht zeigt. Nach seiner raschen Ausbreitung im 12. Jahrhundert in Irland war der Orden dort bereits zu Beginn des 13. Jahrhunderts von einer strukturellen Krise erfaßt worden[42]. Die Abteien, allen voran die älteste auf der Insel, Mellifont, hatten sich aufgrund zu geringer Verbindung zum Orden weitgehend wieder alten irischen Lebensgewohnheiten zugewandt. Die von Stephan Lexington 1228 durchgeführte Visitation konnte die Verhältnisse zwar wieder ordnen, doch waren dazu umfassende Maßnahmen erforderlich. So wurden die Tochterklöster von Mellifont gelöst und anderen Klöstern des Ordens in England und Frankreich (Margam, Buildwas, Furness, Fountains, Clairvaux) zugeordnet und diese beauftragt, ihre irischen Tochterklöster einer überaus strengen Kontrolle zu unterwerfen. Um irische Sonderwege zu vermeiden, wurden nach Möglichkeit für drei Jahre keine irischen Äbte in den Klöstern eingesetzt und die Mönche erst zur Profeß zugelassen, wenn sie Französisch oder Latein beherrschten. In einer Reihe von Klöstern, so auch in Mellifont, ging unter der anglonormannischen Herrschaft nach 1228 die irische Eigenart vollständig verloren. In Mellifont waren vor der Visitation Stephan Lexingtons von den 110 Mönchen 68 geflohen. Nur 28 von ihnen wurde die Rückkehr erlaubt. Das weitgehend zerstörte zisterziensische Konventsleben wurde unter den bis 1274 beibehaltenen Maßnahmen jedoch erneut aufgebaut. Als diese wegfielen, entstanden die irisch geprägten Konvente sehr schnell erneut.

Ein den zisterziensischen Normen entsprechendes Klosterleben hat sich dabei wieder nicht gehalten. Abgesehen von Mellifont waren die Abteien vergleichsweise arm und haben die Regeln des Ordens über den Besitz von Zehnten und anderen Gütern unbeachtet gelassen[43]. Das Generalkapitel setzte 1276 fünf Äbte ab, weil sie zwölf Jahre ohne Erlaubnis auf den Generalkapiteln gefehlt hatten[44]. Neben diesem Verstoß gegen die Ordensregeln begannen in derselben Zeit bis um 1320 bei den meisten Klöstern im südlichen Irland erhebliche wirtschaftliche Schwierigkeiten. Da die Klöster ihre Wollproduktion üblicherweise im voraus verkauften, kam es, wenn sie ihre verkauften Lieferungen nicht einhalten konnten, zu hohen Schulden[45]. Im frühen 14. Jahrhundert war das irische Element in den Konventen bereits wieder soweit gestärkt, daß von den Novizen ein Eid in irischer Sprache oder Beweise gefordert wurden, daß keine verwandtschaftlichen Beziehungen zu Engländern bestanden[46]. Das Generalkapitel 1321 verbot dieses Vorgehen aufgrund eines Antrages des Abtes von Cîteaux, an den sich der englische König in dieser Angelegenheit gewandt hatte. Dieser Vorgang zeigt, wie weit die Konvente von den Idealen des Ordens abgerückt waren. In Irland wäre auf der Basis des 12. Jahrhunderts zu untersuchen, ob dort nicht die regionale Lebensform von Anfang an in den Konventen mehr beibehalten wurde als die überregionalen Anforderungen des Ordens befolgt wurden.

Die wirtschaftlichen und religiösen Gewohnheiten der Zisterzen in England und Wales haben sich im 13./14. Jahrhundert zunehmend denen der Benediktinerkonvente angeglichen[47]. Die Überlieferung der Geschichte der einzelnen Klöster nahm ab, weil diese nicht nur von der bischöflichen Visitation befreit waren, sondern auch das Königtum dafür sorgte, daß sich ihre Bindungen an Cîteaux und das Generalkapitel lockerten. Der englische König hatte bereits in der ersten Hälfte des 13. Jahrhunderts keine Rücksicht auf die Privilegien des Ordens genommen. So drangen 1240 nach den Annalen des Klosters Waverley königliche Amtsträger in das Kloster ein und nahmen einen Mörder im Auftrag des Königs fest[48]. Abt und Konvent wehrten sich gegen diesen Bruch der Ordensprivilegien. Sie konnten sich jedoch erst am Hof gegen die königlichen Räte durchsetzen. Der Mörder wurde daraufhin in die Abtei zurückgebracht und die Verstöße gegen das Ordensprivileg geahndet. Die Maßnahmen der Könige zu Beginn des 14. Jahrhunderts, die keineswegs nur gegen die

Zisterzienser gerichtet waren, sondern gegen alle Orden mit Mutterklöstern außerhalb des Landes, waren maßgeblich vom Adel mitgetragen, wenn nicht sogar ausgelöst worden. Sie haben eine bis ins 13. Jahrhundert zurückreichende Vorgeschichte gehabt. Das von Eduard I. 1279 erlassene Statut *De viris religiosis* spielte dabei eine wichtige Rolle[49]. Es hatte erstmals den Landerwerb durch die Geistlichkeit verboten und damit auch die Zisterzienser getroffen. Erwerb von Landbesitz war nur noch mit königlicher Erlaubnis möglich und die Macht des Königs über die Klöster auf diese Weise erheblich gestärkt worden. Ein solches Statut war aber nur in einem Land mit starker königlicher Zentralmacht möglich.

Die von den Zisterziensern geforderte Unabhängigkeit war somit gefährdet. Der Sheriff von Surrey belangte 1300 und 1303 den Abt von Waverley gerichtlich wegen angeblich nicht bezahlter Abgaben aus den Lehengütern[50]. Der Abt wehrte sich gegen diese Anschuldigungen, weil sein Klosterbesitz kein königliches Lehen war. Er mußte wieder unmittelbar beim König protestieren. Der Vorgang zeigt deutlich, wie wenig die Sonderrechte des Ordens von der gestärkten Königsmacht und ihren Beamten beachtet wurden, aber auch, wie die Klöster in die königliche Verwaltung einbezogen werden sollten. Da die Äbte am Besuch der Generalkapitel gehindert waren, wird nicht ohne Grund 1301 im Generalkapitel über einen Versuch des Abtes von Waverley verhandelt, eine Äbteversammlung in England einzuberufen. Was in Cîteaux als Gefahr der Einheit des Ordens galt, dürfte in England als Stärkung gegen die unmittelbaren Gefahren von Seiten des Königs gedacht gewesen sein. Die Könige nahmen aber trotzdem bei den Klöstern Darlehen auf und forderten von diesen finanzielle Unterstützung ihrer Kriege, was beides mehr oder weniger freiwillig gewährt werden mußte.

Obwohl die Zisterzen in England der bischöflichen Visitation nicht unterworfen waren, haben sie zum Episkopat enge Beziehungen besessen. Diese hatten sich anscheinend seit der Gründungsphase des Ordens im 12. Jahrhundert nicht verändert. In Waverley fanden beispielsweise mehrfach Bischofsweihen in der Klosterkirche statt, so 1269 vom Bischof von Winchester, 1344 vom Bischof von Hereford und 1355 vom Bischof von Norwich[51]. Als der Bischof von Winchester 1286–1289 in Frankreich war, war der Abt von Waverley an der Verwaltung der Temporalien des Bistums beteiligt. Kurz zuvor war der verstorbene Bischof von Winchester in der Klosterkirche beigesetzt worden (1280).

Die Verbindungen der englischen Zisterzen zum Generalkapitel und Cîteaux sind durch die Maßnahmen der englischen Könige bereits zwischen 1265 und 1335 gestört worden, waren aber nicht länger vollständig abgebrochen[52]. Dasselbe galt auch für die walisischen Zisterzen, die im 13. Jahrhundert teilweise eng mit den politisch führenden Kreisen des Adels ihrer Region gegen das anglonormannische Königtum gestanden hatten und für diese Parteinahme wirtschaftliche Schäden erlitten[53]. Es gab in Wales aber auch Zisterzen mit anglonormannischen Bindungen, was besonders für die Abteien im heutigen Monmouthshire galt. Von ihnen nahm Tintern, aber auch die weiter westlich gelegenen Abteien Neath und Margam im Laufe des späteren 13. Jahrhunderts in den zahlreichen Streitigkeiten innerhalb der Zisterzen oder zwischen diesen und weltlichen Gegnern eine vermittelnde Stellung ein. Diese unter anglonormannischem Einfluß stehenden Abteien traten in die Entwicklung des 14. Jahrhunderts in einer erheblich besseren wirtschaftlichen Lage ein, als ihre eher durch walisische Beziehungen geprägten Schwesterabteien.

Die Zisterzen in Schottland waren im 12./13. Jahrhundert durch den regionalen Adel, vor allem aber durch das Königshaus gefördert worden[54]. Mit Ausnahme der Zisterze Saddell in Kintyre, einem Tochterkloster von Mellifont in Irland, gingen die übrigen zehn schottischen Zisterzen über Melrose und Dundrennan als Tochterklöster von Rievaulx auf dieses zurück. Daher waren noch im späten 13. Jahrhundert die Verbindungen zu Rievaulx und anderen englischen Zisterzen relativ eng. Erst in den Kämpfen um die Unabhängigkeit Schottlands zwischen 1296 und 1328 gingen diese Beziehungen weitgehend verloren. Die schottischen Zisterzen haben im Laufe des 13. Jahrhunderts eine überaus rege Handelsverbindung mit der von ihnen in ihren Grangien erzeugten Wolle zu den Zentren der Tuchfabrikation in Flandern hergestellt. Die kriegerischen Verwicklungen dort und in Schottland selbst haben gerade im ersten Drittel des 14. Jahrhunderts diesem Handel geschadet und zu einem wirtschaftlichen Rückgang bei den Zisterzen geführt. Die Verbindung der einzelnen Klöster zu Cîteaux und dem Generalkapitel war in dem

Zeitraum von 1265 bis 1335 zwar nicht überaus eng, blieb aber bestehen. Die schottischen Äbte haben die Generalkapitel nur mit größeren Abständen besucht, dabei aber nicht die Schwierigkeiten ihrer englischen Amtsbrüder gehabt. Doch haben auch sie nicht die Ordensideale des 12. Jahrhunderts bewahrt oder – vielleicht eher – je vollkommen erfüllt.

Das in Dänemark, Norwegen und Schweden in der ersten Hälfte des 13. Jahrhunderts erstarkte Königtum hatte die Zisterzienser gefördert[55]. Diese folgten daher auch der dänischen Expansion unter Waldemar II. († 1241) über die Ostsee bis ins Baltikum[56]. Während in Dänemark und Norwegen neben den Zisterzen Benediktinerklöster entstanden waren, haben erstere in Schweden anfänglich das Mönchtum allein repräsentiert. Diese Situation änderte sich, als im vierten Jahrzehnt des 13. Jahrhunderts die Franziskaner in Skandinavien Konvente zu gründen begannen und um 1240 die franziskanische Ordensprovinz Dacia entstand. Gleichzeitig nahm mit zurückgehender Königsmacht die königliche Förderung für die Zisterzen ab. Die Forschung hat dabei auch auf eine zunehmende Säkularisierung der dänischen Gesellschaft hingewiesen[57]. Die Zisterzienser haben trotz dieser Veränderungen auch in der zweiten Hälfte des 13. Jahrhunderts eine bedeutende Rolle in der dänischen Gesellschaft eingenommen. Die Bischöfe begannen, an die Zisterzen Forderungen zu stellen, die nach deren Eindruck ihre Privilegien und Immunitäten aushöhlten. Der Streit zwischen Kloster Øm und Bischof Tyge von Århus 1263/64 stand am Beginn dieser Entwicklung[58]. Kloster Ryd wurde ähnlich behandelt, während Vitskøl und Sorø zu ihren Diözesanbischöfen unveränderte Beziehungen hatten und Kloster Løgum sogar noch bischöfliche Unterstützung erfuhr. Die Vorgänge in den einzelnen Zisterzen sind somit erheblich voneinander abgewichen. Da die Zisterzienser in der Auseinandersetzung des Erzbischofs Jakob Erlandsen von Lund mit dem König für den Erzbischof Partei ergriffen, wurde das Königtum ihr Gegner, obwohl sich die meisten Abteien rasch zu einer abwartenden Haltung entschlossen und nur die Klöster Øm und Ryd auf Seiten des Erzbischofs blieben.

Das Generalkapitel konnte den dänischen Zisterzen für die entfallende Unterstützung von König und Bischöfen keinen Ersatz bieten. Die Auseinandersetzungen im Orden vor der Bulle *Parvus Fons*

(1265) minderte die Bedeutung des Generalkapitels für die dänischen Abteien. Die Äbte reisten künftig weniger häufig zu den Generalkapiteln. Die dänischen Zisterzen richteten nach Ansicht der Forschung seit dieser Zeit ihr Interesse mehr auf sich selbst als auf die Zugehörigkeit zu dem überregionalen Orden. Diese Haltung wurde vermutlich auch durch die wie in anderen Ländern stark zurückgehenden Zahlen der Konversen und den bis zum Übergang vom 13. zum 14. Jahrhundert festzustellenden Wechsel von der Eigenwirtschaft zum bäuerlichen Pachtsystem[59] gefordert. Dabei wurden die Grangien meist wieder aufgeteilt.

Das Generalkapitel beauftragte 1268 die Äbte von Herrisvad und Ryd, den Aufstand der Mönche und Konversen im Kloster Tvis gegen ihren Abt zu untersuchen. Dabei ergab sich, daß der Konvent in Tvis anscheinend dem Wunsch des Abtes nach einer Einigung mit dem König nicht folgen wollte[60]. Das Generalkapitel besprach 1269 auch die mit körperlicher Gewalt erfolgte Behinderung des Abtes von Herrisvad, sein Tochterkloster Holme auf Fünen zu visitieren. In den folgenden Jahren zeigte sich in der Auseinandersetzung des Erzbischofs Jakob Erlandsen von Lund mit dem König, daß den Zisterzienseräbten trotz des Interdikts mit wenigen Ausnahmen mehr an der Verbindung zum König als an den Weisungen des Generalkapitels lag, das den Erzbischof von Lund unterstützte[61].

Als nach dem Brand der Klöster Vitskøl (1287) und Herrisvad (1291) das Generalkapitel die Zisterzen der Region zur Unterstützung des Wiederaufbaus aufforderte (1291, 1293), mußte dieses mehrfach geschehen und hatte selbst nach den Befunden der Bauten wohl keine größere Resonanz. Das Generalkapitel bestätigte 1292 ausdrücklich die Cîteaux und Clairvaux zustehenden Visitationsrechte über die skandinavischen Abteien. Diese dürften demnach zumindest angezweifelt worden sein. Das Generalkapitel hatte aber am Ende des 13. Jahrhunderts anscheinend weniger Einfluß in Dänemark als um die Mitte des Jahrhunderts. Nach Ansicht der Forschung haben sich die Abteien in dieser Zeit jeweils einzeln um ihre Stellung bemühen müssen. Dabei haben sie die Hilfe weltlicher Mächte erwartet und vom Generalkapitel kaum Unterstützung erhofft[62]. So ließen sich dänische Äbte kurz vor der Jahrhundertwende für fünf Jahre von der Teilnahme am Generalkapitel dispensieren, was auch auf wirtschaftliche Schwierigkeiten hindeutet. Im 14. Jahrhundert sollten sich die Schwierigkeiten der einzelnen Zisterzen noch vergrößern, wie Privilegien andeuten. Ein Beispiel dafür waren auch die Auseinandersetzungen des Ordens um das 1326 von König Christoph II. gegründete Kloster Knardrup, aus dem die Mönche nach dem Tod des Stifters gewaltsam vertrieben worden waren. Sie konnten jedoch die Rückgabe erreichen. Auch dieses war nicht immer möglich, wie der Prozeß der Adeligen Valborg bis nach Avignon um ihre geplante Zisterze in Opager zeigt. Valborg gewann zwar ihren Prozeß, da sie aber kurz darauf verstarb, konnte ihr Plan nicht umgesetzt werden.

Nach 1300 begannen die dänischen Abteien, Geld gegen die Verpfändung von Land zu verleihen. Sie erhielten auf diese Weise bald eine bankähnliche Stellung. In den sich rasch wandelnden sozialen Verhältnissen des frühen 14. Jahrhunderts haben sie ihre Stellung weiterhin behauptet. Ihre Verbindung nach Cîteaux scheint sich noch weiter gelockert zu haben, denn 1321 befahl das Generalkapitel den Zisterzienseräbten Frieslands und Dänemarks, jeweils zwei aus ihrem Kreis bei strenger Strafe jährlich zum Generalkapitel zu senden[63]. Im Zusammenhang damit scheinen auch die jährlichen Zahlungen an den Orden aufgegeben worden zu sein. Der Zeitraum von 1265 bis 1335 war somit bei den dänischen Zisterzen mit einer immer weiter voranschreitenden Entfremdung vom Orden und einer Regionalisierung der Abteien gekennzeichnet. Negative Nachrichten über die wirtschaftlichen und disziplinären Verhältnisse der Abteien liegen nicht vor.

Die norwegischen Zisterzen waren durch ihre engen Beziehungen zu ihren englischen Mutterklöstern geprägt[64], die sich an die Politik der norwegischen Könige anlehnten. Die sich nach 1266 anbahnenden Beziehungen Norwegens zu Schottland wurden im Laufe der folgenden Jahrzehnte enger und erreichten 1281 durch die Heirat Alexanders III. mit einer Tochter des norwegischen Königs ihren Höhepunkt. Sie waren vermutlich eine der Ursachen dafür, daß die englischen Könige seit dieser Zeit keine Handelsprivilegien für die norwegischen Zisterzienser ausgestellt haben. Der Überfall englischer Piraten auf das Schiff des Abtes Arne von Lyse 1337, der mit seiner ganzen Mannschaft ermordet wurde, zeigte, daß England für diese Beziehungen nichts mehr übrig hatte[65]. Die englischen Könige haben ihr Verhalten gegenüber den norwegischen Zisterzen vermutlich an ihrer Verbindung zu den englischen Zisterzen ausgerichtet. Für die Handelsbeziehungen zwischen England und Norwegen waren im frühen 14. Jahrhundert bereits die Kaufleute der Hanse dem englischen König wichtiger als die zahlenmäßig geringfügigen norwegischen Mönche.

Über das Konventsleben der norwegischen Zisterzen dieser Zeit ist wenig bekannt. Ob der seit 1213 für das Kloster Lyse als Visitator bestimmte Abt von Alvastra[66] seine Pflicht wahrgenommen hat, läßt sich weder im späten 13./frühen 14. Jahrhundert noch in späterer Zeit nachweisen.

Das Generalkapitel hatte 1248 die schwedischen Zisterzen aufgefordert, an den Privilegien des Ordens bei Strafe festzuhalten und die Visitationen vornehmen zu lassen. Der Text läßt vermuten, daß sich die Bischöfe in die Visitationen des Ordens eingemischt hatten. Näheres ist dazu nicht bekannt. Die Zisterzen haben seit der zweiten Hälfte des 13. Jahrhunderts für beinahe allen Besitz von den Königen Steuerfreiheit verbrieft bekommen. Das von König Magnus Ladulås 1279 für Kloster Alvastra ausgestellte Steuerprivileg wurde in der Folgezeit von den Herrschern nur noch bestätigt[67]. Wie die dänischen Zisterzen haben auch die schwedischen Zisterzen im späten 13. Jahrhundert begonnen, Vertreter des hohen Adels als Schutzherren zu gewinnen, so zum Beispiel Juleta 1290 Birger Thomasson, Nydala die Verwandten Germunds Stålbubbes und Alvastra 1333 Knut Johansson Blå, den Lagman in Östergötland[68]. Nach den Verträgen von Alvastra 1289 mit Bischof Benedikt von Linköping und Nydala 1300 mit Bischof Laurentius von Linköping hat zwischen Episkopat und Zisterzen in dieser Zeit ein gutes Einvernehmen geherrscht[69]. Zu Beginn des 14. Jahrhunderts war Alvastra in wirtschaftlichen Schwierigkeiten, die Nydala durch Übertragung von Zehnten zu lindern versuchte[70]. Da Abt Nils von Nydala 1311 und 1316 Klostergut verkaufte, könnte auch sein Kloster wirtschaftliche Schwierigkeiten gehabt haben[71]. Doch scheinen diese nicht sehr groß gewesen zu sein. Da sich über das Konventsleben keine negativen Nachrichten finden, scheint es weitgehend den Anforderungen der Ordensbestimmungen entsprochen zu haben.

Die der dänischen Herrschaft jenseits der Ostsee eng verbundenen Zisterzen haben im Baltikum weitgehend aus deutschen Mönchen bestanden. Das Kloster Falkenau bei Dorpat war 1233/34 von Bischof von Dorpat gegründet worden. Es nahm in der Mission Estlands eine zentrale Stellung ein und glich mit seinen starken Verteidigungsanlagen eher einer Burg als einem Kloster[72]. Die Gesamtsituation vor Ort war wohl auch der Grund dafür, daß das Generalkapitel dem Abt 1245 erlaubte, nur alle sieben Jahre zum Generalkapitel zu kommen. Falkenau wurde 1305 von seinem bisherigen Mutterkloster Pforta gelöst und Stolpe unterstellt. Die Zisterze Dünamünde an der Düna bei Riga war nach ihrer Zerstörung durch die heidnischen Kuren und Semgaller 1228 nicht nach dem üblichen Bauschema, sondern als Burg wiederaufgebaut worden[73]. Schon 1263 zerstörte diese ein neuerlicher Brand, und 1297 wurde sie in den Auseinandersetzungen mit dem Deutschen Orden wiederum niedergebrannt. Die wirtschaftliche Lage des Klosters war nach dem Wiederaufbau ungünstig, dazu hat der Deutsche Orden das Kloster bedrängt, da dessen strategische Lage an der Düna vor Riga für ihn von großer Bedeutung war. Abt Libertus stellte 1303 tatsächlich den Antrag an das Generalkapitel, das Kloster mit allem Zubehör an den Deutschen Orden zu verkaufen[74]. Das Generalkapitel beauftragte den Abt von Morimond mit den Verhandlungen, die dieser dem ehemaligen Cellerar von Amelungsborn und dem ehemaligen Hospitalmeister des Mutterklosters Pforta übertrug. Diese haben 1305 zusammen mit den Äbten Libertus von Dünamünde und Dithmar von Falkenau das Kloster für 4000 Mark Silber an den Deutschen Orden verkauft. Die strategische Bedeutung von Dünamünde ließ Stadt und Erzbischof von Riga gegen den Verkauf vorgehen. Die Stadt Riga legte 1310 beim Papst Widerspruch gegen den Verkauf ein, doch konnte sich der Deutsche Orden nach eingehender Untersuchung beim Papst 1313 mit der Kaufurkunde von 1305 rehabilitieren. Das Generalkapitel stimmte dem Verkauf 1313 nochmals zu. Der Erzbischof von Riga wandte sich ebenfalls wegen des Verkaufs an den Papst. Tatsächlich forderte Johannes XXII. 1318 die Zisterzienser auf, ihm den Privileg vorzulegen, daß das Generalkapitel zum Verkauf des Klosters berechtigt hatte. Doch konnte sich der Orden durchsetzen, und Johannes XXII. genehmigte am 25. Juli 1319 den Verkauf und wies die Klage des Erzbischofs ab. Die Mönche von Dünamünde waren nach Padis bei Reval in Estland übergesiedelt, das als Zisterze offiziell 1310 gegründet und 1313 dem Kloster Stolpe unterstellt wurde. König Erich von Dänemark erlaubte erst 1317, in Padis Steinbauten zu erstellen[75]. Die Zisterzienser in Stolpe haben anscheinend erst die Entscheidung des Papstes über Dünamünde abgewartet, ehe sie von einer abschließenden Regelung ausgingen und Padis weiter ausbauen ließen. Der Verkauf von Dünamünde läßt trotz der besonderen Verhältnisse im Gebiet des Deutschen Ordens erkennen, daß die Stellung der Klöster durch die äußeren Verhältnisse geschwächt worden war und daher in politisch gewünschtem Sinn geändert werden konnte.

Der Deutsche Orden hat gleichzeitig mit dem Kauf der Zisterze Dünamünde verhindert, daß innerhalb seines Herrschaftsgebiets in Garnsee und Strepow Zisterzen gegründet wurden. In Garnsee hatte der Ritter Dietrich Stange 1285 dem Kloster Pelplin 200 Hufen Land geschenkt, damit es dort eine Kloster gründete. Pelplin verkaufte die 200 Hufen Land 1334 an die Gründer der Stadt Garnsee, nachdem sich endgültig herausgestellt hatte, daß die Klostergründung nicht zustande kam[76]. Herzog Mestwin II. von Pomerellen hatte 1294 Strepow dem Kloster Eldena mit der Auflage überlassen, dort ein Kloster zu gründen. Als die Absicht mißlang, verkaufte Eldena die Güter 1348 dem Deutschen Orden[77]. Auch diese beiden Beispiele zeigen, wie sich seit dem 12. Jahrhundert die Lage verändert hatte. Die Absicht, ein Kloster zu gründen, war nicht mehr so leicht durchzuführen wie damals, wobei sich auch hier die sich stärker ausprägende Territorialherrschaft als hinderlich erwies.

Das in Pommerellen gelegene Kloster Oliva hat in den Verhandlungen zwischen dem Herzog von Pommerellen und dem Deutschen Orden 1282 durch seinen Verzicht auf das Mewer Land erreicht, daß es im folgenden Jahr seinen unmittelbar beim Kloster gelegenen Besitz abrunden konnte[78]. Der von streitenden Parteien häufig als Schiedsrichter erbetene Abt Rüdiger (1290/91–1313) hat es auch gewagt, nach dem Sieg des Deutschen Ordens über die pommerellischen Ritter in Danzig 1308 diese während des über sie verhängten Strafgericht des Deutschen Ordens geistlich zu betreuen. Ob sich darin aber ein Widerstand gegen den Deutschen Orden ausdrückt, bleibt fraglich, denn Rüdigers Nachfolger Alexander (1313–1320) hat den Deutschen Orden innerhalb seines Ordens beim Erwerb von Kloster Dünamünde unterstützt und konnte dadurch seinen Klosterbesitz weiter abrunden[79].

Obwohl der Abt, ebenso wie sein Amtsbruder in Pelplin, 1320 das Einsammeln des Peterspfennigs als Neuerung ablehnte, hat er 1326/27 dieses dennoch unterstützt, dabei aber im Gegensatz zu Pelplin nur die Hälfte der dort abgegebenen Summe aufgebracht. Oliva hat noch 1303 die Augustiner von Schwornigatz am Karchimsee zum Übertritt in den Zisterzienserorden bewegen können[80]. Es hat aber nicht mehr die Kraft besessen, einen 1313 erworbenen Wald urbar zu machen, sondern hat diesen 1333 gegen zwei Dörfer vertauscht.

Der Konvent Oliva hat anscheinend auch polnische Mitglieder besessen, wie der 1323 erwähnte Cellerar Stanislaus erschließen läßt, der 1330 zum Abt aufstieg und das Kloster über Jahrzehnte regierte. Er hat die mit dem Deutschen Orden bestehenden Streitigkeiten 1337 beigelegt und 1342 durch die Gesamtbestätigung des Klosters durch den Deutschen Orden ein dauerhaftes Verhältnis zu diesem geschaffen[81]. Das erst 1258 von Doberan aus gegründete Kloster Neu-Doberan oder Marienberg wurde 1274 nach Pelplin verlegt[82]. In den folgenden Jahrzehnten bis ins frühe 14. Jahrhundert war diese Abtei an der Kolonisation seiner weiteren Umgebung beteiligt[83].

Obwohl ein Teil der polnischen Historiker den Zisterzen keine große Bedeutung bei der Kolonisation zubilligt[84], fällt auf, daß sich diese auch noch im späten 13. und frühen 14. Jahrhundert entschieden am Landesausbau beteiligt haben. Neben den schlesischen Abteien Grüssau, Heinrichau, Himmelwitz, Kamenz, Leubus, Rauden und Trebnitz[85], galt dieses auch für die polnischen Zisterzen[86]. Dieser Tatbestand läßt an der ablehnenden Haltung der polnischen Historiker gegen die Bedeutung des zisterziensischen Landesausbaus, zumindest im Bereich ihrer eigenen Grundherrschaften, Zweifel zu. Schon in der Gründungszeit sind die schlesischen und polnischen Äbte ihrer Verpflichtung zum Besuch der Generalkapitel vermutlich nicht in vollem Umfang nachgekommen, und auch die seit 1184 bestehende Erlaubnis, nur in jedem dritten Jahr am Generalkapitel teilnehmen zu müssen, dürfte von ihnen nicht in vollem Umfang erfüllt worden sein. In der späteren Zeit wird eine Teilnahme einiger Äbte für 1289 vermutet, während die des Abtes von Kamenz 1336 gesichert ist[87]. Es hat den Anschein, als hätten die in dem Zeitraum zwischen den Reformbullen von 1265 und 1335 relativ jungen Zisterzen in Schlesien und Polen noch eine gute Ordenszucht besessen[88].

Obwohl die Breslauer Bischöfe die Privilegien der Zisterzen geachtet haben, ließen sich Abt Christian von Heinrichau und ebenso die Abtei Grüssau 1318 von Papst Johannes XXII. die Privilegien ihrer Klöster innerhalb der Diözese Breslau ausdrücklich bestätigen[89]. Diese legten fest, daß innerhalb der Klostermauern und für die Ordensangehörigen und Familiaren der beiden Zisterzen nur die Anordnungen des Generalkapitels rechtlich wirksam waren. Da für die in den Klosterdörfern ansässigen Laien das Exemtionsprivileg nicht galt, auch wenn der Abt ihr Grundherr war, hat sich durch den Übergang der ehemals eigenbewirtschafteten Ländereien die Zahl der Personen verringert, die von der bischöflichen Jurisdiktion befreit war. Da zu den Privilegien der Klöster auch die Befreiung vom allgemeinen Inderdikt gehörte, hat sich 1325 der Abt von Heinrichau geweigert, die päpstlichen Verurteilungen Ludwigs des Bayern in seinem Kloster verlesen zu lassen[90]. Der Abt von Leubus hat mit dem Bischof von Breslau eng zusammengearbeitet, und Bischof Heinrich von Würben (1302–1319) hat mit Paul von Bancz († 1323) sogar einen Leubuser Mönch zum Breslauer Weihbischof erhoben[91]. Diese Vorgänge zeigen ebenso wie die Überlieferung der monastischen Disziplin eine gewisse Zeitverzögerung in der Entwicklung dieser Zisterzen gegenüber den in Frankreich oder England gelegenen Abteien.

Die Zisterzen in Pommern[92] haben in dieser Zeit eine Entwicklung erlebt, die ihrer geographischen Lage zwischen den skandinavischen Mutterklöstern und den im Osten und Südosten benachbarten Zisterzen entsprach. Insgesamt gesehen hat sich auch in diesen Konventen die Situation des 12./13. Jahrhunderts länger erhalten als in Frankreich und England. Das in Holstein gelegene Reinfeld[93] hat im 13. Jahrhundert keinen Rückgang seiner wirtschaftlichen Entwicklung erlebt. Bis an das Ende des 13. Jahrhunderts hat es in Mecklenburg und Pommern Besitz erworben und lieh 1298 sogar dem Grafen von Schwerin Geld[94], doch haben Reinfelder Mönche 1290 regelwidrigen Rentenbesitz gehabt, was die Äbte von Dargun und Altenkampen untersuchen mußten. Die mecklenburgische Zisterze Dargun hat noch im frühen 14. Jahrhundert umfangreichen Besitz gekauft[95]. Doch hat dieser wirtschaftliche Erfolg nicht unbedingt bedeutet, daß die Klosterzucht in gutem Zustand blieb. Der Abt von Dargun reiste 1281 außerhalb seines Turnus zum Generalkapitel, weil dieses von einer »erschreckenden Tat« im Kloster Kenntnis erhalten hatte[96], die jedoch nicht näher erläutert wurde.

Trotz seiner guten wirtschaftlichen Verhältnisse hat Dargun 1294 das Generalkapitel gebeten, ihm zu gestatten, für die nächsten drei Jahre keine Gäste mehr aufnehmen zu müssen. Die Gründe für diesen Antrag sind nicht durchschaubar. Zwei Jahre später, 1296, trafen sich in Dargun die Äbte von Doberan, Kolbatz, Neuenkamp, Dargun, Eldena, Oliva und Hiddensee zu einem Provinzialkapitel der Zisterzen im Raum Mecklenburg – Pommern[97]. Kloster Doberan hat seit 1263 zunehmend an Wirtschaftskraft verloren. In diesem Jahr klagte es über die erheblichen Ausgaben für Gäste und Vorüberziehende. Seit 1281 hat es nur noch in sehr geringem Umfang Grundbesitz erworben, dafür aber solchen verkauft[98]. Das Kloster hat sich in dieser Zeit anscheinend wirtschaftlich erholt, denn es erwarb 1282, 1287, 1289, 1292 und 1310 Mühlen in seiner Umgebung, um gesicherte Renten zu erhalten. In derselben Absicht kaufte das Kloster auch Anteile an der Saline in Lüneburg. Es konnte 1298 dem Fürsten von Mecklenburg-Werle Geld gegen Grundbesitz bereitstellen und lieh ihm 1308 sowie 1312 nochmals 3300 Mark Silber[99]. Doberan begann 1294 mit dem Bau der heute noch stehenden Klosterkirche, die 1368 geweiht wurde und umfangreiche Baukosten verursacht haben dürfte. Dieses läßt insgesamt auf eine gute Wirtschaftslage des Klosters schließen.

Nachdem Doberan 1310 über den widerrechtlichen Entzug von Gütern geklagt hatte, wurde es 1312 von der benachbarten Stadt Rostock gebrandschatzt. Der Gesamtschaden in 21 Klosterdörfern belief sich auf 8800 Mark Silber[100]. Ähnliche Vorkommnisse sind auch von anderen Zisterzen im norddeutschen Raum überliefert. Die zahlreichen Fehden des Adels und der Fürsten haben die Klöster und ihre Wirtschaft empfindlich gestört, weil sie in zahlreichen Einzelfällen nach der Überlieferung gezielt gegen die Klöster des Zisterzienserordens ebenso wie gegen andere geführt wurden, um deren Besitz zu plündern[101]. Insbesondere die sich nach der Doppelwahl von 1314 ergebenden Auseinandersetzungen zwischen Ludwig dem Bayern und den Habsburgern haben durch die folgenden Auseinandersetzungen unter ihren Verbündeten zu erheblichen Belastungen für die Klöster aller Orden geführt, die durch die Haltung des Papstes gegen

Ludwig und seine Anhänger in den folgenden Jahrzehnten noch verstärkt wurden.

Die im mecklenburgisch-brandenburgischen Grenzraum im letzten Jahrzehnt des 13. Jahrhunderts gegründete Zisterze Himmelpforte erwarb im ersten Drittel des 14. Jahrhunderts überwiegend durch Kauf einen beachtlichen Landbesitz, der die wirtschaftliche Stellung des Klosters in der Folgezeit absicherte[102]. Auch die von den Markgrafen von Brandenburg gegründete und sehr begünstigte Zisterze Lehnin hat im späten 13. und frühen 14. Jahrhundert umfangreichen Besitz gekauft[103]. Dabei hat das Kloster auch die Stadtentwicklung gefördert, wie der Kauf der Stadt Werder 1317 und weit mehr das Entstehen des Marktfleckens Lehnin aufgrund des beim Kloster abgehaltenen Jahrmarktes beweisen. Dieser Vorgang entsprach nicht der Haltung des Ordens und ist ein Zeichen für nicht ausgebildete oder nachlassende Ordenszucht. Nach dem Erlöschen des Hauses der Askanier (1320) wurde Lehnin von innerklösterlichen Parteiungen erschüttert. Die einflußreichste davon war die nach dem Loburger Klosterhof benannte, die anscheinend jede Bindung an die Ordensregeln verloren hatte[104]. Sie konnte in zwei Jahrzehnten drei Äbte zur Regierung bringen und wurde 1339 durch einen Mönch an der Kurie verklagt, wobei dem Abt Hermann nicht nur der Mord an einem Ritter und seinen Begleitern, sondern auch die Schuld an den sich daraus ergebenden Fehden zugeschrieben wurde, die dem Kloster anscheinend einen Schaden von rund 60 000 fl zufügten. Papst Benedikt XII. beauftragte die Äbte von Kolbatz, Stolpe und Neuenkamp mit den Untersuchungen. Da Abt Hermann aber noch 1342 im Amt war, scheinen die Anklagen im Vergleich zum Untersuchungsergebnis wohl überzogen gewesen zu sein. Die Überlieferung läßt aber auf die verworrenen Verhältnisse in der Mark Brandenburg in dieser Zeit zurückschließen. Für das ebenfalls von dem Markgrafen gegründete Chorin, das Tochterkloster von Lehnin war, sind keine vergleichbaren Vorgänge überliefert, obwohl es gleichermaßen unter den politischen Schwierigkeiten in der Mark nach 1320 zu leiden gehabt hat. Doch hat es seine wirtschaftlichen Verhältnisse ebenso wie seine Klosterzucht in relativ gutem Zustand bewahren können[105]. Die südlich von Berlin gelegenen Zisterzen Dobrilugk[106] und Zinna[107] haben ebenfalls noch um 1300 ihren Besitz durch Käufe erweitert. Der Abt von Dobrikugk geriet zwar in den Verdacht, am Mord eines mit ihm verfeindeten Grafen beteiligt gewesen zu sein und mußte unter politischem Druck eine Buße akzeptieren, doch hatte der Abt bis zuletzt seine Beteiligung geleugnet und ein Nachlassen der Klosterzucht in bedrohlichem Umfang ist nicht überliefert. Der Vorgang ist daher im Bereich des spätmittelalterlichen Fehdewesens anzusiedeln, beweist aber gleichzeitig, wie weit die Abtei in die Geschehnisse außerhalb des Klosters eingebunden war.

Die Zisterzen, die sich nach Süden im Bereich der Lausitz und Meißens sowie nach Westen im heutigen Niedersachsen anschlossen, haben zwischen 1265 und 1335 noch keine Anzeichen eines nachhaltigen Verfalls der Klosterzucht gezeigt. Altzelle verkaufte zwar 1283 Grundbesitz, wobei es behauptete[108], durch die Gastung der Landesherrn hoch verschuldet zu sein, doch da es schon 1293 wieder in guten wirtschaftlichen Verhältnissen war, spricht einiges dafür, daß es sich 1283 um ein vorgeschobenes, zumindest aber verstärktes oder vorübergehendes Argument bei einem geplanten Güterverkauf gehandelt hat. Die Zisterzen Grünhain[109], Neuzelle[110] und Pforte[111] haben im frühen 14. Jahrhundert ihren Besitz erweitert, was für gute Wirtschaftsverhältnisse spricht. Dasselbe gilt für das niedersächsische Amelungsborn[112], das noch 1308 Wälder rodete und urbar machte. Für die Zisterze Loccum[113] wurde die Rodung von Wäldern noch 1315 überliefert, wobei es seinen Besitz erheblich erweiterte. Riddagshausen[114] wurde von der im zweiten Jahrzehnt des 14. Jahrhunderts herrschenden europaweiten Hungersnot erfaßt und wirtschaftlich stark geschädigt, da im mitteldeutschen Raum zumindest andernorts die Felder bis zu sieben Jahre nicht bebaut wurden. Riddagshausen mußte wegen dieser wirtschaftlichen Schwierigkeiten zwischen 1332 und 1335 fünf Grangien auflösen und seine Wirtschaft neuerlich aufbauen, was aber sehr rasch gelang[115]. Scharnebeck hat seinen Besitz über das gesamte erste Drittel des 14. Jahrhunderts ohne Unterbrechung durch Käufe erweitert[116], was auf eine solide Wirtschaftsbasis schließen läßt. Dagegen war die Zisterze Michaelstein bei Quedlinburg schon 1267 hoch verschuldet[117] und entsprechend belastet. Walkenried[118] im südlichen Harz war durch seine Kolonisation der Goldenen Aue und seinem Bergbau früh zu großer Bedeutung und Reichtum gekommen. Angeblich soll um 1200 sogar der Abt Heidenreich auf den Abtsstuhl von Morimond berufen worden sein[119]. Die Zisterze erreichte Ende des 13. Jahrhunderts unter dem Äbten Dietmar II. (1263–1289) und Hermann I. (1290–1308) einen Höhepunkt ihrer Entwicklung. Der Bau der Klosterkirche wurde abgeschlossen[120], ein Schutzbrief von König Rudolf I. erreicht und zahlreicher Besitz erworben. Diese Entwicklung setzte sich fort. Nach der Wahl Abt Konrads II. (1323–1332) kam es zu einer Auseinandersetzung mit den Grafen von Honstein, die dem Kloster ihren Bruder Otto, der Mönch im Konvent war, als Abt aufdrängen wollten. Das Kloster konnte sich mit Unterstützung Kaiser Ludwigs des Bayern zwar durchsetzen, doch kam es fast gleichzeitig auch mit dem Grafen von Regenstein zu einer für das Kloster verlustreichen Fehde. Walkenried wandte sich in seiner Not schutzsuchend an die Grafen von Wernigerode. Die Fehden konnten beigelegt werden und haben der Zisterze keinen langanhaltenden wirtschaftlichen Schaden zugefügt. Die klösterliche Disziplin in Walkenried hat trotz dieser Fehden, die sogar zur Ermordung des Gegenabts Otto von Honstein geführt hatten, grundsätzlich nicht gelitten. Die an sich außerordentlich verwerflichen Vorgänge sind auch hier wieder im Zusammenhang mit dem Fehdewesen des spätmittelalterlichen Adels zu sehen. Die Blütezeit des Klosters hat sich jedoch über 1335 hinaus fortgesetzt.

Von den rheinischen Zisterzen war Heisterbach seit den 50er Jahren des 13. Jahrhunderts nachweislich hoch verschuldet und befand sich Ende der 60er in einer so unhaltbaren Situtation, daß die Gläubiger ihre Forderungen beim Generalkapitel in Cîteaux erhoben[121]. Die Zisterze verkaufte umfangreichen Besitz, um ihre Schuldenlast abzutragen. Dabei erlebte sie einen überaus häufigen Abtswechsel. Zwischen 1266 und 1331 sind insgesamt 13 Äbte nachweisbar[122]. Obwohl das Kloster als geistiges Zentrum für Wallfahrer Anziehungspunkt blieb, begann sich seit dem 14. Jahrhundert die klösterliche Disziplin zu lockern. Seit 1322 läßt sich für die Mönche Privatbesitz, zumindest in Form von Renten, nachweisen. Diesem Verstoß gegen die Ordensregeln folgte 1331 eine Aufforderung des Abtes Wilhelm von Cîteaux an den Abt von Heisterbach, Mönche, die wegen einer Verschwörung auf Grangien ausquartiert waren und dort ein angenehmes Leben führten, auf andere Ordenshäuser zu verteilen und die auf Burgen als Hausgeistliche lebenden Mönche zurückzurufen, weil sie sich weigerten, die Ordensgewohnheiten zu beachten.

Ebenso wurde der Abt angehalten, dafür zu sorgen, daß Mönche und Konversen die vorgeschriebene Tonsur und Ordenstracht trugen[123]. Es fällt auf, daß sich die klösterliche Disziplin nach der Quellenlage nach jahrzehntelangen großen wirtschaftlichen Schwierigkeiten erst lockerte, als diese weniger wirksam waren.

Altenberg[124] hat gegenüber Heisterbach im späten 13. und frühen 14. Jahrhundert in guten wirtschaftlichen und disziplinarischen Verhältnissen gelebt. Abt Dietrich (1264–1276) war anscheinend zuvor Cellerar seines Klosters gewesen und wohl deshalb auch vom Generalkapitel beauftragt worden, die Zisterze Heisterbach zusammen mit anderen Äbten bei der Sanierung ihrer Wirtschaft zu unterstützen, wie später auch die Zisterze Hude bei Bremen. Der Bau der Klosterkirche in Altenberg verursachte hohe Kosten, weshalb Abt Dietrich 1267 eine Kollekte in der gesamten Erzdiözese Köln erwirkte. Er hat auch Benden als erstes Frauenkloster seiner Klosterfamilie eingefügt. Seine Nachfolger haben bis nach 1335 den Wohlstand des Klosters und seine disziplinarische Ordnung erhalten. Auch Kamp[125] hat über das erste Drittel des 14. Jahrhunderts hinaus keine nennenswerten Rückschläge hinnehmen müssen. Die im Rheingau gegenüber von Bingen gelegene Zisterze Eberbach[126] war insbesondere durch den Weinbau zu wirtschaftlichem Wohlstand gekommen. Sie hat in den letzten Jahren des 13. Jahrhunderts aber erhebliche wirtschaftliche Schwierigkeiten bekommen. Die Ursachen dafür waren nicht erkennbar. Die Gläubiger wurden jedoch für die Abtei so lästig, daß sie sich an den König um Unterstützung wandte, die er ihr auch gewährte. Albrecht I. erließ 1299/1300 mehrere Urkunden, um Eberbach vor Zinsforderungen zu schützen. Als die Gläubiger daraufhin ihre Hauptsummen kündigten, mußte Eberbach Zinse verkaufen, um die Summen zurückzahlen zu können. Dennoch sind für das erste Jahrzehnt des 14. Jahrhunderts Gütererwerbungen überliefert. Die Wirtschaftslage besserte sich im zweiten Jahrzehnt in solchem Umfang, daß Schulden abgelöst und neu gebaut werden konnte. Abt Wilhelm erreichte 1314 auch vom Generalkapitel das Privileg, so viele Mönche über die vom Orden festgelegte Zahl annehmen zu dürfen, als er Vermächtnisse zum Unterhalt dieser Mönche gewann. Die Wirtschaftslage blieb auch in den folgenden Jahrzehnten gut und Eberbach konnte 1323, 1327 und 1334 sogar mit seinen Tochterklöstern zusammen Stallungen und Kammern von Klöstern in den Diözesen Metz und Langres erwerben, um Erleichterungen für die Reisen nach Cîteaux zu haben. Es kaufte in diesen Jahren auch weiteren Güterbesitz. Die innere Disziplin des Klosters war zwar kurz nach der Mitte des 13. Jahrhunderts durch einen Konversenaufstand erschüttert worden, der mit dem Übergang zum Pachtsystem anstatt der bisherigen Eigenbewirtschaftung zusammenhing, blieb ansonsten aber in den folgenden Jahrzehnten bis zur Reformbulle Benedikts XII. und darüber hinaus in gutem Zustand.

Die heute in Hessen gelegene Zisterze Haina[127] hat vor ihrer Gründung bis ins frühe 14. Jahrhundert hinein kontinuierlich Grundbesitz erworben. Erst die Schwierigkeiten in der Landwirtschaft durch Mißernten und Hungersnöte im zweiten Jahrzehnt des 14. Jahrhunderts mit ihrem Höhepunkt um 1317/18 haben ab 1318 zu wesentlich größeren Zeitabständen zwischen den einzelnen Erwerbungen geführt. Dadurch sind wirtschaftliche Schwierigkeiten des Klosters erkennbar. Sie wurden jedoch erst im zweiten Drittel des Jahrhunderts größer und sind damit zeitgleich mit den ersten figürlichen Darstellungen in den Glasmalereien und der Kreuzigungsgruppe (um 1335) in der Klosterkirche. Die Entwicklung der Zisterze Marienstatt im Westerwald[128] ist sehr ähnlich verlaufen. Das Kloster hat im 13./14. Jahrhundert sogar seine Klosterkirche teilweise neu gebaut, die 1324 geweiht wurde[129]. Wie in Haina wurde auch in Marienstatt in dieser Zeit mit dem dreiflügeligen St. Ursula-Altar im nördlichen Querschiff ein überaus wichtiges Kunstwerk der rheinischen Plastik geschaffen, das aber der Ordenssatzung eigentlich nicht entsprach. Um die Jahrhundertwende war der Graf von Sayn beim Kloster hochverschuldet. Der Konvent ist in dem Zeitraum zwischen 1265 und 1335 nach den Quellen nicht von der Ordensregel abgewichen, obwohl die Ausstattung der Klosterkirche beweist, daß Bestimmungen des Ordens weniger streng ausgelegt wurden.

Die weit westlich in der Eifel im Erzbistum Trier gelegene Abtei Himmerod[130], die im 12. Jahrhundert mit Unterstützung des Trierer Erzbischofs entstanden war, wurde im späten 13. Jahrhundert durch dessen Maßnahmen wirtschaftlich geschädigt. Erzbischof Heinrich von Vinstingen (1260–1286) war aufgrund seiner Territorialpolitik ein Gegner der Klöster. Als sich Himmerod seinen ungerechten Forderungen widersetzte, vertrieb er den Konvent aus dem Kloster und verwüstete dessen Besitzungen[131]. Dieses mußte sich daher in hohem Maße verschulden und weiteren Besitz verpachten. Dadurch kam der Konvent sehr schnell an die Grenzen der Belastbarkeit. Abt Johannes III. aus Trier (1291–1310) war daher 1297 gezwungen, den Konvent mit Erlaubnis des Generalkapitels auf zehn Jahre in andere deutsche Ordensniederlassungen zu verteilen[132]. Das Kloster war somit nicht mehr in der Lage, seinen Konvent zu unterhalten. Mit dieser Belastung trat das Kloster in das 14. Jahrhundert ein. Sie dürfte sich nach allgemeiner Erfahrung, obwohl darüber keine gesicherte Nachrichten vorliegen, auch auf die Disziplin des Konvents ausgewirkt haben. Das Kloster erhielt zwar Anfang des 14. Jahrhunderts eine große Schenkung und kurz darauf 1310 ein Schutzprivileg Erzbischof Balduins von Trier[133], doch wurde der Konvent im Zuge der neuen Belastungen im zweiten Jahrzehnt des 14. Jahrhunderts aufgrund der Mißernten und Hungersnöte und hoher Schulden gezwungen, 1318 und 1319 größeren Besitz zu verkaufen, denen 1339 weiterer folgen mußte[134]. Himmerod hatte im 13. Jahrhundert trotz Erwerb von Grundbesitz anscheinend keine gute Wirtschaftsverhältnisse geschaffen. Die seit dem letzten Viertel des Jahrhunderts anhaltenden äußeren Belastungen, die sich im 14. Jahrhundert fortsetzen sollten, ließen es dazu kommen, daß das Kloster 1297 nicht mehr in der Lage war, seinen gegenüber dem 12. und frühen 13. Jahrhundert kleineren Konvent[135] zu unterhalten. Es ist jedoch festzuhalten, daß nur äußere Belastungen Anlaß dafür waren. Das Schicksal der Zisterze Weiler-Bettnach[136], die ebenfalls im Moselgebiet südlich Himmerods im Bereich der französisch-deutschen Sprachgrenze lag, war ebenfalls von großen wirtschaftlichen Schwierigkeiten geprägt, die aber bereits im frühen 13. Jahrhundert nachweisbar sind und sich anscheinend nicht mehr beheben ließen. Im frühen 14. Jahrhundert entstanden durch die 1311 erstmals belegte Aufgabe der Eigenwirtschaft, die im Umkreis von Metz besonders große Auswirkung der Hungersnot von 1315 und die lokale Fehde des sogenannten Vierherrenkriegs (1324–1326/27) für Weiler-Bettnach neue wirtschaftliche Belastungen. Als 1327 der päpstliche Kollektor Petrus Guigonis das Bistum Metz bereiste, war Weiler-Bettnach *propter paupertatem* nicht in der Lage, etwas zu bezahlen[137]. Vielleicht ist wegen dieser Situation in den 30er Jahren der in finanziellen Angelegenheiten überaus erfahrene *Johannes de Borbona* aus Morimond nach Weiler-Bettnach gesandt worden. Das innere Leben der Abtei ist von den wirtschaftlichen Schwierigkeiten im Unterschied zu anderen Abteien in gleicher Lage anscheinend nicht negativ beeinflußt worden[138].

Das intakte Klosterleben von Weiler-Bettnach kommt auch in der Gründung des Tochterklosters Pontiffroy in der Stadt Metz zum Ausdruck[139]. Nachdem eine reiche Metzer Witwe zwei Jahre lang wegen der schwierigen wirtschaftlichen Verhältnisse in Weiler-Bettnach den Unterhalt von acht Mönchen bezahlt hatte, erhielt sie 1321 die Erlaubnis von Papst Johannes XXII., von diesen acht Mönchen sechs nach ihrer Wahl nach Pontiffroy zu transferieren und dort ein Kloster zu gründen. Der Papst machte dem Kloster wegen seiner ordensuntypischen Lage strenge Auflagen. Zwar wurde eine Klosterkirche 1321 geweiht und der Sohn des Grundbesitzers, auf dessen Land das Kloster entstanden war, als Abt eingesetzt, doch bleibt fraglich, ob das Kloster je seine volle Mönchswahl erreicht hat, denn schon 1338 wurde es Morimond mit der Auflage inkorporiert, solange den Abt einzusetzen, bis Pontiffroy zwölf Mönche versorgen könne[140]. Das Studienhaus im Metz wurde gleichzeitig nach Pontiffroy verlegt[141]. Dieser Vorgang war der Anfang für eine Reihe von Streitigkeiten. Die atypische Lage von Pontiffroy läßt vermuten, daß die Armut von Weiler-Bettnach 1321 dazu genutzt wurde, um ein Studienhaus in Metz zu errichten und dabei gleichzeitig das Kloster wirtschaftlich zu entlasten. Doch war Pontiffroy zu gering dotiert, um seine Rolle richtig einnehmen zu können.

Die beim Trifels gelegene Zisterze Eußerthal[142] war ein Tochterkloster Weiler-Bettnachs. Als in nachstaufischer Zeit der Trifels an Bedeutung verlor, hat sich dieses auch auf die ehemals von den Staufern begünstigte Zisterze ausgewirkt. Sie geriet wie ihr Mutterkloster im 14. Jahrhundert zunehmend in finanzielle Bedrängnis, wobei in den Jahren 1337/38 Auseinandersetzungen mit Pfalzgraf Ruprecht II. um die Gefangennahme des Abtes von Weiler-Bettnach auf einer Visitationsreise nach Eußerthal und die dadurch entstehenden Zahlungen die schwierige Lage Eußerthals für die künftige Entwicklung verschärften. Das benachbarte weitere Tochterkloster Weiler-Bettnachs, Wörschweiler[143], konnte zwischen 1265 und 1335 eine bessere wirtschaftliche Stellung bewahren, doch konnten sich die Konvente in beiden Zisterzen in einer disziplinären Situation halten, die ihnen Kritik in der Überlieferung ersparte. In der elsässischen Zisterze Pairis westlich von Kolmar ergaben sich Ende des 13. Jahrhunderts wirtschaftliche Schwierigkeiten, die der 1301 zum Abt erhobene Philipp von Rathsamhausen in Kürze beheben konnte. Er wurde bereits 1306 Bischof von Eichstätt. Doch hat das Kloster in den folgenden Jahren die gute Situation bewahren können.

Otterberg[144], der nördliche Nachbar von Eußerthal und Wörschweiler, hat nach 1300 zunehmend begonnen, seinen Besitz zu verpachten[145]. Dieser allgemeinen Tendenz der Zisterzen in dieser Zeit folgend hat Otterberg seit dem zweiten Jahrzehnt des 14. Jahrhunderts so gut wie keinen Besitz mehr erworben. Doch hat das Kloster bis nach 1335 nachweislich keine Güter verkauft[146]. Ein Rückgang der Ordenszucht ist im späten 13. und frühen 14. Jahrhunderts nicht feststellbar[147]. Die Äbte von Otterberg haben sich trotz der hohen Kosten für die Besuche des Generalkapitels bemüht, dieser Pflicht zu genügen. Sie haben sich jedoch 1282, 1323 und 1327 mit den Äbten anderer Zisterzen zusammengeschlossen, um für die Beteiligten die anfallenden Kosten zu senken[148]. Demnach waren die Klöster trotz rückläufiger Wirtschaftsentwicklung daran interessiert, die Bedingungen der Ordensbestimmungen zu erfüllen. Sie wollten jedoch ihre Kosten möglichst gering halten. Bei der in der Pfalz rechts des Rheins gelegenen Zisterze Schönau[149] wurde bis 1306 die Periode des Ausbaus und der Ausweitung angesetzt[150], die noch im späten 13. und frühen 14. Jahrhundert zahlreiche Güter an das Kloster brachte. Die sich daran anschließende Zeit der wirtschaftlichen Stagnation ging – ohne daß ein genauer Zeitraum genannt wird – in die Krisenzeit über[151]. Nachdem für Schönau 1316 die ersten Verpachtungen vorher eigengenutzten Geländes überliefert sind, Verkäufe sogar erst nach der Mitte des 14. Jahrhunderts, begann die Phase der Stagnation bei ihm wie bei so vielen Zisterzen mit den Mißernten und Hungersnöten im zweiten Jahrzehnt des 14. Jahrhunderts, die zudem noch von den Fehden infolge der Doppelwahl von 1314 begleitet war. Die wirtschaftliche Stagnation hat sich, soweit erkennbar, bis zur Mitte des Jahrhunderts hingezogen und ist erst unter den Nachwirkungen der Pest von 1348/49 zur Krise umgeschlagen[152]. Die Zahl der Mönche bürgerlicher Herkunft hat sich bis zum Ende des 13. Jahrhunderts so erhöht, daß sie mit Abt Peter Cleman im Übergang zum 14. Jahrhundert erstmals auch den Abt stellten[153]. Eine gute Ordenszucht hat sich im Konvent bis in die zweite Hälfte des 14. Jahrhunderts erhalten. Der um 1316 überlieferte Fall eines Konversen, der in einem Hof auf eigene Rechnung gewirtschaftet hatte und mit dem Ertrag aus dem Kloster floh, war allem Anschein nach ein Einzelfall und nicht für die Klosterzucht des Konvents kennzeichnend.

In der östlich von Schönau an der Tauber gelegenen Zisterze Bronnbach[154] kamen Mitte der 60er Jahre die Wirren in der Diözese Würzburg[155] zur Auswirkung. Abt Heinrich I. mußte 1265 nicht nur beim Generalkapitel darum bitten, seinem Kloster für ein Jahr die Aufnahme von Gästen zu erlassen[156], sondern der Konvent war zeitweise zum Verlassen des Klosters gezwungen[157]. Doch hat sich das Kloster wirtschaftlich rasch erholt, obwohl 1274 beim Generalkapitel nochmals eine dreijährige Befreiung von der Gästebewirtung erbeten wurde[158]. Bronnbach hat in den folgenden Jahren umfangreichen Besitz erworben[159]. Abt Heinrich II. (1318–1320) hat trotz weiterer Güterkäufe – vielleicht wegen der allgemeinen Wirtschaftsprobleme der vorausgegangenen Jahre – einzelne Güter verkauft. Erst Ende der 30er Jahre des 14. Jahrhunderts ist Bronnbach von einer Wirtschaftskrise erfaßt worden. Die Klosterzucht des Konvents war im Zeitraum zwischen den beiden päpstlichen Reformbullen von 1265 und 1335 ohne negative Erscheinungen.

Die im Bereich des oberen Main gelegene Zisterze Ebrach[160] hat in den letzten drei Jahrzehnten des 13. Jahrhunderts so umfangreichen Besitz erworben, daß sich der Gesamtumfang der Klostergüter fast verdoppelte[161]. Auch im 14. Jahrhundert blieb das Kloster von den Wirtschaftsproblemen der anderen Klöster verschont[162]. Ebrach hatte auch seine Klosterkirche sicherlich mit hohen Ausgaben bis 1285 neu gebaut[163]. Die Klosterzucht war im späten 13. und frühen 14. Jahrhundert unverändert gut geblieben. Papst Johannes XXII. berief 1328 Abt Friedrich auf den Bischofsstuhl von Eichstätt, was diese Aussage bestätigt.

Auch die Zisterze Langheim[164] hat einen Neubau seiner Klosterkirche in den letzten Jahrzehnten des 13. Jahrhunderts begonnen und bis 1316 abgeschlossen[165]. Seit der Mitte des 13. Jahrhunderts stieg die

Zahl der Besitzerwerbungen kontinuierlich an, um unter Abt Hartmann (1289–1304) in den Jahrzehnten 1291–1310 einen besonders hohen Stand zu erreichen. Obwohl Abt Wolfram 1312 über die Schuldenlast der Abtei klagte und wegen der hohen Zinsen Güter verkaufte, sind im zweiten Jahrzehnt des 14. Jahrhunderts weiterhin umfangreiche Grundbesitzkäufe getätigt worden, während die Zahl der Schenkungen stark zurückging[166]. Die Ursachen dafür dürften in den nachgewiesenen Problemen dieser Jahre mit ihren Hungersnöten und Fehden liegen, die im Kloster durch die den Mönchen gereichte karge Kost zu Unzufriedenheit führte, wie sich aus einer Urkunde vom Februar 1318 ergibt[167]. Die Zisterze hat ihren Besitz zielstrebig und geschickt zu einer geschlossenen Wirtschaftseinheit ausgebaut. Eine Wirtschaftskrise bestand jedoch selbst nach den Belastungen des zweiten Jahrzehnts des 14. Jahrhunderts in Langheim nicht. Obwohl sich das Generalkapitel 1324 und 1325 mit den Mönchen Albert von Redwitz und Karl von Heldrith befaßte, die sich in der Welt herumtrieben und ihrem Kloster Schande bereiteten[168], ist von einer grundsätzlichen Krise in der Klosterzucht Langheims in dieser Zeit nicht zu sprechen. Die gegen die Ordensregeln verstoßenden Mönche waren aber Hinweis auf eine sich ändernde Zeit.

Die östlich von Langheim in der Oberpfalz gelegene Zisterze Waldsassen[169] hat durch ihre Tochterklöster Sedletz und Ossegg sowie durch die Rodungstätigkeit im westlichen und mittleren Böhmen die deutsche Siedlung gefördert. Die böhmischen Könige haben seit 1269 das Kloster unter ihren Schutz genommen, das im 13. und frühen 14. Jahrhundert ergänzend zu der Rodungstätigkeit seinen Besitz auch durch Käufe erweiterte. Wie in anderen Zisterzen mit gleichem Vorgehen war dieses ein Zeichen für gute Wirtschaftsverhältnisse, die auch unter den Einwirkungen der Mißernten, Hungersnöte und Fehden im zweiten Jahrzehnt des 14. Jahrhunderts bestehen blieben. Das Kloster konnte 1315 sogar den Burggrafen von Nürnberg zum Ersatz der ihm zugefügten Schäden zwingen. Obwohl bereits seit der Jahrhundertwende mehrfach Äbte resigniert hatten[170], gab es keine Anzeichen für tiefgreifende Zerwürfnisse innerhalb des Konvents oder für ein Nachlassen der Klosterzucht vor der Mitte des Jahrhunderts. Auch das unweit von Nürnberg gelegene Heilsbronn[171] hat bis 1335 und darüber hinaus unter der Leitung tüchtiger

Äbte, von denen einer aus dem Bauernstand gekommen sein soll[172], seine Klosterkirche erweitert (1284 geweiht) und seinen Besitzstand umfassend vermehrt. Sie hat somit keine Anzeichen nachlassender Klosterzucht oder wirtschaftlichen Verfalls erkennen lassen. Die im 13. Jahrhundert bestehende Blüte der klösterlichen Wirtschaft und Ordenszucht ist auch im zweiten Jahrzehnt des 14. Jahrhunderts durch die wirtschaftlichen und politischen Geschehnisse nicht negativ beeinflußt worden.

Das bei Donauwörth gelegene Kaisheim[173] wurde in den sieben Jahrzehnten zwischen 1265 und 1335 von nur vier Äbten geleitet[174]. 1273 hat der Konvent unter Abt Trutwin (1267–1287) das Tochterkloster Stams mit einem Gründungskonvent besetzt. Abt Trutwin und seine Nachfolger haben kontinuierlich zahlenmäßig umfangreichen Grundbesitz erworben[175]. Wohl im Zusammenhang mit den Hungersnöten und Fehden dürfte 1318/19 der Besitz in dem älteren Urbar des Klosters aufgezeichnet worden sein[176]. Doch läßt die Überlieferung keine Anzeichen für eine wie auch immer geartete Krise erkennen.

Aus dieser langen wirtschaftlichen Erfolgsbilanz des Ordens in vielen Klöstern fällt die Abtei Schöntal[177] im heutigen nordöstlichen Baden-Württemberg an der Jagst heraus. Im späten 12. Jahrhundert gegründet, wuchs die Zisterze anscheinend sehr langsam[178]. Doch wird bis 1282 fortlaufend über Erwerbungen von Besitz berichtet. Anfang 1282 bat der Maulbronner Abt Trutwin von Kaisheim, die Paternität über Schöntal zu übernehmen, was dieser auch sofort tat[179]. Schöntal war nicht nur verschuldet, sondern auch mit Fruchtabgaben und Leibrenten im Rückstand[180]. Das Generalkapitel von 1282 genehmigte den Übergang der Paternität über Schöntal an Kaisheim und führte dabei aus, daß die Schulden Schöntals seit langer Zeit vorlagen und der Konvent seit mehr als 20 Jahren zerstreut gelebt und die Ordensregeln kaum beachtet hatte[181]. Kaisheim hat die Schulden Schöntals abgelöst und damit ein Aufblühen desselben eingeleitet. Die Schuldenlast Schöntals dürfte nach dem 1282 genannten Zeitraum von zwei Jahrzehnten durch die politischen Wirren des Interregnums entstanden sein. In den folgenden Jahren hat Schöntal erneut Besitz gekauft. Nach den überlieferten Jahresberichten der Abtei von 1295–1349 hat die Visitation 1295 in der Kasse des Klosters

935 lb h bar bei Ausgaben von 330 lb h und keine Schulden festgestellt[182]. Schon 1303 hatte das Kloster 906 lb h Schulden, die aber bei der Einsetzung des Abtes Walther von Öhringen 1305 bereits wieder abgelöst waren[183]. Bei diesen Schulden hat es sich demnach nicht um langfristige Belastungen gehandelt, sondern um Schulden im Zusammenhang mit dem Handel der Abtei. Die allgemeinen wirtschaftlichen und politischen Schwierigkeiten im zweiten Jahrzehnt des 14. Jahrhunderts hat Schöntal in einer Art und Weise überstanden, daß sich zwar in den Jahresberichten keine größeren Belastungen zeigten, doch wurde 1319 der Abt abgesetzt[184]. Der Schuldenstand des Klosters stieg im Laufe der folgenden Jahre wieder an. 1335 umfaßte er 797 lb h und 1340 sogar 2131 lb h[185]. Zusammenfassend läßt sich aber feststellen, daß Schöntal im frühen 14. Jahrhundert weder in wirtschaftlicher noch in disziplinarischer Hinsicht eine neuerliche Krise bewältigen mußte.

Wie sich bei den Verhandlungen 1282 ergeben hatte, war Maulbronn[186] als Mutterkloster wegen eigener wirtschaftlicher Belastung nicht in der Lage, Schöntal zu unterstützen. Maulbronn hatte schon 1257, aber auch 1319 und 1341 Schulden. Diese werden in der Forschung weniger als Zeichen einer tatsächlich schlechten Situation denn als Rechtfertigung im Zuge von Besitzveränderungen angesehen, die im Orden jeweils genehmigt werden mußten[187]. Maulbronn hat in dieser Zeit den Ausbau seiner später sehr geschlossenen Grundherrschaft begonnen und weitgehend durchgeführt, nachdem es schon seit mindestens 1236 seinen Grundbesitz nicht mehr nur durch Eigenbewirtschaftung verwaltet hatte. Es bot in diesem Zeitraum eigentlich keine Hinweise auf wirtschaftliche oder disziplinäre Krisen. Das Kloster war 1282 in einer Entwicklung begriffen gewesen, die ihm nicht erlaubte, sich für sein Tochterkloster Schöntal einzusetzen.

Wie Maulbronn hat Herrenalb[188] im letzten Drittel des 13. Jahrhunderts und im frühen 14. Jahrhundert eine einigermaßen geschlossene Herrschaft überwiegend durch Besitzkäufe aufgebaut. Dabei war der Erwerb ganzer Dörfer günstiger als der einzelner Höfe[189]. Das Territorium war auch mit der Hochgerichtsbarkeit ausgestattet. Nach den für Herrenalb im einzelnen zwar nicht erkennbaren Belastungen durch die Hungersnöte und Mißernten sowie kriegerischen Auseinandersetzungen im zweiten Jahrzehnt des 14. Jahrhunderts scheint dieser Vorgang damals weitgehend abgeschlossen gewesen zu sein[190]. Bebenhausen[191] bei Tübingen hat unter seinen Äbten Eberhard (1262–1281), Friedrich (1281–1299, 1300–1303) und Konrad von Lustnau (1320–1353) den größten Teil seiner Besitzerwerbungen durchgeführt und seine Wirtschaft von der Eigenwirtschaft in der Gründungszeit auf die spätmittelalterlichen Anforderungen umgestellt[192]. Dabei hat es durch die Kriege zwischen dem Reich und den Grafen von Württemberg sowie vermutlich durch die Auswirkungen der Kämpfe des Thronstreits nach 1314 und den gleichzeitigen Schwierigkeiten nach den Mißernten und Hungersnöten dieser Jahre einen Rückschlag unter Abt Ulrich (1303–1320) hinnehmen müssen, der sich aber nur als eine Stagnation in der Besitzentwicklung ausgewirkt hat[193]. Die Abtei hat im späten 13. und im 14. Jahrhundert eine insgesamt überaus positive Entwicklung genommen, in der es keinen Raum für krisenhafte Erscheinungen oder ein schlechtes disziplinäres Verhalten des Konvents gab.

Die unweit von München gelegene bayerische Zisterze Fürstenfeld[194] war erst 1263 gegründet worden, hat aber das fehlende Jahrhundert Entwicklung gegenüber den übrigen Zisterzen durch besondere Förderung der Wittelsbacher ausgeglichen. Fürstenfeld hat seinen Besitz in den Jahrzehnten zwischen 1263 und 1350 weitgehend ausgebaut, wobei insbesondere Besitzkäufe im Vordergrund standen[195].

Stams[196] war in Nordtirol als Tochterkloster von Kaisheim – darin Fürstenfeld vergleichbar – erst 1273 gegründet worden. Es hat in seiner Anfangszeit die besondere Förderung des Grafen Meinhard von Tirol erhalten und dadurch die zeitlich fehlende Entwicklung zu den übrigen vergleichbaren Zisterzen rasch aufholen können. Auch die Nachfolger Meinhards haben Stams in den folgenden Jahrzehnten begünstigt. Die Abtei hat ihre Grundherrschaft zügig erweitert. Die größte Ausdehnung derselben erfolgte bis zur Mitte des 14. Jahrhunderts. Dabei haben sich die Geldabgaben der Untertanen bis 1294 bereits verdreifacht und hatten 1336 das Zwölffache erreicht. Vergleichbares läßt sich auch bei den Naturalabgaben feststellen[197]. Die bei einigen Zisterzen erkennbaren Schwierigkeiten im zweiten Jahrzehnt des 14. Jahrhunderts haben anscheinend weder Fürstenfeld noch Stams berührt.

Das nördlich des Bodensees gelegene Salem[198] hat vor 1240 seinen Besitz in einem im Norden bis etwa an die Donau reichenden Gebiet aufgebaut. Diese Entwicklung stagnierte aufgrund der Belastungen Salems im Interregnum durch den benachbarten Adel[199]. Nachdem sich die Wirtschaft Salems wieder erholt hatte, hat das Kloster seinen Besitz langsamer erweitert. Erst ab 1282 begann eine langanhaltende Blüte des Klosters, die nach der Forschung bis in die Mitte des 14. Jahrhunderts ununterbrochen angehalten hat und sich vor allem in umfangreichen Besitzerwerbungen ausdrückte[200]. Die Überlieferung des Chronisten Salems, der unter Abt Konrad von Enslingen (1311–1337) neben einer sehr geschädigten Klosterzucht auch eine Schuldenlast festhielt, wird mit den Belastungen des Thronstreits in Verbindung gebracht[201], wobei die wirtschaftlichen Auswirkungen der Mißernten und Hungersnöte des zweiten Jahrzehnts des 14. Jahrhunderts unberücksichtigt geblieben sind. Obwohl Salem auf diese Weise nach 1311 nicht mehr so gefestigt erscheint wie zuvor, ist weder auf wirtschaftlichem noch disziplinärem Gebiet von krisenhaften Erscheinungen zu sprechen.

Von Salem aus wurde 1227 das bei Zürich gelegene Wettingen[202] als Tochterkloster besiedelt. Wettingen hat sich wie die übrigen später gegründeten Zisterzen bemüht, seinen Besitz rasch auszubauen. Nach den Güterverzeichnissen von 1248 und 1264 hat die Abtei in diesem Zeitraum allein ihre Einkünfte fast verdreifacht[203]. Sie konnte daher auch in der zweiten Hälfte des 13. Jahrhunderts ihre Klosterkirche vollständig umbauen und 1294 weihen lassen. Das Kloster hat in der ersten Hälfte des 14. Jahrhunderts wirtschaftlich weitergeblüht, seinen Besitz erheblich erweitert und auch mit der Ordenszucht kein Problem gehabt. In dem bei Burghausen gelegenen Raitenhaslach[204], das ebenfalls ein Tochterkloster Salems war, war die wirtschaftliche und disziplinäre Situation mit Wettingen vergleichbar. Auch Raitenhaslach hat bis ins 14. Jahrhundert hinein zahlreiche Güter erworben. Es hat aber in den Auseinandersetzungen Ludwigs des Bayern und Friedrichs des Schönen im ersten Jahrzehnt des 14. Jahrhunderts schon erhebliche Schäden erlitten, die Herzog Friedrich der Abtei 1311 durch eine Mautermäßigung in Linz ersetzte. Das Kloster war unter den Äbten Ilsung (1311–1327) und Heinrich II. Ölar (1327–1338) mit den wittelsbachschen Herzögen von Ober- und Niederbayern eng verbunden[205], was der Abtei im Thronstreit vermutlich erneut Schäden gebracht hat. Obwohl sie von den Päpsten Clemens V. und Johannes XXII. mehrmals in

Schutz genommen worden war, hat sie sich 1328 entgegen der Entscheidung des Generalkapitels auf die Seite Kaiser Ludwigs gestellt. Sie wurde für diese Parteinahme gebannt und erst 1335 durch den Kardinalbischof von Albano aus dem Bann gelöst[206]. Raitenhaslach hat durch diese Parteinahme sicherlich Nachteile erlitten, doch wird in der Forschung nicht von einem größeren Einbruch in der wirtschaftlichen Entwicklung des Klosters und seines Besitzes gesprochen[207]. Der Bann hat anscheinend auch keine Auswirkungen auf die Klosterzucht gehabt.

Die in der Steiermark als Tochterkloster Ebrachs gegründete Abtei Rein[208] hatte eine ungebrochene wirtschaftliche Aufwärtsentwicklung genommen, bis es unter Abt Hugo (1323–1331) von einer gewaltigen Überschwemmung geschädigt wurde. Vermutlich hat die Naturkatastrophe den kurz zuvor durch Mißernten und Hungerjahre entstandenen Schaden erhöht. Das Generalkapitel hat den Abt auf sechs Jahre vom Besuch desselben dispensiert und sogar die Erlaubnis zur eventuellen Auflösung des Konvents erteilt. Abt Hugo hat wegen der Verschuldung der Abtei auf sein Amt verzichten müssen[209]. Auch für die in Niederösterreich gelegene Zisterze Zwettl[210] ist ein Ausbau des Grundbesitzes bis in die Mitte des 14. Jahrhunderts festzustellen. Die darauf beruhende Blüte der Abtei führte ab dem zweiten Drittel des Jahrhunderts zu umfangreichen und kostspieligen gotischen Baumaßnahmen. Erst durch äußere Einwirkungen wurde diese wirtschaftliche Blüte des Klosters seit der Mitte des 14. Jahrhunderts beeinträchtigt.

In Böhmen und Mähren sind mit der Unterstützung des Ordens durch König und Adel in der zweiten Hälfte des 13. Jahrhunderts weitere Zisterzen gegründet worden: 1252 Saar an der oberen Sazava; 1259 Hohenfurt; 1261 Wisowitz; 1263 Goldenkron und 1292 Königsaal[211]. Sie haben die Zahl der bereits bestehenden Zisterzen des Landes fast um die Hälfte erhöht[212]. Die spät gegründeten Abteien haben sich bemüht, an die älteren Klöster des Ordens anzuschließen. Bei Saar zum Beispiel scheint dieses nicht vollkommen gelungen zu sein, denn 1297 werden wirtschaftliche Schwierigkeiten des Klosters genannt, wie auch 1348 und 1396[213]. Hohenfurt hatte sich dagegen sehr erfolgreich entwickelt. Das Kloster hat diese Blüte bis ins 15. Jahrhunderts fortsetzen können[214]. Lediglich unter Abt Bartholomäus (1313–1327) werden Schulden des Abtes bei seinem Konvent erwähnt, die zum Erwerb weiterer Güter erforderlich waren[215], diesem aber in der Überlieferung als schlechte Verwaltung angerechnet wurden. Wisowitz hat trotz eines erfolgreichen Beginns im 13. Jahrhundert durch die Zerstörung beim Einfall der Ungarn 1314 in einem Ausmaß Schaden genommen, daß es bereits im folgenden Jahrzehnt weitgehend verfiel[216]. Dagegen haben Goldenkron und Königsaal im 13./14. Jahrhundert eine überaus erfolgreiche Entwicklung genommen, die trotz der Kriege und der Pest Krisen wenig Raum ließ[217]. Ähnlich wie bei diesen Neugründungen war auch die Entwicklung der bereits vor der Mitte des 13. Jahrhunderts bestehenden Zisterzen. Sie haben im Laufe des späten 13. und 14. Jahrhunderts bis in die Zeit der Hussitenkriege fast durchweg eine wirtschaftliche Blüte erlebt, wenn – wie die Beispiele Welehrad und Ossegg zeigen – eine weitere Ausdehnung des Besitzstandes auch nach 1350 in nur noch sehr geringem Umfang erfolgt ist[218]. Die Entwicklung der Zisterzen in Italien und auf der Iberischen Halbinsel ist relativ ähnlich verlaufen[219]. Die noch im späten 13. und frühen 14. Jahrhundert rasche Entwicklung der einzelnen Ordenshäuser durch Gütererwerb begann entweder schon im dritten Jahrzehnt des 14. Jahrhunderts, auf jeden Fall aber nach der Mitte desselben in auffallendem Maß zurückzugehen.

Aus der Papstwahl 1334 ging der Zisterzienser Jacques Fournier unter dem Namen Benedikt XII. (1334–1342)[220] als zweiter Papst aus dem Orden hervor. Er war um 1285 südlich von Toulouse als Sohn einfacher Eltern geboren worden und in jungen Jahren in die Zisterze Boulbonne (Dep. Haute-Garonne) eingetreten. Sein Onkel Arnaud Nouvel[221], damals Abt in Fontfroide, holte ihn in sein Kloster und ließ ihn von dort aus in Paris studieren. Als Arnaud Nouvel Kardinal wurde, folgte ihm der junge Jacques Fournier in Fontfroide als Abt. Er wurde selbst schon 1317 zum Bischof vom Pamiers ernannt, 1326 Bischof von Mirepoix und 1327 Kardinal. Er hatte sich in wenigen Jahren als Inquisitor und gelehrter Theologe einen geachteten Namen erworben[222]. So hatte er seinen Orden auch bereits als Kardinalprotektor an der Kurie vertreten[223].

Bei der Wahl Benedikts XII. waren fast sieben Jahrzehnte seit der Bulle *Parvus Fons* vergangen. Die Auseinandersetzungen zwischen Cîteaux und den Primarabteien waren zwar äußerlich beigelegt, die eigentlichen Gründe für dieselben jedoch nicht beseitigt worden. Sie lagen vor allem darin, daß der Orden sein ursprüngliches Erscheinungsbild nicht bewahrt hatte, sondern sich zunehmend weniger von anderen Orden unterschied[224]. Während der Orden im 12. Jahrhundert über alle Eigeninteressen einzelner Abteien und alle nationalen und sozialen Grenzen hinweg nach außen eine Einheit gebildet hatte, der sich sämtliche unterschiedlichen Anschauungen und Meinungen untergeordnet hatten, war dieses bereits im 13. Jahrhundert nicht mehr der Fall gewesen. Ein Beispiel dafür sind die Auseinandersetzungen zwischen Cîteaux und den Primarabteien 1263–1265. Die Idee des Ordens als Einheit hatte im 13. Jahrhundert bereits an Bedeutung verloren. Damit konnten unterschiedliche Auffassungen innerhalb des Ordens stärker betont werden.

Ein Teil der Ordensangehörigen hat sich eine Reform erhofft, die den alten Idealen des Ordens wieder zum Durchbruch verhelfen sollte. Der Onkel Benedikts XII. war ein führender Vertreter dieser Ordenskreise gewesen und hat sich bei Johannes XXII. um eine solche Reform bemüht, die aber von den damaligen leitenden Äbten des Ordens abgelehnt wurde. Johannes XXII. hat auf diese ablehnende Stellungnahme hin in dieser Richtung nichts mehr unternommen. Doch scheint die Reformidee innerhalb bestimmter Ordenskreise weiterhin eine Rolle gespielt zu haben. Benedikt XII. war bei seiner Wahl nämlich soweit vorbereitet, daß er sofort nach derselben ein langfristiges Reformprogramm ankündigen konnte[225], das sich keineswegs nur auf die Zisterzienser, sondern auf die Kirche insgesamt bezog. Dabei besaß jedoch die Ordensreform eine herausgehobene Bedeutung[226]. Im Juni/Juli 1335 erließ der Papst zwei Dekrete. Im ersten *Pastor bonus diligens* befahl er am 17. Juni den Klöstern, ihre zahlreichen umherstreunenden Mönche wieder aufzunehmen und nur geringfügig zu bestrafen[227]. Wenn die Aufnahme des Mönchs in sein altes Kloster unzumutbar war, sollte er in ein anderes Kloster seines Ordens gesandt werden. Das zweite Dekret *Regularem vitam professis* vom 4. Juli verbot den Angehörigen der Bettelorden in Benediktiner- oder Zisterzienserklöster überzutreten[228]. Der Papst wollte durch dieses Verbot die Lebensweise der Konvente in ihrer bisherigen Form belassen und nicht durch andere Lebensformen gefährden.

Benedikt XII. hat am 12. Juli 1335 die Bulle *Fulgens sicut Stella Matutina* zur Reform des Zisterzienserordens erlassen[229]. Die Eingangsworte der Bulle dürften nicht ohne einen Bezug zu der im 14. Jahrhundert erstmals in der padovaner Fassung der Lauretanischen Litanei genannten Bezeichnung U. L. Frau als Stella Matutina gewählt sein[230]. Der Papst hat seine Bulle, die nicht einmal sieben Monate nach seiner Wahl veröffentlicht wurde, mit den Äbten von Cîteaux, La Ferté, Clairvaux und Morimond in Pont-de-Sorgues (Diözese Avignon) vorberaten. Das Generalkapitel 1335 wurde wegen der Gelder für diese Reise der Äbte befragt[231]. Die Reformabsichten Benedikts XII. sind bei den Zisterziensern ebenso wie bei den übrigen betroffenen Orden keineswegs auf ungeteilte Zustimmung gestoßen[232]. Nachdem sich die Nachrichten über das Reformprogramm des neugewählten Papstes rasch verbreitet hatten[233], hat eine Gruppe von Zisterzienseräbten noch vor der Veröffentlichung der Bulle gegen zu erwartende Bestimmungen derselben protestiert[234]. Wie die von Benedikt XII. im Prolog der Bulle genannte Beratung durch die Äbte von Cîteaux, La Ferté, Clairvaux und Morimond inhaltlich durchgeführt wurde, läßt sich nicht nachvollziehen. Da der Papst die Äbte als seine Berater erwähnt, dürften sie ihm jedoch keinen grundsätzlichen Widerstand entgegengesetzt haben. Das Fehlen des Abtes von Pontigny in dieser Aufzählung wird damit erklärt, daß der damalige Zustand seines Klosters eine der Ursachen für die Reform war[235], obwohl die Rechte des Abtes von Pontigny nach der Reformbulle selbst nicht beschnitten und keine Maßregeln gegen ihn ergriffen wurden. Es kann daher vermutet werden, daß er vielleicht erklärter Gegner von Reformen war. Der Aufbau der Bulle für die Zisterzienser hat jedenfalls den der Reformbullen Benedikts XII. für die übrigen Orden beeinflußt[236]. Wenn man dazu berücksichtigt, daß der Papst seine erste Reformbulle dem Orden widmete, aus dem er hervorgegangen war und dessen Habit er noch als Kardinal getragen hatte, scheint er den Problemen seines Ordens doch näher gestanden zu haben als denen der übrigen. Er hatte diesem auch als Kardinalprotektor gedient. Ob er deshalb als »Zisterzienserpapst« angesehen werden kann, muß weiterhin offen gelassen werden[237].

Benedikt XII. wollte mit den Maßregeln seiner Bulle dem Orden eine neue Ausrichtung geben. Er hob daher einleitend auf die drei Elemente der zisterziensischen Lebensform ab: *cultus divinus, lectio sacrae paginae* und *opera caritatis*. Neben den wirtschaftlichen Fragen (cap. 2–12), wurden Fragen der Visitation (cap. 13–14), des Generalkapitels (cap. 15–18), des Konventslebens (cap. 19–30) und der Neuordnung des Studienbetriebes (cap. 31–41) von der Bulle behandelt. Benedikt XII. war durch seine mehrjährige Tätigkeit als Abt mit den Problemen in Kloster und Orden vertraut. Es wußte, wo er mit seiner Reform anzusetzen hatte. Die im 12./13. Jahrhundert entstandenen Grundherrschaften der Klöster waren durch die rückläufigen Mönchs-, vor allem aber Konversenzahlen belastet worden, was sich durch die Umstellungen der bisherigen Eigenwirtschaften der Klöster auf das Pachtsystem noch erhöhte. Diese Vorgänge hatten teilweise zu Verschuldungen von Klöstern des Ordens einschließlich von Cîteaux und den Primarabteien geführt, da gleichzeitig auch politische Belastungen derselben hinzukamen. Da bislang der Abt für die Wirtschaft allein zuständig und verantwortlich gewesen war, beschnitt die Bulle *Fulgens sicut Stella Matutina* diese bisherige Selbständigkeit der Äbte und gab den Konventen Mitwirkungsrechte, die teilweise darüber hinaus dem Generalkapitel und in einzelnen Fällen dem Papst zugewiesen wurden. Die Bulle bestimmte, daß die Konvente ein eigenes Siegel führen sollten (cap. 2). Damit wurden diese zu einer eigenständigen Rechtsperson, wie sie es bei den Benediktinern seit dem 12./13. Jahrhundert bereits waren. Der Abt mußte einen Eid leisten, daß er von seinem Kloster keinen Besitz verkaufen oder sonst entfremden würde (cap. 3). Die Bulle legte auch die für Verkäufe von Besitz und Rechten erforderlichen Zustimmungen genau fest (cap. 4). Es war nicht erlaubt, die aus Verkäufen von Besitz erlösten Summen einer anderen Nutzung zuzuführen, als anderen Besitz zu erwerben oder Schulden abzutragen (cap. 5). Das Geld war im Kloster sicher zu verwahren und mit vier verschiedenen Schlössern zu sichern, zu denen jeweils der Abt, Bursar, Prior und ein Mönch einen Schlüssel hatten. Damit konnten diese nur gemeinsam an das Geld gelangen. Zustimmungen und Pachtverträge über Rechte und Einkünfte sollten einen Zeitraum von fünf Jahren nicht überschreiten (cap. 6). Unbedeutender und wenig ertragreicher Besitz konnte gegen jährliche Geldzinse oder andere Abgaben verliehen werden (cap. 7). Die Bulle sicherte durch diese Bestimmung den Übergang der Klöster von der Eigenwirtschaft zum Pachtsystem ab. Um Darlehen über 100 lb turonenses hinaus aufzunehmen, war die

Zustimmung des Konvents erforderlich, der die darüber ausgestellte Urkunde mitsiegeln mußte (cap. 8). Die mit der Zustimmung des Konvents abgeschlossenen Verträge waren mit den Siegeln von Abt und Konvent zu bestätigen (cap. 9). Darüber hinaus war das Abtssiegel mit dem Namen des Abtes zu versehen, um die Rechtsgeschäfte besser zuordnen zu können (cap. 9). Die Amtsträger der Abteien mußten ihrem Abt eidlich versichern, ihre Aufgaben treu durchzuführen (cap. 10). Die Klöster sollten zwei Bursare wählen, die auf Anweisung des Abtes auch den übrigen Amtsträgern dienen sollten, und vor Abt und den Ältesten des Konvents jährlich Rechnung zu legen hatten (cap. 11). Die Äbte sollten vor den Ältesten des Konvents und den Bursaren ebenfalls einmal jährlich Rechnung über alle Ausgaben und Einnahmen des Klosters ablegen (cap. 12). Diese Bestimmung der Bulle hob Papst Clemens VI. mit Breve vom 7. Oktober 1342 wieder auf.

Die Bulle legte auch fest, daß ein Visitator in dem zu visitierenden Kloster erst am Tag vor Visitationsbeginn eintreffen durfte. Die Visitation selbst durfte nur drei Tage umfassen, wenn nicht andere Gründe zusätzliche Tage erforderlich machten (cap. 13). Ein dieser Bestimmung zuwiderhandelnder Visitator sollte, wenn er Abt war, für ein Jahr von seinem Platz im Chor und Kapitel ausgeschlossen und wenn er Mönch war, für ein Jahr von allen Ämtern ausgeschlossen und sechs Monate lang an jedem Freitag in seinem Kloster zu Wasser und Brot verurteilt sein. Die Bulle bestimmte auch fest, daß der visitierende Abt keine Kosten von dem visitierten Kloster fordern durfte. Ebenso wurde über die entstehenden Kosten der Visitation bestimmt (cap. 13). Die Abfolge der Visitation (cap. 14) wurde ebenso festgelegt wie der Besuch der Generalkapitel (cap. 15). Ein dem Generalkapitel fernbleibender Abt sollte die doppelten Kosten beim folgenden Generalkapitel bezahlen (cap. 16). Die Definitoren des Ordens sollten die Bezahlung dieser doppelten Summe mit Kirchenstrafen erzwingen. Eine Vertretung auf dem Generalkapitel war möglich, doch mußte die gesetzmäßige Verhinderung beschworen werden (cap. 16). Die vom Orden beschlossenen Kontributionen sollte jeder Abt erlegen und bei Widerstand durch Kirchenstrafen gezwungen werden (cap. 17). Das Generalkapitel sollte jeweils drei Äbte des Ordens benennen, die für ein Jahr von den Kontributionen dispensieren konnten, wobei bestimmte Formen einzuhalten waren (cap. 18).

Benedikt XII. wollte trotz der zurückgehenden Mönchs- und Konversenzahlen nur geeignete Kandidaten in den Orden aufgenommen wissen, wie er den Äbten durch seine Reformbulle einschärfte (cap. 19). Das Tragen von Tuchen oder farbigen Alben sollte von den Äbten und Ordensvorgesetzten ebenso verboten werden, wie das von modischen und kostbaren Kleidungen. Dazu sollte auch von silbernen Gefäßen, Tafelbildern und besonderem Schmuck Abstand genommen werden (cap. 20). Zuwiderhandlungen sollten durch die Äbte, Visitatoren oder das Generalkapitel bestraft werden. Die Äbte durften mit Ausnahme des Abtes von Cîteaux und der vier Primaräbte zum Generalkapitel nur einen weltlichen Kleriker oder Laien zu Pferde mit sich bringen (cap. 21). Der Fleischgenuß wurde nur in den Räumen des Abtes und in der Krankenstube gestattet, den Mönchen aber auch außerhalb des Klosters unter keinen Umständen (cap. 22)[238]. Die Mönche sollten nach der Reformbulle mit Ausnahme der Amtsträger und der Kranken im gemeinsamen Dormitorium schlafen (cap. 23). Der Einbau von Einzelzellen im Dormitorium wurde von der Reformbulle verboten und bereits eingebaute sollten innerhalb von drei Monaten nach Bekanntwerden der vorliegenden Bestimmung zerstört werden (cap. 24)[239]. Den Mönchen sollte kein Anteil an Brot, Wein, Geld oder anderen Einkünften von Lebensmitteln oder Kleidung zugestanden werden, sondern alles war gemeinsamer Besitz (cap. 25). Aufteilungen der Einkünfte oder Naturalien wurden insgesamt widerrufen (cap. 26). Äbte, die sich dieser Bestimmung widersetzten, sollten abgesetzt und Mönche, die widersprachen, in dauerndem Kerker gehalten werden. Hochverdienten Äbten, die freiwillig von ihrem Amt zurückgetreten waren oder in Zukunft zurücktraten, konnten mit Zustimmung der Ältesten des Konvents eine Rente erhalten (cap. 27). Die Bulle verbot auch allen Mönchen oder Konversen zu reiten, ausgenommen waren nur die Cellerare, Prokuratoren und Verwalter der Grangien, denen der Abt eine Reitmöglichkeit gestatten konnte. Es wurde den Mönchen und Konversen auch verboten, Geld zu sammeln, Rechte, Besitztümer, Einkünfte, Abgaben, Tiere und anderen Besitz unter eigenem oder fremdem Namen zu kaufen oder zu besitzen. Alles sollte in der Abtei der Gemeinschaft gehören (cap. 29). Die Äbte mußten den kranken und gesunden Mönchen die notwendige Nahrung und Kleidung zur Verfügung stellen, dafür die Klostergüter entsprechend verwalten und nicht mehr Mönche in die Konvente aufnehmen als die Klöster versorgen konnten (cap. 30).

Ein wichtiges Anliegen für Benedikt XII. war die theologische Ausbildung des Ordensnachwuchses an den Universitäten. Die Bulle war daher zu einem runden Viertel den Zisterzienserkollegien gewidmet (cap. 31–41). Als erstes wurde ihre Lage und die Zuordnung der Klöster in den einzelnen Ländern zu ihnen beschrieben (cap. 31). Neben den Kollegien in Paris, Oxford, Toulouse und Montpellier wird das Studienhaus in Estella (Diözese Pamplona) genannt, das wegen seiner Nähe zu Toulouse nach Salamanca verlegt werden sollte und tatsächlich noch 1335 verlegt wurde. In Bologna und Salamanca sollte der Orden Studienhäuser für die Studenten erwerben. Dabei fällt auf, daß mit Ausnahme des Partikular- oder Grundlagenstudiums im Studienhaus in Metz[240] weder das Hl. Römische Reich noch die übrigen Reiche im östlichen Europa in der Bulle erwähnt wurden. Dieses Schweigen läßt sich wohl dadurch erklären, daß in diesem Gebiet 1335 noch keine Universität bestand und in das St. Bernhardkolleg nach Paris von den Äbten aller Nationen geeignete Mönche zum Studium gesandt werden konnten (cap. 32). Diese Mönche mussten in Paris am 1. Oktober anwesend sein, während sie in den übrigen Kollegien am St. Lukastag oder an Allerheiligen sein mußten. Die Zahlen der in die Kollegien von den Klöstern zu entsendenden Mönche wurden von der Reformbulle festgelegt (cap. 33) und ebenso die für die Ausbildung dort zu bezahlenden Geldsummen (cap. 34). Die Cellerare und übrigen Amtsträger der Kollegien wurden auf ihre Amtsaufgaben eidlich verpflichtet (cap. 35). Die Äbte wurden unter Strafandrohung angewiesen, Mönche in die Kollegien des Ordens zu entsenden und die Kosten zu übernehmen (cap. 36). In den Kollegien sollten Provisoren für die Seelsorge der Studenten angestellt werden, deren Heranbildung aus dem Ordensnachwuchs festgeschrieben wurde (cap. 37). Die Bulle verbot ausdrücklich, daß die Studenten in den Kollegien oder außerhalb derselben kanonisches Recht gelesen erhielten oder hörten (cap. 38)[241]. Der Aufbau des Lehrkörpers der Kollegien wurde genau vorgeschrieben (cap. 39). Die Magister und Doktoren hatten einen Eid abzulegen, ehe ihnen ihre Würde verliehen wurde. Auch durften ihre

Gönner für die Feierlichkeiten mit allem Zubehör nicht über 1000 silberne Tournois ausgeben (cap. 40). Die Reformbulle legte auch fest, welches Lehrangebot ein Student nach sechs-, acht- oder zehnjährigem Studium in den Kollegien halten konnte (cap. 41). Abschließend wurde bestimmt, daß die Bulle jährlich auf dem Generalkapitel und im Kapitel der einzelnen Klöster insgesamt einmal verlesen werden mußte.

Benedikt XII. hat die Bulle *Fulgens sicut Stella Matutina* am 13. Juli 1335 Abt Wilhelm von Cîteaux übersandt und dabei dem Abt von Cîteaux erlaubt, in Zukunft von allen Kirchenstrafen zu absolvieren, die wegen Verstößen gegen Bestimmungen der Bulle verhängt wurden[242]. Der Papst stärkte durch diese Aufgabe die Stellung des Abts von Cîteaux innerhalb des Ordens. Benedikt XII. hat den Abt damit vermutlich auch für die von ihm eingeleitete Reform als künftigen Verbündeten gewinnen wollen.

Die Reformen Benedikts XII. dürften erfolgreicher gewesen sein als die bisherige Forschung angenommen hat[243]. Auf den Generalkapiteln wurde nämlich immer wieder auf die Bulle *Fulgens sicut Stella Matutina* verwiesen und sie erscheint nach der Regula Benedicti als die größte Autorität, auf die sich die Äbte beriefen. Benedikt XII. hat einen Hang zur Askese und Strenge erkennen lassen, der wohl zu Recht auf seinen zisterziensischen Ursprung zurückgeführt wurde[244]. Obwohl sein engster Mitarbeiterstab keineswegs überwiegend aus Zisterziensern bestand[245], läßt sich nach dem bislang Bekannten ein relativ großer Einfluß desselben auf den Papst und seine Reformen ableiten. Wenn Benedikt XII. auch nicht unbedingt als »Zisterzienserpapst« bezeichnet werden kann[246], so war die von ihm angestoßene Reform dennoch eine Maßnahme im Geist der Zisterzienser. Sie wollte nämlich die Einheit des Ordens und dessen schlichte, einfache Formen in der überkommenen Tradition bewahren.

Die europaweite Betrachtung des Ordens mit dem Schwerpunkt im deutschen Sprachraum in der Zeit zwischen den päpstlichen Reformbullen von 1265 und 1335 ergab, daß sich die meisten Klöster nach den ihnen gewidmeten Untersuchungen in einem besseren wirtschaftlichen und disziplinären Zustand befunden haben, als die Literatur in ihren Aussagen über den Orden annehmen läßt. Diese schildert seit der Mitte des 13. Jahrhunderts eine zunehmend schlechter werdende wirtschaftliche und disziplinäre Situation des Ordens, die den tatsächlichen Verhältnissen nur teilweise gerecht wird. Es gab bereits im 13. Jahrhundert erheblich verschuldete Zisterzen und bedeutende Verstöße gegen die Ordensregeln, die von den Generalkapiteln geahndet wurden. Die Einzeluntersuchung der Klöster zeigt aber, daß diese Entwicklungen in der Regel durch äußere Ereignisse wie Kriege, Plünderungen, Zerstörungen, Naturkatastrophen etc. eingeleitet wurden. In Westeuropa begann durch die Kriege zwischen England und Frankreich und dem fast gleichzeitig beginnenden stärkeren Druck auf die Klöster aufgrund einer intensiveren staatlichen Verwaltung eine Entwicklung, die zur Verschuldung vieler Zisterzen und in der Folge zu deren Verfall führte. Die Klöster haben anscheinend aufgrund ihrer raschen Entwicklung keine finanziellen Rücklagen gehabt, die es ihnen ermöglicht hätten, diese Rückschläge aufzufangen.

Dagegen ist im deutschen und mitteleuropäischen Raum in der Entwicklung einer Reihe von Zisterzen, aber keineswegs aller oder auch nur des größten Teils derselben erst nach den Mißernten und Hungersnöten im zweiten Jahrzehnt des 13. Jahrhunderts eine wirtschaftliche Stagnation erkennbar. Eine krisenhafte Entwicklung hat es dabei nur in wenigen Fällen gegeben. Auch haben sich Verstöße gegen die Ordensregeln in einem relativ engen Rahmen gehalten. Benedikt XII. hat demnach seine Reformbulle vor allem an den in Westeuropa bestehenden Problemen der Zisterzienser ausgerichtet. Die Zisterzen waren trotz der hohen Bedeutung einer einheitlichen Geisteshaltung und schlichter Lebensformen in hohem Maße von der Entwicklung ihrer Umwelt abhängig. Ihre rasche Entwicklung im Laufe des 13. Jahrhunderts und die vielfältigen wirtschaftlichen Unternehmungen hatten die ursprünglich so weltfernen Klöster eng mit ihrer Umgebung verzahnt. Abgesehen von Einzelfällen zeigt die Gesamtentwicklung des Ordens in den verschiedenen Regionen seine zunehmende Einbindung in deren Entwicklung. Bei vielen Abteien erhebt sich die Frage, ob sich in der Entwicklung ihrer Wirtschaft und Klosterzucht seit der Frühzeit überhaupt grundlegende Veränderungen ergeben haben oder ob nicht die umfangreicheren Quellen des späten 13. und frühen 14. Jahrhunderts, die auch für die frühere Zeit vergleichbaren Verhältnisse in lediglich geänderten Zeitverhältnissen wiedergeben.

2. Die Entwicklung zwischen der Bulle Fulgens sicut Stella Matutina (1335) und den Articuli Parisienses (1494)

Benedikt XII. wollte die Zisterzienser mit einer Rückbesinnung auf die überkommenen Werte und Gebräuche des Ordens durch eine umfassende theologische Ausbildung der besten Nachwuchskräfte in den Studienkollegien und eine bessere Einbindung der Konvente in die Entscheidungen der jeweiligen Klöster für die Zukunft festigen und zu ihrer alten Blüte zurückführen. In der Rückschau wirkt die Bulle des Papstes von 1335 jedoch weniger als Beginn einer Reformphase des Ordens, sondern eher als Abschluß von dessen mittelalterlicher Ausbauphase. In dieser Zeit waren in vielen Gebieten Mittel-, Ost- und Nordeuropas die Zisterzen in ihrer wirtschaftlichen Entwicklung noch ungebrochen. In West- und Südeuropa dagegen hatten die Klöster durch die auf sie vor allem von außen einwirkenden politischen Entwicklungen bereits größere Schäden erlitten. Die Geschehnisse in den auf die Bulle Papst Benedikts XII. folgenden anderthalb Jahrhunderten haben dem Orden insgesamt geschadet und zu großen, nachhaltigen Verlusten auf allen Gebieten geführt. In Westeuropa war es zwischen England und Frankreich zwischen 1265 und 1335 wiederholt zu Spannungen gekommen. Diese hatten den Zisterziensern in beiden Ländern erhebliche wirtschaftliche Verluste zugefügt. Der Ausbruch des Hundertjährigen Kriegs (1339–1453) führte nicht nur zu großen Verwüstungen durch das Kriegsgeschehen in Frankreich, sondern auch durch die zeitweise ausbrechenden Bürgerkriege. Die Pestepidemie (1347–1352), die über Genua aus dem Orient nach Europa eingeschleppt wurde, hat zu hohen Verlusten von Menschenleben geführt. Besonders betroffen waren auf engem Raum zusammenlebende Personengruppen wie die Stadtbewohner, aber auch die Klöster. In wenigen Monaten kam es zu Verlusten von 30–60% der betroffenen Bevölkerung. Dazu wiederholte sich die Pest in den folgenden Jahrzehnten mehrfach, so zum Beispiel 1383, was die europäische Bevölkerung noch weiter verringert hat. Mittel- und Osteuropa wurden durch die Hussitenkriege zu Beginn des 15. Jahrhunderts und die im Südosten einfallenden Türken geschädigt. Alle diese Vorgänge haben die Zisterzen mitbetroffen. Dazu kam noch die allgemeine geistig-geistliche Unsicherheit durch das Große Schisma der Kirche (1378–1417) hinzu, das der Einheit des Ordens sehr geschadet hat.

Abt Wilhelm V. von Cîteaux starb Anfang 1337. Sein Nachfolger *Johann IV. de Chaudenay* (1337–1359) war Doktor der Theologie und hatte anscheinend im Pariser Kolleg gelehrt und daher vielleicht weniger praktische Erfahrung in der Verwaltung. Als erster Abt von Cîteaux mußte er für die päpstliche Bestätigung eine Gebühr von 300 fl bezahlen[1]. Die Forschung hat ihn mit einigen Schwierigkeiten von seinen beiden gleichnamigen Nachfolgern unterschieden[2]. Nach dem Kriegsausbruch zwischen England und Frankreich 1339 wurde den englischen Zisterzen erneut in scharfer Form verboten, Geld nach Cîteaux abzuführen, was zu neuerlichen finanziellen Schwierigkeiten der Abtei beitrug.

Johann IV. war anscheinend auch kein Anhänger der Reformmaßnahmen Benedikts XII. Er ließ sich nämlich bald nach der Wahl Papst Clemens VI. von diesem am 7. Oktober 1342 die Straffreiheit der Äbte bei Verstößen gegen die Reformbulle Benedikts XII. verbriefen. Kostenlos nach Avignon gebrachter Wein aus Burgund soll dafür gesorgt haben, die alte Stellung der Äbte wieder zu festigen, die das Generalkapitel nicht kontrollieren konnte, weil alle Beteiligten eine gewisse Schuld auf sich geladen hatten[3]. Damit war ein Teil der Reformen Benedikts XII. abgeschafft. Das Generalkapitel hat 1350 unter Abt Johann zum fünften und letzten Mal die Statuten des Ordens geändert. Sie wurden als *Novellae Definitiones* wieder ihrer Zeit angepaßt.

In der Pestzeit waren eine Reihe von Abteien ausgestorben oder von den letzten Mönchen oder Nonnen fluchtartig verlassen worden, weshalb sich die Nachbarn der Abteien an deren unbewachtem Grundbesitz bereichern konnten. Abt Johann ließ von Clemens VI. 1351 für diese gefährdeten Klöster Konservatoren einsetzen, die freiwillig den jeweiligen Besitz schützen sollten. Diese Männer, die oft auch als Administratoren bezeichnet wurden, haben jedoch häufig eher für sich als für das Wohl des jeweiligen Klosters gearbeitet. Sie wurden in der späteren Überlieferung als Vorläufer der Kommendatoren bezeichnet[4], die in den folgenden Jahrzehnten in vielen französischen Klöstern an die Stelle der kanonisch gewählten Äbte traten und das Mönchtum insgesamt gefährdeten.

Der unter Abt Johann IV. ausbrechende Hundertjährige Krieg hat den französischen Zisterzen in der ersten Phase bereits schwere Belastungen gebracht[5]. Die abseits gelegenen, unbefestigten und kaum verteidigten Klöster, die zudem noch Kostbarkeiten besaßen, waren für Plünderer eine leichte Beute. Schon 1336 waren die Zisterzen La Charité, La Grâce-Dieu und Cherlieu ausgeplündert und ihre Archive zerstreut worden[6]. Chaalis und Grandselve folgten 1339. Loos wurde 1340 zerstört und ebenso 1345 nochmals La Grâce-Dieu. Beaupré, Torigny und Valloires wurden 1346 niedergebrannt, Gourdon 1348 und Loc-Dieu 1351 nach der Besetzung durch die Engländer. Beaulieu-en-Rouergue und Clairmarais folgten 1352, Valence 1356. Die Abtei Valence fiel dabei Räuberbanden und nicht feindlichen Soldaten zum Opfer. Diese nahmen St. André-de-Gouffern ein, ebenso Froidmont und La Garde-Dieu. Cadouin wurde 1358 in Trümmer gelegt, ebenso Dalon, Berdoues, Boulbonne, Grandselve, les Vaux-de-Cernay, Fontaine Jean und Les Echarlis. Der Abt von Gard wurde ermordet. Noirlac befand sich 1358–1360 in Feindeshand. Bellebranche, Le Beuil, Longpont und Valbenoîte wurden 1359 geplündert und zerstört. Die Mönche von Chaloché flohen nach Angers, was ihnen erlaubt wurde. Acey und Rosières wurden ebenfalls zerstört. Pontigny wurde 1360 von den Engländern geplündert, wobei die von ihnen gesuchten Reliquien des hl. Edmund »wunderbarerweise« nicht aufgefunden wurden. Fontenay erlitt 1360 dasselbe Schicksal[7].

In Cîteaux trat der neue Abt *Johann V. de Rougemont* (1359–1363) noch weniger in Erscheinung als sein Vorgänger. Er war durch die drängenden geistlichen und wirtschaftlichen Probleme seines Klosters so beschäftigt, daß er sich anderen Angelegenheiten kaum zuwenden konnte. 1360 mußte er mit seinem Konvent vor den das Land unsicher machenden Banden nach Dijon flüchten[8]. Da es durch den Krieg zu Münzverschlechterungen gekommen war, weigerte sich Cîteaux 1360, die 400 Livres petits turnois dem Kloster Saint-Germain in Auxerre für den Besitz in Gilly weiterhin zu bezahlen. Erst im Februar 1363 einigten sich die beiden Klöster, daß die 400 Livres auf den Wert der Silbermark berechnet werden sollten (1 Mark Silber = 4,5 Livres)[9]. Cîteaux bezahlte nach dieser Einigung auch seine Schulden aus dem zurückliegenden Jahren.

Abt *Johann VI. de Bussière* (1363–1375) stammte aus der Auvergne und war vor seiner Wahl in Cîteaux Abt in Clairvaux. Wie seine

Vorgänger mußte er 300 fl für die päpstliche Bestätigung bezahlen. Bald nach seinem Amtsantritt genehmigte Papst Urban V. dem Orden mit der Bulle vom 21. September 1363, in den Grangien Kapellen und Altäre zu errichten[10]. Der Papst verbot am 1. April 1364 in Zukunft den Schiffstransport anderer Weine als solcher aus Cîteaux nach Avignon. Nach Ansicht der späteren Überlieferung hat er damit das vom Krieg geschädigte Cîteaux unterstützen wollen[11]. Petrarca hatte wenige Jahre zuvor in einem Schreiben an den Papst dessen Entschlußlosigkeit in der Frage der Rückkehr nach Rom nicht zuletzt auf die burgundischen Weine, insbesondere den von Beaune, geschoben. Weinlieferungen an die Kurie wurden von Cîteaux anscheinend immer wieder dazu genützt, um dort Vorteile zu erlangen. Als Papst Gregor XI. nach seiner Wahl 1370 diese Weinlieferungen verbot, sandte ihm Abt Johann VI. sofort 30 botas (jede über 600 l) mit Wein aus Beaune und Gevrey. Der Papst bedankte sich für die Sendung im Mai 1372 und sagte Abt Johann weitere Unterstützung zu[12].

Die Lage auf dem flachen Land blieb in Frankreich kriegsbedingt weiterhin gefährlich. Die Zisterze Savigny wurde beispielsweise 1364 eingenommen. Papst Urban V. gestattete im Oktober 1364 daher den Mönchen allgemein, auf einer Burg oder in einer befestigten Stadt in ihrer Nähe Zuflucht zu suchen[13]. Die 1366 und 1375 wegen der Unsicherheit in Cîteaux in dessen Stadthof in Dijon verlegten Generalkapitel verdeutlichen die Gesamtsituation[14]. Abt Johann VI. entschloß sich daher, Kirche und Konventgebäude in Gilly zu befestigen, um dort einen Zufluchtsort für seinen Konvent, dessen Wertsachen und die benachbarte Bevölkerung zu schaffen[15]. Die zu dieser Baumaßnahme erforderlichen Genehmigungen des Bischofs von Autun und Herzog Philipps von Burgund erhielt er im Oktober 1367. Herzog Philipp hat in der Folge auch den Bau tatkräftig unterstützt. Er ernannte Abt Johann VI. zu seinem Rat. Dieser hat als erster Abt von Cîteaux diesen Titel geführt und damit gezeigt, wie seine Abtei in die politische Verwaltung Burgunds eingebunden war.

Die finanzielle Situation von Cîteaux und den anderen Klöstern des Ordens war schlecht[16]. Cîteaux erhielt daher von Papst Urban V. das Privileg, vier Jahre lang keine Abgaben an die Bischöfe bezahlen zu müssen[17]. Trotzdem blieb die wirtschaftliche Lage der Klöster unerfreulich. Sie waren 1368 nicht in der Lage, einen Teil ihres

Gewinns, wie üblich, abzuführen. Die Ursache wurde anscheinend nicht ihnen angelastet, da die dafür erforderliche Strafe der Exkommunikation unterblieb. Auch der sich fortsetzende Hundertjährige Krieg forderte vom Orden ab 1370 erneut Opfer. Die Engländer lagerten in den Abteien Loroux und Ourscamp, Lavaux wurde zerstört und Bonnecombe gebrandschatzt. Zwei Jahre später wurde L'Isle-en-Barrois und 1373 Buzay zerstört[18].

Abt Johann VI. wurde von Papst Gregor XI. am 20. Dezember 1375 zum Kardinal von San Lorenzo in Lucina erhoben, doch starb er bereits am 4. September 1376 in Avignon[19]. Er ließ sich aber in Clairvaux beisetzen. In den wenigen Monaten seiner Tätigkeit als Kurienkardinal bat ihn William von Scarborough, Abt von Meaux in Yorkshire/England, um Hilfe bei Streitigkeiten um Benefizen. Dabei hat sich der Kardinal anscheinend nicht sehr tatkräftig für die Interessen der englischen Zisterze eingesetzt, wie die Quellen berichten.

Nachfolger Abt Johanns in Cîteaux wurde sein vermutlicher Neffe *Gérard de Bussières*[20], was Rückschlüsse auf das Wahlgremium zuläßt. Er konnte den Grundbesitz seiner Abtei erweitern[21] und war auch bemüht, das äußere Ansehen derselben zu erhöhen. Daher ließ er sich durch eine Bulle des in Avignon residierenden Papst Clemens VII. am 10. März 1380 den Gebrauch der Pontifikalien verleihen. Andere Zisterzen besaßen dieses Privileg schon teilweise seit Jahrzehnten[22]. Der Vorgang beweist die geistigen Veränderungen in Cîteaux selbst und verdeutlicht auch die Stellung der Zisterzen zu diesem. Nach späterer Überlieferung hat sich Abt Gérard auch bemüht, Kardinal zu werden. Als er deshalb 1393 nach Paris eilte, stürzte er dort vom Pferd und starb am 9. Juli an den Folgen[23]. Er wurde in der Kirche des Pariser Kollegs beigesetzt.

Unter Abt Gérard haben sich die Lasten für den Orden durch den Krieg in weiten Teilen Frankreichs nicht vermindert. Dazu kam noch das ausbrechende Große Schisma. Nach dem Tode des von Avignon nach Rom zurückgekehrten Papst Gregors XI. 1378 kam es zur Doppelwahl Urbans VI. (1378–1389) und Clemens VII. (1378–1394), von denen letzterer seinen Sitz wieder in Avignon nahm. Die europäischen Länder nahmen mehr oder weniger rasch Partei für den einen oder anderen Kandidaten. England, Flandern, das Reich und der größte Teil von Italien standen auf Seiten der römischen Oboedienz

Urbans VI., während Frankreich, Schottland, Neapel, Savoyen, Portugal und die Königreiche in Spanien Clemens VII. unterstützten. Die politischen Gegensätze in Europa spielten bei dieser Parteinahme die entscheidende Rolle. Sie haben in der Folge auch die Wiederherstellung der kirchlichen Einheit verhindert, die erst auf dem Konstanzer Konzil mit der Wahl Martins V. 1417 erfolgte[24].

Die Klöster haben ihre Parteinahme für oder gegen die römische bzw. avignonesische Oboedienz nach der jeweiligen kirchenpolitischen Haltung ihres Landes ausgerichtet. Dadurch hat das Schisma den zentralistisch geleiteten Zisterziensern und Kartäusern erheblich mehr geschadet als den dezentral geleiteten Orden. Bei den Zisterziensern kam es dabei zu einem der Gesamtkirche vergleichbaren Schisma in der Ordensleitung. Abt Gérard und die Äbte der vier Primarabteien entschieden sich aufgrund der französisch-burgundischen Parteinahme für Papst Clemens VII. Dieser gewährte daher den Zisterziensern eine Reihe von Privilegien. So verlieh er unter anderem dem Abt von Cîteaux und bald darauf auch dem von Clairvaux die Pontifikalien. Papst Urban VI. hob dagegen die Bindung der Äbte in seiner Oboedienz an die für ihn schismatischen Äbte in Cîteaux und den Primarabteien auf, übertrug die Rechte des Vaterabts auf andere Abteien und ließ durch seinen Legaten Pileus de Prata darauf hinwirken, daß sich die Äbte im Reich, in Böhmen und Polen einem neuen Generalkapitel unterstellten. Der sich anbahnende jahrzehntelange Ausnahmezustand, den Abt Matthias I. von Himmerod treffend dargestellt hat, hat die seit Jahrhunderten unveränderte Rangordnung der Abteien zueinander nachhaltig gestört. Er hat in Verbindung mit den kirchenpolitischen Parteinahmen nationale Egoismen ausbrechen lassen und damit der Einheit des Ordens auf Dauer geschadet.

Das Generalkapitel der römischen Oboedienz hat im August 1379 in Nürnberg erstmals getagt. Die Äbte von Rievaulx und Wardon riefen die Äbte der Zisterzen in England, Schottland, Irland und Frankreich ebenfalls zu einem »Generalkapitel« der römischen Oboedienz zusammen[25]. Das Schisma erfaßte teilweise auch die Klöster und Konvente, so zum Beispiel Morimond, das genau auf der Grenze des Reiches zu Frankreich lag. Dort trat 1380 als Abt der zur römischen Oboedienz gehörige Konrad auf, neben dem die zur avignonischen Partei gehörigen Äbte residierten. Konrad erhielt 1397 noch einen

Nachfolger Evrard[26]. Nicht nur in Morimond, sondern auch in Aiguebelle ist ein Schisma in der Leitung der Abtei festzustellen. Während die Generalkapitel der avignonischen Oboedienz weiterhin in Cîteaux abgehalten wurden, fanden die der römischen nach dem ersten in Nürnberg, in Rom (1382, 1383, 1390), Wien (1393, 1397), in der Abtei Heilsbronn (1394, 1398, 1402, 1403, 1406, 1407) und nochmals in Nürnberg statt, wobei der Vorsitz als Generalvikar zuerst von dem genannten Abt Konrad von Morimond und nach dessen Tod von Abt Johann Castieli de la Ste. Trinité von Brondolo/Italien wahrgenommen wurde[27]. Nachdem auf einer Kirchenversammlung in Pisa 1409 mit Alexander V. (1409–1410) ein dritter Papst gewählt wurde, der die beiden bisherigen Gegenpäpste Benedikt XIII. und Gregor XII. ablösen sollte, was aber durch den Widerstand derselben nicht erfolgte, sind die Zisterzienser rasch zur Einheit zurückgekehrt. Papst Alexander V. richtete am 17. Juli 1409 das lange und liebenswürdige Schreiben *Amabiles fratres* an den Orden, der sich auf dem Generalkapitel im Herbst dieses Jahres seine lang vermißte Einheit zurückgab. Schon 1411 beschloß dieses, daß der Orden an dem von Papst Johann XXIII. (1410–1415) geplanten allgemeinen Konzil teilnehmen würde. Er hat dann tatsächlich zu dem 1414 in Konstanz eröffneten Konzil Jahr für Jahr Delegierte entsandt, die auf den Generalkapiteln gewählt wurden[28].

Der Orden hatte somit seine Einheit vor der Gesamtkirche zurückgewonnen. Der Vorgang beweist, daß der Orden noch immer große, eigene Kräfte besaß und sich nicht in allem von außen bestimmen lassen mußte. In Cîteaux war 1393 auf Abt Gérard *Jacob III. von Flogny* (1393–1405) gefolgt, der seine Karriere als Mönch und Cellerar in Cîteaux begonnen hatte und über die Stellungen als Provisor des Pariser Kollegs und Abt von Bonnevaux und Pontigny als Abt nach Cîteaux zurückgekehrt war[29]. Obwohl nach der Bulle *Parvus fons* von 1265 für rechtmäßige Wahlen im Orden keine Bestätigungen erforderlich waren, suchte Abt Jacob III. wie schon seine Vorgänger in Avignon um die Bestätigung seiner Wahl nach und bezahlte dafür sogar den erhöhten Beitrag von 1000 Francs an den Papst und 150 fl an die Kardinäle. Dieser Ansatz überschätzte die Einkünfte von Cîteaux weit[30]. Weshalb die Zisterzienser hier auf die ihnen sicher bekannten Privilegien verzichteten, wird nicht deutlich, dürfte aber wohl mit einer politisch gewünschten Unterstützung des avignonesischen Papsttums zusammenhängen. Diese Haltung verdeutlicht die Stellung des Ordens am Übergang vom 14. zum 15. Jahrhundert, ebenso wie der Vorfall im Vorfeld des Generalkapitels von 1396 den Zustand der Ordenszucht in einigen Abteien aufzeigt. Abt Peter von Castellione aus der Abtei Pontifroid (Diözese Metz) zog wenige Tage vor Eröffnung des Generalkapitels ein in seiner Kutte verborgenes Schwert gegen den Abt von Cîteaux und verletzte diesen im Gesicht. Die sich anschließende Verhandlung auf dem Generalkapitel ergab, daß Abt Peter eigentlich die Äbte von Morimond und Cîteaux hatte töten wollen. Das Generalkapitel verurteilte ihn daher zu lebenslanger Kerkerhaft in Ketten bei Wasser und Brot[31].

Die Verwüstungen der Kriege fanden auch ihren Niederschlag in den Verhandlungen der Generalkapitel. Der Orden war bestrebt, den ihm übertragenen Grundbesitz zu sichern. Daher wurde 1389 beschlossen, die durch den Krieg verwüsteten und weitgehend ausgestorbenen Frauenklöster benachbarten Zisterzen zu inkorporieren, die dadurch unterstützt wurden. Das 1393 aufgrund dieses Beschlusses Morimond inkorporierte Belfays hatte nur noch einen aus zwei Nonnen bestehenden Konvent. Das tägliche Stundengebet war von diesen schon lange aufgegeben worden. Eine Reihe vergleichbarer Inkorporationen ist aus den folgenden Jahrzehnten bekannt[32]: Vauxbons 1394 von Auberive, Bonham 1395 von Blandecke, Val-de-Vignes 1399 von Clairvaux, Les Masures 1399 von Elan, Penthémont 1399 von Beaupré, Les Isles 1399 von Pontigny, Bonlieu 1400 von Valcroissant, Jardin-les-Pleurs 1403 von Jouy, St. Pons-de-Gemenos 1407 von Lamanarre, Bouchet 1413 von Aiguebelle, Valnègre und Mareux 1432 bzw. 1442 von Boulbonne usw.

Abt Jacob III. hat in der Ordensgeschichte oder in Cîteaux selbst keine herausragende Rolle gespielt. Die Klostergebäude sollen sich um 1400 in keinem sehr guten Zustand befunden haben, was einen indirekten Rückschluß auf die wirtschaftliche Lage des Klosters erlaubt. Die durch Krieg und Räuberbanden drohenden Übergriffe auf das Kloster ließen Abt und Konvent bei Herzog Philipp dem Kühnen von Burgund jedoch um die Erlaubnis bitten, die äußere Klostermauer befestigen zu dürfen. Der Herzog gab dieser Bitte, die die verfassungsmäßige Stellung der Abtei innerhalb von Burgund beweist, am 23. Februar 1400 statt[33].

Wie Cîteaux waren auch die Äbte der Primarabteien im 14. Jahrhundert keine charismatischen Vertreter ihres Ordens. In La Ferté ist sogar ihre Abfolge in dieser Zeit unsicher. Insgesamt vier Mitglieder der Familie von Marcilly haben nacheinander den Abtsstuhl innegehabt, was die Einbindung des Klosters in deren Kreise zeigt. Auf Abt Johann II. (1321–1341) ist dessen Bruder Durandus († 1357) gefolgt, der die bisherige Stellung seiner Abtei verteidigen konnte und unmittelbar vor seinem Tod auf dem Generalkapitel von 1357 einer der Definitoren des Ordens war. Die beiden Brüder erhielten nach der kurzen Regierung eines Abts Claudius I., dessen Familienzugehörigkeit unbekannt ist, von dem ihnen nachfolgenden Neffen Peter IV. († 1384) ein gemeinsames Grabmal[34]. Abt Stephan I. von Cheza (vor 1390, 1405) war 1390 im Auftrag des Generalkapitels an der Untersuchung der finanziellen Situation von Cîteaux beteiligt. Er war 1394 vor dem Generalkapitel in Auseinandersetzungen mit dem Abt von Val Benoîte,Theobald von Barris, verwickelt, der aus La Ferté Bücher, Geld, Kleider und Pferde erhalten hatte, sich aber weigerte, etwas zurückzugeben. Das Generalkapitel mußte für den Ausgleich sorgen. Der Nachfolger Abt Stephans, Wilhelm IV. bemühte sich um die Reform in italienischen Konventen. Der ihm folgende Stephan II. (1416, 1419) war ein Bruder Abt Peters IV. von Marcilly. Auch er erhielt ein mit seinem Bruder gemeinsames Grabmal. Nach der Überlieferung war La Ferté in dieser Zeit ein armes Kloster, das zeitweise von anderen Klöstern unterstützt wurde und seine Stellung im Orden nur aufgrund der Tradition beibehielt.

Auch die Äbte von Pontigny sind im Laufe des 14. Jahrhunderts teilweise nur dem Namen nach bekannt. Das Parlament in Paris hatte das Kloster bereits 1333 als arm bezeichnet und ihm die Bezahlung einer Geldsumme in mehreren Raten gestattet. Die Plünderung durch die Engländer 1360 hat das Kloster weiter verarmen lassen. Unter Abt Nikolaus (1365–1370) wurde es wieder als arm bezeichnet und unter Abt Johann VI. von Chalon 1373 nur auf ein Einkommen von 2000 Livres im Jahr geschätzt[35]. Die Grafen von Tonnerre waren seine *defensores* und *advocati.* Abt Johann VII. (1389–1413) hat wegen dauernder Probleme den Besitz seines Klosters in England abgestoßen. Darüber hinaus hat er 1399 das Zisterzienserinnenkloster Les Isles seinem Hause inkorporiert. Das Generalkapitel übertrug ihm 1401 die Visitationen der Zisterzen im Poitou, in Anjou und in England sowie 1404 der Abteien seiner Filiation. Dabei bleibt undeutlich, was durch das Schisma von diesen Beschlüssen tatsächlich umgesetzt werden konnte. Es hat sich bei ihnen vermutlich um Routinebeschlüsse gehandelt. Erst der auf dem Generalkapitel nach dem Konzil von Pisa 1409 gefaßte Beschluß, den Abt mit der Visitation der englischen und schottischen Zisterzen zu beauftragen[36], dürfte realisiert worden sein. Da die Filiation von Pontigny in England und Schottland nicht vertreten war, läßt dieser Beschluß auch einen Reformansatz erkennen. Die genaue Regierungszeit Abt Johanns VIII. von Bienville ist unsicher. Er hat jedoch am Konstanzer Konzil teilgenommen und von Papst Martin V. 1418 die Pontifikalien erhalten. Sein Nachfolger war jedoch schon 1421 im Amt.

Die Äbte von Clairvaux sind im Unterschied zu denen von La Ferté und Pontigny besser bekannt. Auf Johann IV. von Aizanville (1330–1345) folgte Bernhard II. von Laon, der zuerst Mönch in Clairvaux, dann Professor der Theologie in Paris und anschließend Abt von Foigny geworden war. Er hat nachweislich versucht, die wirtschaftlichen Schwierigkeiten seines Hauses zu mindern (1356). Ob er deshalb 1358 auf sein Amt verzichtete, läßt sich jedoch nicht nachweisen[37]. Sein Nachfolger Johann V. von Bussière (1358–1360) war zuerst Cellerar seines Klosters und dann Professor der Theologie im Paris gewesen. Schon bald wechselte er nach Cîteaux und mit Johann VI. von Dullemont (1360–1380)[38] folgte ihm sein bisheriger Prior. Die Forschung nimmt an, daß sich unter ihm die wirtschaftliche Lage des Klosters verbessert habe, da 1378 die Zisterze Igny nachweislich 2000 Livres Schulden bei Clairvaux beglich, indem es eine Grangie verkaufte[39]. Ob sich die Lage des Klosters tatsächlich gebessert hat, erscheint fraglich, denn unter Johanns Nachfolger, Stephan II. von Soisy (Foissy), wird Clairvaux wieder als hochverschuldet geschildert. Stephan II. war als Professor der Theologie in Paris Abt von Preuilly geworden und von dort nach Clairvaux gekommen. 1399 hat er die Frauenklöster Val des Vignes (Diözese Langres) und Benoîtevaux (Diözese Toul) seinem Kloster inkorporiert und damit wirtschaftlich entlastet. 1393 erhielt er von Papst Clemens VII. für sich und seine Nachfolger die Pontifikalien[40]. Sein Nachfolger Johann VII. von Martigny (1402–1405) hat kaum Spuren in der Klostergeschichte hinterlassen. Er war zuerst Professor der Theologie in Paris, wurde dann Prokurator des Ordens und 1393 Abt von Morimond. Von dort kam er nach Clairvaux, ging aber schon 1405 nach Cîteaux. Obwohl seine Amtsführung in den Quellen wenig hervortritt, muß er sich durch sie doch soweit qualifiziert haben, daß er zum Abt von Cîteaux aufsteigen konnte. Es fällt auf, daß fast alle Äbte von Clairvaux in der zweiten Hälfte des 14. Jahrhunderts aus der Position als Professoren der Theologie am Kolleg in Paris in ihre leitende Position im Orden aufstiegen. In einer Zeit nachlassender Bildung in den Klöstern scheint somit in Clairvaux gerade die vertiefte theologische Bildung als Ausgangspunkt für die Stellung als Abt angesehen worden zu sein.

Da Morimond 1344 beim Generalkapitel um eine Verkaufsgenehmigung nachsuchte, wird vermutet, daß das Kloster schon in dieser Zeit, also vor der Pest, wirtschaftliche Schwierigkeiten hatte. Die schlechte Überlieferung der Klostergeschichte läßt aber nur Vermutungen zu. Die Pest soll den Konvent von bislang 250 auf 60 Mitglieder reduziert haben. Dies läßt einen Rückgang der Wirtschaftskraft glaubhaft erscheinen, zumal wenn diese vielleicht schon in eine Stagnationsphase eingetreten war. Nach der Überlieferung ist nicht zu entscheiden, ob der 1341 erwähnte Abt Wilhelm II. noch 1347 und 1349 gelebt hat, da in diesen Jahren auch ein Abt Reginald genannt wird. Unter Abt Thomas I. von Romain sur Meuse (1355–1380) wurde Morimond nach der Schlacht bei Poitiers (1356) eingenommen und geplündert[41]. Es hat anscheinend zusätzlich in der Folgezeit unter den das flache Land unsicher machenden Räuberbanden und den hohen Kriegsabgaben gelitten. Trotz den ungünstigen Wirtschaftsverhältnissen hat Abt Thomas 1362 nicht gezögert zuzugreifen, als ihm der aus der Stifterfamilie stammende Johann III. von Choiseul, durch äußeren Druck gezwungen, mit Zustimmung von König Johann II. die Vogtei und die Gerichtsbarkeit seines Klosters sowie die Rechte im Gebiet von Grignoncourt für 2000 fl unter der zusätzlichen Auflage zum Kauf anbot, von Schenkungen seiner Brüder an Morimond entbunden zu werden. Zwei Urkunden von König Johann II. vom September 1364 und Juni 1365, die Morimond unter den Schutz des Königs nahmen, bestätigten den Verkauf. Das gute Verhältnis Morimonds zum Herzog von Burgund wurde durch diesen Schritt nicht verändert; so stellte Abt Johann II. von Levecour (1380–1393) dem Herzog und seiner Gemahlin Teile des Landes in Champmol bei Dijon für die Gründung des dortigen Klosters zur Verfügung.

Abt Johann III. von Martigny (1393–1402) hatte sich, wie schon seine beiden Amtsvorgänger, mit dem im Orden von Calatrava aufgrund des Großen Schismas ausgebrochenen Schisma zu befassen. Dabei scheint er nicht sehr erfolgreich gewesen zu sein, obwohl er 1393 das weitgehend abgegangene Frauenkloster Belfays Morimond inkorporieren konnte[42]. 1400 erhielt er das Privileg, Mönche und Konversen seiner Filiation von einer Reihe genannter Sünden zu absolvieren, was eigentlich dem Generalkapitel vorbehalten war. Er konnte trotz seiner insgesamt wenig erkennbaren Verdienste 1402 nach Clairvaux wechseln und von dort 1405 nach Cîteaux.

Als *Johann VII.* (1405–21. Dezember 1428) hat er Cîteaux und den Orden über zwei Jahrzehnte geleitet[43]. Auf der Synode von Paris 1408 war er neben einer Reihe anderer Äbte anwesend, um das Konzil von Pisa vorzubereiten, das 1409 das Schisma beenden wollte. Dabei wurde beschlossen, zehn Äbte neben denen von Cîteaux, Clairvaux und Pontigny dorthin zu entsenden. Abt Johann VII. und seine überwiegend aus dem französischen Sprachraum stammenden Amtsbrüder haben durch das Konzil von Pisa die Einheit im Orden wiederhergestellt. Abt Johann VII. war auch in der Folgezeit bei der Vorbereitung des Konstanzer Konzils tätig. Er selbst war dort neben weiteren Amtsbrüdern als Delegierter anwesend[44] und hat an den Beschlüssen des Konzils, so auch an der Verurteilung von Johannes Hus mitgewirkt, was nach kurzer Zeit dem Orden durch die Hussitenkriege in Böhmen und den angrenzenden Ländern sehr geschadet hat[45]. Der weiterhin andauernde Hundertjährige Krieg hat dem Orden in Frankreich in den folgenden Jahren immer wieder hohe Opfer abverlangt. So wurde die Abtei Aiguebelle 1402 erobert, Royaumont 1409 zerstört, La Clarté-Dieu 1410, Cherlieu 1431, Savigny 1433, La Trappe 1434, Bellebranche 1440 und Barbeaux 1450[46]. Die Zahlen der Konventsmitglieder waren in allen Klöstern seit dem 13. Jahrhundert erheblich zurückgegangen[47]. Dadurch war es auch unmöglich, die von der Pest ab 1348 in wenigen Monaten in den meisten Konventen gerissenen großen Lücken aufzufüllen. Dieses war einer der Gründe, weshalb die Zisterzienser zwischen 1382 und 1407 auch kein neues Kloster gegründet haben[48].

Wie sich bei der Bestätigung der Äbte von Cîteaux durch die Päpste gezeigt hatte, hatte die Finanzverwaltung der Kurie im 14. Jahrhundert begonnen, dabei Gebühren zu erheben, obwohl ihr dieses aufgrund der Privilegien des Ordens nicht zustand. Weshalb die betroffenen Konvente davon absahen, sich zur Wehr zu setzen, läßt sich bislang nicht eindeutig erkennen. Auch die den Zisterziensern verbriefte Steuerfreiheit führte zu Auseinandersetzungen. Abt Johann VII. von Cîteaux hat nachdrücklich um dieses wichtige Privileg seines Ordens gekämpft und konnte tatsächlich erreichen, daß Papst Martin V. durch Bulle vom 23. September 1423 die Steuerfreiheit erneut bestätigte. Für den Orden im 15. Jahrhundert wurde das sich in West- und Südeuropa ausbreitende Kommendenwesen von besonderer Bedeutung. Die Verwüstungen durch den Hundertjährigen Krieg haben dieser Entwicklung ebenso wie das Große Schisma entscheidenden Vorschub geleistet. Der Widerstand der Päpste gegen das Kommendenwesen hat die Entwicklung zwar verzögern, aber nicht verhindern können. Benedikt XII. und Martin V. haben 1335 und 1418 alle bis dahin vorgenommenen Übertragungen von Kommenden widerrufen. Johann XXIII. hat in der Bulle *Ad salutare* am 26. Januar 1415 dem Orden erneut das bereits in der Carta Caritatis festgelegte Prinzip verbrieft, daß allein Profeßmönche des Ordens Äbte werden konnten. Nikolaus V. hat diese Bulle 1454 und Sixtus IV. 1476 bestätigt[49]. Eugen IV. hatte 1438 die Ungültigkeit der Wahlen von nicht zum Orden gehörigen Personen zu Äbten festgestellt, aber die Resignation von Äbten ohne Erlaubnis des Generalkapitels verteidigt. Sixtus IV. hat 1476 in den Bullen *Cura nostra* und *Romanus pontifex* die durch die Kommendataräbte entstandenen Schwierigkeiten beklagt, obwohl er selbst einige Tage zuvor den Bischof von Paris zum Kommendatarabt von Châtelliers ernannt hatte. Dieser Vorgang verdeutlicht, daß die Päpste des 15. Jahrhunderts gegen das Kommendenwesen nicht grundsätzlich vorgegangen sind, sondern es indirekt unterstützt haben. Es hat sich daher rasch weiterentwickelt. Bonnaigue erhielt 1439 als erste französische Zisterze einen Kommendatarabt. Hautecombe folgte im gleichen Jahr, Thoronet 1449, Aiguebelle 1449, Chézery und Sénanque 1450, Bonneval 1452, Balerne 1456, Aulps 1468, Bonnecombe 1470, Vallemagne vor 1473, La Ferté 1472, Grandselve 1476 usw. Die Entwicklung in Italien verlief fast zeitgleich[50]. Ceredo erhielt 1439 einen Kommendatarabt, Chiaravalle 1442, Aquafredda 1448, San Pastore 1456, San Salvatore de Montamiata 1469, Verola 1472, Nucharia 1474, Morimondo 1475, Casanova 1475, Tiglieto 1479, Staffarda 1487 usw. Auch in Spanien finden sich erste Spuren; so besaß die Familie Borja am Ende des 15. Jahrhunderts die Abtei Valdigna als Kommende. Neben den Kommendataräbten, die bei aller Ablehnung der Institution an sich in Ordenskreisen teilweise höchstes Ansehen genossen, wie die Beispiele von Aiguebelle und Sénanque beweisen, da sie das Generalkapitel des Ordens zur Visitation und Reform weiterer Zisterzen aufforderten[51], gab es die verweltlichten Kommendataräbte, die nur an den Einkünften ihrer Pfründen interessiert waren. Diese Männer haben in den von ihnen beherrschten Konventen das Klosterleben auf Dauer gefährdet, da sie an einem glaubensstarken, reformierten Konvent kein Interesse hatten.

Die Verfallserscheinungen im Orden, zu denen in besonderem Maße das Kommendenwesen gehörte, haben andererseits Kräfte freigesetzt, die eine Reform und neuerliche Vertiefung des monastischen Lebens anstrebten. Auf dem Generalkapitel 1422 wurde gewissermaßen als Ergebnis des Schismas die Situation des Ordens dahingehend beschrieben, daß das Ordensleben weitgehend stiftsmäßig erscheinen würde[52]. Das Generalkapitel besaß trotz dieser wohl bewußt übertreibenden Darstellung die innere Kraft, eine Reform anzustreben und durchzuführen. Es benannte daher sofort einige Äbte als Visitatoren für verschiedene Gebiete in Deutschland. 1423 folgte die Kirchenprovinz Bremen und die skandinavischen Länder, 1424 die Königreiche auf der Iberischen Halbinsel und die Klöster der Filiation von Morimond im deutschen Sprachraum. Der Abt von Morimond wurde 1425 beauftragt, die Klöster in Ungarn, Polen und der Kirchenprovinz Besançon zu visitieren, woran sich 1426 und 1427 die Klöster in England und Frankreich anschlossen. Die Reformbemühungen wurden auch in den folgenden Jahren fortgesetzt. Das Generalkapitel hatte 1421 und 1423 wegen Unsicherheit wieder nicht in Cîteaux durchgeführt werden können, sondern mußte nach Dijon ausweichen.

Im Rahmen der Reformversuche kam es zu Auseinandersetzungen zwischen dem Abt von Cîteaux und Abt Matthias II. Pillard von Clairvaux (1405–1428). Dieser verfaßte dazu das Werk *Speculum elevationis et exaltationis Ordinis Cisterciensis et etiam finalis depressionis et enervationis eiusdem*. In diesem wurde behauptet, die ersten drei Äbte von Cîteaux und ihre Tochterklöster bis zur Bestätigung der Carta Caritatis hätten unter bischöflicher Jurisdiktion gestanden und das Generalkapitel hätte bis 1119 keine legislative Macht gehabt[53]. Ob bei dieser Darstellung nur der Gedanke Pate stand, wie die spätere Ordensgeschichtsschreibung behauptete, die Stellung von Cîteaux zu mindern und die von Clairvaux zu erhöhen, sei dahingestellt. Der Inhalt des Werks könnte nämlich auch andeuten, daß der Abt von Clairvaux bei den Ordensreformen eine Unterstützung der Bischöfe anstrebte. Das Werk fand zwar eine Entgegnung in dem Werk *De prospero et adverso statu Ordinis*, doch unterblieb jede größere Wirkung wegen seiner geringen Verbreitung, die ebenfalls näher geprüft werden müßte.

Nach dem Tode Abt Johanns VII. am 21. Dezember 1428 kann ein nachgeordneter Mitarbeiter des Bailli von Dijon, Gérard Vion, nach Cîteaux und behauptete, die Abtei während der Vakanz des Abtsstuhles schützen zu müssen. Er versiegelte sofort die Türen der Abtei und begann, die Abteigüter zu inventarisieren. Es ist kaum vorstellbar, daß der Beamte dabei ohne herzogliche Instruktionen gehandelt hat. Die Mönche haben daher auch sofort an das Parlament in Paris appelliert, dieses Hilfsgesuch dann aber aus Furcht vor dem Herzog von Burgund zurückgezogen und diesen angerufen. Dessen Haltung wird daraus deutlich, daß er den Fall, der durch die in der Zwischenzeit erfolgte Wahl eines neuen Abts gegenstandslos geworden war, im September 1429 an den Gerichtshof in Dijon weiterleitete[54]. Der Herzog hat Cîteaux durch dieses Vorgehen wohl seine Stellung als Landesherr verdeutlichen wollen. Der neugewählte Abt *Johann VIII. Picart* (1429–30. März 1440) war zuvor Abt in Gard und Ourscamp gewesen[55]. Er muß ein weit über seinen Orden hinausgehendes Ansehen genossen haben, denn er wurde nicht nur von diesem 1431 zum Konzil von Basel delegiert, sondern gleichzeitig auch von Herzog Philipp von Burgund und der Universität Paris[56]. Das Verhältnis zwischen Herzog und Kloster normalisierte sich also in den nächsten Jahren, wenn nicht sogar Abt Johann durch herzogliche Protektion gewählt wurde. Herzog Philipp hat auch im Mai 1437 die Steuerfreiheit von Cîteaux bestätigt. Die öffentlichen Pflichten haben Abt Johann in so hohem Maße beansprucht, daß er nach eigener Aussage von den ersten zehn Jahren seiner Amtszeit nur ein Drittel in Cîteaux verbracht hat. Dazu sind auch hohe Kosten für diese auswärtigen Aufenthalte des Abtes aufgelaufen, der nach überlieferten Weintransporten anscheinend seiner Stellung gemäß aufgetreten ist. Das Konzil von Basel hat 1436 über Möglichkeiten beraten, Abt Johanns Auslagen von 330 Golddukaten zu ersetzen. Obwohl der Nachweis dafür nicht möglich ist, ist davon auszugehen, daß die Summe dem Abt erstattet wurde. Er hat 1437 auch am Beschluß des Generalkapitels mitgewirkt, die Kommunion auf die Hostie zu beschränken[57].

Nicht nur der Abt von Cîteaux hat auf dem Konzil von Basel eine bedeutende Rolle gespielt, sondern auch eine Reihe weiterer Äbte des Ordens, die aus verschiedenen Ländern Europas stammten und in den verschiedensten Aufgaben des Konzils tätig waren. Die Generalkapitel der folgenden Jahre verdeutlichten in ihren Beschlüssen wiederholt die engen Beziehungen zum Konzil. Als es 1438/39 zum Besuch zwischen Papst Eugen IV. und den Konzilsvätern kam und die Verlegung des Konzils nach Ferrara ebenso wie die Wahl eines Gegenpapstes drohte, blieben die Äbte Thomas von Dundrennnan in Schottland, Antonius Arularès von Eaunes und Claude Pareti von Tamié, um nur die bedeutendsten zu nennen, auf Seiten der Gegner Eugens IV: Dieser hatte schon 1437/38 mit der Erlaubnis der dreijährigen Kapitel der englischen Zisterzen und der Zustimmung zur spanischen Kongregation des Martin von Vargas die regionalen Tendenzen im Orden gegen dessen zentralistische Leitung unterstützt. Daher wird die vorsichtige Reaktion des Abtes Johann von Cîteaux verständlich, der 1438 bei Ausbruch der Streitigkeiten die Konzilsväter in Basel unter Vorlage einer langen Liste seiner Pflichten im Umkreis seines Klosters bat, ihn zu beurlauben[58]. Dieses wurde ihm sofort gewährt. Auf der Rückreise wurde er sechs Wochen von einer Räuberbande in Burgund gefangen gesetzt. Das Konzil hat gegen diese Räuber mit erheblichen Strafmaßnahmen reagiert[59]. Abt Johann war 1439 auf dem Generalkapitel noch am Beschluß der *Rubricae diffinitionum* beteiligt, die das Klosterleben im Orden auf eine reformierte, neue Basis stellen wollten. Dabei sollten die alten Vorschriften wieder in den Vordergrund treten und das *officium divinum* und die Askese gestärkt werden.

Nach dem Tode Abt Johanns VIII. 1440 hat der Bailli von Dijon mit seinen Beamten Cîteaux in gleicher Weise wie 1428 bedrängt. Mit diesen Maßnahmen hat der Herzog von Burgund anscheinend neuerlich versucht, einen ihm genehmen Kandidaten bei der Abtswahl durchzusetzen oder seine Hoheit über das Kloster zu demonstrieren. Tatsächlich wurde mit *Johann IX. Vion* (1440–25. November 1458) ein Mann gewählt, der als früherer Cellerar von Cîteaux Kloster, Orden und auch die Verbindungen zum herzoglichen Hof bestens gekannt haben dürfte. Da er in der Zwischenzeit als Provisor am Kolleg in Paris gewirkt hatte, war er auch ein fachlich ausgewiesener Theologe. Cîteaux hatte erneut große Finanzprobleme, die vermutlich durch die kostspieligen Aufenthalte Abt Johanns VIII. auf dem Konzil noch gewachsen waren. Cîteaux war über Jahre hinweg nicht in der Lage, die für Gilly an das Kloster Saint-Germain jährlich zu bezahlenden 400 Livres aufzubringen. Als Abt Johann 1449 eine bei Gilly gelegene Domäne erwerben wollte, war dazu ein Kredit von 2500 Livres erforderlich, den das Kloster jedoch nicht auftreiben konnte. Das Generalkapitel hat die Vorgänge in Cîteaux übersehen. Doch erhielt das Kloster 2000 Dukaten zurückerstattet, die es 1356 wie La Ferté und Clairvaux dem Orden zur Verfügung gestellt hatte.

Abt Johann hat 1446 die spanischen Abteien visitiert und dabei die weißen Skapuliere der Mönche in Poblet und Santas Creus abgelehnt, die schon die Äbte der Mutterklöster Grandselve und Fontfroide 1434 und 1441 verboten hatten[60]. Die Mönche wurden wegen ihres Ungehorsams exkommuniziert, doch wurde ihnen nach Vermittlung des Papstes und des Königs von Aragon das weiße Skapulier erlaubt, obwohl der Abt von Poblet eigentlich zum Einlenken auf die Linie des Ordens bereit war.

Die engen Beziehungen der Zisterzienser zur Kurie waren für den Orden seit seiner Gründung sehr bedeutsam gewesen. An der nach dem Großen Schisma und den Konzilien des frühen 15. Jahrhunderts wieder erstarkenden Kurie war das seit der Mitte des 13. Jahrhunderts bekannte Amt des Kardinalprotektors *(protector ordinis oder defensor ordinis)* für den Orden bedeutsamer geworden. Das Generalkapitel nahm an seiner Ernennung seit 1443 entscheidenden Anteil, als Jean Juvenis gen. de Morinie, Kardinal von S. Laurentius in Lucina, ernannt wurde. Im weiteren Verlauf des 15. Jahrhunderts bildeten sich Wahl und Ernennung des Kardinalprotektors zu der Form aus, die dann bis ins 18. Jahrhundert bestehen blieb. Neben Papst, Kaiser, König von Frankreich und Herzog von Burgund war das Generalkapitel entscheidend, das 1476 sein Wahlverfahren beschloß.

Das Generalkapitel von 1451 erweiterte die Machtbefugnis des Abtes von Cîteaux und der vier Äbte der Primarabteien, da ihnen gestattet wurde, Resignationen der Äbte ihrer Filiationen entgegenzunehmen[61]. Es war für den Abt von Cîteaux auch eine nachdrückliche Unterstützung. Das zeigte sich 1455, als der Bailli von Dijon eine Kraftprobe mit dem Generalkapitel versuchte. Er ließ dabei durch seine Soldaten das Kloster unter dem schon bekannten Vorwand, es schützen zu müssen, besetzen und die Bediensteten des Klosters und vermutlich auch die anwesenden Äbte belästigen. Die Äbte beschlossen als Antwort, das Generalkapitel in Zukunft in Clairvaux abzuhalten, das außerhalb der Jurisdiktion des Herzogs von Burgund lag. Das Generalkapitel wandte sich gleichzeitig an Herzog Philipp von Burgund und forderte, den Mißbrauch abzustellen und dem Bailli von Dijon seine Grenzen aufzuzeigen. Der Herzog erließ am 28. Juli 1456 ein Patent, das diesen Forderungen entsprach, weshalb das Generalkapitel dann auch in Cîteaux blieb. Die Stellung des Herzogs zu den Vorgängen bleibt wie schon 1428 und 1440 undurchsichtig. Es erscheint kaum glaublich, daß er das Vorgehen seiner Beamten nicht gekannt hat, zumal die Untersuchung nachweislich Kosten verursachte, die etwa bei einem Drittel der Kosten für ein Generalkapitel lagen. Auch das erst wenige Wochen vor dem Generalkapitel 1456 erlassene Patent des Herzogs spricht eher dafür, daß dieses erst unter dem politischen Druck des gesamten Ordens zustande kam. Abt Johann hat seine Politik somit im Orden und Kloster zielstrebig durchgeführt. Dabei war er jedoch ein Mann, der den Ausgleich suchte.

Seinem Nachfolger, *Guy IV. d'Autun* (1458–22. Juli 1462), Mönch in Fontenay und anschließend Abt von Chaalis, war nur eine kurze Regierungszeit beschieden. Er hatte vor allem mit den Plänen des vom Herzog von Burgund begünstigten Bischofs von Arras, Jean

Joffroy, zu tun, der unbedingt Kardinal werden und deshalb für Calixtus III. die Generalvisitation der Zisterzienser durchführen wollte. Es ist sicherlich ein Verdienst des Abtes, daß diese Versuche, den Orden zu beeinflussen, abgewehrt werden konnten. Auch hier hat der Herzog von Burgund erneut versucht, politischen Einfluß über die in Burgund gelegenen Primarabteien und damit auf den gesamten Orden zu gewinnen.

Nachfolger Guys IV. wurde der aus Saint-Jean-de-Losne stammende *Himbert Martin* (1462–24. März 1476)[62]. Er nahm wieder die Politik Johanns VIII. in den 30er Jahren auf, öffentliche Aufgaben wahrzunehmen, um dadurch für Kloster und Orden politischen Einfluß zu gewinnen. Bereits zu Beginn seines Abbatiats wurde er Gesandter des Herzogs von Burgund am Hofe Ludwigs XI. von Frankreich. Der Herzog hatte sich bei den gespannten politischen Verhältnissen zwischen Burgund und Frankreich mit Abt Himbert für einen Mann entschieden, dessen Stimme über Burgund hinaus Bedeutung besaß. Die Tätigkeit war aber verantwortungsvoll und politisch einflußreich. Im Rahmen seiner Tätigkeit hat Abt Himbert versucht, den Streit mit Saint-Germain über die Zahlungen für Gilly auf dem Verhandlungsweg beizulegen. Obwohl er dabei von den Päpsten und Ludwig XI. unterstützt wurde, konnte er sein Ziel nicht erreichen. Dagegen war er, abgesehen von der wirtschaftlichen Entwicklung von Cîteaux, in seinem Wirken ansonsten erfolgreich.

Als erstes Beispiel sind hier die Vorgänge um die Abtswahl in La Ferté 1470 zu nennen. Dort waren auf Stephan II. von Marcilly Johann III. von Beaune (1419–1439) und Johann IV. von St. Peter (1439–1470) gefolgt[63]. Sie erhielten 1420 von Papst Martin V. und 1439 von Papst Eugen V. das Recht der Pontifikalien verliehen. Johann IV. hat 1444 die im 14. Jahrhundert von seinem Kloster dem Orden zur Verfügung gestellten 2000 Livres zurückerhalten und hat sich in der Folgezeit große Verdienste um die Wiederherstellung des Kollegs seines Ordens in Paris erworben. Nach seinem Tode 1470 postulierte ein Teil des Konvents von La Ferté den Benediktiner Johann von Toulouse zum Abt. Abt Himbert von Cîteaux wurde von diesem Vorgang überrascht und hat als Vaterabt sofort reagiert, die Entscheidung des Konvents nicht anerkannt und Claude II. de Dinteville (1470–1507) zum Abt ernannt. Das folgende Generalkapitel hat dieses Eingreifen in vollem Umfang gebilligt und die in den Vorgang verstrickten Mönche von La Ferté zu einer Gefangenschaft bei Wasser und Brot verurteilt[64]. Claude II. de Dinteville, ein Bruder des Abtes Louis von St. Bénigne in Dijon, war Abt in La Bussière, Notre Dame du Val, Belloc und Reigny gewesen. Nachweislich war er 1484 und 1506 gleichzeitig Abt in La Ferté und Notre Dame du Val. Damit wurde deutlich, daß ihm eine kirchenrechtlich besondere Stellung zugebilligt wurde. Er hatte 1476 in Arras durch königliches Edikt eine Pension von 300 Pfund erhalten. Der Papst erlaubte ihm 1489, wie den anderen Primaräbten, die Weihe der Mönche seines Klosters zu Subdiakonen und Diakonen. Der wiederholt für den König und seinen Orden tätige Abt gilt als ein Beispiel guter Disziplin und Einhaltung der Observanz in einer Zeit, in der diese verfiel.

Abt Himbert von Cîteaux hat, als der Ausbruch des Krieges zwischen Karl dem Kühnen und König Ludwig XI. drohte, dafür gesorgt, daß das Archiv und wertvolle Gegenstände seines Klosters bis nach Besançon in Sicherheit gebracht wurden. Als im Zuge dieser Auseinandersetzungen der französische König und der Herzog von Burgund den kirchlichen Institutionen jeweils die Abgaben im Herrschaftsgebiet des anderen sperrten, entschädigte Herzog Karl Cîteaux 1472 mit einer Abgabe des Schlosses in Saint-Jean-de-Losne.

In den letzten Jahren des Abbatiats von Himbert hat der Kampf gegen das zunehmende Kommendenwesen eine große Rolle gespielt. Unter Papst Paul II. war eine Anzahl von Zisterzen, insbesondere in Frankreich und Italien, als Kommenden an nicht dem Zisterzienserorden angehörige Geistliche, so zum Beispiel Kardinäle, vergeben worden. Das Generalkapitel beschloß 1473, zur Unterstützung des Kampfes gegen das Kommendenwesen eine hochrangig besetzte Delegation nach Rom zu senden[65]. Diese sollte vom Abt von Cîteaux geleitet werden, den die Äbte von Clairvaux, Altenberg, Poblet und Johann von Cirey, der bald darauf Abt von Theuley wurde, begleiten sollten. Die Unkosten sollten durch eine Sammlung von 6000 Livres gedeckt werden. Da bis 1474 nur die Hälfte der Summe zusammengekommen war, wurde der zweite Teil der Summe aufgenommen. Die am 5. Mai 1475 aufbrechende Delegation bestand jedoch nur aus Abt Himbert und Johann von Cirey. Die übrigen Mitglieder hatten sich wegen der Kriegsgefahren entschuldigt. Abt Himbert und

Johann von Cirey haben nach ihrer Ankunft am 12. Juni in Rom um eine baldige Audienz beim Papst nachgesucht und dafür große Geldsummen und Geschenke an die Kardinäle und andere einflußreiche Mitglieder der Kurie verteilt. Die Audienz war erfolgreich. Der durch den Vortrag von Abt Himbert zu Tränen gerührte Papst sagte sofort wirkungsvolle Bullen und Privilegien zu[66]. Deren Ausfertigung zog sich aber bis in den Herbst hin. Abt Himbert und Johann von Cirey haben sich in diesen Monaten im Umkreis von Rom aufgehalten. Dabei sind sie mit dem Prokurator des Ordens, Abt Fulco Fier von Saint Bernard in Valencia, in Streit geraten. Abt Himbert wurde auch ernstlich krank und war dadurch bei der folgenden Papstaudienz im Februar 1476 im Vortrag behindert. Johann von Cirey griff mit solcher Beredsamkeit und Überzeugungskraft in das Gespräch ein, daß ihn der Papst zum Abt von Balerne ernannte und einige Indulgenzen gewährte. Abt Himbert starb am 24. März in Rom und wurde von Johann von Cirey in den Katakomben St. Sebastians beigesetzt. Der Prokurator Fulco Fier nahm in diesem Moment, unterstützt durch den Sekretär Abt Himberts, alle Wertsachen in dessen Räumen einschließlich der Siegel an sich.

Nach der Beisetzung Abt Himberts erklärte Papst Sixtus IV. in einem Konsistorium die Abtei Cîteaux für vakant und providierte Johann von Cirey zum Abt von Cîteaux. Dieser zögerte aus nicht näher bekannten Gründen, die Ernennung anzunehmen und schlug seinerseits dem Papst vor, den Abt von Clairvaux, Peter II. von Virey, zu providieren, was dieser dann auch tat. Johann von Cirey brach sofort mit der päpstlichen Urkunde nach Burgund auf. Er hat nach seinem Auftreten in der Delegation Abt Himberts, die vor allem die Selbständigkeit des Ordens in den Vordergrund gestellt hatte, anscheinend die päpstliche Ernennung gegen den mächtigen Abt von Clairvaux ohne absehbaren Rückhalt im Orden und in Cîteaux gescheut. Als er Ende April 1476 in Burgund eintraf und in Dijon verhandelte, fand er eine andere Lage vor als von ihm erwartet: der Konvent von Cîteaux hatte inzwischen zwar den Tod Abt Himberts erfahren, nicht aber die päpstliche Ernennung von dessen Nachfolger. Der Konvent hatte daher Johann von Cirey zum Abt gewählt und damit dieselbe Wahl wie ursprünglich der Papst getroffen. Eine Delegation des Konvents erklärte Johann in Dijon sogar nachdrücklich, daß die Mönche von Cîteaux eher ihr Kloster verlassen als den Abt von Clairvaux als neuen Abt anerkennen würden.

Johann von Cirey hat diesen Rückhalt, zu dem wohl auch die politische Zustimmung des Herzogs von Burgund hinzukam, als Grundlage für eine Meinungsänderung genommen. Er reiste nach Rom zurück, um dort nun seine eigene Wahl bestätigen zu lassen. Trotz Widerstands des Prokurators erreichte er beim Papst sein Ziel und wurde von ihm als Abt anerkannt. Abt *Johann X.* (1476–20. November 1501, † 27. Dezember 1503) hat sich durch dieses Vorgehen die Feindschaft des Abts von Clairvaux zugezogen, die ihm in den folgenden Jahrzehnten zahlreiche Schwierigkeiten bereitete. Als nach dem Tode Karls des Kühnen im Januar 1477 das Herzogtum Burgund an die französische Krone zurückfiel, war Abt Johann X. einer der ersten unter den Großen des Landes, die sich Ludwig XI. zuwandten und ihm den Treueid leisteten. Seine Verbindungen zum Hof waren daher in Zukunft relativ eng. Schon 1478 hat ihn Ludwig XI. anläßlich einer Synode in Orléans in die mit Papst Sixtus IV. geplanten Gespräche eingebunden. Durch einen Kompromiß zwischen König und Papst wollte er das Kommendenwesen weiter bekämpfen. Er war als Abt von Cîteaux Rat des burgundischen Parlaments und Mitglied der Stände des Herzogtums, wobei er im gleichen Rang war wie die Bischöfe von Autun, Auxerre, Chalon und Mâcon und auch dieselben Rechte und Privilegien wie diese besaß. Er hat in den Ständen eine umfassende Tätigkeit entwickelt, weshalb er unter König Karl VIII., der ihn ebenfalls hoch schätzte, 1484 als Delegierter Burgunds an den Generalständen in Tours teilnahm[67]. Aufgrund dieser umfangreichen Tätigkeit konnte er den von der Stadt Beaune wegen des Klosterbesitzes angefochtenen exemten Status von Cîteaux vor dem neugebildeten königlichen Gerichtshof mit leichter Mühe verteidigen. Doch hatte das Kloster in Beaune und Dole bei den Auseinandersetzungen um Burgund durch den Brand seiner Häuser empfindliche Verluste erlitten. Auch die aus dem Kloster nach Besançon ausgelagerten Wertgegenstände gingen dort durch Plünderung verloren. Darüber hinaus hat die nach 1477 in der Franche-Comté entstehende habsburgische Verwaltung Einkünfte des Klosters Cîteaux beschlagnahmt. Das wirtschaftlich schwache Kloster traf dabei der Verlust der 1100 Livres im Jahr aus den Salzabgaben in Salins besonders hart. Die Streitigkeiten mit dem Kloster Saint-Germain über Gilly konnte Abt Johann nach wiederholten Ansätzen erst im Mai 1499 endgültig lösen, wobei ihn sein Bruder Pariset de Cirey, ein Kaufmann in Dijon, zeitweise wirtschaftlich unterstützt hat.

Die latent zwischen Cîteaux und Clairvaux vorhandene Konkurrenz führte durch die Feindschaft des Abtes von Clairvaux, Peter II. von Virey, gegen seinen Amtsbruder Johann X. in Cîteaux zu offenen Auseinandersetzungen. Der Abt von Clairvaux bezichtigte Cîteaux in seiner Schrift *Déclaration des revenus communs de l'Ordre de Cîteaux* des Mißbrauchs der Sammlungen für den Orden und den Abt von Cîteaux, daß er keine Abrechnungen vorlegen würde. Abt Johann X. konnte die Anklagen erfolgreich widerlegen. Die Schrift wurde daher auf dem Generalkapitel 1482 verurteilt. Der Verfasser gab seine Aufgaben zurück und erbat Verzeihung für seine Untaten[68]. Dieses hinderte ihn aber nicht, sich dann schon am 11. Oktober desselben Jahres an die höchsten Gerichtshöfe, darunter die Universität Paris, den Heiligen Stuhl und ein künftiges allgemeines Konzil, gegen den Beschluß des Generalkapitels zu wenden. Erfolglos blieb auch die Aufforderung Abt Johanns an Peter II. von Virey im Januar 1483, bei Strafe der Exkommunikation seine Machenschaften fortzusetzen. Auch die Versuche, Abt Peter aus dem Amt zu entfernen, hatten keinen Erfolg. Abt Johann X. leitete im August 1483 nach dem Tode Ludwigs XI. die Delegation der Stände von Burgund zu den Feierlichkeiten bei der Nachfolge Karls VIII. auf dem Thron. Abt Johann hielt bei dieser Gelegenheit eine vielbeachtete Rede, die sofort gedruckt und weit verbreitet wurde. Sein Widersacher wiederholte 1483 vor dem Generalkapitel seine Anklagen, die neuerlich als grundlos zurückgewiesen wurden[69]. Dabei wurden ihm weitere Strafen angedroht, wenn er seine Angriffe fortsetzen sollte. Dieses tat er mit seiner Appellation an den Heiligen Stuhl im Januar 1484, wobei er zu den alten Beschuldigungen neue hinzufügte. Auf dem Generalkapitel 1484 trat Abt Peter II. neuerlich gegen Johann X. auf, der kurz zuvor sein Ansehen auf den Generalständen in Tours noch erhöht hatte. Die Bemühungen verschiedener Äbte, den Konflikt beizulegen, scheiterten. Als Abt Peter II. einsah, daß er seinem Gegner nicht schaden konnte, legte er dem bischöflichen Gerichtshof gefälschte Briefe Abt Johanns vor. Die Fälschungen wurden aufgedeckt, worauf Abt Peter den Notar Didier Garnement mit gefälschten Dokumenten und viel Geld nach Rom sandte, um Verbindungen zu einflußreichen Mitgliedern der Kurie anzuknüpfen. Da der Papst jedoch vor weiteren Schritten Informationen aus Paris einholte, wurden die Fälschungen wieder erkannt. Der Notar Garnement mußte aus Rom fliehen und die Kurie begann, sich ebenfalls gegen Abt Peter II. zu wenden.

Doch ging die Auseinandersetzung weiter. Abt Peter versuchte, die Abteien seiner Filiation zu einer unabhängigen Kongregation unter seiner Leitung umzuformen, wobei besonders in Italien nicht nur Abteien wie Chiaravalle bei Mailand, sondern auch weltliche und geistliche Autoritäten diesen Plan begrüßten. Auch die Gründung eines neuen Ordens unter der Leitung von Clairvaux als »Orden vom hl. Bernhard« wurde erwogen. Der Papst forderte das Generalkapitel 1486 auf, eine Delegation nach Italien zu entsenden, um dieser Entwicklung zu steuern. Das Generalkapitel 1487 legte die gesamten Hintergründe offen und ergriff endlich harte Maßnahmen gegen den uneinsichtigen Abt von Clairvaux[70]. Dieser verlor auch den neuerlichen Prozeß vor dem königlichen Gerichtshof in Paris. Abt Johann X. konnte sich dort so überzeugend verteidigen, daß Abt Peter zu öffentlicher Buße vor seinem Gegner verurteilt wurde. Diese erfolgte am 8. Dezember 1487 im Pariser Kolleg. Abt Peter mußte dabei auf dem Boden vor seinem Amtsbruder von Cîteaux liegend in Gegenwart mehrerer Äbte seine Anklagen zurücknehmen und um Vergebung bitten. Der in aller Öffentlichkeit geführte Streit im Orden hatte jedoch zur Folge, daß Papst Innocenz VIII. bereits am 10. August 1487 eine Generalvisitation des gesamten Ordens gefordert hatte. Abt Johann hat dem im Orden wiederhergestellten Frieden anscheinend nicht getraut, den er zögerte, den Beschluß des Generalkapitels auszuführen und selbst nach Italien aufzubrechen, um mit den dort eigene Wege gehenden Abteien zu verhandeln. Tatsächlich hat Abt Peter II. von Clairvaux erneut rechtliche Schritte gegen Cîteaux eingeleitet, wobei er die alten Beschuldigungen der finanziellen Mißwirtschaft wieder aufnahm, nachdem Abt Johann X. im September 1488 endlich nach Italien aufgebrochen war.

Nach seiner Ankunft in Rom empfing ihn der Papst in öffentlicher Audienz. Dabei erhielt Abt Johann X. vom Papst die Bulle *Ad sacrum apostolatus*, die festlegte, daß Cîteaux und Clairvaux in Zukunft vereinigt werden sollten. Beim Tode des einen der beiden Äbte sollte der überlebende das andere Kloster übernehmen. Den Platz von Clairvaux als Primarabtei sollte Preuilly übernehmen. Die Ordenstradition war aber stärker als dieser päpstliche Reformversuch. Es kam daher später zu keinem Versuch, die Bulle zu realisieren. In der Bulle *Exposcit tuae devotionis* vom 9. April 1489 gewährte Papst Innocenz Abt Johann und seinen Nachfolgern aufgrund ihres Amtes des Recht der Pontifikalien. Gleichzeitig gewährte er ihnen und den Äbten der Primarabteien das Recht, den Mönchen der eigenen Abteien in den Klosterkirchen die niederen Weihen zu erteilen. Darüber hinaus hat Abt Johann bei der Kurie erreicht, daß die Bullen zurückgenommen wurden, die den Interessen von Cîteaux zuwiderliefen. Abt Johann hat bei seinem Aufenthalt in Rom bis ins späte Frühjahr 1489 bei der Kurie viel erreicht. Bereits mehrfach war Äbten des Ordens von Päpsten das Recht verliehen worden, ihren Mönchen die niederen Weihen zu erteilen. Wegen der Proteste der Bischöfe waren diese Privilegien aber noch nie durchgesetzt worden. Erst nach der Bulle *Exposcit* gelang dieses, wenn auch nur bis ins 17. Jahrhundert.

Abt Johann hatte die Privilegien seines Ordens durch seine politische Tätigkeit gesichert. Nach seiner Rückkehr aus Italien hat er als weitere Maßnahme zur Absicherung der Privilegien der Päpste und weltlichen Herrscher begonnen, diese zu sammeln. Er hat sie 1491 in Dijon bei Peter Metlinger unter dem Titel *Collecta quorundam privilegiorum Ordinis Cisterciensis* drucken lassen. Seine seit 1479 ebenfalls in Vorbereitung befindliche Geschichte von Cîteaux wurde dagegen nicht abgeschlossen. Seine Auseinandersetzungen mit Abt Peter II. von Clairvaux hat er in einem umfangreichen Manuskript niedergelegt und auch einen Bericht über den Streit von Cîteaux mit der Abtei Saint-Germain angeregt.

Nach dem Hundertjährigen Krieg, den Auseinandersetzungen mit Burgund und dessen Anschluß an Frankreich war dieses unter Ludwig I. und Karl VIII. in ein Zeitalter der Wiederherstellung geordneter Verhältnisse und blühender Wirtschaft eingetreten. Dazu gehörte auch der Versuch, Kirche und Klöster zu reformieren. König Karl VIII. berief auf den 12. Dezember 1493 Bischöfe, Äbte und Notabeln, unter ihnen Abt Johann X. von Cîteaux und den Abt von Bonport, zu einer Synode nach Tours, die über die monastischen

Reformen in Frankreich beraten sollte. Sie war von den Generalständen bereits 1484 angestoßen worden. Das von Jean Standonck, einem aus Flandern stammenden Doktor der Theologie im Auftrag der Universität Paris erarbeitete Memorandum wurde von Jacques d'Amboise, Abt von Cluny, und Abt Johann X. sowie seinem Generalvikar, dem Abt von Bonport, auf der Synode vertreten. Abt Johann hat in seiner Stellungnahme die seiner Ansicht nach zentralen Punkte für den Verfall in den Klöstern genannt und deren rasche Abänderung gefordert. Er nannte als ersten Punkt die Abschaffung der freien Abtswahl, die für den Aufstieg von Personen gesorgt hatte, die für das Amt ungeeignet waren. Als zweiten Punkt nannte Abt Johann die Verschwendung der Klostergüter durch Kommendataräbte und als dritten die Einmischung weltlicher Instanzen in klösterliche Angelegenheiten. Er forderte vom König, daß dieser ein Apostolisches Breve oder Reskript anfordern sollte, das den Äbten den Besuch des Generalkapitels zwingend vorschreiben sollte. Er wünschte ferner vom König und vom Papst eine Resolution gegenüber den Großen des Landes über die Reformmaßnahmen.

Nach der Synode von Tours hat Abt Johann 44 Äbte seines Ordens auf den 15. Februar 1494 in das Pariser Kolleg eingeladen, um mit ihnen die Ordensreform zu beraten. Die Versammlung hat die 16 *Articuli Parisienses* verabschiedet[71], die er vorbereitet hatte. Die Einleitung derselben weist darauf hin, daß sie infolge des Wunsches von König Karl VIII. nach einer monastischen Reform und der vom Papst geforderten Reform der Zisterzienser zusammengestellt wurden. Der Abt von Cîteaux, ein erfahrener Politiker in kirchlichen und weltlichen Dingen, hat bewußt an die Wünsche von König und Papst angeknüpft, um die eigenen Reformziele durchzusetzen. Die Äbte beschlossen auch, die *Articuli Parisienses* dem Generalkapitel im September 1494 vorzulegen, um sie für den gesamten Orden verbindlich zu machen. Das Generalkapitel ist diesem Antrag gefolgt und hat sie sogar 1502 nochmals bestätigt.

Die *Articuli Parisienses* waren jeweils bestimmten Forderungen und Vorschriften gewidmet. Es handelte sich dabei um folgende:

1. die Tagzeiten, Lesung der Messen und Schmuck der Altäre
2. die Amtsaufgaben der Äbte
3. das tägliche Kapitel der Konvente

4. das Fleischverbot an den Fasttagen und Regeln im Refektorium
5. die Unterweisung der jungen Mönche durch den Abt und andere Lehrer
6. die Anlage und Ausstattung des Dormitoriums
7. das Infirmitorium für kranke Mönche
8. die Durchführung von Visitationen
9. das Schweigen im Konvent
10. der Besitz
11. die Klausur
12. die Ausgaben und der Verbrauch der Klöster
13. der Aufenthalt von Mönchen außerhalb der Klausur und die Kleidung bei diesen Aufenthalten; das Verbot für Teilnahme an Festen und Patenschaften
14. das Leben in Frauenklöstern und Sicherung der Klausur
15. die Strafen für Verstöße gegen die Bestimmungen
16. die Verlesung der *Articuli Parisienses* und der Regel mit den Gebräuchen und Definitionen im Kapitel am Trinitatisfest

Abt Johann hat mit den *Articuli* sein Lebenswerk für den Orden zu einem weiteren Höhepunkt geführt. Sie waren keine Neuschöpfung grundsätzlicher Reformvorschläge, sondern die im Orden seit altersher üblichen Vorschriften neu zusammengefaßt. Die Einleitung besagt dazu: *reformationem enim procul dubio fieri credimus cum a priscorum traditionibus deviatum est, et denuo ad eorum vestigia sequenda reditur. Nam si nova introducitur forma, non plane reformatio seu ad pristinam formam reductio, sed novae religionis creatio dici debet*. Die kurze, prägnante Zusammenstellung gab ihnen jedoch ein neues Gesicht und dadurch eine große Bedeutung, vor allem auch deshalb, weil sich Generalkapitel, Äbte, französischer König und Papst im Reformwillen einig waren.

Abt Johann X. hat aufgrund seines Lebenswerks im Orden von dessen Geschichtsschreibung die Bezeichnung als *bonus abbas*, das heißt idealer Abt, erhalten. Er kann im 15. und 16. Jahrhundert als die herausragende Persönlichkeit innerhalb des Ordens angesehen werden. Wie die Beteiligung von Abt Peter II. von Clairvaux an den Verhandlungen über die *Articuli Parisienses* zeigen, hatte sich Abt Johann in den 90er Jahren im Orden endgültig durchgesetzt. Er hat aufgrund seines Amtes auch seine Stellung innerhalb der burgundischen Stände weiterhin eingenommen. Nach dem Tode Karls VIII. stand er an der Spitze der burgundischen Delegation bei der Krönung Ludwigs XII. Seine Stellung innerhalb des Ordens wurde nochmals deutlich, als er im Herbst 1501 resignierte: Ohne Widerstand folgte ihm sein Neffe Jacques III. (1501–1516).

Nicht nur in Cîteaux sind im 15. Jahrhundert die Abbatiate zeitlich wesentlich länger geworden als in den vorausgehenden Jahrhunderten. Dieselbe Feststellung ist in Clairvaux und Pontigny zu machen, während Morimond weiterhin zeitlich kürzere Regierungszeiten seiner Äbte aufweist. Da sich am Werdegang der Äbte in den Primarabteien nichts geändert hat, muß davon ausgegangen werden, daß sie ihr Amt in jüngeren Jahren übernommen haben. Dafür dürfte die im 13./14. Jahrhundert eingeführte universitäre Ausbildung der jungen Mönche und die gleichzeitig abnehmende Zahl der Konventmitglieder verantwortlich sein.

Diese Entwicklung war besonders in Clairvaux auffällig. Dort folgte 1405 auf den nach Cîteaux wechselnden Abt Johann VII. Matthias II. Pillard (1405–1428). Er war Mönch im Dunes gewesen, dann Provisor am Kolleg in Paris und zuletzt Abt in Beaupré und Mortemer. Nach seiner Tätigkeit auf den Konzilen in Pisa und Konstanz hat er verschiedentlich für Reformen in Klöstern gewirkt. Er hat damit zu den Äbten gehört, die eine regelstrenge Ausrichtung des Ordens auch in diesen Zeiten tiefsten Verfalls der Kirchenzucht vertraten. Er hat auch Cîteaux mit einer eher indirekten Kritik nicht verschont. Sein Nachfolger Wilhelm IV. von Autun (1428–1448), der in Clairvaux bis zum Prior aufgestiegen war, war in Paris Professor der Theologie geworden und zuletzt Abt in Mortemer[72]. Nach verschiedenen Maßnahmen seines Abbatiats hat er in seinem Kloster keinen Verfall der Disziplin zugelassen. Er hat aber wie viele seiner Vorgänger offen gegen Cîteaux Stellung bezogen. Ursache dieser Auseinandersetzungen waren Einkünfte, die dem Orden zur Verfügung gestellt worden waren. Philipp II. von Fontonis (1449–1471) war Professor der Theologie in Paris, Prokurator des Ordens und Abt von Mazières gewesen. Er hat wie sein Vorgänger auf gute Disziplin und Observanz geachtet, aber die Opposition gegen Cîteaux fortgesetzt. Der Beschluß des Generalkapitels von 1455, ihm die Absolution der Mönche seiner Filiation von allen Verstößen, einschließlich des Abfalls vom Orden zu übertragen, beweist hohes Ansehen im Orden. Nach der Überlieferung hat er außerhalb seines Klosters wenig gewirkt. Sein Nachfolger wurde Peter II. von Virey (1471–1496), der in seinem Abbatiat öfters in der Öffentlichkeit auftrat. Bevor er nach Clairvaux kam, war er Cellerar des Pariser Kollegs und anschließend Abt von Chaalis gewesen. Er hat ebenfalls den Reformkreisen im Orden nahe gestanden, wie seine Tätigkeit als Visitator und seine Unterzeichnung der *Articuli Parisienses* beweisen. Er hat sich trotz seiner durch Büchersammlungen und Bibliotheksbauten nachweisbaren Bildung durch seine Feindschaft gegen Abt Johann X. von Cîteaux immer wieder zu Angriffen gegen diesen und sein Kloster hinreißen lassen, was ihm mehrere öffentliche Demütigungen eintrugen, aber nicht zu einer Absetzung führte. Damit ist seine starke Stellung im Orden nachgewiesen. Die Äbte von Clairvaux im 15. Jahrhundert haben ihren Aufstieg wie ihre Vorgänger im 14. in der Regel über eine Tätigkeit im Pariser Kolleg genommen. Im Anschluß an diese sind sie Äbte in einem Kloster der Filiation von Clairvaux geworden und von dort aus dann entweder sofort oder nach weiteren Zwischenstationen in Clairvaux Abt geworden. Diese Karrieren haben sich schnell vollzogen, was darauf hindeutet, daß die Äbte entsprechend tätig waren. Sie haben nach ihrer Wahl in Clairvaux aber meist wenig unternommen, um auch außerhalb ihres Klosters und Region bekannt zu werden. Obwohl die Filiation von Clairvaux über Klöster in weiten Teilen Europas verfügte, und die Äbte mit diesen in dauernder Verbindung standen, können sie mit Recht als regionale Vertreter des Ordens bezeichnet werden, deren Bedeutung nicht allzu weit vor den eigenen Klostermauern endete.

Dieses Urteil läßt sich für die Äbte von Pontigny in gleicher Weise wiederholen. Dabei ist noch festzustellen, daß die Abtsliste von Pontigny im 15. Jahrhundert Probleme bereitet. Der nicht sehr langen Regierung Johanns VIII. von Bienville (1413–vor 1421) folgte Stephan II. von Dijon, der 1421 bereits Abt war und 32 Jahre oder wohl noch länger sein Kloster leitete. Der ihm nachfolgende Guy von Autun hat nach 1458 höchstens vier Jahre regiert. Thomas II. von Limon blieb dagegen bis 1474 im Amt und Peter VI. de la Fin (1474–nach 1493) wohl mindestens zwei Jahrzehnte. Mit Johann IX. de la Fin und Peter VII. de la Fin († 1504) folgten zwei anscheinend sehr kurze Abbatiate, die aber die enge Verbindung zwischen der Abtei und der Adelsfamilie de la Fin aufzeigen. Soweit die Überlieferung erkennen läßt, haben die Äbte ihr Amt an der Spitze einer der vier Primarabteien in der Regel nur über eine Stellung als Abt in einer anderen Abtei erhalten. Keiner der Äbte des 15. Jahrhunderts hat aber eine im Orden oder in der Politik hervorgehobene Stellung innegehabt. Auch die Tätigkeit im eigenen Kloster zeigt einen sehr engen, eingeschränkten Rahmen[73].

In Morimond stand Abt Johann IV. von Brittany (1402–1423) über zwei Jahrzehnte an der Spitze[74]. Er war in der kritischen Phase der Konzile in Pisa und Konstanz wiederholt in Spanien, um dort zu visitieren und insbesondere, um dem Orden von Calatrava eine verbesserte Ordensdisziplin zu geben. Er hat 1418 den Abt von Poblet als Reformer der spanischen Zisterzen eingesetzt. Damit wollte er anscheinend sich selbst entlasten, vielleicht aber auch die Reformmaßnahmen durch die Ernennung eines landeseigenen spanischen Vertreters fördern. Abt Johann IV. hat nach seiner Tätigkeit zu dem Kreis der Reformer im Orden und in der Kirche seiner Zeit gehört. Auch seine Nachfolger[75], Johann V. von Savoyen (1423–1431), Guy III. (1431–1441), Johann VI. von Blaseye (1441–1449), Johann VII. von Graile (1449–1460), Humbert von Losne (1460–1462)[76] und Wilhelm III. von Mege (1466–1472) waren immer wieder in Spanien tätig. Da sich in der Überlieferung ein Schwerpunkt an der dortigen Reform abzeichnet, ist ein im übrigen nicht näher erklärter Zusammenhang mit der Reformtätigkeit von Martin von Vargas anzunehmen. Guy III. hat zum Beispiel das in der Diözese von Mirepoix gelegene Kloster Valnègre 1432 aufgehoben, weil seine Ordensdisziplin schlecht war. Wie diese Äbte ihren Weg auf den Abtsstuhl von Morimond genommen haben, ist im einzelnen nicht bekannt, dürfte sich aber vermutlich nicht allzu sehr vom 14. Jahrhundert unterschieden haben. Die Politik griff 1474 in die Geschichte des Hauses ein, als Anton von Boisredon (1474–1484), ein Benediktinerprior und Rat König Ludwigs XI., vom Papst zum Abt ernannt wurde. Das Kloster hatte mit Nikolaus von Thierrry bereits einen neuen Abt gewählt. Das Generalkapitel hat sich 1476 trotz heftiger Auseinandersetzungen dem päpstlichen Willen gefügt und Anton von Biosredon als Abt anerkannt[77]. Wie zwischen Cîteaux und Clairvaux aufgrund der Bevorzugung Abt Johanns X. am päpstlichen Hof ist es auch in

Morimond in den folgenden Jahren immer wieder zu Auseinandersetzungen zwischen Nikolaus von Thierry und Abt Anton gekommen. Die Amtsführung von Abt Anton ist durch das Vorgehen seines Gegners belastet, wenn nicht sogar eingeschränkt worden. Abt Anton hat aus diesen Gründen wohl auch 1484 auf sein Amt verzichtet. Der Papst hat als seinen Nachfolger trotz des erheblichen Wiederstandes auf dem Generalkapitel von 1484 mit Jakob I. von Livron (1484–1491) wieder einen Benediktinermönch durchgesetzt. Da aus den Diskussionen kein unmittelbarer Vorteil für die Reform sichtbar wird, scheinen politische Konstellationen den Ausschlag für die Ernennung und letztlich wohl auch für das Nachgeben des Generalkapitels gegeben zu haben. Der ordensfremde Abt hat sich aber anscheinend rasch eine seinem Amt entsprechende Stellung im Orden schaffen können, denn schon 1488 war er zwischen den Äbten von Cîteaux und Clairvaux Schiedsrichter. Mit Johann VIII. von Vivien (1492–1495) ist ihm aber ein Mann gefolgt, der über die Abtsstühle von Vaux la Douce und Beaupré nach Morimond kam und damit eine dem Orden übliche Karriereentwicklung hinter sich hatte. Er hat mit Abt Johann X. von Cîteaux zusammengearbeitet, doch zu kurz regiert, um tiefe Spuren im Orden und Kloster zu hinterlassen.

Bei den Äbten von Morimond ist im 15. Jahrhundert trotz der weitgespannten Tätigkeiten in Spanien ebenfalls eine regionale Enge festzustellen, die sie im Grunde auf ihr Kloster und dessen Umkreis beschränkt hat. Soweit sich erkennen läßt, haben sie die ihnen übertragenen Aufgaben in vollen Umfang wahrgenommen, haben diese aber nicht benützt, um die Stellung ihres Klosters und/oder ihrer Person über den üblichen Rahmen hinaus auszudehnen. Sie erschienen damit als verläßliche, gute und berechenbare Verwalter ihrer Ämter, die versucht haben, die Forderungen ihrer Zeit mit den Anforderungen ihres Ordens zu vereinigen. Die europaweiten Beziehungen ihrer Stellung haben sie jedoch nicht dazu genutzt, ihrem Orden eine politisch verbesserte Position zu verschaffen. Der grundsätzliche Eindruck ihrer Tätigkeit ist daher, daß sie die an sie herangetragenen Aufgaben mehr oder weniger zufriedenstellend erledigt haben, daß sie aber keine Anstöße über das bereits im Orden Bestehende hinaus gegeben haben, die für die Zukunft richtungsweisend geworden wären.

Die fünf Primarabteien des Ordens sind im 14./15. Jahrhundert von Äbten geleitet worden, die den an sie gestellten Anforderungen weitgehend gerecht geworden sind. Damit hat sich das im Orden herausgebildete Prinzip des Aufstiegs in der Krisenzeit von Orden und Kirche bewährt. Der Zeitgeist des 14./15. Jahrhunderts, der gläubig und fromm, aber nicht regelstreng oder asketisch war, hat nach vielen Zeugnissen die Primarabteien mitgeprägt. Aufschlußreich sind die Versuche, zu Besserungen zu gelangen. Der Orden hatte 1439 im Generalkapitel die *Rubricae diffinitionum* verabschiedet, die dem täglichen Leben im Konvent gewidmet waren. Analog zu den seit der Mitte des 14. Jahrhunderts vorgenommenen Universitätsgründungen erweiterte der Orden zwischen 1350 und 1450 die Anzahl der Kollegien als Ausbildungsstätten für die jungen Mönche. Das Generalkapitel hat an der 1348 von Kaiser Karl IV. gegründeten Universität Prag ein Kolleg genehmigt, das 1411 nach Leipzig verlegt wurde. Das Kolleg in Heidelberg wurde 1386 zeitgleich mit der Universität gegründet und hat für die Ausbildung der deutschen Zisterzienser bis ins 16. Jahrhundert große Bedeutung besessen. Die Kollegien haben neben der allgemeinen spirituellen Ausbildung ihrer Zöglinge durch das zusätzliche Studium eigener Texte eine hausinterne spirituelle Prägung vermittelt. Diese war vor allem dadurch bedeutsam, daß ein großer Teil der späteren Äbte in den Kollegien ausgebildet und dadurch neben der allgemeinen spirituellen Prägung des Ordens auch durch diese eigene, regionale der Kollegien zusammengefaßt wurde. Damit war ein entscheidender Schritt zur Regionalisierung des Ordens getan worden.

Das 14. Jahrhundert hatte durch die politischen, wirtschaftlichen und geistigen Entwicklungen auf allen Gebieten, so auch im Orden, zu dieser Regionalisierung beigetragen, obwohl sich die verfassungsmäßige Struktur nicht änderte. Es traten jedoch gewisse Lockerungen ein. Wegen der politischen Schwierigkeiten wurde den Äbten der Besuch der Generalkapitel erleichtert. Schon im 13. Jahrhundert mußten die Vertreter von Syrien nur in jedem siebten Jahr auf dem Generalkapitel erscheinen. Für Griechenland und Skandinavien war jedes fünfte, für Irland, Schottland, Sizilien und Portugal jedes vierte, für Friesland, Ungarn und den westlichen Teil Spanien jedes dritte Jahr vorgeschrieben. Viele andere kamen nur jedes zweite Jahr.

Lediglich für einen gewissen Kernraum des Ordens blieb damit der jährliche Besuch des Generalkapitels als Pflicht übrig. In der zweien Hälfte des 14. Jahrhunderts ging die Zahl der anwesenden Äbte wegen des Großen Schismas und dessen Begleiterscheinungen zurück. Meist lag die Zahl nur bei etwa 30. Dabei waren die Teilnehmer aus dem außerfranzösischen Raum fast immer in der Minderheit. Das Generalkapitel 1510 hatte zum Beispiel 33 Teilnehmer, unter denen der Abt von Lehnin der einzige deutsche Abt war. Die Beschlüsse der Generalkapitel wurden so zunehmend regionaler, auch wenn sie im Gesamtorden anerkannt wurden. Auch die *Articuli Parisienses* sind auf diese Weise in ihrer Bedeutung weitgehend auf den französischen Raum begrenzt geblieben.

Die Ordensdisziplin der Zisterzienser war im frühen 15. Jahrhundert keineswegs allgemein schlecht[78]. Es gab Klöster und Regionen, in denen sich die Tradition des hochmittelalterlichen Ordenslebens ungebrochen erhalten hatte oder neu belebt worden war. Die Zisterzienser haben zwar immer von Reformen gesprochen, aber keine Reformbewegungen gebildet, wie sie bei den Benediktinern im Laufe des späten 14. und frühen 15. Jahrhunderts entstanden sind. Die Forschung spricht den Reformbemühungen der Ordensleitung ein Durchsetzungsvermögen ab, das dagegen bei der Basis und dazu noch an der Peripherie des Orden gesehen wird[79]. Es ist jedoch von der Forschung bislang keine ausreichende Aufarbeitung über den tatsächlichen Reformbedarf der Zisterzen im europäischen Rahmen vorgelegt worden. Bei vielen Feststellungen erhebt sich daher die Frage, ob nicht große Teile der Zisterzienser – und hier wohl größere als bei den anderen Orden – im Zustand einer weitgehend ungebrochenen Ordenstradition oder zumindest deren Weiterentwicklung gestanden haben.

Ein Beispiel sind hier die Niederlande. Das dort im frühen 15. Jahrhundert in der Entwicklung der Devotio moderna wichtige Erbauungsbuch der *Imitatio Christi*[80] hat auf die Klosterzucht der Zisterzienser lobend abgehoben (I c. 25). Tatsächlich wurden von Kloster Kamp am Niederrhein im 14. Jahrhundert nicht nur neue Zisterzen begründet, sondern unter Abt Wilhelm II. (1382–1402) hat auch der Reformer Gerhard Groote nach der vorliegenden Korrespondenz das Ordensleben in Kamp hoch eingeschätzt. Das Generalkapitel mußte sich 1413 mit einer Klage des Grafen von Namur über den Niedergang der Klosterzucht in einzelnen Abteien und seiner Forderung nach Reformen befassen. Moulins wurde 1414, Jardinet 1430, Boneffe 1461 und Rochefort 1464 reformiert. Abt Jean Eustache von Jardinet war dabei besonders aktiv. Er hat in Jardinet einen Konvent geformt, der an die Frühzeit des Ordens erinnerte. 1441 wurde er als Abt nach Nizelle berufen und vom Abt von Clairvaux mit Reformen in l'Olive-sur-l'Ermitage und Beaupré beauftragt. Er hat dabei im nordfranzösisch-niederländischen Raum refomatorische Entwicklungen in Igny, Palais-Notre-Dame, Saint Rémi und Villers angestoßen und über die Ordensgrenzen hinaus auch den Benediktinern in Gembloux, Lobbes und Saint-Martin de Tournai Rückhalt für Reformen geboten. Gleichzeitig hat Gilles de Roye, Abt von Royaumont in Dunes, eine Rückbesinnung auf Frömmigkeit und Wissenschaft bewirkt; Jean de Gesves, Mönch von Aulne, hat Valduc zur alten Ordenstradition zurückgebracht, das bald darauf Äbtissinnen nach La Cambre, Binderen, Val-St.-Bernard, Rothem, Florival und Bonnegen entsandte[81]. In Friesland wurde seit 1409 wiederholt vom Generalkapitel Abt Johann Boyng von Menterna († 1432/33) zum Visitator und Reformator bestellt. Er wurde 1422 sogar mit der Reform der Klöster in der gesamten Kirchenprovinz Köln betraut. Die Abteien Menterna, Aduard, Ihlow[82], Klaarkamp und Bloemkamp haben ebenso wie die Frauenklöster in Yesse, Assen und Nijenklooster die guten Ordenstraditionen durch seine Bemühungen wieder aufgenommen. Ein weiteres Zentrum entstand östlich dieser Entwicklung im münsterländischen Marienfeld unter Abt Hermann von Warendorf (1410–1443), der in Böhmen durch regeltreue Zisterzienser beeinflußt worden war.

Die Äbtissin Gertrud von Pottelis († 1472) hatte Byloke reformiert und Marie van Dale († 1438) hatte Muysen 38 Jahre lang in guter Klosterzucht geleitet. Daher wuchs der Konvent bis 1477 auch auf 64 Mitglieder. Neben diesen zahlreichen Zeugnissen eines blühenden Ordenslebens standen die für die Ordensgeschichte besonders interessanten Reformansätze um die erneuerten oder neugegründeten Männer- und Frauenklöster, die seit 1418 als *Colligatio Galilaeensis* der Klostervereinigung von Sibculo, Marienberg bei Ijsselstein und Marienhaven in Warmond zusammengeschlossen waren[83]. Marienberg war 1394/95 von Kamp aus besiedelt worden, Marienhaven nach mehreren Anläufen 1412 von Marienberg aus. Das Kloster Sibculo war 1406 von Brüdern des Gemeinsamen Lebens gegründet worden, hatte sich der Windesheimer Kongregation angeschlossen, beantragte 1412 aber die Aufnahme in den Zisterzienserorden, die das Generalkapitel vornahm[84]. Der Konvent wurde dem Abt von Cîteaux unterstellt und erhielt die Erlaubnis, sich alle drei Jahre einen Abt als Visitator auszusuchen. Dieses Recht mußte 1415 präzisiert werden. Abt Johann von Kamp gestattete im Auftrag des Generalkapitels die wechselseitige Visitation der drei Reformklöster. Die Klöster hatten nach dieser Regelung klar erkannt, daß sie ihre gleichgerichteten Interessen nur in gegenseitiger Förderung und außerhalb des traditionellen Filiationsverbandes durchsetzen konnten. Schon zwei Jahre später erbaten sie vom Generalkapitel, einer eigenen *regularis observantia* folgen zu dürfen.

Abt Johann VII. von Cîteaux (1405–1428) verglich die Reform von Sibculo 1417 mit den Ordenstraditionen des 12. Jahrhunderts und verlieh ihr damit höchstes Ansehen. Die Äbte Johann von Kamp, Hermann von Menterna und Johann Boyng von Ihlow billigten 1418 die Konstitutionen der drei Klöster, die 1423 nach einigen Änderungen nochmals bestätigt wurden. Das Anliegen der Reform war als erstes persönliche Armut und Anspruchslosigkeit der Mönche. Sie sollten durch Bescheidenheit in Speise und Kleidung, durch Handarbeit und durch den Verzicht auf Titel und Status einer Abtei zum Ausdruck kommen. Der Prior mußte sich nach dreijähriger Tätigkeit einer Wiederwahl stellen und ansonsten dem Konvents angleichen. Die Stellung der Profeßmönche wurde gegenüber dem Prior und den Laienbrüdern gestärkt, wobei die Zahl der letzteren vermindert und Pfründner überhaupt nicht mehr aufgenommen wurden. Die Brüder verpflichteten sich zur Annahme eines einheitlichen grauen Habits und zum Verzicht auf die Erlaubnis zum Klosterwechsel. Die sich als Kolligation, nicht als Kongregation bezeichnende Vereinigung hielt an der Oberhoheit von Generalabt und Generalkapitel fest. Die allgemeine Bewunderung ließ die *Colligatio* in den folgenden Jahrzehnten rasch wachsen[85]. Unter den Klöstern befand sich auch das 1448 von Simon Utenhove gegründete Kloster Marienhof in Waarnhoot bei Gent. Der Gründer wurde nach den Beispielen des 12. Jahrhunderts Konverse und seine Ehefrau trat bei den Zisterzienserinnen in Bylolze ein. Die sich hier im Orden langsam herausbildende neue Organisationsform sollte in Zukunft dessen Geschichte entscheidend mitbestimmen.

In den Königreichen auf der Iberischen Halbinsel waren die Zisterzen im 12./13 Jahrhundert von den Herrschern in hohem Maße gefördert worden. Die sich daraus ergebenden engen Bindungen wurden sehr früh sichtbar. Mit Ausnahme der zur Filiation von Cîteaux gehörigen Klöster Carracedo, Sotos Albos, Iranzu und Escarp gehörten die Zisterzen der Iberischen Halbinsel zu den Filiationen von Clairvaux und Morimond, wobei sich die Aufteilung deutlich an der bis 1230 bestehenden Grenze zwischen den Königreichen Leon und Kastilien orientierte[86]. Diese Zugehörigkeit der Klöster wurde vom Orden anerkannt. Das Generalkapitel erlaubte 1278 den Äbten von Alcobaça (Portugal), Sobrado (Galicien), Moreruela (Leon) und La Espina (Kastilien), stellvertretend für die Äbte der Iberischen Halbinsel die Vertreter auf dem Generalkapitel auszuwählen. Der Abt von Morimond, der im 14. Jahrhundert wiederholt zu Visitationen nach Spanien reiste, hat diese Tätigkeit dort auf den zu seiner Filiation gehörigen Orden von Calatrava beschränkt.

In der zweiten Hälfte des 14. Jahrhunderts haben sich die Verbindungen der Zisterzen zu den Herrscherhäusern und Ländern durch die dynastischen Kämpfe, die Pest und die Verwicklungen der Iberischen Halbinsel in den Hundertjährigen Krieg zwischen England und Frankreich und den sich daraus ergebenden wirtschaftlichen und politischen Schwierigkeiten negativ auf die Klosterzucht ausgewirkt. Manrique faßte sein Urteil über sie zu Beginn des 15. Jahrhunderts lapidar zusammen: *cuius tempore disciplina monastica in Hispania, ut in aliis provinciis, tepescente ne dicam dissoluta*[87]. Das Generalkapitel und eine Reihe von Klöstern haben sich aber trotzdem bemüht, an der traditionellen, guten Klosterzucht festzuhalten. Das Generalkapitel hat 1397 die Äbte von Valbuena (Kastilien), Carracedo (Leon) und Sobrado mit der Reform der Klöster *in regnis, dominiis et terris dominorum regum Castellae, Legionis, Galleciae et Portugalliae* beauftragt, wobei sie auch die Kontributionen für den Orden sammeln und die Äbte zwingen sollten, ihre Mönche in das Kolleg nach Paris oder in die anderen Kollegien zu entsenden.

Während des Großen Schismas entschied sich König Johann I. von Portugal im Unterschied zu den übrigen Königreichen der Halbinsel für Rom und ließ sich als Gegenleistung die Kirche seines Landes neu ordnen. Die bedeutendste Zisterze Portugals, Alcobaça, die mit 18 000 Livres nach der Taxation von 1320/21 allein fast 60% aller Einkünfte der Zisterzienserklöster des Landes gehabt hatte[88], wurde dabei für immer der Jurisdiktion der Abtei Clairvaux entzogen. Diese neue Eigenständigkeit der portugiesischen Zisterzen wurde dadurch bestätigt gesehen, daß in den 1397, 1400 und 1403 von den Generalkapiteln eingesetzten Reformkommissionen für die Zisterzen in Leon, Kastilien und Aragon Äbte der übrigen Länder der Halbinsel vertreten waren, aber keine portugiesischen[89]. Diesen waren während der Kämpfe des späten 14. Jahrhunderts widerrechtlich Güter entzogen worden. Auch Alcobaça und sein Abt João de Ornelas (1381–1413) waren in Auseinandersetzungen um Klostergüter verwickelt. Diese Vorgänge werden in der Forschung mit einer niedergehenden Klosterzucht zeitgleich verlaufend gesehen, wobei in Alcobaça der Verkauf der Abtswürde 1475 durch Nicolau Vieira gegen eine jährliche Rente trotz der Zustimmung der Kurie als Tiefpunkt angesehen wurde[90]. Der staatliche Einfluß auf die Zisterzen öffnete auch im Portugal des 15. Jahrhunderts dem klösterlichen Niedergang Tür und Tor. Im Kloster Tarouca zum Beispiel setzte der Kommendatarabt durch die von ihm festgelegten Zahlen von Profeßmönchen (20), Konversen (5) und Dienern (5) dem Klosterleben enge Grenzen.

Die Entwicklung in den anderen Königreichen war vergleichbar, doch scheint der Wunsch nach einem regeltreuen Klosterleben trotz der vielen gegenteiligen Überlieferungen vielfach nicht ganz erloschen zu sein. Alfons XI. hatte in Kastilien, dem bedeutendsten der spanischen Königreiche, während seiner selbständigen Regierungszeit (1325–1350) die Königsmacht gefestigt und den Kampf gegen die Mauren durch den Sieg am Salado 1340 endgültig entschieden. Er hat auch ein strenges Mönchsleben gefördert, wie die Gründung von Santa María de Guadalupe beweist. Neben dem König war an dieser Gründung ein Personenkreis beteiligt, der 1373 die Hieronymiten gründete[91]. Unter König Johann I. (1379–1390) wurden die Hieronymiten, Kartäuser und Benediktiner gefördert, um ein Gegengewicht gegen oppositionelle Kräfte im Adel zu schaffen. Von dem im Zuge dieser Maßnahmen gegründeten Benediktinerkloster San Benito de Valladolid ging eine Reformbewegung aus, die eine strengere Klausur, weitgehendes Schweigen, Bußübungen und eine intensive Tätigkeit im Skriptorium forderte. Diese Forderungen hatten die Zisterzienser von altersher erhoben. Der päpstliche Legat Pedro de Luna (später Papst Benedikt XIII.) hat auf der Synode von Palencia 1388 eine Reform des Klosterwesens gefordert, was aber nicht allein der auslösende Faktor für die Reformbewegung war, sondern nur bereits vorhandene Komponenten aufnahm. Als Papst hat er 1405 den Orden zu einem neuen Reformversuch bewogen. Dabei sollten die Äbte der gesamten Iberischen Halbinsel zusammenkommen wie zu einem eigenen Generalkapitel *(in unum conveniant tamquam ad Capitulum generale).* Der Abt von Cîteaux sollte Ort und Zeit bestimmen und er selbst oder einer der vier Primaräbte den Vorsitz führen und alles für einen Reformbeschluß regeln. Das Generalkapitel von 1417 übertrug die Reform der Iberischen Halbinsel und im südlichen Frankreich dem Abt von Morimond, der den spanischen Teil seines Gebietes ein Jahr später an den Abt von Poblet abtrat, der sein Gebiet wiederum unterteilte. Noch 1424 wurde ihm bestätigt, den Orden in Kastilien, Aragon, Portugal und Navarra zu reformieren[92]. Obwohl der Reformvorschlag von 1405 anscheinend nicht auf Dauer umgesetzt werden konnte, haben sich in der Vollmacht für den Abt von Poblet 1424 Einzelheiten des Beschlusses von 1405 erhalten. Es wurde ihm nämlich gestattet, die Äbte einzelner Königreiche oder Provinzen an von ihm bestimmten Orten zusammenzurufen, um über die Reform der Klöster zu beraten.

Poblet besaß in dieser Zeit eine außerordentlich strenge Klosterzucht. Der Abt hatte 1419 seinem Konvent gegen erheblichen Widerstand den Fleischgenuß vollkommen untersagt. Papst Martin V. hat diesen Schritt unterstützt, während der Abt von Cîteaux Poblet ermahnte, den Orden nicht zu spalten[93]. Diese harte, asketische Ausrichtung macht es verständlich, daß der aus Andalusien stammende Martin de Vargas um 1420 auf seiner Suche nach einem Konvent mit guter Klosterzucht in das Tochterkloster von Poblet, Piedra, eintrat. Er war zuerst bei den Eremiten des hl. Hieronymus eingetreten, dann an die Kurie gekommen und dort bis zum Beichtvater Papst Martins V. aufgestiegen. Nach seiner Rückkehr nach Spanien ist er in

Piedra eingetreten. Nach wenigen Jahren hatte er erkannt, daß bei den reich gewordenen Zisterzen kaum noch Reformen nützen würden. Daher ging er erneut nach Rom und ließ sich am 24. Oktober 1425 von Papst Martin V. in der Bulle *Pia supplicum vota* seine Pläne bewilligen. Martin von Vargas und seine Anhänger wollten ganz nach der Regel leben und zwar in Klöstern, in denen die Privilegien und Exemtionen des Ordens gelten und die ausschließlich dem Abt von Poblet unterstehen sollten. Die Bulle betonte, daß in Poblet die strenge Observanz Spaniens ihren Anfang genommen habe. Die Bulle erlaubte auch Mönchen anderer Klöster ausdrücklich, sich ohne weitere Genehmigung der strengen Regel in den künftigen Konventen des Martin von Vargas anzuschließen. Dieser wurde auch auf Lebenszeit als Leiter seines Konvents bestätigt, jedoch sollten seine Nachfolger künftig nur für jeweils fünf Jahre gewählt werden, wobei sie vom Abt von Poblet bestätigt werden mußten. Die Martin von Vargas und seinen Nachfolgern unterstehenden weiteren Konvente sollten nur von Prioren geleitet werden, die auf drei Jahre gewählt waren. Die Jurisdiktion über diese Häuser wurde vom Papst Martin von Vargas und seinen Nachfolgern gemeinsam mit dem Abt von Poblet übertragen, während die Priore allein von Martin von Vargas bestätigt werden sollten.

Papst Martin V. beauftragte die Äbte von Salas bei Burgos oder von San Benito in Valladolid, die Angaben Martins von Vargas zu prüfen und ihm, wenn alles stimmen würde, zu erlauben, zwei Einsiedeleien neu zu gründen oder bestehende Klöster nach rechtmäßiger Abtretung zu übernehmen. Der inzwischen zum Kardinalpriester erhobene Johannes von Salas hat Martin von Vargas am 7. Juni 1426 diese Erlaubnis ausgefertigt[94]. Bereits 1427 folgte in Mons Sion bei Toledo die Gründung des ersten Klosters. Die Forschung hat darauf hingewiesen[95], daß die Lage der Einsiedelei in unmittelbarer Nähe des Zentrums von Kastilien in einem gewissen Gegensatz zu der von der Ordensregel geforderten Abgeschiedenheit stand. Ähnliches ist für die enge Verbindung der Einsiedelei zu einem der höchsten Hofbeamten König Johanns II. festzustellen, der sich 1430 für Familie und Gesinde die Klosterkirche als Grablege aussuchte und drei Jahre später eine überaus reiche und ordensunübliche Stiftung an das Kloster machte. Dieser Eindruck hat sich in der Folgezeit weiter verstärkt, da den Mönchen seit 1437 eigene Zellen zustanden und ihnen 1498 vom Papst sogar erlaubt wurde, Fleisch zu essen.

Trotz dieser sehr bald auftretenden Inkongruenzen war die Reform erfolgreich. Bereits 1430 konnte sie mit der Zisterze Valbuena ihr zweites Kloster übernehmen. Dieses geschah aber durch die Vertreibung des bisherigen Abtes und dessen Ersatz durch Martin von Vargas auf nicht vollkommen gesetzmäßige Art[96]. Das Generalkapitel hat 1430 dem vertriebenen Abt von Valbuena die Visitation und Reform des Ordens sowie die Eintreibung der Kontribution des Ordens in Portugal übertragen und 1433 Martin von Vargas aufgefordert, das widerrechtlich eingenommene Valbuena an den Orden zurückzugeben. Papst Eugen IV. gab 1434 Martin von Vargas die Erlaubnis, zu den bereits bestehenden beiden Klöstern noch sechs weitere hinzuzugewinnen oder neu zu gründen. Dabei wurde die Stellung des Abtes von Poblet nochmals festgeschrieben. Papst Eugen IV. löste auf Bitten des Abtes Martin hin 1437 die Kongregation aus der Jurisdiktion des Klosters Poblet heraus und unterstellte sie dem Abt von Cîteaux. Die jetzt wieder als Äbte bezeichneten Priore, die auf drei Jahre gewählt waren, wurden von der Teilnahme am Generalkapitel befreit. Sie mußten jedoch an dem alle drei Jahre im Königreich Kastilien stattfindenden Provinzialkapitel teilnehmen, das seinerseits einen Vertreter zum Generalkapitel entsandte.

Die Stimmung im Orden gegenüber der Reform des Martin von Vargas war geteilt. Der Ordensprokurator erhob 1438 auf dem Generalkapitel Anklagen gegen Abt Martin. Er beschuldigte ihn, Abteien des Ordens widerrechtlich besetzt und in seiner bisherigen Zusammengehörigkeit geteilt zu haben. Er wies dazu auf das Abt Martin von Eugen IV. gewährte Provinzialkapitel für Kastilien und Leon hin. Abt Martin wurde auch beschuldigt, Äbte mit Gewalt in sein Kapitel zu zwingen. Der Ordensprokurator unterstellte ihm dabei, aus Ehrgeiz und nicht aus Frömmigkeit zu handeln.

Das Generalkapitel folgte dieser, die Einheit des Ordens verteidigenden Stimme nicht, sondern unter Berufung auf Papst Eugen IV. bestätigte es die Kongregation und erlaubte, daß in Kastilien jährlich eine *communis congregatio* aller Äbte und Prokuratoren der Klöster in Kastilien, Leon, Galicien, Valencia und Portugal stattfinden konnte. Das Fernbleiben sollte in gleicher Weise wie beim Generalkapitel bestraft werden. Ein Abt sollte in geheimer Wahl auf ein Jahr zum *praesidens* gewählt werden, worauf eine Wiederwahl erst nach drei Jahren möglich war. Der *praesidens* sollte durch sechs Räte *(consiliarii)* unterstützt werden, die aus der Mitte der Versammlung zu wählen waren. Darüber hinaus mußte die Kongregation jährlich einen Abt und einen Prokurator zum Generalkapitel entsenden. Das Generalkapitel 1439 erlaubte den Äbten der Königreiche Aragon und Navarra eine ähnliche Zusammenkunft. Doch wurde dabei bekräftigt, daß diese in einigen Provinzen des Ordens üblichen Treffen der Äbte nur gültige Beschlüsse fassen konnten, wenn diese auf dem Generalkapitel vorgetragen und bestätigt wurden. Das Generalkapitel hat noch im gleichen Jahr diesen Beschluß aufgehoben und ebenso auch die Erlaubnis des Vorjahres für Martin von Vargas und diesen sogar exkommuniziert. In der Folge wurde er bis zu seinem Tode (1446) wiederholt von Zisterziensern eingekerkert. Als Grund wird die spätere Überlieferung erwähnt, nach der die kastilische Kongregation dem Abt von Cîteaux konsequent den Zutritt zu ihren Klöstern verwehrt habe. Das Generalkapitel hat mit seinen harten Beschlüssen gegen Martin von Vargas vielleicht tatsächlich auf eine hinhaltende Taktik desselben in der Visitationsfrage reagiert, vorrangig ging es aber um die Bewahrung der Einheit des Ordens. Ein erster Schritt dazu war die Unterstellung der Reformklöster Martins von Vargas unter Cîteaux anstatt Poblets. Die entgegenkommende Haltung des Generalkapitels gegenüber der Reform ging wohl auf äußere Verhältnisse und vielleicht politische Rücksichtnahmen zurück.

Nachdem das Generalkapitel das Kloster Mons Sion 1439 aus dem Orden ausgeschlossen hatte, findet sich erst wieder auf dem Generalkapitel 1480 ein Hinweis auf eine eigenständige Entwicklung auf der Iberischen Halbinsel. Dabei wurde berichtet, daß sich die Äbte von Kastilien, Aragon und Navarra, der benachbarten Länder und der Calatravaorden bemühten, ein eigenes Generalkapitel abzuhalten und sich aus der Jurisdiktion des Ordens zu lösen[97]. Das Generalkapitel von 1487 hat dieser Entwicklung Rechnung getragen und diese *congregationes* der Äbte in den einzelnen Königreichen begrüßt. Der Visitator wurde sogar ausdrücklich beauftragt, diese *congregationes* selbst einzuberufen und unter seinem Vorsitz abzuhalten. Als 1491 Abt Petrus von Clairvaux im Auftrag des Generalkapitels nach Spanien kam, um auf Bitten König Ferdinands zu visitieren, wurde er auf Betreiben der Mönche von Mons Sion exkommuniziert. Nach längeren Auseinandersetzungen begannen im Februar 1493 daraufhin in Valladolid Verhandlungen zwischen dem Orden und dem Konvent von Mons Sion, der die zu seiner Reformbewegung gehörige Zahl von Klöstern von zwei im Jahr 1481 auf sechs 1493 gesteigert hatte. Der Visitator war am Ende der Verhandlungen bereit, die Organisationsform der Reformbewegung anzuerkennen, während diese im Gegenzug neben dem Abt von Cîteaux auch einen Visitator aus dem Kreis der vier Primaräbte akzeptierte. Das Generalkapitel und die Reformbewegung haben diesen Vertrag noch im gleichen Jahr anerkannt. Die Reformbewegung konnte sich den folgenden Jahren noch weiter ausdehnen. Das dürfte dazu beigetragen haben, daß das Generalkapitel diese schon 1497 wieder negativ sah, zumal sich die spanischen Könige ihrer annahmen und dabei Visitatoren ihrer Vorstellung ohne Rücksicht auf den Orden ernannten. König Ferdinand hat 1513 zur Reform der Zisterzen in seinem Reich eine Person seiner Wahl berufen, was von Orden und Klöstern ohne Widerspruch hingenommen wurde. Die latenten Auseinandersetzungen zwischen dem Orden und der Reformkongregation von Mons Sion konnten das Wachstum letzterer bis 1515 auf 22 Klöster nicht aufhalten, vielleicht haben sie dieses sogar indirekt gefördert. Schon 1501 hatten die Äbte aus Kastilien und Aragon das Generalkapitel gebeten, jährliche Provinzialkapitel zur Reform der Klöster unter Beachtung der Statuten des Ordens und dessen Einheit abhalten zu dürfen. Das Generalkapitel hat den Antrag gelobt und gleichzeitig aufgeschoben, indem es die Antragsteller beauftragte, in ihren Reihen ein Meinungsbild über diese Provinzialkapitel herzustellen[98]. Die Entwicklung ging über dieses Zaudern hinweg, wie die Reformabsicht des Königs von 1513 und das rasche Wachstum der Reformbewegung von Mons Sion beweisen. Das Generalkapitel sah sich 1515 durch diese Entwicklung zu einem neuen Ausgleichsangebot gezwungen: Anerkennung der Kongregation und Ernennung des Reformators auf drei Jahre zum Kollektor der Kontributionen und Visitator in Kastilien, Leon und Galicien. Die Kongregation sollte sich dagegen auf ihren bis 1515 erreichten Umfang beschränken und die übrigen Zisterzen bei ihren bisherigen Gewohnheiten belassen. Obwohl auch diese Regelung nur kurze Zeit bestehen blieb, war sie durch die Ernennung des Reformators zum Visitator ein entscheidender Schritt zur weiteren Entwicklung und Anerkennung der Kongregationen im Orden und ist damit ein entscheidender Einschnitt zu einer neuen Epoche der Ordensgeschichte.

Die Veränderungen im Orden waren in den meisten Ländern Europas nicht so weitgehend wie in den Niederlanden oder auf der Iberischen Halbinsel. Doch kam auch dort schon im Laufe des 14. Jahrhunderts Gegensätzliches zum Ausdruck. Ein Beispiel bietet Skandinavien: Abt Jakob von Esrom bat das Generalkapitel 1347, dem Abt seines Tochterklosters Eldena den Verkauf von Grundbesitz zu gestatten[99]. Dieser Vorgang und ebenso, daß die Zisterzen Eldena und Kolbatz 1403 der skandinavischen Jurisdiktion unterstanden, beweisen, daß die seit altersher vorhandenen Beziehungen zwischen Mutter- und Tochterklöstern zu dieser Zeit noch bestanden. Dagegen weigerten sich aber schon 1352 die Äbte von Tvis und Løgum, ihren Anteil an den Kontributionen für Cîteaux an den Abt von Essen als Kollektor abzuführen[100]. Das daraufhin über die Äbte verhängte Verbot, Messe zu lesen, wurde von ihnen mißachtet und ebenso die Absetzung durch den Abt von Herrevad. Eine definitive Lösung durch die Ordenszentrale unterblieb aber oder konnte nicht durchgesetzt werden. Abt Thomas von Løgum war sogar 1356 auf dem Generalkapitel Definitor. Damit wurden partikulare Interessen den zentralen gleichgesetzt, wenn nicht sogar vorangestellt. Nachweislich hatte Løgum 1347 und Tvis 1339, 1343 und 1347 Zahlungen geleistet[101]. Insgesamt gesehen waren aber um die Mitte des 14. Jahrhunderts die Zahlungen der Kontributionen aus den drei skandinavischen Reichen in Ordnung.

Wenn auch im späten 14. und 15. Jahrhundert nur das Kloster Gudsberga 1486 neu gegründet wurde, war der Orden am Entstehen des Brigittenordens entscheidend beteiligt. Die hl. Brigitta hat nach dem Tode ihres Ehemanns Ulf Gudmarson von 1344–1349 in Alvastra gelebt. Dieser Verstoß gegen die Statuten des Ordens wurde sogar in ihrer Kanonisation besonders hervorgehoben[102]. Da gerade in dieser Zeit die Regula Sancti Salvatoris als Grundlage des neuen Ordens konzipiert wurde[103], läßt sich zwar von einer Abweichung von den Ordensstatuten reden, keineswegs aber von einem Rückgang der Ordenszucht. Die Gründung Brigittas in Vadstena war nur etwa

20 km von Alvastra entfernt und dessen Prior Peter Olafson hat für die hl. Brigitta und ihre Ordensgründung eine herausragende Bedeutung gehabt.

Die drei skandinavischen Königreiche haben sich im Großen Schisma Rom angeschlossen. Papst Urban VI. hatte den Zisterzen seiner Oboedienz die Bindung an Cîteaux untersagt. Die skandinavischen Abteien brachen ihre Verbindungen zu den Mutterhäusern in Burgund aber nicht sofort ab. Das Generalkapitel 1379 ernannte den Mönch Leonard von Clairvaux zum Kollektor in Dänemark, Schweden und Norwegen. Nachweislich erhielt er von dem schwedischen Zisterzienserinnenkloster Vårfruberga eine Zahlung von 8 fl[104]. Der ebenfalls 1379 zum Kollektor und Visitator in den drei Königreichen ernannte Johann von Chasignolle, Mönch von Clairvaux, geriet in Auseinandersetzungen mit Matthäus Knopp, Abt von Alvastra (1379–1381), als ihm dieser nicht nur die Zahlung verweigerte, sondern ihn auch aus Alvastra vertrieb. Diese eindeutige Verletzung der Ordenstatuten führte zu einem Schreiben von Abt Stephan von Clairvaux an die Äbte von Esrom und Varnhem mit dem Auftrag, eine Untersuchung gegen den Abt von Alvastra einzuleiten und ihn gegebenenfalls zu bestrafen. In derselben Zeit teilte der Abt von Clairvaux auch einer Reihe von Äbten, darunter denen von Nydala und Alvastra sowie Tautra, Hovedøya und Lyse in Norwegen mit, daß er Abt Peter von Esrom für ein Jahr zu seinem *commissarius* ernannt habe. In diesem Amt konnte er visitieren, Verbesserungen aussprechen, Äbte absetzen, Neuwahlen vornehmen oder bei Doppelwahlen einen neuen Abt seiner Wahl einsetzen. Tatsächlich kamen die Äbte von Esrom und Varnhem im April 1381 nach Alvastra und haben dort Abt Matthäus abgesetzt, als die gegen ihn durchgeführte Untersuchung seine Schuld nachwies.

Erst ab 1382 scheint die Verbindung der skandinavischen Zisterzen zu Rom hergestellt worden zu sein. Urban VI. bestätigte 1382 Esrom die von seinen Vorgängern verliehenen Privilegien, was Bonifatius IX. 1391 und 1403 wiederholte. Papst Urban VI. beauftragte 1383 den Abt von Esrom, Subsidien in den skandinavischen Reichen, in Schottland, Russland und Pommern einzusammeln[105]. Das in Wien abgehaltene Generalkapitel der römischen Oboedienz setzte unter anderem den Abt von Dargun als Kollektor in den drei nordischen

Reichen und im Nordosten Deutschlands ein. Der Abt von Alvastra hat 1398 Kloster Julita und die Zisterzienserinnenklöster Askeby, Sko, Vårfruberga und Vreta über die Statuten informiert, die er vom Generalkapitel der römischen Oboedienz in Heilsbronn erhalten hatte. Papst Bonifatius IX. ernannte 1403 die Äbte von Esrom und Sorø zu Generalvikaren des Ordens in den nordischen Königreichen, da es für den amtierenden Generalvikar, Abt Castiel von Brondolo, zu schwierig war, im Norden seine Pflichten zu erfüllen. Königin Margaretha hat diese Ernennung im gleichen Jahr bestätigt. Ob die beiden Äbte in den folgenden Jahren von der Erlaubnis des Papstes, Provinzialkapitel abzuhalten, Gebrauch gemacht haben, läßt sich nicht feststellen.

Auf dem Generalkapitel 1409, das dem Einigungsversuch der Kirche auf dem Konzil von Pisa folgte und im Orden bereits das Schisma überwand, wurde der Abt von Doberan zum Kollektor in den drei skandinavischen Reichen, Pommern und Preußen berufen[106]. Obwohl Skandinavien seit über einem Jahrzehnt in der Kalmaver Union vereinigt war, scheint sich die umfassende Aufgabe für den Kollektor nicht bewährt zu haben, denn schon das Generalkapitel von 1410 ernannte den Abt von Sorø zum Kollektor für Dänemark und Norwegen und den Abt von Alvastra zum Kollektor für Schweden[107]. Damit wurde die durch das Schisma entstandene regionale Aufgliederung des Ordens[108] gegenüber der überlieferten nach Filiationen beibehalten und gestärkt. Die Erlaubnis des Generalkapitels 1412 für die Äbte Skandinaviens, einen aus ihrer Mitte als Vertreter nach Cîteaux entsenden zu dürfen, hat diese Aufgliederung weiter gefestigt. Die durch dasselbe Generalkapitel vorgenommene Ernennung des Abtes von Sorø zum Reformator in Skandinavien und den benachbarten Gebieten für sieben Jahre[109] war ebenfalls zugunsten dieser neuen Aufgliederung. Die 1419 folgende Ernennung des Abts von Esrom zum Reformator, dem 1423 der von Doberan und 1425 wieder der von Sorø folgte, führte weiter in diese Richtung. Auch der Auftrag des Abtes von Doberan 1439 und 1449, die Äbte der drei skandinavischen Reiche zu bewegen, Mönche in das Studienhaus nach Rostock zu senden, hat diese Tendenz unterstützt. Zwar hatte der Abt von Clairvaux 1434 und 1443 nochmals den Auftrag des Generalkapitels erhalten, seine Tochterklöster in Dänemark und

Schweden zu visitieren, doch war dieser Auftrag regional begrenzt. Auch als 1451 die Äbte von Esrom und Sorø ihrer Aufgabe wegen angeblicher Pflichtverletzungen entbunden wurden, wurden die Äbte von Øm und Reinfeld für den skandinavischen Raum beauftragt und nicht die alte Struktur der Filiationen wiederhergestellt. Mit der Ernennung des Abtes von Ås 1462 als Visitator, Reformator und Kollektor wurde die Entwicklung weiter vertieft. Im späteren Verlauf des 15. Jahrhunderts erscheinen wieder die Äbte von Esrom und Sorø in diesem Amt. Die Forschung hat zu Recht darauf hingewiesen, daß kein norwegischer oder schwedischer Abt in diesem Amt erschien[110]. Die Erfahrung in diesem Amt dürfte den Ausschlag für die Ernennung gegeben haben. Wie der Streit zwischen den Äbten von Esrom und Sorø mit den anderen skandinavischen Äbten 1482 beweist, den die Äbte von Doberan und Reinfeld schlichten mußten[111], hat das Amt vermutlich diplomatische Fähigkeiten und Erfahrungen gefordert, die die lange Praxis mit sich gebracht hatten.

Obwohl die Verbindung der Klöster des Ordens in Schweden und Norwegen zu Cîteaux im Laufe des 15. Jahrhunderts lockerer geworden zu sein scheint, ist eine Veränderung der Ordensdisziplin in einem die Existenz der Klöster gefährdenden Maße nicht feststellbar. Auch die wirtschaftliche Lage der skandinavischen Abteien scheint sich im Laufe des 15. Jahrhunderts wieder gebessert zu habe. Das Generalkapitel hatte 1412 sechs dänischen und zwei schwedischen Abteien (Sorø, Esrom, Ås, Herrevad, Knardrup, Vitskøl, Varnhem, Nydala) ihre geschuldeten Kontributionen erlassen[112]. Später haben die Abteien diese wieder bezahlt. Als sich 1489 eine Reihe von Äbten weigerte, die Kontributionen zu erlegen, ist dieses offenbar eher im Zuge der sich vertiefenden regionalen Abgrenzung innerhalb des Ordens als aus wirtschaftlichen Schwierigkeiten der einzelnen Abteien geschehen[113]. Am Übergang vom 15. zum 16. Jahrhundert läßt sich feststellen, daß sich in Skandinavien keine Reformbewegung wie in den Niederlanden oder in Spanien gebildet hatte, doch waren die Abteien immer wieder visitiert worden und haben sich zu keiner Zeit in einem Zustand bar jeder Ordenszucht befunden.

Ähnliches gilt auch für die Zisterzen des angelsächsisch-irischen Bereichs. Sie waren bereits im frühen 14. Jahrhundert durch das Vorgehen der englischen Könige von ihren alten Bindungen an den

Orden abgeschnitten worden. Deshalb waren sie wesentlich früher als andere Gebiete des Ordens gezwungen, sich in einer regionalen Abgrenzung zu orientieren. Die Auswirkungen der Pest und das Große Schisma haben sie dann ebenfalls betroffen[114], wozu weitere, zusätzliche Belastungen hinzukamen, wie Brände und Bedrückungen durch Adelige oder königliche Beamte. Die Notwendigkeit von Provinzialkapiteln des Ordens in England mit päpstlicher Erlaubnis wurde lange diskutiert. In den Abteien Beaulieu, Fountains, Meaux und Dore kam es um 1400 zu Doppelwahlen von Äbten und den sich daraus ergebenden Auseinandersetzungen. Das Klosterleben fand aber auch in diesen schwierigen Zeiten seine Fortsetzung. Zwar wurde 1352 die Anweisung des Generalkapitels, Abt Llewlyn von Strata Florida und den Abt von Cwmhir bzw. Strata Marcella abzusetzen, wegen der von ihm nicht erlaubten Transferierung des letztgenannten Abtes von der einen zur anderen Abtei, nicht befolgt, doch wurden in der gesamten zweiten Hälfte des 14. Jahrhunderts weiterhin Mönche von den Bischöfen geweiht und die Äbte wiederholt vom Papst oder König zu besonderen Aufgaben herangezogen[115]. Bei einigen Abteien wurden die Beziehungen zu adeligen Familien enger als diese vorher gewesen waren, doch haben sich ähnliche Vorgänge auch in Frankreich sogar bei den Primarabteien gezeigt. Der Adel in der Nähe von Abteien scheint für diese in dem von zahlreichen Fehden erfüllten Zeitalter ein gewisser Schutz gewesen zu sein.

Erst die kriegerischen Auseinandersetzungen haben die Wirtschaft und die Klosterdisziplin entscheidend getroffen, wie sich während des Aufstands von Owain Glyn Dŵr in Wales zeigte[116]. Wie in den Kämpfen in Frankreich wurden Klöster wie Strata Florida eingenommen und über lange Zeit besetzt. Konvente, wie der der Abtei Basingwerk, sind in dieser Zeit vermutlich aus ihrem Kloster auf andere Güter ausgewichen. Wenn auch die Nachricht über die Mönche von Margam, sie wären wie Vagabunden (1412), übertrieben sein mag, so haben doch die Klöster erhebliche Schäden in ihrer Bausubstanz hinnehmen müssen[117]. Die weiteren Auseinandersetzungen in England und Wales haben die Zisterzen in ihrer Entwicklung in großem Maße geschädigt, wobei sich verschiedene Höhepunkte finden. In den walisischen Zisterzen kamen zwischen 1430 und 1450 noch Mißwirtschaft und Auseinandersetzungen um die Abtsstühle hinzu. Die in der Zeit um 1400 herangewachsene Mönchsgeneration war anscheinend durch die Notlage ihrer Zeit der Ordensdisziplin weiter entfremdet worden. Die dazu auf die Klöster von außen einwirkenden Ereignisse, wie zum Beispiel die Besetzung und Plünderung von Strata Florida 1428 durch John ap Rhys waren sicher nicht geeignet, ein geordnetes, satzungsgemäßes Mönchsleben zu fördern. Ein Beispiel dafür ist Abt Henry Wirral in der walisischen Zisterze Basingwerk. Als er 1399 als junger Mönch erstmals erwähnt wurde, war er vom Orden abgefallen. Um 1430 wurde er Abt und hat sein Kloster in sehr negativer Weise bis 1454 geleitet[118]. Wie sollte ein junger Mönch, der keine Ordensdisziplin gelernt hatte, diese dann als Abt durchsetzen und einhalten?

Das Generalkapitel wurde 1466 angerufen, die Doppelwahl im Kloster Basingwerk zu entscheiden. Der dabei gewählte Abt hat sich in seiner Tätigkeit von Abt Henry Wirral überaus positiv abgehoben. In den Zisterzen Neath und Margam hatten schon vor der Mitte des Jahrhunderts Reformen begonnen, die Abt Thomas Franklin 1443 auch als Visitator in Strata Florida wirken ließen. Hier und in Valle Crucis haben tüchtige und regeltreue Äbte regiert[119]. Ihr Wirken läßt trotz der geringfügigen Überlieferung zur Geschichte der einzelnen Abteien den Schluß zu, daß sich um die Jahrhundertmitte trotz der in Einzelfällen nachweisbaren Kindern von Äbten die Ordensdisziplin festigte.

Die im letzten Viertel des Jahrhunderts nachweisbaren Visitationen der englischen und walisischen Zisterzen[120] beweisen, daß der Orden zumindest in diesem Bereich auf die alten Regeln zurückgriff. Das Kommendenwesen mit seinen negativen Auswirkungen hatte in geringem Umfang auch auf die sich im Spätmittelalter mehr und mehr den Benediktinern angleichenden Konvente übergegriffen. Die sich bis zum Beginn der Tudorzeit (1486) noch weiter festigende Ordensdisziplin benötigte jedoch auch in der Folgezeit bis zur Aufhebung im 16. Jahrhundert weitere Reformbemühungen.

Die Situation der irischen Konvente war am Ende des 15. Jahrhunderts erheblich schlechter als die der englischen und walisischen. Die auf der Insel nachweisbaren Kämpfe hatten die Klöster zwischen dem 13. und 15. Jahrhundert erheblich mitgenommen. Eine Reihe von ihnen war zerstört oder zumindest geplündert worden. Ein

Beschluß des Generalkapitels von 1357 beweist, daß das System der ordnungsgemäßen Visitation der Klöster nach den Bestimmungen des Ordens nicht mehr bestand[121]. Auch aus den folgenden Jahrzehnten sind weitere Brandschatzungen und Plünderungen von Zisterzen überliefert. Die bereits im frühen 13. Jahrhundert bedenkliche Situation der Ordensdisziplin hatte sich durch diese äußeren Vorgänge nicht gebessert, wie der Beschluß des Generalkapitels von 1357 und ein Bericht von John Troy, Abt von Mellifont, etwa 1497/98 an Abt Johann von Cîteaux beweisen. Aus diesem Bericht geht hervor, daß zumindest ein Jahrhundert lang Visitationen weitgehend unterblieben und viele Klöster in die Hand der Rebellen gefallen waren. Neben den Kämpfen auf der Insel führte Abt Troy das System der Provisionen und Kommenden des Hl. Stuhls an, ferner die Unterdrückung der Klöster durch den Adel und die Abgaben an die Kommendataräbte oder deren Gegner. Allein in Mellifont und in St. Maria bei Dublin wurde noch das *divinum officium* in geordneter Form begangen und der Ordenshabit getragen. Der Abt beschrieb dabei eindrücklich die Schwierigkeiten der Visitation aus eigener Anschauung, wenn sich die Kommendataräbte unterstützt durch Bewaffnete mit Steinen, Pfeilen u. ä. wehrten.

Stephan von Lexington hatte bereits 1228 ein Äbtekapitel nach Dublin und bald darauf nach Tintern einberufen, um die besondere Situation in Irland zu diskutieren[122]. Das Generalkapitel hat 1248 den Äbten von Mellifont, Dublin und Duiske gestattet, die irischen Äbte zusammenzurufen, so oft sie dieses für erforderlich hielten, was 1357 nochmals bestätigt wurde. Ein päpstliches Mandat gestattete es 1402 wiederum. 1411 ist ein solches Äbtekapitel nachgewiesen und ebenso 1468 in Kilkenny und 1496 in Skreen. Bei letzterem fehlten die Zisterzen aus Munster und Ulster, Connacht und dem Gebiet des Earl of Desmond. Das zur Reform zusammengerufene Kapitel zeigte damit den organisatorischen Rückgang des Ordens in Irland.

Die wirtschaftliche Lage der irischen Konvente hat sich im Laufe der zweiten Hälfte des 15. Jahrhunderts grundlegend gebessert. Die Einkünfte der Abtei Inishlounaght stiegen von 40 (1439) auf 80 Mark (1492), die von Holy Cross von 20 (1448) auf 50 Mark (1492), die von Kilcooly von 16 (1450) auf immerhin noch 20 Mark (1498) und die von Hore von 24 (1459) auf 25 Mark (1486). Dadurch wurden zum

Ende des 15. Jahrhunderts auch in Irland die Reformabsichten gestärkt.

In dem am südöstlichen Rand Europas gelegenen Ungarn war die Situation der Zisterzen mit der der irischen vergleichbar. Die relativ spät gegründeten Zisterzen wurden durch den Mongoleneinfall von 1241 in hohem Maße geschädigt. Die Abteien Kerz, Egres, Bélháromkut, Zips, Pilis und Cikádor wurden geplündert und dadurch vermutlich für ihre weitere Entwicklung entscheidend geschädigt. Die Statuten der Generalkapitel weisen 1274 und 1288 Beschlüsse zur Visitation der ungarischen Abteien auf[123], schweigen aber von 1295 bis 1411 über Ungarn vollständig. Es ist für die Visitationen aufschlußreich, daß solche trotz dieses Schweigens der Statuten teilweise erfolgt sind. Seyfried von Waldstein, Abt von Rein, hat 1356/57 im Auftrag des Generalkapitels die ungarischen Zisterzen visitiert, was nur aus seinem Bericht an König Ludwig I. bekannt ist[124]. Er hat in Pilis, Zips, Pétervárad und Cikádor für eine sofortige Anhebung der Mönchszahlen in den Konventen auf 12 gesorgt, wobei er für Pilis und Zips anordnete, die Konvente später auf 24 Mönche zu vergrößern. In Kerz lebten neben dem Abt 13 Mönche, während die übrigen Abteien alle weniger als 12 Mönche besaßen. Die im Bericht des Reiner Abtes nicht erwähnten Klöster Sankt Gotthard und Marienberg sind vermutlich von ihren Vateräbten visitiert worden. Die Größe der Konvente zeigt die Gesamtsituation des Ordens im Lande deutlich. Der Abt von Rein wurde 1411 erneut beauftragt, die ungarischen Klöster zu visitieren und zu reformieren. Derselbe Auftrag wurde 1422 an den Abt von Pilis, 1439 an den Abt von Heiligenkreuz und 1471 an die Äbte von Pilis und Marienberg vergeben[125]. Daraus ergibt sich, daß der Orden auch für Ungarn auf ein regeltreues Leben Wert legte. Es hat in den ungarischen Zisterzen nach wie vor an Mönchen gefehlt, denn König Matthias Corvinus wandte sich 1478 an das Generalkapitel und bat um Mönche aus dem Ausland, um die Konvente zu vergrößern. Auf Grund dieser Bitte erhielten 1480 sieben ungarische Zisterzen neue Äbte und Mönche aus deutschen Konventen[126]. Nach dem Beispiel der Abtei Kerz in Siebenbürgen haben im 15. Jahrhundert die Kriege mit ihren Plünderungen und Zerstörungen neben der Mißwirtschaft in den Konventen entscheidend dazu beigetragen, daß die ungarischen Zisterzen weiter verfielen. Die Visitationen und das Vorgehen von König Matthias haben diese Entwicklung nur kurzzeitig aufgehalten[127]. Der Verfall der Klöster wurde so stark, daß bereits vor der Eroberung des Landes durch die Türken 1526 sechs Zisterzen verschwunden waren[128].

In Böhmen und Mähren haben die Grundherrschaften der Zisterzen bereits im zweiten Viertel des 14. Jahrhunderts ihre größte Ausdehnung erreicht. Schon bald darauf, etwa seit der Mitte des Jahrhunderts, begann für die Zisterzen mit individuellen Unterschieden eine Zeit der wirtschaftlichen Stagnation und des Niedergangs[129]. Die Forschung sieht die Ursachen dafür im Zerfall der alten Strukturen in Wirtschaft und Verwaltung, wobei sie jedoch die Auswirkung der Pest über Jahrzehnte hinweg kaum beachtet hat. Die böhmischen und mährischen Zisterzen haben durch diese Entwicklung in einer Zeit einen wirtschaftlichen Rückgang erlebt, die im allgemeinen für geistliche Institutionen als günstig angesehen wird, zumal auch Kriege und äußere Belastungen, wie Fehden, fehlten. Die Klöster haben ihren wirtschaftlichen Tiefstand in der Zeit des Konstanzer Konzils erreicht[130].

Karl IV. hat sich nach der Gründung der Universität Prag 1348 um den Zuzug von Professoren und Studenten bemüht. Das Generalkapitel hat 1350 die Errichtung eines Studienkollegs in Prag beschlossen, das dem Abt von Königsaal unterstellt wurde[131]. Das Kolleg begann jedoch erst nach der Schenkung eines Hauses und der Tätigkeit des Magisters Konrad von Ebrach († 1399) ab 1376 zu blühen. Dieses läßt ebenso wie die Predigten des Zisterziensers Johann von Stekna 1373–1405 für einen reformierten Klerus und das Verhalten der Zisterzienser in der Verfolgung der Hussitenzeit auf eine relativ gute Ordensdisziplin schließen. Auch die vom Papst 1379 an den Abt von Welehrad und 1402 an den von Hohenfurt verliehenen Pontifikalien lassen sich ebenso wie die nachweisbaren Gebetsverbrüderungen einzelner Zisterzen mit anderen Klöstern 1371, 1377, 1397 und 1413 als Ausdruck der *devotio moderna* und Zeichen für eine gute Ordensdisziplin verstehen[132]. Die Nachricht, daß auf dem Generalkapitel 1409 die Meinung bestand, die Klöster in Deutschland, Böhmen, Mähren, Polen, Flandern und den angrenzenden Ländern seien reformbedürftig, kann somit nur als allgemeine Berichterstattung aufgefaßt werden.

Die Hussiten wandten sich sofort nach Beginn ihres Aufstandes gegen die Klöster und zerstörten 1420 die Abteien Mönchgrätz, Nepomuk, Königsaal und Goldenkron, 1421 die Abteien Ossegg, Skalitz, Zleben, Welehrad, Chotusitz und Sedletz[133]. Die Mönche vom Plass wurden mit ihrem Abt getötet und die Mönche in Königsaal und Goldenkron nach der Einnahme ihrer Klöster erschlagen. In den folgenden Jahren haben die Hussiten Schlesien, die Lausitz und die angrenzenden deutschen Gebiete verheert und dabei insbesondere die Klöster, unter ihnen auch die Zisterzen, bedroht, geschädigt und teilweise zerstört[134]. Bei ihren Zügen sind sie 1433 bis nach Oliva bei Danzig vorgestoßen.

Die Klöster Nepomuk, Mönchgrätz, Heiligenfeld und Sezemice haben sich von den Zerstörungen nicht mehr erholt und sind nicht wieder besiedelt worden. Die Konvente von Hohenfurt und Goldenkron haben sich nach Krummau bzw. nach Krems geflüchtet, von Königsaal waren Mönche nach Altzelle geflohen und von Nepomuk nach Ebrach. Über Jahre hinweg standen die böhmischen Abteien leer. Goldenkron wurde 1437, Plass 1438, Sedletz und Tischnowitz 1454 und Saar sogar noch etwas später erneut besiedelt. Der Abt von Saar erhielt 1462 die Pontifikalien, was sicher als eine Maßnahme im Rahmen der Wiederherstellung gedacht war. Die Güter der zerstörten Abtei Skalitz fielen 1481 an die Abtei Sedletz, was seit 1553 auch im Titel des Abtes zum Ausdruck kam.

Die Bedrohung der Hussitenzeit hat neben den wirtschaftlichen Schwierigkeiten des späten 14. und vor allem 15. Jahrhunderts in vielen Zisterzen des an Böhmen im Norden angrenzenden deutschen Gebietes zu Auflösungserscheinungen der Klosterzucht geführt. Doch haben sich gerade in diesen Raum beispielsweise in Lehnin, Zinna, Himmelpforte und Chorin Äbte bemüht, die Klosterzucht und die wirtschaftlichen Verhältnisse ihrer Abteien in guten Zustand zu bringen. Im böhmischen Raum weisen auch die Gebetsverbrüderungen der Zisterzen Goldenkron und Hohenfurt auf gute Ordenszucht hin. Der Orden hat sich im 15. Jahrhundert bemüht, im deutsch-böhmischen Raum durch Reformen zur alten Ordensdisziplin zurückzukehren. Die Äbte von Morimond und Clairvaux sind 1426 in Altzelle, Marienrode und Dobrilugk gewesen und haben die Klöster visitiert. Ihre Visitationsreise hat sicher noch weitere Klöster erfaßt. Der Abt von Morimond war 1430 neuerlich als Reformator im norddeutschen Raum tätig. Die Äbte von Maulbronn, Heilsbronn und Heiligkreuz waren 1439 ebenfalls mit Reformaufgaben betreut. Der Abt von Morimond läßt sich 1447, 1451, 1453, 1466 und 1482 als Reformator und Visitator in deutschen Abteien nachweisen. Der Abt von Cîteaux hat 1483 von Friesland kommend die Abteien in Hessen, Sachsen und Thüringen visitiert. Die immer wieder in der Literatur angeprangerten Zustände in einzelnen Abteien erscheinen bei genauer Betrachtung somit eher als eine Folge der Berichterstattung zugunsten der Reformmaßnahmen denn als Anzeichen tatsächlichen Verfalls.

Die Belastungen der Hussitenzeit haben ebenfalls das Entstehen der Provinzialkapitel gefördert. Seit dem zweiten Viertel des 15. Jahrhunderts wurden die Abteien in Böhmen, Mähren, Meißen, Thüringen, der Lausitz und zeitweise auch Schlesien zu einer Provinz zusammengefaßt. Der im Norden anschließenden Provinz der Seelandschaften haben anscheinend die Abteien rechts der Elbe bis nach Pomerellen und Livland angehört. Polen und Schlesien wurden zu einer eigenen Provinz zusammengefaßt, ebenso auch Sachsen. Die Arbeit der Provinzkommissare war für die Reform von großer Bedeutung, wie sich im späten 15./frühen 16. Jahrhundert in der Tätigkeit der Äbte Martin Lochau von Altzelle (1493–1522) und Veit von Saar (1488–1520) zeigte.

Die Forschung hat in Schlesien nachgewiesen, daß die im 15. Jahrhundert feststellbaren negativen Erscheinungen in den Konventen, wie Eigenbesitz der Mönche, Fleischgenuß und die nachlassende Beachtung der Ordenvorschriften im *officium divinum* und bei den Visitationen durch die Belastungen der Klöster während der Pest, der Zeit des Großen Schismas, der darauf folgenden Hussitenüberfälle und weiteren Kämpfen in der Region vergrößert und vor allem verfestigt wurden[135]. Sie ließen sich im späten 15. Jahrhundert nach einer Verbesserung der äußeren Rahmenbedingungen nicht sofort beseitigen. Die nachweisbaren Visitationen des Abtes von Altzelle in Kamenz (1463), des Abtes von Leubus in Heinrichau (1513) und des Abtes von Pforta in Leubus und Heinrichau (1518) lassen erschließen, daß der Orden auch in Schlesien das Instrument der Visitation angewandt hat, um die Konvente zu den alten Ordensregeln zurückkehren zu lassen. Dabei hat Abt Bartholomäus von Leubus (1478–1498) sich lange geweigert, großpolnische Zisterzen zu visitieren, was zuvor schon der Abt von Paradies getan hatte. Auch die universitäre Ausbildung des Ordensnachwuchses wurde seit dem Untergang des Kollegs an der Universität Prag vernachlässigt. Das Generalkapitel hat die schlesischen Abteien 1502 sogar auf drei Jahre von der Verpflichtung zum universitären Studium befreit. Dabei hatten sich die Abteien im späten 15. Jahrhundert wieder wirtschaftlich gefestigt. Abt Andreas Hoffmann von Leubus (1498–1534) konnte 1498 für die Ausfertigung der päpstlichen Bulle über das ihm verliehene Pontifikalrecht 240 fl und für die Inful und deren Benediktion nochmals 400 fl bezahlen[136]. Die Abteien Heinrichau und Kamenz erwarben 1501 und 1505 ebenfalls das Pontifikalrecht mit den entsprechenden Kosten. Die Klöster haben sich nach dieser Entwicklung nur teilweise auf ihre in den Ordensregeln festgelegten Aufgaben besonnen, sondern sich jeweils nach der eigenen Haltung zur Ordensreform verhalten. Dennoch läßt sich für das 15. Jahrhundert feststellen, daß die Schwierigkeiten der Konvente vor allem durch äußere Einwirkungen entstanden sind und daß sich die wirtschaftliche Lage der Klöster im späten 15. Jahrhundert wieder gefestigt hatte.

Die im deutschsprachigen Raum bestehenden rund 120 Zisterzen, wobei die Frauenklöster nicht mitgezählt sind, haben sich im Laufe des 15. Jahrhunderts durch die von den Generalkapiteln eingesetzten Reformatoren visitieren lassen und teilweise auch Provinzialkapitel abgehalten. Trotz negativer Einzelbeispiele zeigt sich immer wieder, daß sich im 15. Jahrhundert die Situation in vielen Zisterzen gefestigt hatte. Der dauernde Ruf nach Reformen läßt die Situation des Ordens im Gesamtbild negativer erscheinen, als sie tatsächlich gewesen sein dürfte. In der bisherigen Forschung sind die Bemühungen des Ordens und der einzelnen Konvente im 14. und 15. Jahrhundert zu wenig gewürdigt und summarisch als disziplinarischer Tiefstand der Ordensgeschichte abgetan worden. Die nachweisbaren Lockerungen der Klosterzucht wurden auch zu wenig im Gesamtbild ihres Zeitalters betrachtet, deren Abbild sie letztlich waren.

3. Verwaltung und Wirtschaft im spätmittelalterlichen Orden

Die Bulle *Parvus Fons* (1265) wird in der späteren Ordensgeschichtsschreibung als Übergang des Ordens in seine spätmittelalterliche Geschichte angesehen. Die überwiegende Zahl der Zisterzen befand sich in dieser Zeit in guten Wirtschaftsverhältnissen, die nicht zuletzt auf der stabilen Verwaltung des Ordens beruhten. Die Forschung hat den späteren Rückgang der klösterlichen Wirtschaft in der Regel in Verbindung mit der nachlassenden Ordensdisziplin und in Ursachen außerhalb des Ordens, wie der Pest im 14. Jahrhundert, gesehen. Die Verwaltung und Wirtschaft des Ordens bestand aus den Beschlüssen der Generalkapitel[1], den Kodifikationen des Ordensrechtes[2] und den Rechnungsunterlagen über die Geldansammlungen und die Abgaben der einzelnen Abteien[3]. Letztere sind zwar sehr unterschiedlich dokumentiert, bieten aber ein überaus reiches Material im Spätmittelalter.

Das rasche Wachstum des Ordens hatte diesen bereits im 12. Jahrhundert dazu gezwungen, daß die zum Generalkapitel anreisenden Äbte durch Spenden an Cîteaux für ihren Unterhalt selbst aufkommen mußten[4]. Im späten 12. Jahrhundert begannen daraufhin westeuropäische Fürsten, dem Orden bestimmte Einkünfte zu schenken, um die Kosten der Generalkapitel zu bestreiten. Obwohl der Orden später teilweise Schwierigkeiten hatte, diese Abgaben auch zu erhalten, scheinen ihm diese doch weitgehend verfügbar gewesen zu sein. Im Laufe des 13. Jahrhunderts wurden auch die exemten Orden zunehmend dazu herangezogen, Beiträge zu den von der Gesamtkirche benötigten Summen zu leisten[5]. Bei den Zisterziensern führte diese Entwicklung zur Herausbildung der Kollektionen. Nach dem Beispiel der Kollektion von 1235 waren diese anfänglich für die einzelnen Klöster freiwillig. Trotzdem regte sich gegen sie Widerstand und das Generalkapitel 1238 beschloss von Wiederholungen abzusehen. Die finanziellen Schwierigkeiten des Ordens gaben diesem Beschluß nur wenige Jahre Bestand. Schon 1250 beschloß das Generalkapitel eine neue Kollektion und im weiteren Verlauf des 13. Jahrhunderts wurden die Kollektionen immer mehr zu einer quasi festen Abgabe der einzelnen Klöster an den Orden. Die Generalkapitel haben genaue Vorschriften für die Kollektion entwickelt.

Zu Beginn einer Kollektion wurde die jeweilige Gesamtsumme derselben festgelegt, die dann auf die fünf Ordensfiliationen aufgeteilt wurde. So beschloß man zum Beispiel 1250, 1000 Mark zu sammeln. Dabei sollten 500 Mark von der Filiation von Clairvaux beigetragen werden, 250 von der von Morimond und die restlichen 250 von den Filiationen von Cîteaux, La Ferté und Pontigny. Die fünf Primaräbte hatten dabei die Aufteilungen zu beschließen und jeder Primarabt mußte die Summe seiner Filiation zwischen seiner Abtei und deren unmittelbaren Tochterklöstern aufteilen[6]. Sofern diese Tochterklöster selbst weitere Tochterabteien besaßen, konnten sie die auf sie fallende Summe weiter aufteilen. Somit war der Aufbau der Filiationen auch für die Aufteilung der in einer Kollektion zu sammelnden Summe maßgeblich.

Das Generalkapitel legte 1262 fest, daß bei den Kollektionen die Wirtschaftskraft der einzelnen Zisterzen anhand der Einkünfte berücksichtigt werden mußten. Die Vateräbte hatten die Zahlungen auf einer Versammlung mit den Äbten der Tochterklöster zu beraten und konnten diese dann mit voller Rückendeckung des Generalkapitels durchsetzen, mußten aber ihre eigenen Zahlungen dabei mit berücksichtigen. Nach dem im Codex Dunensis überlieferten Schreiben des Abtes von Clairvaux vom 21. September 1311 scheint dieses Vorgehen in der Folgezeit im Orden genau beachtet worden zu sein[7].

Als der Beschluß von 1262 im Libellus Definitionum des Ordens von 1316 eingefügt wurde, wurden zwei Zusätze beschlossen. Ein Vaterabt, der die Äbte seiner Tochterklöster zusammenrief, um über die Beiträge zu verhandeln, mußte über den Beitrag seiner eigenen Abtei und seine Verwaltung des gesammelten Geldes Rechnung legen. Ebenso hatten die mit einer Kollektion Beauftragten des Ordens gegenüber dem Abt von Cîteaux und den vier Definitoren Rechnung zu legen.

Nach den Abrechnungen von 1290 und 1294, die als einzige aus dem 13. Jahrhundert überliefert sind, war die Durchführung der Kollektionen aber trotz der Vorschriften eher chaotisch[8]. Die Leitung lag beim Bursar von Cîteaux[9]. Im 14. Jahrhundert wurde ein neues System entwickelt, in dem die fünf Primaräbte ihre bestimmende Rolle verloren. Nach dem Generalkapitel von 1326 sollten die Äbte jeder Kirchenprovinz zwei Inspektoren wählen, deren Aufgabe es war, die Sammlungen zu unterstützen. Bei zu wenig Abteien in einer Kirchenprovinz konnten sich die Äbte auch für weitere Zusammenschlüsse entscheiden. Die Inspektoren waren über die Einkünfte und bisherigen Abgaben jeder Abtei zu informieren. Die Ergebnisse wurden aufgezeichnet und der gesamte Vorgang vom Generalkapitel beaufsichtigt, das die zahlungsunwilligen Äbte auch bestrafen wollte. Die begonnene Reform wurde durch die Bulle Papst Benedikts XII. 1335 vollendet. Nach ihr hatten das Generalkapitel und seine Definitoren jeweils drei Äbte zu ernennen, die als *receptores* den gesamten Vorgang zu überwachen hatten[10]. Die das Generalkapitel besuchenden Äbte sollten ihre Beiträge mitbringen. Für die übrigen hatten die *receptores* mit dem Rat des Abtes von Cîteaux und den vier Primaräbten Subkollektoren zu ernennen. Auf jedem Generalkapitel wurden die drei *receptores* nach Rechnungslegung der bisherigen neu bestimmt. Sie hatten besondere Siegel, während die Subkollektoren ihre eigenen benutzten. Die Beteiligten an den Kollektionen mußten einen Eid ablegen, zum Nutzen des Ordens tätig zu werden.

Bei den Kollektionen war es am schwierigsten, die Quoten der einzelnen Abteien festzulegen. Die sich dabei ergebenden Unsicherheiten überraschen. Das Generalkapitel hatte 1293 beschlossen, daß bei den Visitationen durch den Vaterabt auch Einkünfte und Besitz der Abteien aufzuzeigen waren und 1300, daß die Mönchszahlen der Konvente bei den festzulegenden Quoten einer Kollektion zu berücksichtigen seien. Trotz dieser Beschlüsse verlief die Entwicklung sehr langsam. Das Generalkapitel hatte 1318 beschlossen, daß die Vateräbte die Generalkapitel über die ihren Tochterabteien auferlegten Quoten informieren mußten, was auch schriftlich festgehalten wurde. Die Kollektoren waren seit 1326 verpflichtet, in jeder Kirchenprovinz neben den Einkünften auch den letzten Beitrag jeder Abtei aufzuzeichnen. Diese Aufzeichnungen wurden filiationsweise zusammengefaßt. Das Generalkapitel beauftragte 1329 die Vateräbte, die wirtschaftliche Situation ihrer Tochterklöster sorgfältig zu untersuchen, befand sich aber im Jahr darauf noch nicht im Besitz aller gewünschten Angaben[11].

Seit der Bulle Papst Benedikts XII. von 1335 trafen sich alljährlich nach dem offiziellen Ende des Generalkapitels die Definitoren und die fünf Primaräbte am St. Lambertstag (17. September) im Stadthaus des Abtes von Cîteaux in Dijon, um einen Bericht über die Ordensfinanzen zu erhalten. Da auf dem Generalkapitel erhebliche Zahlungen geleistet wurden, waren die Abrechnungen bei diesem Bericht noch nicht abgeschlossen. Die heute vorliegenden Unterlagen sind erst später entstanden[12]. Die Rolle des Bursars von Cîteaux blieb auch nach den Veränderungen im frühen 14. Jahrhundert von Bedeutung, weil viele Äbte ihre Gelder weiterhin an ihn abführten. Daher sind seine Rechnungen auch für die finanzielle Lage des Ordens wichtig[13]. Als die Beitragshöhe der einzelnen Abteien im Laufe des 14. Jahrhunderts abnahm, wurde die Stellung des Bursars gegenüber den *receptores* stärker. Seit 1366/67 waren die Ordensrechnungen vollständig in seine eigenen einbezogen. Daher wird davon ausgegangen, daß die Unterlagen über die Ordensfinanzen vermutlich in dieser Zeit endgültig in seine Hand gekommen sind.

Während der Auseinandersetzungen zwischen Cîteaux und Clairvaux im späten 15. Jahrhundert wurden die Rechnungsunterlagen teilweise für Clairvaux kopiert, um diesem einen Überblick zu ermöglichen. Die Organisation der Ordensfinanzen im Spätmittelalter ist durch die überlieferten Abgabenverzeichnisse von Dijon und Modena bekannt. Das Verzeichnis von Dijon wird als *Secundum Registrum monasteriorum ordinis Cisterciensis* bezeichnet[14]. Es gilt trotz aller Schwierigkeiten des Textes als das vollständigste Verzeichnis. Es liegt heute nur noch in einer Abschrift aus dem 15. Jahrhundert vor, deren Erstellung im Zusammenhang mit der 1454 vom Generalkapitel beschlossenen Kollektion gesehen wird. Das verlorene Original wird in seiner Anlage auf die Jahre 1347–1355 datiert, weil es nach den Rechnungen der Jahre 1337–1347 noch nicht erstellt gewesen sein dürfte. Die am Ende im Verzeichnis genannten Renten, die 1354/55 zurückgekauft wurden, kennzeichnen den spätesten Zeitpunkt der Anlage. Da aus der Abschrift nicht zu ersehen ist, ob diese Einträge später nachgetragen wurden, könnte sich entweder eine Anlage des Originals vor 1354 ergeben oder spätestens 1354/55. Der Band zeigt den Orden auf dem Höhepunkt seiner Entwicklung. Die Abfolge der Klöster geht nach den Filiationen vor und innerhalb derselben nach den Gründungsdaten. Die Forschung vermutet, daß wohl auch die Sitzordnung auf den Generalkapiteln in gleicher Form angeordnet war[15]. Nach der Überlieferung waren die Listen oder *tabulae* der Abteien im Orden weit verbreitet. Sie waren vermutlich in fast jeder Abtei vorhanden, da diese aus ihnen ihre Stellung im Orden ebenso wie die sich daraus ergebenden Abhängigkeiten rasch ersehen konnten.

Das heute in Modena verwahrte weitere Verzeichnis aus dem 14. Jahrhundert listet die Abteien ebenfalls nach den Filiationen auf, ordnet sie aber innerhalb derselben alphabetisch[16]. Das Verzeichnis wurde nach 1369 zusammengestellt und hat sich in den 80er Jahren des 14. Jahrhunderts im Gebrauch, möglicherweise in Cîteaux selbst, befunden. Aus den zahlreichen Nachträgen ist zu schließen, daß sich die Handschrift zu Beginn des Großen Schismas im Gebrauch einer Verwaltung befunden hat.

Während die Verzeichnisse die offizielle Gliederung der Ordensfinanzen aufzeigen, sind die Rechnungen Nachweis für deren praktische Handhabung. Die erhaltenen Rechnungen aus den Jahren 1337–1347 sind von drei Schreibern aufgezeichnet worden, die vermutlich Mönche waren[17]. Die Rechnungen haben anscheinend auf den Angaben der *receptores* aufgebaut und sind nach Abschluß der Vorgänge zusammengestellt, das heißt also nicht fortlaufend geführt worden. Nachdem sie anfänglich kein genaues Grundmuster besaßen, erhielten sie dieses ab 1341. Der Orden hatte 1340 einen Lösungsversuch seiner Finanzprobleme unternommen und dabei die bis dahin bestehenden Unsicherheiten bei den Kollektionen über den Ort der Ablieferung und die Zuordnung der einzelnen Filiationen zu diesen beendet. Die Finanzpolitik des Ordens war nachweislich der Rechnungen in der Zeit von 1337 bis 1347 erfolgreich. Es gelang nämlich in diesem Zeitraum zunehmend, auch die Klöster zu Beiträgen zu den Kollektionen zu bewegen, die sich bislang zurückgehalten hatten[18].

Dieser Vorgang dürfte nicht nur auf die durchsetzungsfähigere Politik der Generalkapitel zurückzuführen sein, sondern auf eine Änderung in der Verwendung der gesammelten Gelder. Nach den Statuten des Ordens fanden zwischen 1294 und 1335 insgesamt 18 Kollektionen statt[19]. Obwohl sie im 14. Jahrhundert von der königlichen Besteuerung weitgehend verschont blieben, die die Klöster als weitere Belastung traf, wurde 1294 und 1315 von Philipp IV. und Ludwig X. Geld von den Zisterzen außerhalb und innerhalb Frankreichs für eigene politische Zwecke mißbraucht, das heißt schlichtweg gestohlen oder – politisch ausgedrückt – enteignet. Unter Papst Johannes XXII. wurden die Gelder wiederholt für dessen Kriege in Italien verwandt. Aus einem Schreiben des Abtes von Chaalis, Jacques de Thérines, von etwa 1317/18 geht hervor, daß die Zisterzen in

Frankreich in den vorausgehenden Jahren wegen der Hungersnot von 1315 bis 1317 überaus hohe Summen für die Ernährung der Armen aufgewandt hatten, während ihre Einkünfte stark vermindert worden waren. Auch die Zisterzen außerhalb Frankreichs waren in gleicher Weise betroffen worden. Dazu hatten die Kriege Philipps IV. in der Gascogne und in Flandern nach der Aussage des Abtes von Chaalis die Klöster zusätzlich belastet. Obwohl seine Ausführungen zutreffen, hat die Forschung die von dem Abt genannte Summe von 500 000 Livres tournois als Schulden des Ordens angezweifelt[20]. Die tatsächlichen Summen haben anscheinend wesentlich niederer gelegen.

Mit dem Pontifikat Benedikts XII. und dessen Bulle von 1335 begann ein neuer Abschnitt in der Finanzgeschichte des Ordens. Der Papst wünschte, daß die finanziellen Probleme des Ordens von allen Abteien getragen werden sollten und drängte deshalb auf eine effizientere Finanzorganisation[21]. Diese griff zwar rasch, doch wurde dem Orden tatsächlich wohl auch wesentlich weniger Gelder für ordensfremde Zwecke entzogen, was die Zahlungsmoral der Abteien entscheidend gestärkt haben dürfte.

Die erste Kollektion nach der Bulle Papst Benedikts XII. fand 1337 statt und erbrachte etwas über 4751 Livres, die 1338 beschlossene Kollektion erbrachte weniger Einkünfte als Ausgaben vorlagen. Zu diesem Minus von etwa 130 Livres kam noch eine Schuld von 626 Livres hinzu. Die Rechnungen der folgenden Jahre zeigen, daß es bis 1347 gelang, die Einnahmen bei den Kollektionen zu erhöhen und die Ausgaben einzuschränken, womit Überschüsse erzielt wurden. Nach der Forschung sollen diese in den Jahren 1345–1347 dazu verwandt worden sein, die französischen Abteien zu unterstützen, den dreijährigen Zehent zu bezahlen, den ihnen Papst Clemens VI. für König Philipp VI. auferlegt hatte.

Nach 1347 fehlen für das weitere 14. Jahrhundert vollständige Rechnungen. Nach den Statuten der Generalkapitel wurde aber die bisherige Finanzorganisation beibehalten. Die Statuten lassen auch einen Überblick über die finanzielle Situation des Ordens zu. Die Einkünfte waren nach den Rechnungen von 1343 (10 568 fl) bis 1346 (6789 fl) kontinuierlich zurückgegangen. Trotz des Beschlusses auf dem Generalkapitel von 1351, für den Orden 6000 fl zu sammeln, der zwei Jahre später auf 12 000 fl und 1354 auf 9000 fl erhöht wurde, aber ansonsten wohl über Jahrzehnte hinweg in Kraft geblieben ist[22], scheinen die Einkünfte weiterhin zurückgegangen zu sein. Ein Beweis dafür könnte die wachsende Schuldenlast beim Kloster Cîteaux gewesen sein. Daraus und aus den seit 1350 vom Generalkapitel wesentlich leichter zu erhaltenden Nachlässen der Beitragsverpflichtungen der einzelnen Klöster läßt sich die veränderte Wirtschaftslage ablesen. Doch spricht nichts für eine dramatische Zuspitzung der Situation infolge der Pest ab etwa 1350. Damit wird auch auf anderem Weg bestätigt, daß die Kriegsereignisse und das Große Schisma weit mehr in die wirtschaftlichen Verhältnisse der Klöster eingegriffen haben als die Pest. Diese konnten – insbesondere in Frankreich – seit dem späten 13. Jahrhundert durch die hohen Zahlungen an die weltlichen Mächte, aber auch die Päpste nicht mehr auf größere finanzielle Rücklagen zurückgreifen.

Das Große Schisma führte zum Aufbau zweier getrennter Finanzsysteme. Während sich die Päpste der römischen Oboedienz seit 1382 durch die Generalkapitel und die von diesen beschlossenen Kollekten gezielt unterstützen ließen, blieben die Vorgänge in Cîteaux selbst undurchsichtig. Bei der Vorlage der Rechnungen in Dijon waren vier der Primaräbte anwesend, wobei der Abt von Bellevaux den Platz des zur römischen Oboedienz übergegangenen Abtes Konrad von Morimond einnahm. Das Generalkapitel blieb Cîteaux die Kosten für seine Durchführung in Höhe von über 1737 fl schuldig, wobei die 1377 bereits nachweisbare Schuld in Höhe von 18 590 fl 7 gr weiterhin unbezahlt geblieben war[23]. Diese Schuld stieg in den folgenden Jahren noch weiter an.

In der Rechnung von 1347 und in der Rechnungsabhör 1350 waren die Schulden dem Orden insgesamt zugeschrieben worden. Damit waren alle Abteien für sie verantwortlich. Nach 1363 erscheinen die Schulden als die alleinigen von Cîteaux. Dieser Wandel könnte nach 1357 eingetreten sein, als einige Primaräbte finanziellen Forderungen Papst Innocenz VI. entsprachen und diese zurückzahlen mußten. Hier könnte die Grundlage der Vorstellung von Cîteaux als alleinigem Gläubiger des Ordens entstanden sein. Die Forschung dürfte zu Recht annehmen, daß sich hinter dieser neuen, zentralistischen Stellung von Cîteaux im finanziellen Bereich eine neue Leitungsform des Ordens abzeichnete[24]. Diese war nach dem äußeren

Anschein zentralistischer, hat sich aber weitgehend auf die finanziellen Angelegenheiten des Ordens beschränkt. Da Clairvaux und seine Filiation die Hauptlast für die Ordensfinanzen trugen, werden auf diesem Hintergrund die schweren Auseinandersetzungen zwischen Clairvaux und Cîteaux im 15. Jahrhundert verständlich. Clairvaux hat in diesen Auseinandersetzungen wiederholt die Abrechnungen durch Cîteaux gegenüber dem Orden kritisiert und in ihrem Wahrheitsgehalt in Frage gestellt. Bei dem seit Jahrhunderten bestehenden latenten Gegensatz zwischen Cîteaux und Clairvaux überrascht, daß sich letzteres im 14. Jahrhundert nicht gegen die gestärkte Stellung der Mutterabtei gewehrt hat. Die Gründe dafür dürften im äußeren Bereich gelegen haben.

Der unter avignonesischer Oboedienz stehende Teil des Ordens hat zwischen 1392 und 1400 Kollektionen mit Summen zwischen jeweils 6000, 9000 und 12 000 fl beschlossen. Die einzelnen Abteien haben aber nicht mehr als 18, 27 oder 36 fl im Jahr beisteuern können. Damit wird im Übergang vom 14. zum 15. Jahrhundert die rückläufige Wirtschaftskraft der einzelnen Zisterzen deutlich. Der Orden hat sich aber selbst in diesen wirtschaftlich und vor allem auch politisch schwierigen Situationen, sowohl in seiner Gesamtheit als auch in den einzelnen Häusern bemüht, die Ordensregeln einzuhalten.

Der Orden war um die Mitte des 14. Jahrhunderts noch eine Einheit[25], die erst in den Jahrzehnten des Großen Schismas Schaden nehmen sollte, aber keineswegs zerstört wurde. Obwohl sich im Laufe des 15. Jahrhunderts der Besuch des Generalkapitels – vermutlich unter dem Einfluß des Schismas – weiter verringerte und in der Regel nur noch wenige Teilnehmer von außerhalb Frankreichs nach Cîteaux führte, haben die Institutionen des Ordens europaweit weitergearbeitet und diesen Anspruch auch nicht aufgegeben. Die zahlenmäßig rückläufige Entwicklung der Teilnahme am Generalkapitel zeigte aber an, daß der Orden eine weitere Krise im Umfang des Großen Schismas ohne entscheidende Veränderungen seines Verwaltungsaufbaus kaum überstehen würde. Die Entwicklungen in den Niederlanden und in Spanien im Laufe des 15. Jahrhunderts zeigten dabei bereits einen Weg der künftigen Verwaltungsgliederung im Orden: die Klöster fühlten sich im Verband der regionalen Herrschaften mehr gesichert als durch die traditionellen Bindungen an die

Mutterabteien. Wenn der Orden daher in der Zukunft nicht auseinanderbrechen wollte, mußte er im 16./17. Jahrhundert das Problem zwischen überkommener Ordensstruktur und neuen regionalen oder landschaftlichen Verbindungen seiner Abteien lösen.

Die *Articuli Parisienses* von 1494 wurden nach den heftigen Auseinandersetzungen zwischen Cîteaux und Clairvaux durch Anstoß des Abtes von Cîteaux unter Mitwirkung des Abtes von Clairvaux einvernehmlich beschlossen. Sie beweisen, daß die Gefahr des Auseinanderbrechens des Ordens in den Jahren zuvor abgewandt war. Der Orden hatte sich neuerlich auf seine überkommenen Bestimmungen – auch in Verwaltung und Wirtschaft – zurückbesonnen. Die alten Zentren des Ordens im französischen Sprach- und Kulturraum gingen mit der Forderung in das 16. Jahrhundert, diese Traditionen des Gesamtordens erneut zu beleben. Die *Articuli Parisienses* verdeutlichen Absicht und Wünsche im Zentrum des Ordens. Die neuen Entwicklungen in den Niederlanden und in Spanien, die auch auf Verwaltung und Wirtschaft gewirkt hatten, blieben dabei unberücksichtigt. Die alten Zentren des Ordens waren im Laufe des 15. Jahrhunderts zunehmend weniger in der Lage, die Zisterzen außerhalb Frankreichs in überkommener Form zu kontrollieren und deren Leben zu bestimmen[26].

Nach jahrzehntelanger Aufbauarbeit hatten die Abteien durch die Pest in der Mitte des 14. Jahrhunderts einen wirtschaftlichen Rückschlag erlitten. Dieser wurde dadurch verstärkt, daß sich die Pest im Laufe des 14./15. Jahrhunderts mehrfach wiederholte und damit die Klosterwirtschaften schädigte. Bereits vor der Pestzeit hatte im 13. Jahrhundert ein kontinuierlicher Rückgang der Mönchs- und vor allem auch Konversenzahlen in den einzelnen Konventen begonnen, die sich im Laufe des 15. Jahrhunderts auf relativ geringe Zahlen einzupendeln begannen. Die Anzahl der Konversen war dabei in wesentlich höherem Maße zurückgegangen als die der Mönche. Die klösterlichen Wirtschaften waren dieser Entwicklung in der Regel überaus flexibel gefolgt. Seit dem 13./14. Jahrhundert gaben die Klöster Teile der Eigenwirtschaft auf und gaben diesen Grundbesitz als Lehen an Bauern aus. Obwohl sich wohl zu keinem Zeitpunkt jeweils der gesamte Besitz eines Klosters in Eigenwirtschaft befunden hatte, mußten die Zisterzienser somit zunehmend auf das von ihnen bei der

Gründung so vehement abgelehnte Wirtschaftssystem zurückgreifen, um ihren Besitz bewirtschaften zu können[27]. Viele Zisterzen besaßen in ihrer Eigenwirtschaft auch im späten 15. Jahrhundert noch eine Großgrundherrschaft, die durch die personalintensiven landwirtschaftlichen Arbeiten auf zahlreiche Mitarbeiter angewiesen waren.

Die Quellen zur Wirtschaftsgeschichte der einzelnen Zisterzen beginnen in der Regel im Laufe des 14./15. Jahrhunderts. Ihr Umfang ermöglicht die Beantwortung vieler Fragen zu Wirtschaft und Verwaltung der Klöster. Das im Hochmittelalter geschaffene zentrale Verwaltungssystem der klösterlichen Wirtschaft bestand noch am Ende des 15. Jahrhunderts weitgehend unverändert. Die Gesamtleitung lag nach wie vor beim Abt, der durch einen Kreis von Mönchen unterstützt wurde. Sein Stellvertreter in allen Angelegenheiten war der Prior. Die gesamte Finanzwirtschaft unterstand dem Bursar, dem auch der gesamte Klosterbesitz – eigenbewirtschaftet oder verpachtet – rechenschaftspflichtig war. Die Aufsicht über die Grangien und die Werkstätten stand dagegen dem Cellerar zu[28].

Die Zisterzen haben im Bereich ihrer Erwerbungen auch im späten Mittelalter versucht, möglichst geschlossene Güterkomplexe zu erhalten. Sie haben dazu meist Güterarrondierungen durchgeführt[29]. Diese sind im 15. Jahrhundert vor allem in Form von Güterkäufen in Orten feststellbar, in denen sie bereits umfangreichen Grundbesitz hatten. Die Eigenwirtschaft spielte auch noch um 1500 eine bedeutende Rolle bei den Zisterzen. Eberbach hat in dieser Zeit zum Beispiel rund 10 000 Morgen oder 40% seines Grundbesitzes in Eigenwirtschaft betrieben[30]. Bei der Zisterze Bebenhausen dagegen hatte dieser Anteil schon 1356 mit 3578 Jauchert nur noch bei etwa einem Viertel des klösterlichen Grundbesitzes gelegen, dessen »Anteil im 15. Jahrhundert rapide zurückging«[31]. Die Zisterze Riddagshausen vor Braunschweig hat ihre Eigenwirtschaft bereits in der ersten Hälfte des 14. Jahrhunderts aufgegeben[32]. In Himmerod und Heilsbronn ist die Eigenwirtschaft bis 1500 ebenfalls kontinuierlich zurückgegangen, doch wurden in Himmerod bereits Mitglieder des Klosters als Hofherren in den Grangien eingesetzt, was als eine Art Zwischenform der Vorstufe zur Aufgabe der vollkommenen Eigenwirtschaft angesehen wurde[33]. In Eberbach wurde die Leitung von Grangien durch nicht dem Orden angehörige Hofmänner in gleicher Weise als Übergangsform gesehen[34].

Die Beispiele lehren, daß sich bei abnehmender Tendenz der Eigenbau bei den Zisterzen am Ende des 15. Jahrhunderts sehr unterschiedlich darstellte. Da es sich hierbei um eines der markantesten Merkmale der zisterziensischen Wirtschaftsform gehandelt hat, ist festzustellen, daß im Laufe des 14./15. Jahrhunderts die wirtschaftliche Eigenprägung des Ordens verlorenging[35]. Doch ist die spätere klösterliche Wirtschaft der Zisterzen, wie die Beispiele Eberbach[36] und Fürstenfeld[37] zeigen, in der frühen Neuzeit von den spätmittelalterlichen zisterziensischen Traditionen weiterhin geprägt worden, wobei bislang in der Forschung versäumt wurde, dieser Frage um 1500 oder später auf breiter Grundlage näher nachzugehen.

In der Wirtschaftspolitik der Zisterzienser haben die Stadthöfe eine herausgehobene Funktion eingenommen. Sie haben diese – soweit erkennbar – auch in der Neuzeit bis zur Reformation im 16. oder bis zur Säkularisation am Beginn des 19. Jahrhunderts bewahrt. Eine der Eigenwirtschaft vergleichbare Veränderung in der Nutzung wird bei ihnen nicht erkennbar. Obwohl sich die Forschung in der jüngsten Vergangenheit mehr mit der Geschichte der Stadthöfe befaßt hat als in früheren Zeiten, fehlen vergleichende Untersuchungen mit Stadthöfen anderer Orden, aufgrund derer sich im späten 15. Jahrhundert bei den Stadthöfen der Zisterzen das spezifisch Zisterziensische nachweisen ließe. Es hat eher den Anschein, als hätten die Stadthöfe ihre mittelalterliche Bedeutung für die Klosterwirtschaft deren Entwicklung zur Neuzeit hin angepaßt. Dabei hat es anscheinend aber zwischen den einzelnen Zisterzen Unterschiede gegeben. Während in Köln einige Abteien ihre Stadthöfe bis zur Säkularisation durch Mönche verwalten ließen, so zum Beispiel Altenberg, Eberbach und Kamp, haben andere Abteien frühzeitig, das heißt schon im 15. Jahrhundert, ihre Stadthöfe durch weltliche Verwalter leiten lassen. Ob sich an diesem Faktum eine Aufgabe spezifisch Zisterziensischem festmachen läßt, muß aus Mangel umfassender Untersuchungen offen gelassen werden. Zumindest zeichnete sich aber auch bei den Stadthöfen um 1500 eine differenzierte Entwicklung ab. Ein Teil der Zisterzen gab jahrhundertelang bewahrte Traditionen auf und begann, neue Formen zu praktizieren. Damit zeigten die Abteien aber im 15./16. Jahrhundert eine erhebliche Flexibilität auch im wirtschaftlichen Bereich an, die nicht als Zeichen nachlassender Kraft gewertet werden kann.

Verwaltung und Wirtschaft haben sich im Laufe des Spätmittelalters sowohl auf der Ebene von Orden und Generalkapitel als auch auf der der einzelnen Zisterzen überaus flexibel den Erfordernissen der Zeit angepaßt. Dabei ist aber die ursprüngliche Ordenseigenart weitgehend verlorengegangen. Obwohl die Traditionen in den einzelnen Abteien noch lange in der Neuzeit nachgewirkt haben, verwischten sich die Unterschiede zu Verwaltung und Wirtschaft anderer Orden und Institutionen weitgehend. Verwaltung und Wirtschaft waren dabei aber noch immer gut strukturiert und ergebnisreich, aber nicht mehr in besonderem Maße »zisterziensisch«.

4. Die spirituelle – geistige – künstlerische Entwicklung im spätmittelalterlichen Orden

Das zwischen der Bulle *Parvus Fons* (1265) und den *Articuli Parisienses* (1494) liegende Spätmittelalter hat den Orden in spiritueller, geistiger und künstlerischer Hinsicht entscheidend beeinflußt. Noch immer sind die Einzelheiten viel zu wenig untersucht, weshalb sich vieles nur in Umrissen zeigen läßt. Zeitgleich mit der Bulle *Parvus Fons* begann sich im Orden auch die universitäre Bildung eines wachsenden Anteils der Mönche und hier gerade derjenigen, die für Leitungspositionen vorgesehen waren, auf die Spiritualität auszuwirken. Im Orden entstanden zu dieser Zeit drei verschiedene Richtungen, die ihre Spiritualität nach außen darstellten[1]. Die von den rein scholastisch geprägten Theologen gebildete erste Gruppierung ist eigentlich keine Quelle für die Spiritualität des Ordens, sondern eher für die Anpassung von Teilen desselben an die »moderne« Theologie. Unter den Vertretern ist Abt *Humbert von Preuilly* († 1298), der als Vater des Thomismus im Orden angesehen wird[2], neben *Peter von Ceffens* und *Jean von Mirecourt*[3] besonders zu nennen. Eine zweite, relativ kleine Gruppe von Theologen vertrat in ihren Werken weiterhin die traditionelle Haltung des Ordens, während die dritte, größere Gruppe dessen Spiritualität zu neuen Formen führte. Letztere war vor allem im deutschen Sprachgebiet verbreitet.

Zu der zweiten Gruppe der als Traditionalisten, keineswegs aber als Konservative, bezeichneten Theologen gehören die Schriften aus der Abtei Villers in Brabant um die Mitte des 13. Jahrhunderts.

Besonders hinzuweisen ist dabei auf die *Rhythmica oratio* von Abt *Arnulf von Villers* († 1250) über die Wundmale Jesu, die zur Grundlage des Liedes »Oh Haupt voll Blut und Wunden« wurde[4] und in der Nachfolge der frühen Zisterziensermystik stand. Abt Arnulf hatte sich auch gegen die in seiner Zeit begonnene neue Form der Ausbildung des Ordensnachwuchses gewandt, hatte sich aber nicht durchsetzen können. Nach dem Ausspruch Bernhards von Clairvaux »durch den Menschen Christus zu Christus als Gott« stand für diesen Teil die Christusmystik im Mittelpunkt ihres Glaubenslebens. Jedes Ereignis der menschlichen Existenz Christi, seine Taten und Erfahrungen wurden zum Objekt gläubiger Betrachtung, wenn sie unmittelbarer beachtet wurden. Aus dieser *memoria mirabilium Dei* mit Christus als Mittler zwischen Gott und den Menschen entstand im Laufe des Spätmittelalters die Verehrung der Eucharistie, des heiligen Blutes, des Kreuzes Christi, der Kindheit Christi, der Passion und Auferstehung. Die Zisterzienser haben hier am Anfang einer sehr breiten Entwicklung entscheidend mitgewirkt, so wurde zum Beispiel im Kloster Villers bereits 1252 das Fronleichnamsfest begangen[5], in Kaisheim 1293 eine Stiftung für die »ewige Aussetzung des allerheiligsten Sakramentes« errichtet[6] und im Zisterzienserinnenkonvent St. Thomas bei Trier 1300 der Rosenkranz benützt[7]. Das Rosenkranzgebet hat sich im 14. und 15. Jahrhundert über die gesamte Kirche ausgedehnt, was auch für die übrigen Erscheinungen der Christusmystik galt.

Der traditionellen Seite der Ordensspiritualität war auch die *Concordantia Cantatis* des Abtes *Ulrich von Lilienfeld* (1345–1351) verhaftet. Die Schrift sollte vermutlich dem niederen Klerus zur Vorbereitung homiletischer Aufgaben dienen[8]. Die weiteren Schriften Abt Ulrichs und seines Mitbruders *Christian von Lilienfeld* († 1360) hatten dieselbe Spiritualität als Grundlage. Eine besondere Rolle in diesem von der Scholastik und ihren Nachwirkungen weithin unberührt gebliebenen Klosterleben des Ordens und seinem Schrifttum spielten die Zisterzienserinnen. Sie waren aufgrund der äußeren Gegebenheiten ihrer Klöster und unter dem Einfluß ihrer geistlichen Begleiter, der sogenannten Confessores, der unsprünglichen Lebensform des Ordens weit mehr verhaftet geblieben als die Männerklöster, zumal für die einzelnen Nonnen vor allem die liturgische Feier und das private Gebet im Mittelpunkt standen. Die Spiritualität der Zisterzienserinnen hat im Gebiet des Alten Reiches zu einer besonderen Form des Schrifttums geführt, während aus dem übrigen europäischen Raum wenig oder gar nichts bekannt ist[9]. Dieses Schrifttum ist in drei Gruppen zu gliedern: 1. Schriften an die Nonnen; 2. Lebensbeschreibungen der Nonnen, sogenannte Vitae, zu denen auch Legenden- und Exempelliteratur gerechnet werden kann; 3. eigene Schriften der Nonnen.

Zu den Schriften an die Nonnen ist die Mirakelsammlung des *Engelhard von Langheim* zu Beginn des 13. Jahrhunderts für die Nonnen von Wechterswinkel zu zählen. Sie ist an das Exordium magnum angelehnt und sollte die Nonnen erbauen, aber auch eine Apologie des Ordens bieten. Der Mönch *Thomas von Villers* hat seiner Schwester, die Nonne im Kloster Frauenpark bei Löwen war, zwei Briefe geschrieben, die einen realistischen Einblick in das einfache klösterliche Leben der Nonnen und deren Beziehungen zu den Mönchen geben[10]. Die sogenannten Vitae aus der zweiten Gruppe waren vor allem in den südlichen Niederlanden verbreitet. Es handelt sich dabei um die Biographien der Lutgard von Aywières, Aleydis von Schaerbeek, Ida von Nivelles, Ida von Löwen, Ida von La Ramée, Elisabeth von Spalbeek und Beatrix von Nazareth. Sie sind alle aus der religiösen Frauenbewegung des 13. Jahrhunderts hervorgegangen, die in ihren Anfängen gerade im deutschen Sprachgebiet für die Gründung so vieler Zisterzienserinnenklöster verantwortlich war. Die Vitae sind im allgemeinen von den Confessores verfaßt worden und damit auch eine wertvolle Quelle für die Spiritualität und die ihrer Heimatklöster. In den Vitae wird das Leben als persönliche Hingabe an Christus gesehen. Die Verehrung seines Lebens und Leidens führte zu Buße und Kasteiungen. Auf diesem Wege wurde die Nachfolge Christi zur Ebenbildlichkeit mit ihm. Die Eucharistie war das Mittel zur Einigung mit Christus. Eine besondere Rolle nahm in den Werken auch das Heil der Menschen ein, wobei das Leben der Nonnen in Gebet und Buße als ein hoher Wert für die Versöhnung der Christenheit angesehen wurde.

Die von den Nonnen selbst verfaßten Schriften bildeten die dritte Gruppe. Aus dem südniederländischen Kreis sind nur Werke von *Beatrix von Nazareth* († 1268) überliefert. Sie hat in ihrer Autobiographie die Geschichten ihrer geistlichen Erfahrungen zusammengefaßt. Sie handelte dabei die verschiedenen Stufen des geistlichen Lebens im Herzen ab und beschrieb den asketischen Einsatz auf dem Weg zu Gott. Das weitere Werk *Über die sieben Manieren von Minne* stellt wohl das bedeutendste Denkmal der Frauenmystik in den südlichen Niederlanden dar. Die Liebe beherrschte nach diesem Werk das Wesen und alles Streben des Menschen. Obwohl schon auf Erden bedeutsam, erreichte sie erst in der vollständigen Vereinigung mit Gott nach dem Tode ihre eigentliche Bedeutung. Damit ist bei Beatrix die christologische Spiritualität Bernhards von Clairvaux zur trinitarischen Gottesmystik geworden[11]. Aus dem Kloster St. Thomas an der Kyll ist nach der Schrift *Admoniciones morales per visiones datae* aus dem frühen 13. Jahrhundert ein Gebetbuch zum Privatgebrauch aus der Zeit um 1300 überliefert. Die aus diesem Werk unter anderem bekannte ältere Form des Rosenkranzgebetes beweist die tiefe Frömmigkeit der Frauenkonvente dieser Zeit. Eine besondere Stellung nahm die Abtei Helfta ein. Unter der Äbtissin Gertrud von Hackeborn (1232–1292) war sie zu höchster geistlicher Blüte gelangt. Die jüngere Schwester der Äbtissin, Mechthild, war Leiterin der Klosterschule, in der die hl. Gertrud von Helfta (1256–1302) ausgebildet wurde. Die Begine und Mystikerin Mechthild von Magdeburg (1210–1282) hatte die letzten 10–15 Jahre ihres Lebens ebenfalls im Kloster Helfta verbracht. Die hohe Bildung des Konvents von Helfta wird schon daraus erkennbar, daß die Mitschwestern der hl. Gertrud und *Mechthilds von Hackeborn* deren geistliche Erfahrungen niederschrieben und ins Lateinische übersetzten. Letztere wird als Urheberin des *Liber specialis gratiae* angesehen, in dem ihre Mitschwestern ihre Offenbarungen, Betrachtungen und Gebete gesammelt haben. Ihre Spiritualität ist liturgisch geprägt und christozentrisch. Obwohl das verwundete Herz Christi für sie eine Quelle von Licht und Kraft war, stand bei ihr mehr der verherrlichte als der leidende Christus im Mittelpunkt. Von der hl. Gertrud haben sich zwei Werke erhalten: die *Exercitia Spiritualia* und der *Legatus pietatis divinae*. Das erste Werk enthielt einfache Gebete und Betrachtungen, die systematisch geordnet eine Art Abhandlung über den geistlichen Aufstieg des Menschen von der Taufe bis zur Vereinigung mit Gott in der *jubilatio* bilden, die jedoch erst mit dem Tode möglich ist. Vom Werk *Legatus pietatis divinae* ist nur das zweite Buch von Gertrud selbst verfaßt worden. Es zeigt eine christozentrische Brautmystik, die in ihren Ausdrucksformen sehr gefühlsbetont ist. Die Verehrung der Eucharistie, des Leidens Christi und des Herzens Christi als des höchsten Symbols der göttlichen Liebe sind von besonderer Bedeutung. Der Einfluß der beiden Mystikerinnen ist seit dem Spätmittelalter immer wieder feststellbar. Bekannt ist auch die besondere Blüte des geistlichen Lebens der Zisterzienserinnen in Ober- und Niederschönenfeld, Zimmern, Bersenbrück und Lichtenthal.

Von den Werken der Theologen, die vor allem im deutschen Sprachgebiet die Spiritualität des Ordens unter scholastischem Einfluß weiterentwickelten, sind die Predigten von *Johann von Brüssel,* Abt von Villers (1333–1336) zu nennen und ebenso die Betrachtungen des Wilhelm von Ter Doest in Flandern, die ebenfalls aus dem 14. Jahrhundert stammen. Zu erwähnen sind hier auch die Werke der etwas älteren *Johannes Sindewint* von Ter Doest († 1319) und *Philipp von Rathsamhausen* († 1322), der zuerst Abt von Pairis (1301–1306) und dann Bischof von Eichstätt war. Letzterer hat neben Biographien des hl. Willibald und der hl. Walburga geistliche Traktate über das Magnificat, über Martha und Maria, über das Gebet, über Psalm 4 und über das Vaterunser verfaßt. Die bekannten zisterziensischen Themen sind dabei mit der scholastischen Bildung des Verfassers bearbeitet worden.

In ähnlicher Weise war auch die Predigtsammlung *Sermones Socci* des *Konrad von Brundelsheim,* Abt von Heilsbronn (1303–1306, 1317–1321), die im späten Mittelalter weit verbreitet war[12], eine Mischung von scholastisch geprägter Sprache und Struktur, während der Inhalt der Ordenstradition und Brautmystik verhaftet war. Abt Konrad hat auch einen Traktat über die Ausbildung der Novizen verfaßt, der auf seiner klösterlichen Erfahrung aufbaute. In Heilsbronn hat der Prior Johann Einkurn um 1360 eine Predigtsammlung zu den liturgischen Festen verfaßt. Er orientierte sich stilistisch an Konrad von Brundelsheim, war aber mehr Theologe als Mystiker. Er hat aber die zisterziensische Thematik der Christologie, die Reinheit des Herzens und der Liebe aufgegriffen. Unter dem Einfluß Konrads stand auch der Ende des 14. Jahrhunderts schreibende Mönch von Heilsbronn, der den Traktat *Liber de corpore et sanguine Domini* verfaßte, der nicht nur eine ausführliche Erklärung der Eucharistie, sondern auch des monastischen Lebens gab. Die Minne steht im Mittelpunkt des Werkes, das als wichtiger Text der Zisterziensermystik gilt.

Diese Spiritualität war im 14. Jahrhundert in den Zisterzen anscheinend weithin verbreitet, auch wenn sich nicht allzu viele vergleichbare Werke erhalten haben. *Johannes Ellenbogen,* Abt von Waldsassen (1316–1325), hat sein *Liber de vitis venerabilium monachorum monasterii sui* über die mystischen Erfahrungen seiner Mitbrüder geschrieben[13]. Er hat dieses Werk Petrus von Zittau in Königsaal gewidmet, mit dem er gemeinsame Verbindungen zu Abt Werner von Heiligenkreuz hatte. In Heiligenkreuz hat in dieser Zeit neben *Gutolf von Heiligenkreuz* (um 1300) *Nikolaus Vischel* († um 1330) gewirkt, der wegen seiner marianischen Werke weit bekannt war. Beide waren nach ihren Werken überwiegend von der Theologie bestimmt.

Die Abtei Königsaal in Böhmen hat im 14. Jahrhundert eine geistig bedeutsame Rolle gespielt. Abt *Petrus von Zittau* (1316–1331) ist vor allem als Historiker hervorgetreten[14]. Seine *Chronica Aulae Reginae* ist für das 14. Jahrhundert bis 1338 von höchster Bedeutung. Das vor 1335 in Königsaal entstandene Werk *Malogranatum* wird einem ansonsten unbekannten Gallus von Königsaal zugeschrieben. Nach der Textkritik könnte als Verfasser auch Petrus von Zittau selbst in Betracht kommen. Das Werk ist eine theologische Einführung in das monastische Leben und zielt auf eine Reform der Kirche durch die Erneuerung aller ihrer Glieder hin. Im Mittelpunkt des geistlichen Lebens steht nach dem Werk die *devotio* (Gottesliebe), die über die Stufen der *incipientes* (Anfänger), *proficientes* (Fortgeschrittene) und *perfecti* (Vollkommene) zur Kontemplation und Gotteserfahrung führt. Das gesamte Werk baute auf zisterziensischem Gedankengut auf. Es ist als Handbuch für die Novizen im Kloster genutzt worden. Darüber hinaus war es im 14./15. Jahrhundert in Deutschland, Polen und in den Niederlanden weit verbreitet. Es hat dadurch die *devotio moderna* und die übrigen Reformbewegungen des Spätmittelalters mit beeinflußt. Das Werk ist wohl die bedeutendste Arbeit aus der Spiritualität des Ordens, auch wenn seine Rezeption noch wenig untersucht ist. In Königsaal haben auch *Johann von Frankenstein* (Abt 1340–1348), der Mönch *Dietrich* mit seinem Brief an die Zisterzienserinnen von Altbrünn und seinem Traktat *Conductus corporis mystici* und *Matthäus Steynhus*[15] († 1427) gewirkt. Auf

Grund der Hussitenwirren trat der letztere 1411 vom Bernhardskolleg in Prag in die sächsische Zisterze Altzella über, deren Hausstudium er bis zu seinem Tod leitete. Der bedeutende Ordenstheologe, der 1417 vor den Konzilsvätern in Konstanz über Kirchenreform und Verweltlichung gepredigt hatte, war von der spätmittelalterlichen Augustinerschule beeinflußt. Neben einem Sentenzenkommentar, der als sein Hauptwerk gilt, hat er Kommentare zum Matthäusevangelium, zu den Psalmen und zu den Hymnen des Zisterzienserbreviers sowie mehrere Predigten und Lesungen zum Offizium der hl. Katharina verfaßt. In seinem Hymnenkommentar zeigt sich der ansonsten sehr theologisch argumentierende Matthäus Steynhus als frommer Verehrer der Menschheit Christi. Er steht dabei unter dem Einfluß Bernhards von Clairvaux und der frühen *devotio moderna.*

Die Abtei Kaisheim stand nach Schreiben der Äbte *Ulrich II. Zoller* (1321–1340) und *Ulrich III. Niblung* (1340–1360) mit den Dominikanern Heinrich von Nördlingen, Magarethe Ebner in Medingen bei Dillingen und Adelheid Langmann von Engelthal im geistigen Austausch über Fragen der Mystik. Der Schriftwechsel der Äbte mit diesen bedeutenden Vertretern der deutschen Mystik läßt trotz fehlender theologischer Arbeiten auf die Spiritualität des Konvents Kaisheim schließen. Ähnliche Verhältnisse sind auch für Ebrach in der Mitte des 14. Jahrhunderts anzunehmen, denn *Konrad von Ebrach*[16] († 1399) hat in dieser Zeit seinen Weg im Orden dort begonnen. Er ging von Ebrach nach Paris, dann nach Bologna und wirkte seit 1375 in Prag am Bernhardskolleg des Ordens. Von dort wechselte er 1384 nach Wien, wo er die theologische Fakultät und das St. Nikolauskolleg mitbegründete. Neben dieser Tätigkeit hat er auch, von Papst Urban VI. zum Abt von Morimond ernannt, eine weithin reichende Tätigkeit in der avignonesischen Oboedienz im Großen Schisma ausgeübt. Als Theologe hat er einen weit verbreiteten Sentenzenkommentar verfaßt und ebenso die vor allem bekannten Traktate *De cognitione animae Christi* und *Compendium de confessione*. Daneben hat er auch eine große Anzahl von Predigten geschrieben, die vor allem durch die zahlreichen Zitate aus den Werken Bernhards von Clairvaux auffallen und die Bindung des Verfassers an die geistig-spirituelle Tradition des Ordens aufzeigen. Ähnliches gilt auch für die Arbeiten *Jakobs von Eltville,* Abt von Eberbach († 1393).

Die vereinzelten Arbeiten in einer Reihe von Klöstern oder Institutionen des Ordens lassen auf deren spirituellen Hintergrund schließen und beweisen, daß die disziplinäre Situation in vielen Zisterzen im 14./15. Jahrhundert besser war, als die Forschung annimmt. Diese Annahme gilt auch für die historischen Arbeiten der Äbte *Johann von Viktring*[17] († 1345), *Hermann Zoestius* von Marienfeld[18] († 1445) und *Nikolaus Amberg* von Lützel[19] († 1467) und ebenso für das von Abt *Johannes von Kolbatz*[20] (1339–1342) verfaßte juristische Kompendium *Speculator abbreviatus alias Speculum abbreviatum. Reginald von Aulne,* der Gründer des Jakobskollegs an der Universität Heidelberg, verfaßte einen Kommentar zum Buch der Weisheit. *Vincent Grüner* war Mönch in Altzella und Gründer der Ordenskollegien in Leipzig und Prag. Die von ihm verfaßten Traktate über die Eucharistie und die Messe haben im 15. Jahrhundert eine weite Verbreitung gefunden. Ganz am Ende der Entwicklung steht *Balthasar von Pforte,* der um 1500 als Provisor am Kolleg der Universität Leipzig eine symbolische Erklärung der Messe schrieb. Diese *Expositio misteriorum missae Christi passionem devotissime figurantis* wurde 1495 und 1501 gedruckt und war weitbekannt[21].

Bereits im 15. Jahrhundert war die Zahl der theologischen Arbeiten im Orden zahlenmäßig stark rückläufig. Dabei handelte es sich um eine Auswirkung des Großen Schismas und der Wirtschaftsentwicklung des Ordens. Die Zisterzen haben jedoch Gebets- und Andachtsbücher weiterhin erstellt oder angeschafft. Diese finden sich dabei nicht nur als *Libri horarum* (Stundenbücher) in Latein, sondern auch als *Orationalia,* das heißt als Sammlungen von Gebeten auf Latein und Deutsch. Aus den Zisterzen Altenberg, Lehnin, Herrenalb und Salem sind solche Orationalia erhalten, was wiederum auf die spirituelle Praxis im Konvent rückschließen läßt. Zu diesen *Orationalia* ist auch das *Antidotarium animae* des *Nikolaus Salicetus* (Wydenbusch), Abt von Baumgarten († um 1493), zu zählen, das bereits als Druck des späten 15. und vor allem 16. Jahrhunderts weit verbreitet wurde. Wie die zum Beispiel im niedersächsischen Zisterzienserinnenkloster Medingen überlieferten Gebetbücher zeigen, standen dort die Festkreise Weihnachten und Ostern im Mittelpunkt, was eine christologische Ausrichtung der Gebetbücher und damit auch der Spiritualität des Konvents beweist.

Die heute von der Forschung leider weithin noch immer fast ausschließlich unter kunsthistorischen Gesichtspunkten betrachtete Ausschmückung der Klöster ist ebenfalls aus der Spiritualität hervorgegangen. Diese hat damit über den unmittelbar theologischen Bereich hinaus bis in die täglichen Angelegenheiten der Abteien hineingewirkt. Kirchenbau, Kirchenschmuck, Ausstattung der Räume und der Handschriften bis hin zur Gestaltung der Siegel sind von ihr entscheidend mitgeprägt und -gestaltet worden. Die Forschung zur Ordensspiritualität hat mit Recht auf die in der künstlerischen Ausgestaltung bereits im 13., vor allem aber im 14. und 15. Jahrhundert zum Ausdruck kommende Sakralkunst mit Christus und Maria als zentrale Figuren hingewiesen[22]. Als ein Beispiel wurde dabei die Darstellung des gestorbenen und auferstandenen Christus im Nonnenchor von Wienhausen genannt und daraus erschlossen, daß die in der Spiritualität des Ordens im Mittelpunkt stehende Christologie und Mariologie auch die künstlerische Ausgestaltung entscheidend beeinflußte[23].

Die im 12. Jahrhundert aufgekommene kompromißlose Ablehnung der Bilder und aller schmückenden und zierenden Elemente in der künstlerischen Ausgestaltung der Abteien[24] wurde bis ins 14. Jahrhundert hinein durch zahlreiche Beschlüsse der Generalkapitel bestätigt. Ob diese Beschlüsse überall und zu jeder Zeit in aller Strenge eingehalten wurden, läßt sich nicht mehr prüfen und scheint nach verschiedenen Indizien heute mehr und mehr zweifelhaft. Nachdem schon im 12. Jahrhundert in der Frömmigkeit zunehmend das Visuelle stärkeres Gewicht gewann und das Schöne, aus dem das Wahre herausleuchtete, höher geschätzt wurde, begann innerhalb des Ordens ein langsamer Wechsel in seiner Haltung zu Kunst und Schmuck. Die Beschlüsse der Generalkapitel haben bereits im 13. Jahrhundert vor allem Übermaß und Übertreibung verurteilt und damit die grundsätzliche Ablehnung relativiert. Wie die Entwicklung der Baukunst zeigte, haben die Zisterzienser ihre künstlerischen Gestaltungen jeder Art immer im Rahmen der Kunst überhaupt[25] und damit von deren jeweiliger Entwicklung vorgenommen. Zu dieser Vorgabe kamen dann die Tradition des Ordens, Wünsche der Stifter oder der Konvente und regionale Besonderheiten hinzu. Im 13. Jahrhundert hatte sich der Orden bereits in der Baukunst mit der

Gotik auf ein gemeinsames Maß einigen müssen[26]. Die späten Bauten beispielsweise in Salem, Kaisheim und Marienrode zeigen, wie im 14. Jahrhundert unter gotischem Einfluß und in gotischer Bauweise versucht wurde, in der Architektur an die asketisch geprägten Traditionen anzuknüpfen[27], während Altenberg und Doberan sich in derselben Zeit an Beispielen außerhalb der üblichen Ordensvorbilder (hier die Abtei Royaumont) bzw. des Ordens überhaupt orientierten[28].

Um die Mitte des 13. Jahrhunderts hat sich auch die anfänglich strenge Haltung des Ordens gegenüber Plastik und Skulpturen langsam zu wandeln begonnen. Eine Art Vorreiterrolle hat hier wohl die Ausnahmeregelung des Generalkapitels von 1253 für die figürlich gestalteten Grabmäler des französischen Königshauses in der für den Orden atypisch gebauten Zisterze Royaumont gespielt[29]. Das Generalkapitel hat 1256 durch die Erlaubnis den 1253 genannten Personenkreis im liturgischen Chor beisetzen zu dürfen, die bisherige Beschränkung von Beisetzungen im Kloster überhaupt zurückgenommen. Das Verbot figürlicher Grabmäler wurde nicht mehr erwähnt und dürfte daher stillschweigend fallengelassen worden sein. In der Folgezeit haben sich nämlich die figürlichen Grabmäler in den Zisterzen in gleicher Weise wie in anderen Klöstern entwickelt. Auch bei der übrigen Bauplastik haben die Konvente im Laufe der zweiten Hälfte des 13. Jahrhunderts begonnen, sich über die Vorgabe der Generalkapitel hinwegzusetzen. Erwähnt sei hier zum Beispiel das Marienbild im Tympanon des Westportals der Klosterkirche Haina. Anfänglich ist dieser Schritt häufig bei Nebeneingängen, wie im Kloster Trebnitz, oder an Nebenkapellen, wie bei der Pfortenkapelle des Klosters Ebrach, vollzogen worden. Doch begann in dieser Zeit auch die plastische Ausschmückung von Kirche und Kreuzgang. Im Laufe des Spätmittelalters ist hier die Entwicklung einen Weg gegangen, daß um 1500 kein Unterschied zu anderen Orden und Klöstern mehr bestand. Auffallenderweise hat somit die Reform im 15. Jahrhundert in diesem Bereich nicht an die hochmittelalterlichen Vorgaben angeknüpft.

Die Erlaubnis des Generalkapitels von 1253 für die Abtei Royaumont, die Engel tragenden Pfosten der Altarvelen um den Hochaltar zuzulassen[30], hat sich anscheinend ebenfalls richtungsweisend auf den

Orden ausgewirkt, denn seit 1256 wurden Skulpturen und Gemälde nicht mehr an sich, sondern nur noch bei Übermaß und Außergewöhnlichkeit verboten. Die jährlichen Reisen der Äbte zu den Generalkapiteln in Burgund haben die Ausgestaltung der Klöster mitbeeinflußt. Figuren sind mitgebracht oder später nachgeliefert worden. Eine der großen Marienfiguren in Kaisheim stammt zum Beispiel aus dem westlichen Frankreich des 14. Jahrhunderts. Nach den Ausstattungen zahlreicher Zisterzienserkirchen und -klöster hat sich diese im Laufe des 14. Jahrhunderts der allgemein üblichen Entwicklung angepaßt. Bei den Zisterziensern haben auf Grund der spirituellen Vorgaben Christus und Maria eine besondere Bedeutung bei der Ausgestaltung gehabt. Einen zisterziensischen Sonderweg lassen die Ausstattungen seit dem 14. Jahrhundert nicht mehr erkennen. In der Zeit davor sind die Ausstattungen der Kirchen und Klöster des Ordens in der Regel nur umrißhaft oder teilweise bekannt. Daher dürfte die Frage nicht mit letzter Sicherheit zu beantworten sein, ob die Bestimmungen des Generalkapitels in dieser frühen Zeit im Orden allgemein und umfassend befolgt wurden.

Der Beschluß des Generalkapitels von 1240, daß Tafelbilder aus den Klöstern entfernt werden sollten[31], beweist, daß sich diese trotz vorausgehender, gleicher Verbote in den Klöstern eingebürgert hatten. Damit ist zu fragen, ob es das in der Forschung so oft beschworene vollkommen zisterziensische Kloster – vielleicht Clairvaux zu Zeiten Bernhards einmal ausgenommen – überhaupt gegeben hat. Gefragt werden muß auch, ob der Beschluß des Generalkapitels tatsächlich dazu geführt hat, daß in den folgenden Monaten alle Tafelbilder aus den Klöstern verschwanden. Die spirituelle Entwicklung im Orden und der um die Mitte des 13. Jahrhunderts vollzogene Wechsel in der Ausbildung des künftig führenden Ordensnachwuchses hat wohl mit dazu beigetragen, daß die *picturae* seit der zweiten Hälfte des 13. Jahrhunderts nicht mehr in den Verboten der Generalkapitel erwähnt sind. Seit dieser Zeit finden sich in der Ausstattung der Klöster Tafelbilder, Glasgemälde und Wandbilder bzw. Fresken. Seit dem 14. Jahrhundert war die Ausstattung unter Berücksichtigung der spirituellen Besonderheiten in der Thematik der Darstellung ebenfalls von Klöstern anderer Orden eigentlich kaum noch zu unterscheiden[32]. Damit hatten sich die grundsätzlichen Verbote im

Orden auf Verbote des Übermaßes und Befolgung bestimmter spiritueller Vorgaben relativiert.

Auch bei den liturgischen Geräten wurde schon im 13. Jahrhundert begonnen, von den schlichten Formen der Gründerzeit abzurücken[33]. Die von der Gründerzeit her vorgegebene Schlichtheit wurde vom Orden um 1300 endgültig aufgegeben und die Generalkapitel haben ihre Vorschriften seit 1330 und 1331 für diesen Bereich der Ausstattung nicht mehr wiederholt. Der Orden hat sich damit auch hier der in Klöstern der Zeit allgemein üblichen Ausstattung angeschlossen und seinen bisher von der Forschung festgestellten Sonderweg aufgegeben[34].

Die Siegel des Ordens hatten neben ihrer rechtlichen Bedeutung auch eine für die geistige und künstlerische Entwicklung desselben. Obwohl in der französischen Revolution angeblich nahezu 90% des Siegelbestandes der mittelalterlichen Klöster zerstört wurde[35], was aber nur für die französischen Konvente gelten kann, und eine die Siegel des gesamten Ordens erfassende Untersuchung bislang fehlt, lassen sich dennoch gewisse Grundzüge der Entwicklung feststellen. Während bei den Benediktinern im Laufe des späten 12. Jahrhunderts neben das bis dahin alleinige Siegel des Abtes das des Konvents trat und damit dessen Aufstieg zu einer eigenständigen Rechtsperson neben dem Abt dokumentierte, blieb bei den Zisterziensern bis zur Bulle Papst Benedikts XII. von 1335 ein Konventssiegel ungebräuchlich. Der Abt allein hat ein Siegel geführt und der Konvent hat sich diesem Gebrauch angeschlossen[36]. Daher haben die Siegel zahlreicher Zisterzen in der Frühzeit in ihren Umschriften auch nur auf das Kloster hingewiesen. Ein Beispiel dafür dürfte das an einer Urkunde von 1160 nachgewiesene Siegel der Abtei Longpont sein, das die Inschrift +SIGILLVM.SANCTE.MARIE.LONGI.PONTIS. trägt. Das relativ kleine (56 x 74mm) Siegel zeigt U. L. Frau gekrönt mit dem Jesuskind in Maiestas auf einem Regenbogen, der wohl als Symbol für den Klosternamen Longpont zu deuten ist[37]. Diese frühen Siegel haben ihre zwischen 35 und 50 mm liegende Masse als gemeinsames Kennzeichen. Sie stehen stilmäßig in enger Verbindung zu einem Siegel des französischen Königs Ludwigs VI. von 1108. Aufgrund der Darstellungsweise könnte es nach Meinung der Forschung von einem Zisterzienser geschaffen worden sein[38].

Neben diesem Siegeltyp ist frühzeitig ein zweiter entstanden, der sich in drei Siegeln der Äbte von Cîteaux von 1177, 1229 und 1313 findet[39]. Während die beiden ersten dem jeweiligen Zeitstil im Siegelwesen entsprechen, wird das dritte aus dem beginnenden 14. Jahrhundert in seiner Zeit als archaisch angesehen. Dann wird darauf verwiesen, daß Äbte und Äbtissinnen lange Zeit Neuerungen in den Formen ihrer Siegel widerstanden haben. Sie haben vermutlich auch aus rechtlichen Gründen wohl bewußt im Beglaubigungsmittel des Siegels eine überkommene und allgemein bekannte Form beibehalten. Diese Siegel trugen in ihrer Inschrift nie den Namen des Abtes, sondern formulierten nur: +SIGILLVM.ABBATIS.CISTERCIENSIS. Das Siegelbild zeigt einen stehenden Abt bekleidet mit der Kukulle, mit dem Abtsstab in der (heraldisch) rechten und einem Buch als Zeichen seiner Herrschaft in der linken Hand. Das von Bernhard von Clairvaux sicher benutzte Siegel zeigte nur den von einem von (heraldisch) links ins Siegelbild ragenden bekleideten Arm gehaltenen Abtsstab mit der Unterschrift[40]: +SIGNVM.ABBATIS.CLAREVALLIS. Im Unterschied zu den runden Siegeln des Abtes von Cîteaux hat Bernhard dabei die von geistlichen Würdenträgern meist gebrauchte spitzovale Form benützt, die aus zwei Kreissegmenten besteht und als *vesica piscis* an das alte christliche Symbol der Freiheit erinnert[41].

Andere Siegel haben den mit einer Kukulle bekleideten Abt auf einer Bank sitzend dargestellt, wobei Abtstab und Buch enger am Körper gehalten werden. Diesen Siegeltyp hat der Abt von Les Dunes in Flandern benützt, wie ein erhaltenes Beispiel von 1171 beweist[42], das die Umschrift trägt: +SIGILLVM.ABBATIS.DE. DVNIS. Das Generalkapital von 1200 hat sich für die vom Orden benützten Siegel auf diese beiden Beispiele endgültig festgelegt[43]: entweder das Siegelbild mit dem Abt oder die verkürzte Darstellung des bekleideten Arms mit dem Abtstab. Nach den seit dem 13. Jahrhundert in hoher Zahl überlieferten Siegeln hat sich in der Folgezeit die Darstellung des Abtes auf dem Siegelbild anscheinend überwiegend durchgesetzt, wie Beispiele aus Altenberg[44], Ossegg in Böhmen[45] und Raitenhaslach[46] beweisen. Dabei kommen jedoch einerseits die sitzende und stehende Figur des Abtes vor und andererseits verschiedene Sitzgelegenheiten des Abtes. Neben der im Siegel von Les Dunes erscheinenden Bank für den Abt trat in Altenberg zum Beispiel der

Abtstuhl auf, der wohl als weiteres Kennzeichen von dessen Würde gedacht war. Vielleicht hat auch Bernhard von Clairvaux auf diesen aufwendigen Siegeltyp zurückgegriffen, als er sich nach dem Mißbrauch seines Siegels durch seinen Sekretär ein neues Typar anfertigen ließ. Ob es sich dabei jedoch um das heute noch vorliegende handelt, muß vorerst noch offen bleiben, zumal dieses auch noch die Umschrift aufweist[47]: +SIGILLVM.BERNARDI.ABBATIS.CLAREVALLIS. Die Aufnahme des bis 1335 im Orden untypischen Abtsnamens im Siegel könnte jedoch gerade durch den vorangehenden Mißbrauch des Siegels bedingt gewesen sein.

Wie das anscheinend seit der Gründung 1219 geführte Siegel der Äbtissin von Paraclet-des-champs bei Amiens nachweist, haben auch die Frauenklöster des Ordens denselben Siegeltyp übernommen: oval; stehende, Kutte tragende Äbtissin mit Stab und Buch. Dabei war jedoch die Darstellung der Äbtissin durch eine etwas bewegtere Körperhaltung wesentlich eleganter, leichter und damit moderner als die Darstellungen auf den Siegeln der Männerabteien. Doch haben keineswegs alle Klöster dieses Siegelbild übernommen. So hat zum Beispiel die Äbtissin von Heiligkreuztal bei Riedlingen/Donau 1331 ein Siegelbild benützt, das in Anlehnungen an den Klosternamen – vergleichbar dem Typar von Longpont – in einer spitzovalen Form Christus am Kreuz mit einem Kriegsknecht zeigte[48]. Die Umschrift lautet: + S.ABBE ... VALLE.SCE. CRVCIS. Heiligkreuztal hat damit bewiesen, daß es sich der seit der zweiten Hälfte des 13. Jahrhunderts weitaus flexibleren Haltung im Orden zur künstlerischen Gestaltung anschloß. Das Kloster hat diese Position auch bei der Ausgestaltung seiner Klosterkirche in etwa derselben Zeit eingenommen. Die Feststellung, daß sich die Äbte und Äbtissinnen des Ordens gegen eine Erneuerung ihrer Siegelbilder gesträubt hatten, während die Klöster ihre Siegelbilder den neuen Formen weit eher öffneten[49], gilt somit keineswegs für alle Klöster.

Die symbolhafte Andeutung des Klosternamens im Siegel – in einer Zeit des Analphabetentums selbst in höchsten weltlichen Kreisen eine verständliche Angelegenheit – findet sich auch im Siegel des Klosters Pontigny. Das schon 1265 nachweisbare Siegelbild, das im 14. Jahrhundert vom Konvent geführt wurde[50], zeigt U. L. Frau in der Mitte einer Brücke mit vier Bögen stehend. Sie trägt das Kind auf dem linken Arm und hält in der rechten Hand einen Stab, der in eine stilisierter Lilie ausläuft, wie das Szepter der französischen Königinnen. Dieser Siegeltyp wird daher in enger Verbindung zu den im französischen Kulturraum üblichen Siegeln von Fürstinnen in der zweiten Hälfte des 13. Jahrhunderts gesehen[51]. Damit ist erneut bewiesen: der Orden hat sich seit der Mitte des 13. Jahrhunderts für die allgemeine Entwicklung der Kunst geöffnet[52]. Einfluß auf die Siegelbilder haben aber auch die den Zisterziensern bekannten Darstellungen der Hl. Jungfrau mit dem Kind an den italienischen Stadtpalästen am Übergang vom 13. zum 14. Jahrhundert gehabt. Die Entwicklung der Siegelbilder vollzog sich dabei anscheinend in zwei Schritten, wobei die Darstellungsformen in der Folgezeit lange nebeneinander benutzt wurden. Auf den ersten um 1290 folgte um 1325 der zweite Schritt. Dabei erscheint das Bild der Hl. Jungfrau mit dem Kinde in den verschiedensten Posen auf den Siegeln. Insbesondere in der um 1325 beginnenden Entwicklung wurde auf die Darstellung der Hl. Jungfrau an den Stadtpalästen in San Gimignano und Siena zurückgegriffen[53]. Diese Abbildung der thronenden Muttergottes ist aber keineswegs nur auf den Zisterzienserorden und seine Klöster beschränkt geblieben[54].

Obwohl die im frühen 14. Jahrhundert entwickelten Siegelbilder weiterhin verwandt wurden, hat sich um 1350 nochmals eine neue Mariendarstellung auf den Siegeln herausgebildet. Sie findet sich erstmals 1352 im Siegel der Abtei Cercamp[55] und hat sich in der Folgezeit rasch ausgebreitet. Anfang des 16. Jahrhunderts wurde dieses Siegelbild sogar von den Definitoren des Ordens benützt[56]. Besonders hervorzuheben ist die lange Verwendung der Siegelbilder des 14. Jahrhunderts[57].

Die weite Verbreitung der Mariendarstellungen in den Siegelbildern im Laufe das 14. Jahrhunderts ist im Zusammenhang mit der durch die Bulle Papst Benedikts XII. 1335 veranlaßten Einführung von Konventsiegeln zu sehen. Diese waren rund und haben allgemein Mariendarstellungen getragen. In England war durch das Statut von Carlisle 1307 ein gemeinsames Siegel für Abt und Konvent eingeführt worden, das vom Prior und vier Konventsangehörigen verwaltet wurde[58]. Dieser Siegeltyp hat sich vom Kloster Rievaulx in Yorkshire von 1315 erhalten. Es zeigt den Abt in liturgischer Gewandung und eine gekrönte Hl. Jungfrau mit Kind. In der Umschrift wird eindeutig auf Abt und Konvent verwiesen. Das anscheinend ärmere Kloster Grace Dieu in Wales hat der Umschrift des bisherigen Siegels die Worte ET.CONVENTVS nur hinzufügen lassen, um den Vorschriften zu genügen. Neben ihrer rechtlichen Bedeutung zeigen die Siegel des Ordens auch dessen Haltung zur künstlerischen Darstellung und deren Entwicklung.

IV. Der Orden in der Neuzeit bis zur Säkularisation

1. Die Reformationszeit und die Bildung der Kongregationen

Die Rivalität zwischen Cîteaux und den Primarabteien blieb auch in der Neuzeit bestehen. Abt Johann X. von Cirey scheiterte 1496 in Clairvaux mit dem Versuch, seinem dortigen Gegner Peter II. von Virey in dem von ihm zum neuen Abt ernannten Anton von Châtillon einen ihm ergebenen Mann folgen zu lassen. In Cîteaux selbst konnte er im November 1501 seinen Neffen *Jacques III. Theulley de Pontailler-sur-Saône* zum Nachfolger postulieren, womit der Konvent einverstanden war[1]. Jacques III. hatte die für Äbte übliche Karriere hinter sich: als Mönch im Konvent Cîteaux war er Provisor am Pariser Kolleg geworden und war dann nacheinander Abt in Cherlieu, Bellevaux und Morimond. Er hat seinem Oheim neben seinen Wohnungen in Cîteaux, Gilly und Vougeot weitere Naturalien und 400 Livres als Pension zugesagt. Papst Alexander VI. bestätigte diese Abmachungen am 16. Februar 1502. Jacques III. war aber nicht großzügig. Sein Oheim war schon bald über die knappen Pensionszahlungen verbittert, obwohl er nicht mehr lange lebte († 27. Dezember 1503). Diese Haltung des neuen Abtes paßt zu dessen Bemühungen, den Besitz seiner Abtei zusammenzuhalten oder wieder zu beschaffen. Er ließ sich dazu sogar eine Bulle vom Papst Julius II. ausfertigen (5. Februar 1504)[2]. Trotz dieser Bemühungen haben Kloster und Orden unter seiner Leitung auch Verluste erlitten. So mußte er die angeblichen Rechte der Witwe des Jean de Vienne auf die von diesem 1469 an Cîteaux verkaufte Herrschaft Montbis mit einer hohen Summe ablösen. Für den Orden mußte er 1507 König Heinrich VII. von England 5000 Pfund bezahlen, damit dieser die Privilegien der englischen Zisterzen und deren freies Wahlrecht bestätigte. Hohe Kosten hat auch der 1509 abgeschlossene Bibliotheksbau von Cîteaux verursacht, obwohl sich der Inhalt der Bibliothek zu dieser Zeit schon nicht mehr im besten Zustand befand.

Abt Jacques III. ist auch in die Aufgaben seines Oheims in Politik und Kirche eingerückt. Seit 1510 war er auf Grund seines Amtes Mitglied des Parlaments in Dijon. Seine zusammen mit den vier Primarabteien durchgeführte Feier in Dijon 1509 anläßlich des Sieges von Ludwig XII. über die Venetianer, beweist, daß er auch zum Hofe Beziehungen hatte. Im kirchlichen Rahmen hat er seinen Orden auf dem 5. Laterankonzil (1512–1517) vertreten. Er ist dabei aber nur durch ein Gesuch von 1512 hervorgetreten, in dem er bat, das Konzil für drei Monate verlassen zu dürfen, um dem Generalkapitel vorsitzen zu können. Die Erlaubnis wurde mit der Auflage erteilt, daß das Generalkapitel die Reform des Ordens voranzubringen habe. Wie sich der Abt zu dem zwischen Papst Leo X. und König Franz I. abgeschlossenen Konkordat von 1516 verhielt, das das Kommendenwesen festschrieb und bestätigte, ist nicht bekannt, doch hat er dasselbe stillschweigend hingenommen und damit seine politische Stellung der kirchlichen vorangesetzt. Doch haben ihm diese Vorgänge vermutlich gesundheitlich zugesetzt. Nachdem er sein Amt wegen Krankheit am 25. Oktober 1516 resigniert hatte, wobei er dieselbe Pension wie sein Oheim vertraglich festlegen ließ, starb er bereits am 1. November 1516.

Er hatte zugunsten von *Blaise Légier de Ponthémery* resigniert, was der Konvent in dieser Form vermutlich hingenommen hätte, wenn er nicht so rasch verstorben wäre. Doch nun forderte er sein freies Wahlrecht ein, um dann jedoch den bereits zum Abt bestimmten Blaise Légier zu wählen, welcher als Mönch von Cîteaux Provisor am Pariser Kolleg und anschließend Abt von Marcilly gewesen und somit im Rahmen der üblichen Laufbahn des Ordens aufgestiegen war. Der Konvent von Cîteaux bat König Franz I. auf Grund des neuen Konkordats um Zustimmung zu seiner Wahl und konnte dadurch erreichen, daß Abt Blaise noch vor Ende des Jahres von seiner Abtei offiziell Besitz ergreifen und im Januar 1517 auch den Platz im Parlament von Dijon einnehmen konnte. Das Zusammenwirken vom päpstlichen und königlichen Hof bei seiner Bestätigung führte dazu, daß das Generalkapitel 1517 nach seiner Vorbereitung unter dem Thema der umfassenden Ordensreform stehen sollte. Abt Blaise starb jedoch kurz vor der Eröffnung desselben am 10. September 1517 in Paris im Alter von 43 Jahren und wurde dort beigesetzt.

Der Konvent von Cîteaux hatte es – vermutlich wegen der königlichen Rechte nach dem Konkordat von 1516 – eilig, einen neuen Abt zu wählen. Schon am 16. September 1517 wurde in Cîteaux in Anwesenheit der Primaräbte oder ihrer Vertreter Abt *Guillaume VI. de Biosset* von Candeil zum neuen Abt gewählt[3]. Dieser wurde anscheinend erst in Lyon am 28. September von seiner Wahl informiert, hat jedoch nicht sofort zugestimmt. Eine Nachricht über seine Besitzergreifung von Cîteaux fehlt und noch im Januar 1518, als er in Südfrankreich Abteien des Ordens visitierte, hat er den Abtstitel nicht geführt. Wenn sich seine Bestätigung durch König oder Papst auch verzögert haben mag, ist dennoch davon auszugehen, daß er die Wahl nach einiger Zeit angenommen hat. Die Visitation hat im Mittelpunkt seiner Tätigkeit gestanden, und er ist auch während einer solchen am 25. April 1521 in Brioude in der Auvergne gestorben, wo er sich beisetzen ließ, was dafür spricht, daß er keine engen Beziehungen zu Cîteaux während seinem Abbatiat entwickelt hatte. Wohl war er ein Vertreter der Ordensreform, ohne daß darüber umfassende Einzelheiten bekannt wären, doch hatte 1520 das Generalkapitel Abt Edmond de Saulieu von Clairvaux beauftragt, den Papst zu bitten, die Bewegung der religiösen Erneuerung im Orden zu bestätigen. Papst Leo X. hat am 5. Februar 1521 in einem kurzen Schreiben die meisten Mißbräuche in den Abteien aufgezählt und eine umfassende Erziehung der Mönche in den strengen Regeln des Ordens gefordert. Er wies dabei daraufhin, daß ein Unterlassen baldiger Reformen kirchliche Strafen oder sogar eine Einmischung der weltlichen Gewalt nach sich ziehen würde. Da Leo X. im gleichen Jahr starb, blieb es jedoch bei dieser Ankündigung.

Nach dem Tode Abt Guillaumes VI. trat der Konvent am 29. April 1521 zur Neuwahl zusammen, die auf *Guillaume VII. de Faucolnier* fiel[4]. Dieser stammte aus Rouen, war im Kloster Mortemer in den Orden eingetreten und seit 1517 Abt von Miroir (Diözese Lyon). Er wurde von Papst und König rasch bestätigt und soll schon wenige Wochen nach seiner Wahl den König in seinem Kloster empfangen haben. Wenn diese Überlieferung auch nicht zutreffen dürfte, so ist sie wohl ein Beweis für das der Öffentlichkeit bekannte gute Verhältnis zwischen Franz I. und dem neuen Abt. Trotzdem haben sich Abt und Kloster 1532 nicht dem für sie mit Verlusten verbundenen Wunsch des Philippe Chabot, Admirals von Frankreich und Gouverneurs von Burgund, verschließen können, mit diesem die Grangie

Toutenant zu tauschen[5]. Unabhängig von den Verlusten an Ordenshäusern durch die Reformation ging auch das nationale Selbständigkeitsstreben im Orden weiter. Abt Guillaume mußte 1527 den Abt von Poblet zum Visitator der Klöster in Aragon ernennen und ihm zwei Jahre später mit dem Titel eines Generalvikars des Ordens auch das Recht zugestehen, Provinzialsynoden abzuhalten. Schon vor der Aufhebung der Klöster in England kam es zu erheblichen Spannungen mit König Heinrich VIII. von England, weil sich dieser 1531 weigerte, den vom Generalkapitel beauftragten Abt von Chaalis als Visitator für England, Wales, Schottland und Irland anzuerkennen. Heinrich VIII. war nicht bereit, einen Einwohner Frankreichs – wie er formulierte – als Visitator zu akzeptieren und zwang die Klöster seines Landes, den Abt zu ignorieren und die Visitation durch eine Kommission der Äbte von Fountains, Woburn, Byland, Tower Hill und Neath vornehmen zu lassen. Abt Guillaume mußte zwischen 1528 und 1534 für sein Kloster Wein einkaufen, weil der Ertrag der Weinberge nicht ausreichte. Als er dabei zu Zollzahlungen gezwungen wurde, konnte er auf Grund der alten Zollprivilegien über die Justiz in Dijon die Rückzahlung der Zölle erreichen. Der Orden war damit bereits zu dieser Zeit gezwungen, seine Privilegien gegen den Widerstand der königlichen Bürokratie zu verteidigen.

Die Anfeindungen des Ordens und das anstehende Jubiläumsjahr des Todes von Stephan Harding haben Abt Guillaume 1533 dazu bewogen, die Gebeine von Stephan Harding, Abt Alberich und anderen Gründern von Cîteaux exhumieren und in neun Gebeintruhen unter dem Altar bei der Tür zum Kreuzgang neu beisetzen zu lassen, wobei der Altar zu Ehren des hl. Stephan geweiht wurde[6]. Der Versuch des Abtes, sein Kloster zu fördern, wurde durch die Kriege zwischen Franz I. und Karl V. entscheidend behindert. Daher war die Bilanz seines Abbatiats, als er am 26. März 1540 starb, für Kloster und Orden negativ. Unmittelbar nach seinem Tod besetzten die königlichen Beamten in Dijon nicht nur Cîteaux mit Militär, sondern forderten auch unter Berufung auf das Konkordat von Bologna ein Jahreseinkommen des Klosters und versuchten gleichzeitig die Wahl eines neuen Abtes zu hintertreiben, indem sie darauf verwiesen, daß die Wahl des Abtes königliches Privileg sei: Obwohl die Primaräbte nicht teilnehmen konnten, führte der Konvent in Anwesenheit zahlreicher Würdenträger benachbarter Klöster die Abtswahl bereits am 30. März 1540 durch. Sie fiel auf das Konventsmitglied *Jean Loysier*, der als Doktor der Theologie im Pariser Kolleg tätig war und aus Seurre sur Saône stammte[7]. Die Mitteilung der Wahl wurde dem neuen Abt Jean XI. in Paris überbracht. Er begab sich daraufhin sofort nach Rom, um von Papst Paul III. die Bestätigung der Wahl zu erbitten, was am 16. Mai 1540 unter der Voraussetzung der Anerkennung durch den König geschah. Die Verwaltung am Hof verzögerte die Angelegenheit, und erst am 30. April 1542 konnte der Abt von seiner Abtei Besitz ergreifen. Damit war aber die seit März 1540 andauernde Besetzung von Cîteaux noch nicht beendet. Erst als der neue Abt am 30. März 1543 ein nachdrückliches Patent des Königs erwirkte, wurde diese aufgehoben. Der König hatte Cîteaux besucht und zugunsten von Abt Jean XI. interveniert. Der Abt nannte daraufhin eine neue Glocke des Klosters dankbar »Françoise«. Er hat in der Klosterkirche auch eine neue Orgel aufstellen lassen, die allgemeine Bewunderung fand. Darüber hinaus ließ er die Klostergebäude im Stil der Zeit renovieren. Da ihm das Schloß in Gilly nicht zusagte, ließ er in Vougeot ein neues errichten, in dem er sich überwiegend aufhielt und auch am 26. Dezember 1559 starb. Sein Verhältnis zum Konvent war im Laufe seiner Regierung immer gespannter geworden, wobei seine hohen Ausgaben eine Rolle gespielt haben. Er ernannte neuerlich den Abt von Poblet zum Visitator aller spanischen Zisterzen der Filiationen von Cîteaux, Clairvaux und Morimond[8].

Der Konvent von Cîteaux wählte am 6. Januar 1560 den aus angesehener Adelsfamilie stammenden *Louis de Baissey* zum Abt. Er war Mönch in La Prée gewesen, Doktor des kanonischen Rechts, später Abt in La Prée und Maizières. Seine Wahl beweist, daß der Orden trotz aller Veränderungen der Zeit an der seit Jahrhunderten gültigen Form der Auswahl seiner führenden Ordensgeistlichen festhielt. Abt Louis I. fand rasch die Zustimmung von Papst und König und konnte noch vor dem Generalkapitel am 8. September 1560 von Cîteaux Besitz ergreifen. Die Generalkapitel waren seit Jahrzehnten immer schlechter besucht worden. 1560 kamen nur noch 13 Äbte, was die Stellung der Konvente zur Tradition des Ordens und seiner Leitung anzeigte.

Der spanische König Philipp II. wollte die vollkommene Unabhängigkeit der spanischen Zisterzen von ihren in Frankreich gelegenen Mutterklöstern in einer eigenen Kongregation erreichen, wozu er sich um die Zustimmung der Kurie bemühte. Er hatte dabei insbesondere auf die fehlende freie Wahl der Äbte von Cîteaux hingewiesen. Abt Louis konnte den anfänglichen Erfolg Philipps II. in Rom durch persönliches Erscheinen in einem Konsistorium durchkreuzen, da die päpstlichen Zugeständnisse daraufhin zurückgenommen wurden. In den folgenden Jahren hat Abt Louis am Konzil in Trient teilgenommen, was von seinem Vorgänger nicht bekannt ist. Er hat sich ohne Erfolg gegen das Kommendenwesen gewandt, das seinem Orden in so hohem Maße geschadet hatte, obwohl keineswegs alle Kommendataräbte Männer waren, die die Ordensdisziplin ablehnten und ihr entgegentraten. Abt Louis starb auf dem Rückweg vom Konzil in Trient am 15. Juni 1564 in der Zisterze Pogliola in Piemont, ließ aber bezeichnenderweise sein Herz zur Beisetzung nach Cîteaux überführen.

Nach seinem Tode beanspruchten die königlichen Beamten in Dijon neuerlich die Einkünfte der Abtei im Umfang eines Jahres. Der Konvent wählte schon am 1. Juli den Abt von Clairvaux, *Jérôme de la Souchière.* Er war Mönch in Montpeyroux in der Auvergne gewesen und Doktor der Theologie[9]. Während die königlichen Beamten Cîteaux verwalteten, nahm er zusammen mit dem Konvent am Hof den Kampf um die Abtei auf. Auf Anweisung der Kurie blieb er dabei weiterhin Abt von Clairvaux. Der Konvent von Cîteaux argumentierte vor dem König, daß die Abtei nicht Besitz des Abtes, sondern des gesamten Konvents war. Dadurch würde bei der Vakanz des Abtsstuhles keine Vakanz in Besitz der Abtei eintreten und die Mönche forderten daher die Verwaltung ihrer Abtei. Ihr Vorgehen hatte Erfolg: am 15. Oktober 1564 wurde vom König die Rückgabe der gesamten Einkünfte an den Konvent angeordnet. Die weitern Vorgänge zogen sich solange hin, daß Abt Jérôme erst im Mai 1568 offiziell von seiner Abtei Besitz ergreifen konnte. Diese Verzögerung hat ihn aber nicht daran gehindert, an der Errichtung der Kongregation von Alcobaça mitzuwirken. Seine Tätigkeit fand durch die Ernennung zum Kardinal (24. März 1569) ihre kirchliche Anerkennung, wobei ihm nochmals gestattet wurde, die Abtstitel von Cîteaux und

Clairvaux weiterhin zu führen. Die neue Position an der Kurie stützte ihn auch in der kurz darauf ausbrechenden Auseinandersetzung mit Philipp II. von Spanien, der die reiche Abtei von Vaucelles aufheben wollte, um deren Besitz mit dem Erzbistum Cambrai zu vereinigen. Es gelang Abt Jérôme, diesen Plan durch die französische Diplomatie zu verhindern, wenn auch die Abtei Vaucelles in Zukunft Cambrai jährlich 40 000 Livres zahlen mußte. Abt Jérôme hatte damit, wenn man an die erfolgreichen Vereinigungen der Abteien Reichenau mit dem Bistum Konstanz und Prüm mit dem Erzbistum Trier kurze Zeit zuvor denkt, für seinen Orden einen großen Erfolg errungen. Der als »Kardinal von Clairvaux« bekannte Abt starb in Rom am 10. November 1571. Sein Herz ließ er nach Clairvaux überführen. Auch darin zeigte sich, daß Cîteaux bei ihm nur eine hinter Clairvaux zurückbleibende Rolle gespielt hat.

Die Neuwahl am 12. Dezember 1571 statt. Sie fiel auf *Nicolas I. Boucherat,* Doktor der Theologie, Prior in Reclus bei Troyes und zuletzt Generalprokurator seines Ordens in Rom[10]. In dieser Funktion hatte er auch am Konzil von Trient teilgenommen und war somit wie seine beiden Vorgänger in die neuen Entwicklungen der Kirche seiner Zeit eingebunden. Nach zwei Tagen Bedenkzeit nahm er die Wahl an. Er wurde am 13. Januar 1572 von Papst Pius V. bestätigt, wobei dieser behauptete, daß er durch den Tod Abt Jérômes in Rom zur Provision des Nachfolgers berechtigt wäre. Der Papst teilte am 26. Februar 1572 König Karl IX. in diesem Zusammenhang mit, daß die Äbte von Cîteaux und den anderen vier Primarabteien niemals vom König hätten bestätigt werden müssen, weshalb Abt Nicolas I. als Abt von Cîteaux und Lupin de Myre als Abt von Clairvaux von ihm sofort bestätigt werden könnten. Anlaß für dieses Schreiben war das Gerücht, daß Karl IX. Clairvaux dem Kardinal de Rambouillet als Kommende übertragen wollte. Der König ernannte als Reaktion auf diesen Vorstoß keinen Abt für die beiden Klöster. Der Konvent von Cîteaux nahm den Kampf gegen das neuerliche Auftreten der königlichen Beamten aus Dijon in ihrem Kloster sofort auf. Als der Vorstoß der Mönche im Parlament von Dijon erfolglos blieb, wandten sie sich unmittelbar an den König, wobei sie darauf hinwiesen, daß der Abt von Cîteaux nicht nur Abt seines Klosters war, sondern auch den Orden leitete und daher eine Vakanz seines Stuhls nicht im Interesse der Krone liegen konnte. Karl IX. hat daraufhin am 27. August 1572 die Wahl von Abt Nicolas I. anerkannt und die königlichen Beamten aus Cîteaux zurückgerufen. Schon im folgenden Jahr hat Abt Nicolas Zisterzen in der Schweiz, im Deutschen Reich, in den Niederlanden und in Luxemburg visitiert. Er hat dabei nachdrücklich auf eine Beibehaltung des alten Ordensritus im Gottesdienst hingewirkt, obwohl Wettingen und Marienstatt nachwiesen, daß dieser in ihren Häusern schon seit langer Zeit nicht mehr befolgt würde. Dieser Ritus war wegen seines Alters von der Bulle *Quo primum tempore* Papst Pius V. unberührt geblieben. Doch bestand im Orden großes Interesse daran, sich dem römischen Ritus anzuschließen. Diese Bewegung hat sich in der Folgezeit auch durchgesetzt. Das Generalkapitel 1609 stellte ausdrücklich fest, daß nur noch wenige Klöster ihre Gottesdienste nach dem alten Ritus feierten.

Während Abt Nicolas im Gottesdienst den alten Ritus beibehielt, hat er sich in der künstlerischen Ausgestaltung seiner Klosterkirche nicht auf die Traditionen des Ordens besonnen, sondern sich für eine zeitgemäße Ausstattung entschieden. Er ließ für die Klosterkirche in Cîteaux einen neuen Hochaltar mit einem großen Retabel und Kupferfiguren in der Größe von 25 Fuß anfertigen, wobei er auf der Evangelienseite ein Grabmal für sich vorbereiten ließ, das ebenfalls aus Kupfer getrieben war. Das Grabmal wurde 1589 durch die Calvinisten zerstört, aber 1601 durch eine Nachbildung ersetzt. Einer 1576 drohenden Zerstörung der Abtei durch die Armee des in Burgund eingefallenen Pfalzgrafen Kasimir bei Rhein konnte Abt Nicolas durch Zahlung einer hohen Kontribution entgehen. Wie viele seiner Vorgänger hat auch er eine bedeutende Stellung im politischen Leben Burgunds eingenommen. So stand er nicht nur an der Spitze einer burgundischen Delegation an den Hof Heinrichs III., um eine Steuersenkung zu erreichen, sondern hat auch vom König die Bestätigung der Mitgliedschaft kraft Amtes im Parlament von Dijon erreicht (1578). Der für die Päpste Pius V. und Gregor XIII. als Legat tätige Abt resignierte im Dezember 1583 (Zustimmung des Königs 2. Januar 1584) und zog sich in eine für ihn erworbene Mühle in Gilly zurück († 12. März 1586). Sein relativ genügsames Leben nach der Resignation zeigte deutlich seine Haltung zur Reform der Kirche seiner Zeit und erregte bei seinen Zeitgenossen erhebliches Aufsehen.

Erst am 13. Juni 1584 konnte mit *Edmond I. de la Croix* der Nachfolger von Abt Nicolas gewählt werden[11]. Er stammte aus Troyes, war in Clairvaux in den Orden eingetreten, Doktor der Theologie und Abt in Châtillon bei Verdun gewesen. Schon 1581 hatte er in Polen in einer päpstlichen Kommission als Visitator mitgewirkt und war kurz vor seiner Wahl in Cîteaux vom Papst zum Abt von Pontigny ernannt worden. Damit hat er nicht nur eine Vorbildung im Umfang seiner Amtsvorgänger besessen, sondern auch über enge Verbindungen zur Kurie verfügt. Obwohl der neue Abt sehr schnell von Papst und König bestätigt wurde, hat er erst im Oktober 1585 seinen Treueeid auf den König abgelegt und ist im Mai 1586 ins Parlament von Dijon aufgenommen worden. Er wurde von Papst Sixtus V. noch im gleichen Jahr zu einer möglichst umfassenden Reform des Ordens aufgerufen, die sich aber durch die Religionskriege in Frankreich nur schwer durchführen ließ. Abt Edmond nahm 1588 an den Generalständen in Blois teil, in deren Folge die Auseinandersetzungen zwischen den Parteien erneut ausbrachen. Der Abt konnte trotz Zahlung hoher Summen nicht verhindern, daß Cîteaux 1589 von den Hugenotten geplündert wurde. Dabei wurden die Kupferstatuen des Hochaltars und das Grabmal von Abt Nicolas zerstört und zum Einschmelzen weggeführt. Vom Kloster blieben nur die äußeren Mauern der Gebäude erhalten. Papst Clemens VIII. erließ deshalb 1592 eine Bulle, die die französischen Zisterzen verpflichtete, die Hälfte ihrer jährlichen Abgaben für den Wiederaufbau der Mutterabtei Cîteaux zusätzlich abzuführen. Trotz dieser Hilfe – die aber keineswegs im veranschlagten Umfang einging – hat sich die Abtei nur langsam erholt, zumal sie 1595 nochmals geplündert wurde. Abt Edmond hatte sich politisch so eng mit der Liga verbunden, daß er nach der Konversion Heinrichs IV. 1593 nicht sofort auf dessen Seite übertreten konnte oder wollte. Dagegen tat dieses der Konvent unter seinem Prior Claude Germain und dem jungen Nicolas Boucherat, der später Abt wurde. Der Konvent legte im Frühjahr 1594 den Treueid auf Heinrich IV. ab und erhielt daraufhin von diesem am 8. Juni 1594 die Verwaltung seiner Güter und Einkünfte zurück. Abt Edmond gelang es, ebenfalls zum Ausgleich mit dem König zu kommen und 1595 wieder seine Stellung im Kloster einzunehmen. Der beginnende Wiederaufbau der Abtei stellte Abt und Konvent vor große finanzielle Probleme, die sie dazu zwangen, rund ein Drittel ihrer Güter in den folgenden Jahren zu verkaufen. Dazu war auch die Zahl der Konventsmitglieder abgesunken. Sie hatte vor den Ereignissen von 1589 bei 80 Mönchen und 30 Konversen gelegen. Dagegen betrug sie 1599 nur noch 20 Mönche und 5 oder 6 Konversen[12]. Die vom Abt 1599 erwirkten königlichen Patente zur Rückgabe entwendeter Gegenstände (9. März) und zur Abgabe von 1% der jährlichen Einkünfte von den französischen Zisterzen blieben ohne Auswirkung, weil die meisten der selbst geplünderten Abteien gute Begründungen hatten, um ihre Zahlungen zurückzuhalten. Über den Verbleib der in Cîteaux entwendeten Gegenstände dürfte es konkrete Anhaltspunkte gegeben haben, denn Abt Edmond ließ am 26. Februar 1600 ein weiteres Patent des Hofes an das Parlament in Dijon ausfertigen, das nochmals zur Herausgabe gestohlener Gegenstände aus Cîteaux aufforderte. Der Erfolg der Bemühungen ist nicht bekannt und dürfte daher wohl eher gering gewesen sein. Die Beziehungen zwischen dem Hof Heinrichs IV. und dem Orden wurden in dieser Zeit sehr eng, wie vor allem auch das 1601 geschaffene Amt eines Generalprokurators am Hof in Paris mit denselben Vollmachten wie für das des Generalprokurators bei der Kurie beweist.

Trotz der angespannten Wirtschaftslage seiner Abtei hat Abt Edmond nicht von hohen Ausgaben für seine Repräsentation abgesehen. Auf dem Generalkapitel 1601 ließ er beschließen, daß sich die Habite der Äbte von denen der gewöhnlichen Mönche unterscheiden sollten. Die Äbte sollten ein Cape und ein Brustkreuz tragen dürfen und bei feierlichen Angelegenheiten, wie zum Beispiel den Parlamentssitzungen, ein kostbares Rochet. Die hohen Ausgaben führten zu Belastungen durch die Gläubiger, denen der Abt mit neuen Darlehen begegnen wollte, denen aber der Konvent nicht zustimmte. Die Primaräbte verärgerte Abt Edmond durch die Annahme des Titels »Generalabt«, was aus den Protesten der Äbte von Clairvaux und Morimond zu ersehen ist. Wohl um sich politischen Spielraum zu schaffen, hat er in Nicolas Boucherat, dem Neffen seines gleichnamigen Vorgängers, mit königlicher Zustimmung einen Koadjutor mit dem Recht der Nachfolge wählen lassen. Nicolas Boucherat war in Cîteaux vom Mönch bis zum Prior aufgestiegen, war Doktor der Theologie in Paris und zuletzt Abt in Vaucelles. Als sich die Widerstände gegen Abt Edmond in der Folgezeit weiter erhöhten, ließ sich dieser 1603 vom Papst zu einer Visitationsreise nach Aragon und Katalonien senden. Auf dieser starb er am 21. August 1604 in Barcelona. Bezeichnenderweise wurde er daraufhin in der Zisterze Poblet beigesetzt und nicht nach Cîteaux überführt.

Nicolas II. Boucherat übernahm die Leitung von Abtei und Orden mit dem Ableben seines Vorgängers, leistete am 4. Oktober 1604 in Fontainebleau den Treueid auf den König und wurde am 13. Januar 1605 ins Parlament von Dijon aufgenommen. Mit ihm trat ein tüchtiger und reformfreudiger Haushalter an die Spitze von Cîteaux. Das erste der fünf von Abt Nicolas abgehaltenen Generalkapitel (1605, 1609, 1614, 1618, 1623) beklagte die Situation von Cîteaux und verurteilte die Enteignung des monastischen Besitzes, legte aber keine Vorschläge für eine unmittelbare Abhilfe vor. Als die Primaräbte 1606 Cîteaux visitierten, fanden sie die Abtei so verarmt vor, daß sie sofort durch einen Rundbrief alle Zisterzen um eine Unterstützung für ihre Mutterabtei baten. Ob diese Aktion erfolgreich war, erscheint zweifelhaft. Das Generalkapitel 1609 bestätigte die Verbote, ohne seine Zustimmung, monastischen Besitz zu verkaufen und erinnerte die Äbte an ihre Pflicht, sich um den Rückerwerb ihrer verlorenen Güter zu bemühen. Auf Cîteaux selbst hat dieser Beschluß keine Auswirkung gehabt. Als die Jesuiten 1609 die Güter der Zisterze Belle-Branche für ihr neugegründetes Kolleg in La Flèche einnehmen wollten, waren sie der Meinung, daß die Zustimmung Papst Pauls V. zu einer Aufhebung der Abtei Belle-Branche zu erreichen wäre. Den lebhaften Widerstand des Ordens versuchten sie dadurch zu brechen, daß sie Cîteaux auf den Erwerb der Güter der Zisterze La Bussière hinwiesen. Obwohl der Papst keine Einwände gegen eine Vereinigung der Abtsgüter von La Bussière mit Cîteaux hatte und nur die Aufhebung des Konvents verweigerte, waren Cîteaux und der Orden nicht bereit, auf diese Vorschläge einzugehen. Sie konnten auch gerichtlich durchsetzen, daß sich die Jesuiten mit dem Anteil des Abtes an den Gütern von Belle-Branche zufrieden geben mußten. Cîteaux erhielt 1613 vom König die dem Abt der Zisterze Miroir zustehenden Güter. Obwohl das Generalkapitel im gleichen Jahr der Übertragung zustimmte, zogen sich die Verhandlungen darüber bis 1618 hin. Cîteaux versuchte in dieser Zeit, den in den letzten Jahrzehnten verkauften Grundbesitz teilweise zurückzuerlangen. Die Bemühungen scheiterten jedoch. Darüber hinaus verkaufte das Kloster weiteren Grundbesitz ohne Erlaubnis des Generalkapitels.

Abt Nicolas II. war für die Ordensreform aufgeschlossen. Er hatte 1605 die Reform der spanischen Zisterzen mit angestoßen und 1606 in Belgien die Zisterzen visitiert, darunter Orval. Er hat auch die Anfänge der strengen Observanz unterstützt. Unmittelbar nach der Einführung der Reform in Clairvaux 1615 hatte er diese mit der Maßgabe bestätigt, daß sie das nächste Generalkapitel in ihren Ergebnissen zu prüfen hätte. Das Generalkapitel 1618 hat einen Vermittlungsvorschlag zwischen den Observanzen beschlossen, der aber keine weiteren Auswirkungen hatte. Abt Nicolas II. hat sich dabei anscheinend zurückgehalten. Das Reformdekret des Kardinals de la Rochefoucauld vom März 1623, das eine unabhängige Reformkongregation der Filiation von Clairvaux errichtete, wurde vom Abt Nicolas II. anerkannt. Das Generalkapitel 1623 war jedoch nicht bereit, diesem Schritt zu folgen und zwang den Abt zu seiner späteren Haltung gegenüber den Reformern. Abt Nicolas II. hat daraufhin, um diese und den Kardinal zu beruhigen, für die reformierten Abteien des Ordens einen Generalvikar berufen, der eigene Kapitel der reformierten Abteien einberufen durfte. Damit war die Einheit des Ordens nach außen bewahrt worden und die Reform als Kongregation unter dem Abt von Cîteaux anerkannt.

Das Generalkapitel 1623 hatte auch beschlossen, daß in Zukunft Cîteaux von den vier Primaräbten visitiert werden sollte und die Primarabteien La Ferté, Pontigny, Clairvaux und Morimond durch den Abt von Cîteaux in Begleitung von zwei Primaräbten. Diese Bestimmung war gegen die Carta Caritatis und gestaltete die künftige Visitation der Primarabteien überaus schwierig, da die Autorität des Abtes von Cîteaux vermindert und die Stellung der Primaräbte gestärkt wurde. Die Bestimmung wurde daher von späteren Generalkapiteln wieder aufgehoben. Diese Entwicklung zeigte, welch schwache Stellung Abt Nicolas II. innerhalb des Ordens hatte. In dieselbe Richtung ist auch der von ihm 1623 durchgesetzte Versuch zu sehen, einen Koadjutor für ihn zu wählen. Er ließ von dem 37 Mönche zählenden Konvent ohne Zustimmung des Königs und ohne die abwesenden Konventsmitglieder Nicolas le Goux de La Berchère, einen Theologen, der noch in Paris studierte, zu seinem Koadjutor wählen. Der Abt von Pontigny, der sich als Neffe Abt Nicolas II. Hoffnungen auf dessen Nachfolge gemacht hatte, verließ die Wahlversammlung, ohne das Protokoll zu unterzeichnen. Tatsächlich wurde der gewählte Koadjutor in der Folge weder von Papst noch König bestätigt. Das überrascht, weil Abt Nicolas II. nicht nur den Vorsitz bei den burgundischen Ständen ausgeübt, sondern auch in den Generalständen in Paris mitgewirkt hatte. Sein Verhältnis zum Hof war in dieser Zeit sogar relativ eng gewesen. Somit scheint Abt Nicolas am Ende seines Abbatiats seine bisherige Stellung durch die sich anbahnende Auseinandersetzung zwischen den Observanzen weitgehend eingebüßt zu haben. Sein Ableben mit nur 63 Jahren am 23. Mai 1625 in Dijon stellt einen entscheidenden Punkt für das weitere Auseinanderdriften der Observanzen des Ordens dar.

Der Orden war im 16. Jahrhundert durch die Reformation hart betroffen worden. Dennoch hatte dieses Geschehen auf Cîteaux und seine Äbte – zumindest nach außen – nur wenig gewirkt. Die Äbte sind zu ihrem Amt in gleicher Form aufgestiegen wie im Spätmittelalter, doch standen sie nach dem Konkordat von 1516 in erhöhtem Maße unter staatlicher Oberhoheit. Obwohl sie ihre bisherige Stellung im Orden beibehielten und sie die außerhalb von Frankreich gelegenen Zisterzen nach altem Recht visitierten, war Cîteaux im Laufe des 16. Jahrhunderts mehr und mehr von einer europäischen zu einer französischen Abtei geworden. Diese Entwicklung sollte im Streit der Observanzen des 17. Jahrhunderts ihren Abschluß finden. Auch das schon im 15. Jahrhundert weitgehend auf den französischen Raum eingeengte Generalkapitel hat im 16. und frühen 17. Jahrhundert nicht zu seiner ehemaligen Bedeutung zurückgefunden, sondern seine regional-nationale Stellung verfestigt, wenn es auch seinen alten, europaweiten Anspruch beibehielt.

Die Primarabteien haben diese Veränderungen in ähnlicher Weise mitvollzogen. In La Ferté war es 1470 durch die Wahl eines Benediktiners zum Abt zum Konflikt mit dem Orden gekommen, der mit Claude II. de Dinteville (1470–1507) jedoch einen ihm genehmen Abt durchsetzen konnte[13]. Obwohl dieser im Unterschied zu vielen Äbten seiner Zeit auf gute Disziplin hielt und sich dieser auch selbst unterwarf, indem er zum Beispiel wieder mit dem Konvent zusammen speiste, hat er nachweislich regelwidrig La Ferté und die Abtei Notre Dame du Val gleichzeitig als Abt geleitet. In der Historiographie des Ordens gilt er als letzter gewählter Abt seines Klosters, wenn dieses auch nie Kommende wurde. Abt Claude II. war trotz seines Doppelabbatiats im Orden allgemein anerkannt. Sein Nachfolger Antoine de Vienne wurde 1507 als Abt von Mazières in La Ferté zum Abt nominiert. Er hat daraufhin auf Mazières verzichtet[14]. Da er in den Ständen von Burgund die königliche Politik unterstützte, wurde er im Laufe der Zeit neben seinem Amt in La Ferté Kommendatarabt in St. Seine, Baume, Balerne, Le Miroir und Molesme sowie ab 1532 auch Bischof von Chalon. Das Generalkapitel 1518 berief ihn als Visitator der Ordenshäuser in der Provence und der Auvergne. Er hat wegen seines Alters mit Erlaubnis des Hofes auf sein Amt verzichtet und sich nach Molesme zurückgezogen. Als sein Nachfolger wurde 1549 René Damancour ernannt, der als Benediktiner das Priorat St. Colombe bei Sens und die Abtei St. Martin in Troyes leitete. Der Orden hatte, trotz seiner den Regeln widersprechenden Ordenszugehörigkeit, keine Einwände gegen ihn, sondern hat ihn 1557 als Visitator in der Dauphiné und Provence eingesetzt. La Ferté wurde unter seiner Leitung 1562 und nochmals 1567 von den Hugenotten geplündert. 1567 kamen dabei 50 Mönche ums Leben. Abt René hatte fliehen können, doch starb er kurz darauf und wurde in Montigny sur Aube beigesetzt. Nach den kurzen Regierungen zweier Äbte, von denen der erstere sogar La Ferté nie betreten hat, hat Françoise de Beugre (1574–1600) das Kloster geleitet. Seine Stellung als Schatzmeister der Königin hat ihm enge Verbindung zum Pariser Hof gesichert. Nach der Überlieferung war er ein Anhänger der Reformen des Trienter Konzils. Obwohl er als Visitator für nordwestitalienische Zisterzen bestimmt wurde, ist über seine Tätigkeit nur wenig bekannt. Sein Nachfolger wurde Yves Sauvageot (1600–1655). Manrique überliefert dagegen für 1628 einen Abt Jean Gabaad. Der Versuch, die beiden Äbte zu identifizieren[15], dürfte zu keinem Ergebnis führen. Abt Yves war nach der Überlieferung ein Mann mit hohen Idealen und hat im Unterschied zu seinen Amtsvorgängern seit Anfang des 16. Jahrhunderts wieder ein richtiges Klosterleben geführt, was die Veränderungen nach dem Trienter Konzil beweisen.

Pontigny wurde von Abt Louis I. de Ferrières (1517–1526) gut verwaltet. Er hat im Kloster Neubauten errichtet, die bestehenden Gebäude ausgeschmückt und von seinen Vorgängern verlorenen Besitz zurückerworben. Sein Nachfolger Jacques V. de Jaucourt (1526–1543/46) hat dagegen in den zwei Jahrzehnten seines Abbatiats neuerlich große Verluste am Besitz der Abtei hinnehmen müssen. Schon 1528 war Pontigny von Jean de la Beaulme, einem Anhänger der Reformation, geplündert worden. Die Verurteilung desselben zu hohen Geldstrafen an Abtei und König haben den Schaden nur teilweise ersetzen können. Abt Jacques V. war ein typischer Vertreter seines Zeitalters: sein Interesse galt weit mehr den Einkünften seines Amtes als dessen geistlichen Aufgaben. Bezeichnend dafür war sein Tausch von Pontigny gegen die Abteien Corméry (Diözese Tours) und Barbeaux (Diözese Sens). Er starb 1547 in der Abtei Fontenay. Aufgrund des Tausches folgte ihm Jean X. du Bellay (1543/46–1559), der als erster Kommendatarabt Pontignys gilt[16]. In enger politischer Zusammenarbeit mit König Franz I. aufgestiegen, war er längere Zeit dessen Gesandter am englischen Hof. 1532 wurde er Erzbischof von Paris und 1535 als Vertreter Frankreichs an der Kurie zum Kardinal kreiert. Nachdem er 1550 Bischof von Albano geworden war, hielt er sich ständig in Rom auf, wurde 1555 Bischof von Ostia und Kardinaldekan und starb 1560 in Rom. Er hat sein Amt in Pontigny immer nur aus der Ferne ausgeübt und Einkünfte aus der Abtei bezogen. Als er seine französischen Benefizien weitgehend aufgab, hat er 1559 auf Pontigny verzichtet. Sein Nachfolger wurde der in der französischen Politik ebenfalls bekannte Hippolyte d'Este, der seit 1539 Kardinal war[17]. Unter ihm wurde Pontigny 1568 und 1569 von den Hugenotten verwüstet. Die sich mühsam erholende Abtei stand unter den Äbten Louis d'Este (1570–1578), Jean XI. Victriani (1578–1584) und Claude Boucherat (1588–1613) weiterhin unter einer ihr wenig förderlichen Leitung. Der Konvent versuchte 1584 einen Abt seiner Wahl durchzusetzen, konnte sich aber gegen die Familie Este und ihren Anhang nicht durchsetzen. Obwohl die Familie noch unter Abt Claude Boucherat erhebliche Zahlungen erhielt, war dessen Ernennung zum Abt 1588 gewissermaßen ein Erfolg des Konvents, denn er war Theologe und Bruder des Abtes Nicolas von Cîteaux. In den ersten Jahren seiner Amtsführung war er aber trotzdem mit seinem

Konvent heftig zerstritten. Dieser hatte sogar noch gegen seine Ernennung an die Kurie appelliert. Ein Ausgleich wurde erst 1593 gefunden, indem Abt Claude resignierte, daraufhin aber vom Konvent erneut zum Abt gewählt wurde. Die Abtei soll sich dadurch vom Kommendenwesen gelöst haben. Es überrascht aber, daß der Nachfolger Abt Claudes, dessen Neffe Charles Boucherat (1613–1643), bereits im Alter von neun Jahren zum Abt gewählt wurde[18], und der König in der Folgezeit aus den Einkünften der Abtei erhebliche Summen nach seinen Wünschen verwandte. Pontigny hatte somit seine alte Stellung keineswegs wiederhergestellt, sondern war den Abhängigkeiten des 16. Jahrhunderts verhaftet geblieben. Charles Boucherat war ein vertrauter Mitarbeiter Kardinal Richelieus und war maßgeblich an dessen Wahl zum Generalabt von Cîteaux beteiligt. Obwohl er somit keineswegs dem Idealbild eines Abtes entsprach, hat er sich dennoch um sein Kloster bemüht, wie vor allem die Renovation der im 16. Jahrhundert verwüsteten Klosterkirche beweist. Er hat jedoch auch die Auseinandersetzungen im Orden durch sein Verhalten beeinflußt und verstärkt.

Von Cîteaux aus war 1496 versucht worden, Antoine de Châtillon als Nachfolger des Abtes Petrus II. in Clairvaux durchzusetzen, was aber durch die Wahl Jean VIII. de Chalon gescheitert war. Dieser war als Mönch von La Ferté in Reigny und Fontenay Abt gewesen und muß nach seinem kurzen Abbatiat sowie seinem Amtsverzicht 1509 wegen Alter und Krankheit als Übergangskandidat angesehen werden[19]. Jedoch hat er den Bibliotheksbau seines Vorgängers 1504 abgeschlossen, im gleichen Jahr ein Schatzverzeichnis seines Klosters erstellen lassen, die Privilegien seines Klosters vom König bestätigt erhalten und dafür Sorge getragen, daß die Werke des hl. Bernhards 1508 im Druck erschienen. Das Generalkapitel hatte ihm 1507 – wie allen Primaräbten – erlaubt, die Angehörigen seines Konvents von Verstößen zu absolvieren, die es sich bislang selbst vorbehalten hatte.

Sein Nachfolger wurde Edmond de Saulieu (1509–1552), der als Mönch in Clairvaux relativ jung in sein Amt gewählt wurde[20]. Er hat 1515 alle Paternitätsrechte über die Abteien der Filiation seines Hauses in Spanien an den Abt von Poblet übertragen. Das Generalkapitel 1518 beauftragte ihn trotzdem mit der Visitation der Abteien des Ordens in Spanien, dazu auch in Italien; 1530 in zehn Provinzen

Frankreichs und 1532 erneut in Spanien und Portugal. Er hat dabei Alcobaça zur Einhaltung der Observanz zurückgebracht. Abt Edmond war ein Vertreter des Reformgedankens. So hat er nicht nur 1512, 1515 und 1516 für den Druck von Missalen gesorgt, sondern auch 1520 die liturgischen Bücher der Klöster seiner Filiation überprüfen lassen.

Ebenso erschien 1520 nochmals eine weitere Edition der Werke des hl. Bernhard durch zwei Mönche von Clairvaux im Druck. Obwohl er nach der ordensinternen Überlieferung immer die alte Strenge beibehielt[21], hat er dennoch gewisse Konzessionen an den Zeitgeist gemacht. Das Generalkapitel 1540 erlaubte ihm und seinem Prior oder Stellvertreter, in bestimmten Situationen Frauen das Betreten der Klausur und in Ausnahmefällen sogar die Übernachtung im Kloster zu gestatten. Wie eine Darstellung des Besuchs der Königin von Sizilien mit Gefolge 1517 in Clairvaux beweist, wurde diese Öffnung des Klosters bereits vor dieser Erlaubnis praktiziert. Das Generalkapitel hatte 1484 Frauen edler Geburt das Begräbnisrecht und andere kirchliche Dienste in der Klosterkirche gewährt, doch Übernachtungen waren damals noch grundsätzlich ausgeschlossen worden. Der Abt und sein Konvent haben nach den ihnen von Franz I. 1518 und 1535 gewährten Gnaden auch zu König und Hof ein gutes Verhältnis besessen.

Dieses hat sich unter dem als königlichen Rat fungierenden Abt Jérome de la Souchière (1552–1571) fortgesetzt. Er war Mönch in La Peyrouse gewesen und Doktor der Theologie und hatte am Konzil von Trient mitgewirkt. Nach der späteren Ordensüberlieferung soll unter ihm in seinem Kloster die Zeit des hl. Bernhard neu erstanden sein. Wenn dieses auch nicht im vollen Umfang stimmen mag, war er dennoch ein guter Verwalter seines Hauses, weshalb er auch zum Abt von Cîteaux gewählt wurde (1564). Der Papst gestattete ihm, in Clairvaux Abt zu bleiben. Sein weiterer Aufstieg bis zum Kardinal hat seine Verbindung zu Clairvaux nicht beeinflußt. Nach seinem Tode 1571 ließ er dort sein Herz beisetzen[22]. Sein Nachfolger Lupin de Myrrhe (1571–1596) war als Mitglied des Konvents bis zum Cellerar aufgestiegen und hatte seinem Vorgänger als Sekretär gedient. Dieser hatte ihn auch zu seinem Nachfolger nominiert. Abt Lupin hat die gute Leitung des Klosters fortgesetzt, wobei er das Glück hatte, daß sein Kloster vom Bürgerkrieg zwar bedrängt, von größeren Schäden aber verschont blieb. Er war nach dem Pontificale für seinen Gebrauch von 1583 und dem Druck eines Missales 1584 an einer ordnungsgemäßen Liturgie in seinem Kloster interessiert. 1596 resignierte er und starb kurz darauf. Der ihm folgende Denis Largentier (1596–1624) stammte aus Troyes und war ebenfalls aus dem Konvent von Clairvaux hervorgegangen. In Paris Doktor der Theologie, später Prokurator seines Ordens in Italien, war sein Verhältnis zum Hof gut, wie die Bestätigung aller Privilegien der französischen Könige für Clairvaux durch Ludwig XIII. 1611 bezeugt. Abt Denis war der Primarabt, der das Entstehen der strengen Observanz im Orden maßgeblich gefördert hat. König Heinrich IV. hatte 1598 den italienischen Priester Octavio Arnolfini zum Kommendatarabt von La Charmoie ernannt, dieser wollte sein Kloster in der Lebensweise des Ordens erhalten, was ihm seiner Meinung nach aber auf Dauer nur gelingen konnte, wenn er selbst Zisterzienser war. Er hat daher in der Mutterabtei seines Klosters, Clairvaux, ein kanonisches Noviziat abgeleistet und 1602 die Gelübde vor Abt Denis abgelegt. Abt Octavio Arnolfini übernahm dann die Leitung der Abtei Châtillon (1605–1639), einem anderen Tochterkloster von Clairvaux. In La Charmoie übertrug er seine Nachfolge seinem eifrigen Schüler Stephan Maugier (1608–1637)[23].

Die Reform der beiden unbedeutenden Tochterklöster von Clairvaux wäre ohne Auswirkungen geblieben, wenn sich Abt Denis dieser nicht 1615 plötzlich selbst geöffnet hätte. Es scheint sich dabei um ein Bekehrungserlebnis gehandelt zu haben. Bei einer Predigt am Grabstein des hl. Bernhard wurde ihm der Unterschied der Observanz seiner Gegenwart und der Zeit seines großen Vorgängers bewußt. Mit dem Ausruf »O Abbas« beschloß er, sein Leben grundlegend zu ändern, um des Heiligen würdig zu sein. Sofort begann er seinem Konvent die ursprüngliche Strenge der zisterziensischen Lebensgewohnheiten mit ständiger Abstinenz, strengem Schweigen, körperlicher Arbeit, Armut und Einfachheit vorzuleben. Sein Beispiel wirkte so zündend, daß bereits nach drei Monaten der gesamte Konvent seiner Lebensweise folgte. Die weitere Entwicklung vollzog sich rasch. Schon 1618 befolgten neben Clairvaux, La Charmoie und Châtillon auch Longpont, Cheminon, Vauclair, Les Prières, N. D. de la Blanche und Vaux-de-Cernay die Reform. Damit begann diese im Orden einflußreicher zu werden, zumal sich weitere Klöster der Filiation von Clairvaux begannen, für sie zu öffnen. So ordnete schon das Generalkapitel 1618 an, in Zwettl einen kostbaren Grabstein für einen Abt zu zerstören[24]. Trotz dieser offensichtlichen Auswirkung der Reform, ihrer grundsätzlichen Anerkennung durch den Abt von Cîteaux, der zudem zugesagt hatte, ihre formelle Anerkennung auf dem Generalkapitel zu unterstützen, und der vielen lobenden Worte für die Reformmaßnahmen weigerte sich das Generalkapitel, die reformierten Abteien als eigene Kongregation anzuerkennen. Es wünschte vielmehr eine maßvolle Reform des gesamten Ordens. Dabei sollte das monastische Leben in Clairvaux unter Abt Denis als Vorbild dienen, jedoch wurde die ständige Abstinenz von Fleischgenuß zwischen Ostern und Kreuzerhöhung (14. September) nicht übernommen, sondern aufgehoben. Das Generalkapitel versuchte durch dieses Vorgehen die einheitliche Disziplin für den gesamten Orden, vor allem aber für Frankreich, zu erhalten. Dabei wirkte die Befürchtung mit, daß Clairvaux sich wieder auf seine alte Rivalität gegenüber Cîteaux zurückbesinnen und sich mit seinen Tochterklöstern vom Orden trennen könne.

Die sich auf dem Generalkapitel 1618 gegenüberstehenden Parteiungen waren, trotz aller Bemühungen, nicht gewillt, auf eine gemeinsame Linie einzuschwenken. Die Reformpartei weigerte sich, die strenge Abstinenz aufzugeben und die andere Seite begann nur zögerlich mit der gemäßigten Reform. Die Reformpartei im Orden vergrößerte sich bis 1624 auf elf Konvente. Obwohl Abt Denis ihr den Aufstieg im Orden ermöglicht hatte und ihr anhing, ließ er als Kind seiner Zeit 1621 seinen Neffen Claude Largentier zu seinem Koadjutor wählen. Dieser Vorgang wurde durch den Widerstand der strengen Observanz gegen diese Wahl zu einem weiteren Ausgangspunkt für den beginnenden Streit der Observanzen. Da Abt Denis bereits am 25. Oktober 1624 starb, konnte er seinen Einfluß auf die Auseinandersetzungen nicht mehr geltend machen, weshalb der Wechsel im Abbatiat in Clairvaux 1624 ebenso wie der in Cîteaux im folgenden Jahr einen entscheidenden Einschnitt in der Ordensgeschichte darstellt.

In Morimond wurde 1495 der Neffe des Abtes Jean X. von Cîteaux, Jacques II. Theully de Pontailler-sur-Saône, Abt[25]. Er blieb dieses bis zu seinem Wechsel nach Cîteaux (1503). Als einziges Ereignis in diesen Jahren wird auf die dem Abt 1502 übertragene Jurisdiktion über den Orden von Alcantara hingewiesen. Er hat Morimond vermutlich in enger Abstimmung mit seinem Oheim geleitet, weshalb dieser für seine Nachfolge in Cîteaux sorgte. Rémy de Brazey (1503–1517) und Edmond Ornot de Pichange (1517–1551) waren beide mit den Problemen der Jurisdiktion der Ordensritter von Alcantara und Calatrava beschäftigt. Beide Äbte waren auch als Visitatoren tätig, ersterer 1504 in Deutschland, Böhmen und Polen, letzterer 1518 in Deutschland und 1530 in Lothringen, Burgund, Savoyen, im Berry, in der Provence, in Avignon und in der Dauphiné. Unter Abt Edmond mußte die Filiation von Morimond den Verlust von zwei Tochterklöstern in England und über 70 in Deutschland durch die Reformation hinnehmen. Nach der Überlieferung sind zahlreiche Ordensangehörige vor der Reformation nach Cîteaux und Morimond geflüchtet, um ihr Klosterleben fortführen zu können. Dazu wurde der Konvent von Morimond durch Krieg und Räuberbanden in seinem Gebiet bedrängt. Schon 1517 hatte er sich deshalb nach Dijon in das sogenannte Petit Cîteaux flüchten müssen und als sich unter Abt Edmond um die Mitte des Jahrhunderts durch die Reformation die im Land herumstreifenden Banden noch vergrößerten, wurde in Langres eine besondere Zuflucht für den Konvent geschaffen, die unter dem Namen Petit Morimond bekannt ist.

Unter Abt Jean IX. Coquey (1551–1576) wurde Morimond weiter bedrängt. Der spanische König veranlaßte aufgrund seines Gegensatzes zu Frankreich den Orden von Calatrava, sich von seiner Bindung an Morimond zu lösen, wobei der zisterziensische Einfluß auf den Ritterorden verloren ging. Auch für die spanischen Zisterzen der Filiation Morimond wurde 1566 der Abt von Poblet als Visitator und Kommissar Abt Jeans eingesetzt. Morimond selbst hatte durch die Religionskriege in dieser Zeit in hohem Maße zu leiden. Trotzdem wird Abt Jean als Vertreter einer guten Ordensdisziplin gelobt, anscheinend hat er trotz der vielfältigen Schwierigkeiten das klösterlichen Leben in seiner Abtei weitgehend erhalten können. Nach seinem Tode 1576 ernannte König Heinrich III. seinen Bruder Gabriel de Saint Belin (1576–1590) zum Kommendatarabt Morimonds[26]. Dieser war als Mönch von Cluny Benediktiner und Doktor beider Rechte. Papst Gregor XIII. hat ihn im Amt bestätigt, ebenso wie dieses später der Konvent von Morimond in angeblich freier Wahl tat. Es soll dabei keinen Hinweis dafür geben, daß der Abt in den Zisterzienserorden übergetreten ist. Er war 1580 Deputierter des Klerus des Bassigny in der Versammlung von La Mothe und es wird vermutet, daß er maßgeblich an dem dort zusammengestellten Gesetzeswerk mitgearbeitet hat. Nach seinem Tode 1590 wurde er im Kolleg St. Bernhard im Paris beigesetzt, was seine enge Bindung an den Orden zeigt.

Obwohl Cîteaux und den Primarabteien die freie und kanonische Wahl ihrer Äbte zugesichert war, versuchte Heinrich IV. 1590, Morimond dem Herzog von Bellegarde als Kommende zu verleihen. Der Konvent konnte dieses mit Unterstützung des Ordens verhindern und wählte am 13. Dezember 1590 François I. de Serocour, einen Mönch von Beaupré und Abt von St. Bénoît-en-Wœvre, zum neuen Abt. Als er wenige Monate später auf sein Amt verzichtete, wählte der Konvent zuerst Bernard de Montgaillard, der die Wahl jedoch ablehnte, und dann Claude I. Masson, ein Mitglied aus den eigenen Reihen und Doktor der Theologie. Claude I. Masson (1591–1620) erhielt erst im Dezember 1593 die Abtsweihe[27], was ebenso wie die Resignation von Abt François I. und die Ablehnung der Wahl durch Bernard de Montgaillard die Schwierigkeiten andeutete, in denen sich Morimond befand. Es war zusätzlich auch durch die religiösen Auseinandersetzungen belastet, doch konnte Abt Claude die Disziplin im eigenen Kloster wiederherstellen. 1596 bekämpfte er eine Hungersnot in der Umgebung des Klosters erfolgreich mit den aus dem Verkauf von Altargerät aus Edelmetallen gelösten Geldern. Morimond wurde in dieser Zeit auch vom Bischof von Langres zum Kampf gegen die Protestanten herangezogen, weshalb Abt Claude 1597 von der Kurie die Erlaubnis erhielt, daß die Mitglieder seines Konvents reformatorische Schriften lesen durften. Auf dem Großkapitel des Ordens 1601 wurde er zu einer der maßgeblichen Persönlichkeiten. Die dabei von ihm gezeigte Begabung ließ ihn 1605 als Vertreter des Klerus der Diözese Langres an der Generalversammlung der Stände teilnehmen. Heinrich IV. ernannte ihn zu seinem Rat und Almosenier. Als Visitator und Reformator hat er auch in der Auvergne, in Deutschland, Polen und der Schweiz gewirkt. Zum Bild eines Reformers paßt aber die Ernennung durch den Kardinal de la Rochefoucauld zum Nachfolger des verstorbenen Priors und Professen des Ordens von Cluny (1618) ebensowenig wie er selbst 1619 seinen Neffen Claude II. Brissault zu seinem Koadjutor mit dem Recht der Nachfolge nominierte. Tatsächlich folgte ihm dieser Neffe nach seinem Ableben 1620.

Die Gegenreformation hat die bestehenden Reformbestrebungen nach dem Konzil von Trient und dessen Ordensdekret *Decretum de regularibus et monialibus* gefestigt. Der Orden hat die Konzilsbeschlüsse durch das Generalkapitel von 1565 für sich und seine Abteien übernommen. Reformen wurde nach 1565 entschiedener durchgeführt. Die Primaräbte haben ihren Aufstieg im Orden im 16. und frühen 17. Jahrhundert meist weiterhin in der seit Jahrhunderten üblichen Art und Weise genommen. Doch wurden dabei seit der Mitte des 16. Jahrhunderts vor allem Äbte gewählt, die ein engeres Verhältnis zum Ordensleben hatten als ihre Vorgänger im frühen 16. Jahrhundert, die häufig eher an weltliche Fürsten dieser Zeit erinnern. Das Kommendenwesen hat zumindest zeitweilig auch die Primarabteien erfaßt. Der von diesen und dem französischen Hof ausgehende Einfluß hat dazu geführt, daß die Äbte der Primarabteien wiederholt nahe Verwandte zu Nachfolgern nominierten. Die sich daran anschließende kanonische Wahl durch die Konvente kann auf Defizite reformatorischer Haltung dieser rückschließen lassen. Die enge Verbindung der Primaräbte zur Politik waren dem klösterlichen Leben sicherlich abträglich, wenn sie den Abteien auch Vorteile gebracht hat. Die strenge Observanz, die später den Orden spalten sollte, hat sich als eine Gegenbewegung zu dieser Entwicklung herausgebildet. Der Orden hat aber auch unter dem Eindruck der Verluste des 16. Jahrhunderts an der überkommenen Verfassung und der Stellung der Primarabteien nichts geändert. Doch hatte sich die Rivalität zwischen Cîteaux und Clairvaux unter dem äußeren Druck des Reformationszeitalters weitgehend verloren. Damit erscheint der Orden in seiner Spitze im 16. und frühen 17. Jahrhundert einheitlicher als im 15. Jahrhundert. In gewisser Weise ist somit zumindest nach außen von einer Reorganisation des Ordens zu sprechen.

Das nationale Element trat im Laufe des Spätmittelalters in Staat und Kirche mehr und mehr in den Vordergrund. Das im Orden bestehende Interesse an Reformen hat die Entwicklung nationaler Eigenständigkeit ebenfalls gefördert, die dazu auch von politischer Seite nachdrücklich unterstützt wurde, um die Klöster fester in den jeweiligen Territorialstaat einzubinden. Auf diese Weise wurden Komponenten geschaffen, die der Reformation des 16. Jahrhunderts Vorschub leisteten. Selbst die Päpste sind den gegen die zentrale Ordensleitung gerichteten Bemühungen keineswegs entschieden entgegengetreten. Daher blieb in Kastilien die von Martin Vargas im frühen 15. Jahrhundert errichtete Kongregation auch bestehen, als ihr Gründer unter dem Vorwurf inhaftiert wurde, die Einheit des Ordens zu zerstören. Das Generalkapitel nahm eine schwankende Haltung gegenüber der kastilischen Kongregation ein. Das alle drei Jahre stattfindende Provinzialkapitel durfte sich nicht als Kapitel, sondern nur als *congregatio* bezeichnen, um den Anschein einer Spaltung des Ordens zu verhindern[28]. Die kastilischen Könige haben die Bestrebungen der Reformbewegung unterstützt und dem Generalkapitel ohne königliche Zustimmung keine Visitationen der Klöster in ihrem Land gestattet. Der 1515 vom Generalkapitel der Kongregation gegebene Auftrag zur Visitation der Klöster in Kastilien, Leon und Galicien wurde von dieser nicht mehr zurückgegeben, wobei sie sich in Zukunft nur noch auf Papst und König und nicht mehr auf den Orden berief. Sie hat sich durch ihre Tätigkeit im Laufe des 16./17. Jahrhunderts weiter gefestigt und umfaßte 1710 insgesamt 42 Klöster[29].

Die portugiesischen Zisterzen erreichten unter Leitung der Abtei Alcobaça bereits einen kongregationsähnlichen Zusammenschluß im Spätmittelalter. Privilegien von Papst und Königen schützten sie vor Visitatoren aus dem Ausland, womit die übliche Verbindung zu Cîteaux und dem Generalkapitel, wenn nicht unterbrochen, so doch sehr gelockert war. Papst Nikolaus V. übertrug dem Abt von Alcobaça 1452 die Visitation in Portugal auf Dauer. Die Bestimmung des Konzils von Trient 1563, Kongregationen und Ordensprovinzen zu errichten und die weitere Verfestigung der Verbindung unter den portugiesischen Zisterzen führte zu der Kongregation von Portugal oder Alcobaça mit 17 Abteien, die Papst Pius V. 1567 errichtete. Der Abt von Alcobaça durfte dabei den Titel eines Generalabtes führen, die Amtszeit der Äbte wurde wie in der kastilischen Kongregation auf drei Jahre beschränkt und ein eigenes Kapitel sowie eine eigene Visitationsordnung geschaffen. Doch wurde die Verbindung zum Orden nicht vollständig aufgegeben. Der Generalabt sollte in Zukunft alle drei Jahre am Generalkapitel teilnehmen und Cîteaux behielt das Recht, die Zisterzen das Landes, wenn auch nur nominell zu visitieren[30]. Die portugiesische und kastilische Kongregation wuchsen im Laufe der Folgezeit mehr und mehr aus dem Orden hinaus. Sie hatten sich nach Ansicht der Forschung im 17./18. Jahrhundert vom Orden gelöst und keine Verbindung mehr zu Cîteaux und dem Generalkapitel[31].

Die zweitälteste Kongregation des Ordens, die Congregatio S. Bernardi in Italia, entstand 1497 aufgrund einer Bulle Papst Alexanders VI.[32]. Er schloß dabei auf Drängen des Herzogs von Mailand, die Zisterzen in der Toskana und der Lombardei zusammen. Die vom Papst festgelegten Statuten schrieben ein jährliches Generalkapitel der Kongregation vor, das neun Definitoren wählte, die dann wiederum aus ihrer Mitte den ein Jahr amtierenden Generaloberen wählten. Die Klostervorsteher hatten dabei eine dreijährige Amtszeit. Der Orden hat der Kongregation Schwierigkeiten bereitet und 1503 die Auflösung durchgesetzt, die Papst Julius II. aber bereits 1511 wieder rückgängig machte. Eine von ihm dabei durchgeführte Statutenänderung verbesserte das Gleichgewicht der beiden Provinzen zueinander. Papst Gregor XIII. hat 1578 die Statuten nochmals abgeändert und dabei die Vereinbarungen zwischen dem Generalkapitel und der Kongregation nach Ansicht des Ordens verletzt. Die Kongregation konnte sich aber weitere päpstliche Bestätigungen sichern, so letztmals 1641 durch Papst Urban VIII.

Das Definitorium des Ordens bildete 1605 aus sieben süditalienischen Klöstern die kalabrisch-lukanische Kongregation, der auch die von Joachim von Fiore reformierten Abteien angeschlossen wurden. Die neue Kongregation, die der Orden unterstützte, sollte dem Kommendenwesen entgegentreten, was letztlich aber erfolglos blieb. Die Bestätigung durch den Papst erfolgte 1633. Die im Kirchenstaat, in Neapel und Sizilien bestehenden Abteien faßte das Generalkapitel 1613 zur römischen Kongregation zusammen, die Papst Gregor XV. 1623 bestätigte. Diese beiden vom Orden errichteten Kongregationen blieben diesem unterstellt und besaßen ähnliche Verfassungen[33].

Durch eine Initiative König Philipps III. entstand aus den 21 Abteien der spanischen Provinzen Aragon, Katalonien, Valencia und Majorca 1613 die aragonesische Kongregation, der sich 1634 auch die Abteien in Navarra anschlossen[34]. Papst Paul V. bestätigte diese neue Kongregation 1616. Der Verband aller spanischen Zisterzen außerhalb Kastiliens ordnete sich dem Orden weiterhin unter[35]. Die Äbte verpflichteten sich zum Gehorsam gegenüber Cîteaux und den Primarabteien und verzichteten ausdrücklich auf einen Anschluß an die kastilische oder portugiesische Kongregation. Der Leiter der Kongregation führte den Titel *vicarius generalis* und wurde vom Kapitel gewählt. Die Konvente wählten ihre Äbte für eine Amtszeit von vier Jahren aus einem Dreiervorschlag der Kongregationsleitung. Diese hatte die Namen der Kandidaten dem spanischen König vor der Wahl mitgeteilt und damit eine indirekte Bestätigung von demselben erbeten.

In Polen wurde im Anschluß an eine Visitation durch Abt Edmond de la Croix 1580 aus 15 Männer- und fünf Frauenklöstern eine Ordensprovinz[36] mit Zustimmung des Abtes von Cîteaux gegründet[37], die eigene Statuten erhielt. Die Ordensprovinz hielt nach diesem eigene Kapitel ab, war aber zumindest bis ins 18. Jahrhundert keine Kongregation[38]. An der Spitze der auch künftig mit Cîteaux verbundenen Provinz stand der Visitator oder Generalvikar, der mit absoluter Stimmenmehrheit der Äbte oder ihrer Delegierter auf dem Kapitel auf sechs Jahre gewählt wurde. Eine Wiederwahl war dabei möglich. Über die erfolgte Wahl war der Generalabt von Cîteaux zu benachrichtigen. Der Visitator hatte die Ordensprovinz vor dem Abt von Cîteaux und auf dem Generalkapitel zu vertreten und war zur jährlichen Visitation der Klöster verpflichtet. Die Äbte der Abteien wurden weiterhin auf Lebenszeit gewählt. Die Statuten von 1580 haben an die Stelle der Filialbindung die territoriale Zugehörigkeit gestellt, das Amt des Visitators geschaffen und versucht, die Disziplin der Klöster von Grund auf zu verbessern.

Der polnischen Entwicklung folgte die deutsche mit der 1618 entstandenen oberdeutschen Kongregation und ebenso die irische, die 1626 die Kongregation der hll. Malachias und Bernhard bildete[39]. Diese hielt alle fünf Jahre unter Aufsicht von Cîteaux ein eigenes Kapitel ab, das einen Präses wählte, der die Kongregation auf dem

Generalkapitel in Cîteaux vertrat. Trotz ihrer Bindung an Cîteaux gab die Kongregation die eigene Liturgie des Ordens auf und übernahm die römische. Die Kongregation bestand jedoch nur kurze Zeit. Durch die besonderen politischen Verhältnisse Irlands fand sie schon bald nach der Mitte des Jahrhunderts ihr Ende.

Die Oberdeutsche Kongregation nahm ihren Anfang am Ende des 16. Jahrhunderts, wobei sie an die im süddeutsch-schweizerischen Raum bestehende schweizerisch-schwäbisch-elsässische Provinz anknüpfen konnte, zu deren Visitator 1548 der Abt von Lützel ernannt worden war[40]. Das Konzil von Trient hatte durch sein 1563 beschlossenes Ordensdekret, das 1565 vom Orden übernommen worden war, die Reformen innerhalb des Ordens neu angestoßen. Dennoch haben sich die vom Konzil vorgeschriebenen Kongregationen, die eigentlich binnen Jahresfrist geschaffen werden sollten, in ihrer Entstehung und Entwicklung lange hinausgezögert. Die Kurie mußte immer wieder die Durchführung dieses Konzilbeschlusses beim Orden anmahnen. Dazu kam für diesen auch der politische Druck von seiten der katholischen, für die Trienter Reformen aufgeschlossenen Landesherren[41], der zu rascherem Vorgehen bei den Reformen antrieb. Papst Clemens VIII. hat 1592 und 1593 den Abt von Cîteaux zur Visitation aller Männer- und Frauenklöster seines Ordens in Ober- und Niederdeutschland aufgefordert[42]. Tatsächlich hat der Abt noch im gleichen Jahr eine Visitationsreise nach Deutschland unternommen, in deren Zusammenhang in Salem eine Äbtekonferenz stattfand[43]. Eine weitere Äbtekonferenz wurde 1595 im Kloster Fürstenfeld ebenfalls unter dem Vorsitz des Abtes Edmond de la Croix von Cîteaux durchgeführt[44], der sie nicht nur dem bayerischen Herzog angekündigt, sondern auch um dessen Zustimmung gebeten hatte. Die österreichischen Abteien waren dieser Versammlung weitgehend ferngeblieben[45], vermutlich weil die staatlichen Behörden die Visitationsreise des Abtes von Cîteaux als eine Einmischung in die landesherrlichen Rechte über die Klöster des Landes betrachteten.

Die Äbteversammlung im Kloster Fürstenfeld hat 1595 unter dem Vorsitz des Abtes Edmond de la Croix von Cîteaux die »Fürstenfelder Statuten« beschlossen[46]. Diese waren den 18 anwesenden Äbte[47] nach dem Vorbild der Statuten der polnischen Kongregation redigiert vorgelegt worden. Nach den Angaben des Abtes von Cîteaux beruhten sie jedoch vor allem auf den Dekreten des Konzils von Trient, den Constitutiones der Päpste, den Privilegien des Ordens, der Regula Benedicti und den Definitionen der Generalkapitel[48]. Die Statuten faßten die Klöster von Schwaben, Bayern, Franken, Elsaß, der Schweiz und Tirol in ein Vikariat mit vier Provinzen zusammen; Praeses wurde der Abt von Salem. In den Statuten bestand durch die noch fortbestehenden Filiationsrechte einerseits und dem neugeschaffenen Vikariat andererseits eine noch nicht abgeklärte rechtliche Problematik. Abt Edmond de la Croix von Cîteaux war sich dieser Problematik in den von ihm zusammengestellten Statuten bewußt. Er zielte dabei auf einen Verzicht der Primaräbte auf ihre überkommenen Filiations- und Visitationsrechte ab, indem er ihnen ihre Jurisdiktion über die Klöster ihrer Filiationen bestätigte, sie aber gleichzeitig bat, da sie den mit diesen Rechten verbundenen Pflichten nicht immer genügen konnten, ihre Jurisdiktion durch seinen Vikar in den Provinzen wahrnehmen zu lassen. Der Praeses sollte die Visitationen also aufgrund seiner Autorität als Vertreter des Abts von Cîteaux und des Vaterabts wahrnehmen. Dabei sollte kein Kloster mehr als einmal visitiert werden. Wenn die alten Filiationsstrukturen noch bestanden, sollte der Praeses nur einmal in seiner dreijährigen Amtsdauer visitieren, während der Vaterabt dieses jährlich zu tun hatte. Wenn die alten Strukturen nicht mehr bestanden, sollte der Praeses selbst visitieren. Die Rechte der Primaräbte wurden durch das neuerrichtete Vikariat mit vier Provinzen beschnitten. Während das Generalkapitel von 1605 noch davon ausging, daß die Praesides und die Oberen der Provinzen vom Abt von Cîteaux und den Primaräbten ernannt wurden, erwähnte das Generalkapitel von 1623 dieses Recht der Primaräbte nicht mehr und 1628 ernannte der Abt von Cîteaux alle Amtsträger alleine[49]. Die deutschen Zisterzen haben nachweislich[50] in dieser Zeit eine engere Bindung an den Abt von Cîteaux erhalten, während ihre Beziehung zu den Primaräbten, hier vor allem zu denen von Clairvaux und Morimond, immer lockerer wurden.

Obwohl das Äbtekapitel in Fürstenfeld die Fundamente für die Oberdeutsche Kongregation legte, war 1595 an diese noch nicht gedacht. Abt Edmond de la Croix hatte sich jedoch schon 1602 mit der Gründung einer Kongregation einverstanden erklärt und gleichzeitig den Abt von Salem angewiesen, entsprechende Verhandlungen mit den einzelnen Klöstern zu führen[51]. Als 1606 Papst Paul V. den Nuntius in Luzern beauftragte, eine Kongregation zu gründen, da die Gespräche nicht voran kamen, lehnte die Ordensleitung ab. Als Gründe für das Festhalten der Primaräbte an der Jurisdiktion über die Zisterzen wurde vor allem der befürchtete Verlust der Kontributionen genannt. Trotz erneuter Vorstöße der Kurie zogen sich die Verhandlungen weiter hin. Der Generalabt von Cîteaux hatte 1614/15 die Klöster der Provinz erneut visitiert und sprach sich für die Bildung einer Kongregation aus. Über die Statuten wurde mit Unterstützung der Kurie und des bayerischen Hofs für die oberdeutschen Zisterzienser vor allem durch Abt Thomas Wunn von Salem (1615–1647) verhandelt und erst am 27. Dezember 1618 eine Einigung erreicht. Damit war die Kongregation entstanden, die der Abt von Cîteaux am 22. Januar 1619 bestätigte und ebenso das Generalkapitel am 15. Mai 1623. Die Oberdeutsche Kongregation gliederte sich wie schon das Vikariat von 1595 in vier Provinzen (Schwaben[52], Bayern[53], Franken[54] und Schweiz – Elsaß – Breisgau[55]) mit insgesamt 26 Männer- und 36 Frauenklöstern.

Die Statuten entsprachen weitestgehend den »Fürstenfelder Statuten« von 1595. Diese hatten über die Generalkapitel von 1601 und 1604 auf die Statuten für die Zisterzen in Böhmen, Mähren und der Lausitz (1616) gewirkt und sie haben, nachdem sie 1623 vom Generalkapitel bestätigt worden waren, weiteren Einfluß auf die Ordensgeschichte genommen[56]. So hängen beispielsweise die Statuten der österreichischen Abteien von 1731 eng mit ihnen zusammen. Sie wurden für die Oberdeutsche Kongregation nochmals 1624, 1626 und 1627 überarbeitet und 1628 erneut vom Abt von Cîteaux bestätigt. Ein Äbtekapitel in Rottenmünster 1654 hat die Statuten nochmals abgeändert. Dabei wurde der bislang als Praeses bezeichnete Obere der Kongregation in *Vicarius Generalis Congregationis* umbenannt, während die Oberen der Provinzen als *Vicarii Generales Provinciae* bezeichnet wurden. Die 1654 erarbeitete neue Fassung der Statuten, die nur geringfügig von den vorangehenden abwich, blieb mit weiteren sehr kleinen Änderungen von 1715 und 1733 bis zur Säkularisation gültig[57].

Die Praesides waren zuerst aus der Mitte der Äbte des Provinzialkapitels gewählt worden und wurden seit 1628 vom Generalabt ernannt, was von der Statutenüberarbeitung von 1654 bestätigt wurde. Die Kongregation anerkannte die Autorität von Generalkapitel und Generalabt, befolgte die Gebräuche von Cîteaux und behielt die Wahl der Äbte auf Lebenszeit bei. Ein Kommissar und Sekretär aus seinem Konvent begleiteten den Generalvikar auf den Visitationsreisen und sie nahmen bei dessen Verhinderung auch die Visitationen vor. Diese erfolgten in Männerklöstern alljährlich, in Frauenklöstern alle vier Jahre. Das Kloster des jeweiligen Generalvikars wurde von einem Abt und zwei Mönchen visitiert, die das Kongregationskapitel wählte. Die Teilnahme an den Abtswahlen, die Benediktion der Gewählten und die Neuaufnahme in die Kongregation waren weitere Aufgaben des Präses, die während der Vakanz vom Kommissar ausgeübt wurden. Das Kongregationskapitel trat stets in Salem jeweils im Jahr vor und nach dem Generalkapitel sowie bei besonderen Anlässen zusammen. Die Tätigkeit von Abt Thomas Wunn von Salem in den zur Kongregation gehörenden Klöstern ließ trotz einiger Schwierigkeiten sehr bald blühendes monastisches Leben entstehen. Die Bemühungen von Abt Peter Schmid von Wettingen (1594–1633), die Zisterzen in der Eidgenossenschaft zu einer eigenen Kongregation zusammenzufassen, scheiterten ebenso wie ein neuerlicher Versuch 1666, weshalb die Schweizer Zisterzen bis 1803 in der Oberdeutschen Kongregation verblieben.

Die in der Gegenreformation ausgeprägte institutionelle Grundlage des Ordenslebens hat die Entwicklung des 17./18. Jahrhunderts entscheidend mitbestimmt. Die Versuche der Primaräbte, insbesondere des Abts von Morimond, die Klöster wieder nach der überkommenen Ordensstruktur und gegen die Rechte der neuen Kongregation in den Filiationsabhängigkeiten zu visitieren, wurden 1667 durch eine Denkschrift der Kongregation an das Generalkapitel zurückgewiesen. Damit war die alte Ordensstruktur endgültig aufgegeben. Die Kongregation hat sich sehr gut entwickelt. 1720 umfaßte sie in 22 Männerklöstern 595 Priestermönche, 123 Profeßfratres und 79 Laienbrüder sowie in 30 Frauenklöstern 732 Chorfrauen und 243 Laienschwestern[58].

Die niederdeutsch-rheinische Ordensprovinz bildete keine Kongregation, sondern blieb in ihrem verfassungsmäßigen Zustand als Ordensprovinz. Die als Grund genannte große Entfernung zwischen den Klöstern der Provinz erscheint wenig glaubhaft[59]. Morimond und Clairvaux übertrugen im 15. Jahrhundert ihre Paternitätsrechte gewöhnlich einem Abt eines ihrer Tochterklöster, womit das überkommene Filiationssystem bereits verändert wurde. Das Generalkapitel ernannte seit dem 16. Jahrhundert Generalvikare in der Ordensprovinz, die die Ordensdisziplin überwachten, Neuwahlen leiteten und die gewählten, neuen Äbte benedizierten. Zu der bis zur Säkularisation in diesem Verfassungszustand bestehenden Ordensprovinz gehörten 18 Männer-[60] und 57 Frauenklöster. Die von der Reformation in Franken, Bayern, Preußen und Schlesien verschonten Abteien des Ordens waren, soweit sie sich nicht der oberdeutschen Kongregation anschlossen, in eigenen Provinzen zusammengefaßt.

Die Kongregation der Fulienser oder Feuillants wurde von Jean de la Barrière (1544–1600) begründet[61]. Er war mit 21 Jahren in dem zur Filiation von Morimond gehörigen Kloster Les Feuillans (Dep. Haute-Garonne) Kommendatarabt geworden. Nach einigen Jahren begann er 1573 sein Kloster zu reformieren und wurde ohne Noviziat in den Orden aufgenommen, 1577 zum Abt benediziert und war 1578 Definitor des Generalkapitels. Seine Versuche, die Disziplin in seinem Kloster zu verbessern, führten wegen seiner Strenge zu heftigen Auseinandersetzungen und zuletzt zum Auszug des Konvents bis auf zwei Professen und zwei Novizen. Mit diesen begann er sein Reformwerk, das die Ordensregeln nicht nur vollständig beachtete, sondern sogar darüber hinausging. Die Bestrebungen Barrières fanden bald weltliche und geistliche Anerkennung. Papst Sixtus V. bestätigte 1586 die neue Kongregation, die 1587 bereits 140 Mitglieder gezählt haben soll. Sixtus V. erlaubte der Kongregation 1587 auch Klöster für Männer und Frauen innerhalb und außerhalb von Frankreich zu gründen. Er überwies Barrière San Vito und Santa Pudentiana in Rom zu Klostergründungen und König Heinrich III. überließ ihm 1587 in der Straße St.-Honoré einen Platz für ein weiteres Kloster. Die Kongregation breitete sich in Italien und Frankreich rasch aus. Nach einem Generalkapitel der Oberen der Ordenshäuser in Italien in Turin 1590 hielt die Kongregation 1592 ein Generalkapitel für Frankreich und Italien in Rom ab. Papst Clemens VIII. befreite die Kongregation 1592 von der Abhängigkeit von Cîteaux, was die Feuillanten zu einem eigenständigen Orden machte. Auf Veranlassung

Clemens VIII. entwarf das Generalkapitel 1595 in Rom neue Konstitutionen, die die strengen Forderungen Barrières abmilderten. Dieser wurde aufgrund seines Eintretens für König Heinrich III. seiner Würden enthoben und vor einem Inquisitionsgericht angeklagt. Er mußte seine Rehabilitierung in Rom betreiben, was ihm kurz vor seinem Tod auch gelang. Der Beschluß des Generalkapitels von Cîteaux 1605, die Feuillants wie Mönche eines anderen Ordens zu behandeln, trennte die Kongregation endgültig vom Orden. In ihrer größten Blütezeit umfaßten die Feuillants 31 Klöster in Frankreich und 43 in Italien. Papst Urban VIII. trennte sie 1630 in zwei unabhängige Kongregationen mit eigenen Generaloberen. Die französische Kongregation nannte sich in Zukunft Zisterzienser U. L. Frau des Feuillants, während sich die italienische als die der Riformati di S. Bernardo bezeichnete. Weitere Milderungen der Statuten ließ es innerhalb der Feuillants zu Auseinandersetzungen kommen, wobei Teile von ihnen wieder Verbindung zu Cîteaux aufnahmen, das aber von den in dem Orden zurückkehrenden Mitgliedern der Feuillants ein neues Noviziat forderte. Die französischen Klöster gingen in der Revolution, die italienischen in den napoleonischen Kriegen vollständig unter. Die strenge Observanz, die sich erst seit 1614 aus lokalen Anfängen zu größerer Bedeutung im Orden entwickelt hatte, hat sich nicht so vollständig und vor allem so rasch vom Orden getrennt, wie die Feuillants. Dieses läßt sich aus der weiteren Geschichte des Ordens im 17. Jahrhundert erkennen.

Die Zisterzienser haben in der Reformationszeit des 16. Jahrhunderts in kurzer Zeit eine große Anzahl von Klöstern verloren. Martin Luther hatte sich in seiner Auseinandersetzung mit der Kirche aus theologischen Gründen von Anfang an besonders scharf gegen die Klöster gewandt. Die von der Generalkapiteln 1522 und 1523 gegen die Reformation gerichteten Angriffe blieben erfolglos. Wie das Beispiel des Zisterzienserinnenklosters Nimbschen beweist, zu dessen Konvent die spätere Ehefrau Luthers, Katharina von Bora, gehörte, begannen sich eine Reihe von Konventen in den 20er Jahren des 16. Jahrhunderts von selbst aufzulösen. Dazu kam 1524/25 in Deutschland der Bauernkrieg, den die reformatorischen Gedanken weiter angefacht hatten. Er nahm teilweise eine besondere Stoßrichtung gegen die Klöster. In Niedersachsen, Thüringen, Sachsen, Schlesien, im Erzbistum Magdeburg, in Preußen und sogar in Polen wurden Klöster zerstört, die keineswegs alle wieder aufgebaut wurden, als der Aufstand niedergeschlagen worden war. Die evangelisch gewordenen Landesherren nutzten nämlich die Gelegenheit und lösten viele Klöster sofort auf.

Die Reformation durch die deutschen Landesherren führte dazu, daß die gesamten Klöster in Brandenburg, Pommern, Ostpreußen, Mecklenburg, Schleswig-Holstein, Thüringen, Hessen, Sachsen, Württemberg und einigen Reichsstädten aufgehoben wurden. Der Orden verlor dabei im Reich 51 Männer- und 137 Frauenklöster[62]. In der sich im gleichen Zeitraum vollziehenden Reformation in den skandinavischen Ländern und in England verlor der Orden nochmals etwa 216 Häuser[63]. Während sich die Reformation im allgemeinen auch in den Klöstern ohne größere Schwierigkeiten durchsetzte, kam es in England zu einigem Widerstand. Der Zisterzienser Georg Lazenby wurde 1535 hingerichtet, nachdem er eine Predigt unterbrochen hatte, die die Autorität des Papstes angriff. Als einige Zisterzen sich gegen die Aufhebungsabsichten König Heinrichs VIII. stellten, wurden 1537 die Äbte von Sawley, Woburn, Jervaulx, Fountains, Whalley und Kirkstead teilweise zusammen mit Angehörigen ihrer Konvente grausam hingerichtet. Der im allgemeinen mehr durch die Hinrichtungen seiner Ehefrauen und sein allgemeines Lasterleben bekannte König wollte durch diese Gewaltmaßnahmen den Widerstand der Geistlichkeit gegen seine vor allem auf den kirchlichen Besitz gerichteten Interessen brechen, was insgesamt gesehen gelang. Die englischen Zisterzen haben seine Regierung nicht überdauert. Die Klöster in Schottland wurden zwei Jahrzehnte später als die englischen aufgehoben. Dagegen konnten sich in Irland Abteien trotz aller Belastungen teilweise bis ins 18. Jahrhundert halten. Nach dem Menologium des Ordens starben zwischen 1577 und 1606 allein 46 irische Zisterzienser als Märtyrer ihres Glaubens. In Ungarn haben die Türken 1526 die letzten noch bestehenden Klöster vernichtet. In den folgenden Jahren haben sie beim Vordringen nach Österreich (1529 Belagerung von Wien) die Zerstörungen auch in das östliche Österreich getragen. In Ungarn verschwand damit der Orden für mehr als anderthalb Jahrhunderte. In der Schweiz waren nach einem Visitationsbericht von 1579 vier Abteien in der Reformationszeit bestehen geblieben und sechs untergegangen. In Frankreich begannen die Religionskriege 1562 und dauerten mit Unterbrechungen bis fast an das Ende des Jahrhunderts. Die Zisterzienser haben in dieser Zeit große Schäden am Baubestand und hohe Verluste in den Konventen hinnehmen müssen. Das Menologium des Ordens hat in mehreren Listen (zum 7. März, 18. Mai, 18. Juni) Märtyrer des Ordens in dieser Zeit aufgelistet, aber kaum alle Blutzeugen erfaßt. Zahlreiche Abteien wurden nicht nur geplündert, sondern teilweise auch vollkommen zerstört.

Die Generalkapitel, die im Laufe des 16. Jahrhunderts meist weniger als zwei Dutzend Äbte versammelten[64], waren sich der schlechten Lagen des Ordens bewußt, wie die von ihnen 1533 und 1540 angeordneten besonderen Gebete und Messen wegen der schlechten Zeiten erkennen lassen. Doch war der Orden nicht in der Lage, die politische Entwicklung von sich aus zu beeinflussen. Die seit dem 14. Jahrhundert im Orden dauernd erwähnte Reform wurde vom Konzil von Trient am 3. Dezember 1563 für das Ordenswesen verbindlich vorgeschrieben. Bereits das erste Generalkapitel nach dem Konzil im Mai 1565 übernahm die Konzilsdekrete und schrieb diese den Abteien vor. Wie sich zeigte, verschwanden damit schon bald die negativen Erscheinungen im Konventsleben einiger Zisterzen, obwohl das Schlagwort der Reform auch in Zukunft im Orden erhalten blieb, wie gerade aus den Auseinandersetzungen des folgenden Jahrhunderts deutlich wurde.

Die im 15. Jahrhundert begonnene Entwicklung der Kongregationen kam im 16. zum weitgehenden Abschluß. Dafür war nicht nur die Reformation und ihre Folgen allein verantwortlich, sondern auch der sich gerade in diesem Jahrhundert endgültig ausbildende Staat der frühen Neuzeit. Vor allem das Kommendenwesen hat die monastische Disziplin der Klöster und damit den Orden in hohem Maße geschädigt. Die nachlassende Durchsetzungskraft der Generalkapitel und das Aufhören der regelmäßigen Visitationen hatte dem Orden zwei seiner entscheidendsten Ordnungskräfte genommen. Das Generalkapitel konnte trotz der Reformmaßnahmen seine ursprüngliche Stellung im 16. Jahrhundert nicht mehr zurückgewinnen. Im Gegenteil, es verlor weiter an Einfluß, weshalb 1605 und 1666 offiziell beschlossen wurde, nur alle drei Jahre in Cîteaux zusammenzutreten.

Tatsächlich erfolgte dieses im 17. Jahrhundert aber nur 13mal und zwischen 1699 und 1738 überhaupt nicht. Die vom Generalkapitel 1605 angeordneten jährlichen Treffen der Primaräbte, um die Machtstellung des Abtes von Cîteaux zu beschneiden, der sich damals seit kurzem als Generalabt bezeichnete, konnten keinen großen Einfluß gewinnen. Auch die Konstitution *In Suprema* vom Papst Alexander VII. vom 19. April 1666, die diese Äbtekonferenzen als Zwischenkapitel einsetzte, konnte ihnen keine erhöhte Bedeutung im Orden geben[65]. Selbst die Ausweitung des Teilnehmerkreises auf die Präsides der Kongregationen, die Generalprokuratoren und Generalvikare der Ordensprovinzen brachte keinen neuen Anstoß. Sie wurden bis zum Ende der Primarabteien in der Französischen Revolution kaum ein Dutzend Mal zusammengerufen.

Die Provinzstruktur, die bereits im Spätmittelalter das bisherige Filialsystem des Ordens abgelöst hatte, festigte sich im Laufe des 16. Jahrhunderts durch die Ausbildung der Kongregationen und die Stärkung des nationalen Elements. Das Generalkapitel legte 1605 die Funktionen der Provinzvikare fest und erweiterte sie dabei. Die Hauptaufgabe der Provinzvikare bzw. Generalvikare, wie sie seit der Annahme des Titels Generalabt durch den Abt von Cîteaux genannt wurden, bestand in der jährlichen Visitation der Abteien ihrer Provinz. Sie hatten darüber dem Abt von Cîteaux zu berichten. Das Generalkapitel wählte sie und sie blieben zumindest bis zum folgenden Generalkapitel im Amt. Den Generalvikaren war ein Provinzprokurator unterstellt, der als Rechtsbeistand für die Abteien im Kampf gegen das Kommendenwesen im 15. Jahrhundert entstanden war. Der Orden hatte sich im 16. Jahrhundert ein der Entwicklung der Zeit angepaßtes Verwaltungssystem geschaffen und trug damit der Politik dieser Zeit Rechnung. Der Orden hatte Kongregationen eigentlich als seiner Verfassung entgegengesetzt grundsätzlich abgelehnt. Die politischen Verhältnisse erzwangen dann immer wieder zeitweise Entgegenkommen und Nachgeben, das aber sobald als möglich wieder aufgegeben wurde. Hier kann beispielhaft auf die Entwicklung der kastilischen Kongregation im 15. und frühen 16. Jahrhundert hingewiesen werden. Erst als der Orden erkannte, daß er die von der Politik unterstützte Entwicklung nicht aufhalten könne, hat er sich bemüht, auf die Struktur und die Leitung der Kongregationen Einfluß zu gewinnen, was ihm bei den seit Ende des 16. Jahrhundert entstandenen Kongregationen auch gelang. Diese blieben dadurch im Ordensverband, während sich ein guter Teil der älteren selbständig machte. Dennoch hatte der Orden seine grundsätzliche Haltung zu den Kongregationen auch zu Beginn des 17. Jahrhunderts noch nicht gewandelt, wie sich aus dem Schriftwechsel mit der Kurie bei Gründung der Oberdeutschen Kongregation entnehmen läßt.

2. *Die Auseinandersetzungen der Observanzen*

Die Ordensgeschichte des 17. Jahrhunderts ist maßgeblich von den Auseinandersetzungen im Orden zwischen den beiden Observanzen geprägt. Seit 1628 wurden die Anhänger der Reformbewegung der ständigen Abstinenz von Fleischgenuss als die *stricta* oder *strictior observantia* bezeichnet, die übrigen als die »Alten« oder die *communis observantia*[1]. Die katholische Kirche festigte sich nach dem Konzil von Trient und erlebte eine Wiederbelebung des Ordenswesens, wie es zu Beginn des Jahrhunderts unmöglich erschienen wäre. Die Bewegung ging im 16. Jahrhundert vor allem von Spanien aus, während Frankreich erst nach 1600 und dem Abklingen der Religionskriege nachzog. In vielen Orden kam es zu strengeren Reformbewegungen, die jeweils versuchten, ihren gesamten Orden zu erfassen[2]. Während die Franziskaner und Augustinereremiten ein zwar sehr lose verbundener, aber immerhin gemeinsamer Orden blieben, trennte sich bei den Karmeliten der reformierte vom nichtreformierten Teil und bildete seit 1593 einen eigenen Orden.

Bei den Zisterziensern hatten sich aufgrund der spätmittelalterlichen Entwicklung und den Bestimmungen des Trienter Konzils die Kongregationen weiter ausgebildet, jedoch war im Orden selbst keine Reformrichtung entstanden. Erst im frühen 17. Jahrhundert entwickelte sich die von den Abteien Châtillon und La Charmoie ausgehende Reformbewegung der als *stricta observantia* bezeichneten strengen Observanz, die eine größere Bedeutung erst ab 1615 gewann, als sich ihr Clairvaux anschloß.

Obwohl sich der Orden im frühen 17. Jahrhundert in einer relativ guten Ordenszucht befand, zeigte das Beispiel des Zisterzienserinnenklosters Maubuisson, daß die Einhaltung der Regel ständig überwacht werden mußte. Der Generalabt hatte Maubuisson 1617 erst nach einer Anordnung des Hofes visitiert, was zur Versetzung der Äbtissin Angélique d'Estrées und zur Reform durch die Abtei Port-Royal geführt hatte. Da sich die Äbtissin trotz ihrer öffentlichen Skandale gegen die Reformmaßnahmen wehrte, gelangten diese erst 1623 zum Abschluß. Die Reformbewegung der Orden hatte in dieser Zeit in dem der Politik eng verbundenen Kardinal François de la Rochefoucauld († 1645) einen entschiedenen Vertreter, obwohl er selbst skrupellos Benefizien an sich zog. Papst Gregor XV. beauftragte durch Vermittlung König Ludwigs XIII. den Kardinal am 8. April 1622 auf sechs Jahre mit der Reform der Benediktiner, Zisterzienser und Augustiner. Der König bestätigte diesen Auftrag im Juli 1622. Damit war für die Reformkräfte im Orden eine Institution geschaffen, die sie um Hilfe angehen konnten. Die Reformer bei den Zisterziensern gewannen damit eine Bedeutung, die sie im Orden an sich nicht besaßen. Die offenen Streitigkeiten zwischen den Observanzen begannen mit den Abtswahlen in Clairvaux und Cîteaux.

Der Abt von Cîteaux hatte die Reform begrüßt und zugesagt, ihre formelle Anerkennung beim Generalkapitel 1618 zu unterstützen. Dieses war aber trotz der allgemeinen Anerkennung nicht bereit, die reformierten Abteien als eigene Kongregation anzuerkennen, sondern wünschte, nach dem Vorbild von Clairvaux mit Ausnahme der ständigen Abstinenz, die von Ostern bis Kreuzerhöhung (14. September) aufgehoben wurde, eine gemäßigte Reform des ganzen Ordens. Damit sollte eine einheitliche Disziplin im Orden bewahrt und verhindert werden, daß Clairvaux wieder zu seiner alten Rivalität gegenüber Cîteaux zurückkehrte. Keine der beiden Parteien war aber gewillt, auf diesen Kompromiß einzugehen. Die strenge Reform wuchs in der Folgezeit bis 1624 auf elf Klöster an. In Clairvaux wählte der Konvent Anfang 1621 den Neffen des bisherigen Abts Claude Largentier zum Koadjutor mit dem Recht der Nachfolge. Die Anhänger der strengen Observanz formierten sich unter Abt Stephan Maugier von La Charmoie gegen diese Wahl und sprachen dem Koadjutor die Eignung ab, die Reform zu verwirklichen. Sie wandten sich um Unterstützung an den Kardinal de la Rochefoucauld. Dieser erließ ein Dekret über die Errichtung einer unabhängigen Reformkongregation unter Leitung von Clairvaux, das zwar der Generalabt anerkannte, das Generalkapitel 1623 aber, wie schon 1618, ablehnte. Es erließ dagegen eine Reihe strenger Reformbestimmungen für den gesamten Orden und erlaubte den »Abstinenten« den dauernden Verzicht auf Fleischspeisen[3].

Somit war die Lage im Clairvaux bereits sehr gespannt, als Abt Denis Largentier im Oktober 1624 in Orval starb. Abt Stephan Maugier und die Anhänger der strengen Observanz bemühten sich durch Kardinal de la Rochefoucauld, die Nachfolge Claude Largentiers zu verhindern, was die »Alten« oder *die communis observantia* über das Pariser Parlament abbiegen konnte, womit die Stellung des neuen Abtes Claude sogar gefestigt wurde. Das Verhalten der Reformpartei hatte Abt Claude von dieser entfremdet, weshalb Clairvaux derselben wieder verlorenging.

Auch in Cîteaux führte der Tod von Abt *Nicolas II. Boucherat* im Mai 1625 zu einer ähnlichen Auseinandersetzung zwischen den »Alten« und den »Abstinenten«. Abt Nicolas II. hatte 1623 wegen seines Alters und seiner Krankheit ohne Erlaubnis des Königs und ohne die außerhalb des Klosters weilenden Konventsmitglieder zur Wahl einladen zu lassen, durch die 37 Mönche des Konvents vor Ort Nicolas le Goux de La Berchère zum Koadjutor wählen lassen. Dieser setzte als Theologe in Paris seine dortigen Studien fort. Die Umstände bei der Wahl führten dazu, daß diese vom Neffen des Abtes, Charles Boucherat, Abt von Pontigny, der sich selbst Hoffnungen gemacht hatte, Koadjutor seines Oheims zu werden, nicht anerkannt wurde.

Der gewählte Koadjutor wurde daraufhin weder von König noch vom Papst anerkannt, und seine Wahl blieb in ihrer Rechtmäßigkeit umstritten. Daher rief der Prior von Cîteaux nach dem Tode Abt Nicolas II. den Konvent und die Primaräbte trotz des Protestes des Koadjutors zu einer Neuwahl zusammen. Dabei wurde Charles Boucherat von seinen Anhängern zum Nachfolger seines Oheims gewählt. Da sich gegen diese Wahl jedoch Widerstand erhob, kam es durch den Hof rasch zu einer Einigung aller Beteiligten auf eine Neuwahl, die auf den 3. Juli angesetzt wurde. Aus dieser ging Pierre Nivelle als neuer Abt hervor. Er war seit mehr als 30 Jahren Mitglied des Ordens, dann Provisor in Paris und zuletzt vor seiner Wahl Abt von Saint-Sulpice. Während seiner Tätigkeit in Paris war er Generalprokurator seines Ordens gewesen und hatte sich zwei Jahre in Rom an der Kurie aufgehalten. Der Konvent von Cîteaux forderte durch eine Delegation zum König die Bestätigung der Wahl von Abt Pierre, gegen den die Anhänger von Charles Boucherat agierten. Sie konnten beim König erreichen, daß eine Kommission beauftragt wurde, über die Wahl zu entscheiden und daß am 11. August 1625 Jacques Bossuet, Rat beim Parlament von Dijon, zum Verwalter der Güter von Cîteaux während der Zeit der Vakanz eingesetzt wurde. Bossuet war mit den Anhängern von Abt Boucherat eng verbunden. Die Bemühungen Boucherats führten dazu, daß Ludwig XIII. am 25. August entschied, die Wahl aufzuheben und eine Neuwahl in Anwesenheit der Bischöfe von Langres und Chalon sowie einem hochrangigen königlichen Beamten anzusetzen. Obwohl Abt Boucherat versuchte, seinen Anhang in Cîteaux zu vergrößern, ging auch diese am 3. November 1625 durchgeführte Wahl mit 38 : 26 Stimmen zugunsten von *Pierre Nivelle* aus. Die Anhänger Boucherats kündigten zwar eine Appellation in Rom an, konnten aber die Bestätigung von Abt Pierre III. im Januar 1626 durch den König und bald darauf auch durch den Papst nicht verhindern. Daher leistete Abt Pierre im September 1626 seinen Treueid auf den König und wurde im Dezember in das Parlament von Dijon aufgenommen[4].

Abt Pierre wurde zwar von seinen Gegnern negativer dargestellt, als er war, doch gelang es ihm nicht, nach seiner Wahl die Gegensätze in seinem Konvent und im Orden zu überwinden. Auch war seine Amtsführung durch Fehler und Mißgriffe geprägt, die die Zahl seiner Gegner eher vergrößerte als verkleinerte. So geriet er mit seinem Konvent wegen der Aufnahme von Schulden im Streitigkeiten, die sich in einer ihm von 30 Konventsmitgliedern am 5. September 1629 vorgelegten Liste niederschlugen. Neben den steigenden Schulden der Abtei rügten die Mönche vor allem die Behandlung des Konvents durch den Abt. Während er nachweislich Mönchen und Laienbrüdern notwendige Kleidung verweigerte, ließ er in Gilly eine Portraitreihe seiner Amtsvorgänger schaffen[5]. Der in der Behandlung seines Konvents ungeschickte und harte Abt reagierte auf die Anschuldigungen seiner Mönche wiederum falsch. Er setzte sofort den Cellerar Pierre Regnault ab, in dem er den Kopf der Verschwörung gegen sich sah. Damit zerschlug er aber nicht den Kreis seiner Gegner im Konvent, sondern bewog diesen, sich an das Parlament in Dijon und den Papst zu wenden. Das Parlament bereitete dem Abt eine herbe Niederlage: es faßte am 15. September 1629 den Beschluß, daß er nicht nur den Cellerar sofort wieder einzusetzen hätte, sondern auch in Zukunft keine Amtsträger im Kloster mehr von ihrer Stellung entbinden durfte. Gleichzeitig sandte es einen Beauftragten nach Cîteaux, um die Anschuldigungen gegen den Abt weiter zu untersuchen. Dieser konnte während seines Aufenthalts vom 21. September bis 19. Oktober 1629 feststellen, daß zahlreiche Vorwürfe gegen die Amtsführung von Abt Pierre zu Recht erhoben wurden. Das Ergebnis hatte zwar keine unmittelbaren Folgen für die Amtsführung des Abtes, hat ihn aber in seinen politischen Spielräumen entscheidend eingeengt.

Obwohl er am 6. Februar 1628 die Zusagen seines Vorgängers an die Reformpartei und deren Generalvikar bestätigt hatte und auch das Generalkapitel 1628 die Reformbestimmungen von 1623 erneuert und erweitert hatte, blieb die strenge Observanz bei ihrer Einstellung gegen Abt Pierre und den Abt von Clairvaux. Das Generalkapitel hatte 1628 auch angeordnet, daß kein Mönch ohne seinen ausdrücklichen Willen in ein Kloster der allgemeinen Observanz oder umgekehrt versetzt werden durfte. Die strenge Observanz konnte durch das Entgegenkommen des Ordens und die 1628 verlängerte Tätigkeit des Kardinals de la Rochefoucauld als Visitator und Reformer die Zahl der zu ihr gehörigen Abteien auf 15 erhöhen[6]. Sie war mit diesem Ergebnis nicht zufrieden, sondern wollte den gesamten Orden in ihre Hand bekommen. Die ungeschickte Amtsführung von Abt Pierre von Cîteaux kam dieser Absicht entgegen. Das Zusammenwirken des auf Ordensreform bedachten Ludwig XIII., des Kardinals de la Rochefoucauld und vor allem des zu den Reformern gehörigen Jean Jouaud, Abtes von Prières, der als Sekretär für geistliche Angelegenheiten bei Kardinal Richelieu wirkte, sollte die weiteren Ereignisse auslösen. Die Äbte der strengen Observanz wandten sich 1632 an den Papst, um eine weitere Verlängerung des Reformauftrags an Kardinal de la Rochefoucauld durchzusetzen, was sie auch erreichten[7]. Der Kardinal begann daraufhin, vermutlich durch die strenge Observanz und Abt Stephan Maugier ermuntert, gegen die allgemeine Observanz vorzugehen. Abt Pierre war 1633 nicht bereit, sich dem Reformauftrag des Kardinals zu unterwerfen und vor diesem zu erscheinen. Er legte im Mai 1634 Berufung gegen das Vorgehen des Kardinals beim Generalkapitel ein. Dieser erließ daraufhin, ohne Cîteaux je besucht zu haben, im Juli 1634 ein Reformdekret, das die bislang unbestrittenen Privilegien des Stammklosters angriff. Der Kardinal wollte Cîteaux und die vier Primarabteien sofort der strengen Observanz unterstellen und deren Konvente auf andere Häuser verteilen. Wer die neue Observanz annahm, durfte zwar im angestammten Konvent bleiben, verlor aber das aktive und passive Wahlrecht. Den Äbten der fünf Primarabteien sollte ihr Titel belassen werden, die Regierung sollten jedoch Assistenten aus der strengen Observanz übernehmen. Die Stellung des bisherigen Generalkapitels wurde aufgehoben und ein Generalvikar und vier Assistenten sollten die oberste Gewalt bis zur Wahl eines neuen Generalabts aus der strengen Observanz innehaben. Der Kardinal ernannte Abt Stephan Maugier zum Generalvikar des Ordens. Darüber hinaus wurde die Aufnahme von Novizen nur noch den Klöstern der strengen Observanz gestattet, während die der allgemeinen Observanz zum Aussterben verurteilt wurden[8].

Da durch das Vorgehen des Kardinals de la Rochefoucauld die gesamte Ordensleitung an die strenge Observanz gefallen wäre, hielt der Generalabt die diesem gegebenen Machtbefugnisse für überschritten und appellierte an Papst Urban VIII., König Ludwig XIII. und Kardinal Richelieu. Da die Kurie nicht sofort reagierte, konnte sich Richelieu in die Belange des Ordens einmischen. Er hatte sich wegen seiner gallikanischen Haltung mit der Kurie zerstritten und versuchte seit Jahren, seinen Einfluß auf alle französischen Ordenshäuser zu stärken, um sie seiner Leitung zu unterstellen. Er war daher bereits zum Abt von Prémontré und Cluny gewählt worden. Sein eigentliches Ziel war von Anfang an, zum Generalabt von Cîteaux aufzusteigen. Aus taktischen Gründen nahm er sofort das ihm von der allgemeinen Observanz angebotene Amt eines Ordensprotektors an. In einer im März 1635 in Royaumont tagenden Versammlung der Primaräbte erließ er nach eingehenden Beratungen ein neues, etwas abgemildertes Reformdekret. Die »Artikel von Royaumont« gingen auf die geforderte Absetzung der Primaräbte nicht ein, sondern forderten eine Versammlung der französischen Zisterzienser am 1.

Oktober 1635 in Cîteaux. Kardinal Richelieu spielte in den folgenden Monaten ein politisches Doppelspiel. Während er in Royaumont auf einen abgemilderten Ausgleich gedrängt hatte, ließ er bis zur Versammlung in Cîteaux durch den Kardinal de la Rochefoucauld das Reformdekret von 1634 weiter durchführen. Er besorgte ihm auch die noch ausstehende königliche Bestätigung. Der päpstliche Visitator drang im September mit Waffengewalt in das Pariser Kolleg ein und ernannte anstelle der von ihm abgesetzten Vorsteher Anhänger der strengen Observanz.

Das Vorgehen des Kardinals de la Rochefoucauld zeigte der allgemeinen Observanz ihre Schwäche. Das Kapitel in Cîteaux vom 1.–10. Oktober 1635 fand zwar in Abwesenheit der strengen Observanz statt und wandte sich gegen die Maßnahmen des Kardinals de la Rochefoucauld, wobei es die Durchführung der in den Artikeln von Royaumont beschlossenen Reformen einem Komitee übertrug, das Kardinal Richelieu nach Meinung der Versammlung unterstützen sollte. Dieser gab den Beteiligten zu verstehen, daß er den Orden nur als Generalabt richtig schützen könnte. Gleichzeitig versprach er Abt Pierre im Falle einer Resignation zum Bistum Luçon zu verhelfen. Der durch das Intrigenspiel Richelieus eingeschüchterte Abt Pierre verzichtete im November auf sein Amt und wurde Bischof von Luçon. Der Konvent von Cîteaux postulierte am 19. November 1635 Kardinal Richelieu einstimmig zum Generalabt, der den Wechsel im Amt mit Abt Pierre auf den 1. Januar 1636 vereinbarte und seinem Vorgänger noch 15 000 Livres für seine Ausgaben anwies. Abt Pierre ist in seinem neuen Amt 1660 verstorben.

Die Postulation Kardinal Richelieus, die zwar Ludwig XIII. am 22. Dezember 1635 bestätigte, nicht aber die Kurie und die nichtfranzösischen Klöster des Ordens, fand in Anwesenheit der Primaräbte statt und führte am 15. Januar 1636 zur Besitzergreifung der Abtei durch den Kardinal. Alle Beteiligten an diesem Vorgang haben den tiefen Einschnitt in der Geschichte von Cîteaux übersehen. Kloster und Orden hatten mit dem Nachgeben gegenüber Richelieu einen tiefen Abstieg hinnehmen müssen. Dazu war die Wahl des Kardinals ein politischer Fehlschlag. Nicht nur wandte sich noch im Dezember 1635 der Papst gegen das Vorgehen der strengen Observanz, sondern Kardinal Richelieu übernahm statt des Schutzes der allgemeinen Observanz das Reformprogramm des Kardinals de la Rochefoucauld. Er verbot sofort die Aufnahme von Novizen in den Klöstern der allgemeinen Observanz und vertrieb die Mönche aus Cîteaux, an deren Stelle er eine Gruppe aus der strengen Observanz setzte. Nur zehn der bisherigen 40 Mönche durften in Cîteaux bleiben, nachdem sie sich der neuen Führung unterworfen hatten. Die strenge Observanz wuchs bis Ende 1642 auf 30 Männer- und vier Frauenkonvente[9].

Der Kardinal ernannte als Generalabt am 29. Januar 1636 Abt Charles von Pontigny zu seinem Generalvikar, was ein Zusammenwirken der Anhänger Boucherats in der Wahl von 1625 mit Kardinal Richelieu gegen Abt Pierre bei der Übernahme von Cîteaux vermuten läßt. Eigentlicher Verlierer der Auseinandersetzungen wurde jedoch die strenge Observanz. Die Unterstützung ihrer Ziele durch Kardinal Richelieu nach 1635 hat einen Ausgleich der beiden Observanzen unmöglich gemacht und die strenge Observanz durch ihre offen zur Schau gestellte gallikanische Einstellung auch an der Kurie in ihrem bisherigen hohen Ansehen dort für die weitere Entwicklung geschädigt.

Kardinal Richelieu hatte durch seine Intrigen den Orden geschädigt, um seine eigene Stellung zu festigen. Im Oktober 1636 folgte ein Überfall habsburgischer Truppen auf Cîteaux, das so vollständig ausgeplündert wurde, daß nach der Überlieferung nur die leeren Mauern der Gebäude zurückblieben[10]. Die durch den Kardinal aus dem Kloster vertriebenen Angehörigen der allgemeinen Observanz mußten bis zum Tode desselben warten (4. Dezember 1642) bis sich ihre teilweise auch finanziell schwierige Lage ändern sollte[11]. Zwar hatte sich Charles Boucherat gezwungen gesehen, Louis Loppin, einem der »Alten«, bereits früher die Rückkehr zu erlauben, weil sich unter den Reformern keiner fand, der in der Lage war, die finanziellen Angelegenheiten von Cîteaux zu verwalten, doch blieb trotz aller Ablehnung von Richelieus Vorgehen dessen Stellung unangefochten. Erst unmittelbar nach seinem Ableben versuchten die vertriebenen Mönche einzeln nach Cîteaux zurückzukehren. Die strenge Observanz hielt jedoch die Klostertore für sie verschlossen, bis Ende Dezember das Parlament von Burgund ihren Einlaß erzwang. Die strenge Observanz hatte auch durch Jean Jouaud, Abt von Prières, versucht, die Unterstützung des Königs zu gewinnen und am 13. Dezember 1642 einen Beschluß des Conseil d'Etat erreicht, der die Dekrete des Kardinals de la Rochefoucauld bestätigte, den Angehörigen der allgemeinen Observanz für die anstehende Abtswahl in Cîteaux erneut das aktive und passive Wahlrecht absprach und nur ein Mitglied der strengen Observanz für wählbar erklärte. Die sich reorganisierende allgemeine Observanz wählte am 26. Dezember 1642 Jean Boucherat, den Neffen des Abtes von Pontigny, Profeß von Cîteaux und Prior in Igny, zum Prior von Cîteaux. Der Prior der strengen Observanz, Jean Drouet, bereitete die Abtswahl vor, wollte diese aber nicht vor der Ankunft des königlichen Kommissars, François de Verthamon, durchführen. Diese Verzögerung nützte der allgemeinen Observanz. Die ihr angehörigen 21 Mönche feierten am 2. Januar 1643 in der Abteikirche trotz des Protestes der Gegenpartei das Heiliggeistamt und wählten daran anschließend *Claude Vaussin,* Prior von Froidmont, einstimmig zum Abt. Als der königliche Kommissar in Cîteaux eintraf, betrachtete er das Vorgehen der allgemeinen Observanz als Ungehorsam gegen den König, zwang die leitenden Persönlichkeiten der Observanz, die Wahl Abt Claudes für ungültig zu erklären und vertrieb dessen Anhänger aus Cîteaux. Auch der Conseil de'Etat annullierte am 21. Januar die Wahl und bestätigte die strenge Observanz im Besitz der Abtei. Abt Claude wandte sich sofort an die Kurie, weshalb die Neuwahl auf unbestimmte Zeit aufgeschoben wurde, um eine Entscheidung Roms abzuwarten.

Die seit dem Tode Richelieus trotz der Sympathien des Königs für die strenge Observanz eher abwartende Haltung der Politik arbeitete für die Interessen der allgemeinen Observanz. Abt Claude Largentier von Clairvaux und die drei anderen Primaräbte riefen bei offizieller Zurückhaltung Abt Claude Vaussins den Orden über Frankreich hinaus zu ihrer Unterstützung auf. Abt Hilarius, der Prokurator der allgemeinen Observanz in Rom, war für eine rasche Einflußnahme der Kurie tätig. Auch die deutschen Äbte standen auf seiten der allgemeinen Observanz. Die schon im Februar 1643 von Papst als Schiedsrichter eingesetzte Kommission der Bischöfe von Mâcon, Langres und Auxerre fand bei der strengen Observanz keine Zustimmung. Sie appellierte daher ebenfalls an die Kurie und konnte am 6. Juni 1643 ein neues Schiedsgericht beim Papst durchsetzen, das aus dem Erzbischof von Sens und den Bischöfen von Uzès und Auxerre bestand. Inzwischen war im Mai König Ludwig XIII. gestorben, was die politischen Gewichte trotz der Sympathien der Vormundschaftsregierung für die strenge Observanz weiter zugunsten der allgemeinen verschob. Die bischöfliche Kommission legte am 13. Juni 1644 einen Kompromiß vor, nach dem zwar die Mitglieder beider Observanzen an der Wahl des neuen Abtes von Cîteaux teilnehmen sollten, als Abt jedoch nur ein Mitglied der strengen Observanz wählbar sein sollte. Damit wäre Abt Claude Vaussin unwählbar gewesen, was seine Anhänger zu neuen Bemühungen aufrief. Da Papst Urban VIII. im Juli 1644 starb, verzögerte sich die Angelegenheit erneut. Die allgemeine Observanz hatte auch an das Pariser Parlament appelliert, wandte sich dann aber an den Conseil d'Etat. Da der bisherige Druck auf die vier Primarabteien weggefallen war, erhielt die allgemeine Observanz in ihrem Kampf weiteren Auftrieb. Die Entscheidung des Conseil d'Etat am 5. April 1645, die beiden Observanzen die Teilnahme an der Wahl genehmigte und eine freie Wahl des Abtes sicherte, stellte einen deutlichen Sieg der allgemeinen Observanz dar. Sie hat diesen sofort konsequent umgesetzt: unter dem Vorsitz des königlichen Kommissars Charles de Machault trat der Konvent von Cîteaux in Anwesenheit der Primaräbte und einiger Bürger von Dijon am 10. Mai zur Wahl zusammen. Trotz der Behinderungsstrategie der strengen Observanz im Vorfeld der Wahl wurde diese mit 37 Stimmen für Abt Claude Vaussin gegenüber 16 für Abt Jean Jouaud, Abt von Prières, als Haupt der strengen Observanz eindeutig entschieden. Der Hof anerkannte die Wahl bereit am 26. Mai. Die Bestätigung durch den Papst folgte am 29. November 1645, wobei Abt Claude Vaussin als Generalabt über den gesamten Orden eingesetzt und der Opposition ewiges Schweigen auferlegt wurde. Die Einsetzung des neuen Generalabts in Cîteaux am 15. Januar 1646, wobei ihm Abt Jean Jouaud im Namen der strengen Observanz Gehorsam gelobte, und die Abtsweihe am 4. März 1646 in der Kirche des Bernhardkollegs in Gegenwart des päpstlichen Nuntius und zahlreicher Erzbischöfe und Bischöfe waren der erste, äußere Abschluß der Streitigkeiten. Die Wahl des Pariser Kollegs als Ort der Abtsweihe zeigte, daß die allgemeine Observanz die sich dort abspielenden Vorgänge von 1635 nicht vergessen hatte[12]. Die Stellung Abt Claudes wurde durch die Erlaubnis gestärkt, seine Stellung im Parlament von Dijon einzunehmen, obwohl dessen erster Vorsitzender sein Halbbruder Jean Bouchu war.

Abt Claude Vaussin hat der strengen Observanz im Januar 1646 zugesagt, sich für die Reform weiter einzusetzen. Die beiden Observanzen einigten sich am 16. Juni 1646 auf einen Kompromiß. Auch gegenüber den Primaräbten konnte Abt Claude die Stellung von Cîteaux bewahren. Auf einem Treffen mit diesen in Cîteaux am 22. August 1646 ernannte er mit deren Zustimmung die Provinzialvikare und mit François du Chemin den Prior von Cîteaux. Die Primaräbte sprachen am 25. Juli 1647 dem Abt von Cîteaux auch das Recht zu, ihre Abteien allein zu visitieren. Die Hinzunahme eines der Primaräbte war nur eine Höflichkeit, aber keine gesetzliche Notwendigkeit. Abt Claude führte 1647 eine Visitation der Klöster in der Provence und Gascogne durch und wurde 1648 als Vertreter der Geistlichkeit in die Stände Burgunds gewählt. Trotz dieser äußeren Erfolge Abt Claudes blieb die wirtschaftliche Lage von Cîteaux anfänglich schwierig. Abt Claude war sogar auf Stiftungen aus dem Kreis seiner Verwandten angewiesen, um überhaupt ein Bett zu besitzen.

Die Kurie entschied inzwischen die ihr vorgelegten Streitigkeiten der Observanzen. Die beauftragte Kongregation stellte sich auf die Seite der allgemeinen Observanz und die nachfolgende Bulle Papst Innocenz' X. vom 1. Februar 1647 bestätigte die Entscheidungen der Kongregation und verwarf die Dekrete des Kardinals de la Rochefoucauld[13]. Trotz dieser Entscheidung der Kurie war die strenge Observanz nicht bereit, sich auf Dauer zu fügen. Eine Ursache dafür war vermutlich die überzeugte gallikanische und antirömische Einstellung der Reformer. Eine Visitation in Vaux-de-Cernay führte 1648 zu ersten weiteren Auseinandersetzungen. Im folgenden Jahr begann die strenge Observanz erneut, Abt Claude Vaussin anzugreifen. Zuerst trat der Prokurator des Pariser Kollegs, Pierre Gauthier, ein Anhänger der strengen Observanz, von seinem Amt zurück. Abt Claude gab ihm in Pierre de Lancy, der ebenfalls der strengen Observanz angehörte, einen Nachfolger. Als zweiter Schritt verzichtete Abt Joseph Arnolfini von Châtillon auf sein Amt als Generalvikar der strengen Observanz. Abt Claude ernannte Abt Jean Jouaud von Prières zu seinem Nachfolger, der seit dem Tode von Abt Stephan Maugier die strenge Observanz geleitet hatte. Als drittes forderte Abt Jouaud die Erlaubnis, ein Treffen der Äbte der strengen Observanz abzuhalten, was ihm aber Abt Claude mit dem Hinweis abschlug, dieses Treffen auf dem für 1651 geplanten Generalkapitel abzuhalten. Es blieb noch ruhig bis zum Besuch König Ludwigs XIV., seiner Mutter und Kardinal Mazarins im April 1650 in Cîteaux. Im Mai versammelte sich die strenge Observanz zu dem illegalen Treffen von Foucarmont, wo es die Delegierten ablehnten, Jouaud als ihren Generalvikar anzuerkennen und Arnolfini wieder einsetzten. Ebenso wurde der Prokurator des Pariser Kollegs de Lancy abgesetzt und Gauthier erneut beauftragt. Der genau berechnete Vorstoß der Reformer war aber die Delegation Abt Jouauds zu Abt Claude, um diesen über die Beschlüsse von Foucarmont zu informieren. Abt Claude war bereit, die Reformer als Einzelpersonen zu empfangen, nicht aber als Abgesandte einer illegalen Versammlung. Die Auseinandersetzungen über die einzelnen Punkte wurden daraufhin in Rom und vor verschiedenen Gerichtshöfen im Paris geführt. Dabei kann es sofort zu der Frage nach der Gültigkeit der Dekrete von Kardinal de la Rochefoucauld und des Beschlusses der Schiedskommission von 1644. Davon ausgehend wurde erneut die Gültigkeit der Wahl Abt Claudes angezweifelt.

Das 1651 erstmals seit 1628 tagende Generalkapitel schien nochmals zu einer Übereinkunft der Observanzen zu führen. Es beschloß, die strenge Observanz – jedoch ohne die ständige Abstinenz von Fleischspeisen – als verbindlich für den ganzen Orden. Doch brachte die strenge Observanz unter Mißachtung der Beschlüsse des Generalkapitels ihre Beschwerden vor den königlichen Rat. Der Tod des Abtes von Clairvaux, Claude Largentier, im September 1653 führte zu neuerlichen Auseinandersetzungen. Die strenge Observanz präsentierte sofort einen Kandidaten für das Amt, doch konnte Abt Vaussin im Februar 1654 ein königliches Dekret erreichen, das dem Konvent von Clairvaux das freie Wahlrecht gestattete. Nachdem er 1653 seine Tochterklöster in der Ile-de-France, Anjou, Maine, Touraine, Bretagne und der Normandie visitiert hatte, folgte zwischen April und September eine Reise durch Böhmen, Süddeutschland und Franken, um die dortigen Zisterzen zu visitieren. Auf dem Weg nach Heiligkreuz erreichte ihn in Raitenhaslach das kaiserliche Verbot, in Österreich zu visitieren. Dieser Entschluß ging auf die spanischen Proteste und die Haltung der Äbte von Lilienfeld und Rein zurück. Auf der Rückreise hielt der Abt in Rottweil ein Kapitel der Oberdeutschen Kongregation ab.

Es gelang Abt Claude mit Unterstützung Kardinal Mazarins, dem im Februar 1655 verstorbenen Abt von La Ferté einen Vertreter der allgemeinen Observanz in Gestalt seines Neffen Pierre Bouchu folgen zu lassen und damit Versuche der strengen Observanz zu durchkreuzen, diesen Abtsstuhl zu besetzen. Abt Jean Jouaud veröffentlichte jedoch 1656 eine *Défense des règlement pour la réformation de l'Ordre de Cîteaux*, das ein Propagandainstrument der strengen Observanz in den laufenden Auseinandersetzungen vor den Pariser Instanzen war und noch die spätere Geschichtsschreibung im Sinne der sogenannten Reformer beeinflußt hat. Die neuerliche Auseinandersetzung hat der Stellung Abt Claudes geschadet. Die Äbte von Clairvaux und Morimond wandten sich gegen die Visitationsrechte von Cîteaux in der Franche Comté. Doch konnte Abt Claude gegen sie im Dezember 1658 eine Entscheidung des Parlaments in Dole zu seinen Gunsten erreichen. Dagegen kam es im folgenden Jahr mit dem eigentlichen Vertrauten des Abtes, Pierre Bouchu und seiner Familie sowie dem Prior du Chemin an der Spitze zu einer gegen den Abt gerichteten Bewegung, deren Grund nicht genau erkennbar ist und in einer allgemeinen Stimmung gegen den Generalabt vermutet wird[14], die wohl im Vorfeld der im folgenden Jahr veröffentlichten Entscheidung des Pariser Parlaments zu sehen ist. Abt Claude griff sofort durch und setzte den Prior und den sich wehrenden Subprior Jean Petit ab. Als diese Angelegenheit ebenfalls dem Grand Conseil und dem Parlament in Dijon vorgelegt wurde, hat Abt Claude Jean Petit zum Prior von Bonport bei Rouen ernannt und auch die übrigen Gegner durch Begünstigungen entwaffnet.

Die strenge Observanz erreichte aber in ihrem eigentlich illegalen Kampf mit der allgemeinen Observanz über die Gültigkeit der Dekrete des Kardinals de la Rochefoucauld von 1634 und 1635 mit der Unterstützung der Witwe Ludwigs XIII., Anna von Österreich, den Beschluß des Parlaments von Paris am 3. Juli 1660, daß die Dekrete nicht nur rechtmäßig wären, sondern auch sofort umgesetzt werden müßten. Als Abt Jean Jouaud aufgrund seines Erfolges weitere Forderungen der strengen Observanz vorlegte, beschloß das Parlament am 22. Dezember 1660, auch die Novizen der fünf Primarabteien sofort in Klöster der strengen Observanz zu versetzen und den Primaräbten ihre Jurisdiktionsrechte zu entziehen. Abt Claude war in einem Augenblick tiefer Verzweiflung gewillt, die strenge Observanz in Cîteaux einzuführen. Die zynische Frage des von seinem Erfolg geblendeten Abt Jouaud, wann Abt Claude sein Noviziat unter einem Novizenmeister der strengen Observanz beginnen würde, ließ ihn sich auf seine Verbindungen besinnen und den Kampf gegen die Königin Anna aufnehmen. Mit Unterstützung Kardinal Mazarins erreichte die Appellation an König Ludwig XIV. einen Beschluß des Conseil d'Etat am 18. Juni 1661, der das Dekret des Parlaments zwar nicht in Frage stellte, aber eine neuerliche Appellation an die Kurie zuließ, damit diese endgültig entscheiden konnte.

Abt Claude nutzte die Gelegenheit und reiste im Oktober 1661 mit Erlaubnis des Königs nach Rom, wo er bis Anfang März 1662 blieb, um dann nach Cîteaux zurückzukehren. Der mit kleinem Gefolge gereiste Abt wurde in Rom vor allem durch Jean Malgoirez, dem Generalprokurator des Ordens, und Abt Hilarion Runcati von Santa Croce unterstützt. Die Äbte der Schweizer Zisterzen hatten bereits vor der Ankunft Abt Claudes in Rom über diplomatische Kanäle beim Papst gegen die Aussetzung des für 1661 geplanten Generalkapitels protestiert und dabei auch darauf hingewiesen, daß die Dekrete des Kardinals de la Rochefoucaulds gegen die Konstitution des Ordens waren. Papst Alexander VII. hatte darauf mit seinem Schreiben vom 2. Juli 1661 reagiert, in dem er der strengen Observanz ihre Haltung gegen das ihr auferlegte Schweigen vorhielt und die Dekrete des Kardinals de la Rochefoucauld sowie alle darauf zurückgehenden Maßnahmen aufhob. Die strenge Observanz hatte daraufhin durch ihren Beauftragten an der Kurie ein neues Schreiben des Papstes vom 21. November 1661 erreicht. Dieser beauftragte darin eine Kommission der Bischöfe von Saintes, Pamiers und Alet über die Angelegenheit zu entscheiden. Abt Claude überreichte auf der am gleichen Tag stattfindenden Audienz bei Papst Alexander VII. diesem ein Memorandum, das der Papst von vier Prälaten unter der Leitung von Emilio Altieri, Bischof von Camerino und Sekretär der Kongregation der Bischöfe und Regularen, dem späteren Papst Clemens X., prüfen ließ. Der Papst annullierte aufgrund der Tätigkeit dieser Kommission am 5. Dezember 1661 sein Schreiben vom 21. November. Die strenge Observanz mobilisierte daraufhin erneut das Pariser Parlament, konnte aber das Breve des Papstes vom 16. Januar 1662 nicht verhindern[15]. In diesem forderte derselbe beide Parteien auf, ihre Beschwerden und Vorschläge einer Sonderkommission der Kurie vorzulegen, um zu einem Kompromiß und einer einheitlichen Reform des Ordens zu gelangen. Das Breve verwarf aber aufgrund der Vorschläge der Kommission unter Bischof Altieri erneut die Dekrete des Kardinals de la Rochefoucauld und drohte allen mit der Exkommunikation, die sich in Zukunft die in diesen Dekreten verkündeten Maßnahmen zu eigen machten. Auch wurde gleichzeitig das Vorgehen der strengen Observanz verurteilt.

Diese wußte daher, daß ihre Aussichten an der Kurie nicht sehr gut waren. Sie sträubte sich gegen die päpstlichen Vorschläge. Jean Jouaud berief sich gegen das Breve auf die gallikanischen Privilegien und sprach der Kurie das Recht ab, sich in eine nationale Angelegenheit einzumischen. Er ging sogar soweit, daß er den König bat, die strenge Observanz gegen fremde Einmischung zu schützen. Die folgenden Monate waren von diesen Bemühungen gekennzeichnet bis der Conseil d'Etat am 3. Juli 1664 das päpstliche Breve bestätigte und den Wunsch des Königs ausdrückte, daß die Auseinandersetzungen durch eine päpstliche Entscheidung beendet würden. Die strenge Observanz schickte die Äbte Armand Jean de Rancé von La Trappe und Dominique Georges von Val-Richer als ihre Vertreter nach Rom. Die allgemeine Observanz vertrat Abt Claude. Nachweislich war er vom September 1664 bis Frühjahr 1665 in Rom. Die Verhandlungen zogen sich bis zum Frühjahr 1666 hin, weil die strenge Observanz darauf beharrte, daß die Reform von ihrer völligen Freiheit und dem unantastbaren Recht abhänge, gegebenenfalls alle Ordenshäuser reformieren zu dürfen. Die Kurie dagegen hielt die Einheit im Orden für wichtiger als die Frage der Abstinenz von Fleischspeisen. Die Einflußnahmen der Königin Anna und anderer französischer Anhänger der strengen Observanz scheiterten an der geschickten Diplomatie Abt Claudes. Insbesondere die gallikanische Einstellung der Reformer und das Betonen derselben in den Verhandlungen hat die Kurie für die allgemeine Observanz eingenommen.

Die Bulle *In Suprema* von Papst Alexander VII. (19. April 1666) faßte dann das Ergebnis der Verhandlungen zusammen[16]. Die Einleitung führte aus, daß die einheitliche Reform des Ordens unter Wahrung der Einheit des Friedens und des gegenseitigen Verstehens der streitenden Parteien erfolgen sollte. Die Bulle lehnte sich weniger an die Carta Caritatis und andere Gesetzeswerke des Ordens an als an die Regula Benedicti. Sie gab viele praktische Anweisungen, um die einheitliche Ordensreform zu gewährleisten. Der Papst kam der strengen Observanz weit entgegen. Ihre Äbte wurden bei General- und Zwischenkapiteln gleichberechtigt. Dasselbe galt bei den Visitationen. In den Kommendatarabteien konnten nur Anhänger der dort bestehenden Observanz das Amt des Priors ausüben. Ohne Zustimmung der Ordensoberen war den Mönchen ein Übertritt zur anderen Observanz untersagt und Gewaltmaßnahmen waren grundsätzlich verboten. Die zur strengen Observanz gehörigen Klöster waren zur ständigen Abstinenz verpflichtet. In den übrigen durften außer im Advent, in der Fastenzeit ab Septuagesima und an allen Festtagen, wöchentlich dreimal Fleisch gegessen werden. Die Novizen waren gemeinsam in strenger Observanz zu unterrichten, brauchten aber während des Prüfungsjahres keine ständige Abstinenz zu halten. Darin lag der einzige Unterschied der beiden Observanzen. Die Klöster der strengen Observanz wurden keine unabhängige Kongregation, sondern in zwei oder drei Provinzen mit eigenen Provinzialvisitatoren zusammengeschlossen.

Die Bulle *In Suprema* sollte auf dem Generalkapitel 1667 feierlich verkündet werden. Dabei war festgelegt, daß neben den Primaräbten je zehn Definitoren aus den beiden Observanzen genommen werden sollten. Die selbst in Frankreich nur als Minderheit bestehende strenge Observanz zeigte hier Entgegenkommen. Dadurch sollte sie zur Mitarbeit gewonnen werden. Die Ereignisse auf dem Generalkapitel bewiesen, daß dies nicht realistisch war war. Nach dem Verlesen der Bulle am 9. Mai wurden vier Proteste gegen sie erhoben: drei kamen aus den Reihen der strengen Observanz, die letzte von den Äbten der Oberdeutschen Kongregation. Armand-Jean de Rancé, Abt von La Trappe, wandte sich in scharfer, vollkommen überzogener Weise gegen das Breve. Seiner Meinung nach war es aufgrund einer Intrige entstanden und verstieß gegen Regel und Tradition des Ordens. Die weiteren Proteste richteten sich gegen die Zusammensetzung des Definitoriums. Die oberdeutschen Äbte nahmen Anstand an dem gemeinsamen Noviziat und an der hohen Zahl von Definitoren aus der strengen Observanz. Die Zusammenkunft endete in erneutem bitteren Streit der Parteien. Da Papst Alexander VII. am 22. Mai 1667 starb, mußte sein Nachfolger Clemens IX. auf die Proteste eingehen. Sein Breve[17] *Ecclesiae catholicae* (26. Januar 1669) antwortete den protestierenden Äbten hart und bestätigte das Reformbreve seines Vorgängers. Die Äbte der Oberdeutschen Kongregation erhielten dagegen durch das Breve vom 20. Dezember 1667 die Möglichkeit, ein gesondertes Noviziat für die Klöster mit mehr als jeweils 35 Profeßmönchen abzuhalten. Die Auseinandersetzungen um das Breve *In Suprema* hielten noch einige Jahre an, doch haben sich nach der harten Erwiderung durch Papst Clemens IX. Anhänger der strengen Observanz wie Abt Rancé von La Trappe etwas zurückgenommen und den Streit dadurch abgemildert.

Abt Claude Vaussin starb am 1. Februar 1670. Er hatte nicht nur den Orden aus seiner mißlichen Situation in der Zeit Kardinal Richelieus befreit, sondern auch die Schulden seines Klosters vermindert, einen neuen Hochaltar errichtet, Chor und Sakristei restauriert und das Haus mit neuer Ausstattung versehen. Dazu hinterließ er einen gefüllten Weinkeller und soviel Getreide, daß sein Nachfolger in Lyon dafür 16000 Livres erlöste. Zu diesem wählte der Konvent mit 45 von 73 Stimmen am 29. März 1670 *Louis II. Loppin* zum Abt, der aber schon am 6. Mai des Jahres starb. Am 20. Juni wurde im zweiten Wahlgang mit 69 Stimmen der 73 Wähler *Jean XII. Petit* gewählt. Die Wahl war ein neuerlicher Beweis des Friedenswillens der allgemeinen Observanz. Abt Jean war einer der zehn Mönche, die in der Zeit Kardinal Richelieus nach der Übernahme der Abtei durch die strenge Observanz in Cîteaux geblieben waren. Auf ihn wurde im Februar 1671 ein Giftanschlag verübt, der auf persönliche Streitigkeiten zurückging, jedoch scheiterte. Er ließ es über die Zahl der Definitoren aus den Reihen der strengen Observanz zu neuem Streit kommen, weil er diese gegenüber der Anzahl der Mitglieder der anderen Observanz für zu hoch hielt.

Papst Clemens X. legte in einem weiteren Breve (22. April 1672) fest, daß die zehn Definitoren der strengen Observanz nur für das

Generalkapitel 1667 gedacht gewesen wären und legte als neue Zahl sechs fest. Er versuchte diese Bestimmung auf dem Generalkapitel von 1672 durchzusetzen, auf dem 31 Äbte anwesend waren, von denen zehn der strengen Observanz angehörten und zwei aus dem deutschsprachigen Raum (St. Urban, Stams) kamen. Die strenge Observanz erhob gegen die päpstliche Entscheidung Protest und verließ das Generalkapitel. Sie wandte sich erneut an den Conseil d'Etat und als sie dieser an den Papst verwies, unmittelbar an König Ludwig XIV. Dieser war sich der Gefahr bewußt, die bei einer positiven Entscheidung für die strenge Observanz Cîteaux durch die weitere Verselbstständigung der Kongregationen drohte und bestätigte am 25. März 1675 das Breve Papst Clemens X. und am 19. April 1675 auch das Generalkapitel von 1672, dessen Gültigkeit ebenfalls angefochten worden war[18].

Gegen Abt Jean Petit hatte sich schon bald nach seiner Wahl die von Abt Pierre Bouchu von La Ferté ausgehende Bewegung der Primaräbte gewandt, die seine Jurisdiktion anzweifelte. Die Primaräbte wollten ihre Filiationen in unabhängige Zweige des Ordens umwandeln, obwohl ihre Bemühungen bei Ludwig XIV. keine Unterstützung fanden. In diesem Zusammenhang scheiterte auch die 1674 vom Abt Jean Petit geplante Visitation von Clairvaux. Der Abt von Clairvaux lehnte diese ab und berief sich vor allem auf die fehlende Begleitung Abt Jeans durch zwei weitere Primaräbte, wie sie das Generalkapitel 1623 für die Visitation gefordert hatte. Als Abt Jean trotz des Widerspruchs anreiste, ließ ihn Clairvaux am 24. Dezember 1674 vor der verschlossenen Klosterpforte stehen. Abt Jean exkommunizierte daraufhin den Abt von Clairvaux, der sich beschwerdeführend an den Conseil d'Etat wandte. Dieses wies ihn aber im April 1675 an, sich binnen einer Woche von Abt Jean für das Vorgehen vom Bann lösen zu lassen. Die Entstehung bewog auch die übrigen Primaräbte, ihre Auseinandersetzungen mit Abt Jean in einem Vertrag im September 1675 zu beenden. Der Abt von Clairvaux verzichtete aufgrund seiner Niederlage gegen Abt Jean Anfang 1676 auf sein Amt, doch die Wahl von dessen Hauptgegner, Abt Pierre Bouchu von La Ferté, in Clairvaux ließ die Streitigkeiten weitergehen. Schon die Aufgabe des Abtsstuhles von La Ferté führte zu monatelangen Kämpfen, die nur durch die eindeutige Parteinahme des Königs für Abt Jean am 12. Mai 1677 endlich durch in Anwesenheit Abt Jeans erfolgte Resignation Abt Pierre Bouchus auf La Ferté beendet wurden. Die Auseinandersetzungen über die Jurisdiktionsrechte des Abtes von Cîteaux gegenüber den Primaräbten gingen aber weiter bis der Conseil d'Etat am 9. September 1681 die Rechte von Cîteaux im vollem Umfang anerkannte. Die Prokurator des Ordens in Rom Malgoirez starb Ende Oktober 1681 und Abt Jean Petit schlug auf einem Treffen der Primaräbte in Dijon im Dezember neben dem Abt von Tamié zwei weitere Äbte als Kandidaten für das Amt vor. Als die bis auf den Abt von La Ferté anwesenden Primaräbte alle drei Vorschläge ablehnten, schlug Abt Jean mit dem Prior von Thoronet noch einen vierten Kandidaten vor, der aber ebenfalls abgelehnt wurde. Abt Jean ernannte trotz der Proteste der Primaräbte Anfang Januar den Abt von Tamié zum Prokurator. Die Primaräbte wandten sich daraufhin an König Ludwig XIV. und auch an die Kurie. Der König ließ den Primaräbten sofort mitteilen, daß er eine Appellation an die Kurie nicht dulden würde, solange die Angelegenheit von ihm nicht entschieden wäre.

Diese Niederlage hinderte Abt Pierre Bouchu und die übrigen Primaräbte nicht daran, ihren Kampf gegen Abt Jean fortzusetzen. Als das Generalkapitel 1683 die Rechte des Abtes von Cîteaux zur Visitation der Primarabteien bestätigte, erhoben diese sofort Widerspruch unter dem Vorwand, das Generalkapitel wäre ohne ihre Zustimmung zusammengetreten. Sie blieben jedoch auch mit diesem Angriff erfolglos. Das Generalkapitel bestätigte in der Folge den Abt von Tamié als Prokurator an der Kurie. Die erneute Niederlage hinderte die Primaräbte aber nicht daran, Marc-Antoine de Beaurepaire, einen Profeß des Klosters Clairvaux, als Vertreter ihrer gegen Abt Jean Petit gerichteten Interessen nach Rom zu senden. Kardinal d'Estreés, der sich gleichzeitig im Rom aufhielt, bot sich den Parteien als Schiedsrichter an und wurde von de Beaurepaire ebenso wie von Abt Somant, dem Prokurator, in dieser Funktion anerkannt. Der Kardinal stellte zuerst fest, daß die Auseinandersetzungen zwei Gründe besaßen: erstens die Zusammensetzung und Funktion der Generalkapitel und zweitens die unterschiedlichen Interpretationen der Generalkapitel von 1672 und 1683. Nach einer Untersuchung aller in Betracht kommenden Dokumente entschied der Kardinal für Abt Jean Petit, dessen Stellung mit der Überlieferung des Ordens übereinstimmte. Die Entscheidung des Kardinals wurde in eine Bulle Papst Innocenz' XI. (10. Mai 1685) aufgenommen, um ihr größere Bedeutung zu geben. Es wurde zwar dem Abt von Clairvaux zugestanden, einem Generalkapitel ohne Zustimmung der Primaräbte zu widersprechen, doch galt dieses nur für ihn und nicht für die Tochterklöster seiner Filiation. Abwesende Mitglieder des Definitoriums, ausgenommen die Primaräbte, konnten durch andere Mitglieder des Generalkapitels ersetzt werden. Darüber hinaus erklärte der Papst die Generalkapitel von 1672 und 1683 für gültig und ihre Statuten für bindend. Wie die Vorgänge um den 1688 von Abt Jean geplanten neuerlichen Versuch einer Visitation von Clairvaux zeigen, war Abt Pierre Bouchu trotz aller Niederlagen nicht gewillt, sich dem Generalabt zu beugen. Dieser wollte die ganze Angelegenheit erneut auf dem von ihm für 1689 geplanten Generalkapitel zur Ansprache bringen, das aber wegen des ausbrechenden Krieges nicht zustande kam.

Abt Jean hatte neben diesen Auseinandersetzungen unter den Primaräbten am Ende seiner Regierungszeit auch Streit mit einem Teil seines Konvents. Dieser brach wegen des von Abt Jean im Juni 1691 mit der französischen Flotte abgeschlossenen Vertrages über den Holzeinschlag für diese in den Abteiwaldungen aus, da einige Mönche die Gültigkeit des Vertrages in Frage stellten, vor allem aber die Bezahlung für zu gering ansahen. Abt Jean ist während dieses Streits am 15. Januar 1692 verstorben. Sein Abbatiat war von den dauernden Auseinandersetzungen mit den Primaräbten geprägt, obwohl er selbst nach vielen Zeugnissen ein mustergültiger Mönch war[19]. Die Erfüllung seiner religiösen Pflichten war ihm ein dauerndes Anliegen. Auf dem Generalkapitel von 1683 ließ er eine Kommission der Priore von Cîteaux, La Ferté, Pontigny und Clairvaux einsetzen, um die zwischen dem Liber usuum und dem reformierten Missale bestehenden Unterschiede zu beseitigen. Das Generalkapitel 1686 ließ die Kommission weiterhin bestehen. Das von ihr erarbeitete Rituale erschien erst 1689. Dieses wurde 1715 für die Nonnen ins Französische übersetzt[20].

Während seines Streits mit den Primaräbten gelang es ihm, in den seit Jahrhunderten bestehenden Auseinandersetzungen der Observanzen eine Annäherung der Parteien zu erreichen. Als die strenge Observanz sich auf dem Generalkapitel 1683 über den drohenden

Zerfall ihrer Disziplin beschwerte und erneut jährliche Äbteversammlungen ihrer Observanz sowie die Inkorporation von Konventen in ihre Observanz forderte, wenn sich die Mehrzahl von deren Mitgliedern derselben anschließen würde, wurden diese Anträge genehmigt. Die Generalkapitel 1686 und 1699 erweiterten diese Beschlüsse, was der strengen Observanz die gewünschte Autonomie gewährte. Damit kamen bis zur französischen Revolution von 1789 keine neuen Streitigkeiten zwischen den Observanzen auf, zumal auch die folgenden Äbte von Cîteaux der strengen Observanz günstig gesonnen waren.

Nicolas III. Larcher wurde am 27. März 1692 zum Abt gewählt. Er war als Profeß von Cîteaux Theologe an der Sorbonne und Prior von La Bussière geworden. Dieser Weg des neuen Abtes beweist, daß der Orden noch am Ende des 17. Jahrhunderts an dem seit dem Mittelalter üblichen Aufstieg seiner führenden Repräsentanten festgehalten hat. Abt Nicolas III. wurde nach seiner Wahl im April vom König und im Mai vom Papst bestätigt. Schon bei seiner Abtswahl zeichneten sich neue Streitigkeiten für den Orden ab. Abt Nicolas vermutete, daß ihm der Bischof von Chalon den Gehorsamseid abfordern wolle, von dem der Abt von Cîteaux exemt war[21]. Er ließ sich daher vom Kardinal Fürstenberg, Bischof von Straßburg und Abt von Saint-Germain-des-Prés, weihen. Der Konflikt kam aber im folgenden Jahr dennoch zum Ausbruch, als Abt Nicolas einer Nonne im Kloster Biaches (Diözese Noyon) erlaubte, die Klausur zu verlassen. Der Bischof von Noyon war über diesen Eingriff in seine Rechte verletzt und begann, mit einem Verbot gegen dieses Unrecht vorzugehen. Die sich daraus ergebenden Streitigkeiten zwischen den Nonnen und dem Bischof kamen vor die königlichen Gerichte. Schon im Januar 1694 sprach eine Entscheidung des Königs dem Abt von Cîteaux das Recht zu, in diese Angelegenheit einzugreifen, was im März 1695 vom Conseil d'Etat nochmals bestätigt wurde. Der Abt von Cîteaux besaß danach das Recht, Nonnen unter seiner Jurisdiktion zu gestatten, die Klausur zu verlassen, ohne daß der Diözesanbischof eingreifen durfte. Trotz dieser Entscheidung begann 1697 in der Diözese Apt dieselbe Auseinandersetzung erneut, auch sie wurde bis zum Conseil d'Etat geführt, das 1701 neuerlich die Rechte des Abtes von Cîteaux bestätigte.

Schon unter Abt Jean Petit war die Frage aufgekommen, ob dem Abt von Cîteaux während der Sitzungen der burgundischen Stände das Recht zustand, in demselben Lehnstuhl zu sitzen wie die Bischöfe. Die Angelegenheit zog sich hin und wurde durch die vom Bischof vom Chalon von der Abtei Cîteaux geforderten höheren kirchlichen Abgaben zusätzlich erschwert. Abt Nicolas verlangte hartnäckig denselben Lehnstuhl wie die Bischöfe, um seine Stellung als exemter Abt mit bischofsgleicher Stellung zu wahren. Nach langen Streitigkeiten sprach der Conseil d'Etat dem Abt am 10. April 1699 diesen Stuhl in vollständig gleicher Ausführung wie den Bischöfen zu[22]. Später wurde berichtet, daß diese Auseinandersetzung den Abt soviel gekostet hätte, daß er sich einen goldenen Sessel hätte anfertigen lassen können. Der Abt konnte sich auch den Titel *Pater reverendissime* in Anrede und Anschrift vorbehalten. Der Abt hatte mit dem der Gegenwart merkwürdig anmutenden Streit aber die äußere Stellung seiner Abtei und Person in einer auf solche Unterschiede große Bedeutung legenden Zeit gewahrt.

Abt Nicolas hatte auch mit seinem Konvent in dieser Zeit Auseinandersetzungen, wobei ihm die Mönche ein absolutistisches Regiment und vor allem die Nichtbeachtung der päpstlichen Vorschriften über die Wirtschaftsverwaltung vorhielten. Doch konnte der Abt diese Anklagen gegen sich niederhalten, wie ihm dieses auch mit dem schriftlichen Protest der Primaräbte von Clairvaux und Pontigny über die von ihm 1699 abgehaltenen Visitationen beider Klöster entgegen der Bestimmungen des Generalkapitels von 1623 gelang. Die schlechte Verwaltung von Abt Nicolas führte im Winter 1709 im Konvent zu einer Krisensituation. Der Konvent hatte keinen Wein und kein Getreide, aber auch kein Geld, um sich zu versorgen. Der Cellerar Nicolas Loppin, den der Abt in dieser Situation allein ließ, verzweifelte und floh aus dem Kloster, nachdem er noch in die Räume des Sekretärs des Abtes eingebrochen war. Auch die Streitigkeiten des Abts mit dem Bischof von Chalon über die Abgaben des Klosters führten zu wirtschaftlichen Verlusten der Abtei. Abt Nicolas starb am 4. März 1712.

Die Wahl des Nachfolgers von Abt Nicolas fiel am 20. Mai 1712 auf *Edmond II. Perrot*. Er stammte aus Dijon und war Spiritual der Nonnen von Battant. Seine Wahl war wegen seines fortgeschrittenen Altes – er war schon über 70 Jahre alt – und seiner Stellung unerwartet gewesen und nur erfolgt, weil andere Wunschkandidaten des Konvents eine Wahl abgelehnt hatten. Obwohl für Abt Edmond bei seiner Besitzergreifung von Cîteaux im März 1713 ein kostspieliges Feuerwerk abgebrannt wurde, blieb er im weiteren Verlauf seiner Regierung sehr bescheiden. Er lebte im Dormitorium der Mönche und bezog die Abtswohnung erst während seiner zum Tode führenden Krankheit. Seine Reisen unternahm er meist mit öffentlichen Kutschen und aß mit den Mönchen gemeinsam. Er konnte aber die zwischen Cîteaux und den Primarabteien bestehende Konkurrenz nicht ändern, ebensowenig wie die seit längerer Zeit durch Auseinandersetzungen mit seinen Amtsvorgängern bestehende Feindschaft der Jesuiten vor allem am Hof. Während letztere eher zu Intrigen führte, haben die Primaräbte ihre Stellung gegenüber Cîteaux nicht nur durch eine Drucklegung ihrer Privilegien 1714 ohne Druckerlaubnis durch den Orden behaupten wollen, sondern auch durch offenen Widerstand gegen Abt Edmond und seine Vorschläge seit 1716. Die strittigen Fragen beschäftigten erneut die Gerichtshöfe, wenn auch durch den Tod von Abt Pierre Bouchu von Clairvaux (18. Februar 1718) eine gewisse Entspannung eintrat. Abt Edmond erreichte 1719 durch König Ludwig XV. und 1721 durch Papst Innocenz XIII. eine Bestätigung der Ordensprivilegien[23]. Die Behörden in Dijon versuchten unter Berufung auf eine Urkunde Herzog Philipps des Gutes von Burgund von 1456, ihre Stellung über das Kloster Cîteaux in den Zeiten einer Abtsvakanz oder des Generalkapitels zu stärken und erreichten 1722 eine Bestätigung dieser Urkunde, doch da in dem Dokument keine Aussagen über finanzielle Ablösungen vorlagen, konnte Cîteaux entsprechende Forderungen der Beamten abwehren.

Abt Edmond visitierte, nachdem er im Frühjahr 1721 eine schwere Krankheit überwunden hatte, in großer Ruhe die vier Primarabteien, obwohl mit Ausnahme von Morimond die Abteien gegen die Verletzung der Statuten des Generalkapitels von 1623 protestierten. Da der Abt häufig abwesend war, kam es ab 1724 im Konvent unter den jüngeren Mönchen zu Unruhen, die auch den Gottesdienst beeinträchtigten. Zwischen 1724 und 1726 sollen oft nicht mehr als vier Mönche auf jeder Seite im Chor während des Gottesdienstes gesessen haben. Abt Edmond setzte in der Abtei einen neuen Prior ein, der die jungen Unruhestifter durch Versetzungen weitgehend entfernte und die Probleme rasch beseitigte[24]. So hinterließ der Abt bei seinem Tod (1. Februar 1727) trotz dieser zeitweiligen Schwierigkeiten einen geordneten Konvent.

Andoche Pernot wurde am 21. April 1727 zum Generalabt gewählt. Er bemühte sich in seinem Abbatiat um die Einkünfte seines Klosters und erhöhte sie zeitweise auf 100–120 000 Livres im Jahr. Unter ihm kann es aber erneut zu Auseinandersetzungen mit den Primaräbten. Diese versuchten, ihre immer wieder zurückgewiesenen Ansprüche durchzusetzen und damit die Stellung des Generalkapitels zu schwächen. Abt Andoche hat 1738 das seit 1699 nicht mehr zusammengetretene Generalkapitel erneut einberufen. Auf diesem wurden umfangreiche Statuten für weite Bereiche des Ordens verabschiedet. Durch die Verleihung des Ehrentitels eines *archicoenobium* an Cîteaux hat es die Stellung des Generalabts weiter gestärkt. Dieses geschah auch durch die zunehmende Bedeutung der auf dem Generalkapitel anwesenden königlichen Kommissäre, die die Streitigkeiten der Primaräbte mit dem Generalabt schlichteten. Die Bedeutung der Kommissäre wuchs auf den folgenden Generalkapiteln des 18. Jahrhunderts wegen des zunehmenden staatlichen Drucks auf Kirche und Orden noch weiter. Abt Andoche starb am 14. September 1748. Sein Nachfolger wurde *François Trouvé,* der Cîteaux bis zur Auflösung 1791 leiten sollte[25]. Die Primaräbte versuchten auch unter ihm, ihre Stellung zu festigen. Auf dem Generalkapitel von 1765 weigerten sie sich sogar, an der feierlichen Schlußveranstaltung teilzunehmen, weil sie ihre Rechte beeinträchtigt sahen.

Der französische Klerus hatte 1765 beschlossen, Papst Clemens XIII. um eine Kommission zu bitten, die die für die Orden erforderlichen Reformen auf den Weg bringen sollte. Der Conseil d'Etat lehnte aufgrund der ihn bestimmenden gallikanischen und jansenistischen Mehrheit diese Kommission ab und berief eine eigene (23./24. Mai 1766). Diese hat in den folgenden Jahren bis 1771 und daran anschließend bis 1773 die bis zur französischen Revolution geltenden Beschlüsse für das klösterliche Leben erarbeitet. Die Kommission war aufklärerisch gesonnen und hat durch Aufhebungen zahlreicher Klöster und Orden hart in das Klosterwesen Frankreichs eingegriffen. Dabei wurde 1768 auch das Alter für die Profeß auf 21 Jahre bei Männern und 18 bei Frauen festgelegt.

Der Erzbischof von Toulouse als Mitglied dieser Kommission hat die Verhandlungen über die Zisterzienser in der Kommission als eine der schwierigsten Aufgaben derselben bezeichnet[26]. Dieses ging nicht nur auf die Stellung des Ordens zurück, sondern auch auf dessen interne Auseinandersetzungen zwischen dem Abt von Cîteaux und den Primaräbten. So hatten diese wieder gegen die Beschlüsse des Generalkapitels von 1765 beim Parlament von Dijon Beschwerde eingelegt, das dieselben im März 1766 ablehnte. Besonders schwierig war für die Kommission aber die internationale Stellung des Ordens und die Anwesenheit ausländischer Äbte auf dem Generalkapitel. Der Orden konnte sich trotz seiner geringen Anzahl von Mönchen dadurch der Klosteraufhebung weitgehend entziehen. Dabei wird angegeben, daß von den 228 Ordenshäusern immerhin 175 nur bis zu neun Mönchen besaßen, was bei einer Gesamtzahl von 814 Mönchen durchschnittlich fünf pro Konvent bedeutete. Cîteaux hatte bei seiner Prüfung 1768 ein jährliches Einkommen von 70 000 Livres.

Der Generalabt berief 1768 ein neues Generalkapitel ein, um den Frieden im Orden wiederherzustellen. Die auf diesem anwesenden beiden königlichen Kommissäre, der Bischof von Senlis und ein königlicher Rat, legten der Versammlung eine Aufstellung von 100 Fragen vor, die jeder Abt persönlich beantworten mußte. Die ausländischen Äbte setzten eine Übersetzung der Fragen ins Lateinische durch. Der Vorgang, der die Macht der Kommissäre aufzeigt, verzögerte den Sitzungsbeginn des Generalkapitels um zwölf Tage. Das Generalkapitel hat 1768 keine bedeutsamen Fragen erörtert, doch wählte es auf Befehl der Kommissäre Vertreter des Ordens, um eine neue Konstitution und Statuten auszuarbeiten. Die Primaräbte haben erneut gegen die Eingriffe in ihre alten Rechte protestiert. Schon 1771 wurde ein weiteres Generalkapitel einberufen, dieses Mal jedoch auf den 1. September. Die königliche Kommission erwartete dadurch anscheinend eine geringere Teilnahme aus dem Ausland[27]. Doch war diese mit 25 Äbten aus dem deutschsprachigen Raum wieder sehr hoch. Die Äbte von Chaloché, Vauclair, Pin, Hauterive und La Trappe hatten aufgrund des Beschlusses auf dem Generalkapitel von 1768 neue Statuten erarbeitet. Das Generalkapitel lehnte einhellig die weltliche Einmischung in die Verhältnisse des Ordens ab und nahm nach kontroversen Diskussionen die neuen Statuten an. Dabei standen auf seiten des Generalabts 40 Äbte, während 21 auf seiten der Primaräbte Partei ergriffen. Diese haben wegen der Eingriffe in ihre Rechte neuerlich bei den staatlichen Behörden protestiert. Nachdem die auf dem Generalkapitel anwesenden Kommissäre die Wahl der Definitoren erschwert hatten und dieses Vorgehen zu erbittertem Widerstand in der Versammlung führte, brachen die Kommissäre das Generalkapitel rasch ab.

Die Streitigkeiten über die neuen Statuten und der Einfluß der Aufklärung durch die staatlichen Maßnahmen haben anscheinend in einer Reihe von Konventen des Ordens zu Auflösungserscheinungen geführt, denn der Generalabt rief den Orden am 11. September 1782 dazu auf, die Regel und Statuten zu beachten[28]. Die seit 1771 anhängigen Beschwerden der Primaräbte beschied der Conseil d'Etat am 25. April 1783 dahingehend, daß die 1771 verabschiedeten Statuten auf einem im September 1783 einzuberufenden Generalkapitel neu beraten und beschlossen werden sollten[29]. Dieses Generalkapitel begann am 9. September in Anwesenheit von vier Kommissären, die König Ludwig XVI. am 22. August 1783 umfangreich instruiert hatte[30]. Der Conseil d'Etat hatte im Anhang seines Beschlusses vom 25. April einen Entwurf der Statuten vorgelegt. Das Generalkapitel war aber nicht gewillt, sich diesem zu fügen, sondern der endgültige Text wurde von den Äbten von Prières, Vaux-La-Douce, Vaucelles und Grosbois erarbeitet[31]. Auf dem Generalkapitel kam es zu einer Einigung zwischen dem Generalabt und den Primaräbten, was nicht nur zu geordneten Wahlen führte, sondern auch zur Annahme der Statuten und einem gemeinsamen Appell an den König, als die Kommissäre erneut die Zustimmung des Generalkapitels zur Aufhebung der Klöster mit weniger als neun Mönchen forderten. Am Ende des Generalkapitels verlangten die Kommissäre auch, die Beschlüsse des Generalkapitels auf dem für 1786 geplanten nächsten Generalkapitel nochmals beschließen zu lassen. Dieser öffentliche Druck auf die Teilnehmer des Generalkapitels läßt kaum noch von freien Entscheidungen derselben sprechen. Die Absicht, zahlreiche Klöster aufzuheben, veranlaßte den Abt von Châtillon auf dem Zwischenkapitel am 15. November 1784 zu dem Plan, die strenge und gemeine Observanz wieder zu vereinigen[32]. Auf dem Generalkapitel 1786 wurden in Anwesenheit der königlichen Kommissäre die neuen Statuten von

1783 nochmals geprüft, diskutiert und zuletzt an eine Kommission verwiesen, um weiter beraten zu werden. Der Plan des Zusammenschlusses der beiden Observanzen wurde ebenfalls behandelt. Die dabei befragten Generalvikare der strengen Observanz führten aufgrund ihrer Erfahrungen bei den Visitationen aus, daß die überwiegende Zahl der reformierten Konvente die Wiedervereinigung der Observanzen wünschte[33]. Tatsächlich beschloß das letzte Zwischenkapitel im November 1787 die Wiedervereinigung, über die dann die Vorgänge der französischen Revolution rasch hinweggingen. Damit waren jedoch kurz vor der Revolution noch aus eigener Kraft des Ordens die langen Streitigkeiten der Observanzen beendet worden.

Schon 1781 war es jedoch im Orden zu einem neuen Schisma gekommen, das dieses Mal von staatlicher Seite angeordnet worden war. Der habsburgische Reformkaiser Joseph II. hatte seine restriktiven kirchlichen Erlasse auch auf die österreichischen Niederlande ausgedehnt. Er verbot am 28. November 1781 per Dekret den dortigen Klöstern, ihre Beziehungen zu Papst und ausländischen Ordensoberen aufrecht zu erhalten. Die seit dem Spätmittelalter bestehenden Interessen nationaler Herrscher, ihre Kirchen und Klöster auf ihr Land einzuschränken, hatten damit ihren Höhepunkt erreicht. Die liturgischen Bücher des Zisterzienserordens aus Cîteaux waren schon 1767 durch ein Mandat für die habsburgischen Gebiete im Gebrauch verboten und die Drucklegung dieser Bücher innerhalb der habsburgischen Gebiete angeordnet worden. Joseph II. zwang die Zisterzienser, eine von Cîteaux unabhängige Kongregation zu gründen, die diese eigentlich nicht wollten. Sie mußten im Mai 1782 ein von 14 Äbten besuchtes Kapitel in Brüssel abhalten, dem im Juli 1786 ein weiteres in Villers folgte[34]. Die aufklärerisch-reformorientierten Regierungen trugen im 18. Jahrhundert damit nochmals entscheidend dazu bei, den ursprünglich europaweit gegliederten Orden auf kleine, nationale Einheiten einzuengen.

Abt François Trouvé erlebte den Ausbruch der französischen Revolution[35] im Sommer 1789, in deren Folge die französischen Klöster und mit ihnen Cîteaux aufgelöst und ihr Besitz zu Nationaleigentum erklärt wurden (14. April 1790). Anträge des ehemaligen Generalabts, ihm Teile seines bisher genutzten Inventars und Güter zu belassen, wurden abgelehnt. Er mußte sich zu Verwandten zurückziehen, bei denen er in Vosne-Romanée unweit von Cîteaux am 25. April 1797 starb.

Das Ende von Cîteaux war gleichzeitig auch das Ende aller noch bestehenden französischen Zisterzen, unter ihnen die vier Primarabteien. Sie hatten im letzten Jahrhundert ihres Bestehens immer wieder auf ihre seit dem 12. Jahrhundert bestehenden Rechte gepocht und die Entwicklung des Ordens durch ihre Klagen vor den staatlichen Institutionen verzögert. Ob dieses Vorgehen im Zeitalter der Aufklärung, in dem sich die Verwaltung mehr und mehr in die klösterlichen Angelegenheiten einmischte, vorteilhaft war, muß dahingestellt bleiben. Die meisten Versuche der Primaräbte, die Rechte des Abts von Cîteaux zu beschneiden, erbrachten zwar zeitliche Verzögerungen, hatten aber letztlich keinen Erfolg. Die Entwicklung des 17./18. Jahrhunderts ist über die Rechte der Primaräbte hinweggegangen, soweit diese überhaupt bestanden hatten und nicht im Konkurrenz zu Cîteaux vorgetäuscht worden waren.

La Ferté hatte mit Pierre V. Bouchu (1655–1676) und Claude III. Petit (1677–1710) zwei bedeutende Äbte[36]. Ersterer war Sohn des Vorsitzenden der burgundischen Stände und Neffe des Generalabts von Cîteaux Claude Vaussin. Als Profeß von Cîteaux und Doktor der Theologie stieg er 1649 zum Abt von Sept-Fons (Diözese Autun) auf und wechselte 1655 nach La Ferté. Er hat in den Jahren seiner dortigen Tätigkeit als Mitglied der Kommission des Ordens für die Überarbeitung der Ordensliturgie gewirkt, wechselte aber 1676/77 nach Clairvaux. Sein Nachfolger Claude Petit stammte aus Dijon, war in La Ferté Mönch geworden und dort sehr jung zum Novizenmeister aufgestiegen, um daran anschließend bis zu seiner Wahl zum Abt 1677 als Prior in Mazières, Pontigny und Chaalis zu wirken. Er war 1683 maßgeblich an der Auseinandersetzung der Primaräbte mit dem Generalkapitel von Cîteaux beteiligt, was ihm in der Geschichtsschreibung des Ordens vorgeworfen wurde, hat aber sein Kloster gut verwaltet und vor allem durch Neubauten an den Zeitgeschmack und den Bedarf seiner Zeit angepaßt. Sein Epitaph und auch das seines Nachfolgers nahm für La Ferté den 1738 vom Generalkapitel Cîteaux verliehenen Ehrentitel eines *archicoenobium* in Anspruch. Die nach Abt Claudes Tod 1710 folgenden fünf Äbte bis zur Auflösung des

Klosters 1790 waren keine besonders herausragenden Persönlichkeiten, die sich im Konvent von La Ferté nach oben gedient hatten.

In Pontigny war 1588 mit Claude Boucherat der Bruder des Abtes Nicolas II. von Cîteaux zum Abt aufgestiegen, dem 1613 sein erst neunjähriger Neffe Charles Boucherat (1613–1643) in freier Wahl des Konvents folgte. Die Situation des Ordens wurde daran ebenso deutlich wie im Jahrzehnt darauf, als der junge Abt mehrmals versuchte, über seine Anhänger in Cîteaux zum Generalabt aufzusteigen. Sein Vorgehen hat zu den Geschehnissen in Cîteaux entscheidend beigetragen, die mit der Wahl Kardinal Richelieus zum Generalabt einen Tiefpunkt der Ordensgeschichte erreichten. Als von diesem geschätzter Mitarbeiter hatte Abt Charles enge Verbindungen zum Kardinal und war überwiegend am Hof und nicht in seinem Kloster. Das aufwendige Leben stürzte ihn in hohe Schulden, die er zum Teil durch Einschränkungen in den Aufwendungen des Konvents auszugleichen versuchte. Der Anfang der 30er Jahre 13 Mönche, das heißt sieben Priester und sechs Novizen und Laienbrüder, umfassende Konvent sollte pro Mönch nicht mehr als 55 Livres verbrauchen. Der Prokurator protestierte 1634 gegen die auf 1300 Livres festgelegten Ausgaben zum Unterhalt des Konvents. Abt Charles hat aber für die bauliche Wiederherstellung des von den Hugenotten im 16. Jahrhundert vernichteten Klosters gesorgt und der Kirche ihr heutiges Aussehen gegeben. Kardinal Richelieu gab 1637 Abt Charles durch ein Mandat die Möglichkeit, in Pontigny die strenge Observanz einzuführen, was aber unterblieb. Abt Charles starb 1643 in Pontigny und ließ sich auch im Kloster beisetzen. Seine Nachfolger Mathieu de Mesgrigny (1643–1650) und Louis III. Martel (1651–1671) waren durch die hohen Schulden von Abt Charles gezwungen, den Haushalt des Klosters neu zu ordnen. Der Konvent wandte sich dabei im Zuge der Wahl von Abt Louis mit einer Beschwerde an das Generalkapitel, weil wiederholt Holz aus den Klosterwaldungen verkauft wurde, um die Schulden abzudecken. Abt Jacques VI. de Bourgeois de la Varende (1671–1687) konnte im Kloster kleine Baumaßnahmen durchführen, was Oronce Finé de Brianville (1688–1708) fortsetzte. Ihm wird auch nachgerühmt, die Schuldenlast des Klosters trotz der Baumaßnahmen um 80 000 Livres verringert zu haben. Eine andere Überlieferung im Orden warf ihm dagegen eine Erhöhung der Schuldenlast vor[37]. Der ihm als Abt folgende Joseph Caron (1708–1719) hatte Pontigny zuvor 20 Jahre als Cellerar gedient[38]. Seine Wahl läßt auf noch immer bestehende finanzielle Probleme des Klosters schließen. Unter Peter Calveirac (1719–1742) hatte Pontigny ein jährliches Einkommen zwischen 25–28 000 Livres bei einer Steuer von 300 florins[39]. Auch die folgenden Äbte Jacques VII. Gabriel Grillot (1742–1764), Nicolas Chaulatte (1764–1788) und Jean XII. Depaquy (1788–1790, † 1810) waren nicht in der Lage, die Schulden des Klosters abzubauen. So standen 1790 Schulden von 348 302 francs nur ein jährliches Einkommen von 74 506 francs gegenüber. Die Äbte Jacques und Jean waren regelstreng, während Nicolas Chaulatte ein dem späten 18. Jahrhundert entsprechender Abt war. Er ließ sogar Frauen im Kloster zu Orchesterkonzerten zu. Auch in Verwaltungsangelegenheiten war er nachlässig. Kurz vor seiner Abtwahl in Pontigny war er als Prior in La Noë wegen schlechter Verwaltung abgesetzt worden. Anscheinend wurde er vom Konvent deshalb gewählt, weil dieser im Zeitalter der Aufklärung nach dem strengen Abt Jaques einen weltoffeneren Mann als Abt wünschte. Es überrascht daher, daß 1788 mit dem letzten Abt wieder ein Mann gewählt wurde, der die Ordensregeln streng einhalten ließ. Die Äbte haben seit dem 17. Jahrhundert die Rechte der Primaräbte gegen den Anspruch des Generalabts von Cîteaux mitverteidigt. Von den fünf Äbten des 18. Jahrhunderts sind die Äbte Joseph und Jacques aus Konventsämtern in Pontigny gewählt worden.

Der letzte Abt von Pontigny, Jean XII., hatte in nur zwei Jahren Amtsführung bereits einen erheblichen Teil der Schulden des Klosters abgetragen. Bei der Auflösung 1790 bestand der Konvent nur noch aus 15 Mönchen und zwei Laienbrüdern. Der Abt zog sich nach St. Florentin zurück, wo er 1810 starb.

In Clairvaux war die Wahl des Neffen Claude Largentier zum Koadjutor seines Oheims, Denis Largentier, einer der Punkte gewesen, an denen sich der Streit der Observanzen Anfang des 17. Jahrhunderts entzündet hatte. Trotz der ablehnenden Haltung der Reformer gelang es Claude Largentier nach dem Tode seines Oheims 1624, dessen Stellung einzunehmen. Er hat in seinem Abbatiat (1624–1653) Clairvaux von der führenden Rolle in der strengen Observanz unter seinem Oheim gelöst, obwohl es im Kreis derselben verblieb. Ob ein

Zusammenhang zwischen dieser Stellung innerhalb der strengen Observanz und den im späteren 17. Jahrhundert neu aufflammenden Streitigkeiten der Primaräbte mit dem Abt von Cîteaux besteht, läßt sich nach der bisherigen Darstellung der Ordensgeschichte nicht nachweisen, doch erscheint die führende Stellung von Clairvaux dafür ein Indiz zu sein, zumal wenn man dabei die in früheren Zeiten bestehende Konkurrenz zwischen Cîteaux und Clairvaux berücksichtigt. Abt Claude hat kaum außerhalb seines Klosters gewirkt. Sein Nachfolger Pierre III. Henry (1654–1676)[40] war über das Amt des Novizenmeisters zum Prior von Larivour, Boulancourt und Clairvaux aufgestiegen und damit vom Konvent aus diesem selbst gewählt worden. Da die Abtei 1666 von Armand de Rancé, dem berühmten Abt von La Trappe visitiert wurde, ist dadurch bewiesen, daß Clairvaux weiterhin der strengen Observanz angehört hat. Abt Pierre selbst hat die Tochterklöster in Frankreich und Belgien visitiert. Auch er hat seine Tätigkeit anscheinend überwiegend seinem Kloster selbst zugewandt. Er resignierte 1676 und das ihm nach seinem Tode errichtete Epitaph nimmt durch die Erwähnung von Clairvaux als *archicoenobium* diesen Ehrentitel ebenfalls in Anspruch, der 1738 endgültig auf Cîteaux beschränkt wurde. Mit Pierre IV. Bouchu (1676–1718), der aus La Ferté kam, folgte ein Abt, der insbesondere wieder versuchte, die Stellung vom Clairvaux als gleichbedeutend mit Cîteaux zu festigen, was dem Orden schadete. Seine Nachfolger haben dieses nicht erkannt, sondern die Auseinandersetzung bis zur Aufhebung 1790 fortgesetzt. Robert Gassot de Deffens (1719–1740) hat in Kloster und Kirche bauliche Veränderungen durchführen und dabei das aus der Zeit von Abt Pierre Bouchus stammende Chorgestühl erneuern lassen. Unter ihm wurden 1719 die Einkünfte von Clairvaux auf 85 000–90 000 Livres geschätzt. Pierre V. Mayeur (1740–1761) hat die Bautätigkeit seines Vorgängers im Kloster fortgesetzt und hohe Summen auch auf die innere Ausstattung des Klosters aufgewandt. Innerhalb des Konvents kam es unter ihm wegen Reformfragen, die er schon in Orval bei Visitationen vertreten hatte, 1756 zu Zerwürfnissen, die in einem Protest von 17 Mönchen gegen ihren Abt beim Generalabt von Cîteaux mündeten. Francis Le Bloy (1761–1780) führte die Erneuerungs- und Restaurierungsarbeiten seiner Vorgänger weiter. Er ließ im Zuge derselben 1771 24 seiner Vorgänger und die Herzen von zwei weiteren umbetten. Das Einkommen des Klosters betrug 1768 nach der Aufstellung der Kommission 78711 Livres und der Konvent umfaßte 54 Mönche. Der letzte Abt Louis Marie Rocourt (1780–1790) führte 1788 nicht nur an der Bibliothek und dem Noviziat Baumaßnahmen durch, sondern er erwarb 1781 oder 1782 noch für 135000 Livres die Bibliothek von Jean Bouhier, dem Präsidenten des Parlaments von Burgund. An eine Auflösung des Klosters wurde nach diesem Handeln in den Jahren kurz zuvor überhaupt nicht gedacht. Der Abt zog sich nach der Säkularisation nach Bar-sur-Aube zurück, wo er 1824 starb. Die Klostergebäude wurden 1792 verkauft und zuerst zu einer Glasfabrik umgewidmet. Die aus Edelmetallen bestehenden Teile des Klosterschatzes wurden nach Paris gebracht und eingeschmolzen. Auch die in der Klosterkirche befindlichen Reliquien gingen weitgehend verloren, während Archiv und Bibliothek gut erhalten geblieben sind.

Morimond wurde unter Abt Claude II. Brissault (1620–1662) durch die Kriege in solchem Umfang belastet, daß sich Abt und Abtei in den Auseinandersetzungen im Orden zurückhalten mußten[41]. Abt Claude wurde zwar von Ludwig XIII. in dieselben Ämter eingesetzt, die sein Amtsvorgänger und Oheim innegehabt hatte, doch mußte er den spanischen Bestrebungen bei der Wahl des Großpriors von Calatrava entgegenkommen. Er benannte für das Amt 1629 und 1632 Mönche des Klosters Huerta und behielt nur noch de iure seine Rechte über den Orden von Calatrava, die aber de facto keine Machtstellung innerhalb desselben mehr bedeuteten. Aufgrund des Einflusses der spanischen Könige hatte sich der Orden von Calatrava weitgehend von Morimond gelöst. Die Abtei wurde 1636 durch durchziehende Heere mehrfach verwüstet, weshalb sich die Mönche mehrere Jahre in Langres aufhielten und erst 1640–1643 langsam zurückkehrten. Schon 1645 jedoch wurde Morimond durch den ausbrechenden Bürgerkrieg erneut in Mitleidenschaft gezogen. Erst nach der Regierungsübernahme durch Ludwig XIV. 1661 begann sich das Kloster langsam zu erholen. Die Verwaltung durch den Abt von Vaux la Douce 1662–1667, im Anschluß an die Resignation Abt Claudes, dürfte ein deutliches Kennzeichen für die Probleme sein. Zwar war der 1667 gewählte Abt Francois II. de Machault († 1678) als Feuillant reformorientiert und wurde von außen für seine hohen Qualitäten gelobt, doch haben sie dem in den 70er Jahren erneut von den Kriegsläuften betroffenen Kloster wenig geholfen. Über Jahre hielt sich ein Teil des Konvents erneut in Langres auf, während ein anderer mit dem Abt in Paris im Kolleg St. Bernhard Asyl fand. Die Abtei war in den nächsten Jahrzehnten weitgehend mit sich selbst beschäftigt, wie die spärlichen Nachrichten über die Äbte Nicolas II. de Chevigny und Benedikt Henri Duchesne († 1703) andeuten.

Unter den folgenden Äbten Nicolas III. Philibert Aubertot de Mauveignan und Lazarus Languet, dem Bruder des Erzbischofs von Sens, begann in Morimond eine Neubauphase, die unter letzterem auch auf die Grangien ausgedehnt wurde, was eine wirtschaftliche Konsolidierung anzeigt. Unter Abt Lazarus wurden die Einkünfte von Morimond 1729 auf 14 bzw. 15 000 Livres jährlich geschätzt. Der Abt starb 1736 auf einer Vistationsreise in Lothringen und der Franche Comté. Er hatte beim Abt von Cîteaux immer wieder das Generalkapitel angemahnt, das dann 1738 abgehalten wurde.

Die drei letzten Äbte des Klosters, Nicolas IV. Philibert Guyon, Pierre II. Thirion und Antoine Chautan führten das Werk ihrer Vorgänger fort. Die Abtei hatte im Laufe des 18. Jahrhunderts wieder eine gesichterte Position erreicht. Abt Nicolas IV. konnte daher 1738 auf zehn Jahre einen jährlichen Anteil von 800 Livres an der Schuldentilgung des Pariser Kollegs übernehmen. Er ließ auch die bei den Verwüstungen des Klosters in den vergangenen Jahrzehnten zerstörte Äbtegalerie erneuern. Unter Abt Pierre II. († 1774) hatte Morimond 1768 bei einem Konvent von 30 Mönchen ein jährliches Einkommen von 20 800 Livres. Der Abt renovierte die Bibliothek und die Klosterkirche, wobei der über dem Hochaltar errichtete Baldachin allein 25 Handwerker über 18 Monate beschäftigte. Unter dem letzten Abt Antoine Chautan († 1828) wurden die Renovierungsarbeiten fortgesetzt. Er ließ für die Bibliothek 6000 Bände anschaffen und 30 gemalte Allegorien aus Paris kommen. Noch kurz vor der Aufhebung wurde in der Privatkapelle des Abtes ein Fresko mit dem Thema der Himmelfahrt gemalt. Der Abt wandte sich neben den Abschlußarbeiten in der Bibliothek besonders Schulfragen zu, wobei er für eine verbreiterte Bildung eintrat. Das Kloster wurde 1790 mit einem Konvent von rund 50 Mönchen und 20 Konversen aufgehoben. Der Konvent war in seinen letzten Jahren sehr lebendig, aktiv und keineswegs von schlechter Disziplin, wie in der Forschung behauptet wurde[42].

Zusammenfassend läßt sich feststellen: im Laufe des 17. und 18. Jahrhunderts waren die Leitungsorgane des Ordens weitgehend französisch bestimmt, obwohl die Äbte des deutschen Sprachgebietes im 17./18. Jahrhundert über das Generalkapitel wieder mehr mitgewirkt haben. Nach der vollständigen Einbindung des Ordens in die staatlichen Interessen unter Kardinal Richelieu hat sich im Zeitraum bis zur Aufhebung der Klöster 1790 der Orden in Frankreich über die Reformen der Trappisten nochmals gefestigt, weshalb er am Ende des 18. Jahrhunderts dem Druck des aufgeklärten Staats, zahlreiche Ordenshäuser aufzugeben, erfolgreich Widerstand entgegensetzen konnte. Trotz der langen Streitigkeiten zwischen den Observanzen und den sich anschließenden Auseinandersetzungen der Primaräbte mit dem Abt von Cîteaux hatte der Orden diese neue Kraft gewonnen. Die klösterliche Disziplin vieler Ordenshäuser war durch die Reformen neu gefestigt, obwohl die Zahl der Konventsmitglieder zurückging und/oder vielleicht gerade weil in vielen Darstellungen der Zeit das weltoffene Leben der französischen Konvente im 17./18. Jahrhundert beklagt wurde. Daneben aber hat noch die strenge Richtung in den Klöstern bestanden. Diese war aber keineswegs nur auf die Konvente der strengen Observanz beschränkt. Es ist auch erstaunlich festzustellen, daß der absolute Staat in Frankreich am Ende des 18. Jahrhunderts weniger in das klösterliche Leben einzugreifen wagte als der Österreichs. In der Besetzung der führenden Ordensämter fällt im 18. Jahrhundert auf, daß die Äbte der Primarabteien zunehmend unmittelbar aus dem Kreis des eigenen Konvents gewählt wurden.

Die positive Entwicklung in Frankreich ist in ähnlicher Form auch in Spanien und Portugal feststellbar. Die für den Orden eigentlich negative Entwicklung der Kongregationen und die dadurch sich ergebende Stärkung der regionalen Kräfte führte jedoch zu einer sich durchsetzenden Reform, deren Ergebnisse die Klöster bis ans Ende des 18. Jahrhunderts und noch darüber hinaus prägte[43]. Sie hat auch für eine hohe Bildung in den Klöstern gesorgt, die dem Orden eine Reihe bedeutender Männer aus den spanischen und portugiesischen Konventen schenkte. Unter diesen ist insbesondere der Ordenshistoriker Angelus Manrique zu nennen[44].

In Italien hatte die von Abt Nicolas I. Boucherat 1569 durchgeführte Visitation den beklagenswerten Zustand zahlreicher Abteien gezeigt[45]. Da sich in der Folge ergab, daß viele Klöster nicht reformierbar waren, kam es in der Mitte des 17. Jahrhunderts zur Aufhebung einer Reihe von Abteien, unter ihnen so bekannter wie S. Galgano in der Toskana, S. Spirito d'Ocre in den Abruzzen und S. Maria della Matina e S. Angelo in Frigido in Kalabrien. Die reformierten Abteien haben ihr Leben bis in die Zeit der allgemeinen Säkularisation ohne Schwierigkeiten fortgesetzt.

Die Zisterzen des deutschsprachigen Raumes haben im 17./18. Jahrhundert sowohl im Orden als auch außerhalb desselben eine bedeutende Rolle gespielt. Auf der Ebene des Gesamtordens haben sie die seit dem Mittelalter üblichen Verhaltensmuster fortgesetzt. Aus diesem Grund haben sie vermutlich auch in der Auseinandersetzung der Observanzen die Reformbestrebungen nicht unterstützt[46]. Die überwiegende Zahl der deutschsprachigen Zisterzen war trotz kaiserlichem Schutz und freier Vogtwahl früh unter die dauernde Vogtei geistlicher und weltlicher Fürsten gekommen und dadurch in die im Spätmittelalter sich entwickelnden Landesherrschaften einbezogen worden. In der Reformationszeit hatte dieser Vorgang zur Aufhebung vieler Zisterzen geführt[47]. Die Forschung hat auf Zisterzen wie Schwarzach, Ebrach und Langheim aufmerksam gemacht, die den kaiserlichen Schutz, das heißt die Reichsfreiheit, ohne Reichsstandschaft bewahren wollten[48]. Die sich daran entzündenden Auseinandersetzungen haben sich über Jahrhunderte – teilweise bis zur Säkularisation im 19. Jahrhundert – hingezogen. Eine unbestrittene Reichsstandschaft haben nur die in Südwestdeutschland gelegenen Klöster Salem, Kaisheim und die vier Zisterzienserinnenklöster Baindt, Heggbach, Gutenzell und Rottenmünster erreicht. Sie haben auch dem Schwäbischen Reichsprälatenkollegium angehört, aber wegen ihrer geringen Zahl auf dessen Sitzungen und bei der Besetzung leitender Positionen eine gegenüber den Benediktinern und Prämonstratensern nachgeordnete Rolle gespielt. Erst im 18. Jahrhundert gelang es Abt Anselm II. Schwab (1746–1778) vom Salem durch eine überaus bewegliche Politik, 1768 zum Direktor des Reichsprälatenkollegiums gewählt zu werden[49]. Dabei fällt die im Jahrhundert feststellbare Distanz der in diesem Kollegium vertretenen Zisterzen zueinander auf und insbesondere das enge Verhältnis von Salem zum Kaiser und seiner Politik. Diese Haltung bewog Salem zeitweise zu dem Plan, in die österreichische Landstandschaft einzutreten[50]. Sie war auch der entscheidende Hintergrund dafür, daß Abt Anselm II. Schwab, der 1746 zum Kaiserlichen Wirklichen Geheimen Rat ernannt worden war, auf dem Generalkapitel in Cîteaux im Gewand dieses Amtes auftrat, obwohl er ein ansonsten sehr frommer Abt war[51], der 1749 die Klosterzucht in Salem so verschärfte, daß 1762 ein päpstlicher Visitator für Mäßigung sorgen mußte[52]. Die Bedeutung Salems zeigte sich nach der Aufhebung der französischen Mutterabteien 1790, als der Abt von Cîteaux seine Jurisdiktionsrechte über die Oberdeutsche Kongregation an den Abt von Salem übertrug. Salem hat damit im letzten Jahrzehnt seines Bestehens die zentrale Rolle innerhalb der deutschen Zisterzen eingenommen[53].

Die Forschung hat bislang nicht abschließend geklärt, ob und wie sich die Reichsstandschaft im Unterschied zur Landsässigkeit auf die geistige, politische und wirtschaftliche Entwicklung der Abteien ausgewirkt hat. Der Plan Salems, in die Landstandschaft einzutreten, läßt diese positiver erscheinen als der allgemeine Eindruck ist. Die Entwicklung des 17./18. Jahrhunderts ließ die Konvente nochmals auch in ihren Mitgliederzahlen aufblühen. Zwischen 1633 und 1797 traten in Wettingen insgesamt 207 Mönche ein, zu denen noch rund 20 weitere Eintrittswillige hinzukamen, die entweder abgewiesen wurden oder das Noviziat wieder verließen[54]. In Fürstenfeld lassen sich zwischen 1690 und 1796 insgesamt 200 Mönche nachweisen[55], während 1617–1798 in Raitenhaslach 200 Mönche Profeß ablegten[56], zwischen 1615 und 1793 sind in Himmerod 212 Priestermönche und 10 Laienbrüder[57] und in Altenberg zwischen 1643 und 1793 insgesamt 197 Priestermönche nachweisbar[58]. Damit sind die Zahlen im Vergleich relativ ähnlich. Auch die für Altenberg und Himmerod bekannten Zahlen der Konventsmitglieder entsprechen einander weitgehend[59], wie die folgende Tabelle aus dem Zeitraum von 1633 bis 1799 aufzeigt:

Altenberg	Himmerod	Mönche/Konversen	Novizen
1633		32	
	1640	31	4
1643		31	
	1647	35	
1662		38	4
1679		44	
	1685	36	
	1700	32	4
1707		19	
1723		31	
1739		39	2
	1750	41	
1765		38	
	1782	43	
1796		29	
1799		19	

Die durchschnittliche Anzahl von 30 bis 40 Priestermönchen in einem Konvent entsprach auch der Größe der rheinischen Zisterzen Eberbach, Heisterbach, Kamp und Marienstatt[60]. Das Durchschnittsalter der Mönche im Himmerod bei ihrem Tode lag im Zeitraum 1700–1750 bei 50 Jahren und 1750–1800 bei 58,3 Jahren. Ein höheres Alter stellte eine Ausnahme dar[61]. Die Mönche stammten überwiegend aus Familien von Handwerkern oder Gewerbetreibenden. Relativ selten war dagegen eine Herkunft aus adeligen oder bäuerlichen Familien. Die wenigen Adeligen in den Konventen dieser Zeit gehörten überwiegend Beamten- oder Offiziersfamilien an. Die Äbte der Zisterzen traten trotz ihrer engen Verbindung zur breiten Bevölkerung als Barockprälaten auf, wobei sie ihre Stellung selbstbewußt und auf Repräsentation bedacht in der Öffentlichkeit vertraten. Der Adelskultur ihrer Zeit vollständig angepaßt, haben sie ihre Klöster durch prunkvolle Neubauten, wie zum Beispiel in Ebrach und Salem, geschmückt, die in vielem mit den Schloßbauten ihrer Zeit wetteiferten. Die Innenausstattung der Klöster mit Festsälen, Empfangs- und Repräsentationsräumen, Treppenhäusern, sowie den Garten- und Parkanlagen widersprach entschieden der in den Ordensregeln vorgeschriebenen Schlichtheit. Die Äbte haben sich als die für das Bauwesen ihrer Klöster entscheidenden Männer meist nicht mit einer zeitgemäßen Umgestaltung oder Neuausstattung ihrer Klosterkirchen begnügt, sondern sie haben berühmte Architekten mit Neubaumaßnahmen beauftragt. In fast allen Klöstern wurden die Kirchen, aber auch große Teile der Konventsgebäude neu errichtet und ausgestaltet. Damit waren die Klöster weitgehend die Schrittmacher von Barock und Rokoko[62].

Die Neubauten haben die handwerklichen und künstlerischen Arbeiten von Mitgliedern der Konvente gefördert, wie zahlreiche Werke beweisen. Der feierliche Gottesdienst für die Öffentlichkeit wurde ebenso durch Orgelbau und Kompositionen von Messen durch Zisterziensermönche unterstützt. Von den Klosterkirchen und ihren Gottesdiensten aus wurde die religiöse Erneuerung im 17./18. Jahrhundert zu einem guten Teil in breite Kreise der Bevölkerung getragen. Die Werke der Volksfrömmigkeit, die einen ihrer maßgeblichen Ausdrücke im Bruderschaftswesen fand, wurden von den Zisterzen in ihrem jeweiligen Einflußgebiet entweder initiiert oder zumindest durch finanzielle Zuwendungen maßgeblich gefördert.

Die Zisterzen haben sich aber nicht auf die eigenen Klosterbauten beschränkt. Sie haben, wie die Klöster anderer Orden in dieser Zeit auch, den Kirchbau in den zu ihren Klöstern gehörigen Dörfern in einer bislang unbekannten Art und Weise durchgeführt. Damit haben sie in den Dörfern die Volksfrömmigkeit durch die prächtigen Kirchen und die in ihnen gefeierten Gottesdienste gefördert. Neben den Pfarrkirchen sind dabei teilweise auch besondere Wallfahrtskirchen wie in der Birnau, in Vierzehnheiligen oder Wartha errichtet und betreut worden. Die Wallfahrten im Sinne der Volksfrömmigkeit und der Baukunst sowie die Formen des Gottesdienstes mit Orgelmusik und gesungenen Messen waren unmittelbar in die Seelsorge eingebunden. Die Forschung ist bislang sowohl in historischer als auch kunsthistorischer Richtung in der Untersuchung der Zusammenhänge zwischen diesen dörflichen Strukturen und dem dahinterstehenden Konvent und seinen bestimmenden Persönlichkeiten in der Regel zu punktuell vorgegangen[63].

Die Zisterzienser haben in ihren Gebieten somit über die Seelsorge die dörfliche Kultur auf eine breitere Basis gestellt. Der Tagesablauf der reformierten und immer wieder visitierten Konvente war von der Liturgie geprägt, die auch das übrige Brauchtum maßgeblich bestimmt hat[64]. Die Mönche haben bei entsprechendem Interesse trotz dieser Ausrichtung des Klosterlebens Zeiträume gehabt, um sich mit Themen außerhalb der Theologie zu beschäftigen[65]. Obwohl dabei geisteswissenschaftliche Bereiche im Vordergrund standen, richtete sich das Interesse der gebildeten Konvente insbesondere im Laufe des 18. Jahrhunderts zunehmend auch auf die Naturwissenschaften aus. Für die Bibliotheken wurden astronomisch-physikalische Werke, Reisebeschreibungen, Atlanten, aber auch medizinische und pharmazeutische Arbeiten angeschafft. In den Klöstern entstanden neben umfangreichen naturwissenschaftlichen Sammlungen auch entsprechende Kabinette mit Experimentiergeräten und allen dazugehörigen Hilfsmitteln, so zum Beispiel in Raitenhaslach der »mathematische Turm«, in Fürstenzell das »technische Museum« und in Salem das »Cabinet«. Neben den Interessen einzelner Mönche und der wissenschaftsgeschichtlichen Entwicklung wurde diese Ausrichtung klösterlichen Interesses im 17./18. Jahrhundert vielfach von den Anforderungen der Herrschaftsgebiete mitgeprägt. Das seit Anfang an im Orden ausgeprägte medizinisch-pharmazeutische Interesse der Klöster schlug sich im 17./18. Jahrhundert in den breiter ausgebauten Klosterapotheken nieder, die auch der Bevölkerung dienten und wegen der Abgabe von Arzneien den Widerstand der Apotheker hervorriefen. Sie brachten dem Kloster aber zusätzliche Einkünfte und sorgten vor allem für eine gesündere Bevölkerung. Die Abtei Fürstenzell richtete eine Obstbaumschule ein und 1800 für weibliche Arbeiterinnen eine Industrieschule, die wohl einer kombinierten Textil-, Handarbeits- und Haushaltungsschule entsprochen haben dürfte. Der Standard der klösterlichen Entwicklung sowohl in den Sammlungen als auch beim Lehrpersonal war so hoch, daß er Anfang des 19. Jahrhunderts nach der Säkularisation von den Hochschulen als gleichrangig angesehen wurde, wie die vielfältige Übernahme von Lehrpersonal und Sammlungen beweist.

Die Klöster waren für ihre weite Umgebung durch diese, über die Seelsorge hinaus betreuten Fachgebiete von großer Bedeutung. Eine besondere Stellung kam dabei dem Schul- und Ausbildungswesen zu, wie das Fürstenzeller Beispiel zeigt. Ausgehend von dem Hausstudium in den Klöstern – Himmerod und Raitenhaslach sind hier gute Beispiele[66] –, die zum Besuch der Universitäten durch eine relativ hohe Anzahl von Mönchen führte, entstand vielfach ein Schulwesen, das von den Volksschulen bis zu den Lateinschulen reichte. Die Klöster waren daran interessiert, den Bildungsstand ihrer Bevölkerung zu heben. Die schlesische Zisterze Heinrichau betrieb seit 1767 eine Lateinschule mit Internat, die einem neuzeitlichen Gymnasium mit sechsjährigem Klassenaufbau entsprach. In Salem wurde seit dem 16. Jahrhundert ein Gymnasium betrieben, das im 18. Jahrhundert etwa 80–100 Schüler hatte. Das ebenfalls in Schlesien gelegene Kloster Grüssau besaß 1790 ein Lehrerseminar, um Volksschullehrer auszubilden, ferner noch eine Lateinschule und eine Volksschule. Die Klöster haben im 18. Jahrhundert ihre seit dem Mittelalter bestehende Bildungstradition weiter ausgebaut. Die Aufhebung des Jesuitenordens (1773) hat in einer Reihe von Orten dessen Bildungseinrichtungen und -aufgaben an Zisterzienser übergehen lassen. Damit dürfte die Bildung im Orden einen noch höheren Einfluss erhalten haben.

Die sich im Laufe des 18. Jahrhunderts durchsetzende Aufklärung hat auch die Konvente der Zisterzen erfaßt. Waren dieses zuerst die deutliche Hinwendung zu anderen Fachgebieten als der Theologie, wobei insbesondere die Naturwissenschaften im Mittelpunkt standen, und der allgemeine Bildungsgedanke, so wurden in den letzten zwei Jahrzehnten des 18. Jahrhunderts die überkommenen Grundlagen des Ordenslebens in den Konventen durch die jüngeren Mitglieder in Frage gestellt. In Raitenhaslach hatten die Anforderungen des Chordienstes schon vor 1780 wiederholt zum Austritt aus dem Noviziat geführt. In der darauf folgenden Zeit haben die jüngeren Mönche des Klosters, das mit Abt Theobald Weißenbach (1780–1792) von einem typischen Vertreter der kirchlichen Aufklärung geleitet wurde, einen verkürzten Chordienst zugunsten der Studien gewünscht. Auch in anderen Klöstern kam es zu Schwierigkeiten. Ein besonderes Beispiel bot hier Himmerod. Die noch 1786 bei einer Visitation überaus zufriedenstellende Ordensdisziplin[67] begann sich durch einen Erlaß der Regierung des Trierer Kurfürsten Clemens Wenzeslaus gefördert rasch zu zersetzen, wie Abt Anselm in seinem Bericht aufschlußreich schilderte. Einzelne Patres entzogen sich unter Berufung auf die von starkem aufklärerischem Bestreben erfüllten kurfürstlichen Erlasse dem Gehorsam und den Ordensvorschriften, wobei die Klausur mißachtet, Zusammenkünfte abgehalten und sogar Frauen mit an den Abtstisch gebracht wurden. Das den Mönchen zugestandene jährliche Peculium von 9 Rtr wurde nach dem Abt von Himmerod anscheinend zu einem guten Teil dazu benützt, um sich individuelle Kleidung anzuschaffen und ebensolche Frisuren machen zu lassen. Der Abt will sogar eine gewisse Scheu seiner Mönche bemerkt haben, an der Kleidung als solche erkannt zu werden. Die sich aus diesem Bericht für Himmerod am Ende des 18. Jahrhunderts erkennbar zurückgegangene Ordensdisziplin ließ sich auch in anderen Zisterzen feststellen.

Das im 17./18. Jahrhundert blühende klösterliche Leben hat auf den Reformen des späteren 16. und frühen 17. Jahrhundert und die dadurch gefestigte Ordensdisziplin beruht. Eine große Bedeutung hat dabei auch die wirtschaftliche Entwicklung gespielt. Trotz zahlreicher Untersuchungen zu Einzelklöstern fehlen noch immer zusammenfassende und vergleichende Darstellungen, die die Entwicklung der klösterlichen Wirtschaften aufzeigen[68]. Soweit sich erkennen läßt, haben die meisten Klöster dem für die Zisterze Aldersbach festgestellten »kombinierten Grundherrschafts- und Unternehmenskloster« mit einem ausgeprägten kapitalwirtschaftlichen Schwerpunkt entsprochen[69]. In Aldersbach entfielen dabei 59% des Besitzes auf Rechte der Grund- und Gerichtsherrschaft. Aus diesem Bereich kamen mit 62% fast zwei Drittel der Einnahmen. Diese wiederum entfielen zu 72% auf Getreidedienste und Zehnte, zu 8,6% auf Laudemien, das heißt Abgaben bei der Hofübergabe oder im Todesfall, sowie zu rund 19% auf die Abgaben wie Stiften, Gerichtsgebühren, Küchendienst und Scharwerksgelder. Ein Schwerpunkt der klösterlichen Einnahmen lag damit auf den Getreidediensten und Zehnten. Auch in Fürstenfeld hatten die grundherrliche Gülten im 16. und frühen 17. Jahrhundert den prozentual größten Einnahmeposten gebildet[70]. Die Jahrhunderte überdauernde Erfahrung der klösterlichen Wirtschaft bei den Zisterziensern hat über eine hohe Intensität der Bodennutzung und der landwirtschaftlichen Produktion trotz den ca. 60% Kleinanwesen (Sölden) in der Grundherrschaft Aldensbach zu einer blühenden Einnahmesituation geführt. Wie sich bei den einzelnen Klöstern zeigt, wurde diese Entwicklung durch den

Dreißigjährigen Krieg zwar massiv gestört, doch konnten die Konvente den wirtschaftlichen Niedergang relativ schnell auffangen und schon bald beachtliche Summen für die barocken Neubauten, aber auch Kredite für die Türkenkriege und landesherrlichen Höfe aufbringen[71]. Ohne die Diskussion an dieser Stelle fortzuführen, ist auf die schon geäußerte Meinung hinzuweisen, die barocken Neubauten der Klöster seien zumindest teilweise auch Arbeitsbeschaffungsmaßnahmen für die Bevölkerung der Klosterherrschaften gewesen. Eine große Bedeutung in der Wirtschaftsform der Klöster war die kapitalwirtschaftliche Betätigung der Klöster, die keineswegs auf die Zisterzienser beschränkt war. Aldersbach besaß ein Kapital von 145 000 fl, von denen 60 000 fl bei der Bayerischen Landschaft in Form öffentlicher Anleihen angelegt war. Ein etwa gleich hoher Betrag war vom Kloster an private Kreditnehmer verliehen, wobei die Kreditformen und -stückelungen in allen Formen zu finden waren. Durchschnittlich betrug der Klein- und Mittelkredit 100–300 fl an bäuerliche oder teilbäuerliche-handwerkliche Kreditnehmer[72]. Das Kloster war auch sonst als Kreditgeber vielfach in der Stellung der heutigen Sparkassen und Banken, weshalb nicht überrascht, daß aus einer vom Abt von Salem gestifteten Witwen- und Waisenkasse im 18. Jahrhundert der Grundstock einer der ältesten Sparkassen Deutschlands entstand.

Neben der Kreditvergabe waren die Klöster auch als Arbeitgeber mit hohem Lohnniveau[73] zu finden. Sie haben der Bevölkerung darüber hinaus auch Krankenhäuser und vor allem eine beachtliche Anzahl von Schulen bereitgestellt. Die Zisterzen waren im 18. Jahrhundert in einem erstaunlichen Umfang wissenschaftlich tätig. Diese Aufgabenstellung wird dafür verantwortlich gemacht, daß trotz hoher Einkünfte den Klöstern nur ein relativ geringer Gewinn aus dem jährlichen Haushalt blieb. Obwohl sich die Klöster in relativ guten Verhältnissen befanden, waren die innerklösterlichen Verhältnisse im 17./18. Jahrhundert oft sehr gespannt. Die Konvente waren mit ihren als »Barockprälaten« auftretenden Äbten häufig zerstritten. Die zahlreichen Amtsverzichte der Äbte in dieser Zeit sprechen für sich. Die Streitigkeiten entzündeten sich meist am Übergehen der Konvente in wichtigen Haushaltsfragen, wie zum Beispiel gerade auf dem Bausektor.

Zusammenfassend läßt sich für die zisterziensische Klosterwelt am Vorabend der Säkularisation trotz des beginnenden Niedergangs der

Klosterzucht im späten 18. Jahrhundert ein überaus befriedigendes Gesamturteil fällen. Die Klöster haben ihre überkommenen Aufgaben weitgehend erfüllt. Sie haben den Anforderungen der Zeit an eine erhöhte Bildung der Bevölkerung zu Lasten der klösterlichen Einkünfte Rechnung getragen, haben freiwillig bzw. aufgrund ihrer Ordenssatzungen Soziallasten aller Art getragen, hohe Ausgaben für ein kulturell-ästhetisch hochwertiges Bauen geleistet und darüber hinaus in ihren Konventen für eine hohe wissenschaftliche Bildung gesorgt. Die Verwaltungen der Folgezeiten müssen sich immer an diesen Maßstäben der Klosterwelt des 18. Jahrhunderts messen lassen, wenn über die Säkularisation diskutiert wird. Wenn es im Bereich der deutschen Zisterzienser auch Mißstände gab[74], läßt sich daraus keineswegs der Schluß ziehen, daß die Säkularisation der einzig richtige Weg der weiteren Entwicklung für Kirche und Orden war[75]. Diese Behauptung entstammt dem geistigen Repertoire der Aufklärung bzw. der auf ihr aufbauenden Staaten des 19. Jahrhunderts.

3. Die Säkularisationen des 18. und 19. Jahrhunderts

Die Aufklärung[1] hat im 17./18. Jahrhundert den geistigen Grund für die politischen Veränderungen bis hin zur Französischen Revolution und allen damit in Verbindung stehenden Wandlungen gelegt. Da sie gegenüber der Religion grundsätzlich kritisch eingestellt war, hat sie auch einen entscheidenden Wandel im religiösen Bereich durchgesetzt. Sie faßte die Kirche als »Religionsgesellschaft« auf, die in den Staatsaufbau eingefügt war, weshalb Priester und Ordensmänner zu »Religionsdienern« abgewertet wurden. Da die Aufgabe der Geistlichkeit vor allem im pädagogisch-erziehenden Bereich gesehen wurde, hat der Staat der Aufklärung im 18. Jahrhundert in die wissenschaftliche Ausbildung der Geistlichen eingegriffen und dabei die bis heute gültigen Maßstäbe gesetzt. Dem keinen unmittelbar erkennbaren Nutzen bringenden kontemplativen und asketischen Leben wurde von der Aufklärung und ihren Anhängern meist die Berechtigung abgesprochen. Nachdem das monastische Leben in den von der Reformation erfaßten Gebieten bereits seit über zwei Jahrhunderten erloschen war, wurde die Entwicklung der Aufklärung in den katholischen Gebieten Europas für das weitere Schicksal der Klöster und Orden entscheidend. Während die Tätigkeit der Mönche und Nonnen in der Pfarrseelsorge, Erziehung, Unterricht und Krankenpflege als nützlich angesehen wurde, wobei den Mönchen aber dieselbe staatliche Ausbildung abverlangt wurde wie den Geistlichen ohne Ordensgelübde, hielten die Aufklärer das Breviergebet und die religiöse Erziehung des geistlichen Nachwuchses für überflüssig und den Zölibat für schädlich. In einem erhöhten Maße galt dieses für die Ordensgelübde. Sie wurden wegen ihrer Einschränkung der persönlichen Freiheit verworfen, vor allem aber auch wegen der Erziehungsaufgaben im Staat als eine für diesen kaum hinnehmbare, zusätzliche Bindung der Ordensangehörigen angesehen. Auf diesem geistigen Hintergrund kam es im 18. Jahrhundert zu den zahlreichen staatlichen Eingriffen in die Disziplin und Verfassung der Orden, die als Übergriffe eines vollständig überhöhten Staatsbegriffs abzulehnen sind. Nachdem einzelne Landesfürsten, wie zum Beispiel Herzog Christoph von Württemberg, ihren Zugriff auf den Klosterbesitz in der Reformation des 16. Jahrhunderts mit dem ursprünglichen Bildungsauftrag der Klöster bemäntelt hatten, kam im 18. Jahrhundert auch bei aufgeklärten katholischen Fürsten das Interesse auf, den Kirchenbesitz nicht nur durch ein überaus stark ausgeprägtes Staatskirchentum zu bevormunden, sondern auch denselben insgesamt zum »Nutzen« des Staates und natürlich seiner tragenden Vertreter zu säkularisieren.

Da es den Führern der Kirche in diesem Zeitraum an innerer Stärke fehlte, um Aussagen zu tätigen, die ihrer Tradition und den Veränderungen der Zeit entsprochen hätten[2], konnten allmählich Säkularisationsmodelle immer offener diskutiert werden. Die jahrzehntelangen literarischen Angriffe auf die Geistlichkeit und vor allem auf die Klöster schufen eine diesen Zielen aufgeschlossene Öffentlichkeit[3]. Auf diese Weise entstand Anfang der 40er Jahre des 18. Jahrhunderts an den Höfen des bedrängten Wittelsbachers Karls VII. und Friedrichs d. Gr. der umfangreiche Plan einer Säkularisierung geistlicher Reichsstände[4]. Da er vorzeitig in die Öffentlichkeit kam und sofort viele Gegner hatte, konnte er nicht in die Tat umgesetzt werden. Der Druck auf die Orden und ihre Klöster nahm aber durch die in den katholischen Territorien wie Bayern und Österreich seit dieser

Zeit beginnenden Reformen der Verwaltungen zu. Insbesondere in Österreich begann die Entwicklung der Frühformen des Josephinismus. Während sich in Deutschland die Geistlichkeit zu einem guten Teil gegen die staatlichen Eingriffe wehrte, hat in Frankreich, dem größten katholischen Territorium, die aufgeklärte Geistlichkeit selbst vergleichbare Maßnahmen gegen die Klöster und Orden vorgeschlagen. Die Commission des réguliers, die maßgeblich von dem der Aufklärung und ihrer Philosophie mehr als dem Christentum verbundenen Erzbischof Etienne Charles de Loménie de Brienne von Toulouse bestimmt war[5], der sich dieser Haltung folgend in der Französischen Revolution endgültig von der Kirche löste, wurde dafür maßgeblich tätig. Sie hat 1768 Ludwig XV. zahlreiche Maßnahmen vorgeschlagen, die sich in fast identischer Form auch im Josephinismus und seinem Vorgehen gegen die Klöster finden. Da eine große Anzahl derselben in Frankreich als Folge des Kommendenwesens nur mit einer kleinen Anzahl von Mönchen besetzt war, schlug die Commission des réguliers vor, den Klöstern eine Mindestzahl von Mönchen vorzuschreiben und sie bei Nichterreichen dieser Mindestzahl aufzulösen. Da der König mit dieser Maßnahme einverstanden war, wurden infolge dieser Vorschrift 426 Klöster aufgehoben und ihr Besitz den Diözesen zur Verfügung gestellt. Die Commission des réguliers hatte zwar noch eine Reform des Mönchtums und keine Abschaffung desselben im Auge, sie hatte sich aber an den Staat gewandt und mit dessen Einverständnis gehandelt, die Einwände des Papstes ignoriert und einen Standpunkt eingenommen, der sich an wirtschaftlichem Nutzen und weit weniger am Religiösen orientierte. Darüber hinaus hat ihr Vorgehen zahlreiche Konvente aufgelöst. Ihr Vorgehen sollte sich damit am Ende des Jahrhunderts als Präzedenzfall erweisen, um die Klöster insgesamt zu säkularisieren[6].

Die staatlichen Maßnahmen gegen die Jesuiten wurden in diesem Zusammenhang besonders bedeutsam, weil nach den Auseinandersetzungen mit diesen in Portugal, Frankreich und Spanien Papst Clemens XIV. 1773 auf Druck der bourbonischen Höfe den Jesuitenorden insgesamt aufhob[7] und damit ein Beispiel dafür gab, daß sich die Kirche von Orden und Klöstern trennte. Zu einzelnen Aufhebungsmaßnahmen gegen Klöster kam es auch in Bayern, in der Republik Venedig, in der Toskana, in Parma und der Lombardei sowie in Spanien. Die unter Maria Theresia in Österreich begonnenen Maßnahmen zur »Reform des Mönchtums« wurden von ihrem Nachfolger Joseph II. unter staatsökonomischen Gesichtspunkten rigoros fortgesetzt. Ein kaiserliches Dekret (30. Oktober 1781) verbot den Klöstern seines Reiches die Verbindung zum Papst und ausländischen Ordensoberen, schaffte die Exemtionen aller Klöster ab und legte so enge Bestimmungen für die Aufnahme von Novizen fest, daß diese fast unmöglich gemacht wurde. Die Maßnahmen waren darauf abgestimmt, eine möglichst rasche Auflösung der Klöster zu erreichen, da sie für die bürgerliche Gesellschaft keinen sichtbaren Beitrag leisteten. Insbesondere die kontemplativen Orden wurden dabei als »nutzlos« bezeichnet. Sie wurden aufgehoben und ihr Besitz in gewisser Weise verstaatlicht. Der Erlös aus den insgesamt 738 Klöstern, unter ihnen auch zahlreiche Zisterzen, wurde nämlich im sogenannten »Religionsfonds« zusammengezogen. Joseph II. hatte seine Dekrete gegen die Klöster auch auf die österreichischen Niederlande ausgedehnt und den belgischen Klöstern ebenfalls die Verbindung zu ausländischen Ordensoberen und zum Papst verboten (28. November 1781). Die Reise Papst Pius' VI. 1782 nach Wien und München hatte kein sichtbares Ergebnis auf die Politik Josephs II. und der hinter ihm stehenden Kreise der Aufklärer. Änderungen erfolgten erst als die breite Bevölkerung gegen die Reformen auftrat. Den in Österreich vorgenommenen Säkularisationen folgte in den österreichischen Niederlanden die Aufhebung von weiteren 163 Klöstern, unter ihnen die Zisterzen Cambron, Ter-Banck und Muysen[8]. Das Vorgehen des Josephinismus hat dem monastischen Leben auch in den Konventen in hohem Maße geschadet, die diese Säkularisationen überstanden haben. Die bis in Kleinigkeiten penible Kontrolle durch die staatlichen Organe, das Verbot angeblich staatsgefährdender Brevierlektionen und die Abschaffung des nach Ansicht der Aufklärer »schreienden« Choralgesangs aus gesundheitlichen Gründen hat bis weit ins 19. Jahrhundert hinein den Konventen ihre historische Tradition genommen und sie auf den Staat hin ausgerichtet. Man kann daher sehr wohl von einer teilweisen Säkularisation auch dieser Konvente sprechen.

In Frankreich hatten sich die Zisterzienser den Versuchen, ihre Häuser mit Konventen unter einer bestimmten Mitgliederzahl aufzuheben, in den frühen 80er Jahren noch entziehen können. Doch der Ausbruch der Revolution im Juli 1789 hat alle Klöster in wenigen Monaten vernichtet. Die Abschaffung des Feudalsystems und des Zehnten am 4. August 1789 hätte den Klöstern noch große finanzielle Probleme bereitet, wenn nicht schon am 2. November 1789 die Kirchengüter durch einen Beschluß der Nationalversammlung insgesamt verstaatlicht worden wären, dem schon am 13. Februar 1790 das Dekret folgte, das die Ordensgelübde als unvereinbar mit den Menschenrechten verbot und alle Orden und Kongregationen mit feierlichen Gelübden aufhob, die weder in der Krankenpflege noch im Unterrichtswesen tätig waren[9]. Mönche und Nonnen konnten dabei zwischen der Rückkehr in die Welt mit einer Staatspension oder dem weiteren Aufenthalt in einer Reihe von Häusern wählen, die in Zukunft zu ihrer Verfügung bleiben sollten. Bei den Mönchen kam es daraufhin zu vielen Austritten aus den Konventen, während die Nonnen überwiegend in ihren sequestrierten Klöstern blieben. Daraus wurde bislang immer wieder der sicher in seiner Gesamtheit falsche Schluß gezogen, daß eigentlich alle Mönche, die ihren Ordenshabit ablegten, schon seit Jahren diesen Tag herbeigesehnt hätten. Diese Ansicht dürfte sicherlich falsch sein, da die männlichen Ordensmitglieder, zumal wenn sie noch jünger waren, nach dem Ende ihrer bisherigen Lebensgemeinschaften eher eine eigenständige Stellung, zum Beispiel als weltliche Priester erreichen konnten, als die weiblichen Ordensangehörigen, deren künftige Stellung in der Gesellschaft durch ihre Geschlechtszugehörigkeit und der allgemeinen Stellung der unverheirateten Frau wesentlich schwieriger war. Daher ist das dargestellte Verhalten der Mönche und Nonnen als Folge der Aufhebungen zu verstehen. Erst als im August 1792 die Gesetzgebende Versammlung die endgültige Aufhebung aller Klostergemeinschaften verfügte, wurden auch diese noch in den Klöstern verbliebenen Ordensmitglieder zerstreut[10]. Die Zisterzienser besaßen 1789 in Frankreich 228 Klöster, von denen 34 regulare Abteien und 194 Kommendatarabteien waren. Die Zahl der Zisterziensermönche war zwischen 1768 und 1789 von 2429 auf 1914 gesunken. Ebenso war die Zahl der Mönche der strengen Observanz im gleichen Zeitraum von 578 auf 350 zurückgegangen[11]. Der Mitgliederrückgang bei den Zisterziensern findet sich in fast gleicher Weise auch bei den meisten anderen Orden, obwohl bei einigen seit 1780 die Zahl der Neueintritte wieder zugenommen hatte[12]. Die französischen Konvente, die ursprünglich die bedeutendste Stellung im Orden innegehabt hatten, waren am Ende des 18. Jahrhunderts mit ihren Mitgliederzahlen auf ein Fünftel der Angehörigen in den Konventen der Oberdeutschen Kongregation gesunken. Diese statistische Entwicklung unterstreicht die auf den Generalkapiteln des 18. Jahrhunderts feststellbare wachsende Bedeutung der Äbte der Oberdeutschen Kongregation. Die Französische Revolution und ihre Folgen hat in wenigen Monaten die seit Jahrhunderten bestehende Struktur des Zisterzienserordens durch die Aufhebung aller fünf Primarabteien zerstört.

Der Vormarsch der französischen Truppen an den Rhein ab 1792 hat die Säkularisation weiter nach Osten in das Gebiet des Alten Reiches ausgedehnt. Die Bevölkerung der österreichischen Niederlande hatte erst kurz zuvor die Reformen Josephs II. erfolgreich abgewehrt, und im Fürstbistum Lüttich hatte sich der Fürstbischof nur mit auswärtiger Hilfe durchsetzen können. Die französischen Besatzungstruppen nahmen anfänglich deutlich Rücksicht auf die kirchen- und klosterfreundliche Stimmung in der Bevölkerung. Obwohl das Kirchengut verstaatlicht wurde, wurden die Klöster daher endgültig erst durch das Gesetz vom 1. September 1796 aufgehoben[13]. Nachdem das linke Rheinufer des Reiches 1792 und dann im Sommer 1794 erneut von den Franzosen besetzt worden war, trat an die Stelle der geistlichen Kurfürstentümer Köln, Mainz und Trier eine französische Zentralverwaltung im Mainz, die im Januar 1798 die eroberten Gebiete als neue Départements an die französische Republik anschloß. Die gemäßigte Religionspolitik der Franzosen ließ zwar die Klöster in diesem Gebiet aus Opportunität vorerst bestehen, doch zeigte sich die eigentliche Absicht der neuen Herren sofort in dem überhöhten Steuerdruck auf dieselben. Als das linke Rheinufer in die Französische Republik einverleibt worden war, folgte als nächster Schritt gegen sie das Verbot der Novizenaufnahme, was einer künftigen Aufhebung nach dem Tod des letzten Konventsangehörigen entsprach.

Zwar begann durch die Auseinandersetzung des Reiches mit Frankreich ein langsamer Abbau der von den Aufklärern verordneten Reformen und damit eine größere Freiheit der Kirche, was aber keineswegs ein Ende der Säkularisationsdiskussion bedeutete. Die

Kriegssituation des Ersten Koalitionskrieges führte in Wien und Berlin zu neuen Säkularisierungsplänen, denen auch an der Kurie teilweise Gehör geschenkt wurde. Diese Pläne richteten sich aber letztlich noch nicht gegen die Existenz der Klöster überhaupt, sondern nur gegen einzelne Hochstifte. Die Diskussionen wurden jedoch konkreter, als sich Preußen bei seinem Austritt aus dem Reichskrieg gegen Frankreich im Separatfrieden von Basel (5. April 1795) und in den geheimen Zusatzverträgen (5. August 1795) Entschädigungen für seine abzutretenden linksrheinischen Besitzungen aus geistlichem Besitz zusagen ließ[14]. Diesem preußischen Vorbild folgten die Verträge Frankreichs mit Hessen-Kassel (28. August 1795), Württemberg (7. August 1796), Baden (22. August 1796) und Bayern (7. September 1796)[15]. Obwohl die österreichische Diplomatie versuchte, die geistlichen Reichsstände enger an sich zu binden und den Säkularisationsplänen entgegenzutreten, wurden durch den raschen Vormarsch Napoleons nach Österreich und den dadurch erzwungenen Waffenstillstand von Leoben (18. April 1797) und den darauf folgenden Frieden von Campo Formio (17. Oktober 1797) Kaiser und Reich zu Zugeständnissen gezwungen. Franz II. mußte die österreichischen Niederlande an Frankreich abtreten und in geheimen Artikeln der Abtretung des linken Rheinufers an Frankreich zustimmen. Darüber hinaus hat Österreich selbst Zusagen von Entschädigungen für abgetretenen Besitz links des Rheins ausgehandelt[16]. Doch haben Franz II. und Österreich zu diesem Zeitpunkt nicht an eine grundlegende Säkularisation nach französischem Vorbild gedacht. Diese gewann aber durch die allgemeine kaiserliche Zustimmung zu Säkularisationen einerseits und vor allem durch die Bestimmung, daß diese Säkularisationen auf einem Kongreß im Einverständnis mit der Französischen Republik auszuhandeln waren andererseits rasch an Boden. Die Verhandlungen dieses in Rastatt stattgefundenen Kongresses (9. Dezember 1797–20. April 1799) sollten diese Entwicklung zeigen. Die auf dem Kongreß anwesenden Franzosen taten alles, um die Säkularisationen in ihrem Sinne voranzutreiben. Da sehr schnell auch Mediatisierungspläne weltlicher Reichsstände diskutiert wurden, zeichnete sich am Ende des Kongresses eine vollständige Säkularisation und dadurch bedingt eine grundsätzliche Verfassungsänderung des Alten Reiches ab.

Der neu ausbrechende Zweite Koalitionskrieg (1799–1802) gegen Frankreich gab den Klöstern nochmals eine Schonfrist, die aber durch die französischen Siege bei Marengo und Hohenlinden und den sich anschließenden Frieden von Lunéville (9. Februar 1801) zwischen dem Reich und Frankreich und Amiens (27. März 1802) zwischen Frankreich, Holland und England endete[17]. Der Frieden von Lunéville bestätigte den Frieden von Campo Formio und die in diesem festgeschriebenen Entschädigungen der deutschen Fürsten für ihre linksrheinischen Gebietsverluste weitgehend.

Die vier rheinischen Départements, die aus den abgetretenen linksrheinischen Gebieten gebildet worden waren, wurden durch Gesetz zu einem Teil der Französischen Republik erklärt (9. März 1801). Das mit Pius VII. abgeschlossene Konkordat (15. Juli 1801) Napoleons bedeutete damit das Ende der Reichskirche in diesem Raum[18], denn die Aufhebung aller Klöster und die Säkularisation des gesamten geistlichen Besitzes folgte durch Dekret nach dem Vorbild der Französischen Revolution (9. Juni 1802). Die Kurie hatte nämlich mit dem Konkordat nicht nur die bisherigen französischen Säkularisationen anerkannt, sondern auch künftigen Säkularisationen in den linksrheinischen Gebieten und im gesamten Alten Reich im voraus zugestimmt. Die Arbeit der am 2. Oktober 1801 eingesetzten Reichsdeputation für die Entschädigungen war durch das französisch-russische Geheimabkommen über dieselben weitgehend vorbestimmt. Die Fürsten hatten sich ihre Entschädigungen zu einem großen Teil bereits im Herbst 1802 durch militärische Besetzungen gesichert. Damit hat der Reichsdeputationshauptschluß (25. Februar 1803) nur noch weithin bereits bestehende Verhältnisse bestätigt[19]. Zu dieser politischen oder reichsständischen Säkularisation kam die vermögensrechtliche oder Güter-Säkularisation, da nach dem Reichsdeputationshauptschluß alle Güter der geistlichen Institutionen den Landesherren überlassen worden waren[20]. Aufgrund dieser Bestimmungen erfolgten in den folgenden Monaten die Aufhebungen der meisten deutschen Klöster und geistlichen Institutionen, auch wenn sie bereits vor 1803 landsässig gewesen waren. Ein gutes Beispiel bildet hier Bayern mit seinen seit Anfang der 90er Jahren laufenden Bemühungen, die Klöster immer weiter dem Staat zu unterwerfen, was bald zu Säkularisierungstendenzen geführt hatte[21]. Preußen hat seine landsässigen Klöster überraschenderweise erst nach dem für das Land nachteiligen und finanziell problematischen Frieden von Tilsit mit dem Einzug sämtlicher geistlicher Güter in der Monarchie aufgehoben (30. Oktober 1810). Dabei wurden auch die evangelischen Kirchengüter nicht geschont. Zu diesem Zeitpunkt erloschen die Zisterzen Leubus, Kamenz, Heinrichau, Grüssau, Rauden, Himmelwitz und Trebnitz, die in Schlesien als landsässige Klöster die Säkularisationswelle von 1803 überstanden hatten. Neuzelle folgte 1817, in Westpreußen Pelplin (1823) und Oliva (1831) und im Regierungsbereich Posen zuletzt noch Obra (1835). Lediglich in den zum Habsburgerreich gehörigen Gebieten des Alten Reiches blieben die Klöster bestehen, die dort 1782 den Säkularisationen Josephs II. entgangen waren. Dazu kamen noch einige weitere Klöster in anderen deutschen Ländern, die aber in sich jeweils einzelne Sonderfälle darstellten. Das zisterziensische Ordensleben war mit dieser Säkularisation im deutschen Sprachraum fast erloschen: 38 Männerklöster, acht kleinere Häuser und 83 Frauenklöster hatte der Orden nach Angaben der Forschung verloren.

In der Schweiz hatten sich nach 1803 noch die Klöster Wettingen, Hauterive und St. Urban erhalten. Sie wurden durch ein Breve Papst Pius' VII. (12. Dezember 1806) mit elf Frauenklöstern zur Schweizerischen Kongregation vereinigt. Der liberale Zeitgeist der Aufklärung, der im Liberalismus des 19. Jahrhunderts eine gewisse Fortsetzung fand, störte sich schon bald an diesen »Relikten der Geschichte«. Die liberal regierten Kantone in der Eidgenossenschaft verboten 1831 nach dem bewährten Muster der Vergangenheit den Klöstern die Aufnahme von Novizen und haben 1841 Wettingen und 1848 Hauterive und St. Urban sowie sechs Frauenklöster aufgehoben, von denen damit nur fünf das Zeitalter der Säkularisation überstanden[22].

Die Politik der französischen Besatzer gegen die Kirche war im oberitalienischen Raum zwar moderater als in den übrigen Gebieten unter ihrer Herrschaft[23], doch haben sie von ihrer insbesondere gegen die Klöster gerichteten Politik auch hier nicht gelassen. Die Abteien des Piemont und der Lombardei wurden bereits 1797 aufgehoben[24]. Im folgenden Jahrzehnt bis 1809 folgten die Klöster in Venetien, der Toskana, den übrigen oberitalienischen Herrschaften, dem Kirchenstaat und im Königreich Neapel[25]. In Spanien begannen am Ende des 18. Jahrhunderts Maßnahmen des Staates gegen die Klöster, um diese von der Krone und den jeweiligen örtlichen Bischöfen abhängiger zu machen. Diese Vorgänge lassen sich ebenfalls auf die von der Aufklärung beeinflußte Haltung der politisch bestimmenden Persönlichkeiten erklären. Nach der Vertreibung der Bourbonen durch die Franzosen und die Einsetzung von Napoleons Bruder Joseph als König 1808 wurde die bisher bereits sehr eigenständige spanische Haltung in der Kirchenpolitik durch die Prinzipien der französischen Verwaltungspraxis zusätzlich gestärkt. Die dadurch zu erwartende Aufhebung der religiösen Orden ließ nicht lange auf sich warten (18. August 1809)[26]. Da aber im gleichen Jahr der Aufstand gegen die französische Besatzung und den dem Land aufgezwungenen napoleonischen Nepoten Joseph in aller Schärfe begann und bis zur Rückkehr des rechtsmäßigen Königs Ferdinand VII. Ende 1813 anhielt, konnten sich Maßnahmen gegen die Klöster nur dort durchsetzen, wo die Aufstandsbewegung niedergehalten werden konnte. Die Klöster haben in dem Aufstand gegen die Franzosen eine zentrale Rolle gespielt und zahlreiche Priester und Mönche haben sich sogar an den Kämpfen aktiv beteiligt. Bei der Ausarbeitung der Verfassung in dem vom französischen Einfluß befreiten Spanien zeigte sich auf der Cortes von Cádiz (19. März 1812) jedoch, daß die vom Gedankengut des Jansenismus und der Aufklärung im 18. Jahrhundert und dessen staatskirchlichem Handeln geprägte liberale Minderheit durchsetzen konnte, daß die Klöster mit zu geringer Konventsgröße nicht wieder geöffnet werden sollten. Damit wurde ein Teil der Säkularisationen unter französischem Einfluß anerkannt. Die mit der Rückkehr Ferdinands VII. 1814 beginnende Restauration machte diese Bestrebungen jedoch gegenstandslos und öffnete alle Klöster erneut. Die Machtübernahme durch die Liberalen 1820–1823 führte dazu, daß die Verfassung von 1812 wieder in Kraft trat und sehr schnell die Hälfte der Klöster aufgehoben wurde. Die insgesamt kirchenfeindliche Politik der Liberalen führte unter maßgeblicher Beteiligung eines großen Teils der Kirche und der Klöster für das Vorgehen der die Restauration unterstützenden politischen Kreise zu einem erneuten Zurückdrängen der liberalen Strömungen. Die durch eine französische Armee der »100 000 Söhne des heiligen Ludwig« wieder eingesetzte absolutistische Regierung öffnete die Klöster nach 1823 wieder. Diese politische Parteinahme der Orden für das absolutistische Regime und den Bruder Ferdinands VII., Don Carlos, im Bürgerkrieg nach dem Tode Ferdinands VII. 1833 führte nach der Niederlage der Carlisten und dem Sieg der Liberalen fast zwangsläufig zur erneuten, dieses Mal endgültigen Aufhebung aller Klöster in mehreren Schritten zwischen 1834 und 1836[27]. Die unabhängige kastilische und aragonesische Kongregation mit 65 Zisterzen und 1209 Mitgliedern[28] wurde durch diese Vorgänge vollständig vernichtet. Über den inneren Zustand der spanischen Klöster bzw. Zisterzen nach den über eine Generation hinweg andauernden Belastungen und jedem ordnungsgemäßen Klosterleben entgegenwirkenden Hin und Her von Vertreibung und Neuanfängen am alten Ort zum Zeitpunkt der endgültigen Aufhebung ein strenges Urteil zu fällen, verbietet sich bei gerechter Berücksichtigung dieser Belastungen eines klösterlich-kontemplativen Lebens.

Ähnliches gilt für das benachbarte Portugal[29], das durch sein Bündnis mit Großbritannien in die napoleonischen Kriege verwickelt worden war. Nachdem das französische Besatzungsheer seit 1807 die Klöster teilweise erheblich verwüstet hatte, hatte die anschließende Entwicklung des Landes den Klöstern keine ruhige Entwicklung gewährt. Die Regierungen führten ihre Kirchenpolitik nach den aufgeklärten Richtlinien des Ministers Pombal in der Mitte des 18. Jahrhunderts weiter. Die Auseinandersetzungen zwischen Regierung und Kurie einerseits und die enge Anlehnung der Kirche an den portugiesischen Thron haben die Liberalen nicht gehindert, gegen Kirche und Klöster vorzugehen. Die Unabhängigkeitserklärung Brasiliens und die Machtstellung der Freimaurer und Liberalen haben Anfang der 20er Jahre des 19. Jahrhunderts bereits dazu geführt, daß kirchliche Privilegien abgeschafft und zahlreiche Klöster aufgehoben wurden. Nach der Abdankung König Pedros IV. zugunsten seiner Tochter Maria II. unter der Vormundschaft seines Bruders Dom Miguel kam es 1828 zu dessen Staatsstreich mit Unterstützung der klerikal-absolutistischen Partei[30]. Die der Kirche dadurch gewährte erneute privilegierte Stellung wurde nach dem Sieg der Liberalen 1833 und der Vertreibung Dom Miguels wieder aufgehoben. Die Klöster wurden daraufhin durch Erlaß des Justizministers (30. Mai 1834) insgesamt aufgehoben. Da dabei alle Zisterzen des Landes betroffen waren, fand die seit dem 12. Jahrhundert mit der Entwicklung des Landes verbundene Geschichte des Ordens auf diese Weise ein rasches Ende.

Die im westlichen und südlichen Europa im Geiste der Aufklärung oder ihrer Nachfolge vorgenommenen Säkularisationen fanden auch in Osteuropa, im Russischen Reich ihre Parallele, das von der Aufklärung ansonsten wenig oder gar nicht erfaßt worden war. Durch die polnischen Teilungen war am Ende des 18. Jahrhunderts mit den polnischen Gebieten auch eine größere Anzahl von Klöstern unter russische Herrschaft gekommen. Anfänglich war das Verhältnis von orthodoxer und lateinischer Kirche nebeneinander erträglich. Erst als nach dem napoleonischen Feldzug von 1812 eine nationale Bewegung in Russland entstand, kam es unter dem Eindruck von einigen aufsehenerregenden Konversionen im Adel zum Katholizismus zuerst zu einer Vertreibung der Jesuiten aus St. Petersburg und Moskau (1816) sowie später aus dem ganzen Reich (1820), obwohl der Orden gerade in Russland seine Aufhebung von 1773 hatte überdauern können. Der Regierungsbeginn von Nikolaus I. (1825) führte zu einer weiteren Abkühlung im Verhältnis zwischen dem Zaren und der lateinischen Kirche bzw. der päpstlichen Kurie. Der Zar wünschte eine weitgehend unabhängige, das heißt nur von ihm abhängige Kirche in seinem Reich, was in Kongreßpolen nach dem Aufstand von 1830 zu einer Verstaatlichung der Kirchengüter und einer Russifizierung der Führungskräfte in der Kirche führte.

Die seit den polnischen Teilungen im Russischen Reich bestehenden Klöster waren durch die neue Herrschaft und die europäischen Säkularisationen weitgehend auf sich gestellt. In Litauen hatten mit staatlicher Erlaubnis Benediktiner und Zisterzienser eine gemeinsame Kongregation gebildet, der sich 1811 auch noch die Kartäuser und Kamaldulenser anschlossen[31]. Die aus acht Klöstern bestehende Kongregation unterstand einem auf drei Jahre gewählten Praeses. Nach dem Aufstand in Kongreßpolen hob der Zar 1832 von 291 Klöstern insgesamt 202 auf, obwohl der Papst zweimal öffentlich gegen die polnische Erhebung Stellung bezogen hatte. Der Druck auf die katholische Kirche wurde in der Folgezeit so groß, daß der Papst 1842 trotz aller politischen Bedenken offen gegen die russischen Maßnahmen protestierte. Im gleichen Jahr wurde in Litauen im

Anschluß daran das 1832 noch verschonte einzige Kloster, die Zisterze Kimbarowka, ebenfalls aufgehoben, weil der Zar über den Papst verärgert war. Kimbarowka hatte aber schon seit 1832 keine Novizen mehr aufnehmen dürfen. Der in den Klostergebäuden verbleibende restliche Konvent von Prior und sieben Mönche wurden 1864 sogar noch nach Sibirien verbannt, als sich der slawophile Einfluß auf die Politik nach dem Krimkrieg nochmals verstärkte. Die Entwicklung ab 1832 hatte im Russischen Reich das Klosterwesen und mit ihm den Zisterzienserorden in einem Maße getroffen, daß es weitgehend erloschen war. Der Grund für das staatliche Vorgehen war hier aber weniger die aus der Aufklärung und ihrem Gedankengut herzuleitende Ablehnung von Kirche und Klöstern, sondern die Stellung der orthodoxen gegen die katholische Kirche und den Papst aufgrund der Absicht einer Russifizierung der polnischen Gebiete und deren Eingliederung in die orthodoxe Kirche.

Die zwischen 1782 und 1848 über ganz Europa hinweggehenden Säkularisationen haben, wie die Klosteraufhebungen in der Reformationszeit auch, das gesamte Klosterwesen getroffen und keineswegs nur die Zisterzienser. Daher waren die Aufhebungen der einzelnen Abteien auch keine Einzelvorgänge, sondern Teil des staatlichen Vorgehens gegen die Klöster und Orden überhaupt. Es ist dabei unrichtig, diese Entwicklung als größtenteils »äußeren Vollzug eines inneren Verfalls« darzustellen[32]. Zwar haben immer wieder Ordensmitglieder die Aufhebung ihrer Klöster begrüßt[33] – auch dieses ein mit der Reformationszeit vergleichbares Phänomen. Doch muß im Gegenzug darauf verwiesen werden, daß zahlreiche Ordensgeistliche, unter ihnen auch viele Zisterzienser, sich den Aufhebungen widersetzt haben und dadurch teilweise – wie die 37 belgischen Zisterzienser[34] – sogar zu Blutzeugen für ihre Kirche, ihre Klöster und vor allem auch ihre Überzeugung geworden sind. Nach den Erfahrungen des 20. Jahrhunderts ist auch zu fragen, ob sich nicht ein guter Teil dieser angeblich solange im Kloster »unterdrückten und geknechteten« Mönche einfach der neuen, staatlich gewünschten Haltung anschlossen, um durch staatliche Unterstützung künftig eine gute Stellung zu erlangen. Diese charakterlich sicher nicht unbedingt einwandfreie Haltung ist aus der vollkommenen Umbruchsituation heraus zu beurteilen und stellt sich dann wesentlich unproblematischer dar. Es ist zwar richtig, daß das Ende der Mönchs- und Nonnengemeinschaften Folge einer revolutionären Entwicklung war[35], die das mittelalterliche Herrschafts- und Gesellschaftssystem in die Neuzeit führte. Doch darf dabei nicht vergessen werden, daß diese Entwicklung geistig auf der Aufklärung basierte, die jeden Menschen größtmögliche Freiheit und damit auch »das Seligwerden nach eigener Façon«, um Friedrich d. Gr. zu zitieren, gewähren und garantieren wollte. Wie in der Gegenwart bei einem immer höher werdenden Anteil von Singlehaushalten in der Öffentlichkeit die Maßnahmen angeblicher Reformkreise gegen den Zölibat der Kirche Anstoß erregen muß, so ist das Störende bei den Säkularisationen weniger die materielle Wegnahme des Besitzes, obwohl auch diese rechtlos war, sondern vor allem, daß vielen Ordensangehörigen die gewünschte Lebensform in einer kontemplativen Gemeinschaft rücksichtslos durch staatliche Eingriffe zerstört und in Zukunft durch die Verbote von Klosterneugründungen (so in Württemberg bis 1918!) sogar auf Dauer unmöglich gemacht wurde. Die von aufgeklärten bzw. liberalen Politikern geleiteten Staaten haben die Ordensgeistlichen für den Rest ihres Lebens bei Verwandten, in Pfarrstellen oder teilweise auch in Restkonventen zu Lebensformen gezwungen, die in der Regel nicht der eigentlichen Lebensplanung, sofern sich davon im späten 18. Jahrhundert schon reden lässt, entsprochen haben. Wie sich bei der Neugründung der Klöster im 19. und 20. Jahrhundert zeigte, haben Kirche und Ordenswesen dabei die Belastungen der Säkularisationen in einem Maße getragen und überwunden, die beweist, daß die eigentliche Basis des klösterlichen Lebens nicht der Besitz, nicht einmal die Klostergebäude mit eigener Kirche, sondern der gemeinsame Gottesdienst und damit die geistige Überzeugung aus dem religiösen Glauben heraus war.

Auch die Zisterzienser haben den Bruch der Säkularisation in ihrer Ordensgeschichte überdauert und im 19. Jahrhundert einen Neuanfang gefunden. Von den zahlreichen, seit dem Mittelalter und noch am Ende des 18. Jahrhunderts bestehenden Abteien des Ordens haben in Österreich nur Heiligenkreuz, Lilienfeld, Rein, Schlierbach, Stams, Wilhering, und Zwettl, in Böhmen Ossegg und Hohenfurt, in Ungarn Zirc, Pilis und Paszto sowie in der Schweiz fünf Frauenklöster, ferner noch die Frauenzisterzen Marienstein und Marienthal in der Lausitz und Lichtenthal bei Baden-Baden das Säkularisationszeitalter überstanden[36], wobei Stams jedoch fast ein Jahrzehnt während der bayerischen Herrschaft in Tirol aufgehoben war und Lichtenthal seinen gesamten Grundbesitz an den Großherzog von Baden hatte abtreten müssen. Sie haben die Kontinuität des Ordenslebens in die Zukunft mit gewährleistet, wenn sie auch nicht zu den eigentlichen Ausgangspunkten für die neue Entwicklung des Ordens geworden sind. Diese die Säkularisation überstehenden Konvente beweisen, daß ein Fortbestehen der Klöster auch unter den neuen politischen und gesellschaftlichen Entwicklungen des 19. Jahrhunderts möglich gewesen wäre, wenn die Politik dieses gewollt oder wenigstens erlaubt hätte. Die Zahl der Klöster hätte sich sowohl bei den Zisterziensern als auch bei den übrigen Orden durch veränderte Zahlen der Berufungen zum Mönchs- bzw. Nonnenleben sicherlich geändert und vermutlich stark verringert, jedoch sind alle Äußerungen, die den Orden eine weitere Entwicklungsmöglichkeit ohne Säkularisation aus inneren oder äußeren Gründen absprechen, noch immer als Äußerungen zu beurteilen, die den Geist der Aufklärung des 18. Jahrhunderts mit seiner grundsätzlichen Feindschaft gegenüber dem Ordenswesen atmen, wenn dieses auch vielfach unbewußt sein mag.

V. Der Orden im 19. und 20. Jahrhundert

1. Der Wiederaufstieg bis 1892

Der harte Eingriff der Reformen und Säkularisationen des Josephinismus zwang den Orden schon vor Beginn der Französischen Revolution zu Maßnahmen im Rahmen seiner überkommenen Organisation, um die Schäden zu begrenzen. Abt François Trouvé von Cîteaux hat trotz seines hohen Alters auf diese Herausforderung überaus flexibel reagiert. Da den belgischen Zisterzen verboten wurde, mit ihren ausländischen Ordensoberen Verbindung zu halten, übertrug Abt Trouvé 1787 seine bisherigen Vollmachten dem Visitator der belgischen Klöster, was dort ein weitgehend reibungsloses Fortbestehen der bisherigen Struktur – nur eben auf den belgischen Raum eingeengt – bedeutete[1]. In der Oberdeutschen Kongregation war eine vergleichbare Regelung anscheinend wegen der Reichsstandschaft Salems nicht erforderlich. Abt François Trouvé ernannte 1789 mit Abt Alanus Bagatti von Santa Croce von Gerusalemme in Rom, den Prokurator der lombardischen Kongregation, erstmals einen Nichtfranzosen ad interim zum Generalprokurator des Ordens. Die 1789/90 in die Ordensgeschichte eingreifenden vollständigen Veränderungen durch die Aufhebung von Cîteaux und den übrigen Primarabteien forderten neuerlich vorausschauende Regelungen, um den Orden das Überleben zu gewährleisten. Da es dem ehemaligen Abt von Cîteaux nach der Klosteraufhebung kaum möglich war, seinen Orden in der bisherigen Form weiter zu leiten, übertrug er am 14. Januar 1791 seine Vollmachten über die Oberdeutsche Kongregation Abt Robert Schlecht von Salem und am 1. April 1792 dem Generalprokurator seine gesamten Generalabtsrechte über alle Klöster des Ordens[2]. Dabei scheint die Delegation an Salem (1791) dem Generalprokurator längere Zeit unbekannt geblieben zu sein[3]. Die Delegationen von 1789, 1791 und 1792 sollten gelten, bis ein neuer Generalabt oder ein Generalkapitel anders entschieden. Nach dem Tode von Abt François Trouvé (25. April 1797) stellten sich die Probleme erneut, da die von ihm vorgenommenen Delegationen damit hinfällig waren.

Die unübersichtliche Situation ließ keine endgültigen Entscheidungen zu. Die Congregatio Episcoporum et Regularium an der Kurie übertrug daher am 15. September 1797 den Praesides der Kongregationen die Rechte des Generalabts für ihren Amtsbereich bis zur Wahl eines neuen Generalabts oder einer neuen Verfügung des Hl. Stuhles. Abt Alanus Bagatti blieb gemeinsamer Generalprokurator des Ordens mit Ausnahme der römischen Provinz, die einen eigenen Prokurator durchsetzen konnte. Papst Pius VI. hat diese Neuordnung der Verhältnisse am 19. Januar 1798 bestätigt[4].

Trotz dieser Entscheidung blieb die Situation des Ordens aufgrund der politischen Verhältnisse und andauernden Säkularisationen weiterhin unübersichtlich. Nach der Besetzung Roms durch die Franzosen mußte der Generalprokurator Bagatti die Stadt verlassen, wurde als Abt von Santa Croce abgesetzt und verlor auch sein Amt als Generalprokurator des Ordens, als er sich dagegen wehrte. Die Kurie bestimmte mit Giovanni Colombino Fatteschi den Prokurator der römischen Provinz des Ordens zu seinem Nachfolger[5]. Das Amt des Generalprokurators hatte wie schon bisher keine überaus hohe Bedeutung, denn nicht nur der Papst überging seine Inhaber, sondern auch die Abteien und anderen Amtsträger des Ordens wandten sich ohne seine Vermittlung an die Kurie. Ein neuerliches Breve des Papstes vom 25. September 1802 bestätigte nochmals die Regelung von 1797/98, daß die Praesides der Kongregationen die Rechte des Generalabts ad interim ausüben sollten. Diese Rechte übertrug Papst Pius VII. am 21. Januar 1803 auch dem Abt von Ossegg als Generalvikar für Böhmen[6].

Der Orden hat weiterhin versucht, die fortgesetzten Säkularisationen aufzufangen: während ganze Provinzen und Kongregationen des Ordens durch die Aufhebungen der Konvente wegbrachen, blieb die römische Provinz nach der Aufhebung der Zisterzen in der Toskana (1783) und Lombardei (1798) als letzter Rest der Congregatio S. Bernardi in Italia erhalten. Ihr waren vom Papst 1802 die italienischen Klöster der Fulienser angegliedert worden[7]. In der Zeit der napoleonischen Herrschaft wurde sie ebenfalls bis auf wenige Klöster ausgelöscht, doch konnte sie damit wenigstens einen Rest der ehemaligen Tradition der Kongregationen ins 19. Jahrhundert retten.

Ähnliches gelang im Bereich der ehemals blühenden Oberdeutschen Kongregation. Nach dem Reichsdeputationshauptschluß von

1803 blieben von ihr neben den Abteien in der Schweiz nur wenige Klöster bestehen. Da Abt Caspar Oexle von Salem die ihm vom Papst bestätigten (25. September 1802) Vollmachten des Abtes Trouvé von 1791 für seinen Amtsvorgänger bald nicht mehr ausüben konnte[8], forderte das Kloster Wettingen wie schon im 17. und 18. Jahrhundert mehrfach zur Gründung einer eigenen Kongregation der schweizerischen Zisterzen auf. Nach mehrmonatigen Verhandlungen, in die der Generalprokurator des Ordens in Rom nicht eingebunden war[9], wurde der Nuntius in Luzern nach einem Verzicht des Salemer Abtes auf alle Rechte über die Schweizer Klöster mit Ausnahme seiner Vaterrechte über Wettingen von Papst Pius VII. beauftragt (12. Dezember 1806), die Schweizer Zisterzienserkongregation zu gründen. Der Nuntius nahm diese durch Dekret vom 6. Januar 1807 vor[10]. Neben den Männerklöstern Wettingen, St. Urban und Hauterive gehörten ihr die elf Frauenklöster Tänikon, Feldbach, Kalchrain, Magdenau, Wurmsbach, Gnadenthal, Frauenthal, Eschenbach, Rathausen, La Maigrange und La Fille-Dieu an. Nach dem päpstlichen Breve sollte die Kongregation in regelmäßigem Wechsel von einem der drei Äbte der Männerklöster für die Dauer von drei Jahren geleitet werden. Dieser sollte mit dem Titel Generalabt alle Rechte und Privilegien, die der Oberdeutschen Kongregation zugestanden hatten sowie alle von Abt François Trouvé von Cîteaux 1791 übertragenen und 1802 bestätigten Vollmachten innehaben. Diese Rechte wurden dabei ohne den Vorbehalt erteilt, daß sie nur bis zur Wahl eines neuen Generalabts gelten würden. Damit war eine auf die Zukunft ausgerichtete Organisation der Klöster in der Schweiz errichtet worden.

Obwohl 1790 alle französischen Zisterzen aufgehoben wurden, erlosch der französische Zweig des Ordens in der Revolutionszeit doch nicht vollständig. Der strengen Observanz gelang es, obwohl sie durch ihre räumliche Beschränkung auf Frankreich von der Säkularisation in beinahe vernichtender Weise betroffen war[11], in zahlenmäßig kleinem Umfang ein den Ordensregeln entsprechendes Klosterleben zu bewahren, während die allgemeine Observanz in Frankreich ausgelöscht wurde. Die sinkenden Mitgliederzahlen hatte die strenge Observanz kurz vor der Französischen Revolution bewogen, sich für einen Zusammenschluß der Observanzen auszusprechen. Doch besaß die Observanz in La Trappe (91 Mönche) und Sept-Fons

(70 Mönche) die mitgliederstärksten Konvente des Ordens in Frankreich, sogar vor Cîteaux (55 Mönche) und Clairvaux (33 Mönche)[12]. In La Trappe lebte zu Beginn der Revolution noch etwas vom Reformgeist des Abtes Rancé und seiner Begeisterung für die Geschichte seines Ordens. Nach dem Tode des Abtes Pierre Olivier von La Trappe (7. Februar 1790) leitete der Prior Gervais Brunel den Konvent. Beherrscht von der Illusion, daß sein loyaler Konvent von den Geschehnissen nicht betroffen werden könnte, versuchte er die Absichten des jungen Novizenmeisters seiner Abtei, Augustin de Lestrange, zu verhindern, für den Konvent einen neuen Aufenthaltsort außerhalb Frankreichs zu finden. Augustin de Lestrange ließ sich trotz dieses Verbots nicht behindern und wurde darin vom Abt von Clairvaux unterstützt. Dieser untersagte wegen der feindseligen Berichte über seine Pläne sogar jede Korrespondenz mit Außenstehenden, um das Projekt nicht zu gefährden[13]. P. Augustin verhandelte im Frühjahr 1791 in der Schweiz mit offizieller Zustimmung des Abtes von Clairvaux (12. März 1791). Es gelang ihm in der Folge, nicht nur die Zustimmung des Bischofs in Fribourg, sondern auch der dortigen Kantonsregierung für eine neue Niederlassung zu erreichen. Die Zustimmung des Kantons war dabei auf 24 Mönche beschränkt[14]. P. Augustin konnte in der Folge mit dieser Anzahl von Mitbrüdern durch Frankreich ziehen und die Grenze mühelos überschreiten. Der Restkonvent von La Trappe ließ sich ab 1. Juni 1791 in der seit 1778 verlassenen Karthause Valsainte für die folgenden sieben Jahre nieder. Aus tiefer Dankbarkeit gegenüber Gott legte das am Sonntag nach der Ankunft dort abgehaltene Kapitel fest, künftig alljährlich den 1. Juni oder den darauffolgenden Sonntag mit einer Festmesse und feierlicher Prozession zu begehen. In Valsainte wurde nach den Berichten von Zisterziensern anderer Klöster ein von strenger Disziplin geprägtes Leben geführt[15], dessen Mittelpunkt der am 3. Mai 1791 vom Abt von Clairvaux zum Oberen des neuen Konvents bestimmte P. Augustin de Lestrange[16] war.

Dieser ließ trotz der politischen Schwierigkeiten der Zeit die Konstitutionen Abt Rancés für La Trappe neu überarbeiten und durch teilweise strengere Bestimmungen vermehrt als »Règlements de la Maison-Dieu de Notre-Dame-de-la-Trappe … de la Valsainte« 1794 im Druck erscheinen. Der in Valsainte herrschende Geist wirkte aber trotz dieser Strenge nicht abschreckend, sondern eher anziehend. Eine besondere Rolle scheint die Erziehung von Kindern im Umkreis des Konvents gespielt zu haben, wobei es sich wohl vor allem um Kinder französischer Emigranten gehandelt hat, denen ihre Eltern die französische Kultur bewahren wollten. Schon bald konnten von Valsainte aus weitere Klöster gegründet werden. Dom Gérasime de Alcantara, der in Mons in Belgien geboren war und aus spanischer Familie stammte, und Dom Jean de Coanus verließen am 15. April 1793 Valsainte, um nach abenteuerlicher Reise und zahlreichen Bemühungen im Januar 1796 mit Unterstützung weiterer Mönche aus Valsainte in Saint-Suzanne in Spanien, das zur Zisterze l'Escarp gehörte, ein neues Kloster zu begründen. Dom Gérasime wurde am 25. März 1798 in Madrid zum Abt geweiht[17]. Der neue Konvent konnte rasch weitere Mitglieder gewinnen. Unter ihnen befand sich der Konverse frère Climaque (Charles de Chateaubriand), ein Bruder des bekannten Schriftstellers, dessen Briefe an seine Geschwister eine aufschlußreiche Quelle über das Klosterleben in Sainte-Suzanne sind. Nach der französischen Invasion in Spanien mußte der Konvent nach Majorca fliehen. Das Kloster trennte sich später aus Verwaltungsgründen von Valsainte und bestand bis zur allgemeinen Säkularisation in Spanien weiter.

Valsainte entsandte im August 1793 zwei Mönche, den Cellerar P. Jean-Baptist und P. Eugène de Laprand, und einen Konversen nach Kanada mit dem Plan einer dortigen Klostergründung. Da der Hafen von Amsterdam, über den sie ausreisen wollten, wegen des Krieges gesperrt war, zogen sie sich nach Antwerpen zurück. Der dortige Bischof schlug ihnen vor, sich in seiner Diözese anzusiedeln und als Augustin de Lestrange zustimmte, gründeten sie im Juni 1794 das Kloster Westmalle bei Antwerpen. Sie mußten aber schon am 17. Juli desselben Jahres vor den französischen Invasionstruppen aus Belgien fliehen. Ihr Weg führte sie über Münster und Marienfeld nach Darfeld in Westfalen, wo sie im Oktober 1795 durch Vermittlung des Freiherrn von Droste-Vischering das Kloster Notre-Dame-de l'Éternité gründeten[18]. P. Eugène de Laprande wurde zu dessen Leiter ernannt. Da er sich später mit Augustin de Lestrange über die Stellung von Darfeld überwarf, trennte sich dieses 1808 von Valsainte und wurde mit päpstlicher Zustimmung eigenständige Abtei[19]. Schon

1800 hatten aus Russland geflüchtete französische Trappistinnen in Darfeld das Erziehungsheim für Knaben neu begründet, das wegen seines raschen Wachstums 1804 ins benachbarte Klein-Burlo verlegt wurde. 1811 wurden die Konvente in Darfeld und Klein-Burlo aufgehoben. Der aus 40 Nonnen, drei Oblatinnen und sieben Postulantinnen bestehende Frauenkonvent lebte nach der Aufhebung zum Teil in Köln und zum Teil in Lüttich und Gent. Nach der Niederlage Napoleons 1814 kehrten die Ordensmitglieder 1815 wieder an ihre Klöster zurück. Abt Eugène de Laprande gab zu diesem Zeitpunkt die von Augustin de Lestrange revidierten Konstitutionen auf und übernahm für die von ihm geleiteten Klöster wieder die des Abtes Rancé von La Trappe[20]. Die Mönche und Nonnen in Darfeld und Klein-Burlo siedelten 1825 nach Ölenberg im Elsaß um, von wo die Nonnen 1895 nach Altbronn bei Molsheim im Elsaß weiterzogen[21].

Abt Eugène de Laprande hatte durch eine Audienz bei König Ludwig XVIII. (20. August 1814) die Rückkehr seiner Mönche nach Frankreich ermöglicht. Da er auf La Trappe zugunsten Abt Augustins von Valsainte verzichtete, gründete er 1815 in Port-du-Salut bei Laval ein Kloster[22]. Nach seinem Tod am 16. Juni 1816 in Verlaine (Belgien) wurde von seinen Gründungen aus 1818 Gard in der Diözese Amiens besiedelt, das 1845 nach Sept-Fons in der Diözese Moulins verlegt wurde.

Augustin de Lestrange in Valsainte hatte den Plan, in Kanada ein Kloster zu gründen, trotz des ersten Mißerfolgs nicht aufgegeben. Schon 1794 entsandte er eine neue Gruppe von Mönchen. Diese nahm ihren Weg über Westmalle, wo sich ihr P. Jean-Baptiste anschloß. Sie reiste nach England weiter, wo P. Jean-Baptiste mit Unterstützung reicher Gönner Lulworth gründete (Oktober 1794). In derselben Zeit bemühten sich im Auftrag von Augustin de Lestrange Mönche aus Valsainte auch um eine Ansiedlung im Piemont, die 1794 in Mont-Brac und 1796 in Sordevolo (Diözese Biella) erfolgte. Ein weiterer im Herbst 1794 von Valsainte aus unternommener Versuch, einen neuen Konvent in Rußland anzusiedeln, führte nicht zum Erfolg[23]. Dagegen wurde mit maßgeblicher Unterstützung von Valsainte im September 1796 in Sainte-Volonté-de-Dieu in Sembrancher in der Schweiz ein Frauenkonvent gegründet, der durch Mönche aus Valsainte betreut wurde.

Die Tätigkeit des Abtes Augustin de Lestrange hatte Valsainte in kurzer Zeit zu einem blühenden Konvent werden lassen, der keineswegs nur französische Emigranten anzog, obwohl diese in seiner Zusammensetzung eine besondere Rolle spielten. In Valsainte selbst haben am 1. Mai 1794 17 Professen, 15 Novizen und 13 Konversen gelebt. Die Forschung weist zu Recht darauf hin, daß Valsainte Anfang 1798 an der Spitze einer Kongregation stand[24]. Diese, den Prinzipien der Französischen Revolution und ihrer Geisteshaltung entgegenstehende Entwicklung mußte in der Schweiz Anfang 1798 durch das neue französische Verhältnis zu dieser ein Ende finden. Als die Kantonsregierung von Fribourg gegen die Erziehung der Kinder in Valsainte Stellung bezog und weitere Maßnahmen wegen des Aufenthalts der Mönche ergriff, beschloß Abt Augustin Valsainte zu evakuieren, wobei ihm das Zusammenbleiben als Kommunität wichtig war. Zwischen dem 17. Januar und 10. Februar 1798 verließen 254 Personen, unter ihnen etwa 100 Kinder, Valsainte und Sembrancher. Die Mönche und Nonnen zogen mit den von ihnen betreuten Kindern über Kloster Wald in Schwaben, Kaisheim, Augsburg, Passau und Wien nach Rußland, wo ihnen der Zar in Orscha zwei Klöster zur Verfügung stellte, ebenso zwei in Wolhynien (Zidichine und Derman) sowie eines in Podolien. Mit der weiteren Niederlassung in Brest-Litowsk besaßen die Trappisten Anfang 1800 sechs Häuser in Rußland[25].

Doch war diese Situation nicht von langer Dauer. Schon im März 1800 wies der Zar die Trappisten aus seinem Land aus. Als Gründe für diesen Meinungsumschwung am St. Petersburger Hof werden einerseits der Wechsel der Prinzessin de Condé, Sœur Marie-Joseph, von den Trappisten zu den Benediktinerinnen und andererseits der Plan Abt Augustins, nach Amerika zu ziehen, genannt. Im April 1800 verließen fast zeitgleich alle Mönche, Nonnen und Kinder Rußland. Erster Aufenthaltsort der erneut Heimatlosen wurde Danzig. Die Irrfahrt setzte sich in den folgenden Jahren fort. Während ein Teil der Mönche mit Genehmigung der Behörden ab 1802/03 nach Valsainte zurückkehrte und ein weiterer über Darfeld nach Valsainte gelangte, hatten sich die Nonnen zuerst nach Hamm begeben (Oktober 1800–April 1801), um sich dann auf die Aufenthaltsorte Darfeld (ab Dezember 1800, vgl. oben), Paderborn (April 1801–Mai 1803) und

Burton in England (ab März 1801) zu verteilen[26]. Abt Augustin zögerte trotz der schwierigen Zeiten nicht, erneut neue Konvente zu gründen: 1803 in Géronde im Wallis, 1804 in Cervara am Golf von Rapallo, am Mont-Soracte in Rom und auf Forderung von Napoleon 1805 in Mont-Genèvre bzw. ab 1806 in Mont-Valérien vor Paris[27]. Dazu kam ein Stützpunkt der Mönche in Louisiana/USA. Abt Augustin selbst hielt sich in Bordeaux auf, um sich auf eine Überfahrt nach Amerika vorzubereiten.

Auch die Nonnen wechselten ihre Orte weiter. Die nach Darfeld gezogenen blieben dort bis zur Aufhebung 1811, um dann nach Köln und Belgien weiter zu ziehen. Die Nonnen, die nach Paderborn gekommen waren, siedelten ab 1802 mit den von ihnen betreuten Kindern nach Villarvolard in der Schweiz um, von wo aus sie 1804 nach Notre-Dame-de-la-Sante-Trinité in Riedera in der Schweiz übersiedelten, wo sie bis 1816 blieben. Die in Burton in England lebenden Nonnen siedelten im Oktober 1802 nach Stapehill über (Notre-Dame-de la Sainte-Croix)[28]. Nach dem Einmarsch der französischen Truppen in den Kirchenstaat forderte der Präfekt das Département des Appenin von den Trappisten von Cervara ein Treuebekenntnis zu Napoleon. Als dieses nicht in der gewünschten Form erfolgte, wurden durch ein Dekret vom 28. Juli 1811 alle Niederlassungen der Trappisten aufgehoben und Abt Augustin verhaftet. Abt Augustin kam zwar bald wieder frei und reiste nach Valsainte, doch wurde dieses vom Großrat in Fribourg, einer Forderung Napoleons folgend, am 30. November 1811 ebenfalls aufgehoben[29].

Während die Nonnen in Riedera in ihrem Konvent weiterhin bleiben konnten, mußten sich die Mönche auf Pfarreien zurückziehen und die Kinder zu ihren Familien zurückgeschickt werden. In Valsainte blieb nur P. Etienne Malmy als Kaplan zurück. Abt Augustin begab sich über Riga, Schweden und Dänemark nach England, wo er Lulworth besuchte. Über Martinique reiste er nach New York weiter, um sich mit den Brüdern und Schwestern zu treffen, die er in Bordeaux auf die Fahrt nach Amerika vorbereitet hatte. Er gründete zwei Kollegien in den USA und besuchte auch Louisiana. So bestand die Kommunität von La Trappe bei der Abdankung Napoleons (6. April 1814) aus den Häusern Lulworth, Majorca und Betfade in den USA, wozu noch einige Kollegien in diesem Land kamen sowie dem Trappistinnenkloster in Riedera.

Das politische Ende Napoleons gab Abt Augustin und den Trappisten ihre Handlungsfreiheit zurück. Da sich Abt Augustin noch in Amerika befand, gingen die ersten Schritte von Abt Eugène de Laprade von Darfeld aus, dem durch P. Bernard de Girmont, den ehemaligen Novizenmeister von Morimond, und Mitgliedern im Konvent von Darfeld eine Audienz bei Ludwig XVIII. vermittelt wurde. Dieser gewährte dabei den Mönchen das Recht, nach Frankreich zurückzukehren. Abt Eugène überließ es in der Folge Abt Augustin, die Abtei La Trappe wieder zu besiedeln (1815). Es folgten Aiguebelle (Diözese Valence) (1816), Bellefontaine (Diözese Angers) (1816) und Melleray (Diözese Nantes) (1817). Die Wiedereröffnung von Valsainte scheiterte 1815 an den Forderungen des Kantons. Die sich nach der Aufhebung ihres Konvents in Darfeld und Rosenthal (1811) in Belgien und Köln aufhaltenden Nonnen gründeten einerseits Darfeld-Rosenthal 1814 erneut, zogen 1825 nach Ölenberg im Elsaß und von dort 1895 nach Altbronn. Der in Belgien gebliebene Teilkonvent rief 1816 den neuen Konvent Sainte-Catherine in Laval ins Leben, der 1854 in den Konvent Notre-Dame-de l'Immaculée Conception in La Coudre Laval überging. Auch die Nonnen in Riedera kehrten 1816 nach Frankreich zurück und gründeten die neuen Konvente L'archange Raphaël in Les Forges (Dep. Orne) und Notre-Dame-de-Consolation in Frenonville/Normandie. Letzterer siedelte über mehrere Zwischenstationen 1904 nach Rogersville in Kanada über. Der in Stapehill (England) bestehende Nonnenkonvent blieb dort unverändert bestehen.

Abt Augustin hat in der schwierigsten Zeit des Ordens keine Mühe gescheut, um diesen am Leben zu erhalten, und er hat darüber hinaus durch seine Tatkraft dauernd neue Konvente entstehen lassen, die den heimatlosen Mönchen und Nonnen eine Bleibe und wohl auch zahlreichen Kindern von Emigranten durch die klösterliche Abgeschlossenheit das Verbleiben in der französischen Sprache und Kultur sicherte. Die überwiegende Zahl dieser Mönche und Nonnen ist jedoch nach Beginn der Restaurationszeit nach Frankreich zurückgekehrt. Man kann daher diese Klöster, obwohl sie in Deutschland, der Schweiz, Italien und Rußland bestanden, als französische Klöster bezeichnen. Dafür spricht auch, daß fast alle diese Konvente mit der Rückkehr der französischen Mitglieder als solche nicht bestehen blieben. Abt Augustin de Lestrange hat sein Handeln nach 1815 auch in einen gewissen Einklang mit dem noch bis 1828 lebenden letzten Abt von Morimond gebracht, der der letzte lebende ehemalige Primarabt war. Er hat damit bewußt an die alten Ordenstraditionen angeknüpft.

Da der in Darfeld lebende Konvent die Konstitutionen des Abtes Augustin de Lestrange abgelehnt und auf die des Abts Rancé von La Trappe zurückgegriffen hatte, bestanden 1815 zwei Observanzen der strengen Observanz in Frankreich. Abt Augustin versuchte 1824 eine Einigung derselben auf der Grundlage der Carta Caritatis zu erreichen. Der Versuch wollte die beiden Kongregationen unverändert belassen, alle Klöster aber dem Abt von La Trappe unterstellen. Nach dem Tod Abt Augustins berief Papst Leo XII. mit dem Abt von Melleray, Antoine Saulnier de Beauregard, einen Visitator für die Konvente in Frankreich[30]. Von diesen insgesamt 18 Klöstern waren zwölf Männerklöster, von denen sechs die Konstitutionen von Valsainte befolgten (La Trappe, Melleray, Bellefontaine, Aiguebelle, St. Aubin, la Sainte Baume), fünf die Konstitutionen des Abtes Rancé (Port-du-Salut, Mont-des-Olives, Le Gard, Mont-des-Cats, Briequebec) und eines auf Kindererziehung ausgerichtet war (Notre-Dame des Lumières). Von den sechs Frauenklöstern gehörten drei zur Kongregation von Valsainte (Les Gardes, Lyon-Vaise, Mondaye), zwei folgten den Konstitutionen des Abtes Rancé (Laval, Mont-des-Olives) und eines war der Kindererziehung gewidmet (Louvigné du Désert). Nach dem Bericht des Abtes Antoine an den Hl. Stuhl über die Visitation (1. September 1828) sollte der Teil der Kongregation aufgehoben werden, der sich der Kindererziehung widmete und die Kongregation auf der Grundlage der Konstitution des Abtes Rancé vereinigt werden. Es gelang jedoch nicht, die Kindererziehung in der Kongregation aufzuheben (1832).

Ein Dekret von Oktober 1834, das Papst Gregor XVI. bestätigte, vereinigte alle Klöster der strengen Observanz in Frankreich in der *Congregatio Monachorum Cisterciensium Beatae Mariae de Trappa*. Diese wurde vom Abt von La Trappe als *vicarius generalis* geleitet. Die vier Primaräbte waren die Äbte von Melleray, Port-du-Salut, Bellefontaine und le Gard. Das Generalkapitel der Kongregation sollte alljährlich abgehalten werden. Die Regula Benedicti und die Konstitutionen des Abtes Rancé wurden als Grundlage des Klosterlebens festgelegt, doch blieb den Konventen dabei eine gewisse Selbständigkeit, über einzelne Gebräuche zu entscheiden. Das in La Trappe abgehaltene Generalkapitel beschloß 1835 eine Redaktion der neuen Gebräuche, die 1837 abgeschlossen wurde. Das Dekret von 1834 hatte die belgischen Klöster nicht mit eingeschlossen. Diese beiden, Westmalle und Sainte-Sixte, bildeten nach einem Dekret vom 22. April 1836 eine eigene Kongregation mit dem Abt von Westmalle als Generalvikar. Damit bestanden bis 1847 zwei Kongregationen der strengen Observanz, eine in Frankreich und eine in Belgien.

Die im Dekret von 1834 den Konventen überlassene Selbständigkeit, ihre Konstitution zu bestimmen, führte in den folgenden Jahren zu Auseinandersetzungen und Diskussionen, die wiederholt die Kurie beschäftigten. Daher war eine neuerliche Lösung erforderlich. Papst Pius IX. teilte durch sein Dekret *Licet Monachi* 1847 die Kongregation in Frankreich wieder in zwei auf. Die eine war die Ancienne Réforme de N.-D. de la Trappe, die nach den Konstitutionen des Abtes Rancé lebte, während die Nouvelle Réforme de N.-D. de la Trappe der Regula Benedicti und der alten Disziplin von Cîteaux folgte. Beide Kongregationen hatten ihr Generalkapitel und ihren *vicarius generalis*. In der Nouvelle Réforme erhielt der Abt von Trappe dieses Amt, in der Ancienne Réforme wurde der *vicarius generalis* alle fünf Jahre vom Generalkapitel gewählt[31]. Beide Kongregationen blieben aber weiterhin dem Generalpräses des Ordens in Rom unterstellt.

Die beiden Kongregationen entwickelten sich in den folgenden Jahren sehr gut. Die Ancienne Réforme bestand 1864 aus acht Männerklöstern mit 482 Mönchen und drei Frauenklöstern mit 182 Nonnen; die Nouvelle Réforme dagegen aus 15 Männerklöstern mit 1229 Mönchen und sechs Frauenklöstern mit 600 Nonnen. Dabei besaßen einige Klöster zahlenmäßig große Konvente, so zum Beispiel Lyon-Vaise 122 Nonnen und Maubec sogar 150[32]. Damit hatte die Trennung der Kongregation die weitere Entwicklung gefördert. Die strenge Observanz bestand demnach seit 1847 aus insgesamt drei Kongregationen, zwei in Frankreich und einer in Belgien.

Während sich die schon immer weitgehend auf den französischen Sprachraum zentrierte Strenge Observanz durch Abt Augustin de

Lestrange den Weg ins 19. Jahrhundert gesichert hatte, war die weitere Entwicklung der allgemeinen Observanz vielschichtiger. Sie hatte zwar in der Schweiz, in Spanien und in Portugal mit den erst im zweiten Drittel des 19. Jahrhunderts erfolgenden Säkularisationen ihren Anschluß an die Restaurationszeit sichern können, konnte aber mit geringen Ausnahmen (z. B. Stams) in den katholischen Gebieten Mitteleuropas keine Restitution ihrer Konvente erreichen. Die in Bayern erfolgten Wiederbegründungen einzelner Zisterzen, wie Oberschönenfeld und Seligenthal, waren trotz des Anknüpfens an viele noch bestehende Traditionen vor Ort eigentlich Neugründungen. Damit begann für den Orden nach 1815 eine weitgehend neue Entwicklung, die nur in einzelnen Punkten an überkommene Traditionen anknüpfte. Das beste Kennzeichen dieser Entwicklung ist vermutlich, daß keine der fünf alten Primarabteien in dieser Zeit wieder besiedelt wurde.

Die allgemeine Observanz des Ordens begann sich nach der Krise der Säkularisationsphase von 1790–1815 zuerst in Italien zu reorganisieren. Papst Pius VII. wandte nach seiner Rückkehr nach Rom der Abtei Casamari seine besondere Gunst zu. Diese war 1808 durch die Franzosen vollständig ausgeplündert worden, wobei sechs Mönche, die das Allerheiligste hatten schützen wollten, den Tod fanden. Casamari hatte seit 1717 der Strengen Observanz angehört, nahm aber nach 1814 zu Valsainte oder seinen Tochterklöstern keine Verbindung auf, sondern blieb unter der Jurisdiktion des Hl. Stuhls. Erst als die Abtei im 20. Jahrhundert (1929) mit ihrer gesamten Kongregation von zehn Klöstern zur allgemeinen Observanz übertrat, wurde sie wieder dem Orden integriert.

Papst Pius VII. ließ 1816/17 in Rom die beiden Zisterzienserklöster Santa Croce in Gerusalemme und San Bernardo alle Terme wiederbesiedeln. Er ernannte den Abt der Abtei Santa Croce zum Generalpräses des Zisterzienserordens mit allen Rechten und Privilegien des Generalabts über den Orden. Abt Raimondo Giovannini wurde erstmals am 10. Dezember 1816 in den Breve zur Errichtung der Abtei Port-du-Salut genannt. Dabei wurde festgelegt, daß dieser Generalpräses die neu gewählten Äbte der allgemeinen und der strengen Observanz bestätigen sollte[33]. Die Ernennung war aber bei der bestehenden Lage des Ordens verfrüht und blieb außerhalb Italiens unberücksichtigt. Für die dort bestehenden Zisterzen war nach wie vor der Papst die bestimmende Autorität[34]. Ein weiterer Schritt der Reorganisation des Ordens war daher die Gründung der italienischen Kongregation des hl. Bernhard, die 1820 aus den beiden in Rom neu besiedelten Zisterzen und den im Königreich Neapel bestehenden Klöstern auf einem Generalkapitel neu gebildet wurde[35]. Die Kongregation nahm dabei die von Papst Urban VIII. erlassenen Konstitutionen der alten Kongregation der Lombardei und Toskana an. Das Generalkapitel hatte auch beschlossen, alle fünf Jahre ein solches abzuhalten und auf diesen den jeweiligen *Praeses generalis* zu wählen. Die Rechte und Privilegien des Generalabts blieben auch unter dem *Praeses generalis* Sisto Benigni (25. April 1820–18. April 1825; 4. Mai 1830–10. Mai 1835)[36] eher Ehrenrechte als tatsächlich bestehende. Sein Nachfolger Abt Giuseppe Fontana von Santa Croce versuchte 1825. seinen Einfluß auf die Schweizer Zisterzienserkongregation auszudehnen und schlug in einem Schreiben an Abt Alberich Denzler von Wettingen eine Union der Kongregationen war[37]. Da in Wettingen und den Schweizer Zisterzen dieser Versuch als eine private Initiative des Abtes von Santa Croce angesehen wurde, lehnten sie den Vorstoß ab. Abt Fontana starb bald darauf und wurde im Februar 1826 durch Wenceslao Nasini ersetzt[38]. Papst Gregor XVI. hat diesem die Rechte und Privilegien der italienischen Kongregation nochmals bestätigt (16. November 1831)[39].

Die Entwicklung des Ordens seit Beginn der Säkularisationen zeigt die wachsende Bedeutung und Macht der nationalen Grenzen, die die Klöster in einem Maße voneinander getrennt haben, daß von einem einheitlichen Orden eigentlich nicht mehr gesprochen werden kann, sondern eher von einem Nebeneinander von Kongregationen auf nationaler Ebene. So waren die Klöster der Trappisten in Frankreich, England und Belgien neu entstanden. Neben ihnen stand die Entwicklung in Italien. In Spanien und Portugal blieben die Kongregationen des 16. und 17. Jahrhunderts in ihrer überkommenen Organisation bis zur Säkularisierung in den 30er Jahren bestehen. Die Frauenklöster des Ordens hatten in diesen beiden Ländern eine unterschiedliche Entwicklung nach der Säkularisation. Während die Konvente in Portugal langsam ausstarben, weil ihnen die Aufnahme von Novizinnen untersagt war, konnten sie in Spanien gerade dieses wieder ermöglichen. Damit lebten 1854 schon wieder in 54 Klöstern 608 Nonnen. Dabei umfaßte der größte Konvent 29 Mitglieder. Bis 1891 wuchs diese Zahl auf 56, von denen 41 der allgemeinen und 15 der strengen Observanz angehörten[40].

In der schweizerischen Kongregation behielt der Abt von Wettingen mit Zustimmung des Hl. Stuhls (7. Oktober 1844) auch nach der Aufhebung seines Klosters 1841 seine Stellung in der Kongregation. Dadurch blieb der Konvent dieses Klosters auch nach seiner Wiederansiedlung im Kloster Mehrerau (Bregenz/Vorarlberg) 1854 vorerst noch in der Schweizer Kongregation. Der Abt übte 1846–1849 in dieser das Generalat aus und wurde 1849 von Papst Pius IX. zu deren Visitator ernannt. Die Konvente der 1848 im Thurgau aufgehobenen Frauenklöster Kalchrain, Feldbach und Tänikon besiedelten 1856 gemeinsam die Abtei Mariastern in Gwiggen (Vorarlberg). Der Konvent des 1848 im Kanton Luzern aufgehobenen Klosters Rathausen löste sich ebenfalls nicht auf, sondern fand nach langer Wanderung 1902 eine neue Heimat in Thyrnau bei Passau (Bayern).

Das Kloster Wettingen-Mehrerau schloß sich 1859 der neu gegründeten österreichischen Zisterzienserkongregation an. In der Donaumonarchie waren nach dem Ausbruch der zentrifugalen politischen Kräfte in der Revolution von 1848 zahlreiche Bemühungen in den verschiedensten Bereichen zu finden, um die Einheit der Monarchie zu stärken. Dazu werden auch die Bemühungen des Ordens um eine einheitliche Struktur gezählt[41]. Die Äbte der österreichischen Zisterzen trafen sich am 10. März 1852 in Wien. Als ein Ergebnis dieses Treffens entstand im Stift Heiligenkreuz bei Wien ein gemeinsames philosophisch-theologisches Studienhaus. Der Kardinalerzbischof von Prag, Friedrich von Schwarzenberg, ließ 1854 als apostolischer Visitator des Hl. Stuhls die Stifte in der Donaumonarchie visitieren. Abt Athanasius von Ossegg verfaßte dazu Reformbestimmungen, die der Kardinalbischof bestätigte. Die damit fortgesetzte Reorganisation des Ordens in Österreich fand ihren Abschluß in dem Kapitel der Äbte in Prag vom 29. März bis 5. April 1859. Dieses beschloß in neun Sitzungen die Gründung der österreichischen Ordensprovinz, die sich aus 14 Klöstern mit 516 Ordensleuten, von denen 429 Priester waren, zusammensetzte. Die Klöster waren: Rein (Steiermark), Heiligenkreuz, Zwettl, Lilienfeld und Neukloster (Niederösterreich), Wilhering und Schlierbach (Oberösterreich), Ossegg und Hohenfurt (Böhmen), Stams (Tirol), Zirc und seine Häuser (Ungarn), Mogila (Diözese Krakau), Szczyrzyc (Galizien) und Wettingen-Mehrerau (Vorarlberg). Der Abt von Rein wurde zum Generalvikar der Ordensprovinz gewählt. Seine drei Assistenten waren die Äbte von Heiligenkreuz, Zwettl und Hohenfurt. Sie beschlossen eigene, verbindliche Statuten *(Statuta regularia seu Definitiones monachorum. Cisterciensium communis Observantiae in Austria in Regulam S. Patris Benedicti).*

Nachdem sich Belgien 1830 verselbständigt hatte, gründeten 1833 Mönche aufgehobener Konvente in Bornhem ein neues Kloster, mit dessen Unterstützung ein alter Mönch des Klosters Val-Dieu 1844 diese Abtei neu besiedelte. Die belgischen Novizen wurden im Kloster Santa Croce in Rom ausgebildet und verknüpften damit die Reformansätze im Orden über die Ländergrenzen hinweg. Die belgischen Abteien gaben sich Konstitutionen auf der Basis des Breve von Papst Alexander VII. und dem Rituale des Ordens, die Papst Pius IX. 1846 bestätigte. Der Papst errichtete dabei auch für Belgien eine neue Kongregation des Ordens unter der Bezeichnung »Vikariat der allgemeinen Observanz von Cîteaux in Belgien«[42].

Der Neuanfang der allgemeinen Observanz in Frankreich ging erst um die Mitte des 19. Jahrhunderts von dem Weltpriester Lukas Leo Barnouin aus. Dieser zog sich 1849 mit Begleitern in eine Eremitage zurück, die Notre-Dame de la Cavalerie genannte wurde. Diese Gemeinschaft siedelte 1854 nach Sénanque über und bemühte sich schon bald darauf, unter der Leitung von Abbé Barnouin in den Zisterzienserorden aufgenommen zu werden. Papst Pius IX. bestätigte am 20. November 1857 die Gründung von Sénanque und Abbé Barnouin, der seit dem 5. Oktober 1857 den Habit der Zisterzienser als Novize trug und mit Dispens bereits am 28. Dezember 1857 seine Ordensgelübde unter dem Namen P. Marie Bernard ablegte. Da die neue Gemeinschaft rasch wuchs und schon bald neue Konvente besiedeln konnte, wurde am 24. August 1867 die Kongregation von Sénanque errichtet[43].

Der *praeses generalis* der italienischen Kongregation[44] hatte nach seinem fehlgeschlagenen Versuch, mit der Schweizer Zisterzienserkongregation Verbindung aufzunehmen, in Belgien zwar mehr Erfolg gehabt, 1845 aber ebenfalls vergeblich versucht, Verbindungen zu den österreichischen Zisterzen herzustellen. Ob sich diese Bemühungen jedoch auf die wenige Jahre später feststellbaren Einigungsbestrebungen der Zisterzen in den Donaumonarchie ausgewirkt haben, bleibt fraglich. Der italienische *praeses generalis* Angelo Geniani[45] begann 1856 einen neuen Versuch zur Einigung der allgemeinen Observanz. Hierzu lud er die Zisterzen Österreichs und Belgiens zum Generalkapitel seiner italienischen Kongregation ein, leider vergeblich. Der 1856 auf dem Generalkapitel gewählte neue *praeses* Teobaldo Cesari[46] von San Bernardo in Rom wollte nämlich die österreichischen Abteien der italienischen Kongregation anschließen, was diese ablehnten. Sie sahen in der Stellung des *praeses generalis* nur eine Übergangslösung und billigten diesem daher in ihren Statuten nur einen vorläufigen Status zu[47]. Das Rechtsverhältnis wurde auch nach der Gründung der österreichischen Kongregation (1859) nicht geklärt, sondern die Entwicklung zog sich weiter hinaus[48].

Praeses generalis – seit 1868 Generalabt – Cesari griff das Problem 1867 erneut auf, um sein Ziel, die Vereinigung der drei Kongregationen der allgemeinen Observanz, durchzusetzen. Er visitierte daher die belgischen und österreichischen Abteien und legte der *Congregatio Episcoporum et Regularium* an der Kurie einen Bericht vor. Diese erließ daraufhin das Dekret *Disciplinae regularis fovendae* (28. Februar 1869), das die belgische und österreichische Kongregation dem Generalabt unterstellte. Darüber hinaus verfügte es, daß ein Generalkapitel, das erste seit 1786, einzuberufen wäre. Dieses Generalkapitel wurde schon vom 6.–16. April 1869 in Rom abgehalten. Dabei waren die Vertreter der belgischen, österreichischen und italienischen Kongregation anwesend. Die seit 1867 bestehende Kongregation von Sénanque nahm an dem Generalkapitel nicht teil. Der Generalabt Teobaldi Cesari hatte die Äbte der drei Kongregationen der strengen Observanz der Trappisten trotz ihrer Zugehörigkeit zum Orden nicht eingeladen, was auch auf dem Generalkapitel selbst keinen Widerspruch hervorrief. Im Gegenteil; eine Erklärung des Generalkapitels ging sogar davon aus, daß unter dem Namen »Zisterzienserorden« von ihm nur die allgemeine Observanz verstanden wurde[49].

Das Generalkapitel arbeitete auf der Grundlage der 1859 in Prag beschlossenen Statuten eine Verfassung des Ordens aus, die den einzelnen Abteien große Freiheit beließ und auch die jeweiligen Traditionen derselben weitgehend berücksichtigte[50]. Das Generalkapitel legte fest, daß der Generalabt von einem Generalkapitel und nicht mehr vom Kapitel der italienischen Kongregation gewählt werden sollte. Wählbar war dabei nur ein Mitglied der allgemeinen Observanz, das zudem Abt sein mußte. Die Rechte des Generalabts wurden dagegen nicht genau umschrieben, da sie von den Konstitutionen der einzelnen Kongregationen bestimmt wurden. Auch die Befugnisse des Generalkapitels blieben weitgehend offen. Das Generalkapitel wünschte auch einen gemeinsamen Prokurator, den das folgende Generalkapitel wählen sollte. Es wurde zwar festgelegt, daß alle Abteien die Tätigkeit von Generalabt und Generalprokurator finanziell unterstützen sollten, doch wurde die Stellung der Kongregationen zum Generalkapitel und deren Verhältnis zueinander von diesem ersten Generalkapitel nach der Säkularisationszeit nicht festgelegt. Es begnügte sich damit, die bestehenden Einteilungen zu übernehmen und dabei von den Provinzen Belgien, Frankreich, Italien und Österreich-Ungarn zu sprechen. Die Äbte haben auf dem Generalkapitel anscheinend den kleinsten gemeinsamen Nenner zur Einigung gesucht und gefunden. Nach der zwischen 1825 und 1869 immer wieder festzustellenden Ablehnung der Kongregationen, sich dem aus der italienischen Kongregation stammenden Generalabt zu unterstellen, hat erst das Generalkapitel 1869 begonnen, die seit Anfang des 19. Jahrhunderts bestehende Absicht der Kurie, eine neue Ordensspitze aufzubauen, in die Tat umzusetzen. Für diese Interpretation spricht auch, daß sich weder die belgische noch die österreichisch-ungarische Kongregation gegen das Dekret des Zusammenschlusses durch die Kurie gewehrt hatten. Das Generalkapitel beschloß 1869 auch, für die Ausbildung des Ordensnachwuchses ein gemeinsames Studienhaus in Rom zu errichten.

Das Generalkapitel hatte 1869 mit dem Aufbau der zentralen Ordensleitung begonnen, wobei der Generalabt Residenzpflicht in Rom hatte. Die drei Trappistenkongregationen waren dabei – wohl bewußt – unbeachtet geblieben. Es wird daher in der Forschung zu Recht behauptet, daß schon 1869 die praktische, nämlich geistige Trennung der beiden Observanzen erfolgt war[51], während die kirchenrechtlich gültige Trennung erst 1892 vollzogen wurde. Für diese

Interpretation spricht, daß die Trappisten auch zu den beiden folgenden Generalkapiteln (1880, 1891) nicht eingeladen wurden, obwohl auf ihnen Generaläbte gewählt wurden, denen sie ebenfalls unterstanden.

Das Generalkapitel 1880 in Wien wählte als Nachfolger des verstorbenen Generalabts Teobaldi Cesari Abt Gregorio Bartolini[52] (29. April 1880–26. Juli 1890) aus der italienischen Kongregation. Generalabt Cesari hatte in seiner Amtszeit die entscheidenden Schritte getan, um den Orden nach Jahrzehnten wieder zu einigen und ihm eine gemeinsame Spitze zu geben. Die Gründe, warum er die drei Kongregationen der strengen Observanz der Trappisten aus diesen Bemühungen ausschloß, sind von der Ordensforschung noch nicht umfassend dargelegt worden. Da er dabei in Übereinstimmung mit allen Äbten der allgemeinen Observanz gehandelt haben dürfte, könnte auch ein Grund für dieses Vorgehen in der zahlenmäßigen Stärke der Trappisten gesehen werden, durch die sich die allgemeine Observanz bedrängt fühlte. In einem gewissen Umfang könnte es sich daher um eine Neuauflage der Auseinandersetzungen der Observanzen im 17. Jahrhundert gehandelt haben, wobei jedoch keine offenen Streitigkeiten ausbrachen.

Der Titel des *vicarius generalis* für die Leiter der drei Kongregationen der strengen Observanz genügte einigen Mönchen nicht. Sie wollten den Titel Generalabt. Diese Forderung wurde der Kurie unterbreitet. Als diese daraufhin den Abt von La Trappe befragte, legten die drei Kongregationen der strengen Observanz der Trappisten sehr schnell 1878 einen Plan vor, ihre Kongregationen unter einem Generalabt zu vereinen[53]. Die Kurie ließ diesen Plan von P. Raimondo Bianchi als Berichterstatter prüfen, der ihn ablehnte[54], weshalb sich am Aufbau des Ordens vorläufig nichts änderte. Da die Kongregationen der strengen Observanz auch 1880 keine Einladung zur Wahl des Generalabts erhielten, wurde damit der Fehler von 1869 wiederholt und die Kluft zwischen der allgemeinen und der strengen Observanz noch weiter vertieft.

Das Generalkapitel 1880 führte den Aufbau der zentralen Ordensleitung fort, ohne an der Autonomie der einzelnen Abteien etwas zu ändern. Neben diesen Bemühungen war das folgende Jahrzehnt bis zum Generalkapitel 1891, das wiederum in Wien abgehalten wurde, von zwei Themen maßgeblich geprägt: einerseits von einem Neuaufbau des Ordens und andererseits von der Vorbereitung des Jubiläums des 800. Geburtstags von Bernhard von Clairvaux. Der Neuaufbau des Ordens wurde dabei von der Abtei Wettingen-Mehrerau maßgeblich bestimmt. In dieser Abtei vereinigten sich im späten 19. Jahrhundert die neuen Strömungen im Orden mit der Tradition der alten Klöster aus der Zeit vor der Säkularisation[55]. Abt Maurus Kalkum (1878–1893) nahm unter dem Einfluß persönlicher Erinnerungen das Angebot des Bischofs von Limburg an, die Abtei Marienstatt wieder zu besiedeln. Er entsandte 1888, unter der Leitung von P. Dominikus Willi, einen kleinen Gründungskonvent nach Marienstatt. Die von Wettingen-Mehrerau für diese Wiederansiedlung aufgebrachten finanziellen Mittel haben das Kloster sehr belastet. Die Wiederansiedlung löste im Orden, insbesondere aber in den österreichisch-ungarischen Abteien eine nachhaltige Reaktion aus[56]. Die Bitte des neugegründeten Klosters Marienstatt um finanzielle Unterstützung fand allgemein Gehör. Dadurch entstanden bald Pläne, weitere Abteien wieder zu besiedeln, so Eberbach und Himmerod. Die Versuche, diese Pläne durchzuführen, scheiterten jedoch. Erst im 20. Jahrhundert konnte mit Himmerod eine dieser geplanten Wiederbesiedlungen durchgeführt werden.

Das 800jährige Jubiläum der Geburt Bernhards von Clairvaux rief in den Jahren zuvor eine Reihe von wissenschaftlichen Veröffentlichungen durch Ordensangehörige zur Entwicklung und Geschichte des Ordens hervor[57], nachdem schon 1877 der österreichische Zisterzienser P. Leopold Janauschek seine richtungsweisende Arbeit über die Klöster des Ordens veröffentlicht hatte. Mit dem Jubiläum Bernhards von Clairvaux läßt sich daher der Anfang einer breit angelegten Beschäftigung mit Themen der zisterziensischen Geschichte verbinden. Neben den »Origines cisterciennes«, dem »Nomasticon Cisterciense« und den »Xenia Bernardina« erschien ab 1. März 1889 die »Cistercienser Chronik« im Kloster Wettingen-Mehrerau[58]. Die Zeitschrift »L'Union cistercienne« wurde ab Juli 1892 monatlich veröffentlicht und in Hautecombe stellte P. Symphorien Gaillemin sein Werk »Familia Sancti Bernardi per distinctas observantias et congregationes«[59] zusammen.

Generalabt Gregorio Bartolini starb am 26. Juli 1890. Im Vorfeld des Generalkapitels, das seinen Nachfolger wählen sollte, setzte der

Orden bei der Kurie den Verzicht auf die Residenzpflicht des Generalabts im Rom durch. Das Generalkapitel wählte daraufhin den ab 17. Juni 1891 als Generalabt amtierenden Abt Leopold Wackarz von Hohenfurt in Böhmen[60]. Auf dem Generalkapitel legte der Orden eine die Öffentlichkeit beeindruckende Statistik vor: er umfaßte wieder 82 Männer- und 114 Frauenklöster mit 7139 Mitgliedern. Von den Männerklöstern entfielen, da beide Observanzen zusammengezählt worden waren, 52 Klöster auf die strenge Observanz der Trappisten mit 2929 Mönchen und 30 Klöster mit 940 Mönchen auf die allgemeine Observanz[61]. Die Frauenklöster waren damit 1891 mit nur 3270 Nonnen den Männerklöstern leicht unterlegen, obwohl sie 32 Konvente mehr besaßen.

Die Wahl des Generalabts auf dem wieder in Wien stattfindenden Generalkapitel 1891 war auf den Abt von Hohenfurt gefallen, damit wurde das deutsche Element im Orden weiter gestärkt, nachdem seit der Zeit Papst Pius VII. nur Italiener Generaläbte gewesen waren. Da die Wahl wieder ohne Teilnahme der Trappisten, also des zahlenmäßig stärkeren Teils des Ordens, erfolgte, wurde sie der Anstoß zur endgültigen Trennung der beiden Observanzen 1892. Da die allgemeine Observanz ihren Schwerpunkt im deutschen Sprachgebiet, die Trappisten aber im französischen hatten, hatten sich die Spannungen zwischen den beiden Observanzen seit der Gründung des Deutschen Reichs (1871) verschärft. Die Wahl des Abts von Hohenfurt wurde somit nicht grundlos der Anlaß zur Trennung. Die von der zeitgenössischen Politik in den Orden hineingetragene Konfrontation hatte aber noch tiefere Gründe. Das Abstinenzgebot der strengen Observanz hatte im 17./18. Jahrhundert die Observanzen getrennt. Im 19. Jahrhundert hatten die Trappisten der strengen Observanz die Reform des Abtes Rancé von La Trappe betont, während die allgemeine Observanz ihre Tätigkeit in Seelsorge und Schule durch den Josephinismus vielfach verstärkt hatte. Heligenkreuz und Zwettl betreuten jeweils 14 Pfarreien, Wilhering 13, Lilienfeld 15 und Hohenfurt mit 30 Mönchen sogar 17, La Trappe dagegen nur zwei. Die Trappisten hatten zwar ebenfalls in einigen Fällen Schulen übernommen, sahen aber diese Tätigkeit außerhalb des kontemplativen Lebens eigentlich als unvereinbar mit dem ursprünglichen Zisterzienserideal an[62]. Sie lieferten durch ihre Handarbeit in höherem Maße

Wein, Käse, Schokolade, Bier, Liköre, Öl oder Heilmittel, wie zum Beispiel Arnika, als dieses die Klöster der allgemeinen Observanz taten, die aber ebenfalls solche Erzeugnisse anboten[63]. Die Klöster der strengen Observanz waren damit vielfach zu den Erzeugnissen in der Frühzeit des Ordens zurückgekehrt. Die Einigung der drei Trappistenorganisationen im Oktober 1892 in Rom waren der endgültige Schritt, um sich von der allgemeinen Observanz als künftig selbständiger Orden zu trennen[64]. Mit diesem Vorgang beginnt 1892 die Geschichte des Ordens der Gegenwart.

2. Der geteilte Orden seit 1892 bis zur Gegenwart

Obwohl der Versuch der strengen Observanz 1878/79 scheiterte, ihre Kongregationen zu vereinen, blieb dieses Ziel bei vielen Angehörigen derselben als Wunsch bestehen. Nachdem die allgemeine Observanz 1880 und 1891 die strenge Observanz wieder nicht zu den Generalkapiteln eingeladen hatte, festigte sich deren Absicht, ein eigener Orden zu werden. Papst Leo XIII. hatte in Frankreich die Kongregationen der strengen Observanz gefördert, um in der Auseinandersetzung mit den antiklerikalen Kreisen Unterstützung zu finden. Er hatte 1884 für die Verwaltung der beiden französischen Kongregationen festgelegt, daß die *vicarii generales* derselben nicht mehr auf Lebenszeit, sondern nur noch auf sechs Jahre gewählt wurden und der *vicarius generalis* der Nouvelle Réforme nicht mehr unbedingt der Abt von La Trappe sein mußte. Diese Maßnahmen hatten die strenge Observanz gestärkt. Der ihr angehörende Abt von Sept-Fons, Sébastien Wyart, trieb durch seine guten Verbindungen nach Rom den Plan maßgeblich voran, die drei Kongregationen zu vereinigen. Ein Dekret Papst Leos XIII. lud am 20 Juli 1892 die Äbte und Leiter der Observanzen von Casamari, Westmalle, Sept-Fons und Melleray auf den 1. Oktober 1892 zu einer Äbteversammlung nach Rom ein[1]. Der Papst hatte den Äbten in seinem Dekret bereits zwei Möglichkeiten für die Zukunft aufgezeigt. Die Äbte sollten sich entweder dafür entscheiden, unter der Jurisdiktion des Generalabts der allgemeinen Observanz mit einem *vicarius generalis* oder *Praeses generalis* an der Spitze zu verbleiben oder ein eigener Orden mit einem Generalabt zu werden.

Zu der Äbteversammlung kamen 54 Ordensangehörige, unter ihnen 32 Äbte. Die Versammlung hatte nicht nur die Aufgabe, die Kongregationen zu vereinigen, sondern sollte auch auf der Grundlage der Regula Benedicti, der Carta Caritatis und der alten Gebräuche von Cîteaux einheitliche Gebräuche schaffen und die Verwaltungsorganisation des neuen Ordens festlegen. Die drei Vertreter von Casamari erklärten zu Beginn der unter Leitung des Kardinals Mazella stehenden Versammlung ihre Unabhängigkeit und nahmen an den Abstimmungen nicht teil. Die Versammlung beschloß mit 47 Stimmen von den 52 Abstimmenden, die beiden französischen und die belgische Kongregation zu vereinigen. Die damit entstandene neue Kongregation beschloß weiter, als *Ordo Cisterciensium Reformatorum Beatae Mariae de Trappa* ein eigener Orden unter einem Generalabt zu werden. Die Versammlung konnte sich auch über die Gebräuche einigen und wählte am letzten Tag den Generalabt. Von den abgegebenen 50 Stimmen entfielen 28 auf Sébastien Wyart[2], Abt von Sept-Fons, und 19 auf Eugène Vachette, Abt von Melleray. Leo XIII. bestätigte die Wahl und empfing am 14. Oktober die Teilnehmer an der Versammlung in einer Privataudienz. Das Dekret über den Zusammenschluß der drei Kongregationen wurde am 8. Dezember 1892 veröffentlicht und damit kirchenrechtlich die Gründung des neuen Ordens bestätigt. Die Vorgänge wurden Generalabt Leopold Wackarz von der allgemeinen Observanz, die nun *Sacer Ordo Cisterciensis* genannt wurde, offiziell am 30. Dezember 1892 mitgeteilt. Der von der strengen Observanz, den Reformierten Zisterziensern, gewählte neue Generalabt hatte ein aus sechs Mitgliedern bestehendes Definitorium neben sich, dessen sechstes Mitglied der Generalprokurator des Ordens war. Das erste Generalkapitel des neuen Ordens fand vom 12.–18. September 1893 in der Abtei Sept-Fons statt. Nach seinem Abschluß begaben sich die Äbte am 22. September nach Paray-le-Monial, um dort den neuen Orden dem Herzen Jesu zu weihen, was künftig alljährlich in den Abteien des Ordens wiederholt wurde. Die Konstitutionen des neuen Ordens wurden von der Kurie am 25. August 1894 bestätigt. Die Klöster waren untereinander durch die Filiationen abhängig, Provinzen oder Kongregationen bestanden nicht.

Als 1896 die Möglichkeit bestand, das Klosterareal von Cîteaux wieder erwerben zu können, regte das 1896 in Aiguebelle abgehaltene Generalkapitel einen Zusammenschluß mit der allgemeinen Observanz auf der Grundlage der Konstitutionen und des Usus an[3]. Der Plan fand aber kein Resonanz. Daher entschloß sich der neue Orden 1898, Cîteaux allein zu kaufen. Seitdem war Cîteaux der dauernde Ort der Generalkapitel. Da sich der Orden um das frühe Ideal des 12. Jahrhunderts bemühte, gab er die Neuerungen von Abt Rancé auf. Das päpstliche Breve *Haud mediocri sane* vom 30. Juli 1902 bestätigte die Konstitutionen des Ordens und verlieh ihm alle Privilegien des alten. Der Orden bezeichnete sich seit diesem Augenblick als »Ordo Cisterciensium Reformatorum (O.C.R.) seu Strictioris Observantiae (O.C.S.O)«[4]. Die Bezeichnung als Trappisten hielt sich nur noch im volkstümlichen Gebrauch. Der Generalabt residierte in Rom und trägt seit 1963 den Ehrentitel eines Erzabts von Cîteaux. Das 1894 vom Prior des Klosters Hautecombe, P. Symphorien Gaillemin, herausgegebene Werk *Status generalis abbatiarum, prioratuum, monasteriorum in quibus militant filii aut filiae S.* Bernardi ermöglicht einen statistischen Überblick über die beiden Orden der Zisterzienser zum Zeitpunkt der Trennung[5]:

A. Männerklöster:	
1. allgemeine Observanz:	19 Klöster mit 759 Mönchen
2. mittlere Observanz[6]:	5 Klöster mit 149 Mönchen
3. Casamari:	3 Klöster mit 45 Mönchen
4. strenge Observanz:	56 Klöster mit 3200 Mönchen
B. Frauenklöster:	
1. allgemeine Observanz:	95 Klöster mit 2413 Nonnen
2. mittlere Observanz:	1 Kloster mit 36 Nonnen
3. strenge Observanz:	32 Klöster mit 1301 Nonnen

Die strenge Observanz war bei den Männerklöstern zahlenmäßig führend, die allgemeine Observanz bei den Frauenklöstern. Die Statistik weist für den Orden 1965 80 Klöster und 4104 Mitglieder aus, was leicht rückläufige Zahlen gegenüber 1894 bedeutete[7]. Die große Ausbauphase des Ordens war das 19. Jahrhundert gewesen. Von den europäischen Neugründungen aus entstanden Klöster in Kanada, den USA und Brasilien, in Afrika, Asien und sogar Ozeanien[8]. Der Orden folgte in dieser Entwicklung deutlich der Gesamtentwicklung der Katholischen Kirche von ihrer eurozentrischen Stellung zur Weltkirche.

Generalbt Sébastien Wyart starb am 18. August 1904. Er hatte noch die Anfänge der Auseinandersetzungen zwischen Kirche und Staat in Frankreich erlebt. Abt Jean-Baptist Chautard von Sept-Fons hatte sich nach einem Treffen der Äbte in Paris im Juni 1901 an den französischen Ministerpräsidenten Clémenceau gewandt und gewisse Erleichterungen durchsetzen können, doch war der Orden gezwungen, mit einem Teil seiner Konvente nach Spanien auszuweichen. Auf dem Generalkapitel im Oktober 1904 wurde als Nachfolger des verstorbenen Generalabts Wyart der ehemalige Abt von Igny und Weihbischof von Reims, Augustin Marre, gewählt[9].

Während des Ersten Weltkrieges schickten die Klöster ihre jungen Mönche als Militärgeistliche an die Front. Im Kriegsgebiet selbst wurde in Mont-des-Cats, in Ölenberg und in Igny der Besitz des Ordens zerstört oder vollständig vernichtet, ansonsten blieb der Orden aber von unmittelbaren Auswirkungen der Krieges verschont.

Von Ölenberg aus waren die Priorate Mariawald in der Eifel (1861) und Maria-Veen (1888) besiedelt worden. Von Mariawald aus gründete P. Franz Pfanner 1869 die Abtei Mariastern bei Banjaluka in Bosnien. In Mariastern lebten 1906 neben 20 Patres und 150 Brüdern 200 Waisenknaben, die in Schule und Handwerk ausgebildet wurden. Von dort aus gründete P. Franz Pfanner 1880 eine Kolonie in Dunbrody in Südafrika, die 1882 nach Mariannhill in Natal verlegt wurde. Da sich die Missionstätigkeit auf Dauer nicht mit den Konstitutionen und Gebräuchen der strengen Observanz vereinbaren ließ, wurden durch ein Dekret der Kurie vom 2. Februar 1909 die Ordensmissionare von Mariannhill (RMM) als selbständige Genossenschaft vom Orden getrennt und der Kongregation der Propaganda an der Kurie unmittelbar unterstellt[10]. Sie hat sich in dem seit der Gründung als Ordensgemeinschaft vergangenen runden Jahrhundert zu einer überaus lebendigen eigenständigen Ordensgemeinschaft weiterentwickelt.

Die zwischen den beiden Weltkriegen liegenden Jahre brachten dem Ordensleben eine erfolgreiche neue Blüte. Nach dem Rücktritt von Generalabt Augustin Marre folgte ihm 1922 in diesem Amt der bisherige Abt von Melleray, Jean Baptiste Ollitrault de Kéryvallan[11]. Nach seinem Tod wurde der bisherige Abt von Westmalle, Hermann-

Joseph Smets[12], Generalabt. Als er während des Zweiten Weltkriegs starb, war eine Neuwahl nicht möglich. Diese konnte erst nach Kriegsende durchgeführt werden.

In der Zwischenkriegszeit wurden neben umfassenden Arbeiten über die Liturgie, Hagiographie und das Recht des Ordens 1925 auch die Konstitutionen an den 1918 veröffentlichten *Codex Iuris Canonici* der Gesamtkirche angepaßt. Die Liturgie des Ordens wurde aufgrund des Dekrets der Kurie von 1924 bis 1936 überarbeitet[13]. Der im Kloster Scourmont lebende P. Jean Canivez veröffentlichte zwischen 1933 und 1941 die Statuten der Generalkapitel des Ordens seit Beginn ihrer Überlieferung bis ans Ende des 18. Jahrhunderts in acht Bänden. Obwohl des Werk nicht alle Einzelheiten erfaßte, ist es bis zur Gegenwart die Grundlage für die Ordensforschung geblieben. Das Generalkapitel beschloß auch die Herausgabe einer wissenschaftlichen Zeitschrift. Diese erschien seit 1934 unter dem Titel *Collectanea Ordinis Cisterciensium Reformatorum*[14] und wechselte diesen 1965 in *Collectanea Cisterciensia*[15]. In Rom wurde 1934 der Grundstein für ein neues Gebäude des Generalabts gelegt, das seitdem dessen Sitz ist.

Der Orden konnte in dieser Zeit durch die wachsende Zahl von Berufungen eine Reihe alter Abteien wie Engelszell (1925), Orval, La Oliva und Huerta (alle 1927), Himmerod (1925/27), Osera (1928) und Clairfontaine (1935) wiederbesiedeln[16]. Dabei unterstellte sich Himmerod der Abtei Marienstatt und trat deshalb zur allgemeinen Observanz über. Diese Entscheidung wurde durch den Wunsch des damaligen Bischofs von Trier über die Zugehörigkeit der Abtei und deren Seelsorgetätigkeit ausgelöst[17].

Das Martyrium der Mönche von Viaceli und des Superiors von Huerta im spanischen Bürgerkrieg 1937 durch die Hand kommunistischer Mordgesellen[18] war ein erstes Zeichen für die Grausamkeiten des bald darauf ausbrechenden Zweiten Weltkrieges und der folgenden Nachkriegszeit in Osteuropa und Teilen Asiens. Der Weltkrieg brachte dem Orden nicht nur eine Unterbrechung der alljährlich abgehaltenen Generalkapitel in Cîteaux, sondern auch ab Januar 1943 die Vakanz des Amtes des Generalabts nach dem Tod von Generalabt Hermann-Joseph Smets[19]. Trotz der Belastungen durch die Kriegsereignisse konnte der Orden nach dem Krieg seine Tätigkeit wieder voll aufnehmen. Auf dem ersten Generalkapitel nach Kriegsende wurde der neue Generalabt Dominique Nogues[20] gewählt, der als Abt von Petit-Clairvaux ab 1943 das vakante Amt des Generalabts bereits vertreten hatte. Auf demselben Generalkapitel begannen die Vorbereitungen zur 800-Jahrfeier anläßlich des Todes Bernhards von Clairvaux 1953[21]. Im Zuge dieser Vorbereitungen erschienen 1949 das *Hagiologium Cisterciense* und 1952 das *Menologium Cisterciense.*

Das Generalkapitel 1950 stellte daher zu Recht fest, daß die Klöster des Ordens blühten und die Zahl der Berufungen zufriedenstellend war[22]. Es genehmigte 1951 die Veröffentlichung einer Zeitschrift in niederländischer Sprache über die Ordensgeschichte in den Niederlanden, die sich später zu einer Zeitschrift zur allgemeinen Ordensgeschichte wandelte und bis zur Gegenwart erscheint[23]. Ebenso wurde auch die in Spanien bis heute erscheinende Zeitschrift *Cistercium* genehmigt.

Die Rundbriefe der Generaläbte und die Schreiben der Päpste an den Orden stellten immer wieder die Bedeutung des kontemplativen Lebens in den Mittelpunkt. Dabei hoben die Päpste vor allem die Regeltreue im Leben der Mönche und Nonnen des Ordens hervor. Der auf dem Generalkapitel 1951 gewählte Abt von Bellefontaine, Gabriel Sortais[24], war seit 1946 schon Generalvikar seines Ordens gewesen. Er hat die Anfänge des Zweiten Vaticanums noch miterlebt, dessen Fortsetzung nach seinem Tode sein Nachfolger Ignace Gillet[25] übernehmen mußte, der Abt von Dombes, dann von Aiguebelle und als letzterer Generalvikar des Ordens gewesen war. Der Orden hat somit für die Besetzung des Amtes des Generalabts wie in den früheren Jahrhunderten auf eine längere Erfahrung in führenden Ordensämtern Wert gelegt. Generalabt Ignace Gillet hat den Orden in der abschließenden Sitzungsphase des Zweiten Vaticanums geführt und anschließend die Konstitutionen des Ordens an die Beschlüsse desselben angepaßt[26]. Als der Generalabt 1974 resignierte, folgte mit dem Abt von Mount-Saint Bernard, Ambroise Southey[27], ein Engländer im Amt. Wie seine Vorgänger war er durch seine Tätigkeit als Abt seit 1939 und als Generalvikar des Ordens seit 1964 neben seinem Amtsvorgänger in der Ordensleitung bei seiner Wahl bereits über ein Jahrzehnt erfahren. Er hat den Orden bis 1990 geleitet. Als Generalabt folgte ihm Bernardo Olivera aus dem spanischen Sprachraum, der seit 1984 Abt des Klosters Azul gewesen war. Damit hat der

Orden bis in die unmittelbare Gegenwart die Auswahl seiner führenden Persönlichkeiten in fast gleichbleibender Form vorgenommen. Wie die Berichterstattung in der Zeitschrift *Collectanea Cisterciensia* beweist, spielten in der Diskussion innerhalb des Ordens in den 80er und 90er Jahren neben der deutlichen Hinwendung zu den Anfängen des Ordens im 12. Jahrhundert und seinen damaligen Lebensformen auch die Beschäftigung mit den religiösen Erfahrungen des Buddhismus eine größere Rolle. Der aus seiner eurozentrischen Beschränkung auf die Erfahrungen des christlichen Lebens durch seine weltumspannende Verbreitung herausgetretene Orden stellte sich damit der Diskussion mit den religiösen Erfahrungen anderer Religionen dieser Welt. Die sieben Mönche aus dem Kloster U. L. Frau vom Atlas beim Dorf Tibhirine in Algerien, die am 21. Mai 1996 von islamischen Fundamentalisten auf grausame Weise ermordet wurden, zeigen, daß der Orden auch in der Gegenwart Glaubenszeugen besitzt, die – wie in den Jahrhunderten der Verfolgung im Imperium Romanum – dem Christentum und dem Mönchtum den Weg ins neue Jahrtausend weisen und ihre künftige Existenz sichern.

Besonders auffällig war in der Zeit zwischen dem Zweiten Vaticanum und den Feierlichkeiten anläßlich des 900jährigen Gründungsjubiläums von Cîteaux 1998 die sich wandelnde Stellung der weiblichen Ordensangehörigen. Sie wuchsen in den wenigen Jahrzehnten in eine innerhalb des Ordens gleichberechtigte Stellung. So sind von den fünf Mitgliedern im Rat des Generalabts zur Zeit zwei Äbtissinnen und drei Äbte. Papst Johann Paul II. hat nicht nur in seinem Schreiben anläßlich der 900-Jahrfeier in Cîteaux, sondern wiederholt auf den Glauben und die geistigen Anstöße der »zisterziensischen Familie« für die Kirche hingewiesen. Die in Kloster Cîteaux vom 17.–19. März 1998 stattfindende Synaxis hat dabei neben den Angehörigen der strengen Observanz solche der allgemeinen Observanz, aber auch der zisterziensischen Bernhardiner von Esquermes, der zisterziensischen Kongregation des hl. Bernhard von Spanien (bekannt als »Las Huelgas«) und der bernhardinischen Schwestern von Oudenaarde zusammengeführt. Damit wurde im Jubiläumsjahr der Ordensgründung das Gefühl der Zusammengehörigkeit der »zisterziensischen Familie« entscheidend gestärkt. Wie schon 1898 und 1953 hat das Jubiläum der Ordensgeschichte damit eine deutliche

Auswirkung auf die gegenwärtige Situation und künftige Arbeit des Ordens gehabt.

Auch die allgemeine Observanz war nach der Trennung der Trappisten 1892 teilweise über die Entwicklung unglücklich. Daher schlug das nach der Trennung 1897 im Kloster Hohenfurt abgehaltene Generalkapitel anläßlich des 800-jährigen Jubiläums der Ordensgründung 1898 eine erneute Annäherung an die Trappisten vor[28]. Der Nationalismus und seine Egoismen, die in die Konvente hineinreichten, standen diesem Plan aber im Weg und verhinderten eine Einigung. Damit blieb es bei der Trennung der beiden Observanzen.

Nach der Wiederbesiedlung der Abtei Marienstatt 1888 durch die Abtei Wettingen-Mehrerau traten die beiden Klöster aus der österreichisch-ungarischen Kongregation aus und bildeten mit den Wettingen-Mehrerau inkorporierten Frauenklöstern die deutsch-schweizerische Kongregation in Nachfolge der 1806 begründeten Schweizer Kongregation[29]. Dieser Kongregation schloß sich auch das 1898 ebenfalls von Wettingen-Mehrerau wiederbesiedelte Kloster Sittich (Stična) in Slowenien an, das von 1135–1784 dem Orden angehört hatte.

Abbé Bernard Maréchal trat 1892 von der Kongregation des hl. Sakraments zum Zisterzienserorden über. Das zur Kongregation von Sénanque gehörige Kloster Fontfroide griff seinen Plan, ein beschauliches Kloster zur ewigen Anbetung des hl. Sakraments zu gründen, auf. Dadurch entstand 1892 die Abtei Pont-Colbert bei Versailles, zu dessen Abt Abbé Bernard Maréchal gewählt wurde. Die französische Ordensgesetzgebung hob 1901 die Kongregation von Sénanque mit den Klöstern Sénanque, Fontfroide und Pont-Colbert auf[30]. Die Angehörigen der Konvente wurden gezwungen, ins benachbarte Ausland ins Exil zu gehen. Der Konvent von Fontfroide ging nach Notre-Dame du Suffrage in Tarrega bei Lerida/Spanien. Die Mönche von Pont-Colbert übersiedelten 1901 nach Marteau-Feuillon in Belgien und zogen 1904 nach Onsenoort in den Niederlanden weiter. Sie lösten dabei ihre Bindung an die Kongregation von Sénanque und ließen sich dem Generalabt direkt unterstellen. Als nach dem Ersten Weltkrieg in Frankreich die Ordensgesetzgebung gelockert und damit eine Rückkehr der Mönche möglich wurde, wurde Sénanque wiederbesiedelt, ebenso auch Pont-Colbert, das aber Onsenoort als

Priorat beibehielt. Onsenoort wurde 1936 als Kloster Marienkroon Mitglied der belgischen Kongregation und 1957 zur Abtei erhoben. Pont-Colbert wurde 1954 wegen seiner ungünstigen Lage nach Auberive (Dep. Haute-Marne) bei Langres in die dort noch vorhandenen Gebäude der alten Zisterzienserabtei verlegt. Der Konvent von Fontfroide besiedelte 1919 die Gebäude der alten Abtei Saint-Michel-de-Cuxà.

Da die Generalkapitel des Ordens an wechselnden Tagungsorten stattfanden und 1891 auch dem Generalabt von der Kurie gestattet wurde, seinen Sitz außerhalb von Rom zu nehmen, war die zentrale Verwaltung des Ordens schwierig. Generalabt Leopold Wackarz war 1891 im Alter von 81 Jahren gewählt worden und ihm daher – wohl mehr als Ausnahmegenehmigung gedacht – der Sitz außerhalb von Rom in seiner Abtei Hohenfurt zugebilligt worden. Er trat 1900 altershalber von seinem Amt zurück[31] und fand seinen Nachfolger in Amadeus de Bie, Abt von Bornhem[32]. Dieser verlegte den Sitz des Generalabts wieder nach Rom, wobei er zunächst Gast in Santa Croce war, um dann in angemietete Räume umzuziehen. Die Generalkapitel unter seiner Leitung fanden 1909 in Rom, 1905 und 1910 im Kloster Stams statt. Nach seinem Tode 1920 tagte das Generalkapitel in der Abtei Mehrerau bei Bregenz. Der auf diesem Generalkapitel gewählte neue Generalabt Kassian Haid[33] war vor seiner Wahl Abt des Klosters Wettingen-Mehrerau gewesen. Er hat den Sitz des Generalabts im Einverständnis mit dem Generalkapitel erneut in seine Abtei verlegt und das Amt des Generalabts gemeinsam mit der Leitung desselben ausgeübt.

Obwohl im Ersten Weltkrieg die Klöster des Ordens, abgesehen von den polnischen, keine Zerstörungen erlitten hatten, waren nach den Friedensverträgen erhebliche Veränderungen im Orden notwendig. Die Auflösung von Österreich-Ungarn machte eine Umbildung der bisherigen österreichisch-ungarischen Kongregation erforderlich. Nach längeren Verhandlungen erging das Breve der Kurie vom 27. Januar 1923, das die in der Tschechoslowakei gelegenen Abteien Hohenfurt und Ossegg zu der eigenen Kongregation des unbefleckten Herzens Mariae zusammenfaßte. Die Abtei Zirc in Ungarn mit den zu ihr gehörigen Klöstern Polos, Pásztó und Szentgotthárd wurde ebenfalls von der österreichisch-ungarischen Kongregation gelöst und zur neuen ungarischen Kongregation vereinigt[34]. Die übrigen österreichischen Klöster bildeten mit Ausnahme der zur Mehrerauer Kongregation gehörigen Konvente in Zukunft die *Congregatio Sacrae Cordis Jesu*.

Im Vorfeld der Missionsenzyklika Papst Pius XI. *Rerum Ecclesiae* vom 28. Februar 1926 beschloß das Generalkapitel am 1. Oktober 1925 nach dem Vorbild der Gründungsväter des Ordens, Klöster in den Missionsgebieten zu errichten. In diesen Klöstern sollten die Mönche ein monastisches Leben führen und die Arbeit der Missionare durch ihre Entwicklung von Wissenschaften und Landwirtschaft ergänzen. Gleichzeitig untersagte das Generalkapitel förmlich jede andere Form des Apostolats. Damit wurde ein bemerkenswerter Weg in der Ordensgeschichte im Rückgriff auf die Frühgeschichte des Ordens begonnen. Die Religiosenkongregation der Kurie forderte die Residenz des Generalabts in Rom, weshalb Generalabt Kassian Haid sein Amt Ende Juli 1927 niederlegte. Der vom Generalkapitel neugewählte Generalabt Franciscus Janssens[35], der zuvor Abt des Klosters Pont-Colbert gewesen war, wurde zum ständigen Wohnsitz in Rom verpflichtet. Der Orden erwarb dazu noch 1927 die »Villa Stolberg« auf dem Monte Gianicolo.

Die Kongregation von Casamari, die 1892 trotz ihrer Zugehörigkeit zur strengen Observanz deren Entwicklung zum eigenen Orden nicht gefolgt war[36], schloß sich 1929 der allgemeinen Observanz mit den zu ihr gehörigen Klöstern Casamari, S. Domenico, Valvisciolo und Cotrino an. Sie zeigte in den folgenden Jahrzehnten mit der Gründung von acht neuen Klöstern und einer Verdoppelung ihrer Mitgliedschaft eine große Lebendigkeit ihres monastischen Lebens. Die Wiederbesiedlung der alten Kartausen von Trisulti (1947) und Galluzzo (1958) machte ihr Werk auch in der Öffentlichkeit bekannt. Durch den in Casamari eingetretenen ehemaligen Leiter des äthiopischen Kollegs in Rom, Felice Heile († 1934), wurde das Interesse der Kongregation auf Äthiopien gerichtet, wo unter Berücksichtigung der Beschlüsse des Generalkapitels von 1925 in Belesa bei Asmara 1940 ein neuer Konvent entstand sowie in Mendida. Die beiden Klöster befolgten die zisterziensischen Gewohnheiten, übernahmen aber die äthiopische Liturgie.

Die österreichische Abtei Schlierbach unter Abt Alois Wiesinger (1917–1945) wurde zu einem Mittelpunkt der neuen Missionsbewegung im Orden. Abt Wiesinger berichtete 1927 auf dem außerordentlichen Generalkapitel über die Gründungsmöglichkeiten in Nord- und Südamerika. Unter der Leitung von Justin Wöhrer († 1943) begann 1928 die von den Abteien Schlierbach und Wilhering getragene Gründung der Zisterziensermission in Apolo in Bolivien. Schlierbach begann ab 1938 im Jequitibà (Bahia/Brasilien) eine weitere Missionsstation aufzubauen, deren Bauten bis 1945 weitgehend errichtet waren und die 1950 bereits zur Abtei erhoben wurde. Im gleichen Jahr wurde auch das seit 1936 bestehende Kloster Itaporanga (Saõ Paulo/Brasilien) zur Abtei erhoben, das die Abtei Himmerod besiedelt hatte, um sich wegen der nationalsozialistischen Klosterverfolgung ein Ausweichquartier zu schaffen. Wie in der Frühzeit des Ordens lieferte eine eigene Ziegelfabrik neben dem Kloster (1939–1957) das zum Bau der neuen Abtei erforderliche Material[37]. Aus ähnlichen Gründen wie Himmerod besiedelte Kloster Mehrerau 1938 die alte Abtei Hauterive in der Schweiz neu. Die italienische Kongregation gründete neben ihrer Ausbreitung in Italien 1943 in San José de Rio Pardo und ebenso Casamari 1950 in Garimpo dos Canoas neue Konvente. Der aus Hardehausen vertriebene Konvent gründete teilweise 1951 den neuen Konvent bei Itatinga (Saõ Paulo/Brasilien).

Die allgemeine Kongregation hatte durch ihre Abteien in der habsburgischen Monarchie und Italien Reste der Kongregationen aus der Zeit vor der Französischen Revolution mit alten Privilegien und Gebräuchen aufgenommen. Sie hatte daher Schwierigkeiten zu einer einheitlichen Ordensdisziplin und einer gemeinsamen übergeordneten Ordensleitung zu gelangen, wie die seit 1900 andauernden Diskussionen um die Wiedereinführung von Generalabt und Generalkapitel bewiesen. Die Abteien unterstützten zwar die Wiedereinführung der zentralen Ordensinstitutionen, hielten aber an ihren tradierten Gewohnheiten fest. Das Generalkapitel 1933 verfaßte nach langjährigen Bemühungen eine Konstitution über die oberste Ordensleitung, die am 3. Mai 1934 von der Religiosenkongregation an der Kurie bestätigt wurde. Dabei wurde die Carta Caritatis als Grundlage dem neuen Kirchenrecht angepaßt und die zisterziensische Überlieferung auf diese Weise mit den Erfordernissen der modernen Zeit in Übereinstimmung gebracht.

Nach der Ernennung des Apostolischen Visitators Hubert Noots, Generalprokurator des Prämonstratenserordens, am 15. Februar 1935 verzichtete Generalabt Franciscus Janssen am 21. Januar 1936 auf sein Amt. Der Visitator Noots, Abt Edmondo Bernardini als Präses der Kongregation S. Bernardi in Italien und der Generalprokurator Matthäus Quatember bildeten daher die Administration für den Orden bis durch Briefwahl am 15. September 1937 Edmondo Bernardini[38] als neuer Generalabt sein Amt antreten konnte. Er hat die Geschicke des Ordens im Zweiten Weltkrieg geleitet. Nach ersten Verlusten im spanischen Bürgerkrieg wurde der Orden im Zweiten Weltkrieg weniger durch materielle Verluste als durch das durch die Kriegshandlungen und vor allem die Verfolgungen der Nationalsozialisten gestörte und vielfach sogar unterbrochene klösterliche Leben geschädigt. Dazu erlitt der Orden durch den Kriegsdienst der jüngeren Mönche erhebliche Personalverluste, die für die weitere Entwicklung der Klöster spürbare Lücken hinterließen. Dazu kam noch, daß sich die Aufhebung der Klöster, wie zum Beispiel der Abtei Hohenfurt, durch die Nationalsozialisten nach 1945 hinter dem Eisernen Vorhang in den Ostblockstaaten fortsetzte. Dabei bestanden aber in den einzelnen Ländern Unterschiede. Während in der Tschechoslowakei und Ungarn die Klöster 1950 aufgehoben und die Mönche und Nonnen erheblichen Repressalien ausgesetzt wurden und in der Tschechoslowakei im Unterschied zu Ungarn sogar erst nach dem Zusammenbruch der kommunistischen Verbrecherregime 1989 unbehindert wieder entstehen konnten, gelang es der Kirche in Polen, nicht nur die Klöster weitgehend zu erhalten und sogar auszubauen[39], sondern 1953 auch mit den Abteien Andrejow, Heinrichau, Mogila, Oliva, Szczyrzyk und Wachock zu einer eigenen polnischen Kongregation zusammenzuschließen[40]. Auch in Jugoslawien und China wurden nach der Machtübernahme durch die Kommunisten bestehende Konvente aufgelöst, deren Angehörige vertrieben und klösterliches Leben unmöglich gemacht.

Der Aufbruch des Ordens in die außereuropäischen Gebiete, der in der Zwischenkriegszeit begonnen hatte, setzte sich nach dem Ende des Zweiten Weltkrieges trotz der Schwierigkeiten durch die kommunistische Ideologie beeindruckend fort. Auf dem Generalkapitel 1950, das damit erstmals nach einer Unterbrechung von 17 Jahren tagte, waren neben den europäischen Ländern erstmals Klöster in außereuropäischen Staaten in großer Zahl vertreten. Die seit längerer Zeit im Orden bestehende Hinwendung zu den Idealen der Gründungsväter war nicht zuletzt die entscheidende Grundlage für die vom Orden begründete wissenschaftliche Zeitschrift *Analecta Sacri Ordinis Cisterciensis*[41], die seit 1945 erschien. Der Orden hatte dabei sicherlich auch die bei der strengen Observanz seit über einem Jahrzehnt erscheinende ähnliche Zeitschrift vor Augen, die aber im Unterschied zu den *Analecta* eine weit mehr spirituelle als historische Ausrichtung besaß. Der neue Aufbruch des Ordens nach dem Zweiten Weltkrieg zeigte sich auch in dem Bau der neuen Curia Generalitia in Rom an der Piazza del Tempio di Diana 1948/50. Das dort entstandene Studienhaus knüpfte bewußt an alte Ordenstraditionen an.

Nach dem Amtsverzicht von Generalabt Edmondo Bernardini 1950 wählte das Generalkapitel den seit 1934 amtierenden Generalprokurator Matthäus Quatember[42], der Profeßmönch des Klosters Hohenfurt war. Seine Wahl 1950 war auch ein deutliches Zeichen des Ordens gegen die gleichzeitige antireligiöse Klosterpolitik der tschechoslowakischen Regierung. Nach seinem frühzeitigen Tod im Amt folgte ihm Sighard Kleiner nach[43]. Dieser war als Profeß des Klosters Wettingen-Mehrerau Prior des von diesem wieder besiedelten Klosters Hauterive geworden und hatte seit 1939 die Liturgiekommission des Ordens geleitet, was er auch als Generalabt bis 1955 weiterhin tat. Aus diesem Amt heraus war er als Nachfolger von Matthäus Quatembers zum Generalprokurator aufgestiegen. Seine vielfältigen Tätigkeiten hatten ihm eine umfassende Kenntnis des Ordens aus eigener Anschauung vermittelt. Anscheinend hat er deshalb die uneinheitliche Struktur der allgemeinen Observanz besonders empfunden. Er hat sich im ersten Jahrzehnt seiner Amtsführung bemüht, diese Situation umfassend zu verbessern[44]. Mit Rundschreiben und Besuchen der Abteien und einem gelegentlichen Rückgriff auf die alten Privilegien des Abtes von Cîteaux versuchte er, seine Stellung als Generalabt zu stärken. Er begann mit einer Reform der klösterlichen Gebräuche und der Liturgie, wobei er auf die mittelalterliche Tradition des Ordens zurückgriff. In der Erprobung in seinem Herkunftskloster Hauterive wurden praktische Usus erarbeitet, die für den gesamten Orden verbindlich werden sollten. Die Klöster des

Ordens haben diese Usus aber weitgehend abgelehnt oder nur teilweise übernommen. Dieser Versuch des Generalabts, über diese Usus zu einer größeren Einheit des Ordens zu gelangen, war ein außerordentlich interessanter Anfangsversuch für eine größere Reform. Die Wiedereinführung von Generalabt und Generalkapitel waren ebenso wie die Abgrenzung von deren Aufgaben ein immer wieder auf den Äbteversammlungen und Generalkapiteln behandeltes Thema. Die Frage dieser Aufgaben trennte die Ordensvertreter. Im Laufe dieser Diskussion hat sich die seit dem Spätmittelalter im Orden spürbare Stärkung der Kongregationen erneut durchgesetzt. Die Bemühungen von Generalabt Sighard Kleiner, die Konstitution über die Ordensleitung von 1933 wegen ihrer Unklarheiten zu reformieren, führte über die Generalkapitel seit Ende der 50er Jahre des 20. Jahrhunderts, ermutigt durch die gesamtkirchliche Entwicklung, zu einer deutlichen Stärkung der Kongregationen. Die Kurie hat diese Entwicklung anerkannt, denn bereits zum Zweiten Vatikanischen Konzil wurden alle Kongregationspräsides der allgemeinen Observanz eingeladen und damit den anderen Ordensoberen gleichgestellt. Der Orden hatte 1961 die brasilianischen und 1964 die vietnamesischen Klöster zu weiteren eigenen Kongregationen zusammengefaßt.

Das Konzil bedeutete einen tiefen Einschnitt in der Entwicklung des Ordens. Das Konzildekret *Perfectae Caritatis* vom 28. Oktober 1965 forderte alle Orden auf, ihre Statuten zu überprüfen und zu erneuern. Der Orden der allgemeinen Observanz kam dieser Forderung in dem »ordentlichen und besonderen« Generalkapitel nach, das in zwei Sitzungsperioden 1968/69 in Rom und in der Abtei Marienstatt tagte[45]. Dabei erhielten erstmals die von den Konventen gewählten Delegierten volles Stimmrecht und nahmen damit als vollkommen gleichgestellte Mitglieder neben den Äbten, regierenden Prioren und Deputierten der zentralisierten Kongregationen am Generalkapitel teil. Dieses faßte richtungsweisende Beschlüsse für die Zukunft. Die »Erklärung des Generalkapitels über die wesentlichen Elemente des heutigen Zisterzienserlebens« wurde erarbeitet, dazu neue Konstitutionen für den Gesamtorden und eine Fülle von Einzelproblemen aus Liturgie, Mission, Stellung der Ordensfrauen, Ausbildung des Nachwuchses, Gleichstellung von Chormönchen und Laienbrüdern bzw. Klosterfrauen und Laienschwestern usw. behandelt. Das von der österreichischen Kongregation vorgelegte und am 9. Oktober 1968 vom Generalkapitel angenommene *Statutum Generale Ordinis Cisterciensis* brachte grundlegende Änderungen für die Organisation des Ordens. Die Kongregationen erhielten darin Rechte, die bislang Generalabt und Generalkapitel zugestanden hatten. Sie wurden zu *Congregationes monasticae* mit eigenen, vom Kapitel der Kongregation beschlossenen und von der Kurie bestätigten Statuten, mit einer eigenen Gesetzgebung und einer eigenen Leitung, die aus dem Kapitel der Kongregation und dem Abtpräses der Kongregation bestand. Dem Generalkapitel des Ordens standen weiterhin Rechtsprechung und Gesetzgebung für den Gesamtorden zu, doch mußte jetzt die Eigenständigkeit der Kongregationen und der keiner derselben zugehörigen Einzelklöster beachtet werden. Gesetze und alle sonstigen Dekrete für den Gesamtorden erlangten nur Gesetzeskraft, wenn sie nicht gegen die Konstitutionen einer Kongregation verstießen. Darüber hinaus sollte die Amtszeit des Generalabts künftig auf 10 Jahre begrenzt sein.

Die Entwicklung nach dem Zweiten Vatikanischen Konzil setzte sich fort und führte zu den gemeinsamen mit dem Orden der strengen Observanz herausgegebenen neuen liturgischen Büchern des *Calendarium proprium Ordinis Cisterciensis* (1973), dem *Missae propriae ad usum Ordinis Cisterciensis* (1983) und zuletzt zum *Rituale Cisterciense* (1998). Die nach dem Zweiten Weltkrieg erfolgte Konsolidierung des Ordens wurde in der Zeit des Konzils von einer Phase der Unsicherheit abgelöst, die die gesamte Kirche der Zeit prägte und bis zur Gegenwart keineswegs vollkommen überwunden ist[46]. Die Erinnerung an die reiche Vergangenheit hat immer wieder geholfen, den Weg in die Zukunft zu finden. So hat auch die Abtei Casamari 1984 mit der Veröffentlichung einer ordensgeschichtlichen Zeitschrift *Rivista Cistercense* begonnen.

Der Orden hat in dieser Umbruchzeit zwar noch nicht an dem Versuch, eine protestantische, später ökumenische Mönchsgemeinschaft auf der Grundlage der zisterziensischen Traditionen entstehen zu lassen, teilgenommen, pflegte aber zu diesen Gemeinschaften Verbindungen. So finden sich heute zum Beispiel die Adressen der »Gemeinschaft der Evangelischen Zisterziensererben« im Umfang von rund fünf Seiten im Anschriftenverzeichnis, das der Orden von seinen

Klöstern ins Internet gestellt hat (http://www.ocist.com/adressen.htm). Auch die vielfältigen Verbindungen zur evangelischen Gemeinschaft in Loccum und die Aufnahme evangelischer Familiare zeigen die Offenheit des Ordens in der Gegenwart.

Generalabt Sighard Kleiner hat sein Amt bis zu seiner Resignation am 27. August 1985, die nach der raschen Annahme derselben durch den Heiligen Stuhl bereits am folgendem Tag mit diesem vorher vereinbart gewesen sein dürfte, in vorsichtiger, überzeugender Weise ausgeübt und dabei die Veränderungen der Zeit langsam in das Leben seines Ordens einbezogen. Der fast zeitgleich mit dem Generalabt am 9. Mai 1953 zum Generalprokurator des Ordens gewählte Gregorio Battista (geb. 1915) blieb auch nach dem Rücktritt Kleiners weiterhin im Amt und bildete damit in der Ordenszentrale in Rom eine Konstante der Ordensleitung. Zum Nachfolger Kleiners wurde am 2. September 1985 Dr. theol. Polikárp Zakar gewählt[47]. Dieser war 1955 Offizial an der Curie des Ordens in Rom geworden und hatte als Professor für Kirchengeschichte und Kanonisches Recht sowie als Dekan der Theologischen Fakultät der Päpstlichen Hochschule von San Anselmo in Rom gewirkt. Er war als Verfasser ordensgeschichtlicher Publikationen mit weltweiter Anerkennung ebenso hervorgetreten wie als Consultor verschiedener Kongregationen der Römischen Kurie. Durch die Beschränkung der Amtszeit des Generalabts auf 10 Jahre schied Generalabt Polikárp Zakar nach einem Jahrzehnt aus dem Amt, um in Zukunft seiner Kongregation von Zirc als Generalabt zu dienen. Dieser Amtswechsel dürfte mehr als deutlich den Wandel in der Organisation des Ordens aufzeigen. Die Kongregationen sind gegenüber der Ordenszentrale und dem Generalabt in einer bedeutenderen Stellung.

Unter der Leitung des Generalabts Zakar wurde am 16. Oktober 1990 eine neue Konstitution des Ordens vom Heiligen Stuhl approbiert, die aber bereits im Jahr 2000 vom Generalkapitel erneut überarbeitet wurde. Nach dem Ausscheiden Zakars aus dem Amt wurde am 4. September 1995 Maurus Esteva Alsina[48] zum Generalabt gewählt. Mit ihm übernahm erstmals ein nach dem Zweiten Vaticanum zum Priester geweihter Mönch das Amt des Generalabts. Er war durch seine Tätigkeit als Abt von Poblet (seit 1970) über Jahrzehnte hinweg an führender Stelle im Orden in dessen alter Tradition auf sein Amt vorbereitet worden. Neben den aus dem spanischen Kulturkreis stammenden Generalabt trat der am 5. September 1995 gewählte P. Meinrad Tomann (geb. 1957) als Generalprokurator an die Spitze des Ordens. Er kommt aus der österreichischen Tradition des Ordens. Mit ihm trat, noch deutlicher sichtbar als beim Generalabt, die nachkonziliare Generation in die Führung des Ordens ein.

Das anstehende Ordensjubiläum 1998 hat wie die vorausgehenden von 1898 und 1953 die Arbeit des Ordens beeinflußt. Erneut wurde der gesamten zisterziensischen Familie ihre gemeinsame Tradition und Geschichte deutlich. Die offiziellen Verlautbarungen haben gerade diese Gemeinsamkeiten besonders betont. Sie haben insbesondere zu einem neuerlichen Aufeinanderzugehen der allgemeinen und der strengen Observanz geführt. Der Generalabt der strengen Observanz nahm sogar am Generalkapitel des Ordens der allgemeinen Observanz vom 1.–10. September 2000 in Rom teil, wie das Schreiben vom Generalabt Maurus Esteva Alsina vom 8. September 2000 mit Dank betonte. Dieses vom Orden auf seiner Homepage ins Internet gestellte Schreiben[49] zeigt dessen Bedeutung. Auch das Generalkapitel hat die *Communio* in einer auf ihrer Homepage zu findenden Botschaft besonders betont. Ob sich für die Zukunft aus diesen Ansätzen weitere Gemeinsamkeiten ergeben, muß der Historiker offen lassen.

Der weibliche Teil der Allgemeinen Observanz hatte sich im Orden seit dem Konzil eine immer selbständigere Stellung erworben, bis er durch seine Vertreterinnen am Generalkapitel 2000 erstmals vollständig gleichberechtigt teilnahm. Die höher gebildete Frau des 20. Jahrhunderts war auch im Kloster nicht mehr bereit, eine nachgeordnete Rolle zu akzeptieren[50]. Die Frauenkonvente begannen zunehmend, nach eigener Verantwortung für ihr klösterliches Leben zu streben, wobei mit den Frauenklöstern der strengen Observanz zusammengearbeitet wurde. Diese Bemühungen, eine eigenständigere Stellung zu erhalten, führten zu der gleichrangigen Einbeziehung in das Generalkapitel 2000 und die künftige Ordensleitung. Das Generalkapitel 2000, das folgerichtig die Konstitutionen des Ordens von 1990 und die »Erklärung des Generalkapitels über die wesentlichen Elemente des heutigen Zisterzienserlebens« von 1968/69 überarbeitete[51], hat damit ein neues Kapitel der Ordensgeschichte begonnen. Wie die Statistik beweist, haben die Zisterzienser im 20. Jahrhundert trotz der vielfältigen Verfolgungen und der zunehmenden geistigen Säkularisierung eine beachtliche Stellung in Kirche und Gesellschaft beibehalten. Die strenge Observanz ist dabei zahlenmäßig nicht nur wie schon 1892 führend geblieben, sondern hat diese Stellung auch auf die Frauenklöster ausdehnen können. Trotz des Rückgangs der Anzahl von Mönchen und Nonnen im Laufe des 20. Jahrhunderts befinden sich die Zisterzienser in einer guten Situation. Dabei ist auf die meisterliche Handhabung des Internets durch den Orden mit beiden Observanzen aufmerksam zu machen, die beweist, daß die Zisterzienser zu Beginn des 21. Jahrhunderts wie zu allen Zeiten auf der Höhe ihres Zeitalters stehen und sich Neuerungen jederzeit bereitwillig öffnen, wenn sich diese mit den religiösen Komponenten ihres geistlichen Lebens verbinden lassen. Ein Weg, der ihnen auch im begonnenen dritten Jahrtausend ihre Stellung wie in der Vergangenheit sichern dürfte.

allgemeine Observanz

1965[52]	**1997**[53]
61 Männerklöster	64 Männerklöster
Gesamtzahl: 1648	Gesamtzahl: 1389
56 Frauenklöster	63 Frauenklöster
Gesamtzahl: 1600	Gesamtzahl: 1100
insgesamt: 3248	insgesamt: 2489

strenge Observanz

1958[54]	**1999**[55]
74 Männerklöster	98 Männerklöster
2284 Chorprofessen	1725 Chorprofessen
337 Novizen/Postulanten	1037 Priester
1444 Laienbrüderprofessen	
332 Brüdernovizen und -postulanten	
Gesamtzahl: 4397	Gesamtzahl: 2506
38 Frauenklöster	67 Frauenklöster
1078 Chorschwestern	1405 Chorschwestern
767 Laienschwestern	
Gesamtzahl: 1845	Gesamtzahl: 1853
insgesamt: 6242	insgesamt: 4359

VI. Anhang

1. Anmerkungen

I. 1: Klöster und Reformen im 11. Jahrhundert

1 Vgl. dazu zwar teilweise veraltet, aber noch immer umfassend E. Sackur, Die Cluniacenser, Halle a. d. Saale 1892, NDr. Darmstadt 1971, ferner J. Wollasch, Cluny – »Licht der Welt«. Aufstieg und Niedergang der klösterlichen Gemeinschaft, Düsseldorf 1996; A. Kohnle, Abt Hugo von Cluny 1049–1109, Sigmaringen 1993.

2 A. Dierkens, Abbayes et Chapitres entre Sambre et Meuse (VIIe–XIe siècles), Sigmaringen 1985, S. 220–259; Gérard de Brogne et son œuvre réformatrice, in: Revue Bénédictine 70 (1960).

3 Hallinger 1950/51; ferner W. Goez, Gestalten des Hochmittelalters, Darmstadt 1983, S. 54–69.

4 N. Bulst, Untersuchungen zu den Klosterreformen Wilhelms von Dijon (962–1031), Bonn 1973.

5 So Elm, Stellung, 1980, S. 33.

6 LexMA 6, Sp. 1085 (Lit.).

7 LexMA 2, Sp. 1405f. (Lit.).

8 LexMA 2, Sp. 1970ff. (Lit.).

9 LexMA 8, Sp. 1395 (Lit.); Handbuch der Kirchengeschichte, hg. von H. Jedin, Bd. III/1, Freiburg i. Br. 1966, NDr. 1985, S. 516 (Lit.).

10 Heimbucher 1965, S. 315ff.

11 Heimbucher 1965, S. 320ff.

12 Hallinger 1950/51; ferner LexMA 7, Sp. 819f.; vgl. auch H. Dauphin, Le Bienheureux Richard, Abbé de Saint-Vanne de Verdun († 1046), Louvain, Paris 1946; F. G. Hirschmann, Verdun im hohen Mittelalter. Eine lothringische Kathedralstadt und ihr Umland im Spiegel der geistlichen Institutionen, Teil I, Trier 1996, S. 135ff.

13 P. Schmitz, Geschichte des Benediktinerordens, Bd. 1, übers. von L. Räber, Einsiedeln 1947, S. 148.

14 Lekai 1958, S. 17.

15 Heimbucher 1965, S. 376ff.

16 LexMA 7, Sp. 900 (Lit.); J. Dalarun, Erotik und Enthaltsamkeit. Das Kloster des Robert von Arbrissel, Frankfurt a. M. 1987 (Lit.); Heimbucher 1965, S. 328f.

17 LexMA 1, Sp. 2002 (Lit.); Mahn 1982, S. 29ff.

18 LexMA 8, Sp. 1765 (Lit.); J. von Moolenbroek, Vital l'ermite, Paris 1990.

19 Lekai 1958, S. 18; von Walter 1903, S. 108f.

20 Heimbucher 1965, S. 326.

21 So Stephan von Muret, dazu vgl. Elm, Stellung, 1980, S. 34.

22 Heimbucher 1965, S. 326f.

23 Hallinger 1956.

24 So Lekai 1958, S. 19; Jedin (wie Anm. 9), S. 520; vielleicht wird hier zu positiv generalisiert.

Wichtige Klostergründungen
der Zisterzienser in Mitteleuropa
Filiationen:
Cîteaux
La Ferté
Pontigny
Clairvaux
Morimond
Margam
Waverley
Forde
Beaulieu
Quarr
Ter Duinen
Schelde
Villers
Signy
Mortemer
Royaumont
Igny
Marne
Troisfontaines
Savigny
Seine
Clairvaux
L'Epau
Prières
Belle-Branche
L'Aumône
Les Echarlis
Pontigny
Loire
Le Loroux
Loire
Cîteaux
La Prée
La Ferté-sur-Grosne
Vienne
Creuse
Sept-Fons
Saône
Loire
Allier
Obazine
Dordogne
Cadouin
Léoncel
Lot
Aiguebelle
Garonne
Rhône
Tarn
Sénanque
Grandselve
Silvacane
Valmagne
Bolbonne
Escaledieu
Iranzu
Ebro
Fontfroide
Valbonne

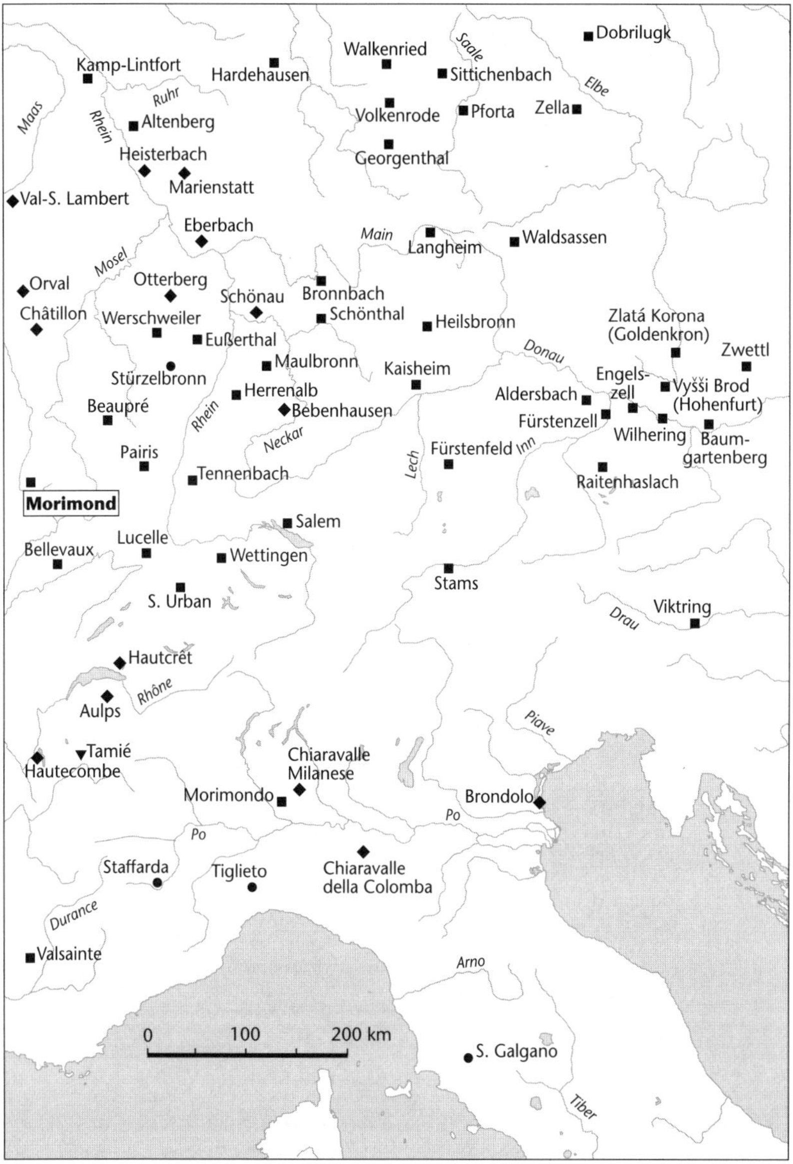
Dobrilugk
Walkenried
Saale
Kamp-Lintfort
Hardehausen
Sittichenbach
Elbe
Ruhr
Maas
Rhein
Altenberg
Volkenrode
Pforta
Zella
Heisterbach
Georgenthal
Marienstatt
Val-S. Lambert
Eberbach
Main
Waldsassen
Langheim
Mosel
Orval
Otterberg
Schönau
Bronnbach
Châtillon
Schönthal
Zlatá Korona
(Goldenkron)
Werschweiler
Heilsbronn
Eußerthal
Donau
Zwettl
Maulbronn
Stürzelbronn
Kaisheim
Engels-
zell
Vyšši Brod
(Hohenfurt)
Herrenalb
Aldersbach
Beaupré
Rhein
Bebenhausen
Fürstenzell
Wilhering
Baum-
gartenberg
Neckar
Pairis
Fürstenfeld
Inn
Lech
Tennenbach
Raitenhaslach
Morimond
Salem
Lucelle
Bellevaux
Wettingen
Stams
S. Urban
Viktring
Drau
Hautcrêt
Rhône
Aulps
Piave
Tamié
Chiaravalle
Milanese
Hautecombe
Morimondo
Brondolo
Po
Po
Staffarda
Tiglieto
Chiaravalle
della Colomba
Durance
Valsainte
Arno
0
100
200 km
S. Galgano
Tiber

25 Elm, Stellung, 1980, S. 31ff. (Lit. S. 39f.).
26 Jedin (wie Anm. 9), S. 523.
27 So Jedin (wie Anm. 9), S. 520; vgl. auch K. Schreiner, Hirsau und die Hirsauer Reform. Spiritualität, Lebensform und Sozialprofil einer benediktinischen Erneuerungsbewegung im 11. und 12. Jhdt., in: Hirsau St. Peter und Paul 1091–1991, Teil II, bearb. von K. Schreiner (Forschungen und Berichte der Archäologie des Mittelalters in Baden-Württemberg, Bd. 10/2) Stuttgart 1991, S. 89ff.; N. Reimann, Die Konstitutionen des Abtes Wilhelm von Hirsau, in: ebd., S. 101ff.
28 J. Semmler, Die Klosterreform von Siegburg, ihre Ausbreitung und ihr Reformprogramm im 11. und 12. Jahrhundert, Bonn 1959.
29 H. Jakobs, Der Adel in der Klosterreform von St. Blasien, Köln, Graz 1968, S. 39ff., S. 242ff.; U. Engelmann, Das kirchliche und monastische Leben, in: Das tausendjährige St. Blasien. 200jähriges Domjubiläum, Bd. 2, St. Blasien 1983, S. 33ff.
30 Jedin (wie Anm. 9), S. 522 (Lit.); LexMA 4, Sp. 1645ff. (Lit.)
31 M. Zadnikar, Die Kartäuser. Orden der schweigenden Mönche, Köln 1993; J.-P. Amiel, Les Maisons de chartreux, des origins à la chartreuse de Pavie, Paris 1983; M. Laporte, Grand Chartreuse, in: DHGE 21, Sp. 1088ff.; N. Molin, Historia cartusiana ab origine ordinis usque ad tempus auctoris anno 1638 defuncti, Bd. 1–3, Tournai 1903–1906; La Naissance des Chartreuses, Acte du VIe colloque international d'histoire et de spiritualité cartusiennes, Grenoble 1986; L'ordre des Chartreux, Saint-Laurent-du-Pont [6]1983.
32 Heimbucher 1965, S. 396ff.
33 Ebd., S. 409ff.
34 Ebd., S. 434ff.; LexMA 7, Sp. 146ff. (Lit.); N. Backmund O. Praem., Monasticon Praemonstratense, Bd. 1, 1–2, Berlin 1983, Bd. 2–3, Straubing 1949; vgl. auch W. M. Grauwen, Norbert, Erzbischof von Magdeburg (1126–1134), Duisburg 1986; Norbert von Xanten, hg. von K. Elm, Köln 1984; B. Ardura, Prémontrés. Histoire et Spiritualité, Saint-Etienne 1995.

I. 2: Die Anfänge von Cîteaux

1 LexMA 7, Sp. 909; Dictionnaire de spiritualité XIII, Sp. 736–814; Spahr 1944; Lefévre, Robert de Molesme. Vgl. auch The three Founders of Cîteaux. Robert of Molesme – Alberic – Stephen Harding, Kalamazoo, Spencer 1998, S. 17ff.; ferner The New Monastery. Text and Studies on the Earliest Cisterciens, Kalamazoo, Spencer 1998, S. 13ff.
2 LexMA 6, Sp. 807f.; Cartulaire de Montier-la-Celle, hg. von C. Lalore, 1882; Montier-la-Celle, abbaye bénédictine, 1984.
3 LexMA 8, Sp. 859; Fromageot, Tonnerre; Laurent-Claudon 1941, S. 270ff.
4 LexMA 7, Sp. 283ff. (Lit.). Provins war Standort einer der großen Champagnemessen. Diese wurden in Provins erstmals anläßlich der Erhebung der Ayoul-Reliquien 1085/96 erwähnt.
5 LexMA 6, Sp. 726; Cartulaire de l'abbaye de Molesme, Bd. 1, hg. von J. Laurent, Paris 1907; Laurent-Claudon 1941, S. 290ff.
6 Laurent-Claudon 1941, S. 417.
7 Dep. Yonne, Diözese Auxerre, vgl. Besse 1913, S. 93.
8 LexMA 2, Sp. 788ff. (Lit.).
9 Spahr 1944, S. XLVI, S. 13. Über den Ort des Aufenthalts – Aulx bei Molesme oder Aulps in Savoyen – besteht in der Literatur keine einhellige Meinung.

10 Lekai 1958, S. 22.
11 van Damme 1982, S. 42.
12 Ebd., S. 42.
13 Müller 1909, S. 5.
14 DHGE 20, Sp. 86f.
15 Hugues de Die, in: Catholicisme, Bd. 5, Sp. 1031ff.; Chartes de Cîteaux 1961, S. 34f. Nr. 2.
16 Chartes de Cîteaux 1961, S. 37f. Nr. 9–12.
17 Ebd., S. 37 Nr. 6.
18 Ebd., S. 38f. Nr. 13.
19 Ebd., S. 40 Nr. 15; Cîteaux. Documents primitifs, S. 32ff.
20 Cîteaux. Documents primitifs, S. 36.
21 Ebd., S. 36.
22 Ebd., S. 178.
23 Ebd., S. 114.
24 Canivez, Statuta, Band 1, S. 527 Nr. 53.
25 Das Generalkapitel legte 1223 das Fest auf den 17. April fest, legte dasselbe aber schon 1224 auf den 29. April um; vgl. Canivez, Statuta, Band 2, S. 15f. Nr. 13 bzw. S. 34 Nr. 22.

I. 3: Vom ›Novum Monasterium‹ zum neuen Orden

1 Cîteaux. Documents primitifs, S. 36.
2 Fournier, Alberic, in: DHGE 1, Sp. 1407f.; King 1954, S. 8ff.; Müller 1916, S. 6; vgl. auch The three Founders of Cîteaux, Kalamazoo, Spencer 1998, S. 53ff.; The New Monastery, Kalamazoo, Spencer 1998, S. 31ff.
3 Cîteaux. Documents primitifs, S. 36 und 38.
4 Ebd., S. 28: *... Roberto abbati, fratribus quoque Alberico, Odoni, Iohanni, Stephano, Letaldo et Petro...*
5 So die allgemeine Darstellung der Forschung.
6 Cîteaux. Documents primitifs, S. 36.
7 Ebd., S. 34.
8 Chartes de Cîteaux 1961, S. 47 Nr. 19; dazu vgl. Müller 1916, S. 8f.
9 Chartes de Cîteaux 1961, S. 46f. Nr. 18; Müller 1916, S. 9.
10 Chartes de Cîteaux 1961, S. 46ff. Nr. 18–20; Cîteaux. Documents primitifs, S. 38, 40, 42.
11 Chartes de Cîteaux 1961, S. 48 Nr. 20; Cîteaux. Documents primitifs, S. 42.
12 Chartes de Cîteaux 1961, S. 48f. Nr. 21.
13 King 1954, S. 9; Lekai 1958, S. 24.
14 J. B. Dalgairns, Der hl. Stephan Harding, Mainz 1865, S. 115ff.
15 Dafür spricht das funktionierende Scriptorium zu Beginn des Abbatiats von Stephan Harding; vgl. dazu King 1954, S. 10.
16 Ebd., S. 10.
17 Chartes de Cîteaux 1961, S. 53 Nr. 28.
18 Ebd., S. 53 Nr. 27.
19 Cîteaux. Documents primitifs, S. 210.
20 Chartes de Cîteaux 1961, S. 41ff. Nr. 17.
21 Ebd., S. 51f. Nr. 24.
22 Cîteaux. Documents primitifs, S. 44, 46, 48.
23 Schneider 1986, S. 21.

24 Ebd. betont dieses neuerlich; vgl. dazu auch die Erklärung bei Müller 1909, S. 77f.
25 Aufschlußreich dazu Müller 1909, S. 75ff. Hier ist insbesondere auf den Vergleich zwischen Regula Benedicti und Instituta zu achten.
26 Müller 1909, S. 79.
27 Cîteaux. Documents primitifs, S. 46: *Exuti ergo veterem hominem, novum se induisse gaudebant.*
28 Müller 1909, S. 80ff., zu den Hintergründen.
29 Cîteaux. Documents primitifs, S. 50: ... *per novem annos et dimidium regulari* ...; zu seiner Darstellung in Cîteaux selbst vgl. Chartes de Cîteaux 1961, S. 54f. Nr. 30, auch wenn diese dort als gefälscht angesehen wird.
30 King 1954, S. 11. 1109 hat als Sterbejahr unter Einbeziehung der Vorgänge von 1098/99 den Vorrang vor dem Jahr 1108. Es ist kaum vorstellbar, daß die Kirchenversammlung von Port-d'Anselle bereits Mitte 1098 stattgefunden hat.
31 Cîteaux. Documents primitifs, S. 50; vgl. auch van Damme 1966; LexMA 8, Sp. 119f. (Lit.); King 1954, S. 12f.; vgl. ferner The three Founders (wie Anm. 2), S. 69ff.; The New Monastery (wie Anm. 2), S. 47ff.
32 Elm 1980, S. 35, nennt 1050 als Datum; dagegen Miethke, Anfänge 1980, S. 43, das Jahr 1060; Cîteaux. Documents primitifs, S. 51 Anm. 57, nennt 1059.
33 Lackner 1972, S. 235f.
34 McGuire 1998, S. 53.
35 Regum Anglorum, in: Cîteaux. Documents primitifs, S. 180.
36 Vgl. dazu Lawrence 1984, S. 156; Cowdrey 1991, S. 324; ablehnend McGuire 1998, S. 51.
37 Ebd., S. 51.
38 Chartes de Cîteaux 1961, S. 56 Nr. 32; Miethke, Anfänge 1980, S. 44; King 1954, S. 16.
39 Chartes de Cîteaux 1961, S. 55 Nr. 31; Miethke, Anfänge 1980, S. 44; King 1954, S. 17.
40 So das *Exordium Cistercii* unter Berufung auf Luk. 12,32 »die kleine Herde«, dazu vgl. Schneider 1986, S. 24; King 1954, S. 18.
41 King 1954, S. 18.
42 Ebd., S. 19.
43 Chartes de Cîteaux 1961, S. 57ff. Nr. 33–41.
44 Oursel 1959, S. 34–59; King 1954, S. 17; Plotzek-Wederhake 1980, S. 357f.; zu den beiden Handschriften vgl. auch Saint Bernard 1990, S. 202f. Nr. 8 und 9.
45 Chartes de Cîteaux 1961, S. 91 Nr. 88.
46 Schneider 1986, S. 22; jetzt vgl. ausführlich Dinzelbacher 1998, S. 15ff.
47 Spahr, Charta Caritatis, in: LThk 2, ^{2}1957, Sp. 1033; Winkler, Charta Caritatis, in: LThK 2; ^{3}1994, Sp. 1024f.; Le plus anciens textes, S. 10f.; Cîteaux. Documents primitifs;, S. 55ff. (Lit.). Kern der Carta Caritatis ist die Regula Benedicti in Verbindung mit dem Prinzip der *ratio* und der *vita apostolica.*
48 Zur Familie Bernhards vgl. Bouchard 1987, S. 329ff.; das Geburtsdatum Bernhards ist mit letzter Sicherheit nicht zu bestimmen, doch spricht einiges für das frühzeitig genannte Jahr 1090.
49 Dinzelbacher 1998, S. 4.
50 Chartes de Cîteaux 1961, S. 65f. Nr. 42: ... *Tantus erat numerus fratrum apud Cistercium quod nec substantia quam habebant eis sufficere, nec locus in quo manebant eos convenienter poterat capere* ...

51 Ebd., S. 65 Nr. 42; dazu vgl. LexMA 2, Sp. 1658f. (Lit.).
52 Chartes de Cîteaux 1961, S. 66 Nr. 43; King 1954, S. 148ff.
53 Kaiser 1981, S. 370f.
54 Chartes de Cîteaux 1961, S. 66 Nr. 44. Histoire de Clairvaux; King 1954, S. 207ff.
55 Chartes de Cîteaux 1961, S. 67 Nr. 45; Dubois 1992; King 1954, S. 329ff.
56 Parisse 2000, S. 93f.
57 Vgl. dazu King 1954, S. 209ff.; ferner Fossier 1954, S. 19ff.; Beis 1954, S. 28ff.; Bur 1991, S. 3ff.
58 Dinzelbacher 1998, S. 31f.
59 LexMA 9, Sp. 167f. (Lit.).
60 Dinzelbacher 1998, S. 33.
61 Ebd., S. 33f. Zu der Verbindung Bischof Wilhelms und Bernhards von Clairvaux vgl. auch Berndt 1999.
62 Grill 1953, S. 41.
63 Chartes de Cîteaux 1961, S. 67 Nr. 45: ... *locum susceptum abbati et capitulo Novi Monasterii obtulit* ...; Grill 1953, S. 62, spricht hier fälschlicherweise vom »Eigentum des Ordens«, ein solcher ist in der Urkunde nicht zu finden.
64 Grill 1953, S. 39f.
65 Ebd., S. 42.
66 Ebd., S. 38.
67 Ebd., S. 44f.; vgl. dazu auch King 1954, S. 332. Eine heutigen Anforderungen entsprechende Untersuchung der Geschichte Morimonds fehlt.
68 Chartes de Cîteaux 1961, S. 67ff. Nr. 46–62.
69 Kelly 1988, S. 181f.
70 Chartes de Cîteaux 1961, S. 78f. Nr. 65; vgl. auch LexMA 2 Sp. 431; King 1954, S. 20.
71 Vgl. dazu Bur 1977, S. 276.
72 Chartes de Cîteaux 1961, S. 78 Nr. 63.
73 Ebd., S. 78 Nr. 64; King 1954, S. 20.
74 King 1954, S. 151f.
75 Ebd., S. 231.
76 Chartes de Cîteaux 1961, S. 81f. Nr. 69.
77 Darauf weist Schimmelpfennig 1980, S. 70, hin.
78 Schneider 1986, S. 22; Lekai 1958, S. 27ff.; King 1954, S. 13f.; Mahn 1982, S. 60ff.; auch McGuire 1998, S. 58, geht von dieser Entwicklung aus.
79 King 1954, S. 13; Mahn 1982, S. 62; Les monuments primitifs 1878, S. 70.
80 Pfurtscheller 1972, S. 78; Lekai 1958, S. 27.
81 Spahr, Charta Caritatis, LThK 2, ^{2}1957, Sp. 1033; King 1954, S. 13; dagegen wird auch eine Grundlage im Orden von Vallombrosa gesehen; dazu auch Lekai 1958, S. 33.
82 Vgl. dazu Cîteaux. Documents primitifs, S. 15–19.
83 Lekai 1958, S. 28.
84 Dazu Pfurtscheller 1972, S. 78ff.; insbesondere, S. 83; vgl. auch oben Anm. 77.
85 McGuire 1998, S. 50
86 Ebd., S. 54f.
87 So ebd., S. 59.

II. 1: Die Ausbreitung des Ordens im 12. und 13. Jahrhundert

1 Winkler 1980, S. 87. Dagegen Heimbucher 1965, S. 335: 1134 80 Abteien, 1153 343 und 1342 707 Abteien.
2 Winkler 1980, S. 87.
3 Schneider 1986, S. 52; auch Lekai 1958, S. 60f.
4 Canivez, Statuta, Bd. 2, S. 169 Nr. 3 bzw. Bd. 3, S. 128 Nr. 12.
5 Winkler 1980, S. 88; Wolter 1968, S. 5ff. (Lit.).
6 Kelly 1988, S. 189f.
7 King 1954, S. 20.
8 Hervey 1967, S. 137.
9 Preuilly, La Cour-dieu, Bonnevaux, L'Aumône, Le Loroux, La Bussière, Le Miroir, Sant Andrea di Sesto oder Sestri, Valloires, Herrevad, Perseigne, Obazine.
10 Carracedo, Beaulieu, Sotos Albos, Escarpe, Royaumont, San Salvatore del Mont'Aniata, L'Epau, S. Salvatore di Monte Acuto, La Clarté Dieu, Moulins, La Piété Dieu, St. Remy.
11 Lorenzen 1941, S. 211ff.; France 1992, S. 44ff.; McGuire 1982, S. 38ff.
12 LexMA 4, Sp. 14 (Lit.).
13 Barrière 1977; Le cartulaire d'Obazine.
14 LexMA 2, Sp. 1525 (Lit.).
15 King 1954, S. 35.
16 King 1954, S. 23f.
17 Dimier 1987, S. 610f.
18 Hervey 1967, S. 137.
19 King 1954, S. 108f.
20 Ebd., S. 109.
21 Ebd., S. 111.
22 Ebd., S. 118.
23 Ebd., S. 121; bei Dictionnaire des monastères 1976, S. 205, nicht erwähnt; dazu vgl. auch Williams 1974, S. 72ff.
24 Dictionnaire des monastères 1976, S. 205.
25 Ebd., S. 204.
26 Ebd., S. 137.
27 Peugniez 1994, S. 147; Schneider, Lexikal. Übersicht 1986, S. 692.
28 Hervey 1967, S. 137.
29 King 1954, S. 156.
30 Ebd.; Devailly 1973, S. 40f., S. 248.
31 Delmaire 1994 Bd. 1, S. 163; Damit ist King 1954, S. 157, zu verbessern.
32 King 1954, S. 157.
33 Ebd., S. 159 und S. 163.
34 Hervey 1967, S. 137; zu Clairvaux selbst umfassend Laurent-Claudon 1941, S. 308ff., dort auch, S. 334ff. Hinweise zur Filiation.
35 Heimbucher 1965, S. 335.
36 King 1954, S. 230ff.
37 Dimier, Le Monde Claravallien, S. 595ff.
38 Dimier, La Marne cistercienne, S. 622.
39 Peugniez 1994, S. 62.
40 Ebd., S. 123; vgl. Dimier, La Marne cistercienne, S. 620.
41 Peugniez 1994, S. 67.

42 Ebd., S. 62.
43 LexMA 8, Sp. 1433 (Lit.).
44 Helvetia Sacra III, 3, 1, S. 87ff.
45 Ebd., S. 177ff.; Dimier, Le Monde Claravallien, S. 596; zu Hauterive vgl. auch Tremp 1988, S. 115ff.; ferner Helvetia Sacra III, 3, 1, S. 176ff. (Lit.).
46 Ebd., S. 142ff.
47 Békefi 1900, S. 4ff.
48 Ebd., S. 5–7.
49 Helvetia Sacra III, 3, 1, S. 89, mit Hinweis auf Dimier 1949, S. 51ff.; vgl. auch Letters of St. Bernard 1998, S. 62f. Nr. 29.
50 LexMA 4, Sp. 1977 (Lit.); vgl. auch Clair 1984, S. 615ff.
51 Peugniez 1994, S. 197.
52 LexMA 7, Sp. 843 (Lit.).
53 LexMA 4, Sp. 675f.; Wardrop 1987.
54 France 1992, S. 78ff.
55 Ebd., S. 92ff.
56 Ebd., S. 89ff.
57 Ebd., S. 85ff.
58 King 1954, S. 231.
59 LexMA 6, Sp. 500 (Lit.); vgl. auch Gwynn-Hadcock 1988, S. 139f.
60 Dimier, Le Monde Claravallien, S. 596.
61 LexMA 8, Sp. 1434 (Lit.).
62 Pfister 1997, S. 403f.; Schneider 1954, S. 5ff.; Schneider, Lexikalische Übersicht 1986, S. 663f. (Lit.).
63 Schneider, Lexikalische Übersicht 1986, S. 661f. (Lit.); Pfister 1997, S. 340.
64 Schneider, Lexikalische Übersicht 1986, S. 675f. (Lit.); Pfister 1997, S. 352.
65 Schneider, Lexikalische Übersicht 1986, S. 651f.
66 Pfister 1997, S. 92f.; Schneider, Lexikalische Übersicht 1986, S. 689; Schaab 1963.
67 Schneider, Lexikalische Übersicht 1986, S. 681f; Pfister 1997, S. 416f.; Kaller 1961; Kaller 1984.
68 LThK 4, ^{2}1960, Sp. 1129f. (Lit.).
69 Pfister 1997, S. 198.
70 Pfister 1997, S. 54; Sydow 1984.
71 Pfister 1997, S. 399.
72 LThK 2, Sp. 1050 (Lit.);
73 LexMA 2, Sp. 1808f. (Lit.).
74 LThK 10, Sp. 332 (Lit.); LexMA 8, Sp. 966 (Lit.).
75 LexMA 7, Sp. 1339f. (Lit.).
76 Dimier, Le Monde Claravallien, S. 597.
77 LexMA 2, Sp. 1542 (Lit.).
78 LexMA 4, Sp. 671f. (Lit.).
79 Eydoux 1951, S. 174.
80 LexMA 7, Sp. 29.
81 LexMA 7, Sp. 1411f.
82 Es handelte sich dabei um folgende Klöster: a) in der Normandie: L'Abbaye-Blanche (Dep. Manche), Aulnay, Villers-Canivet und Saint-André-de-Gouffem (alle Dep. Calvados), La Trappe (Dep. Orne), Breuil-Benoît (Dep. Eure), Bival, Beaubec und Foucarmont (alle Dep. Seine-Maritime); b) in der Bretagne: La Vieuxville (Dep. Ile-et-Vilaine); c) in Anjou: Chaloché und La Boissière

(beide Dep. Maine-et-Loire); d) in der Touraine: Fontaines-Les-Blanches (Dep. Indre-et-Loire); e) im Pariser Becken, im Artois und in der Picardie: Vaux-de-Cernay (Dep. Yvelines), Lannoy (Dep. Oise) und Longvilliers (Dep. Pas-de-Calais); f) auf den Britischen Inseln: Dublin, Rushen, Calder, Furness, Byland, Basingwerk, Cumbermere, Buildwas, Swinshead, Neath, Buckfast, Stradford, Coggeshall, Quarr.

83 King 1954, S. 231.

84 LexMA 8, Sp. 479 (Lit.).

85 de Oliveira 1951, S. 324; Cocheril 1984, S. 636ff.

86 de Oliveira 1951, S. 318ff.; vgl. auch Marques 1991, S. 163f.

87 Die Darstellung bei Dimier, Le Monde Claravallien, S. 597, und King 1954, S. 231, zeigen gegenüber der neuen Forschung erheblich abweichende Datierungen; vgl. Marques 1991, S. 163ff.

88 Cocheril 1961, S. 79.

89 Ebd., sowie Eydoux 1951, S. 174.

90 Cocheril 1961, S. 77ff.

91 Feige 1975, S. 49, der in dieser Aussage Cocheril 1961, S. 79, folgt.

92 France 1992, S. 32.

93 Ebd., S. 29f.

94 Ebd., S. 35f.

95 Ebd., S. 40.

96 Ebd., S. 42.

97 Ebd., S. 41.

98 McGuire 1982, S. 49ff.; McGuire 1973, S. 122ff.

99 McGuire 1982, S. 49ff

100 Vgl. jetzt auch Pacaut 1991, S. 135ff.

101 Becking 1997, S. 35ff.; Winkler 1980, S. 89ff., gibt einen Überblick über die Filiation Morimonds; Hucker 1998; Dimier 1959. Zu Morimond vgl. auch Laurent-Claudon 1941, S. 344ff.; vgl. jetzt auch für Dänemark Hill 1992.

102 Hervey 1967, S. 137.

103 Becking 1997, S. 39.

104 Redoutey 1984, S. 729.

105 Dimier 1959, S. 45–80; Zu weiteren Angaben über die deutschen Zisterzen vgl. Schneider, Lexikalische Übersicht 1986, S. 639ff.

106 King 1954, S. 334f.

107 Vgl. dazu LexMA 7, Sp. 878f. (Lit.); Forey 1992 (Lit.); Fleckenstein-Hellmann 1980; Zur geistlichen Anschauung der Zeit vgl. Fleckenstein Rechtfertigung 1980, S. 9–22.

108 LexMA 8, Sp. 534ff. (Lit.); Demurger 1993; weitere Literatur ebd. Bibliographie, S. 315ff.

109 Demurger 1993, S. 22ff. und S. 37ff. Der Großmeister Andreas von Montbard (1153–1156) war ein naher Verwandter Bernhards von Clairvaux.

110 LexMA 2, Sp. 1389ff. (Lit.); Schwenk 1980, S. 109ff.; O'Callaghan 1975 Beitrag I.

111 LexMA 1, Sp. 326f. (Lit.); O'Callaghan 1975 Beitrag IV.

112 LexMA 1, Sp. 1306 (Lit.).

113 LexMA 6, Sp. 771 (Lit.).

114 LexMA 6, Sp. 797f. (Lit.); O'Callaghan 1975 Beitrag X.

115 LexMA, 2, Sp. 1946f. (Lit.).

116 Dazu vgl. Pacaut 1991, S. 136f.
117 Donkin 1967, S. 275ff.; vgl. auch zusammenfassend Helvetia Sacra III 3, S. 28f.
118 Vgl. Pacaut 1991, S. 143f., zu dieser Entwicklung.
119 Farina-Vona 1988 Kartenanhang mit Statistica dei monasteri cistercensi in Europa fino al 1500. Von den von ihnen als Ausgangsbasis genommenen 733 Abteien des Ordens bis 1500 lagen in Frankreich von den einzelnen Filiationen von Cîteaux 58, La Ferté 3, Pontigny 38, Clairvaux 95 und Morimond 46, also insgesamt 240 Abteien und damit etwa ein Drittel der Abteien des Ordens. Die nächstgrößere Zahl betrug für Italien 88, Großbritanien 82 und die Bundesrepublik Deutschland 73 Abteien. Trotz der für die Statistik gesetzten Staatsgrenzen der Moderne vermitteln sie ein ungefähres Bild über die Zahlenverhältnisse des 12./13. Jahrhunderts.

II. 2: Bernhard von Clairvaux und die anderen führenden Persönlichkeiten des Ordens

1 Miethke, Bernhard von Clairvaux 1980, S. 47.
2 King 1954 hat dazu in der Abfolge der Geschichte der Primarabteien einen Versuch gemacht.
3 McGuire 1998, S. 59.
4 Dinzelbacher 1998, S. 38.
5 Chartes de Cîteaux 1961, S. 82 Nr. 70, S. 84f. Nr. 77, S. 85ff. Nr. 78–84, S. 91 Nr. 89, S. 93ff. Nr 91 bis 96.
6 So King 1954, S. 16 und 18.
7 De Gestis Regum Anglorum, hg. von W. Stubbs (Rerum Britannicarum Medii Aevi Scriptores, Bd. 90/2), London 1889, S. 337.
8 Ebd., S. 384.
9 Chartes de Cîteaux 1961, S. 83 Nr. 74.
10 Ebd., S. 84 Nr. 75.
11 Ebd., S. 84 Nr. 76.
12 Dinzelbacher 1998, S. 86f.
13 Chartes de Cîteaux 1961, S. 91 Nr. 88.
14 King 1954, S. 20.
15 Chartes de Cîteaux 1961, S. 92f. Nr. 90.
16 Recueil de chartes de Clairvaux 1950, S. 5ff. Nr. 4.
17 So Schimmelpfennig 1980, S. 71.
18 King 1954, S. 20.
19 Ebd., S. 21f.
20 Chartes de Cîteaux 1961, S. 65f. Nr. 42.
21 King 1954, S. 108.
22 Ebd., S. 109.
23 Ebd., S. 110.
24 Dinzelbacher 1998, S. 49, S. 63.
25 Vgl. unten.
26 King 1954, S. 149f.; DHGE 25, Sp. 246f.
27 Le premier Cartulaire de Pontigny, S. 295 Nr. 267.
28 Ebd., S. 296f. Nr. 269; vgl. dazu auch Mahn 1982, S. 103.
29 Le premier Cartulaire de Pontigny, S. 295f. Nr. 268; vgl. dazu auch Mahn 1982, S. 103.
30 Le premier Cartulaire de Pontigny, S. 85 Nr. 1.

31 Ebd., S. 86 Nr. 3.
32 Ebd., S. 303f. Nr. 280.
33 Talbot 1956, S. 6.
34 Ebd., S. 5–33.
35 Das Schreiben wird auf 1120 oder 1124 datiert.
36 Letters of St. Bernard 1998, S. 65ff. Letter 33.
37 Ebd., S. 67f. Letter 34.
38 Ebd., S. 68f. Letter 35, schreibt Bernhard ihn noch persönlich an; vgl. auch Zenker 1964, S. 13ff.
39 Letters of St. Bernard 1998, S. 108f. Letter 78.
40 So auch Dinzelbacher 1998, S. 99.
41 Letters of St. Bernard 1998, S. 445ff. Letter 374.
42 Ebd., S. 77f. Letter 49.
43 Ebd., S. 81f. Letter 52.
44 Ebd., S. 498ff. Letter 429, datiert zwischen 1124 und 1137.
45 Ebd., S. 355 Letter 285.
46 Dinzelbacher 1998, S. 18.
47 Letters of St. Bernard 1998, S. 422ff. Letter 345.
48 King 1954, S. 153ff.
49 Ebd., S. 153.
50 Cartulaire de Pontigny, S. 21.
51 King 1954, S. 155.
52 Ebd.
53 Canivez, Statuta, Bd. 1, S. 35ff.; vgl. dazu auch F. Petit, Bernard et de L'ordre de Prémontré, Paris 1943, S. 299.
54 Grill 1953, S. 44. Ebd. Anm. 46 vermutet Grill, daß die 1130 das Freigut Weiler-Bettnach als Ort einer späteren Klostergründung an Morimond schenkende Familie Walecourt die Familie Abt Arnolds sein könnte, weil in dieser der Name Arnulf erschien, unter dem Arnold auch erwähnt ist.
55 Auch die bei Grill 1953, S. 46 Anm. 52, genannten Wendungen der Texte sprechen nicht mit letzter Sicherheit für die Zugehörigkeit Arnolds zu dem Kreis um Bernhard.
56 Grill 1953, S. 50.
57 Meyer von Knonau, Heinrich IV. und Heinrich V., Bd. 7, 1909, S. 278, S. 316ff.
58 Bernhard stellte noch 1137/38 als er Abt Humbert von Igny zum Rücktritt bewegen wollte, diesem das Schicksal Arnolds als Vergleich vor Augen, wies aber dabei auf die Schwierigkeiten Arnolds hin, die bei Humbert fehlten; vgl. Letters of St. Bernard 1998, S. 218f. Letter 150.
59 Grill 1998, S. 56 Anm. 25.
60 Letters of St. Bernard 1998, S. 19ff. Letter 4–7.
61 Ebd., S. 25f. Letter 7.
62 Dinzelbacher 1998, S. 67, geht hier zu weit.
63 Letters of St. Bernard 1998, S. 26ff. Letter 8.
64 So Grill 1953, S. 65.
65 Ebd., S. 75.
66 King 1954, S. 336; Grill 1953, S. 78f.
67 Ebd., S. 64 Anm. 46.
68 Ebd., S. 69; King 1954, S. 337.
69 Grill 1953, S. 47f. Anm. 2.

70 Grill 1953, S. 70, spricht in der Überschrift vom »bernhardinischen Morimond«. In seinen Ausführungen ist er gegenüber Bernhard von Clairvaux und dessen Vorgehen zu kritiklos.
71 Grill 1953, S. 84.
72 Ebd., S. 86f.; Otto von Freising, Chronik oder Die Geschichte der zwei Staaten, hg. von W. Lammers, Darmstadt 1974, S. XXVIIIf. (Biographie).
73 King 1954, S. 339.
74 Chronica Albrici Monachi Trium Fontium, a monacho Novi Monasterii Hoiensis Interpolata, MGH SS XXIII, hg. von P. Scheffer-Boichorst, Hannover 1874, S. 838: *Huc usque pertingit narratio episcopi Ottonis, qui fuit vir nobilis et monachus Morimundi, et una die electus in abbatem eiusdem loci , sequenti die factus est in Bavaria episcopus Frisingensis, cum esset frater imperatoris Conradi ex matre, filius videlicet Leopoldi ducis Austrie.*
75 King 1954, S. 216; Dinzelbacher 1998, S. 31.
76 Miethke, Bernhard von Clairvaux, S. 48.
77 Dinzelbacher 1998, S. 65, schreibt »Bernhards erstes Eingreifen (1124)«.
78 Ebd., S. 37.
79 Ebd., S. 38 und S. 381 Anm. 181. Zu der Verbindung zwischen Wilhelm von Champeaux und Bernhard von Clairvaux ist Berndt 1999 heranzuziehen. Dabei ist insbesondere nach der Bildung Bernhards zu fragen.
80 Ausführlich Dinzelbacher 1998, S. 55ff.
81 Vgl. Letters of St. Bernard 1998, S. VII, die Einleitungen und auch, S. 538ff. die Datierungen der Briefe.
82 Dinzelbacher 1998, S. 100; vgl. dazu James, Letters of St. Bernard 1998, S. 41ff. Letter 12–13. Ebd., S. 538, wird der erste Brief auf 1116 datiert, aber bemerkt, daß diese Datierung nicht allgemein anerkannt ist, sondern dazu auch abweichende Daten vorliegen.
83 Letters of St. Bernard 1998, S. 1 Letter 1; dazu vgl. Bredero 1985.
84 Dinzelbacher 1998, S. 98, mit einer Auflistung aller Bischofswahlen, zu denen Bernhard von Clairvaux Stellung genommen hat.
85 Ebd., S. 104, S. 114, S. 401 Anm. 867.
86 Ebd., S. 119ff.; Miethke, Bernhard von Clairvaux, S. 51f.; vgl. auch Schmale 1961.
87 Zu seinem Schreiben an Heinrich I. vgl. Letters of St. Bernard 1998, S. 141f. Letter 95.
88 Chronica Albrici (wie Anm. 74), S. 830
89 Letters of St. Bernard 1998, S. 167f. Letter 111; King 1954, S. 217.
90 Dinzelbacher 1998, S. 150.
91 Ebd., S. 153.
92 Ebd., S. 157; King 1954, S. 22.
93 Letters of St. Bernard 1998, S. 99ff. Letter 72.
94 Ebd., S. 101f. Letter 73.
95 Ebd., S. 103 Letter 74.
96 So F. Gastaldelli, Kommentar zu Bernhards Briefen, in: Bernhard von Clairvaux, Sämtliche Werke, hg. von G. Winkler, Bd. II, Innsbruck 1992, S. 1084f.
97 Letters of St. Bernard 1998, S. 90. Letter 66.
98 Ebd., S. 184 Letter 124.
99 Herbert von Torres, De miraculis 2, 24, in: Migne PL 185, Sp. 1334A; Konrad von Eberbach, Exordium magnum cisterciense, hg. von B. Grießer, Rom 1961, S. 88.

100 King 1954, S. 22.
101 Dinzelbacher 1998, S. 413 Anm. 330, als Reaktion auf Bredero 1996, S. 215f.
102 Dinzelbacher 1998, S. 212, datiert den Auftrag des Generalkapitels an Bernhard zwischen 1132 und 1148; nach ebd., S. 424 Anm. 1, datiert Leclercq auf 1135/40; Waddell auf um 1147, dagegen datiert Maître 1995, S. 56f., auf zwischen 1140 und 1147.
103 Veroli 1991, S. 22; Waddell 1992, S. 805.
104 Dinzelbacher 1998, S. 213, mit Hinweis auf Lackner 1971, S. 21f., S. 24; ferner Veroli 1991, S. 90.
105 King 1954, S. 22.
106 Bernhard selbst gründete bei Nantes Buzay als 19. Tochterkloster mit Unterstützung der Herzogin Ermengarde von der Bretagne. Die Zisterze Gratia Dei bei La Rochelle wurde durch Herzog Wilhelm X. von Aquitanien aufgrund der Predigten Bernhards gegründet, und das Kloster Sylvanès hat sich 1136 den Zisterziensern angeschlossen.
107 Dinzelbacher 1998, S. 163.
108 Ebd., S. 167. Mailand unmittelbar benachbart entstand 1135 in Morimondo ein Tochterkloster Morimonds.
109 Dinzelbacher 1998, S. 175ff.
110 Ebd., S. 191–199.
111 Ebd., S. 199ff.
112 Ebd., S. 202ff.
113 Ebd., S. 204ff.
114 Ebd., S. 223ff.
115 Ebd., S. 236ff.
116 L. Grane, Peter Abaelard, London 1970, S. 37ff.; A. Podlech, Abaelard and Heloisa oder die Theologie der Liebe, München 1990, S. 70ff.; S. C. Ferruolo, The Origins of the University. The Schools of Paris and their Cities 1100–1150, Stanford 1985; R. Klibausky, Peter Abailard and Bernard of Clairvaux. A Letter by Abailard, in: Medieval and Renaissance Studies 5 (1961), S. 14.
117 Otto von Freising, Gesta Frederici, hg. von F.-J. Schmale, Darmstadt 1965, S. 224.
118 Kelly 1988, S. 189f.
119 Letters of St. Bernard 1998, S. 280 Letter 206.
120 Dinzelbacher 1998, S. 282.
121 Ebd., S. 284f.; Runciman Bd. 2 1958, S. 238ff.
122 Dinzelbacher 1998, S. 285.
123 Letters of St. Bernard 1998, S. 398 Letter 323.
124 Runciman Bd. 2 1958, S. 243.
125 Dinzelbacher 1998, S. 290.
126 Ebd., S. 294f.; Runciman Bd. 2 1958, S. 245f.
127 Dinzelbacher 1998, S. 301ff.; vgl. dazu Heidenmission und Kreuzzugsgedanke in der deutschen Ostpolitik des Mittelalters, hg. von H. Beumann, Darmstadt 1963.
128 Runciman Bd. 2 1958, S. 246.
129 Dinzelbacher 1998, S. 306.
130 LexMA 4, Sp. 1449ff. (Lit.) ausführliche Darstellung bei Otto von Freising, Gesta Friderici (wie Anm. 119), S. 222ff.; Dinzelbacher 1998, S. 307ff., S. 313ff.
131 Vgl. dazu oben; ferner Mahn 1982, S. 30ff., 48f., 56; Pigeon 1990, S. 204ff.; Swietek 1991, S. 289ff.; Barrière 1977; Dinzelbacher 1998, S. 310f.

132 LexMA 7, Sp. 1742f. (Lit.); Graham, St. Gilbert of Sempringham, 1901; King 1954, S. 24.
133 Dazu Dinzelbacher 1998, S. 328ff.; ferner Runciman Bd. 2 1958, S. 276f.; Glaser 1969, S. 115ff.
134 So Dinzelbacher 1998, S. 329, der Bericht Ottos von Freising stellt die Tatsachen vor, ob sich dahinter tatsächlich Kritik an Bernhard von Clairvaux verbirgt, sollte offen gelassen werden.
135 Nach Dinzelbacher 1998, S. 330, nach King 1954, S. 241, sowie Constable 1992, S. XXI. Er verweist dabei auch auf die Tabellen von Bouchard 1991, S. 67, 73, 123, nach denen dieses in den dargestellten zehn Jahresabschnitten nicht zu erkennen ist. Da vor dem Kreuzzug zahlreiche Schenkungen erfolgt waren, wäre ein gewisser Rückgang nach dessen Ende mit der normalen statistischen Entwicklung zu erklären. Auffällig ist jedoch der Rückgang der Gründung neuer Zisterzen ab 1150, der aber nach dem Beschluß des Generalkapitels von1152 gewollt war.
136 Dinzelbacher 1998, S. 331.
137 Ebd., S. 333ff.; Runciman Bd. 2 1958, S. 276f.
138 Sigebertus, Gemblacensis chronica cum Continuatio Praemonstratensis, hg. von D.L.C. Bethmann, MGH SS VI, Hannover 1844, S. 455: *1150. ... Habitis per Franciam conventibus, conivente etiam papa Eugenio, ut abbas Clarevallis Ierosolimam ad alios provocandos mitteretur, grandis iterum sermo de profectione transmarina celebratur; sed per cistercienses monachos totum cassatur.*
139 Dinzelbacher 1998, S. 339ff.; King 1954, S. 241ff.
140 Dinzelbacher 1998, S. 171, aufgrund der Vita Bernhards.
141 Letters of St. Bernard 1998, S. 419 Letter 340; King 1954, S. 25.
142 Letters of St. Bernard 1998, S. 419 Letter 340.
143 Ein Schreiben Bernhards an Kardinalbischof Hugo von Ostia um etwa 1150 vermittelt einen Eindruck, wie er an der Wahl des Abtes im Tochterkloster Trois-Fontaines beteiligt war. Hugo war Abt von Trois-Fontaines gewesen und wollte den Mönch Nikolaus zum Nachfolger. Bernhard hatte Hugo zugesagt, für diesen Mönch Nikolaus bei der Wahl tätig zu werden, was er seinem Schreiben zufolge auch mit allen Mitteln, wie Drohen und Schmeicheln, versucht hatte. Er blieb jedoch mit seinen Einmischungsversuchen ohne Ergebnis. Der Konvent wählte als Nachfolger Hugos Thorold, der zuvor Abt in Fountains Abbey in England gewesen war. Bernhard fand sich mit dieser Wahl ab, während Hugo dieses nicht tat, vgl. dazu Letters of St. Bernard 1998, S. 443ff. Letter 373. Wie eine Abtwahl im 12. Jahrhundert ablief, vermittelt auch der Bericht über die Wahl von Sugers Nachfolger im Kloster Saint-Denis bei Wilhelm von Saint-Denis, Dialogus apologeticus, hg. von A. Wilmart in: Revue Mabillon 32 (1942), S. 80ff.
144 King 1954, S. 25f.; vgl. dazu auch grundsätzlich Marilier 1948, S. 1ff.
145 King 1954, S. 26; Plouvier 1998, S. 397.
146 Parisse 2000, S. 93.
147 Ebd., S. 27.
148 Ebd.
149 Ebd., S. 27f.
150 Ebd., S. 28f.
151 Ebd., S. 30.
152 Ebd., S. 31ff.; vgl. dazu auch Marilier 1948, S. 10.
153 King 1954, S. 31ff.; vgl. dazu auch Maleczek 1984, S. 133f.; ferner Desportes 1998, S. 154ff.

154 King 1954, S. 36.
155 Ebd., S. 36.
156 Es ergibt sich nach King 1954, S. 247ff. das folgende Bild: Robert I. von Bruges (1153–1157) war vorher Abt in Dunes; Fastred (1157–1161), Mönch in Clairvaux und Abt von Cambron; Gottfried (1161–1165) Abt in Igny; Pons (1165–1170) Abt von Grandselve; Gerhard I. (1170–1175) Mönch in Igny, dann Abt von Fossanova; Heinrich von Marcy (1176–1179) Mönch in Clairvaux, dann Abt in Hautecombe; Peter I. Monoculus (1179–1186) war Abt in Igny; Garnier de Rochefort (1186–1193) war Abt in Auberive bei Langres; Guy (1193–1214) war Abt in Ourscamp; Konrad von Urach (1214–1217) war Prior, dann Abt in Villers; Wilhelm I. (1217–1221) war Abt in Moutier; Robert II. (1221–1223) war Cellerar in Clairvaux, dann Abt in Noirlac; Laurentius (1223–1224) war Abt in Osera in Galicien; Rudolf von Pinis (1224–1233) war Mönch in Cîteaux, dann Abt in Igny; Drogo (1233–1235) war Mönch in Grandmont, dann in Clairvaux und Abt in Ourscamp; Eberhard (1235–1238) war Cellerar in Clairvaux, dann Abt in Larivour; Wilhelm II. von Dongelberg (1238–1242) war Abt in Villers; Stephan von Lexington (1243–1257) war Abt von Quarr auf der Insel Wight; Johann I. (1257–1262) war Abt von Igny und dann von La Grace Dieu; Philipp I. (1262–1273) war Abt von Foucarmot.
157 King 1954, S. 121f.
158 Ebd., S. 163.
159 Ebd., S. 343.
160 Ebd., S. 345.
161 Ebd., S. 346.
162 Vgl. dazu Congar 1958, S. 1ff.
163 Dazu vgl. unten.

II. 3: Privilegien und Verfassung des Ordens und seiner Klöster

1 Lefèvre, Carta Caritatis primitive 1954, S. 5ff.; van Damme 1965, S. 37ff.; Lekai 1958, S. 27; Schneider, Geschichte der Zisterzienser 1986, S. 22; vgl. auch Turk, Carta Caritatis prior 1945, S. 11ff.; Cistercii Statuta antiquissima 1948, S. 1ff.; Bock, Les codifications; Lefèvre-Lucet, Les codifications, S. 3ff.; Les plus anciens textes 1974; Altermatt 1987, S. 264ff., insbesondere, S. 275–281; Mikkers 1985, S. 11ff.; Zakar 1964, S. 103ff.; Zakar 1965, S. 138ff.; Felten 1988, S. 147ff. bzw., S. 175ff.
2 Cîteaux. Documents primitifs, S. 16–19.
3 McGuire 1998, S. 50.
4 Lekai 1958, S. 27f.; Cîteaux. Documents primitifs, S. 60f. Nr. 2–3 b.
5 Cygler/Melville/Oberste 1997, S. 205ff., hier, S. 220f.
6 van Damme 1968, S. 48ff.
7 Cygler/Melville/Oberste 1997, S. 221.
8 Lekai 1958, S. 28.
9 Cygler/Melville/Oberste 1997, S. 222; Les plus anciens textes 1974, S. 18ff. und S. 109ff.
10 Lekai 1958, S. 28.
11 So Pfurtscheller 1972, S. 84.
12 Ebd., S. 83, wobei die Forschungen den Zeitansatz entweder zwischen 1165–1178 oder auf 1190 legen.
13 Mossig 1980, S. 116.
14 Ebd.

15 Ebd., S. 117, vgl. dazu McGuire 1998, S. 50.
16 van Damme 1968, S. 51; vgl. auch Cygler/Melville/Oberste 1997, S. 221 mit Anm. 45.
17 Lekai 1958, S. 29; Cygler/Melville/Oberste 1997, S. 222; Mossig 1980, S. 117; Lefèvre 1955, S. 65ff.
18 Einmütig in der Liebe. Die frühesten Quellentexte von Cîteaux, S. 26.
19 Ebd., S. 27. Dagegen nennt Mossig 1980, S. 117, das Jahr 1151/52; Lekai 1958, S. 29, das Jahr um 1130; Cygler/Melville/Oberste 1997, S. 222, das Jahr 1134. Zum letztgenannten Jahr vgl. Pacaut 1993, S. 186f.
20 Waddell 1993, S. 400. Bei den *Instituta* sind drei deutlich voneinander getrennte Gruppen festzustellen, was Waddell vermuten ließ, daß je eine Gruppe der Amtszeit von Stephan Harding, Wido und Raynard als Äbten von Cîteaux zugewiesen werden kann.
21 Mossig 1980, S. 117.
22 Grießer 1956, S. 153ff.
23 Lucet 1964; Lucet 1965, S. 249ff.
24 Die 15 Distinktionen von 1202, die 1220 beibehalten wurden, waren nach La codification cisterciennes de 1202, S. 250ff., folgende: I. *De abbatia construenda et ecclesia et utilibus suis et ornamentis et grangiis et aliis edificis; II. De dedicationibus et ordinationibus et benedictionibus; III. De divino officio; IV. De privilegiis et immunitatibus; V. De generali capitulo et pertinentibus ad ipsum; VI. De capitulo cotidiano et correctione culparum; VII. De visitationibus et auctoritate patris abbatis et electionibus et degradationibus; VIII. De officialibus et operariis; IX. De his qui sunt in via; X. De his quos licet recipere vivos vel mortuos; XI. De rebus quas licet habere, dare, commodare, vel si liceat fideiubere; XII. De venditione et emptione; XIII. De victu et vestitu; XIV. De conversis; XV. De capitulis que non habent propriam distictionem.*
25 Canivez, Statuta, Bd. 1, S. 296.
26 Ebd., S. 423.
27 Lucet 1964
28 Canivez, Statuta, Bd. 2, S. 131f.; vgl. ferner Lefèvre-Lucet, Les codifications, S. 20.
29 Lucet 1977, S. 205ff.
30 Ebd., S. 348ff.; vgl. dazu auch van Damme 1968, S. 71ff.
31 Canivez, Statuta, Bd. 2, S. 424; vgl. dazu auch Lefèvre-Lucet, Les codifications, S. 205ff.
32 S. Grill 1924, S. 25ff., S. 45ff., S. 68ff.
33 Grießer 1953, S. 260ff.
34 Mahn 1982, S. 229–238.
35 S. Grill 1924, S. 72.
36 Ebd., S. 49ff.; Lekai 1958, S. 35.
37 Canivez, Statuta, Bd. 3, S. 26 Nr. 4; dazu vgl. auch Cygler/Melville/Oberste 1997, S. 253f.
38 Lefèvre 1990, S. 117f.
39 Cygler/Melville/Oberste 1997, S. 254.
40 Mahn 1982, S. 190.
41 Canivez, Statuta, Bd. 1, S. 221.
42 Vgl. dazu Müller 1907.
43 Lekai 1958, S. 36.
44 Ebd.

45 Ebd.
46 Müller 1907.
47 Cygler/Melville/Oberste 1997, S. 241.
48 Lucet 1965, S. 255ff.
49 Cygler/Melville/Oberste 1997, S. 244.
50 Ebd., S. 245.
51 Pfurtscheller 1972 88.
52 Ebd., S. 89ff.
53 Ebd., S. 91f.
54 Canivez, Statuta, zum Jahr 1260 Nr.8.
55 Pfurtscheller 1972, S. 93.
56 Ebd., S. 99.
57 Ebd., S. 101.
58 Ebd., S. 102.
59 Ebd.
60 Ebd., S. 102f.
61 Ebd., S. 104.
62 Ebd., S. 105.
63 Ebd., S. 106.
64 Ebd., S. 108f.
65 Ebd., S. 117.
66 So ebd., S. 119; Lekai 1958, S. 37, glaubte an eine »Totalexemtion von der bischöflichen Strafgewalt« durch die Bulle von Papst Lucius III.
67 Pfurtscheller 1972, S. 128.
68 Lekai 1958, S. 199.
69 Pfurtscheller 1980, S. 129.
70 Ebd., S. 130.
71 Ebd., S. 134.
72 Ebd., S. 135–142.
73 Ebd., S. 142.
74 Mossig 1980, S. 118; vgl. auch Schneider, Geschichte der Zisterzienser 1986, S. 26.
75 Mossig 1980, S. 118ff.; Sydow 1984, S. 86ff.; Krausen 1977, S. 67ff.; Rösener 1974, S. 154f.
76 Vgl. dazu Mossig 1980, S. 120.
77 Toepfer 1983, S. 19ff.
78 Hallinger 1956, S. 29ff.; Lekai 1958, S. 59.
79 Vgl. Lekai 1958, S. 314 Anm. 7; dazu auch Toepfer 1983, S. 29f.
80 Toepfer 1983, S. 29.
81 So z. B. die Stellungnahme von Duby 1973, S. 378.
82 Lekai 1958, S. 59.
83 Toepfer 1983, S. 35f.
84 Ebd., S. 36ff.
85 Canivez, Statuta, Bd. 1, S. 108.
86 Toepfer 1983, S. 38ff.
87 Ebd., S. 39 mit den dazugehörigen Quellenverweisen.
88 Vgl. dazu Heutger 1977, S. 48, dem hier eine moderne Sehweise in seine vielleicht zu sehr durch die Gedanken der Reformation beeinträchtigte Betrachtung des Mittelalters geraten zu sein scheint.
89 Canivez, Statuta, Bd. 1, S. 264 von 1201.

90 Ebd., S. 516, vermutlich erst ab 1220.
91 Vgl. dazu insbesondere Hofmeister 1962, S. 3ff.; Hofmeister 1939, S. 33ff.
92 Toepfer 1983, S. 42, sieht hier zumindest das Jahr 1181 als Grenze.
93 Mossig 1980, S. 120.
94 Toepfer 1983, S. 41f.
95 Mossig 1980, S. 120.
96 Toepfer 1983, S. 43.
97 Ebd., S. 131.
98 Mossig 1980, S. 120.
99 Toepfer 1983, S. 46f.; Lekai 1958, S. 60.
100 Mossig 1980, S. 122.
101 Toepfer 1983, S. 51.
102 Lekai 1958, S. 61.
103 Ebd., S. 62.

II. 4: Der Orden und die Frauen

1 Degler-Spengler 1984; Grundmann 1970; Parisse 1983.
2 Vgl. Shahar 1981, S. 36ff.
3 Heimbucher 1965, S. 304ff., S. 455ff.
4 Ebd., S. 459ff.
5 Kuhn-Rehfus 1980, S. 125; vgl. Canivez, Statuta, Bd. 1, S. 19: *Prohibitum est ne quis abbbatum vel monachorum nostrum monacham benedicere …*
6 Lekai 1958, S. 63.
7 So Kuhn-Rehfus 1980, S. 125.
8 Degler-Spengler, Zisterzienserinnen 1982, S. 510.
9 Jully, Chanton Ancy-le-Franc, arr. Avallon, Dep. Yonne; Laurent-Claudon 1941, S. 417ff.
10 Dazu vgl. auch Bouton, Saint Bernard 1953, S. 227ff.; Ders., L'établissement 1953, S. 85ff.
11 Bouton, Saint Bernard 1953, S. 228.
12 Vgl. dazu Laurent-Claudon 1941, S. 417 Anm. 1.
13 Lekai 1958, S. 63; Bouton, Saint Bernard 1953, S. 229; Ders., L'établissement 1953, S. 89.
14 Laurent-Claudon 1941, S. 419; Lekai 1958, S. 63.
15 Tart, canton Genlis, arr. Dijon, Dep. Côte-d'Or; Bouton, Saint Bernard 1953, S. 225ff.; Bouton, L'établissement 1953, S. 83ff.
16 Bouton, L'établissement 1953, S. 90ff.; Degler-Spengler, Zisterzienserinnen 1982, S. 510; Lekai 1958, S. 63.
17 Bouton, L'établissement 1953, S. 92ff. und S. 147.
18 Bouton, Saint Bernard 1953, S. 238f.; Degler-Spengler, Zisterzienserinnen 1982, S. 510.
19 Bouton, L'établissement 1953, S. 88.
20 Ebd., S. 97.
21 Vgl. dazu die Urkunde Abt Guidos von Cîteaux bei Hene 1897, S. 89f. Anm. 7; Degler-Spengler, Zisterzienserinnen 1982, S. 511.
22 Bouton, L'établissement 1953, S. 97; Degler-Spengler, Zisterzienserinnen 1982, S. 511.
23 Umfassend Degler-Spengler, Zisterzienserinnen 1982, S. 511, in Verbindung mit, S. 558 Anm. 30.

24 So der Ansatz von Degler-Spengler, Zisterzienserinnen 1982, S. 511; Kuhn-Rehfus 1980, S. 125.
25 Bouton, L'établissement 1953, S. 99f., S. 113f. nennt einige Klöster.
26 Dazu ist z. B. für Jully auf Bouton, L'établissement 1953, S. 83ff., oder für Coyroux auf Barrière 1977, S. 96ff., zu verweisen.
27 Dieser Interpretation von Degler-Spengler, Zisterzienserinnen 1982, S. 511, kann zugestimmt werden. Abzulehnen ist aber die Interpretation von Weinmann 1990, S. 77f., nach der der Orden den Frauen ein deutliches Signal geben wollte, die gegebenen Gewaltverhältnisse auch in Zukunft zu akzeptieren.
28 Degler-Spengler, Zisterzienserinnen 1982, S. 512.
29 Lekai 1958, S. 64.
30 Degler-Spengler, Zisterzienserinnen 1982, S. 513; Bouton, L'établissement 1953, S. 97ff.
31 Ebd., S. 97 und 101; Lekai 1958, S. 64.
32 Canivez, Statuta, Bd. 2, S. 67 Nr. 13.
33 Bouton, L'établissement 1953, S. 99ff., hat eine Liste der Klöster und ihrer Geschichte zusammengestellt. Es handelte sich dabei um folgende Tochterklöster: in der Champagne Belmont, Belfays, Poulangy, Vauxbons, Champbenoît; in Burgund: Lieu Dieu und Molèze; in der Franche-Comté: Ounans, Collonges, Corcelles, Mortellet, Dole; in Lothringen: L'Étauche und Droiteval; im Languedoc: Rieunette; in der Gascogne: Lum Dieu; in der Auvergne: L'Esclache; nicht zu identifizieren waren Boiserotes und Monastier.
34 Degler-Spengler, Zisterzienserinnen 1982, S. 513.
35 Aus einem Zeitraum von 35 Jahren liegen fünf Protokolle vor. Ihre Edition vgl. bei Les Monuments primitifs de la Règle Cistercienne, hg. von P. Guignard, Dijon 1878, S. 643–649.
36 Auf diese Möglichkeiten hat Degler-Spengler, Zisterzienserinnen 1982, S. 515, hingewiesen.
37 Ebd., S. 516.
38 Lekai 1958, S. 64; ferner vgl. zu Las Huelgas LexMA 5, Sp. 1719f. (Lit.).
39 Weinmann 1990, S. 79ff.
40 Ebd., S. 78.
41 Degler-Spengler, Zisterzienserinnen 1982, S. 516.
42 Vgl. dazu Winter 1966 Bd. 3, S. 175ff.; ferner DHGE 12, Sp. 860ff., Sp. 1052f.
43 Canivez, Statuta, Bd. 2, S. 36f. Nr. 8.
44 Degler-Spengler, Zisterzienserinnen 1982, S. 517.
45 Ebd., S. 519.
46 DHGE 12, Sp. 952.
47 Krenig 1954, S. 12.
48 Lekai 1958, S. 64, mit Verweis auf Krenig 1954, S. 12.
49 Krenig 1954, S. 16.
50 Canivez, Statuta, Bd. 1, S. 139 Nr. 27.
51 Ebd., S. 321 Nr. 5.
52 Ebd., S. 405 Nr. 3.
53 Krenig 1954, S. 17; Degler-Spengler, Zisterzienserinnen 1982, S. 520.
54 Hinnebusch 1972, S. 116ff., ferner Grundmann 1970, S. 170ff. Die Forschung hat die Darstellung de Vitrys immer wieder als Beweis für die wachsende Zahl der Zisterzienserinnenklöster zitiert.
55 Degler-Spengler, Zisterzienserinnen 1982, S. 521, mit, S. 561 Anm. 84.

56 So ebd.
57 Canivez, Statuta, Bd. 1, S. 405 Nr. 3.
58 Ebd., S. 485 Nr. 4.
59 Ebd., S. 502 Nr. 84 und S. 505 Nr. 12.
60 Ebd., S. 517 Nr. 4.
61 Ebd. Bd. 2, S. 19 Nr. 30.
62 Ebd., S. 36 Nr. 7.
63 Ebd., S. 56 Nr. 2.
64 Ebd., S. 67 Nr. 13.
65 Ebd., S. 68f. Nr. 16 und 17.
66 Ebd.
67 Ebd., S. 76 Nr. 5.
68 Ebd., S. 76 Nr. 7.
69 Ebd., S. 86 Nr. 10.
70 Ebd., S. 92 Nr. 6, S. 113 Nr. 12, S. 169 Nr. 7, S. 231 Nr. 6.
71 Ebd., S. 139 Nr. 6.
72 Cygler/Melville/Oberste 1997, S. 226.
73 Canivez, Statuta, Bd. 2, S. 203f. Nr. 7.
74 Ebd., S. 232 Nr. 11.
75 Ebd., S. 275 Nr. 7. Nach ebd., S. 291 Nr. 6 mußte die Urkunde schon ab 1245 vom Bischof und Domkapitel ausgefertigt sein.
76 Ebd., S. 361 Nr. 4.
77 Roisin 1943, S. 342ff.; Degler-Spengler, Zisterzienserinnen 1982, S. 525ff., sind mit ihren Erklärungsversuchen ebenso abzulehnen wie die ältere Ordensgeschichtsschreibung, die diese ablehnen.
78 Mit dieser Argumentation haben Roisin und Degler-Spengler in zweiter Hinsicht natürlich Recht.
79 Vgl. Lekai 1958, S. 65; Kuhn-Rehfus 1980, S. 126.
80 Lekai 1958, S. 66.
81 Dazu vgl. Degler-Spengler, Zisterzienserinnen 1982, S. 532; ferner Niedermaier 1973.
82 Kuhn-Rehfus 1980, S. 127; Degler-Spengler, Zisterzienserinnen 1982, S. 535.
83 So zu Recht Degler-Spengler, Zisterzienserinnen 1982, S. 532.
84 Kuhn-Rehfus 1980, S. 128.
85 Ebd.
86 Ebd., S. 129; Degler-Spengler, Zisterzienserinnen 1982, S. 539.
87 Lekai 1958, S. 66.
88 Ebd.
89 Kuhn-Rehfus 1980, S. 129.
90 Ebd., S. 130.
91 Ebd., S. 132.
92 Ebd., S. 132f.
93 Lekai 1958, S. 67; vgl. auch Degler-Spengler, Zisterzienserinnen 1982, S. 548ff., zur Stellung der Vateräbte.
94 Ebd., S. 68.
95 Ebd., S. 69.
96 Degler-Spengler 1982, S. 213ff.

II. 5: Spiritualität und Schrifttum des Ordens

1 Jean Leclercq war Benediktiner, Edmond Mikkers Trappist, Ludwig Lekai und Ambrosius Schneider Zisterzienser und Michaela Pfeifer Zisterzienserin, um nur einige Forscher zu nennen.
2 J. Leclercq, F. Vandenbroucke und L. Bouyer, La spiritualité du moyen âge, Paris 1981; Pfeifer 1998, S. 10ff.
3 E. Mikkers, Robert de Molesme, in: DSp 13, Sp. 736–814, hier: La spiritualité cistercienne, Sp. 738–814; vgl. auch Ders. 1989, S. 129ff.
4 Vgl. dazu Lackner 1972; ferner die Arbeiten von J. Leclercq (wie Anm. 2).
5 Lekai 1958, S. 155, verwandte »Geistigkeit« als Überschrift; dasselbe tat Schneider 1986, S. 113.
6 So Klinkenberg 1982, S. 14.
7 B. Jaspert, Frömmigkeit, in: Wörterbuch der Mystik, hg. von P. Dinzelbacher, Stuttgart 1989, S. 180f.
8 H. U. von Balthasar nach A. M. Haas, Intellektualität und mystische Spiritualität Europas, in: Ders., Mystik als Aussage, Frankfurt a. M. 1996, S. 84.
9 Ebd.
10 LexMA 7, Sp. 2124f.
11 Klinkenberg 1982, S. 14.
12 Ebd.
13 Ebd. »Die Wiege von Cîteaux stand in Cluny«.
14 Lekai 1958, S. 156.
15 Schneider 1986, S. 113.
16 Ebd.
17 Leclercq 1980, S. 151.
18 Ebd; zur zeitlichen Entwicklung vgl. Lekai 1958, S. 156.
19 Klinkenberg 1982, S. 16.
20 Ebd.
21 Wilhelm von Malmesbury, Gesta regum Anglorum, Bd. 2, hg. von W. Stubbs, London 1889, S. 380–385.
22 Klinkenberg 1982, S. 18.
23 Ebd., S. 20.
24 Schneider 1986, S. 114.
25 Lekai 1958, S. 156.
26 Schneider 1986, S. 114; vgl. auch oben.
27 Ebd.
28 So Klinkenberg 1982, S. 26.
29 Ebd., S. 20.
30 Lekai 1958, S. 157.
31 Pfeifer 1998, S. 15f.; sie geht von diesem Einfluß Bernhards auch bei der Redaktion der Carta Caritatis aus.
32 Ebd., S. 17; Altermatt 1985, S. 129ff.
33 Lekai 1958, S. 158; vgl. auch Leclercq 1980, S. 152.
34 Schneider 1986, S. 114.
35 Lekai 1958, S. 159.
36 Schneider 1986, S. 115f.
37 Lekai 1958, S. 159.
38 C. Hontoir, Le huitième centenaire de Villers-en-Brabant, in: CCi 8 (1946), S. 218f.

39 V. Sussmann, Maria mit dem Schutzmantel (Marburger Jahrbücher für Kunstwissenschaft, Bd. 5), Marburg 1929.
40 Canivez, Statuta, Bd. 1, S. 17 Nr. 18.
41 Ebd. Bd. 3, S. 207 Nr. 6.
42 Ebd., S. 411 Nr. 2.
43 Lekai 1958, S. 160.
44 Ebd.
45 LexMA 9, Sp. 186f.; Schneider 1986, S. 119f.; Mikkers 1989, S. 134f.
46 Schneider 1986, S. 120.
47 Ebd., S. 124; LexMA 5, Sp. 367 (Lit.); Mikkers 1989, S. 135f.
48 Ebd., S. 136f.; Schneider 1986, S. 125f.
49 LexMA 5, Sp. 665 (Lit.); LThK 5, [2]1960, Sp. 777f. (Lit.); ebd. 5, [3]1996, Sp. 609 (Lit.); Schneider 1986, S. 128; Mikkers 1989, S. 138; Lekai 1958, S. 167.
50 LexMA 8, Sp. 722 (Lit.); Schneider 1986, S. 139; Mikkers 1989, S. 139; vgl. auch Griesser 1939; ferner Migne PL 206, 17–862.
51 LexMA 1, Sp. 110 (Lit.); Schneider 1986, S. 128f.; Mikkers 1989, S. 138; Lekai 1958, S. 167.
52 LexMA 4, Sp. 2120f. (Lit.); Mikkers 1989, S. 139; Kienzle 1997, S. 37–67.
53 LexMA 4, Sp. 1603 (Lit.); Lekai 1958, S. 167f.; Mikkers 1989, S. 137.
54 LThK 7, [2]1962, Sp. 983 (Lit.); ebd. 7, [3]1998, Sp. 848 (Lit.); Dinzelbacher 1998, S. 72, S. 338f.; Bredero 1996, S. 203–210.
55 LThK 1, 21957, Sp. 892 (Lit.).
56 Lekai 1958, S. 168; Mikkers 1989, S. 138; vgl. auch Leclercq 1948, S. 167–180.
57 LexMA 4, Sp. 2067 (Lit.); Congar 1958, S. 1–90; Künne 1909; Mikkers 1989, S. 138.
58 LexMA 4, Sp. 1119 (Lit.); Mikkers 1989, S. 138.
59 LexMA 6, Sp. 1360 (Lit.); vgl. auch Leclercq 1955, S. 145–157; Lekai 1958, S. 168.
60 LexMA 1, Sp. 268ff. (Lit.); Lekai 1958, S. 168.
61 LexMA 6, Sp. 1965f. (Lit.); Lekai 1958, S. 168.
62 So auch Mikkers 1989, S. 139.
63 LexMA 4, Sp. 1449 (Lit.); Schneider 1986, S. 139; Mikkers 1989, S. 139, Lekai 1958, S. 167; Cortello 1976, S. 109–121.
64 LexMA 1, Sp. 1371f. (Lit.); C. Hallet, La communion des personnes d'après une œuvre de Baldwin de Ford, in: Revue d'ascétique et de mystique 42 (1966), S. 405–422.
65 Holdsworth 1961, S. 117–136; Holdsworth 1982, S. 61–70.
66 Mikkers 1989, S. 140; dazu Holdsworth 1982, S. 62.
67 Ebd., S. 62 und S. 69 Anm. 20.
68 Ebd., S. 62f. und S. 69 Anm. 21.
69 Mikkers 1989, S. 140; Schneider 1986, S. 139; Lekai 1958, S. 167. E. Mikkers und H. Cortello (Hgg.) Joannis de Forda super extremam partem Cantici Canticorum sermones CXX (Corpus Christianorum continuatio Mediaevalis 17–18), Turnhout 1970.
70 Mikkers 1989, S. 139; Schneider 1986, S. 139; Lekai 1958, S. 167.
71 C. H. Talbot, Two opuscula of John Godard, first abbot of Newenham, in: ACi 10 (1954), S. 208–267.
72 LThk 5, 21960, Sp. 1092 (Lit.).
73 Mikkers 1989, S. 141; Lekai 1958, S. 172.

74 Schneider 1986, S. 129ff., würdigt ihn sehr ausführlich, Lekai 1958, S. 172f.; Mikkers 1989, S. 141. Alle drei sehen Cäsarius als Prior seines Klosters. Brunsch 1998, S. 144ff. hat dieses wohl zu Recht abgelehnt.
75 Schneider 1986, S. 139; Leclercq 1962, S. 315–339.
76 Wattenbach/Schmale 1976, S. 48ff.
77 Mikkers 1989, S. 142.
78 LThK 7, [2]1962, Sp. 1101 (Lit.); ebd. [3]1998, Sp. 978f.; King 1954, S. 345f.; Lekai 1958, S. 168; Schneider 1986, S. 139; Mikkers 1989, S. 142; M. Bernards, Zu den Predigten Odos von Morimond, († 1161), in: Cîteaux in de Nederlanden 4 (1953), S. 101–123.
79 LThK 5, [2]1960, Sp. 251f.; ebd. 5, 31995, Sp. 1444; Mikkers 1989, S. 142.
80 Krausen 1977, S. 38 und 259; E. Mikkers 1989, S. 142.
81 Schneider 1986, S. 141; G. Buchwald, Abt Leodegar von Altzella als Prediger, in: Beiträge zur sächsischen Kirchengeschichte 34/35 (1924/25), S. 1–52; H. Magirius, Studien zur Goldenen Pforte am Dom in Freiberg, in: Kunst des Mittelalters in Sachsen, Festschrift für Wolf Schubert, Weimar 1967, S. 179–221, hier: S. 210ff.
82 Schneider 1986, S. 141; Lekai 1958, S. 168.
83 Schneider 1986, S. 141.
84 LThK 3, [2]1959, Sp. 878; Mikkers 1989, S. 142.
85 LexMA 4, Sp. 1794f. (Lit.), Wattenbach/Schmale 1976, S. 71ff.
86 Mikkers 1989, S. 142.
87 LexMA 8, Sp. 1700f. (Lit.); Schneider 1986, S. 141; Lekai 1958, S. 174.
88 Mikkers 1989, S. 143.
89 Ebd.
90 Ebd.; LexMA 5, Sp. 485ff. (Lit.); Mikkers 1989, S. 143.
91 Lekai, weiße Mönche, S. 168; Mikkers 1989, S. 143; LThK 7, [2]1962, Sp. 1121 (Lit.); ebd. [3]1998, Sp. 1008f. (Lit.); R. Thomas, La Vierge Marie, Abbaye N.D. du Lac 1989.
92 King 1954, S. 270ff.
93 Canivez, Statuta, Bd. 2, S. 289f.: Montpellier folgte 1252, Oxford 1280, Toulouse 1281, Würzburg 1284 und Estella (Diözese Pamplona) 1286.

II. 6: Die Liturgie des Ordens

1 Vgl. LexMA 5, Sp. 2026ff.; Schneider 1960, S. 168ff. und 1961, S. 71ff.
2 A. Häußling, Mönchskonvent und Eucharistiefeier. Eine Studie über die Messe in der abendländischen Klosterliturgie des frühen Mittelalters und zur Geschichte der Meßhäufigkeit, Münster 1973, S. 307.
3 Regula Benedicti cap. 8–19.
4 Heranzuziehen ist auch: R. Trilhe, Cîteaux, Liturgie de l'ordre de, in: Dictionnaire d'archéologie et liturgie chrétienne, Bd. 3, 2 (1914) Sp. 1779–1811; A. Malet, La liturgie cistercienne, ses origines, sa transformation, sa. restauration, Westmalle 1921; J.-M. Canivez, Le rite cistercien, in: Ephemerides liturgici 63 (1949), S. 276–311; B. Albers, Consuetudines monasticae, Bd. 1–5, Monte Cassino 1900–1912; D. Knowles, The monastic horarium 970–1120, in: Downside review 51 (1933), S. 706–725;, S. Kleiner, Elementa Iuris Liturgici Cisterciensis, in: ACi 1 (1945), S. 65–94; B. Kaul, De Kalendario Cisterciense eiusque revisione instituenda, in: ACi 5 (1949), S. 1–80; S. Marosszeki, Les origines du chant cistercien, in: ACi 8 (1952), S. 1–179.

5 Weinrich 1980, S. 157.
6 Dazu vgl. B. Kaul, Liturgische Reformbestrebungen im Zisterzienserorden, in: Erneuerung der Liturgie, hg. von T. Bogler, Limburg 1954, S. 103–118, hier, S. 104; nachweislich hatten die Gründer von Cîteaux liturgische Bücher von Molesme mitgenommen, vgl. dazu die Ausführungen oben; ferner King 1955, S. 66f.; Lekai 1958, S. 189.
7 H. J. Roth, C. Schulz, Die Zisterzienser. Ordensleben zwischen Ideal und Wirklichkeit, in: CistC 92 (1985), S. 1–49, hier, S. 6.
8 Regula Benedicti cap. 18, 23; 20, 4.
9 Vgl. dazu auch J. Pascher, Das Stundengebet der römischen Kirche, München 1954.
10 Vgl. die Edition von Grießer 1956, S. 153–288.
11 Vgl. Die Edition von J. Turk, Cistercii Statuta antiquissima, in: ACi 4 (1948), S. 16–28.
12 Vgl. jetzt The Summer – Season Molesme Breviary, hg. von C. Waddell, (Cistercian Liturgy Series, Nr. 10–15), Gethsemani Abbey, USA 1985.
13 Instituta Generalis Capituli apud Cistercium, cap. X.
14 K. Koch, Das Kalendar des Stephan-Breviers, in: CistC 57 (1950), S. 85–94, hier, S. 86, vgl. auch Lekai, weiße Mönche, S. 189.
15 F. Schneider, Vom alten Meßritus des Cistercienser-Ordens, in: CistC 37 (1925), S. 145f., 174f., 194f., 220f., 245f., 272f.; vgl. auch King (wie Anm. 6), S. 137–154, zum Ablauf des liturgischen Jahres ebd., S. 99ff.
16 Grießer 1956 cap. 110.
17 Ebd. cap. 54.
18 King 1955, S. 128f.
19 Grießer 1956 cap. 84.
20 Canivez, Statuta, Bd. 1, S. 33; vgl. dazu King 1955, S. 129f.
21 Grießer 1956 cap. 30, 59.
22 Ebd. cap. 97.
23 In der Forschung besteht keine Einigkeit darüber, ob die frühen Zisterzienser auf das Totenoffizium verzichtet und dieses dann später wieder eingeführt oder ob sie es von vorne herein beibehalten hatten. Die Überlieferung läßt beide Möglichkeiten zu. A. Wilmarkt, Une riposte de l'ancien monachisme an manifeste de St. Bernard, in: Revue Bénédictine 46 (1934), S. 296–335; hier:, S. 335 Text *vigiliae pro defunctis … minime decantatur,* weist auf den Verzicht hin, vgl. dazu auch Grießer 1956, S. 162. Wilhelm von Malmesbury dagegen betont in seinen Gesta regum Anglorum, daß die Zisterzienser dem Chorgebet nur das *Officium defunctorum* hinzugefügt hatten, vgl. dazu G. Müller, Das tägliche Totenoffizium, in: CistC 31 (1919), S. 33–40, hier, S. 40.
24 Grießer 1956 cap. 50.
25 Ebd. cap. 110, 115; King 1955, S. 131f., nennt noch weitere Feiertage mit Prozessionen.
26 Canivez, Statuta, Bd. 1, S. 17: *Cruces tamen pictas quae sunt ligneae habemus.*
27 Ebd., S. 61: *Cruces cum auro non habeantur, nec tam magnae quae congrue non portentur ad processionem, sed ad altarem ponantur. Item aureae vel argenteae cruces notabilis magnitudinis non fiant.*
28 Ebd., S. 69: *Cruces cum auro et argento non portentur ad processionem.*
29 Ebd., S. 98: *Unam tantum crucem licet super altare ponere praeter communem ligneam, cum vase reliquiarum, sine cereis, in praecipuis festivitatibus tantum*

ad missas; King (wie Anm. 6), S. 120, bringt diesen zusätzlichen Charakter zu wenig zum Ausdruck.

30 King 1955, S. 120 Anm. 5, weist auch darauf hin, daß die Leuchter aus Holz oder Kupfer sein konnten.

31 King 1955, S. 120, zitiert ein diesbezügliches Schreiben des Abtes Gaucher von Cîteaux (1219–1223) an den Abt Stephan Munerius von Larivour.

32 Canivez, Statuta, Bd. 2, S. 48.

33 Ebd., Bd. 3, S. 82 bzw., S. 240.

34 Ebd., Bd. 1, S. 46.

35 Ebd., S. 112.

36 Ebd., S. 186.

37 Ebd., S. 98 bzw., S. 210.

38 King 1955, S. 122.

39 King 1955, S. 122ff.; vgl. jetzt auch Kinder 1997, S. 213.

40 Canivez, Statuta, Bd. 1, S. 233.

41 King 1955, S. 124f.

42 Canivez, Statuta, Bd. 2, S. 422.

43 Ebd. Bd. 1, S. 15.

44 King 1955, S. 125, mit Hinweis auf Archdall 1786, S. 479.

45 King 1955, S. 126.

46 Canivez, Statuta, Bd. 1, S. 15.

47 Ebd., S. 48; dazu vgl. auch ebd., S. 61 und S. 80.

48 Ebd., S. 93, sowie ebd., S. 187 einen Beschluß im Jahre 1195.

49 Ebd., S. 335; dabei wurde besonders darauf abgehoben, daß der Beschluß die einheitliche Gestaltung im Orden wahren sollte *(ne diversitas in Ordine habeatur).*

50 Vgl. die Darstellung bei King 1955, S. 127f., wo insbesondere auf die in der Abtei Eberbach verwandten Farben der liturgischen Gewänder abgehoben wird.

51 Petrus Abaelard, Epistola 10, in: Migne PL 178, S. 336–340; Lekai 1958, S. 189.

52 Vgl. dazu Cîteaux und Metz, in: Two early Cistercian Libelli Missarum, Edition, hg. von C. Waddell (Cistercian Liturgy Series, Nr. 19), Gethsemani Abbey, USA 1991, S. XXIIIff.

53 LThK 4, ^{2}1960, Sp. 1268 (Lit.).

54 Weinrich 1980, S. 158.

55 Die Freiheit der Datierung ist umstritten. Dinzelbacher 1998, S. 212, läßt den Zeitraum 1132 bis 1148 offen. Vor dem Tode Stephan Hardings ist aber der Beschluß kaum anzunehmen. Somit kann er frühestens 1134 erfolgt sein. Da die Kommission sicher einige Jahre gearbeitet hat, ist der Zeitraum etwa zwischen 1134 und 1147 anzunehmen.

56 Weinrich 1980, S. 159.

57 Ebd., S. 162.

58 Ebd., S. 163.

59 Lekai 1958, S. 193.

II. 7: Architektur und Kunst des Ordens

1 M. Untermann, Zisterzienserbaukunst, in: LexMA 9, Sp. 650. Im Exordium parvum wird bei der Bautätigkeit der Mönche ein *monasterium ligneum* erwähnt. Manrique Bd. 1 1642, S. 10, erwähnt einen Holzbau. Dieser ist wohl

schon bald durch die Bauten mit der 1106 geweihten Kirche abgelöst worden, die so gut gewesen sein müssen, daß Bernhard 1135 ein Neubau überflüssig erschien.

2 Ebd. wird auf Volkmarskeller bei Michaelstein/Harz (um 1146), Valsainte/Provence (1188) und Sala/Latium (Italien, 1189) als solche frühen Anlagen hingewiesen; vgl. auch Untermann 1996.

3 Duby 1991, S. 74.

4 Dazu vgl. Lekai 1958, S. 210.

5 Ebd., S. 211.

6 Instituta Generalis Capituli apud Cistercium, hg. von J. Turk, in: ACi 4 (1948), S. 18f.; vgl. zur Gesamtentwicklung auch Bickel 1986, S. 182, ferner Binding/Untermann 1993, S. 171–274.

7 Canivez, Statuta, Bd. 1, S. 61.

8 Ebd., S. 486.

9 Ebd. Bd. 2, S. 218.

10 Aubert Bd. 2 1947, S. 207, betont deren einheitliche Ausrichtung, ebenso Schröder 1980, S. 311; vgl. auch Hertkorn 1989, S. 177; ferner Kinder 1997.

11 Dimier, Recueil de plan 1949, S. 27, Zum Grundriß der Klosterkirche Fontenay; ferner Ders., wie vor, Supplément, Paris/Aiguebelle 1967; Ders., Églises cisterciennes sur plan bernardin et sur plan bénédictin, in: Mélanges offerts à René Crozet, Poitiers 1966, Bd. 2, S. 696–704.

12 Lekai 1958, S. 212; vgl. dazu unten, ferner Rug 1983. Der Begriff wurde von Esser 1953, S. 195–222, geprägt und ausführlich begründet.

13 Vgl. Clasen 1956; Hahn 1957. Vgl. jetzt auch Zisterzienserbauten in der Schweiz. Neue Forschungsergebnisse zur Archäologie und Kunstgeschichte, Red. von K. Grunder, A. Hidber, B. Sigel, 2. Männerklöster, Zürich 1990.

14 Vgl. dazu Schröder 1980, S. 311ff., der hier auf Bickel 1986, S. 184, zurückgreift.

15 Schröder 1980, S. 314; Binding/Untermann 1993, S. 194; ausführlich auch Kinder 1997, S. 85ff. sowie, S. 92ff.

16 Binding/Untermann 1993, S. 199: Beispiele Altenberg (Mitte 12. Jahrhundert), Maulbronn (um 1210/15), Baumgartenberg (Österreich; Weihe 1243).

17 Ebd., S. 200; zum Kreuzgang vgl. auch Kinder 1997, S. 117ff.

18 Binding/Untermann 1993, S. 200 sowie, S. 231ff.

19 Ebd., S. 200 und 235f. sowie, S. 240; vgl. auch Kinder 1997, S. 251ff. zur Sakristei und S. 253ff. zum Kapitelsaal.

20 Binding/Untermann 1993, S. 200 und S. 202.

21 Ebd., S. 202.

22 Ebd., S. 202; Kinder 1997, S. 277f.

23 Binding/Untermann 1993, S. 202 und S. 206.

24 Ebd.; Schröder 1980, S. 314; Kinder 1997, S. 280ff.

25 LexMA 9, Sp. 520f. (Lit.)

26 Binding/Untermann 1993, S. 207; Kinder 1997, S. 287ff.

27 Binding/Untermann 1993, S. 209; Kinder 1997, S. 310ff. und S. 307ff.

28 Binding/Untermann 1993, S. 211f.; Schröder 1980, S. 314f.

29 Binding/Untermann 1993, S. 214; dazu Kinder 1997, S. 345ff.; zum Westflügel ausführlich ebd., S. 317ff.

30 Binding/Untermann 1993, S. 217; zur Bedeutung des Wassers im Kloster vgl. Kinder 1997, S. 89ff.

31 Braunfels 1978, S. 72f.
32 Ebd., S. 76.
33 Schröder 1980, S. 315f.
34 Bucher 1957, S. 116f.; ausführlich auch LexMA 9, Sp. 651ff. (Lit.); einen Überblick vermittelt jetzt zum Kirchbau auch Kinder 1997, S. 163ff.
35 Rug 1983, S. 85, mit den Beispielen der Kirchen von Farges (11. Jahrhundert), Uchizy (spätes 11. Jahrhundert) und Brancion (Anfang 12. Jahrhundert).
36 So Badstübner 1980, S. 207; ein Gesamtüberblick jetzt bei M. Untermann, in: LexMA 9 Sp. 650–654.
37 Binding/Untermann 1993, S. 249; dazu vgl. auch Lekai 1958, S. 214ff., mit einem Überblick über die europäische Entwicklung in dieser Form.
38 Binding/Untermann 1993, S. 249 und 251; Schröder 1980, S. 318ff. Zu Fassaden mittelalterlicher Zisterzienserkirchen vgl. vor allem Bickel 1986, S. 187–193, woran sich eine Untersuchung der drei Fenstergruppen und Rundfenster bzw. Einzelfenster, S. 193–215 anschließt; vgl. jetzt auch Zisterzienserbauten in der Schweiz. Neue Forschungsergebnisse zur Archäologie und Kunstgeschichte, Red. von K. Grunder, A. Hidber, B. Sigel, Bd. 2, Zürich 1990.
39 Binding/Untermann 1993, S. 252.
40 Ebd., S. 257f. mit zahlreichen Beispielen; Schröder 1980, S. 316.
41 Binding/Untermann 1993, S. 256; Schröder 1980, S. 317ff., ferner Bickel 1986, S. 214–238. Es ist der Forschung nicht gelungen, eine systematische Ordnung dieser Ostlösungen aufzustellen.
42 Grundrisse von Clairvaux I und II vgl. Schröder 1980, S. 314.
43 Vgl. ebd., S. 315 Grundrisse von Cîteaux I und II.
44 Binding/Untermann 1993, S. 258; vgl. auch Klotz 1998, S. 227f.
45 Binding/Untermann 1993, S. 260 Plan.
46 Magirius 1962, S. 72.
47 Rug 1983, S. 93, hat diesen Typ fälschlicherweise auf Osteuropa begrenzt; weitere Beispiele bietet Krönig 1973, S. 22.
48 Magirius 1962, S. 73ff.; Der Typ wurde auch von Prämonstratenserkirchen übernommen, so in Steinfeld und Floreffe, dazu vgl. Krönig 1973, S. 23.
49 Binding/Untermann 1993, S. 259ff.; Magirius 1962, S. 76ff.
50 Schröder1980, S. 322 und 326.
51 Binding/Untermann 1993, S. 268; Schröder 1980, S. 326ff., zu Kapitellen, Schlußsteinen und Fensterrosen vgl. auch Bickel 1986, S. 273ff. ausführlich.
52 Schröder 1980, S. 332; Bickel 1986, S. 287ff.
53 Schröder 1980, S. 332.
54 Ebd.
55 Ebd., S. 335.
56 Coester 1986, S. 340; vgl. jetzt auch Zisterzienserbauten in der Schweiz. Neue Forschungsergebnisse zur Archäologie und Kunstgeschichte, Red. von K. Grunder, A. Hidber, B. Sigel, Zürich 1990.
57 Coester 1986, S. 342.
58 Ebd., S. 342.
59 Ebd., S. 343f.
60 Ebd., S. 344.
61 Vgl. dazu Binding/Untermann 1993, S. 271ff.; Coester 1984.
62 Coester 1986, S. 344f.
63 Ebd., S. 346.

64 Ebd., S. 347f.
65 Ebd., S. 348f.
66 Ebd., S. 349ff.
67 Ebd., S. 351ff.
68 Ebd., S. 358.
69 Ebd., S. 360ff. sowie ebd., S. 616 Anm. 25.
70 Ebd., S. 366–370.
71 Ebd., S. 371–394.
72 Lekai 1958, S. 231; Schröder 1980, S. 335.
73 Roth 1976, S. 23, nennt Beispiele im Langhaus von Amelungsborn und im Kapitelsaal von Loccum.
74 Vgl. dazu Aubert Bd. 1 1947, S. 280f.
75 Roth 1976, S. 23, folgt hier Aubert Bd. 1 1947, S. 282.
76 So Roth 1976, S. 23.
77 Bickel 1986, S. 273ff.
78 Ebd.; zur Verteilung des Schmucks im Kirchenraum vgl. Roth 1976, S. 27.
79 Bickel 1986, S. 276f.
80 Roth 1976, S. 24f.; vgl. auch ebd. die Gesamtdarstellung für Altenberg.
81 Bickel 1986, S. 281f.
82 Ebd., S. 283f.
83 Canivez, Statuta, Bd. 1, S. 308f.
84 Ebd. Bd. 2, S. 146.
85 Nach Landgraf 1993, S. 72, scheint dieses jedoch in Deutschland der Fall gewesen zu sein, denn in einer Reihe von deutschen Zisterzen erscheinen gemusterte Fliesen bei Fußböden nicht schon im ersten Bauabschnitt, sondern erst bei Neu- und Umbauten in der zweiten Hälfte des 13. oder zu Beginn des 14. Jahrhunderts.
86 Landgraf 1993, S. 73; Landgraf 1980, S. 531. Angaben über die Kosten oder zumindest etwaigen Kosten bei der Verwendung der verschiedenen Materialien werden leider nicht gemacht.
87 Landgraf 1993, S. 73.
88 Ebd., S. 73ff., eine Übersicht der Klöster, in denen in Frankreich Fliesen gefunden wurden; vgl. auch Bickel 1986, S. 315f., mit einem Überblick über die Muster der Fliesen. Zu den Backsteinen vgl. Rittertum, hg. von H. Dürst (Dokumente zur aargauischen Kulturgeschichte Nr. 2), Lenzburg [2]1964, S. 262; ferner Schnyder 1958.
89 Landgraf 1993, S. 85.
90 Ebd., S. 88.
91 Ebd., S. 120; vgl. dagegen den Bericht von Rosenman 1984, S. 229ff., der ein aufschlußreiches Beispiel über die Entwicklung der Grabmäler in Spanien und ihren Vorbildern aufzeigt.
92 Canivez, Statuta, Bd. 1, S. 81.
93 Ebd., S. 95.
94 Ebd., S. 195.
95 Ebd., S. 220.
96 So Bickel 1986, S. 291.
97 Aubert Bd. 2 1947, S. 311–313; Lymant 1979, S. 37; Frodl-Kraft 1970, S. 16ff. Abb. 2; vgl. jetzt auch Vila-Grau 1993, S. 154ff.; Richter, S. 161ff.
98 Bickel 1986, S. 291.

99 Ebd.
100 Ebd., S. 293.
101 Lymant 1979, S. 37.
102 Frodl-Kraft 1965, S. 7ff.
103 Bickel 1986, S. 291.
104 Lymant 1979, S. 48.
105 Bickel 1986, S. 291.
106 Lymant 1979, S. 49.
107 Bickel 1986, S. 292f. der bei den Zisterzienserinnen auf eine strenge und weniger strenge Entwicklung hinweist. Vgl. auch M. Graus-Thieme, Zisterzienserkunst, in: LexMA 9, Sp. 654f. Sie verdeutlicht, daß sich die Entwicklung zum Figürlichen auf allen Ebenen der Kunst vollzog.
108 Kinder 1997, S. 246f., nennt als Beispiel die Zisterzen von Sénanque, Alcobaça und Pontigny.
109 Katalog, in: Die Zisterzienser. Ordensleben zwischen Ideal und Wirklichkeit, Bonn 1980, S. 542.

II. 8: Schrift und Buch, Wissenschaft und Studium im Orden

1 Schmitz 1948, S. 72, errechnete, daß ein Mönch im Jahr etwa 1500 Stunden der geistlichen Lesung widmet, was etwa 15 000 gelesenen Seiten und somit 50 Bände von je 300 Seiten ergab. Schneider 1986, S. 396, übernahm diese Berechnung.
2 Canivez, Statuta, Bd. 1, S. 32 Nr. 85.
3 Ebd., S. 58 Nr. 31.
4 Ebd., S. 383 Nr. 17.
5 Kinder 1997, S. 349.
6 Schneider 1986, S. 397. Vgl. auch Kinder 1997, S. 351.
7 Ebd.; Walliser 1969, S. 11; zu den Schreibwerkzeugen vgl. Kinder 1997, S. 349f.
8 Bibliotheca Palatina. Textband zur Ausstellung, hg. von E. Mittler u. a., Heidelberg 1986, S. 495.
9 Canivez, Statuta, Bd. 1, S. 58 Nr. 31.
10 Schneider 1986, S. 405.
11 Canivez, Statuta, Bd. 1, S. 16 Nr. 13.
12 Oursel 1959, S. 34ff.; vgl. ferner Oursel 1960, mit zahlreichen farbigen Abbildungen; Schneider 1986, S. 402; Plotzek-Wederhake 1980, S. 358; Zaluska 1989.
13 Schneider 1986, S. 402; Plotzek-Wederhake 1980, S. 358.
14 Ebd.; vgl. ausführlich auch Kinder 1997, S. 362.
15 Schneider 1986, S. 402; vgl. oben; die Handschrift befindet sich in der Stadtbibliothek von Dijon.
16 Plotzek-Wederhake 1980, S. 358; vgl. dazu auch Kinder 1997, S. 362f.
17 Kinder 1997, S. 364.
18 Plotzek-Wederhake 1980, S. 363; die Argumentation ohne eindeutige Hinweise aus den Handschriften selbst überzeugt nicht, wenn auch die Ansicht eigentlich richtig erscheint.
19 Ebd., S. 359. Damit im Widerspruch vermutet Schneider 1986, S. 402, daß die zweibändige Bibel mit 89 Miniaturen und Initialen, die der Abt von Clairvaux selbst benutzte, im dortigen Scriptorium entstanden ist; Kinder 1997, S. 364f., gibt ein anderes Bild.
20 Schneider 1986, S. 402.
21 Plotzek-Wederhake 1980, S. 359.

22 Vgl. auch Peyrafort 1979, S. 97ff.; Peyrafort-Bonnet 1984, S. 92ff.
23 Nach Buchmalerei der Zisterzienser. Kunstschätze aus sechs Jahrhunderten, Stuttgart 1998, S. 42, ist die Zuweisung der Handschriften in das Scriptorium von Pontigny fraglich.
24 Plotzek-Wederhake 1980, S. 360.
25 So auch Kinder 1997, S. 365.
26 So Kottje 1998, S. 31, unter Berufung auf B. Bischoff, Paläographie des römischen Altertums und des abendländischen Mittelalters (Grundlagen der Germanistik, 24), Berlin ^{2}1986, S. 158 Anm. 98, S. 170 und S. 215.
27 Plotzek-Wederhake 1980, S. 370.
28 Staatsbibl. Preuß. Kulturbesitz Berlin Ms. DiezC fol. 63f., dazu auch F 33: Bibel aus Kloster Kamp, in: Die Zisterzienser. Ordensleben zwischen Ideal und Wirklichkeit, Bonn 1980, S. 572ff.
29 Plotzek-Wederhake 1980, S. 370f.
30 Schneider 1986, S. 404f.
31 Vgl. dazu Kottje 1998, S. 30, ferner auch Fuchs 1998, S. 35.
32 Plotzek-Wederhake 1980, S. 371ff.
33 Schneider 1986, S. 406.
34 Dazu vgl. Wilmart 1949, S. 101–127 und S. 301–319, diese Zahl wird von Lekai 1958, S. 184, und Schneider 1986, S. 407, übernommen.
35 Schneider 1986, S. 406; Schmoll gen. Eisenwerth 1961, S. 91.
36 Schneider 1986, S. 407.
37 Ebd.; nach der Untersuchung von Bell 1999, S. 103ff., hat die Bibliothek aber nur einen mittelmäßigen Rang nach Umfang und Zusammensetzung eingenommen.
38 Ebd., S. 407f.; Lekai 1958, S. 184.
39 Krausen 1977, S. 37f.
40 Schneider 1986, S. 408 und S. 623 Anm. 67f.
41 Lekai 1980, S. 165; Lekai 1958, S. 178.
42 Müller 1908, S. 1–14, S. 38–50; Kwanten1948, S. 443ff.
43 Vgl. Druck bei d'Arbois de Jubainville 1858, S. 360.
44 Lekai, Studien 1980, S. 165f.
45 Canivez, Statuta, Bd. 2, S. 290 Nr. 4.
46 Lekai 1958, S. 169.
47 Ebd., S. 179; Lekai 1980, S. 167.
48 Canivez, Statuta, Bd. 3, S. 207 Nr. 9.
49 Ebd., S. 353f. Nr. 9.
50 Nach Tremp 1997, S. 66, wurde die 1267 erfundene Brille schon 1320 im Zisterzienserinnenkloster Wienhausen benützt. Vgl. dazu auch Appuhn 1973, S. 10ff. (Lit., S. 54).
51 So Roth 1980, S. 172.
52 Roth 1980, S. 172; Tremp 1997, S. 55f.
53 Ebd., S. 55.
54 Ebd., S. 44ff.
55 Roth 1980, S. 173.
56 Lekai 1980, S. 168, somit irrt Tremp 1997, S. 21, wenn er davon spricht, daß die Zisterzienser keine Klosterschulen gehabt hätten.

II. 9: Wirtschaft und Handel des Ordens

1 Exordium Cistercii, in: Cîteaux documents primitifs, hg. von F. de Place, Cîteaux Commentarii cistercienses 1988, S. 107ff. Dort sind in cap. XV und XXIII die grundlegenden Bestimmungen gegeben worden.
2 Ebd., S. 130 cap. XV.
3 Ebd., S. 134 cap. XXIII.
4 Ribbe 1980, S. 203.
5 Rösener 1992, S. 86; Hoffmann 1910, S. 699ff.
6 Kurze 1980, S. 179ff.
7 Kurze 1980, S. 197; Rösener 1983, S. 256. Diese Haltung belegen zahlreiche Überlieferungen über die körperlich belastende Handarbeit der Mönche, die als besonders wertvoll empfunden wurde. Dazu vgl. Kurze 1980, S. 192f.
8 Schreiner 1982, S. 90, betont die schwierige Quellenlage. Hauck 1954, S. 335, hält die Konversen und bezahlte Knechte oder Tagelöhner für die eigentlichen Arbeitskräfte des Ordens in der Landwirtschaft seit dessen Gründung. Auch Gerards 1952, S. 5; Wiswe 1953, S. 89; Mossig 1978, S. 17; Pauen 1913, S. 75ff.; Brunsch 1998, S. 193, schätzen die Arbeitsleistung der Mönche gering ein. Brunsch verweist auch auf das Übernachtungsverbot für die Mönche auf den Grangien hin.
9 Janssen 1983, S. 210; Chronik von Salmannsweiler, hg. von F. J. Mone, in: Quellensammlung zur badischen Landesgeschichte, Bd. 3, Karlsruhe 1863, S. 35f., berichtet, daß noch unter Abt Ulrich I. (1282–1311) der gesamte Mönchskonvent bei der Heu- und Getreideernte sowie bei der Weinlese mitgeholfen habe.
10 Toepfer 1983, S. 189.
11 Meyer 1908, S. 389f., in Bezug auf den *Versus Pagani Bolotini de falsis heremitis, qui vagando discurrunt.*
12 Vgl. dazu Wilkes 1924, S. 47f.; Schneider 1954, S. 150f.; Rösener 1974, S. 152; Scherg 1976, S. 94, S. 98; Jaritz 1978, S. 66.
13 Toepfer 1983, S. 49ff. und S. 129ff.
14 Ebd., S. 184ff.
15 Ebd., S. 182ff.
16 Ebd., S. 35f. und S. 184f.
17 Tremp 1997, S. 21; Roth 1986, S. 531.
18 Roth 1986, S. 529; Despy 1955, S. 400ff.; Donkin 1969, S. 403ff.
19 Tremp 1997, S. 22f.; Roth 1986, S. 531f.
20 Vgl. dazu jetzt umfassend Bender 1992.
21 Ribbe 1980, S. 203f.; Niedermeier 1973, S. 31ff.
22 Roth 1986, S. 530.
23 Ribbe 1980, S. 204.
24 Tremp 1997, S. 25.
25 R. Schneider, Grangie, in: LexMA 4, Sp. 1653f.; A. Dimier, in: Dictionnaire du droit canonique 5, Paris 1953, Sp. 987–993; Schich 1998, S. 64ff.; Wiswe 1953, S. 5ff.; Poloni 1983, S. 183ff.; Higounet 1983, S. 157ff.; Donkin 1978; Grill 1970, S. 166ff.; Fossier 1955, S. 259ff.
26 So auch die Erklärung von Ribbe 1980, S. 204.
27 So Tremp 1997, S. 26.
28 Vgl. Ribbe 1980, S. 204; Wirtembg. Urkundenbuch 2, Stuttgart 1858, S. 123f. Nr. 367.
29 Ebd., S. 124f. Nr. 368.

30 Ribbe 1980, S. 204.
31 Rösener 1982, S. 124; nachdem zu einer Grangie etwa 500–700 Morgen Ackerland gehört haben sollen, ergaben sich nach Roth 1986, S. 547, sehr schnell Besitzstände von etwa 5000 und mehr Morgen Ackerland, wobei Wälder und Wiesen unberücksichtigt geblieben sind. Das Kloster Foigny in Frankreich besaß mit 14 Grangien jedoch ca. 30 000 Morgen Ackerland; Eberbach hatte dagegen nur 11 000 Morgen, Bronnbach 10 000 und Morimond sogar nur 4000. Die Verhältnisse in den Gebieten östlich der Elbe waren davon völlig unterschiedlich. Die Abtei Leubus in Schlesien besaß z. B. 950 000 Morgen und 65 Dörfer, Zinna 75 000 Morgen und 39 Dörfer, dazu vgl. Pirenne 1947, S. 68ff.
32 Wilkes 1924, S. 31ff.; Tremp (wie Anm. 17), S. 28; Roth (wie Anm. 17), S. 547.
33 Higounet 1980, S. 354f.
34 Donkin 1978, S. 55.
35 Rösener 1982, S. 121.
36 Hier ist vor allem auf Winter Bd. 1–3 1966, hinzuweisen.
37 Wiswe 1953; Epperlein 1967, S. 303ff.
38 Rösener 1982, S. 122f. Dazu auch umfassend Janssen 1983, S. 205ff.; Schenk 1998, S. 8ff.; Kirsch 1998, S. 33ff.; Reimann, S. 48ff.
39 Kühnel 1980, S. 10. Beispielhaft hierzu ist die Trockenlegung der Goldenen Aue im 12. Jahrhundert durch das Kloster Walkenried.
40 Dazu vgl. Mossig 1978; H. Meyer zu Ermgassen, Der Oculus Memoriae, ein Güterverzeichnis von 1211 aus Kloster Eberbach (Veröffentl. der Hist. Komm. für Nassau, Bd. 31), Wiesbaden 1981; Codex traditionum, hg. von F. L. Baumann, in: Acta Salemitana, in: ZGO 31 (1879), S. 60–140.
41 Ribbe 1980, S. 204; Tremp 1997, S. 26f.; Rösener 1982, S. 124, S. 127; Rösener 1979, S. 78f.
42 Rösener 1979, S. 75f.
43 Elsener 1980, S. 47ff.
44 Rösener 1982, S. 147ff.
45 Rösener 1982, S. 128; Ribbe 1980, S. 206f.; Roth 1986, S. 532.
46 Vgl. dazu jetzt Blary 1989; Dimier 1973, S. 52–63 und 1974, S. 46–57.
47 Roth 1986, S. 532; Die Urkunden des Stiftes Walkenried, hg. von C. L. Grotefend, Bd. 2, Hannover 1855, S. 233ff. Nr. 982.
48 Rösener 1982, S. 148 Anm. 84; dazu vgl. auch Das Tennenbacher Güterbuch, bearb. von M. Weber u. a. (Veröffentl. d. Komm. f. geschichtl. Landeskunde in Baden-Württemberg, Reihe A Bd. 19), Stuttgart 1969, S. 192ff. und S. 290ff.
49 Roth 1986, S. 533.
50 Ribbe 1980, S. 208; Tremp 1997, S. 28, betont die vorbildhafte Wirkung der bloßen Existenz der als »Musterhöfe« bezeichneten Grangien auf ihre Umgebung.
51 Tremp 1997, S. 35.
52 Rösener 1982, S. 129; Ribbe 1980, S. 208; Roth 1986, S. 533.
53 Tremp 1997, S. 36, weist dieses beispielhaft für das 12. und 13. Jahrhundert nach; Rösener 1982, S. 130, spricht aber den Zisterziensern eine entscheidende Rolle dabei ab.
54 Rösener 1982, S. 131f.; Ribbe 1980, S. 208f.; Roth 1986, S. 534.
55 Tremp 1997, S. 40f.
56 Roth 1986, S. 535f.; dadurch gewinnt die Darstellung Tremps 1997, S. 28, gegenüber den Ausführungen von Ribbe an Gewicht.

57 Roth 1986, S. 536.
58 Musset 1898, S. 62f.
59 Roth 1986, S. 537.
60 Roth 1986, S. 537f.; Rösener 1982, S. 132; Ribbe 1980, S. 209f.
61 Tremp 1997, S. 37.
62 Power 1949; Donkin 1957, S. 109ff. und S. 181ff.; Graves 1957, S. 3ff.
63 Tremp 1997, S. 37f.; vgl. dort auch die abgedruckten Weisungen für die Schafzucht aus der zweiten Hälfte des 13. Jahrhunderts.
64 Ribbe 1980, S. 209f.; Graves 1957, S. 30f.
65 Lekai 1958, S. 237.
66 Canivez, Statuta, Bd. 1, S. 64 Nr. 37.
67 Ebd., S. 333 Nr. 72.
68 Roth 1986, S. 539.
69 Ebd., S. 540; vgl. auch Urkundenbuch des Klosters Pforta, 1. Halbbd., Halle/Saale 1893, Nr. 55 und 60.
70 Lekai 1958, S. 237; Roth 1986, S. 540.
71 Griesser 1951, S. 13ff.; Griesser 1952, S. 224ff.
72 Griesser 1951, S. 16 Nr. 2 und S. 22 Nr. 39.
73 Ribbe 1980, S. 213.
74 Griesser 1951, S. 22 Nr. 38.
75 Ebd., S. 21 Nr. 30.
76 Ebd., S. 19 Nr. 22.
77 Ebd., S. 17 Nr. 7.
78 Mossig 1978, S. 426 und S. 437; vgl. dazu auch Schneider 1982, S. 309ff.
79 Rösener 1982, S. 117f. (auch Lit.); Abel 1978, S. 169ff.; Lütge 1966, S. 97ff.; Lütge 1967, S. 83ff.
80 Rösener 1982, S. 135.
81 Ebd., S. 136.
82 Canivez, Statuta, Bd. 1, S. 346.
83 Lohrmann 1983, S. 205; Wieland 1983, S. 148ff.; Joester 1983, S. 222ff.
84 Ribbe 1980, S. 213.
85 Tremp 1997, S. 43; Schich 1980, S. 217.
86 Tremp 1997, S. 44ff.; Schich 1980, S. 218ff.
87 Tremp 1997, S. 48ff.
88 Roth 1986, S. 545f.
89 Tremp 1997, S. 55ff.; Schich 1980, S. 230; Roth 1986, S. 544f.
90 Roth 1966, S. 15.
91 Roth 1986, S. 545.
92 Tremp 1997, S. 59. Dort ist, S. 58 ein solcher Ziegelbrennofen der Abtei Chaalis auf der Grangie von Commelles abgebildet, der ein Netto-Fassungsvermögen von 54,15 m^3 besaß.
93 Tremp 1997, S. 60f.
94 Roth 1986, S. 545.
95 Ebd., S. 573; Graf v. Oeynhausen 1905, S. 267f.; Schich 1980, S. 231.
96 Schich 1980, S. 230; Roth 1986, S. 541.
97 Sprandel 1968, S. 47 und S. 359ff.
98 Chauvin 1976, S. 279ff.
99 Spiess 1959, S. 266f.; Roth 1986, S. 540.
100 Talbot 1939, S. 95.

101 Roth 1986, S. 541.
102 Ebd.; Schich 1980, S. 231, ist in seinem Urteil vorsichtiger.
103 Schich 1980, S. 230f.
104 Tremp 1997, S. 62.
105 Roth 1986, S. 542, jedoch ohne Quellenhinweis.
106 Ebd., S. 543.
107 Volk 1984, S. 15 und S. 29.
108 Ebd., S. 32f.
109 Ebd., S. 34f.; Schich 1980, S. 232; Roth 1986, S. 544; Lekai 1958, S. 240.
110 Volk 1984, S. 88ff.
111 Schich 1980, S. 232; Volk 1984, S. 45ff.
112 Volk 1984, S. 61ff.
113 Ebd., S. 72ff.
114 Ebd., S. 82ff.
115 Ebd., S. 84.
116 Ebd., S. 85f.
117 Ebd., S. 92f.
118 Ebd., S. 106ff.; Schich 1980, S. 232.
119 Schich 1980, S. 232.
120 Volk 1984, S. 124ff.
121 Schich 1987, S. 38. Noch 1207 verbot nach Canivez, Statuta, Bd. 1, S. 340, das Generalkapitel dem Kloster Carracedo, einen eigenen Markt abzuhalten. Kloster Carracedo war erst 1203 dem Orden als bisheriges Benediktinerkloster affiliert worden.
122 Ebd., S. 43.
123 Vgl. ebd., S. 42 zu dieser Bezeichnung.
124 Ebd., S. 42f.
125 Ebd., S. 46.
126 Ebd., S. 50.
127 Ebd. unter Berufung auf Schulz 1979, S. 56.
128 Schich 1980, S. 223.
129 Schreiner 1982, S. 87; vgl. jetzt auch Gahlbeck 1998, S. 99–139.
130 So Schich 1980, S. 222; Tremp 1997, S. 69; vgl. auch Eberl 1992, S. 112ff.
131 Rösener 1982, S. 151f.; vgl. auch Schich 1998.
132 Turk 1949, S. 36, aus der Laibacher Statutenhandschrift von ca. 1151/52: *In domibus,* quae *in villis aut castellis vel civitatibus sunt, non habitent monachi vel conversi.*
133 Canivez, Statuta, Bd. 1, S. 88 Nr. 13.
134 Lucet 1964, S. 36.
135 Schich 1977, S. 45ff.
136 Schich 1987, S. 52.
137 Schich 1977, S. 48.
138 Steinwascher 1981, S. 15ff.
139 Chartes de Cîteaux 1961, S. 128f. Nr. 162.
140 Volk 1984, S. 38f., S. 92; Krausen 1977, S. 251.
141 Higounet 1980, S. 365f.
142 Canivez, Statuta, Bd. 1, S. 88.
143 So Rösener 1992, S. 86. Zu den Stadthöfen des Klosters Salem vgl. Rösener 1974, S. 130ff.

144 Schich 1980, S. 227.
145 Tremp 1997, S. 71.
146 Sabrow 1976, S. 119.
147 Grill 1979, S. 143f.
148 Tremp 1997, S. 71.
149 Ebd., S. 72.
150 Vgl. Roth 1986, S. 546f.
151 Tremp 1997, S. 73.
152 Ebd.; Schich 1980, S. 234.
153 Kuhn-Rehfus 1985, S. 62f.
154 Ebd., S. 64–76.
155 Vanja 1984, S. 67ff.; Monsees 1986, S. 166ff.
156 Kuhn-Rehfus 1985, S. 81f.
157 Toepfer 1980, S. 85ff.
158 Bouchard 1988, S. 217ff.
159 Schreiner 1982, S. 79–116.
160 Rösener 1982, S. 137f.
161 Schreiner 1982, S. 89ff.
162 Brunsch 1998, S. 171–242, gibt einen guten Überblick über die gesamte wirtschaftliche Entwicklung eines Zisterzienserklosters – hier Heisterbachs – bis ins Spätmittelalter.

III. 1: Die Entwicklung bis zur Bulle ›Fulgens sicut Stella Matutina‹ (1335)

1 Pfurtscheller 1972; vgl. auch Paris 1670, S. 371–464.
2 King 1954, S. 45, der aber darauf hinweist, daß der Autor der Gallia Christiana, Bd. 4, Sp. 996f., dieses verneint. Er nennt für den Rücktritt noch das Jahr 1265; Annals of Cîteaux 1982, S. 144, dagegen 1266. Dieses Jahr nennt auch Plouvier 1998, S. 397.
3 King 1954, S. 45.
4 Annals of Cîteaux 1982, S. 22.
5 Canivez, Statuta, Bd. 3, S. 69 Nr. 8.
6 Annals of Cîteaux 1982, S. 23.
7 King 1954, S. 46.
8 Ebd., S. 47; Annals of Cîteaux 1982, S. 23.
9 Strayer 1940, S. 76ff.
10 Desmond 1974, S. 142.
11 King 1954, S. 49.
12 Annals of Cîteaux 1982, S. 24.
13 Desmond 1974, S. 143f.
14 Annals of Cîteaux 1982, S. 26.
15 Ebd., S. 27.
16 Desmond 1974, S. 154 Anm. 51.
17 King 1954, S. 50.
18 Desmond 1974, S. 144.
19 Annals of Cîteaux 1982, S. 28.
20 Desmond 1974, S. 145.
21 King 1954, S. 50f.
22 Desmond 1974, S. 150; nach King 1954, S. 50, war damals auch Prémontré, Cluny und die Grand Chartreuse betroffen.

23 Desmond 1974, S. 151.
24 Canivez, Statuta, Bd. 3, S. 324.
25 Ebd., S. 359.
26 King 1954, S. 51.
27 Canivez, Statuta, Bd. 3, S. 410–436.
28 Ebd., S. 8.
29 Ebd., S. 361.
30 King 1954, S. 171.
31 Valois 1908, S. 360; Schimmelpfennig 1976, S. 36.
32 King 1954, S. 174.
33 Ebd., S. 175.
34 Canivez, Statuta, Bd. 3, S. 50f. und S. 113.
35 Ebd., S. 371f.
36 King 1954, S. 358f.
37 Canivez, Statuta, Bd. 3, S. 446.
38 Ebd., S. 32f.
39 King 1954, S. 276.
40 Ebd., S. 278ff.
41 Ebd., S. 281.
42 Gwynn/Hadcock 1988, S. 114ff.; Stalley 1987.
43 Gwynn/Hadcock 1988, S. 118.
44 O'Conbhuidhe 1961, S. 314.
45 Stalley 1988, S. 20.
46 Ebd.
47 LexMa 9, Sp. 646.
48 Müller 1906, S. 83f.; vgl. zu Waverley auch Annales de Waverleia 1865; Brakspear 1905; Knowles/Hadcock 1971.
49 Desmond 1974, S. 137–155.
50 Müller 1906, S. 89.
51 Ebd., S. 86f.
52 O'Sullivan, Cistercian Settlements, S. 102.
53 Ebd., S. 8ff.
54 LexMa 9, Sp. 646; Fawcett 1994; Easson 1976.
55 France 1992, S. 359f.
56 Williams 1978, S. 228ff.; vgl. ferner auch die Filiation der Zisterzen in Mecklenburg und Pommern.
57 So vgl. McGuire 1982, S. 144. Der von McGuire verwandte Begriff »Säkularisation« dürfte zumindest in seinem deutschen Begriffsfeld für die dargestellten Vorgänge zu stark sein.
58 McGuire 1976.
59 Ebd., S. 145f.
60 Ebd., S. 160f.
61 Ebd., S. 162.
62 Ebd., S. 166, leider fehlen dazu eindeutige Beispiele.
63 Ebd., S. 209.
64 Vgl. Johnsen 1977.
65 France 1992, S. 365.
66 Canivez, Statuta, Bd. 1, S. 406f.
67 Ortved 1927–1933; Hull 1903, S. 176.

68 Ebd., S. 145.
69 Ebd., S. 203, S. 196.
70 Ebd., S. 203.
71 Ebd., S. 212.
72 Tuulse 1942, S. 270ff.; Schneider, Lexikale Übersicht 1986, S. 654; Winter, Bd. 2 1966, S. 267f.
73 Winter, Bd. 3 1966, S. 36ff.; Schneider, Lexikale Übersicht 1986, S. 650; Hoogeweg Band 2 1925, S. 674ff.
74 Winter, Bd. 3 1966, S. 37.
75 Hoogeweg, Bd. 2 1925, S. 674.
76 Winter, Bd. 2 1966, S. 265f.
77 Winter, Bd. 2 1966, S. 266f.
78 Ebd., S. 257; Lingenberg 1986.
79 Lingenberg 1986, S. 56.
80 Winter, Bd. 2 1966, S. 263.
81 Lingenberg 1986, S. 58f.
82 Winter, Bd. 2 1966, S. 262.
83 Winter, Bd. 2 1966, S. 263ff.
84 LexMA 9, Sp. 648 (A. M. Wyrwa), zum Widerspruch gegen Behauptungen dieses Autors, vgl. Lojko 1987, S. 192.
85 Winter, Bd. 2 1966, S. 313ff.; vgl. dazu auch Grüger 1982, S. 86ff.
86 Winter, Bd. 2 1966, S. 362ff.
87 Grüger 1987, S. 170f.
88 Vgl. dazu z. B. für die Verhältnisse in Heinrichau in Schlesien Grüger 1978, S. 228f.
89 Grüger 1978, S. 167ff.
90 Ebd., S. 169 Anm. 68.
91 Hanus 1947, S. 96.
92 Hoogeweg, Bd. 1–2 1924–1925, untersucht die Zisterzen Buckow, Kolbatz, Eldena, Hiddensee, Neuenkamp und Stolpe sowie die Zisterzienserinnenklöster Bergen auf Rügen, Köslin, Krummin, Marienfließ, Stettin und Wollin.
93 Winter, Bd. 2 1966, S. 217ff.
94 Ebd., S. 219f.
95 Ebd., S. 227; ferner Schlegel 1980, S. 38ff. Besonders hervorgehoben sind die Erwerbungen der Äbte Johann III. von Artlenburg (1291–1320) und Johann IV. von Rostock (1321–1336).
96 Schlegel 1980, S. 48.
97 Ebd., S. 54.
98 Winter, Bd. 2 1966, S. 223.
99 Winter, Bd. 3 1966, S. 24.
100 Ebd., S. 13.
101 Ebd., S. 5ff. werden zahlreiche Beispiele aufgelistet, die sich durch die Literatur zu den einzelnen Klöstern noch ergänzen lassen.
102 Winter, Bd. 2 1966, S. 280ff.; vgl. dazu auch Waldschmidt 1998, S. 66ff.
103 Winter, Bd. 2 1966, S. 268ff.; Nussbeck 1912, S. 29ff.; ferner Libon 1998, S. 55; vgl. jetzt auch Warnatsch 2000.
104 Winter, Bd. 3 1966, S. 19f.; Libon 1998, S. 56.
105 Abb 1911, S. 77ff., insbesondere, S. 98ff., S. 139ff. und S. 149ff.; Pietschmann 1998, S. 61, berichtet zwar davon, daß der Klosterbau 1319 beendet wurde, vergißt aber zu erklären, weshalb die Kirchweihe erst 1334 erfolgte.

106 Lehmann 1917; Urkundenbuch Kloster Dobrilugk 1941; Quast 1998, S. 70ff.
107 Sonntag 1998, S. 74ff.
108 Winter, Bd. 2 1966, S. 298; ferner Schmidt 1932.
109 Winter, Bd. 2 1966, S. 298ff.; Enderlein 1934; Märker 1968.
110 Winter, Bd. 2 1966, S. 307ff.; Neuzelle 1968.
111 Urkundenbuch Kloster Pforte, Bd. 1–2 1893–1915; Pahncke 1956.
112 Heutger 1968.
113 Steinmann 1956; Heutger 1971.
114 v. Boetticher 1990; Bickel 1968; Chronicon Riddagshusense 1983.
115 v. Boetticher 1990, S. 119ff. und S. 211.
116 Urkundenbuch Kloster Scharnebeck 1979, S. 35ff. Nr. 28–285.
117 Winter, Bd. 2 1966, S. 206.
118 Stübner 1788, S. 514ff.; Urkunden Stift Walkenried Teil 1–2 1852–1855; Sebicht 1888, S. 1ff.; Lemcke 1895; Wiswe 1950, S. 59ff.; Maier/Keibel-Maier 1985, S. 83ff.; Heutger 1977.
119 Maier/Keibel-Maier 1985, S. 86. Bei King 1954, S. 350ff. wird dieser Abt für Morimond nicht erwähnt!
120 Nikolai 1990, S. 166ff.
121 Brunsch 1998, S. 63ff.
122 Ebd., S. 357f.
123 Ebd., S. 75.
124 Mosler 1965, S. 145ff.; zur Literatur vgl. ebd., S. 9ff.
125 Dicks 1913; Sommer 1978.
126 Urkundenbuch Abtei Eberbach, Bd. 1–3 1862–1870; Rossel 1862; Rossel, Bd. 1–3 1855–1886; Söhn 1914; Mossig 1978.
127 Schwickert 1927; Kloster Haina. Regesten und Urkunden, Bd. 1–2 1962–1970; Brandt 1976.
128 Roth 1980; Roth 1970; Cistercienserkloster Marienstatt 1965.
129 Cistercienserkloster Marienstatt 1965, S. 138ff. Nr. 327.
130 Wilkes 1924; Schneider 1954; Thiele 1964.
131 Schneider 1954, S. 69.
132 Canivez, Statuta, Bd. 3, S. 292 Nr. 40.
133 Schneider (wie Anm. 130), S. 70.
134 Ebd., S. 70f. Himmerod verkaufte 1318 die Grangien Affolterloch und Neuhofen; 1319 einen Hof in Kruft und 1339 den Hof in Zell a. d. Mosel und das Budelershaus in Trier.
135 Ebd., S. 149. Himmerods Konvent umfaßte 1338 neben dem Abt 24 Priestermönche, 3 Diakone, 2 Subdiakone und 2 Akolythen.
136 Trapp 1996.
137 Ebd., S. 153.
138 Ebd., S. 136.
139 Ebd., S. 61.
140 Ebd., S. 62.
141 Ebd., S. 62; vgl. dazu Canivez, Statuta, Bd. 3, S. 399 Nr. 7.
142 Scherer 1983; Trapp 1996, S. 49ff.
143 Herrmann 1982, S. 9–21; Neubauer 1921; Trapp 1996, S. 55ff.
144 Urkundenbuch Kloster Otterberg 1845; Kaller 1961; Kaller 1970, S. 65–83.
145 Kaller 1961, S. 36.
146 Ebd., S. 38.

147 Ebd., S. 82ff.
148 Ebd., S. 84.
149 Schaab 1963.
150 Ebd., S. 62.
151 Ebd., S. 65.
152 Ebd., S. 66.
153 Ebd., S. 37.
154 Scherg 1976; Wissmann, Kloster Bronnbach.
155 Wendehorst 1969, S. 3ff.
156 Scherg 1976, S. 281 Nr. 150.
157 Ebd., S. 85.
158 Ebd., S. 283 Nr. 162.
159 Ebd., S. 281ff.
160 Weiss 1962; Festschrift Ebrach 1977, Festschrift 700 Jahre Abteikirche Ebrach 1985.
161 Weiss 1962, S. 12.
162 Ebd., S. 13.
163 Festschrift 700 Jahre Abteikirche Ebrach.
164 Geldner 1939, S. 18ff.; Geldner 1990.
165 Geldner 1990, S. 188.
166 Ebd., S. 62ff.
167 Ebd., S. 62.
168 Ebd., S. 71.
169 Krausen 1953, S. 100ff.; Binhack 1887; Doeberl 1886; Muggenthaler 1924.
170 Nach Binhack 1887 traten die Äbte Theoderich 1302, Otto 1304, Haidenrich 1304 und Johannes III. 1323, d. h. alle Äbte im ersten Viertel des 14. Jahrhunderts, von der Leitung der Abtei zurück.
171 Krausen 1953, S. 50ff.; Heidacher 1948; Muck, Bd. 1 1879.
172 Muck, Bd. 1 1879, S. 79, nennt diese Herkunft für Abt Heinrich von Hirschlach (1282–1302, 1306–1317).
173 Krausen 1953, S. 61ff.; Chronik Kloster Kaisheim 1902; Die ältesten Urbare Kaisheim 1959; Die Urkunden Reichsstift Kaisheim 1972; Lang/Kuchenbauer 1984.
174 Lang/Kuchenbauer 1984, S. 104.
175 Chronik (wie Anm. 173), S. 84–127.
176 Die ältesten Urbare Kaisheim.
177 Weißenberger 1951, S. 39–71; 825 Jahre Kloster Schöntal 1982.
178 Weißenberger 1951, S. 43ff.
179 Wirtembg. Urkundenbuch Band 8, S. 331 Nr. 3119 und S. 337f. Nr. 3129.
180 Weißenberger 1951, S. 50.
181 Wirtembg. Urkundenbuch 8, S. 362f. Nr. 3172 und S. 398ff. Nr. 3249.
182 Weißenberger 1951, S. 59.
183 Ebd., S. 61.
184 Ebd., S. 63.
185 Ebd., S. 68f.
186 Andermann 1997, S. 31ff.; Jooss 1978, S. 58–68.
187 Andermann 1997, S. 35.
188 Pflüger 1958.
189 Ebd., S. 30.

190 Ebd., S. 31 werden für diesen Vorgang Abt Heinrich I. (um 1313) und sein Großkeller Hugo (1313) als jüngste Vertreter genannt.
191 Sydow 1984; Neuscheler 1928, S. 115ff.
192 Sydow 1984, S. 143.
193 Ebd., S. 230.
194 Wollenberg 1984.
195 Ebd., S. 126ff.; vgl. insbesondere die Statistik, S. 126.
196 Beiträge Zisterzienserstift Stams 1959; Griesser 1955, S. 25ff.
197 Köfler 1973, S. 177.
198 Rösener 1974; Salem 850 Jahre 1984.
199 Rösener 1974, S. 108. Der Begriff »Krise« ist nach den wirtschaftlichen Zuständen anderer Klöster hier als zu stark zu bezeichnen.
200 Ebd., S. 111ff.
201 Ebd., S. 156ff., insbesondere, S. 158.
202 Kottmann/Hämmerle 1996.
203 Ebd., S. 31.
204 Krausen 1977.
205 Ebd., S. 268ff.
206 Ebd., S. 270.
207 Ebd., S. 170ff.
208 Stift Rein 1979.
209 Wild 1979, S. 52; Grill 1979, S. 150.
210 Wagner 1938; vgl. auch LexMa 9, Sp. 731f. (Lit.).
211 Machilek 1973, S. 185ff.; Altrichter 1979.
212 Vgl. dazu die Liste der Zisterzen des Landes bei Machilek 1973, S. 214f.
213 Altrichter 1979, S. 39.
214 Kaindl 1930, S. 10ff.
215 Ebd., S. 19ff.
216 Altrichter 1979, S. 41; Machilek 1973, S. 190.
217 Ebd., S. 190f.
218 Altrichter 1979, S. 15ff.; ein gegenteiliges Beispiel hat Ossegg geboten, vgl. 800 Jahre Kloster Ossegg 1996, S. 31f.; ferner Charvátová 1996, S. 304f.
219 Bedini 1964; Masoliver 1987, S. 517ff.; Negri 1981; Viti 1989, S. 501ff.; Houben/Vetere 1994.
220 Kelly 1988, S. 234ff.; L. Jadin, Benoît, in DHGE 8, Sp. 116f.; G. Mollat, Les papes d'Avignon, Paris [10]1965, S. 72ff.; B. Guillemain, Benedetto XII, in: Diz. biogr. Ital. 8, S. 378ff.
221 G. Mollat, Arnaud Novelli, in: DHGE 4, Sp. 432ff.
222 Duvernoy, Bd. 1–3 1965. Mathias von Neuenburg, Chronik, hg. von A. Hofmeister, MGH SS rer. Germ. N.S. 4, NDr. München 1984, S. 138, hält ihn für den größten Theologen, in der Rechtswissenschaft für vollkommen unbedeutend.
223 Mahn 1949, S. 29f.
224 So King 1954, S. 52.
225 Schimmelpfennig 1976, S. 11.
226 Benedikt XII. hat nach der Bulle zur Reform der Zisterzienser im Juni 1336 eine zur Reform der Benediktiner, im November 1336 zur Reform der Franziskaner und im Mai 1339 zur Reform der Regularkanoniker folgen lassen. Unter Papst Clemens VI. folgten weitere Reformbullen, vgl. dazu Schimmelpfennig 1976, S. 30.

227 Magnum Bullarium Romanum, Bd. III/2, hg. von C. Coquelines, Rom 1941, Sp. 201b–203a.
228 Ebd. Sp. 203a–203b.
229 Canivez, Statuta, Bd. 3, S. 410–436. Zu der anderen Aufteilung bei Schimmelpfennig 1976, S. 18f., vgl. Schindele 1997, S. 284 Anm. 13.
230 Zu den Namen Stella Matutina vgl. Marienlexikon, hg. von R. Bäumer und L. Scheffczyk, Bd. 4, St. Ottilien 1992, S. 517. Es ist auffallend, daß in der Forschung dieser Zusammenhang bislang noch nie festgestellt wurde.
231 Canivez, Statuta, Bd. 3, S. 414.
232 Nach Schimmelpfennig 1976, S. 31, haben sich besonders die Dominikaner gegen eine Reform gestellt.
233 Der Generalprokurator des Ordens an der Kurie, Durandus von La Ferté, und dessen Notar haben bereits am 7. Januar 1335 dem Abt von Königsaal, Peter von Zittau, über die Reformabsichten Benedikts XII. unterrichtet; Schimmelpfennig 1976, S. 17.
234 Mahn 1949, S. 85–135; ferner Bibl. Nat. Paris ms. lat. 4191, fol. 48r–63r; Lekai 1958, S. 38. Der Protest der Äbte konnte erreichen, daß der im ersten Entwurf der Reformbulle von Benedikt XII. neben den Äbten als Vertreter seines Konvents mit Stimmenmehrheit gewählte Mönch als Vertreter auf dem Generalkapitel wieder entfiel.
235 Schindele 1997, S. 285.
236 Schimmelpfennig 1976, S. 32f.
237 Ebd., S. 43.
238 Erst Papst Sixtus IV. gewährte 1475 dem Orden einen maßvollen Fleischgenuß, was nach Canivez, Statuta, Bd. 5, S. 423, das Generalkapitel 1481 bekannt gab, vgl. dazu Müller 1906.
239 Vgl. dazu oben. Das Generalkapitel forderte das gemeinsame Dormitorium 1573 letztmals, vgl. Canivez, Statuta, Bd. 7, S. 128.
240 Schneider 1985, S. 111. Das Metzer Kolleg war 1332 vom Abt von Morimond eingerichtet worden.
241 Stutz 1919, S. 3ff.
242 Nomasticon Cistercense 1892, S. 495f.
243 Schimmelpfennig 1976, S. 31f.; Schmitz Band 3 1955, S. 78f.; Jacob 1910.
244 Schimmelpfennig 1976, S. 35.
245 Ebd., S. 36ff.
246 So ebd., S. 43.

III. 2: Die Entwicklung zwischen der Bulle ›Fulgens sicut Stella Matutina‹ (1335) und den ›Articuli Parisienses‹ (1494)

1 Annals of Cîteaux 1982, S. 30.
2 Die Abtsliste bei King 1954, S. 54ff. lautet: Johann III. de Rougemont (1337–?1343); Johann IV. de Chaudemayo (?–1358); Johann V. de Bussière (1359–1376); dagegen hat Marilier 1948, S. 1–11 und 1956, S. 1–6, die oben übernommene Abfolge der Äbte festgelegt.
3 Annals of Cîteaux 1982, S. 30f.
4 Ebd., S. 31.
5 Pacaut 1993, S. 293.
6 Bouton, Bd. 2 1964, S. 291; vgl. auch Cîteaux (ordre), in: DHGE 12, Paris 1953, Sp. 965.

7 Vgl. Bouton, Bd. 2 1964, S. 291.
8 Ebd.; King 1954, S. 55; Lekai 1958, S. 90.
9 Annals of Cîteaux 1982, S. 32.
10 King 1954, S. 55.
11 Annals of Cîteaux 1982, S. 32.
12 Ebd., S. 33; King 1954, S. 56.
13 Ebd., S. 55.
14 Hourlier 1936, S. 56.
15 Annals of Cîteaux 1982, S. 32.
16 King 1985, S. 108ff.
17 King 1954, S. 57.
18 Bouton, S. 291.
19 Annals of Cîteaux 1982, S. 33.
20 Ebd. Nach dem dortigen Hinweis war er zuvor Abt des Klosters Fontenet. Ein Kloster dieses Namens – sofern nicht Fontenay gemeint ist – läßt sich den Verzeichnissen des Ordens nicht feststellen.
21 Ebd., S. 34.
22 Ebd.; ferner auch King 1954, S. 57f. Er erwähnt die Verleihung der Pontifikalien an Santas Creus 1336, Poblet 1337, Salem 1373 und Dunes 1376. Bouton, Bd. 2 1964, S. 308, verweist auf die Verleihungen an Poblet 1346, Dunes 1381 bzw. 1387; Mazan 1390, Clairvaux 1392, Fontfroide und Bonnefont 1401, Bonnecombe 1403, Mortemer 1405, Tamié 1417, Ourscamp, Savigny, Prières und Pontigny 1418, La Ferté 1420, Fontenay und Morimond 1423, Bonneval und Rodez 1424.
23 Annals of Cîteaux 1982, S. 33.
24 Vgl. dazu K. A. Fink/E. Iserloh, Das abendländische Schisma und die Konzilien, in: Handbuch der Kirchengeschichte, hg. von H. Jedin, Bd. III/2, Freiburg i. Br., Basel, Wien 1968, S. 490ff.; für den Orden vgl. dazu Bliemetzrieder 1904, S. 62ff.; Griesser 1955, S. 65ff.; Ortved 1926, S. 279ff.; Graham 1929, S. 373ff.
25 Bouton Band 2 1964, S. 294.
26 Ebd., S. 295.
27 Ebd.; Lekai 1958, S. 91; Ortved 1926, S. 278–282.
28 Bouton, Bd. 2 1964, S. 295f.
29 King 1954, S. 58; nach Annals of Cîteaux 1982, S. 35 trug er den Familiennamen Flagny; ebd., S. 144 Flogny.
30 Annals of Cîteaux 1982, S. 34.
31 King 1954, S. 58; Canivez, Statuta, Bd. 3, S. 679.
32 Bouton, Bd. 2 1964, S. 298.
33 Annals of Cîteaux 1982, S. 35.
34 King 1954, S. 126f.
35 Ebd., S. 176f.
36 Ebd., S. 178.
37 Ebd., S. 282f.
38 Ebd., S. 284 Anm. 1, weist darauf hin, daß Johann VI. auch vielleicht nur 18 Jahre alt war und seine Wahl erst 1362 erfolgt ist.
39 Ebd., S. 284.
40 Ebd., S. 284f.
41 Dubois 1992, S. 272.
42 King 1954, S. 362.

43 Mit ihm beginnt die sichere Liste der Äbte von Cîteaux in der Forschung, vgl. dazu Lekai 1981, S. 77 bzw., S. 89 Anm. 19.
44 Cîteaux (ordre), in: DHGE 12, Paris 1953, Sp. 968, mit den Namen der anwesenden Äbte in Konstanz.
45 Schmidt 1908, S. 129ff.
46 Pacaut 1993, S. 294.
47 Zahlenangaben vgl. Cîteaux (ordre), in: DHGE 12, Paris 1953, Sp. 971.
48 Bouton, Bd. 2 1964, S. 297; zu den Neugründungen auch ausführlich Cîteaux (ordre), in: DHGE 12, Paris 1953, Sp. 970.
49 Bouton, Bd. 2 1964, S. 300.
50 Vgl. dazu ebd., S. 299; Cîteaux (ordre), in: DHGE 12, Paris 1953, Sp. 976.
51 Das Generalkapitel von 1450 forderte den Abt von Sénanque dazu auf, die Abteien Vauluisant, Sénanque, Valcroissant, Tironneau und Valsainte zu visitieren und zu reformieren.
52 Bouton, Bd. 2 1964, S. 301.
53 Annals of Cîteaux 1982, S. 35.
54 Ebd., S. 36f.
55 King 1954, S. 60.
56 Annals of Cîteaux 1982, S. 37f.; Lekai 1981, S. 78.
57 Canivez, Statuta, Bd. 4, S. 427.
58 Telesca 1981, S. 17ff.
59 Annals of Cîteaux 1982, S. 38.
60 King 1954, S. 60.
61 Ebd., S. 61.
62 Ebd., S. 61f.; Lekai 1981, S. 78f.; Annals of Cîteaux 1982, S. 41ff.
63 King 1954, S. 128ff.
64 Canivez, Statuta, Bd. 5, S. 265 und 270.
65 Ebd., S. 317ff.
66 Annals of Cîteaux 1982, S. 44.
67 Bulst 1992, S. 126ff.
68 Canivez, Statuta, Bd. 5, S. 445ff.
69 Ebd., S. 454ff.
70 Ebd., S. 607f.
71 Canivez, Statuta, Bd. 6, S. 87ff.; Articuli Parisienses, in: Nomasticon Cisterciense 1892, S. 548ff. Die Liste der in Paris anwesenden 44 Äbte neben Abt Johann von Cîteaux vgl. ebd., S. 548.
72 King 1954, S. 286f.
73 Ebd., S. 179ff.
74 Ebd., S. 362f.
75 Ebd., S. 364ff.
76 Ebd., S. 366; zu Abt Thomas II. von Luxemburg (1462–1466) schweigt die Überlieferung vollständg.
77 Canivez, Statuta, Bd. 5, S. 349ff.
78 Vgl. z. B. Lekai 1958, S. 95; Bouton, Bd. 2 1964, S. 301; Pacaut 1993, S. 299. Die Forschung hat sich mit dieser Zeit bislang allzu sehr unter dem ausschließlichen Gesichtspunkt der Reform befaßt, daher fehlen umfassende Beispiele aus den einzelnen Klöstern noch immer.
79 Elm/Feige, Reformen und Kongregationsbildungen 1980, S. 243.
80 LexMa 5, Sp. 386f. (Lit.)

81 Bouton, Bd. 2 1964, S. 313f.; Pacaut 1993, S. 299, vgl. dazu auch unten.
82 Vgl. auch van Langen 1987, S. 98.
83 Elm/Feige, Reformen und Kongregationsbildungen 1980, S. 244ff.
84 Ebd., S. 248.
85 Ebd., S. 248.
86 Feige 1975, S. 49.
87 Manrique, Bd. 4 1654, S. 594.
88 Pereira 1993, S. 327.
89 Feige 1975, S. 51.
90 Ebd., S. 328; dazu auch Gonçalves 1989, S. 283–347; ferner Vones 1993, S. 181ff.
91 Vones 1993, S. 186.
92 Feige 1975, S. 52.
93 Ebd. Elm/Feige, Reformen und Kongregationsbildungen 1980, S. 249; Feige (wie Anm. 85), S. 54.
94 Feige 1975, S. 53.
95 Elm/Feige, Reformen und Kongregationsbildungen 1980, S. 250.
96 Feige 1975, S. 55.
97 Ebd., S. 58.
98 Ebd., S. 61.
99 Canivez, Statuta, Bd. 3, S. 507; vgl. dazu France 1992, S. 381.
100 France 1992, S. 382f.
101 King 1973, S. 133.
102 France 1992, S. 346.
103 Ebd., S. 399.
104 Ebd., S. 372.
105 Ebd., S. 374.
106 Canivez, Statuta, Bd. 4, S. 109; France 1992, S. 377.
107 Canivez, Statuta, Bd. 4, S. 120f.
108 France 1992, S. 388.
109 Canivez, Statuta, Bd. 4, S. 162ff.
110 France 1992, S. 391.
111 Canivez, Statuta, Bd. 5, S. 438.
112 Ebd. Bd. 4, S. 163f.
113 France 1992, S. 392f.; vgl. dazu auch z. B. für Kloster Esrom Codex Esromensis 1880/81.
114 Williams, Bd. 1 1984, S. 64ff.; O'Conbhuidhe 1998, S. 1ff.
115 Williams, Bd. 1 1984, S. 66ff.
116 Ebd., S. 68f.
117 Ebd., S. 71.
118 Ebd., S. 77.
119 Ebd., S. 77f.
120 Ebd., S. 81.
121 O'Conbhuidhe 1998, S. 53ff.
122 Ebd., S. 1ff.
123 Canivez, Statuta, Bd. 3, S. 131f. und S. 242.
124 Kickh 1895, S. 9–15.
125 Canivez, Statuta, Bd. 4, S. 142, S. 246 und ebd. Bd. 5, S. 287.
126 Hervay 1984, S. 37ff., S. 71, S. 129, S. 162f.; dazu vgl. auch Winter, Bd. 3 1966, S. 97f.

127 Thalgott 1990, S. 38ff. Die Arbeit ist leider wenig informativ.
128 LexMA 9, Sp. 650.
129 Čechura 1987, S. 92f., dazu auch Charvátova 1987, S. 119.
130 Čechura 1987, S. 106f.
131 Machilek1973, S. 191.
132 Ebd., S. 192.
133 Winter, Bd. 3 1966, S. 105f.
134 Ebd., S. 106ff. ein überblicksartiger Bericht.
135 Grüger 1992, S. 63ff.; Grüger 1982, S. 84ff.; insbesondere, S. 108ff.; Grüger 1973, S. 209ff.
136 Grüger 1992, S. 76.

III. 3: Verwaltung und Wirtschaft im spätmittelalterlichen Orden

1 Canivez, Statuta, Bd. 1–8.
2 Vgl. oben; Lucet 1965, S. 249ff.; Lucet 1977.
3 Johnsen/King 1979; King 1985.
4 Johnsen/King 1979, S. 22.
5 Zu dem Vorgehen gegen die Zisterzienser und ihre Privilegien vgl. Buczek 1969, S. 42ff.
6 Johnsen/King 1979, S. 24; vgl. auch King 1985, S. 89ff.
7 Ebd., S. 24f.; dazu vgl. Codex Dunensis 1875, S. 535ff.
8 Johnsen/King 1979, S. 25.
9 King 1985, S. 8.
10 Ebd.; Johnsen/King 1979, S. 26.
11 Ebd., S. 28
12 King 1985, S. 10.
13 Ebd., S. 12.
14 Vgl. Johnsen/King 1979, S. 7ff.; King 1985, S. 14.
15 Ebd.
16 Ebd., S. 15. Die Zisterzienser wurden dabei als Pioniere der Alphabetisierung aufgezeigt, vgl. dazu Rouse 1976, S. 125ff.
17 King 1985, S. 16.
18 Ebd., S. 74f. mit umfangreichen Angaben.
19 Ebd., S. 94.
20 Ebd., S. 95f.
21 Ebd., S. 99.
22 Ebd., S. 106f.
23 Ebd., S. 111ff.
24 Ebd., S. 113f.
25 Ebd., S. 126ff. »The Statistics and Distribution of the Collections 1337–1347«.
26 Dazu vgl. Telesca 1971, S. 163ff.
27 Dazu vgl. z. B. Schnorrenberger 1977, S. 10.
28 Schnorrenberger 1977, S. 75, kann neben Eberbach, Haina, Raitenhaslach, Bebenhausen und St. Urban erwähnen.
29 Schnorrenberger 1977, S. 17 und S. 76 zu weiteren Klöstern ebd., S. 18 Anm. 56
30 Ebd., S. 53.
31 Sydow 1984, S. 147.
32 v. Boetticher 1990, S. 119ff.
33 Schneider 1954, S. 114f. mit den Anm. 2 und 9.

34 Schnorrenberger 1977, S. 56.
35 Lekai 1958, S. 242.
36 Schnorrenberger 1977, S. 20, weist darauf hin, daß um 1600 die um 1500 noch in Eigenwirtschaft bebauten Grangien an Pächter ausgegeben wurden. Damit hat sich im 16. Jahrhundert die abnehmende Tendenz der Eigenwirtschaft in Eberbach fortgesetzt.
37 Wollenberg 1984.

III. 4: Die spirituelle – geistige – künstlerische Entwicklung im spätmittelalterlichen Orden

1 Mikkers 1989, S. 151.
2 Schneider 1986, S. 141; vgl. auch Grabmann 1940, S. 352ff.
3 Mikkers 1989, S. 151, zu Jean von Mirecourt; vgl. LThK Bd. 5, Freiburg i. Br. 1960, Sp. 1061 (Lit.).
4 Mikkers 1989, S. 151; Hontoir 1946, S. 218f.
5 Lekai 1958, S. 159.
6 Ebd.
7 Heinz 1977, S. 262ff.
8 LMA 3, Sp. 116 (Lit.) und 8, Sp. 1200 (Lit.).
9 Mikkers 1989, S. 155.
10 Ebd.
11 Ebd., S. 157.
12 Ebd., S. 151.
13 Ebd., S. 152.
14 LMA 6, Sp. 1940 (Lit.) dazu vgl. insbesondere auch Haid 1931, S. 285ff.
15 Schneider 1986, S. 138f.
16 Ebd., S. 137f.
17 LMA 5, Sp. 519f. (Lit.).
18 Zurbonsen 1899, S. 146–173.
19 Schneider 1986, S. 141.
20 Hoogeweg, Bd. 1 1924, S. 246.
21 Mikkers 1989, S. 154.
22 Ebd., S. 158.
23 Neben dem Nonnenchor in Wienhausen ist hier auf Reliefs in Eberbach und Dargun hinzuweisen oder das bekannte Bild U. L. Frau aus dem Nonnenkloster Flines von Jean de Bellegambe aus dem frühen 16. Jahrhundert als Schützerin des Ordens, vgl. dazu France 1998, S. 182f. Abb. 127, 128 und S. 186 Abb. 130.
24 Vgl. oben, S. 192ff., aber auch Bickel 1986, S. 182f.
25 Bickel 1986, S. 183.
26 Vgl. dazu überblicksartig Lekai 1958, S. 214ff.
27 Bickel 1986, S. 184. Es wäre zu prüfen, ob diese Interpretation »asketische Architektur« nicht etwas zu weit geht.
28 Ebd., S. 232ff.
29 Kobler 1980, S. 383.
30 Ebd., S. 387.
31 Ebd., S. 388.
32 Vgl. ebd., S. 390.
33 Clasen 1980, S. 395ff.

34 Dazu vgl. auch France 1998.
35 Bony 1987, S. 201.
36 Urkundenbuch Abtei Altenberg Band 1 1912, S. 784 Nr. 1036; die Aussage des Altenberger Konvents 1332: *sigillum conventus nostri, quo communiter utimur.*
37 Bony 1987, S. 204.
38 Ebd., S. 205.
39 Ebd.
40 Abb bei Vacandard, Bd. 2 1898, S. 588.
41 France 1998, S. 110.
42 Ebd.
43 Canivez, Statuta, Bd. 1, S. 257f.
44 Mosler 1965, S. 134.
45 Stehlíková 1996, S. 244 und 235.
46 Krausen 1977, S. 132ff.
47 Vacandard, Bd. 2 1898, S. 589ff.; dann Dinzelbacher 1998, S. 34 bzw., S. 379f. Anm. 121.
48 FUB 5, Tübingen 1885, S. 200 Nr. 233,4.
49 Bony 1987, S. 205.
50 Ebd., S. 206.
51 Ebd., S. 207ff.
52 Vgl. dazu jetzt die Zusammenfassung von Laabs 2000, S. 187ff., die dafür – ohne nähere Diskussion – auf eher »um 1300« zu neigen scheint. Trotz dieser aufgrund neuer Forschungen vorgetragenen Ansicht sollte man die Öffnung im Orden weiterhin früher, d. h. auf die Zeit um die Mitte des 13. Jahrhunderts ansetzen.
53 Bony 1987, S. 219.
54 Vgl. dazu z. B. das Siegelbild des Benediktinerinnenklosters Urspring in der Diözese Konstanz. Dazu Regesten Benediktinerinnenkloster Urspring 1978, S. 80 und Abb. 15.
55 Bony 1987, S. 222
56 Ebd., S. 224.
57 Ebd., S. 228.
58 France 1998, S. 111.

IV. 1: Die Reformationszeit und die Bildung der Kongregationen

1 King 1954, S. 69 und 290; Annals of Cîteaux 1982, S. 56f.
2 Annals of Cîteaux 1982, S. 57.
3 Ebd., S. 59.
4 Ebd., S. 60.
5 Ebd., S. 61.
6 Ebd.
7 Ebd., S. 62.
8 King 1954, S. 72
9 Annals of Cîteaux 1982, S. 65; vgl. auch Marton 1972, S. 77ff.
10 Annals of Cîteaux 1982, S. 66f.
11 Ebd., S. 69ff.; King 1954, S. 75ff.
12 Pacaut 1993, S. 307.
13 King 1954 130f.
14 Ebd., S. 131f.

15 Ebd., S. 135f. Eine neue Untersuchung der Abtsliste ist für diese Zeit unbedingt erforderlich.
16 Ebd., S. 184f.
17 Ebd., S. 185f.
18 Ebd., S. 189f.
19 Ebd., S. 290f.
20 Ebd., S. 291ff.
21 Ebd., S. 292 Anm. 6.
22 Ebd., S. 298f.
23 Lekai 1958, S. 115.
24 King 1954, S. 301.
25 Ebd., S. 368f.
26 Ebd., S. 372; Dubois 1992, S. 315ff.
27 King 1954, S. 373f., Dubois 1992, S. 321ff.
28 Sommer-Ramer 1982, S. 46.
29 Lekai 1958, S. 108; nach Masoliver 1987, S. 527, hatte die Kongregation 1584 noch aus 41 Zisterzen und 809 Mönchen bestanden. Masoliver gibt auch eine namentliche Aufstellung der 41 Abteien.
30 Sommer-Ramer 1982, S. 46f.; Lekai 1958, S. 108. Die Namen der potugiesischen Abteien vgl. bei Masoliver 1987, S. 529.
31 Sommer-Ramer 1982, S. 46f.; Lekai 1958, S. 108.
32 Sydow 1989, S. 105; Sommer-Ramer 1982, S. 47. vgl. dazu auch Viti 1989, S. 528ff.
33 Lekai 1958, S. 109; Sommer-Ramer 1982, S. 47; Pacaut 1993, S. 313f.
34 Lekai 1958, S. 108; Sommer-Ramer 1982, S. 47; Pacaut 1993, S. 314.
35 Dieses scheinen Elm/Feige 1980, S. 252, nach ihrer Wortwahl abzulehnen.
36 Pacaut 1993, S. 314; vgl. jetzt Kaczmarek 1998, S. 139ff.
37 Nomasticon Cisterciense 1892, S. 567.
38 So Sommer-Ramer 1982, S. 48.
39 Lekai 1958, S. 109ff.; Sommer-Ramer 1982, S. 48f.; Elm/Feige 1980, S. 253, nennen das Gründungsjahr 1613.
40 Kottmann, Von der Reformation bis in die Barockzeit, in: A. Kottmann/M. Hämmerle, Die Zisterzienserabtei Wettingen, Baden 1996, S. 166.
41 Greipl 1988, S. 98. Er weist auf die Aufhebung von Benediktinerabteien in Bayern zugunsten der Jesuiten zwischen 1588 und 1598 hin.
42 Lobendanz 1998, S. 522.
43 Ebd., S. 527ff.
44 Ebd., S. 534ff.
45 Dazu vgl. jetzt ebd., S. 545f.
46 Vgl. dazu Lobendanz 1998; den Text vgl. Schneider 1983, S. 63ff.
47 Lobendanz 1998, S. 462f.
48 Ebd., S. 549.
49 Ebd., S. 579.
50 Ebd., S. 580.
51 Sommer-Ramer 1982, S. 48.
52 Lauterer 1998, S. 716: Kaisheim mit den Frauenklöstern Oberschönenfeld, Niederschönenfeld, Kirchheim und Lauingen; Salem mit den Frauenklöstern Wald, Heiligkreuztal, Rottenmünster, Heggbach, Gutenzell, Baindt und Neidingen; Schöntal und Stams.

53 Ebd., S. 716: Ebrach mit dem Frauenkloster Himmelpforten; Langheim, Bronnbach und Bildhausen.
54 Ebd., S. 716: Aldersbach mit dem Frauenkloster Seligenthal; Waldsassen, Walderbach, Raitenhaslach, Fürstenfeld, Fürstenzell, Gotteszell sowie die Frauenklöster Seligenporten und Bülenhofen (Pielenhofen).
55 Ebd., S. 717: Lützel mit den Frauenklöstern Königsbruck und Olsberg; Neuburg, Hauterive mit den Frauenklöstern Maigrange und Fille-Dieu; Pairis, Tennenbach mit den Frauenklöstern Güntersthal, Wonnenthal, Lichtenthal und Friedenweiler; St. Urban mit den Frauenklöstern Rathausen und Eschenbach; Wettingen mit den Frauenklöstern Frauenthal, Magdenau, Kalchrain, Feldbach, Tänikon, Wurmsbach und Gnadenthal.
56 Dazu vgl. Greipl 1988, S. 98f.; ferner Kaczmarek 1998; Lauterer 1998, S. 713ff.
57 Lauterer 1998, S. 717.
58 Ebd., S. 718.
59 Lekai 1958, S. 110.
60 Lekai 1958, S. 110f., nennt als diese Klöster Kamp, Altenberg, Himmerod, Eberbach, Heisterbach, Marienfeld, Marienstatt, Hardehausen, Arnsburg, Reifenstein, Marienrode, Derneburg, Bredelar, Groß- und Kleinburlo, Bottenbroich, Grevenbroich und Mariawald.
61 Heimbucher, Bd. 1 1965, S. 374f.
62 Lekai 1958, S. 98; einen Überblick bietet Heutger 1980, S. 255ff.
63 Lekai 1958, S. 50; France 1992, S. 440ff.; vgl. auch Gasquet, Bd. 1–2 Mainz 1890.
64 Vgl. die Angaben bei Bouton, Bd. 1 1959, S. 322.
65 Lekai 1958, S. 112.

IV. 2: Die Auseinandersetzungen der Observanzen

1 Canivez, Statuten, Bd. 7, S. 372 Nr. 67; vgl. auch Lekai 1958, S. 320 Anm. 6; Zakar 1966.
2 Handbuch der Kirchengeschichte, hg. von H. Jedin, Bd. 4: Reformation, Katholische Reform und Gegenreformation, Freiburg i. Br. 1967, S. 599ff.
3 Canivez, Statuten, Bd. 7, S. 345–352 bzw., S. 350 Nr. 26.
4 Annals of Cîteaux 1982, S. 80ff.
5 King 1954, S. 78.
6 Lekai 1958, S. 117.
7 Nomasticon Cisterciense 1892, S. 579.
8 Lekai 1958, S. 117.
9 Ebd., S. 119.
10 Bouton, Bd. 1 1959, S. 337ff.
11 Annals of Cîteaux 1982, S. 91.
12 Zu den Vorgängen vgl. Lekai 1958, S. 119f.; Annals of Cîteaux 1982, S. 91ff.; Bouton, Bd. 1 1959, S. 339f.
13 Annals of Cîteaux 1982, S. 95.
14 Ebd., S. 100.
15 Nomasticon Cisterciense 1892, S. 587–592.
16 Ebd., S. 592–606; vgl. dazu Lekai 1958, S. 121f.; Bouton, Bd. 1 1959, S. 341ff.
17 Nomasticon Cisterciense 1892, S. 607–612.
18 Annals of Cîteaux 1982, S. 110f.
19 Ebd., S. 119.

20 King 1954, S. 93.
21 Annals of Cîteaux 1982, S. 120 Anm. 103.
22 Ebd., S. 123.
23 King 1954, S. 95.
24 Annals of Cîteaux 1982.
25 Ebd., S. 145; King 1954, S. 96ff.; Bouton, Bd. 1 1959, S. 304ff.
26 Bouton, Bd. 1 1959, S. 395.
27 Ebd., S. 399.
28 Ebd., S. 401ff.
29 Der Beschluss ist im Nomasticon Cisterciense1892, S. 677ff. mit einem Redaktionsentwurf für die Statuten (S. 686–699) abgedruckt. Er listet die gesamte Entwicklung seit den 60er Jahren auf.
30 Nomasticon Cisterciense 1892, S. 700–704.
31 Edition vgl. CistC 53 (1941), S. 10–20, 33–5, 65–78.
32 Canivez, Statuten Bd. 7, S. 788.
33 Lekai 1958, S. 124; dazu Nomasticon Cisterciense 1892, S. 629.
34 Canivez 1926, S. 56.
35 Presse 1954, S. 169ff.; ferner Patraille 1972; Arabeyre/Bathelier 1998.
36 King 1954, S. 136ff.
37 Ebd., S. 193.
38 Ebd.
39 Ebd., S. 195.
40 Ebd., S. 303ff.
41 Ebd., S. 374ff.
42 Ebd., S. 381 gegen Demling 1936, S. 10.
43 Vgl. dazu Masoliver 1987, S. 256ff.
44 Ebd., S. 529 und S. 531f.
45 Viti 1989, S. 534f.
46 Eine umfassende Untersuchung dieser Fragen fehlt bislang.
47 Einige Zisterzen wie Maulbronn, Amelungsborn, Loccum und Pforta unterlagen dabei besonderen Formen einer Säkularisierung. Alle Bemühungen – heute sogar teilweise des Ordens selbst im Verhältnis zu Loccum – täuschen jedoch nicht darüber hinweg, daß auch diese Häuser trotz aller weiterhin gepflegten zisterziensischen Traditionen ihren Charakter als Klöster in der Reformationszeit verloren haben. Die bisherige Forschung hat diese Phänomene in der Regel im Einzelfall gewürdigt, aber keine übergreifende Untersuchungen vorgelegt, obwohl sich vergleichbare Entwicklungen auch in Klöstern anderer Orden feststellen lassen.
48 v. Reden-Dohna 1980, S. 285.
49 Ebd., S. 286.
50 Ebd., S. 287. Der Hinweis auf die bäuerlich-bürgerliche Herkunft der Repräsentanten der Zisterzienserklöster ist dafür sicherlich kein alleiniger Grund, da diese Herkunft in gleicher Weise auch für die Repräsentanten anderer Ordenshäuser der Zeit galt.
51 Krausen 1980, S. 277ff.
52 Schneider 1984, S. 137.
53 Eine abschließende Untersuchung zu diesem Tatbestand fehlt bislang.
54 Kottmann 1996, S. 197.
55 Liebhart 1998, S. 136.

56 Krausen 1977, S. 393–433. Leider findet sich in der Helvetia Sacra in den dort jüngst neu beschriebenen Konventen kein Hinweis auf diese Zahlen.
57 Schneider 1976, S. 269ff.
58 Mosler 1965, S. 237–253.
59 Ebd., S. 197ff.; Schneider 1976, S. 77.
60 Ebd.
61 Vgl. dazu die sehr genaue Aufschlüsselung der Altersstruktur des Konvents von Fürstenfeld bei Klemenz 1997, S. 72f.; auch bei Krausen 1977 ergibt sich ein ähnliches Ergebnis.
62 Krausen 1980, S. 268f.
63 Schlichting 1980, S. 275ff., zeigt den richtigen Ansatz.
64 Beispielhaft hier Himmerod, vgl. Schneider 1976, S. 81ff. und Raitenhaslach, vgl. Krausen 1977, S. 157ff.
65 Schneider 1986, S. 139ff., nennt neben den Theologen auch Historiker und Naturwissenschaftler; vgl. dazu Krausen 1980, S. 280ff.
66 Schneider 1976, S. 108ff.; Krausen 1980, S. 162ff.
67 Schneider 1976, S. 88f.
68 Ein erster Schritt in diese Richtung ist Wollenberg 1998, S. 337ff.
69 Nach Stutzer 1980, S. 291.
70 Vgl. Wollenberg 1998, S. 356.
71 Ebd., S. 355f.; ferner Wollenberg 1995, S. 305–338; sowie Wollenberg 1996, S. 67–116.
72 Stutzer 1980, S. 292f.
73 Ebd., S. 294.
74 Vgl. dazu Grüger 1982, S. 133ff.
75 So ebd., S. 137 sinngemäß.

IV. 3: Die Säkularisationen des 18. und 19. Jahrhunderts

1 Umfassend dazu die Übersicht von Kunzmann/Burkard/Wiedmann 1991, S. 103ff. Vgl. ferner Aufklärung, in: LThK 1, Freiburg i. Br. [2]1957, Sp. 1056ff.; Aufklärung, in: LThK 1, Freiburg i. Br. [3]1993, Sp. 1207ff.; Köhler 1970, S. 368ff.
2 Vgl. dazu umfassend Aubert 1971, S. 3ff., der im Bereich des Klosterwesens interessanterweise selbst eher Positionen der Aufklärung vertritt, ohne daß dabei negative Vorgänge in den Klöstern beschönigt werden sollen.
3 Beispielhaft ist dafür das Gedicht bei Scheglmann, Bd. 1 1903, S. 7f., das der Jesuit P. Johann Baptist Seidl in Landshut einem Pseudopolitikus in den Mund legte. Aubert 1971, S. 19; Haderstorfer 1967, S. 94f.; ferner Eberl 1978, S. 188f.
4 Vgl. Aubert 1971, S. 3ff.; Braubach 1974, S. 136f.
5 Aubert 1971, S. 7.
6 Ebd., S. 8.
7 Schneider 1970, S. 626ff.
8 Canivez 1926, S. 55f., S. 222.
9 Aubert 1971, S. 25; Bouton, Bd. 3 1968, S. 405ff.
10 Aubert 1971, S. 25.
11 Lekai 1958, S. 130.
12 Aubert 1971, S. 20.
13 Ebd., S. 46.
14 Erzberger 1902, S. 5; vgl. auch Konferenzen und Verträge, Bd. 3 1958, S. 211ff.

15 Erzberger 1902, S. 7ff.; dazu vgl. auch Raab 1970, S. 546.
16 Konferenzen und Verträge, Bd. 3 1958, S. 215ff.
17 Ebd., S. 219ff.
18 Raab 1970, S. 547.
19 Protokoll der Reichsdeputation, Bd. 1–6 1803; Konferenzen und Verträge, Bd. 3 1958, S. 221ff.; Freiin v. Oer 1978, S. 9ff.; Klueting 1980.
20 Raab 1970, S. 550.
21 Vgl. dazu Scheglmann, Bd. 1 1903; Handbuch der bayerischen Geschichte, Bd. 2, München 1969, S. 1102.
22 Lekai 1958, S. 133.
23 Aubert 1971, S. 49ff.
24 Pacaut 1993, S. 339.
25 Aubert 1971, S. 93ff.; weitere Literatur vgl. ebd., S. XXIIIff.
26 Aubert 1971, S. 97; Lekai 1958, S. 133; Pacaut 1993, S. 339.
27 Ein Überblick dazu bei Masoliver 1987, S. 538ff. mit weiterer Literatur ebd., S. 561f.
28 Lekai 1958, S. 133.
29 Aubert 1971, S. 159, der eine Dekadenz der Orden feststellt, zieht diese Belastungen der kontemplativen Konvente für sein Urteil zu wenig heran.
30 Masoliver 1987, S. 540f.
31 Lekai 1958, S. 133.
32 So Roth 1980, S. 303.
33 Ebd.
34 Lekai 1958, S. 132.
35 Roth 1980, S. 303
36 Vgl. dazu Pacaut 1993, S. 340; Krausen 1980, S. 283.

V. 1: Der Wiederaufstieg bis 1892

1 Zakar 1967, S. 244ff.
2 Ebd.
3 So Sommer-Ramer 1982, S. 52.
4 Zakar 1967, S. 248f.
5 Sommer-Ramer 1982, S. 53.
6 Zakar 1967, S. 250f.
7 Ebd., S. 250 Anm. 3 und 4.
8 Wostri 1968, S. 189.
9 Ebd., S. 210.
10 Ebd., S. 201ff.
11 Lekai 1958, S. 137.
12 Kervingant 1989, S. 21.
13 Bouton, Bd. 3 1968, S. 409; Kervingant 1989, S. 61f.
14 Bouton, Bd. 3 1968, S. 409.
15 Ebd., S. 410f.
16 Kervingant 1989, S. 71ff.; weitere Literatur vgl. Bouton, Bd. 3 1968, S. 421
17 Bouton, Bd. 3 1968, S. 413.
18 Ebd., S. 415; Kervingant 1989, S. 68.
19 Ebd., S. 284ff.
20 Ebd., S. 290.
21 Ebd., S. 361; Lekai 1958, S. 138.

22 Kervingant 1989, S. 316f.
23 Bouton, Bd. 3 1968, S. 415f.
24 Ebd., S. 416.
25 Ebd., S. 417f.; vgl. auch ebd., S. 421–424 mit genauen Einzelheiten.
26 Ebd., S. 418f.; Kervingant 1989, S. 363 mit Erläuterungen ab, S. 358.
27 Bouton, Bd. 3 1968, S. 419.
28 Kervingant 1989, S. 363.
29 Bouton, Bd. 3 1968, S. 420.
30 Ebd., S. 437.
31 Ebd., S. 440.
32 Ebd.
33 Sommer-Ramer 1982, S. 54; vgl. Masoliver 1988, S. 185, nach ihm amtierte er 1814–8. Februar 1820.
34 Roth 1980, S. 303.
35 Bouton, Bd. 3 1968, S. 433.
36 Masoliver 1988, S. 185.
37 Sommer-Ramer 1982, S. 54f.; Bouton, Bd. 3 1968, S. 433.
38 Masoliver 1988, S. 185. Generalpräses Fontana amtierte 30. April 1825–21. Januar 1826. Der ihm folgende Wenceslao Nasini amtierte 24. Januar 1826–2. Mai 1830.
39 Ebd., S. 434.
40 Ebd., S. 449.
41 Nach Roth 1980, S. 303. Ob der Orden in seinen einzelnen Kongregationen und Konventen tatsächlich so einheitlich mit den nationalpolitischen Zielen seiner Zeit war, wäre weiter zu prüfen.
Vgl. jetzt auch Schneider, Neue Quellen 1986, S. 3ff.
42 Bouton, Bd. 3 1968, S. 435; Roth 1980, S. 304; Lekai 1958, S. 137.
43 Lekai 1958, S. 137f.; Bouton, Bd. 3 1968, S. 435f.
44 Nach Masoliver 1988, S. 185, sind zu nennen Nivardo Maria Tassini (14. Mai 1835–13. April 1845); Livio Fabretti (15. April 1845–1850); Tommaso Mossi (7. Juni 1850–Juni 1853).
45 Ebd., S. 186. Er amtierte 5. September 1853–15. April 1856.
46 Ebd. Er amtierte 15. April 1856–29. April 1879. Ein Dekret der Kongregation für die Bischöfe und Ordensgeistlichen vom 27. März 1868 verlieh ihm den Titel *Abbas generalis totius Ordinis Cister ciensis.*
47 Sommer-Ramer 1982, S. 56.
48 Zakar 1988, S. 201ff.
49 Sommer-Ramer 1982, S. 57.
50 Roth, S. 304.
51 Sommer-Ramer 1982, S. 57, hat diese Behauptung aus der Ordensgeschichtsschreibung übernommen.
52 Masoliver 1988, S. 186.
53 Bouton, Bd. 3 1968, S. 411.
54 Ebd., S. 442–444.
55 Roth 1980, S. 304, nennt als besonderes Faktum die Taufe des Abtes Maurus Kalkum (1878–1893) durch einen Mönch des alten Konvents Marienstatt vor der Säkularisation. Wenn dieser Vorgang auch die Biographie des Abtes und dessen Entscheidung, Marienstatt wieder zu besiedeln, entscheidend beeinflußt haben mag, dürfte für Wettingen-Mehrerau doch wohl die von Wettingen

stammende Tradition der wesentlich entscheidendere Einfluß durch das Mönchtum aus der Zeit vor der Säkularisation gewesen sein.

56 Roth 1980, S. 304f.

57 Bouton, Bd. 3 1968, S. 446.

58 Die seit 1880 erscheinende Zeitschrift »Studien und Mitteilungen zur Geschichte des Benediktinerordens und seiner Zweige«, die sich vorrangig mit Themen der benediktinischen Klostergeschichte befaßte, nahm auch immer wieder Themen zur Geschichte des Zisterzienserordens und seiner Klöster auf. Die Zeitschrift wurde von Anfang an von Benediktinern herausgegeben.

59 CistC 3 (1891) Nr. 32.

60 Masoliver 1988, S. 186; Schneider 1996, S. 136ff.

61 Lekai 1958, S. 141; Roth 1980, S. 305.

62 Lekai 1958, S. 141.

63 Dazu ausführlich Bouton, Bd. 3 1968, S. 454.

64 Ebd., S. 447f.

V. 2: Der geteilte Orden seit 1892 bis zur Gegenwart

1 Bouton, Bd. 3 1968, S. 446f. Vgl. auch Stark 1992, S. 105ff.

2 Vgl. jetzt Masoliver 1988, S. 187 und ebd. Anm. 90.

3 Zakar/Schneider 1989, S. 276–428.

4 Vgl. Heimbucher 1965, S. 363ff.

5 Cîteaux (ordre), in: DHGE, Bd. 12, Paris 1953, Sp. 996.

6 Nach Heimbucher 1965, S. 344, hat es sich dabei um die Kongregation von Sénanque gehandelt, da sie eine zwischen den beiden Observanzen in der Mitte liegende Regel befolgte.

7 LThK, Bd. 10 [2]1965 Sp. 322.

8 Bouton, Bd. 3 1968, S. 461–468; eine Auflistung gibt Heimbucher 1965, S. 366f., die den Stand des Ordens etwa um 1932 wiedergibt.

9 Nach Masoliver (wie Anm. 2), S. 187, übte er sein Amt vom 8. Oktober 1904–18. September 1922 aus. Er resignierte, wurde am 16. August 1923 zum Titularerzbischof von Melitene ernannt und starb in Cîteaux am 6. September 1927.

10 Heimbucher 1965, S. 368. Vgl. dazu auch die dort Anm. 1 genannte Literatur sowie zur weiteren Entwicklung im Überblick LThK, Bd. 7 [2]1962 Sp. 51f. bzw. LThK, Bd. 6 [3]1999 Sp. 1361f.

11 Masoliver 1988, S. 188 und ebd. Anm. 92: Abt von Melleray 1912–1922. Er starb als Generalabt in Rom am 25. Februar 1929.

12 Ebd., S. 188. Er starb im Amt am 4. Januar 1943.

13 Bock 1955, S. 159ff.

14 Bd. 1 (1934/1935)–26 (1964).

15 Ab Band 27 (1965) bis zur Gegenwart.

16 Bouton, Bd. 3 1968, S. 470.

17 Lekai 1958, S. 144.

18 Bouton, Bd. 3 1968, S. 470.

19 Chronique de guerre de nos Abbayes, in: CCi 7 (1945), S. 161–251.

20 Masoliver 1988, S. 188: 1. Mai 1946–15. September 1951. Nach seiner Resignation starb er 30. November 1957.

21 Abbé de Chimay, Introduction au Huitième Centenaire, in: CCi 8 (1946), S. 91–97.

22 Bouton, Bd. 3 1968, S. 471.

23 »Cîteaux in de Nederlanden«; dieser Titel blieb bis Bd. 9 bestehen und wurde dann in »Cîteaux – commentarii cistercienses« abgewandelt.
24 Masoliver 1988, S. 188; A. F., Le Révérendissime Père Dom Gabriel Sortais Archiabbé de Cîteaux, sixième Abbé Général de l'Ordre des Cisterciens de la Stricte Observance 1902–1963, in: CCi 25 (1963), S. 325–342. Er war Generalabt 7. November 1951–13. November 1963.
25 Masoliver 1988, S. 188; CCi 26 (1964), S. 1f.: 16. Januar 1964–6. Mai 1974 Generalabt.
26 Hermans 1966, S. 138ff.; vgl. auch Hermans 1966, S. 35ff.
27 Masoliver 1988, S. 188; vgl. dazu auch Collectanea Cisterciensia 36 (1974), S. 181f.
28 Zakar/Schneider 1989, S. 398.
29 Sommer-Ramer 1982, S. 58.
30 Ebd.; Lekai 1958, S. 144.
31 Masoliver 1988, S. 186: 17. Juni 1891–2. Oktober 1900.
32 Ebd. 2. Oktober 1900–25. Juni 1920; vgl. auch Schedl 1995, S. 111–320.
33 Masoliver 1988, S. 186: 7. September 1920–31. Juli 1927. Nach dem Rücktritt als Generalabt weiterhin Abt von Wettingen-Mehrerau, † 22. September 1949; vgl. dazu A. Kottmann, Wettingen-Mehrerau, in: Helvetia Sacra Abt. III Die Orden mit Benediktinerregel, Bd. 3 Teil 1, Bern 1982, S. 499f.
34 Sommer-Ramer 1982, S. 58; Lekai 1958, S. 145; Roth 1980, S. 305.
35 Masoliver 1988, S. 186: 1. August 1927–21. Januar 1936; Roth 1980, S. 307; Lekai 1958, S. 145; geb. 20. Februar 1881 in Tilburg (Niederlande); Trappist in Achel 1901–1903; Einkleidung in Onzenoort (Pont Colbert) 15. August 1903; zeitliche Profeß für Pont Colbert 20. August 1904; feierliche Profeß 8. September 1907; Priesterweihe 17. Dezember 1910; Wahl zum Abt von Pont Colbert 2. Oktober 1924; † 23. April 1950 in Hilversum (Niederlande).
36 Sommer-Ramer 1982, S. 58; weist daraufhin, daß die Kongregation von Casamari seit der Französischen Revolution keine nähere Verbindung mit Klöstern der strengen Observanz gehabt hätte. Dennoch war sie 1892 von dieser zur Gründung des neuen Ordens nach Rom geladen worden.
37 Lekai 1958, S. 146f.
38 Masoliver 1988, S. 187: 15. September 1937–21. September 1950. Geb. 1879 in Pisoniano (Italien). Einkleidung 2. Februar 1894; zeitliche Profeß 11. Februar 1895; feierliche Profeß 21. März 1899; Priesterweihe 10. August 1901; Dr. phil.; Prior von, S. Maria dei Lumi 14. August 1910; Wahl zum Abt von, S. Croce 6. August 1925; zugleich Präses der Congregation, S. Bernardi in Italien; † 11. Januar 1955 in Rom.
39 Die alten Zisterzen Andrejow, Mogila und Wachock wurden wieder besiedelt.
40 Sommer-Ramer 1982, S. 58; Lekai 1958, S. 148.
41 Unter diesen Namen erschienen die Bände 1 (1945)–20 (1964). Ab Bd. 21 (1965) bis heute trägt sie den neuen Namen *Analecta Cisterciensia*.
42 Masoliver 1988, S. 187; Tomann 1987, S. 148ff.: 21. September 1950–10. Februar 1953. Geb. 1894 in Sacherles (Böhmen); Einkleidung 26. Juli 1914; feierliche Profeß für Hohenfurt 4. August 1918; Priesterweihe 22. Juni 1919; Dr. jur. can.; Ernennung zum Titularabt von Clairvaux 10. Dezember 1945; Vicarius Generalis 1948; † 10. Februar 1953; begraben im Kloster Poblet.
43 Masoliver 1988, S. 187; Tomann 1987, S. 148ff.; Helvetia Sacra Abt. III Teil 1, 1982, S. 244: 8. März 1953 bis 28. August 1985. Geb. 7. Oktober 1904 in Bre-

genz (Bodensee); Priesterweihe 16. September 1928; Einkleidung 13. November 1928; zeitliche Profeß für das Kloster Mehrerau 14. November 1929; feierliche Profeß 16. Oktober 1932; Dr. theol. 1931; Prior von Hauterive 24. Dezember 1939; Resignation 14. November 1950; Generalprokurator des Ordens 21. September 1950; zum Titularabt von Morimond ernannt 10. Oktober 1950; Wahl zum Generalabt 8. Mai 1953; Resignation 27. April 1985; vom Hl. Stuhl angenommen 28. August 1985; † 5. Dezember 1995; begraben in Hauterive.

44 Dazu vgl. Roth 1980, S. 307f.

45 K. Spahr, Das Generalkapitel 1968, in: CistC 92 (1968), S. 161–180. dazu auch Schneider 1986, S. 47.

46 So Roth 1980, S. 309.

47 Masoliver 1988, S. 187; M. Tomann, Die Generaläbte des Zisterzienserordens, in: Internet http://www.ocist.com/abbg.htm: 2. September 1985–2. September 1995. Geb. 8. Juni 1930 in O'kér (Zmajewo)/Jugoslawien; Einkleidung 29. August 1948; zeitliche Profeß für Zirc/Ungarn 30. August 1949; feierliche Profeß 1. Januar 1954; Priesterweihe 4. September 1955; Abtpräses der Kongregation von Zirc in Ungarn.

48 Tomann (wie Anm. 47): Geb. 10. Juli 1933 in Gironella (Katalonien)/Spanien; Einkleidung 7. September 1958; zeitliche Profeß für Poblet 8. September 1959; Priesterweihe 18. März 1967; Wahl zum Abt von Poblet 17. November 1970; Abtsweihe 13. November 1972.

49 http://www.ocist.com/brief.htm.

50 So Roth 1980, S. 309f.

51 LThK, Bd. 10, ³2001, Sp. 1467f.

52 LThK, Bd. 10, ²1965, Sp. 1386f.

53 Mitteilung von P. Meinrad Josef Tomann, Piazza del Tempio di Diana, 14, I-00153 Roma, dem für diese Unterstützung herzlicher Dank gesagt sei.

54 Lekai 1958, S. 348f.

55 Internet: http://www.rc.net/ocso/stats99m.htm.

2. *Abkürzungen*

AB	Analecta Bollandiana
ASOC	Analecta Sacri Ordinis Cisterciensis (1945–1964)
ACi	Analecta Cisterciensia (1965ff.)
AEM	Annuario de estudios medievales
BDLG	Blätter für deutsche Landesgeschichte
CCi	Collectanea Ordinis Cisterciensium Reformatorum (1935ff.)
CistC	Cistercienser Chronik (1889ff.)
CSS	Cistercian Studies Series
Ders./Dies.	Derselbe/Dieselbe
DHGE	Dictionnaire d'Histoire et de Géographie ecclésiastique
DSp	Dictionnaire de Spiritualité ascétique et mystique
Ebd./ebd.	Ebendort/ebendort
FDA	Freiburger Diözesan-Archiv
fl	Gulden
FUB	Fürstenbergisches Urkundenbuch
h	Heller

Hg./hg.	Herausgeber/herausgegeben
lb	Pfund
LexMA	Lexikon des Mittelalters
LThK	Lexikon für Theologie und Kirche
MIÖG	Mitteilungen d. Inst. f. Österr. Geschichtsforschung
PL	Patrologia Latina, Migne, Paris 1878ff.
RB	Regula Benedicti
RHE	Revue d'histoire ecclésiastique
RJKG	Rottenburger Jb. f. Kirchengeschichte
SMOSB	Studien u. Mitt. zur Gesch. d. Benediktinerordens und seiner Zweige
ZBLG	Zeitschrift für Bayerische Landesgeschichte
ZGO	Zeitschrift für die Geschichte des Oberrheins
ZSKG	Zeitschrift für Schweizerische Kirchengeschichte
ZRG KA	Zeitschrift der Savigny-Stiftung für Rechtsgeschichte Kanonistische Abteilung
ZSKG	Zeitschrift für Schweizerische Kirchengeschichte
ZWLG	Zeitschrift für Württembergische Landesgeschichte

3. Quellen

The account-book of Beaulieu Abbey, hg. von S. Frederick Hockey, London 1975

Acta Salemitana, hg. von F. L. Baumann, in: ZGO 31 (1879) S. 47–140

Aelredi Rievallensis Opera omnia I. Opera ascetica, hg. von A. Hoste und C. H. Talbot (Corpus christianorum continuatio medievalis, 1), Turnholt 1971

Annales Monasterii de Waverleia, hg. von H. R. Luard (Annales Monasterii II), London 1865

Annals of Cîteaux siehe *Nicolas Cotheret's Annals of Cîteaux*

Archiv des Stifts Loccum, Heft 1 bis zum Jahr 1300, hg. von W. v. Hodenberg (Calenberger Urkundenbuch, 3. Abt.), Hannover 1858

The Beaulieu Cartulary, hg. von S. F. Hockey, with an introduction by P. D. A. Harvey and S. F. Hockey (Southampton Records Series, 17), Southampton 1974

H. Brem/A. M. Altermatt (Hg.), *Einmütig in der Liebe. Die frühesten Quellentexte von Cîteaux*. Antiquissimi Textus Cistercienses lateinisch-deutsch (Quellen und Studien zur Zisterzienserliteratur, 1), Langwaden 1998

J. M. Canivez (Hg.), *Statuta Capitulorum generalium Ordinis Cisterciensis* ab anno 1116 ab annorum 1786, Bd. 1–8 (Bibl. de la Revue eccl. 9–14B), Louvain 1933–1941 Ergänzungen vgl. bei B. Griesser)

Cartulaire de Berdoues, hg. von J.-M. Cazauran, Paris/La Haye 1905

Cartulaire de l'abbaye de Bonnecombe, Bd. 1, hg. von P. A. Verlaguet, Rodez 1918–1925

Cartulaire de l'abbaye N.-D. de Bonnevaux au diocèse de Vienne, ordre de Cîteaux, hg. von U. Chevalier, Grenoble 1889

Cartulaire de l'abbaye de Boulancourt, hg. von C. Lalore, Troyes 1869

Cartulaire de l'abbaye de Cambron, hg. von J. J. Smet, Bruxelles 1869

Cartulaire de l'abbaye royale de N. D. des Chatelliers, hg. von L. Duval, Niort 1872

Cartulaire de l'abbaye de Flines, hg. von E. Hautcoeur, Lille 1873

Cartulaire de l'abbaye de Gimont, hg. von A. Clergeac, Paris/Auch 1905

Cartulaire de l'abbaye de Notre-Dame de La Trappe, hg. von le Comte de Charencey, Alençon 1889

Cartulaire de Molesme, Bd. 1–2, hg. von J. Laurent, Paris 1907–1911
Cartulaire de l'abbaye cistercienne d'Obazine (XIIe–XIIIe siècle), hg. von B. Barrière, Clermont-Ferrand 1989
Cartulaire de l'abbaye d'Orval depuis l'origin de ce monastère jusqu'à l'année 1365 inclusivement, hg. von P. H. Goffinet, Bruxelles 1879
Cartulaire de l'abbaye de N. D. d'Ourscamp de l'ordre de Cîteaux, hg. von M. Peigné-Delacourt, Amiens 1865
Cartulaire de l'abbaye cistercienne de Perseigne, hg. von G. Fleury, Mamers 1880
Cartulaire de Poblet. Edició del Manuscrit de Tarragona, Barcelona 1938
Le premier Cartulaire de l'abbaye de Pontigny (XIIe–XIIIe siècles), hg. von M. Garrigues (Collection de Documents inédits sur l'Histoire de France, 14), Paris 1981
Cartulaire de l'abbaye de Silvanès, hg. von P. A. Verlaguet, Rodez 1910
Cartulaire de l'abbaye cistercienne du Val-Dieu (XIIe–XIVe siècle), hg. von J. Ruwet, Bruxelles 1955
Cartulaire général de l'Yonne, hg. von M. Quantin, Bd. 1–2, Auxerre 1854–1860
Chartes des Cisterciens de Saint-Benoît-en-Woëvre des origines à 1300, hg. von J. Denaix, Verdun 1959
Chartes du XIIe siècle de l'Abbaye de Villers-en-Brabant, hg. von E. de Moreau, Louvain 1905
Chartes et Documents de l'abbaye de N.-D. d'Aiguebelle, hg. von Commission d'histoire de l'ordre de Cîteaux, Bd. 1–2 (Études et Documents, 2 et 7), Lyon 1954–1969
Chartes et documents concernant l'abbaye de Cîteaux 1098–1182, hg. von J. Marilier, Rom 1961
M. Chibnall (Hg.), *The Ecclesiastical History of Orderic Vitalis*, Bd. 1–6, Oxford 1969–1980
Chronica et cartularium monasterii de Dunis, hg. von F. van de Putte, Bruges 1864
Chronicon Riddagshusense – Heinrich Meiboms Chronik des Klosters Riddagshausen 1145–1620, hg. von G. Zimmermann (Braunschweiger Werkstücke Reihe A, 19), Braunschweig 1983
Die Chronik des Klosters Kaisheim, verfaßt vom Cistercienser Johann Knebel im Jahre 1531, hg. von F. Hüttner (Bibliothek des litterarischen Vereins Stuttgart, 226), Tübingen 1902
Chronik von Salmannsweiler von 1134 bis 1210, in: Quellensammlung der badischen Landesgeschichte, 1, hg. v. F. J. Mone, Karlsruhe 1848, S. 176–180
Chronik von Salmannsweiler von 1134 bis 1337, bearb. von F. Mone, in: Quellensammlung der badischen Landesgeschichte, 3, hg. von F. J. Mone, Karlsruhe 1863, S. 18–41
Das Cistercienserkloster Marienstatt im Mittelalter. Urkundenregesten, Güterverzeichnisse und Nekrolog, bearb. von W. H. Struck (Veröffentlichungen der Historischen Kommission für Nassau, 18), Wiesbaden 1965
Codex diplomaticus Salemitanus, Urkundenbuch der Cisterzienserabtei Salem, hg. von F. v. Weech, Bd. 1–3, Karlsruhe 1883–1895
Codex Dunensis sive Diplomatum et chartarum medii aevi amplissima collectio, hg. von J. B. M. C. Baron Kervyn de Lettenhove, Brüssel 1875
Codex Esromensis. Esrom Klosters Brevbog, hg. von O. Nielsen, København 1880/81
J. de la Croix Bouton et J.-B. van Damme (Hg.), *Les plus anciens textes et notes historiques* (Studia et Documenta, 2), Achel ²1985

J.-B. van Damme (Hg.), *Documenta pro Cisterciensis Ordinis historiae ac juris studio*, Westmalle 1969

Exordium Cistercii nach Ms. 1207 von St. Geneviève – Paris, hg. von J. A. Lefèvre, in: CCi 16 (1954) S. 96–104

Exordium Magnum Cisterciense sive Narratio de initio Cisterciensis Ordinis, hg. von B. Grießer (Series Scriptorum S. Ordinis Cisterciensis, 2), Rom 1961

Exordium parvum, hg. von C. Noschitzka, in: ASOC 6 (1950) S. 6–22

Giraldus Cambrensis Opera, hg. von J. S. Brewer, 4: Speculum Ecclesiae, London 1873

B. Griesser (Hg.), *Registrum epistolarum Stephani Lexington* Pars II, in: ASOC 8 (1952) S. 224–232

B. Griesser (Hg.), *Ungedruckte Texte zur Zeichensprache in den Klöstern*, in: ASOC 3 (1947) S. 111–137

B. Griesser (Hg.), *Die Wirtschaftsordnung des Abtes Stephan Lexington für das Kloster Savigny (1230)*, in: CistC 58 (1951) S. 13–28

H. Grüger (Hg.), *Das Trebnitzer Rechnungsbuch von 1523–1524* (Historische und Landeskundliche Ostmitteleuropa-Studien, 1), Marburg 1986

P. Guignard (Hg.), *Les monuments primitifs de la Règle cistercienne publiée* d'*après les manuscrits de l'abbaye de Cîteaux* (Analecta Divionensia, 1er série, 10), Dijon 1878

R. P. C. Henriquez, *Menologium, Regula, Constitutiones et Privilegia ordinis cisterciensis*, Bd. 1–2, Anvers 1630

Inventaire des archives de l'abbaye de La Ramée à Jauchelette 1: 1204–1501, hg. von G. Despy und A. Uyttebrouck, Bruxelles 1970

Inventaire analytique et chronologique des archives de l'abbaye du Val-St-Lambert, lez-Liège, hg. von J. G. Schoonbroodt, Bd. 1–2, Liège 1875–1880

Inventaire des archives de l'abbaye de Villers, hg. von G. Despy, Bruxelles 1959

Kloster Haina. Regesten und Urkunden, Bd. 1–2, bearb. von E. G. Franz (Veröffentlichungen der Historischen Kommission für Hessen und Waldeck 9, Klosterarchive und Urkunden, 5–6), Marburg 1962–1970

Konferenzen und Verträge, Band 3, bearb. von A. K. G. Rönnefarth, Würzburg 1958

J. Leloczky, *Constitutiones et Acta Capitulorum Strictioris Observantiae Ordinis Cisterciensis (1624–1687)* (Bibliotheca Cisterciensis, 4), Rom 1967

*Les Ecclesiastica Officia Cisterciensia du XII*e *siècle*, hg. von D. Choisselet et P. Vernet (La Documentation Cistercienne, 22), Oelenberg 1989

The Letters of St. Bernard of Clairvaux, translated by B. S. James, Phoenix Mill-Thrupp-Stroud 1998

Liber fundationum monasterii Zwetlensis. Das »Stiftungen-Buch« des Cistercienser-Klosters Zwettl, hg. von J. von Frast (Fontes Rerum Austriacarum 2. Abt., 3), Wien 1851

Livre des anciennes donations faites à l'abbaye de Hauterive de l'ordre de Cîteaux, hg. von J. Gremaud, in: Archives de la Société d'Histoire du canton de Fribourg 6 (1896), S. 1–168

Marienroder Urkundenbuch, bearb. von W. Böttger (Calenberger Urkundenbuch, 4), Hannover 1859

Matthaei Parisiensis, monachi Sancti Albani. Chronica Maiora 5 (Rerum Britannicarum Medii Aevi Scriptores, 57), London 1880, NDr. Wiesbaden 1964

L. Meschet (Hg.), *Privilèges de l'ordre de Cîteaux* recueillis et compilez de l'autorité du Chapitre général, Paris 1713

Nicolas Cotheret's Annals of Cîteaux, hg. von L. J .Lekai (CSS 57), Kalamazoo 1982
Nomasticon Cisterciense seu antiquiores Ordinis Cisterciensis constitutiones, Editio nova, hg. von H. Sélajon, Solesmes 1892
C. Noschitzka, *Codex manuscriptus 31 Bibliothecae Universitatis Labacensis*, in: ASOC 6 (1950) S. 1–124
Ordericus Vitalis, Historia Ecclesiastica, in: Migne, Patrologia Latina, Bd. 188, S. 10–984
Otto von Freising, Chronik oder Die Geschichte der zwei Staaten, hg. von W. Lammers, übersetzt von A. Schmidt, Darmstadt [3]1974
Papsturkunden in Portugal, hg. von C. Erdmann (Abh. d. Ges. der Wiss. zu Göttingen, phil.-hist. Kl. NF 20,3), Berlin 1927
J. Paris, *Nomasticon Cisterciense seu antiquiores ordinis Cisterciensis constitutiones* ..., Paris 1664
F. de Place, G. Ghislain et J.-C. Christoph (Hg.), *Cîteaux. Documents primitifs*, Texte latin et Traduction française, Achel 1988
Le Polyptique de l'abbaye de Villers (1272), hg. von E. de Moreau et J. B. Goetstouwers, in: Analectes pour servir à l'histoire ecclésiastique de la Belgique 32 (3. Série, 2), Louvain 1906, S. 367–466 und 33 (3. Série, 3), Louvain 1907, S. 115–163 und S. 348–432
Protokoll der außerordentlichen Reichsdeputation zu Regensburg, Band 1–6, Regensburg 1803
Recueil des actes de l'abbaye cistercienne de Bonnefont en Comminges, hg. von C. Samaran und C. Higounet, Paris 1970
Recueil des Chartes de l'abbaye de Clairvaux (XIIe siècle, Fasc. 1), hg. von J. Waquet, Troyes 1950
Recueil des Chartes et Documents de l'abbaye du Val-Saint-Georges à Salzinnes (Namur) 1196/1197–1300, hg. von E. Brouette (Cîteaux Commentarii Cistercienses, Studia et Documenta, 1), Achel 1971
Recueil des Pancartes de l'abbaye de La Ferté-sur-Grosne 1113–1178, hg. von G. Duby (Thèse complémentaire pour le Doctorat), Paris 1953
Regesten zur Geschichte des Benediktinerinnenklosters Urspring bei Schelklingen 1127–1806, bearb. von I. Eberl (Schriften zur südwestdeutschen Landeskunde, 14), Stuttgart 1978
Registrum epistolarum Stephani de Lexington, abbatis de Stanlegia et de Savigniaco, hg. von B. Griesser, in: ASOC 2 (1946), S. 1–118
Das Tennenbacher Güterbuch (1317–1341), bearb. von M. Weber u. a. (Veröffentl. der Kommission für geschichtliche Landeskunde in Baden-Württemberg, Reihe A, 19), Stuttgart 1969
Die Traditionsnotizen des Klosters Raitenhaslach, hg. von K. Dumrath, (Quellen und Erörterungen zur bayerischen Geschichte, NF 7), München 1938
J. Turk (Hg.), *Charta caritatis prior*, in: ASOC 1 (1945), S. 11–61
Ders. (Hg.), *Cistercii Statuta Antiquissima*, in: ASOC 4 (1949), S. 1–159
Unbekannte Generalkapitelstatuten, Ergänzungen zu Canivez, hg. von B. Griesser, in: CistC 64 (1957), S. 41–60
Das älteste Urbar des Cistercienserklosters Langheim (um 1390), bearb. von F. Geldner (Veröffentlichungen der Gesellschaft für fränkische Geschichte, 10. Reihe, 3), Würzburg 1952
Die ältesten Urbare des Reichsstiftes Kaisheim 1319–1352, bearb. von H. Hoffmann (Schwäb. Forschungsgemeinschaft Reihe 5 Urbare Band 1), Augsburg 1959

Urkundenarchiv des Klosters Bebenhausen, hg. von Dambacher, in: ZGO 3 (1852), S. 98–128, S. 196–227, S. 322–355, S. 414–449; 4 (1853), S. 97–128

Urkundenarchiv des Klosters Herrenalb, hg. von Dambacher, in: ZGO 1 (1850), S. 92–128, S. 224–256, S. 354–384, S. 476–498; 2 (1851), S. 99–128, S. 216–256, S. 356–384, S. 449–481; 5 (1854), S. 206–223, S. 331–360, S. 440–468; 6 (1855), S. 65–91, S. 190–225, S. 322–358; 7(1856), S. 66–85; 8 (1857), S. 327–343, S. 437–451; 9 (1858), S. 97–106

Urkundenarchiv des Klosters Lichtenthal, hg. von Dambacher, in: ZGO 6 (1855), S. 440–466; 7 (1856), S. 85–99, S. 195–228, S. 351–384, S. 453–492; 8 (1857), S. 72–105, S. 195–230, S. 343–357, S. 451–463; 9 (1858), S. 106–127

Urkundenbuch der Abtei Altenberg, bearb. von H. Mosler, Bd. 1–2 (Urkundenbücher der geistlichen Stiftungen des Niederrheins, 3, 1–2), Bonn 1912–Düsseldorf 1955

Urkundenbuch des Klosters Arnsburg in der Wetterau, hg. von L. Baur, Darmstadt 1849

Urkundenbuch des Klosters Dobrilugk und seiner Besitzungen, hg. von R. Lehmann (Urkundenbuch zur Geschichte des Markgrafentums Niederlausitz, 5), Leipzig/Dresden 1941

Urkundenbuch der Abtei Eberbach im Rheingau, Bd. 1–3, bearb. von K. Rossel, Wiesbaden 1862–1870

Urkundenbuch des Klosters Frauensee 1202–1540, bearb. von W. Küther, Köln/Graz 1961

Urkundenbuch des ehemaligen Cistercienserstifts Goldenkron in Böhmen, bearb. von M. Pangerl (Fontes Rerum Austriacarum 2. Abt., 37), Wien 1872

Urkundenbuch des Klosters Heiligenkreuztal, hg. von A. Hauber, Bd. 1–2, Stuttgart 1910–1913

Urkundenbuch des Klosters Heisterbach, hg. von F. Schmitz (Urkundenbücher der geistlichen Stiftungen des Niederrheins, 2), Bonn 1908

Urkundenbuch des Klosters Neuzelle und seiner Besitzungen, Bd. 1, hg. von E. Theuner (Urkundenbuch zur Geschichte des Markgraftums Niederlausitz, 1.1), Lübben 1897; Bd. 2, hg. von W. Lippert (Urkundenbuch zur Geschichte des Markgraftums Niederlausitz, 1.2), Dresden 1924

Urkundenbuch des Klosters Otterberg in der Rheinpfalz, hg. von M. Frey und F. X. Remling, Mainz 1845

Urkundenbuch des Klosters Pforte, Bd. 1–2, hg. von P. Böhme (Geschichtsquellen der Provinz Sachsen und angrenzender Gebiete, 33–34), Halle 1893–1915

Urkundenbuch des Klosters Scharnebeck, bearb. von D. Brosius, Hildesheim 1979

Die Urkunden des Reichsstiftes Kaisheim 1135–1287, bearb. von H. Hoffmann (Veröffentl. der Schwäb. Forschungsgemeinschaft bei der Kommission für bayerische Landesgeschichte, Reihe 2a Urkunden und Regesten, 11), Augsburg 1972

Urkunden des Klosters Kamenz, hg. von P. Pfotenhauer (Codex Diplomaticus Silesiae, 10), Breslau 1881

Die Urkunden des Cistercienserstiftes Lilienfeld 1111–1892, bearb. von G. Winner (Fontes Rerum Austriacarum 2. Abt., 81), Wien 1974

Urkunden und Copiar des Klosters Neuenkamp im Königlichen Staatsarchiv zu Wetzlar, bearb. von F. Fabricius (Quellen zur Pommerschen Geschichte, 2), Stettin 1891

Die Urkunden des Klosters Oberschönenfeld, bearb. von K. Puchner (Veröffentl. der Schwäb. Forschungsgemeinschaft bei der Kommission für bayerische Landesgeschichte, Reihe 2a Urkunden und Regesten, …), Augsburg 1953

Die Urkunden des Klosters Raitenhaslach 1034–1350, Bd. 1–2, bearb. von E. Krausen (...) München 1959–1960

Urkunden der Klöster Rauden und Himmelwitz, der Dominicaner und Dominicanerinnen in der Stadt Ratibor, hg. von W. Wattenbach (Codex Diplomaticus Silesiae, 2), Breslau 1859

Die Urkunden des Stifts Walkenried, Bd. 1–2, hg. von C. L. Grotefend (Urkundenbuch des historischen Vereins für Niedersachsen, 2–3), Hannover 1852–1855

Urkundenregesten des Zisterzienserklosters Heilsbronn 1, 1132–1321, bearb. von G. Schuhmann und G. Hirschmann, Würzburg 1957

Urkundenregesten zur Geschichte des Zisterzienserinnenklosters Himmelspforten 1231–1400, bearb. von H. Hoffmann (Regesta Herbipolensia, 4/Quellen und Forschungen zur Geschichte des Bistums und Hochstifts Würzburg, 14), Würzburg 1962

C. Waddell, *The Twelth-Century Cistercian Hymnal* II: The Milanese-Cistercian Recension and the Bernardine Recension, Edition of Texts and Melodies (Cistercian Liturgy Series,1–2), Gethsemani Abbey 1984

Wirtembergisches Urkundenbuch, hg. von dem kgl. Staatsarchiv in Stuttgart, Bd. 1–13, Stuttgart 1849–1913

4. Literatur

G. Abb, Geschichte des Klosters Chorin, in: Jb. f. brandenbg. Kirchengeschichte 7/8 (1911), S. 77–226

G. Abb/G. Wentz, Das Bistum Brandenburg, 1. Teil (Germania Sacra 1. Abt., 1), Berlin/Leipzig 1929

W. Abel, Landwirtschaft 900–1350, in: Handbuch der Deutschen Wirtschafts- und Sozialgeschichte, hg. von H. Aubin und W. Zorn, Bd. 1, Stuttgart 1978, S. 169–273

800 Jahre Kloster Ossegg. Festschrift, Ossegg 1996

G. Aigner, Die Verfassungsgeschichte des Zisterzienserklosters Baumgartenberg in Oberösterreich im Mittelalter, phil. Diss. Wien 1970

A. M. Altermatt, Cîteaux und die drei Gründeräbte des Zisterzienserordens, in: Zisterzienserinnen und Zisterzienser, hg. von A. M. Altermatt, Freiburg/Schweiz 1998, S. 11–25

Ders., Le patrimoine cistercien: introduction aux documents historiques, juridiques et spirituels les plus importants, in Cîteaux Commentarii Cistercienses 38 (1987), S. 264–308

Ders., Die erste Liturgiereform in Cîteaux (ca. 1099–1133), in: RJKG 4 (1985), S. 119–148

Ders., Le patrimoine cistercien, introduction aux documents historiques, juridiques et spirituels les plus importants, in: Cîteaux 38 (1987), S. 264–308

H. Altrichter, Die Zisterzienser in Mähren bis zu Karl IV., Brünn 1943, NDr. Aalen 1979

H. Ammann, Klöster in der städtischen Wirtschaft des ausgehenden Mittelalters, in: Argovia 72 (1960), S. 102–133

Ders., Untersuchungen zur Wirtschaftsgeschichte des Oberrheinraumes 2: Das Kloster Salem in der Wirtschaft des ausgehenden Mittelalters, in: ZGO 110 (1962), S. 371–404

K. Andermann, Zur Besitz- und Wirtschaftsgeschichte des Klosters Maulbronn, in: Maulbronn, Zur 850-jährigen Geschichte des Zisterzenserkloster, Stuttgart 1997, S. 31–42

G. *Appuhn*, Ein denkwürdiger Fund, in: Zeiss-Werkzeitschrift 6 (1958), S. 1–8
Ders., Kloster Wienhausen, Bd. 4: Der Fund vom Nonnenchor, Wienhausen 1973
Ders., Wie alt sind die Nietbrillen von Wienhausen, in: Zeiss-Werkzeitschrift 6 (1958), S. 62–65
P. Arabeyre–M. Bathelier, Atlas de Cîteaux–Le domaine de l'abbaye an XVIIIe siècle, o. O. 1998
H. d'Arbois de Jubainville, Études sur l'état intérieur des abbayes cisterciennes et principalement de Clairvaux aux XIIe et XIIIe siècles, … avec la collaboration de L. Pigeotte, Paris 1858
M. Archdall, Monasticon Hibernicum, London 1786
J.-B. Auberger, L'Unanimité Cistercienne Primitive: Mythe ou Réalité (Studia et Documenta, 3), Achel 1986
M. Aubert, L'architecture cistercienne en France, Bd. 1–2, Paris [2]1947
R. Aubert, Die katholische Kirche und die Revolution, in: Handbuch der Kirchengeschichte, hg. von H. Jedin, Band VI/1, Freiburg i. Br. 1971, S. 1–99
J. Baader, Geschichte des Frauenklosters Nieder-Schönenfeld, Cistercienser-Ordens, in: Archiv für die Geschichte des Bistums Augsburg 1 (1856), S. 173–460
E. Badstübner, Kirchen der Mönche. Die Baukunst der Reformorden im Mittelalter, Berlin 1980
H. Bär, Diplomatische Geschichte der Abtei Eberbach im Rheingau, hg. von K. Rossel, Bd. 1–2, Wiesbaden 1855–1858, fortgeführt von L. Stoff, Bd. 3,1, Wiesbaden 1886
F. Bammer, Das Zisterzienserkloster Neuberg in der Steiermark. Seine Gründung und Geschichte bis zum Tode des Stifters, phil. Diss. Wien 1940
R. Barakat, Cistercian Sign Language. A Study in Non-verbal Communication (CSS 11), Kalamazoo 1975
J. Barrère, La Piéte-Dieu de l'Epau. Construction et Aménagement d'une Abbaye Cistercienne 1230–1365 (Archives Historiques du Maine, 15), Le Mans 1968
G. D. Barnes, Kirkstall Abbey 1147–1539 (The publications of the Thoresby Society, 58), Leeds 1984
B. Barrière, L'abbaye cistercienne d'Obazine en Bas-Limousin. Les origines – le Patrimoine, Tulle 1977
Dies. (Hg.), Moines en Limousin. L'Aventure Cisterciennes, Limoges o. J. (1998)
G. Baskerville, English monks and the Suppression of the Monasteries, London 1937
M. Bathelier siehe *P. Arabeyre*
W. Baxter, The Granges of Holm Cultram, in: Transactions of the Cumberland and Westmoreland Antiquarian and Archaeological Society N. S. 14 (1914), S. 274–280
G. de Beaufort (=*J. de la Croix Bouton*), La charte de charité cistercienne et son évolution, in: RHE 49 (1954), S. 391–437
G. C. M. Becking, Zisterzienserklöster in Europa (Studien zur Geschichte, Kunst und Kultur der Zisterzienser, 11), Berlin 2000
B. B. Bedini, Le abbazie cistercensi d'Italia, Rom 1964
Beiträge zur Wirtschafts- und Kulturgeschichte des Zisterzienserstiftes Stams in Tirol, zusammengestellt von *N. Grass* (Schlern-Schriften 146), Insbruck 1959
R. Békefi, Geschichte des Cistercienser-Ordens in Ungarn von 1142–1814 (1), in: CistC 12 (1900), S. 1–14

D. N. Bell, The Library of Cîteaux in the Fifteenth Century: Primus inter pares or Unus inter multos? in: Cîteaux 50 (1999), S. 103–133

W. Bender, Zisterzienser und Städte. Studien zu den Beziehungen zwischen den Zisterzienserklöstern und den großen urbaren Zentren des mittleren Moselraumes (12.–14. Jahrhundert) (Trierer Hist. Forschungen, 20), Trier 1992.

J. M. Bergen, Die Geschichte der Gastfreundschaft im hochmittelalterlichen Mönchtum: Die Cistercienser, Berlin 1999

C. H. Berman, The Foundation and Early History of the Monastery of Silvanès: the Economic Reality, in: Cistercians Ideals and Reality, hg. von J. R. Sommerfeldt, Kalamazoo 1978, S. 280–318

Bernard de Clairvaux (Commission d'histoire de l'ordre de Cîteaux III), Paris 1953

Bernard de Clairvaux (1090–1153). Histoire – Mentalités – Spiritualité, Congrès Lyon/Cîteaux/Dijon 1990, Paris 1992

A. F. Bernard, L'Abbaye de Tamié. Ses Granges 1132–1793, Grenoble 1967

J.-M. Besse, Province ecclésiastique de Sens (Abbayes et prieurés de l'ancienne France, Bd. 6), Ligugé-Paris 1913

W. Bickel, Die Kunst der Cistercienser, in: Die Cistercienser. Geschichte, Geist, Kunst, hg. von A. Schneider u. a., Köln ^{3}1986, S. 178–316

Ders., Riddagshausen. Untersuchungen zur Baugeschichte der Abteikirche (Braunschweiger Werkstücke Reihe A Bd. 3/19 B), S. 68

G. Binding/M. Untermann, Kleine Kunstgeschichte der mittelalterlichen Ordensbaukunst in Deutschland, Darmstadt ^{2}1993

F. Binhack, Die Äbte des Cistercienser-Stiftes Waldsassen (Programm der K. Studienanstalt Eichstätt 1886/87), Eichstätt 1887

Ders., Geschichte des Cistercienser-Stiftes Waldsassen von der Wiederherstellung des Klosters (1661) bis zum Tode des Abtes Alexander (1756) nach Manuskripten des P. Dionysius Huber, Regensburg/Amberg 1888

T. A. M. Bishop, Monastic Granges in Yorkshire, in: The English Historical Review 51 (1936), S. 193–214

F. Blary, Le Domaine de Chaalis XIIe–XIVe siècles. Approches archéologiques des établissements agricoles et industriels d'une abbaye cistercienne, Paris 1989

F. P. Bliemetzrieder, Der Zisterzienserorden im großen abendländischen Schisma, in: SMOSB 25 (1904), S. 62ff.

B. Bligny, L'Église et les ordres religieux dans le royaume de Bourgogne aux XIe et XIIe siècles, Paris 1960

C. Bock, Les codifications du droit cistercien, in: CCi Reformatorum 9 (1947), S. 249–252, 341–350; 10 (1948), S. 118–127, 278–290; 11 (1949), S. 151–166, 334–352; 12 (1950), S. 101–117, 161–175; 14 (1952), S. 4–29, 191–207; 16 (1954), S. 267–283; 17 (1955), S. 159–185, 253–264; 18 (1956), S. 28–44; Sonderdruck: Westmalle o. J.

C. Bock, Evolution du droit cistercien de la Révolution à nos jours, Le Droit liturgique, in: CCi 17 (1955), S. 159–185.

A. v. Boetticher, Gütererwerb und Wirtschaftsführung des Zisterzienserklosters Riddagshausen bei Braunschweig im Mittelalter (Beihefte zum Braunschweiger Jahrbuch, 6), Braunschweig 1990.

A. Bondéelle-Souchier, Bibliothèques cisterciennes dans la France médiévale. Repertoire des abbayes d'hommes, Paris 1991

P. Bony, An introduction to the study of Cistercian seals the Virgin as mediatrix, then protectrix on the seals of Cistercion abbeys, in: Studies in Cistercian Art and Architecture, Bd. 3, Kalamazoo 1987, S. 201–240

C. B. Bouchard, Cistercian Ideals versus Reality: 1134 reconsidered, in: Cîteaux 39 (1988), S. 217–231

Ders., Holy Entrepeneurs: Cistercians, Knights and Economic Exchange in Twelfth-Century Burgundy, Ithaca and London 1991

Ders., Sword, Miter and Cloister. Nobility and the Church in Burgundy 980–1198, Ithaca 1987

J. de la Croix Bouton, Histoire de l'Ordre de Cîteaux, Bd. 1–3, Westmalle 1959–1964–1968

Ders., Les Moniales Cisterciennes, Bd. 1–2, Aiguebelle 1986–1987

Ders., Saint Bernard et les moniales, in: Mélanges Saint Bernard XXIVe Congrès de l'association bourguignonne des sociétés savantes, Dijon 1953, S. 225–247

L. Bouyer, La spiritualité de Cîteaux, Paris 1955

C. E. Boyd, A Cistercian Nunnery in Medieval Italy: The Story of Rifreddo in Saluzzo 1220–1300 (Harvard Historical Monographs, 18), Cambridge/Mass. 1943

H. Brakspear, Waverley Abbey (The Surrey Archaeological Society), London/Guildford 1905

H. Brandt, Das Kloster Haina, Frankenberg/Eder ²1976

M. Braubach, Vom Westfälischen Frieden bis zur Französischen Revolution, in: Gebhardt, Handbuch der Deutschen Geschichte, Bd. 2, Stuttgart 1970, NDr München 1981 S. 240–359

W. Braunfels, Abendländische Klosterbaukunst, Köln ²1978

A. H. Bredero, Bernhard von Clairvaux im Widerstreit der Historie, Wiesbaden 1966

Ders., Cluny et Cîteaux au XIIe siècle: les origines de la controverse, in: Studi medievali ser. III 12 (1971), S. 135–175

Ders., Études sur la »Vita prima« de S. Bernard, in: ASOC 17 (1961), S. 3–72; 18 (1962), S. 3–59

Ders., Studien zu den Kreuzzugsbriefen Bernhards von Clairvaux und seiner Reise nach Deutschland im Jahre 1146, in: MIÖG 66 (1958), S. 331–343

Ders., The Controversy between Peter the Venerable and Saint Bernard of Clairvaux, in: Petrus Venerabilis. Studies and Texts Commemorating the Eighth Century of his Death, hg. von G. Constable and J. Kritzeck (Studia Anselmiana, 40), Rom 1956, S. 43–71

Ders., Bernhard von Clairvaux (1091–1153), Stuttgart 1996

Ders., Das Verhältnis zwischen Zisterziensern und Cluniazensern im 12. Jahrhundert. Mythos und Wirklichkeit, in: Die Zisterzienser. Ordensleben zwischen Ideal und Wirklichkeit. Ergänzungsband, Köln 1982, S. 47–60

E. Brouette/E. Manning, Dictionnaire des monastères cisterciens, Bd. 1–3, Rochefort 1976–1979

E. A. R. Brown, The Cistercians in the Latin Empire of Constantinople and Greece 1204–1276, in: Traditio 14 (1958), S. 63–120

W. Brückner/J. Lenssen, Zisterzienser in Franken. Das alte Bistum Würzburg und seine einstigen Zisterzen (Kirche, Kunst und Kultur in Franken, 2), Würzburg ²1994

J. Brümmer, Kunst und Herrschaftsanspruch. Abt Benedikt Knittel und sein Wirken im Zisterzienserkloster Schöntal, Sigmaringen 1994

Buchmalerei der Zisterzienser. Kulturelle Schätze aus sechs Jahrhunderten. Katalog zur Ausstellung »Libri Cisterciensi« im Ordensmuseum Abtei Kamp, Stuttgart 1998

S. H. Brunsch, Das Zisterzienserkloster Heisterbach von seiner Gründung bis zum Anfang des 16. Jahrhunderts (Bonner Hist. Forschungen, 58), Siegburg 1998
F. Bucher, Notre-Dame de Bonmont und die ersten Zisterzienserabteien der Schweiz (Berner Schriften zur Kunst, 7), Bern 1957
D. S. Buczek, Medieval Taxation: The French Crown, the Papacy and the Cistercian Order 1190–1320, in: ACi 25 (1969), S. 42–106
N. Bulst, Die französischen Generalstände von 1468 und 1484 (Beihefte der Francia, 26), Sigmaringen 1992
M. Bur, La formation du comté de Champagne v. 950–v. 1150, Nancy 1977
Ders., Le Monachisme en Champagne méridionale et dans le nord du diocèse de Langres a l'arrivée de Saint Bernard a Clairvaux en 1115, in: Histoire de Clairvaux. Actes du Colloque Juin 1990, Bar-sur-Aube o. J. (1991), S. 3–19
F. P. Burkhard siehe *P. Kunzmann*
J. Burton, Monastic and Religious Orders in Britain 1000–1300, Cambridge 1994
F. Cali, L'Ordre cistercien, Paris 1972
H. Candels, Das Zisterzienserinnenkloster St. Jöris bei Eschweiler (Veröffentlichungen des bischöflichen Diözesanarchivs Aachen, 24), Mönchengladbach 1966
A. M. Caneva, Le Réformateur de la Trappe. Biographie de l'Abbé de Rancé, Paris 1997
J.-M. Canivez, L'Ordre de Cîteaux en Belgique des origines (1132) au XXe siècle, Scourmont 1926
G. Carville, Cistercian Mills in Medieval Ireland, in: Cîteaux Commentarii Cistercienses 24 (1973), S. 310–318
Ders., The Economic Activities of the Cistercian Order in Medieval Ireland (1142–1541), in: Cîteaux 22 (1971), S. 278–299
Ders., The urban property of the Cistercians in medieval Ireland, in: Studia monastica 14 (1972), S. 35–47
J. Čechura, Das Wirtschaftmodell der Zisterzienserklöster in Böhmen (1140–1419), in: Historia i Kultura cystersów w dawnej Polsce i ich europejskie Związki, hg. von J. Strzelczyk, Poznań 1987, S. 87–110
K. Charvátová, Die Wirtschaft des Klosters Osek (Ossegg) im 13. und 14. Jahrhundert, in: 800 Jahre Kloster Ossegg Festschrift, Ossegg 1996, S. 304–305
Ders., Manorial farms of Cistercian Abbeys of medieval Bohemia, in: Historia i Kultura cystersów w dawnej Polsce i ich europejskie Związki, hg. von J. Strzelczyk, Poznań 1987, S. 111–135
A. Chèvre, Lucelle, histoire d'une ancienne abbaye cistercienne (Bibliothèque Jurassiene), Delémont 1973
M. Chłopocka/W. Schich, Die Ausbreitung des Zisterzienserordens östlich von Elbe und Saale, in: Die Zisterzienser. Ordensleben zwischen Ideal und Wirklichkeit, Bonn 1980, S. 105–114
Les Cisterciens en Languedoc (XIII–XIVe siècle) (Cahiers de Fanjeaux, 21), Toulouse 1986
Die Cistercienser, hg. von A. Schneider, A. Wienand, W. Bickel und E. Coester, Köln [3]1986
Cîteaux 1098–1998. Rheinische Zisterzienser im Spiegel der Buchkunst, hg. vom Landesmuseum Mainz, Wiesbaden 1998
R. Clair, Les Origines de l'abbaye d'Hautcombe, in: Mélanges à la Mémoire du Père Anselme Dimier, Teil II, Bd. 4, Arbois 1984, S. 615–627

Ders., Le personnel de l'abbaye d'Hautecombe jusqu'en 1793, in: Cahiers d'Histoire publiés par les universités de Clermont-Lyon-Grenoble 6, Grenoble 1961, S. 287–310

C.-W. Clasen, Liturgisches Gerät in Zisterzienserklöstern, in: Die Zisterzienser. Ordensleben zwischen Ideal und Wirklichkeit, Bonn 1980, S. 395–400

Ders., Die Zisterzienserabtei Maulbronn im 12. Jahrhundert und der bernhardinische Klosterplan, phil. Diss. Kiel 1956

O. P. Clavadetscher, Beiträge zur Geschichte der Zisterzienserabtei Kappel a. Albis, phil. Diss. Zürich 1946

M. Cocheril, Dictionnaire des Monastères Cisterciens, Bd. 1 (La Documentation Cistercienne, 18), Rochefort 1976

Ders., Études sur le monachisme en Espagne et au Portugal, Paris 1966

Ders., L'implantation des abbayes cisterciennes dans la Péninsule Ibérique, in: AEM 1 (1964), S. 217–287

Ders., Le problème des fondations cisterciennes au Portugal aux XIIe et XIIIe siècles, in: Mélanges à la Mémoire du Père Anselme Dimier, Teil II Bd. 4, Arbois 1984, S. 629–638

Ders., Routier des abbayes cisterciennes du Portugal, Paris 1978

E. Coester, Die Cistercienserinnenkirchen des 12.–14. Jahrhundert, in: Die Cistercienser. Geschichte, Geist, Kunst, hg. von A. Schneider u. a., Köln ^{3}1986, S. 339–394

Ders., Die einschiffigen Cistercienserinnenkirchen West- und Süddeutschlands von 1200–1350 (Quellen u. Abh. z. mittelrhein. Kirchengeschichte, 46), Mainz 1984

Y. Congar, Henry de Marcy, abbé de Clairvaux, Cardinal-évêque d'Albano et Légat pontifical, in: Studia Anselmiana 43 (1958), S. 1–90

G. B. Constable, Einleitung, in: The Second Crusade and the Cistercians, hg. vom M. Gervers, New York 1992

A. M. Cooke, The Settlement of the Cistercians in England, in: The English Historical Review 8 (1893), S. 625–676

G. Coppack, The White Monks. The Cistercians in Britain 1128–1540, Stroud 1998

G. Coppack/P. Fergusson, Rievaulx Abbey, London 1994

G. Coppack/R. Gilyard-Beer, Fountains Abbey, London 1993

H. Cortello, Gilbert of Hoyland, in: Cîteaux 27 (1976), S. 109–121

I. B. Cowan/D. E. Easson, Medieval Religious Houses: Scotland, London ^{2}1976

H. E. J. Cowdrey, ›Quidam Frater Stephanus Nomine, Anglicus Natione‹. The English Background of Stephen Harding, in: Revue Bénédictine 101 (1991), S. 322–340

R. Crozet, L'épiscopat de France et l'Ordre de Cîteaux au XIIe siècle, in: Cahiers de Civilisation médiévale X^e^–XIIe siècles 18 (1975), S. 263–268

F. Cygler/G. Melville/J. Oberste, Aspekte zur Verbindung von Organisation und Schriftlichkeit im Ordenswesen. Ein Vergleich zwischen den Zisterziensern und Cluniazensern des 12./13. Jahrhunderts, in: Viva vox und ratio scripta. Mündliche und schriftliche Kommunikationsformen im Mönchtum des Mittelalters, hg. von C. M. Kasper und K. Schreiner (Vita Regularis, 5), Münster 1997, S. 205–280

J. B. Dalgairns, Der heilige Stephan Harding, Mainz 1865

J.-B. van Damme, Autour des origines cisterciennes. Quelques à-propos, in ACi 21 (1965), S. 128–137

Ders., Genèse des Instituta Generalis Capituli, in: Cîteaux 12 (1961), S. 28–62

Ders., La constitution cistercienne de 1165, in: ACi 19 (1963), S. 51–104

Ders., Les trois fondateurs de l'Ordre cistercien (Pain de Cîteaux 29), Chambarand 1966

Ders., Les pouvoirs de l'abbé de Cîteaux aux XIIe et XIIIe siècles, in: ACi 24 (1968), S. 47–85

Ders., Le prologue de la Charte de charité, in: Cîteaux 36 (1985), S. 115–128

Ders., Les textes cisterciens de 1119, in: Cîteaux 34 (1983), S. 92–110

Ders., Novum monasterium. Die Zisterzienser und die Regel des hl. Benedikt, in: Die Zisterzienser. Ordensleben zwischen Ideal und Wirklichkeit, Ergänzungsband, Köln 1982, S. 39–45

Ders., La Summa Cartae Caritatis, source de constitutions canoniales, in: Cîteaux 23 (1972), S. 5–54

P. Dautrey, Croissance et adaption chez les Cisterciens au treizième siècle. Les débuts du Collège des Bernardins de Paris, in: ACi 32 (1978), S. 122–211

B. Degler-Spengler, Die religiöse Frauenbewegung des Mittelalters. Konversen – Nonnen – Beginen, in: RJKG 3 (1984), S. 75–88

Dies., Die Zisterzienserinnen in der Schweiz, in: Die Zisterzienser und Zisterzienserinnen, die reformierten Bernhardinerinnen, die Trappisten und Trappistinnen und die Wilhelmiten in der Schweiz, red. von C. Sommer-Ramer und P. Braun (Helvetia Sacra Abt. 3 Bd. 3 Teil 2), Bern 1982, S. 507–574

Dies., »Zahlreich wie die Sterne des Himmels«. Zisterzienser, Dominikaner und Franziskaner vor dem Problem der Inkorporation von Frauenklöstern, in: RJKG 4 (1985), S. 37–50

B. Delmaire, Le Diocèse d'Arras de 1093 au milieu du XIVe siècle, Bd. 1–2, Arras 1994

B. Delpal, Le silence des moines. Les trappistes au XIXe siècle. France – Algérie – Syrie, Paris 1998

H. P. Demling, Historique de l'Abbaye de Morimond, Vesoul 1936

A. Demurger, Die Templer. Aufstieg und Untergang 1118–1314, München [3]1993

L. A. Desmond, The statute *De viris religionis* and the englisch monks of the Cistercian affiliation, in: Cîteaux 25 (1974), S. 137–155.

Ders., The Appropriation of Churches by the Cistercians in England to 1400, in: ACi 31 (1975), S. 246–266

Ders., The statute of Carlisle and the Cistercians 1298–1309, in: Studies in medieval Cistercian history, hg. von J. F. Sullivan (CSS 13), Shannon 1974, S. 138–162

P. Desportes, Diocèse de Reims (Fasti Ecclesiae Gallicanae, Bd. 3), Turnhout 1998

A. et G. Despy, Les premières années de l'abbaye cistercienne de Clairfontaine, in: Revue belge de Philologie et d'Histoire 48 (1970), S. 1207–1224

G. Despy, Les richesses de la terre: Cîteaux et Prémontré devant l'économie de profit aux XIIe et XIIIe siècles, in: Revue de l'Université de Bruxelles 1975, S. 400–422

G. Devailly, Le Diocèse de Bourges, Paris 1973

M. Dicks, Die Abtei Camp am Niederrhein. Geschichte des ersten Cistercienserklosters in Deutschland 1123–1802, Kempen 1913

A. Dimier, Les Abbayes cisterciennes du Val-de-Loire, in: Mélanges à la Mémoire du Père Anselme Dimier, Teil I Bd. 2, Arbois 1987, S. 610–611

Ders., Amédée de Lausanne, disciple de Saint Bernard, Paris 1949

Ders., Granges, celliers et bâtiments d'exploitation cisterciens, in: Archéologie-Trésors des âges 65 (Dez. 1973), S. 52–63; 74 (1974), S. 46–57

Ders., La Marne cistercienne, in: Mélanges à la Mémoire du Père Anselme Dimier, Teil I Bd. 2, Arbois 1987, S. 617–625

Ders., Le Monde Claravallien à la mort de Saint Bernard, in: ebd., S. 595–598
Ders., Ménagerie cistercienne, in: Cîteaux 24 (1973), S. 5–30
Ders., Morimond et son empire, in: Mémoires de la Société Historique et Archéologique de Langres, Bd. 5, Langres 1959, S. 45–80
Ders., Recueil de plans d'églises cisterciennes, Bd. 1–2, Paris 1949
Ders., Savigny et son affiliation à l'Ordre de Cîteaux, in: CCi 9 (1947), S. 351–358
Ders., Un témoin tardif peu connu du conflit entre Cisterciens et Clunisiens, in: Studia Anselmiana 40 (1956), S. 81–94
Ders., Violences, rixes et homicides chez les Cisterciens, in: Revue des sciences religieuses 46 (1972), S. 38–57
P. Dinzelbacher, Bernhard von Clairvaux. Leben und Werk des berühmten Zisterziensers, Darmstadt 1998
E. Disselbeck-Tewes, Frauen in der Kirche. Das Leben der Frauen in den mittelalterlichen Zisterzienserklöstern Fürstenberg, Grafenthal und Schledenhorst, Berlin 1990
J. Dörrenberg, Das Zisterzienserkloster Maulbronn, phil. Diss. München 1937, Würzburg 1938
R. A. Donkin, Cattle on the Estates of Medieval Cistercian Monasteries in England and Wales, in: The Economic History Review 15 (1962/63), S. 31–53
Ders., The Cistercian Grange in England in the 12th and 13th centuries, with special reference to Yorkshire, in: Studia Monastica 6 (1964), S. 95–144
Ders., The Cistercian Order in Medieval England: some conclusions, in: The Institute of British Geographers. Transactions and Papers 33 (1963), S. 181–198
Ders., The Cistercian Order and the Settlement of Northern England, in: The Geographical Review 59 (1969), S. 403–416
Ders., Cistercian Sheep-Farming and Woolsales in the Thirteenth Century, in: The Agricultural History Review 6 (1958), S. 2–8
Ders., The Cistercians: Studies in the Geography of Medieval England and Wales, Toronto 1978
Ders., The dispersal of Cistercian Wool in England and Wales during the twelfth and thirteenth centuries, in: Cîteaux in de Nederlanden 8 (1957), S. 109–131, 181–202
Ders., The English Cistercians and Assarting c. 1128–1350, in: ASOC 20 (1964), S. 49–75
Ders., The Growth and Distribution of the Cistercian Order in Medieval Europe, in: Studia Monastica 9 (1967), S. 275–286
Ders., Localisation, situation économique et rôle parlementaire des abbés cisterciens anglais, 1295–1341, in: RHE 52 (1957), S. 832–841
Ders., The markets and fairs of mediaeval Cistercian monasteries in England and Wales, in: CistC 69 (1962), S. 1–14
Ders., The marshland holdings of the English Cistercians before c. 1350, in: Cîteaux in de Nederlanden 9 (1958), S. 262–275
Ders., Settlement and Depopulation on Cistercian Estates during the Twelfth and Thirteenth Centuries, especially in Yorkshire, in: Bulletin of the Institute of Historical Research 33 (1960), S. 141–165
Ders., Some aspects of Cistercian sheep farming in England and Wales, in: Cîteaux Commentarii Cistercienses 13 (1962), S. 296–310
Ders., The Urban Property of the Cistercians in Medieval England, in: ASOC 15 (1959), S. 104–131

J. S. Donnelly, Changes in the Grange Economy of English and Welsh Cistercians Abbeys (1300–1540), in: Traditio 10 (1954), S. 399–458

Ders., The Decline of the Medieval Cistercian Laybrotherhood (Fordham University Studies, History Series, 3), New York 1949

H. Dubled, Aspects de l'économie cistercienne en Alsace au XIIe siècle, in: RHE 54 (1959), S. 765–782

L. Dubois, Geschichte der Abtei Morimond, Münster 1855, NDr. 1992

G. Duby, Der hl. Bernhard und die Kunst der Zisterzienser, Frankfurt a. M. 1991

Ders., Le Monachisme et l'économie rurale, NDr. in: Hommes et structures du Moyen Age, Paris 1973, S. 373–392

A. Dufief, Les Cisterciens en Bretagne XIIe–XIIIe siècles, Rennes 1997

J. Duvernoy, Le registre d'inquisition de Jaques Fournier, évêque de Pamiers (1318 à 1325), Bd. 1–3, Toulouse 1965

D. E. Easson siehe *I. B. Cowan*

I. Eberl, Der städtische Pfleghof in seiner Bedeutung für Kloster und Stadt unter besonderer Berücksichtigung des Zisterzienserordens, in: Der Bebenhäuser Pfleghof in Tübingen, hg. von G. Rothmund (Kleine Tübinger Schriften, Heft 15), Tübingen 1992

Ders., Kaisheim, Maulbronn et Salem: trois abbayes-filles d'abbaye de Morimond en Allemagne au Sud, in: Les Cahiers Haut-Marnais 196–199 (1994), S. 211–234

H. Ehmer, Das Kloster Bronnbach im Zeitalter der Reformation, in: Württembg. Franken 72 (1988), S. 21–42

Ders., Vom Kloster zur Klosterschule. Die Reformation in Maulbronn, in: Maulbronn. Zur 850jährigen Geschichte des Zisterzienserklosters, hg. vom Landesdenkmalamt Baden-Württemberg, Stuttgart 1997, S. 59–82

K. Elm, Beiträge zur Geschichte der Konversen im Mittelalter (Berliner Historische Studien, 2), Berlin 1980

Ders., Die Stellung des Zisterzienserordens in der Geschichte des Ordenswesens, in: Die Zisterzienser. Ordensleben zwischen Ideal und Wirklichkeit, Bonn 1980, S. 31–40

Ders., Westfälisches Zisterziensertum und spätmittelalterliche Reformbewegung, in: Westfälische Zeitschrift 128 (1978), S. 9–32

Ders., Zisterzienser und Wilhelmiten, in: Cîteaux 15 (1964), S. 97–124, 177–202, 273–311

K. Elm/P. Feige, Reformen und Kongregationsbildungen der Zisterzienser im Spätmittelalter und früher Neuzeit, in: Die Zisterzienser. Ordensleben zwischen Ideal und Wirklichkeit, Bonn 1980, S. 243–254

K. Elm/P. Feige, Der Verfall des zisterziensischen Ordenslebens im späten Mittelalter, in: ebd. S. 237–242

F. Elsener, Zisterzienserwirtschaft, Wüstung und Stadterweiterung am Beispiel von Rapperswil, in: Stadtverfassung, Verfassungsstaat, Pressepolitik. Festschrift für Eberhard Naujoks, hg. von F. Quathal und W. Setzler, Sigmaringen 1980, S. 47–71

L. Enderlein, Kloster Grünhain im Westerzgebirge. Besitz, Herrschaftsbildung und siedlungsgeschichtliche Bedeutung, Schwarzenberg 1934

S. Epperlein, Gründungsmythos deutscher Zisterzienserklöster westlich und östlich der Elbe im hohen Mittelalter und der Bericht des Leubuser Mönches im 14. Jahrhundert, in: Jahrbuch für Wirtschaftsgeschichte 3 (1967), S. 303–335

M. Erzberger, Die Säkularisation in Württemberg von 1802–1810. Ihr Verlauf und ihre Nachwirkungen, Stuttgart 1902.

F. Escher/B. Kürbis, Zisterzienser und Landesherren östlich von Elbe und Saale, in: Die Zisterzienser. Ordensleben zwischen Ideal und Wirklichkeit, Bonn 1980, S. 115–124

K.-H. Esser, Über den Kirchbau des hl. Bernhard von Clairvaux. Eine kunstwissenschaftliche Untersuchung aufgrund der Ausgrabung der romanischen Abtei Himmerod, in: Archiv für mittelrheinische Kirchengeschichte 5 (1953), S. 195–222

A. L. Evans, Margam Abbey, Port Talbot 1958

L. Falkensteiner, La papauté et les abbayes françaises aux XIe et XIIe siècles (Bibl. de l'École des Hautes Études, 336), Paris 1997

F. Farina/I. Vona, L'organizzazione die Cistercensi nell'epoca feudale, Casamari 1988

C. Farkasfalvy, Die Spiritualität der Gründer von Cîteaux. Anmerkungen zu ihrem Gebrauch der Heiligen Schrift in den frühen Dokumenten, in: CistC 105 (1998), S. 67–78

R. Fawcett, Scottish Abbeys and Priories, London 1994

P. Feige, Filiation und Landeshoheit. Die Entstehung der Zisterzienserkongregationen auf der Iberischen Halbinsel, in: Zisterzienser-Studien 1 (Studien zur europäischen Geschichte 11), Berlin 1975, S. 37–76

P. Feige siehe bei *K. Elm*

F. J. Felten, Herrschaft des Abtes, in: Herrschaft und Kirche. Beiträge zur Entstehung und Wirkungsweise episkopaler und monastischer Organisationsformen, hg. von F. Prinz (Monographien zur Geschichte des Mittelalters, 33), Stuttgart 1988, S. 147–296.

M. A. Fernandes Marques, A introdução da Ordem de Cister em Portugal, in: La introducción del Cister en España y Portugal, Lisboa 1991, S. 163–194

Festschrift 700 Jahre Abteikirche Ebrach 1285–1985, Ebrach 1985

Festschrift zum 800. Jahrgedächtnis des Todes Bernhards von Clairvaux, hg. von der österreichischen Cistercienserkongregation vom hl. Herzen Jesu, Wien/München 1953

H. J. Feuerstake/O. H. Schmidt, Zisterzienserklöster in Brandenburg, Berlin 1998

J. Fleckenstein und M. Hellmann (Hg.), Die geistlichen Ritterorden Europas (Vorträge und Forschungen, 26), Sigmaringen 1980

Ders., Die Rechtfertigung der geistlichen Ritterorden nach der Schrift »De laude novae militiae« Bernhards von Clairvaux, in: ebd., S. 9–22

V. Flieder, Die Frühgeschichte der Cistercienserabtei Heiligenkreuz im Wienerwald 1133–1246, phil. Diss. Wien 1957

G. Fösges, Das Menschenbild bei Aelred von Rievaulx, Altenberge 1994

A. Forey, The Military Orders from the 12th to the Early 14th century, Oxford 1992

R. Fossier, L'activité métallurgique d'une abbaye cistercienne: Clairvaux, in: Revue d'Histoire de la Sidérurgie 2 (1961), S. 7–13

Ders., L'essor économique de Clairvaux, in: Bernard de Clairvaux, hg. von Commission d'Histoire de l'Ordre de Cîteaux, Paris 1953, S. 95–114

Ders., La Fondation de Clairvaux et la famille de Saint Bernard, in: Mélanges Saint Bernard, Dijon 1954, S. 19–27

Ders., Les granges de Clairvaux et la règle cistercienne, in: Cîteaux in de Nederlanden 6 (1955), S. 259–266

J. France, The Cistercians in Medieval Art, Phoenix Mill 1998

Ders., The Cistercians in Scandinavia (CSS, 131), Kalamazoo 1992

E. Frodl-Kraft, Das Flechtwerk der frühen Zisterzienserfenster. Versuch einer Ableitung, in: Wiener Jahrbuch 20 (1965), S. 7–20

Ders., Die Glasmalerei. Entwicklung, Technik, Eigenart, Wien/München 1970
P. Fuchs, Die Schrift bricht nicht das Schweigen – oder doch? Anmerkungen zum Schriftgebrauch der Zisterzienser, in: Buchmalerei der Zisterzienser, Kulturelle Schätze aus sechs Jahrhunderten, Stuttgart 1998, S. 35–39
T. Füser, Mönche im Konflikt. Zum Spannungsfeld von Norm, Devianz und Sanktion bei den Cisterciensern und Cluniazensern (12. bis frühes 14. Jahrhundert) (Vita Regularis, 9), Münster 2000
C. Gahlbeck, Zur Frage der Wirtschaftsbeziehungen der Zisterzienser zu den Städten der Neumark, in: Zisterziensische Wirtschaft und Kulturlandschaft, hg. von W. Schich (Studien zur Geschichte, Kunst und Kultur der Zisterzienser, Bd. 5), Berlin 1998, S. 99–139
S. Gaillemin, Status generalis abbatiarum, prioratuum, monasteriorum in quibus militant filii aut filiae S. Bernardi, Hautcombe 1894
F. A. Gasquet, Heinrich VIII. und die englischen Klöster, Bd. 1–2, Mainz 1890
F. Geldner, Abt Adam von Ebrach, in: Die Cistercienser. Geschichte, Geist, Kunst, hg. von A. Schneider u. a., Köln ^{3}1986, S. 143–150
Ders., Abt Adam von Ebrach, das staufische Königshaus und der hl. Bernhard von Clairvaux, in: Jahrbuch für fränkische Landesforschung 11/12 (1953), S. 53–65
Ders., Besitz und wirtschaftliche Entwicklung der ehemaligen Cistercienserabtei Langheim bis zum Ausgang des 14. Jahrhunderts, in: Jahrbuch für fränkische Landesforschung 5 (1939), S. 18–72
Ders., Langheim. Wirken und Schicksal eines fränkischen Zisterzienserklosters (Die Plassenburg, 25), Lichtenfels ^{2}1990
A. Gerards, Die ersten Cistercienser und die Handarbeit, in: CistC 59 (1952), S. 1–6
T. Gerits, Les actes de confraternité de 1142 et de 1153 entre Cîteaux et Prémontré, in: Analecta Praemonstratensia 40 (1964), S. 192–205
R. Gerlach, Studien zur Gründungsgeschichte des Zisterzienser-Klosters Neuencamp, theol. Diss. masch. schriftl. Greifswald 1962
E. Giessler-Wirsig, Die Beziehungen mittel- und niederrheinischer Zisterzienserklöster zur Stadt Köln bis zur Mitte des 13. Jahrhunderts. Ein Beitrag zur Verkehrsgeschichte, in: Zisterzienser-Studien 4 (Studien zur europäischen Geschichte, 14), Berlin 1979, S. 61–132
H. Glaser, Das Scheitern des zweiten Kreuzzuges als heilsgeschichtliches Ereignis, in: Festschrift M. Spindler, München 1969, S. 115–142
I. Gobry, Les Moines en Occident, Bd. 5: Le siècle de saint Bernard: I. Cîteaux, Paris 1997
E. Gohl, Die Entstehung des Klosters, in: Maulbronn 1178–1978, Maulbronn 1978, S. 25–45
Ders., Studien und Texte zur Geistesgeschichte der Zisterzienserabtei Maulbronn im späten Mittelalter, masch. schriftl. phil. Diss. Tübingen 1977
I. Gonçalves, O património do mosteiro de Alcobaça nos séculos XIV e XV, Lisbonue 1989
M. Grabmann, Humberti de Prulliaco questio de esse et essentia, utrum differant realiter vel sec. intentionem introductione historica, in: Angelicum 17 (1940), S. 352–369
R. Graham, St. Gilbert of Sempringham, London 1901
Ders., The Great Schisma and the Englisch Monasteries of the Cistercian Order, in: English Historical Review 44 (1929), S. 373–387

C. Graves, The Economic Activities of the Cistercians in Medieval England (1128–1307), in: ASOC 13 (1957), S. 3–62
C.-H. Gravrand, Das Martyrium der sieben Trappistenmönche des Klosters Unserer Lieben Frau vom Atlas in Algerien (21. Mai 1996), in: A. M. Altermatt (Hg.), Zisterzienserinnen und Zisterzienser, Freiburg/Schweiz 1998, S. 189–203
E. J. Greipl, Jahre der Krise. Fürstenfeld im Zeitalter der Glaubenskämpfe (1500–1650), in: Im Tal und Einsamkeit. 725 Jahre Kloster Fürstenfeld, Bd. 2, Aufsätze, Fürstenfeldbruck 1988
B. Griesser, Die »Ecclesiastica Officia Cisterciensis Ordinis« des Cod. 1711 von Trient, in: ASOC 12 (1956), S. 153–288
Ders., Jahresberichte über die Wirtschaftsführung im Kloster Stams von 1328–1345, in: CistC 62 (1955), S. 17–30
Ders., Zur Rechtsstellung des Abtes von Cîteaux. Kontroversen um Abt Johannes von Cîteaux (1236–1238), in: Festschrift zum 800. Jahrgedächtnis des Todes Bernhards von Clairvaux, Wien 1953, S. 260–297
Ders., Statuten von Generalkapiteln außerhalb Cîteaux', in CistC 62 (1955), S. 65ff.
Ders., Stephan Lexington, Abt von Savigny, als Visitator der ihm unterstehenden Frauenklöster, in: CistC 67 (1960), S. 14–34
Ders., Walter Map und die Cistercienser, in: CistC 36 (1924), S. 137–167
Ders., Thomas Cisterciensis als Verfasser eines Kommentars zum Hohenlied, in: CistC 51 (1939), S. 168–174, 219–224, 263–269
L. Grill, Bernhard von Clairvaux und die Ostkirche, in: ASOC 19 (1963), S. 165–188
Ders., Studien zur Gründung der Abtei Ebrach: Abt Adam und die Gründung der Abtei Ebrach, in: Festschrift Ebrach 1127–1977, hg. von G. Zimmermann, Volkach 1977, S. 28–31
Ders., Der hl. Bernhard von Clairvaux und Morimond, die Mutterabtei der österreichischen Cistercienserklöster, in: Festschrift zum 800-Jahrgedächtnis des Todes Bernhards von Clairvaux, Wien–München 1953, S. 31–118
Ders., Die Grangien der steirischen Cisterze Rein, in: Veröffentlichungen des Verbandes österreichischer Geschichtsvereine 18 (1970), S. 166–182
Ders. Wirtschaftlicher und sozialer Aufschwung durch die Grangienstruktur der Zisterzienser von Rein, in: Stift Rein 1129–1979. 850 Jahre Kultur und Glaube. Festschrift zum Jubiläum, hg. von Abt P. Rappold, Rein 1979, S. 135–155
S. Grill, Der erste Reformversuch im Cistercienserorden, in: CistC 36 (1924), S. 25–32, 45–55, 68–72
H. Grüger, Die Beobachtung der Statuten von Cîteaux bei den Zisterziensern in Schlesien, in: Historia i Kultura cystersów w dawnej Polsce i ich europejskie Związki, hg. von J. Strzelczyk, Poznań 1987, S. 163–179
Ders., Heinrichau. Geschichte eines schlesischen Zisterzienserklosters 1227–1977 (Forschungen und Quellen zur Kirchen- und Kulturgeschichte Ostdeutschlands, 16), Köln/Wien 1978
Ders., Die monastische Disziplin der schlesischen Zisterzienser vor Anbruch der Reformation, in: Cîteaux Commentarii Cistercienses 24 (1973), S. 209–249
Ders., Der Nekrolog des Klosters Heinrichau (ca. 1280–1550), Teil I, in: Archiv für schlesische Kirchengeschichte 31 (1973), S. 36–69
Ders. Schlesisches Klosterbuch: Der Orden der Zisterzienser in Schlesien (1175–1810). Ein Überblick, in: Jahrbuch der schlesischen Friedrich-Wilhelms-Universität zu Breslau 23 (1982), S. 84–145

Ders., Die monastische Disziplin der schlesischen Zisterzienser im späten Mittelalter, in: Cystersi w Kulturze średniowiecznej Europy, hg. von J. Strzelczyk, Poznań 1992, S. 63–81
H. Grundmann, Religiöse Bewegungen im Mittelalter, Darmstadt [4]1970
F. Gutton, La Chevalerie militaire en Espagne 1: L'Ordre de Calatrava, Paris 1955
A. Gwynn/N. R. Hadcock, Medieval Religious Houses: Ireland, London 1970, NDr. Dublin 1988
A. M. Haas, Mechthild von Hackeborn. Eine Form zisterziensischer Frauenfrömmigkeit, in: Die Zisterzienser. Ordensleben zwischen Ideal und Wirklichkeit. Ergänzungsband, Köln 1982, S. 221–239
R. N. Hadcock siehe *A. Gwynn* bzw. *D. Knowles*
R. Haderstorfer, Die Säkularisation der oberbayerischen Klöster Baumburg und Seeon. Die wirtschaftlichen und sozialen Wandlungen (Forschungen zur Sozial- und Wirtschaftsgeschichte, 9), Stuttgart 1967
M. Hämmerle siehe *A. Kottmann*
R. Häuser, Die Polemik der Cistercienser und Cluniacenser im 12. Jahrhundert, masch. schriftl. phil. Diss. Frankfurt a. M. 1951
H. Hahn, Die frühe Kirchenbaukunst der Zisterzienser. Untersuchungen zur Baugeschichte von Kloster Eberbach im Rheingau und ihren europäischen Analogien im 12. Jahrhundert (Frankfurter Forschungen zur Architekturgeschichte, 1), Berlin 1957
K. Haid, Petrus von Zittau als Cistercienser-Geschichtsschreiber, in: CistC 43 (1931), S. 285–289
F. Hall, Beiträge zur Geschichte der Cistercienser-Klöster in Schweden, in CistC 15 (1903), S. 129–148, 161–177, 191–214, 225–243, 257–273, 301–306
K. Hallinger, Die Anfänge von Cîteaux, in: Aus Kirche und Reich. Studien zu Theologie, Politik und Recht im Mittelalter. Festschrift für Friedrich Kempf, hg. von H. Mordek, Sigmaringen 1983, S. 225–235
Ders., Gorze – Kluny. Studien zu den monastischen Lebensformen und Gegensätzen im Hochmittelalter (Studia Anselmiana, 22–25), Rom 1950–1951 NDr. 1971
Ders., Woher kommen die Laienbrüder?, in: ASOC 12 (1956), S. 1–104
F. Hanus, Die ältere Geschichte der Zisterzienserabtei Leubus in Schlesien bis zur Mitte des 14. Jahrhunderts, Breslau University Press 1947
A. Hauck, Kirchengeschichte Deutschlands, Bd. 4, Berlin/Leipzig [8]1954
R. W. Hays, The History of the Abbey of Aberconway 1186–1537, Cardiff 1963
A. Heidacher, Die Entstehungs- und Wirtschaftsgeschichte des Klosters Heilsbronn bis zum Ende des 15. Jahrhunderts, Bonn 1955
M. Heimbucher, Die Orden und Kongregationen der katholischen Kirche Bd. 1, Paderborn 1933, NDr 1965
W. Heinemayer, Die Gründung des Klosters Haina in Hessen, in: Archiv für Diplomatik 11/12 (1965/66), S. 413–467
A. Heinz, Die Zisterzienser und die Anfänge des Rosenkranzes, in: ACi 33 (1977), S. 262–304
B. Hene, Einiges über die Cistercienserinnen, in: CistC 9 (1897), S. 48–57, 84–89, 110–118
V. Hermans, La révision de nos Constitutions, in: Collectanea Cisterciensia 28 (1966), S. 138–148
Ders., La situation canonique de nos moniales cisterciennes, in: Collectanea Cisterciensia 28 (1966), S. 35–47

L. Herrera, Historia de la orden de Cister, Bd. 1–3, Burgos 1981–1985
H. W. Herrmann, Gründung, Aufstieg und Niedergang des Klosters Wörschweiler. Gedanken anläßlich des 850-jährigen Jubiläums seiner urkundlichen Ersterwähnung, in: Homburger Hefte 1981, Homburg 1982, S. 9–21
A.-B. Hertkorn, Die Architektur der Zisterzienser, in: Die Zisterzienser, Stuttgart/Zürich 1989, S. 177–220
F. L. Hervay, Notes critiques sur l'Atlas de l'Ordre cistercien, in: ACi 23 (1967), S. 134–152
Ders. Repertorium historicum Ordinis Cistercienses in Hungaria, Rom 1984
N. Heutger, Das Kloster Amelungsborn im Spiegel der zisterziensischen Ordensgeschichte, Hildesheim 1968
Ders., Loccum. Eine Geschichte des Klosters, Hildesheim 1971
Ders., 850 Jahre Kloster Walkenried, Hildesheim 1977
Ders., Zisterzienserklöster in der Zeit der Reformation, in: Die Zisterzienser. Ordensleben zwischen Ideal und Wirklichkeit, Bonn 1980, S. 255–266
C. Higounet, Cisterciens et Bastides, in: Le Moyen Age 56 (1950), S. 69–84
Ders., Les types d'exploitations cisterciennes et prémontrées du XIIIe siècle et leur rôle dans la formation de l'habitat et des paysages ruraux, in: Géographie et Histoire agraires, actes du colloque international organisé par la Fac. des lettres de l'Univ. de Nancy. Nancy 2–7 sept. 1957, Nancy 1959, S. 260–271
Ders., Essai sur les granges cistercienses, in: L'écomonie cistercienne. Géograhie – Mutations du Moyen Age aux Temps modernes, Auch 1983, S. 157–180
Ders., Le premier siècle de l'économie rurale cistercienne, in: Istituzione monastiche e istituzione canonicali in Occidente 1123–1215. Atti della settimana Settimana internazionale die studi medioevali Mendola 1977, Mailand 1980, S. 345–368
T. Hill, Könige, Fürsten und Klöster, Studien zu den dänischen Klostergründungen des 12. Jahrhunderts (Kieler Werkstücke A, 4), Frankfurt a. M./Bern/New York. Paris 1992
H. Hirsch, Die elsässisch-burgundischen Zisterzienserprivilegien Friedrichs I., in: Elsaß-Lothringisches Jahrbuch 18 (1939), S. 47–62, auch in: Aufsätze zur mittelalterlichen Urkundenforschung, Darmstadt 1965, S. 182–196
Ders., Die Klosterimmunität seit dem Investiturstreit. Untersuchungen zur Verfassungsgeschichte des deutschen Reiches und der deutschen Kirche, Weimar 1913, NDr. Köln/Graz 1967
Ders., Studien über die Vogteiurkunden süddeutsch-österreichischer Zisterzienserklöster, in: Archivalische Zeitschrift 37 (1928), S. 1–37
S. F. Hockey, Beaulieu. King John's Abbey. A history of Beaulieu Abbey 1204–1538, Beaulieu 1976
Ders., Quarr Abbey and its lands 1132–1631, Leicester 1970
G. Hodges, Fountains Abbey. The story of a medieval monastery, London 1972
E. Hoffmann, Die Entwicklung der Wirtschaftsprinzipien im Cistercienserorden während des 12. und 13. Jahrhunderts, in: HJb 31 (1910), S. 699–727
P. Hofmeister, Die Rechtsverhältnisse der Konversen, in: Österreichisches Archiv für Kirchenrecht 13 (1962), S. 3–47
Ders., Zum Ritus der zeitlichen Profeß bei den Benediktinern und Cisterciensern, in CistC 51 (1939), S. 33–50
C. Holdsworth, The chronology and character of early Cistercian legislation on art and architecture, in: Cistercian art and architecture in the British Isles, hg. von C. Norton, D. Park, Cambridge 1986, S. 40–55

Ders., Frühe zisterziensische Spiritualität in Forde, in: Die Zisterzienser. Ordensleben zwischen Ideal und Wirklichkeit. Ergänzungsband, Köln 1982, S. 61–70
Ders., John of Ford and English Cistercian Writing 1167–1214, in: Transactions of the Royal Historical Society, 5th Series, 11 (1961), S. 117–136
E. Holzfeind, Die wirtschaftlichen und sozialen Verhältnisse bei den Cistercen in Österreich von deren Gründung bis zum »Schwarzen Tod«, phil. Diss. Wien 1957
H. Hoogeweg, Die Stifter und Klöster der Provinz Pommern, Bd. 1–2, Stettin 1924–1925
H. Houben/B. Vetere (Hg.), I Cistercensi nel Mezzogiorno medioevale, Lecce 1994
J. Hourlier, Le chapitre général jusqu'au moment du Grand Schisme. Origine, développement. Étude juridique. Thèse de la Faculté de Droit de Paris, Paris 1936
Hucker, Reichsfürsten als Förderer des Zisterzienserordens, Berlin 1998
H. Hübscher, Zisterzienser, in: Die Musik in Geschichte und Gegenwart 14, Kassel 1968, Sp. 1322–1336
F. Huot, L'Antiphonaire cistercien au XIIe siècle d'après les manuscrits de la Maigrauge, in: ZSKG 65 (1971), S. 302–414
K. Isager, The College of Saint Bernard in Paris in the 16th and 17th Centuries, in: ACi 28 (1972), S. 167–218
K. Jacob, Studien über Papst Benedikt XIII., Berlin 1910
L. Janauschek, Originum Cisterciensium, Bd. 1, Wien 1877
W. Janssen, Zisterziensische Wirtschaftsführung am Niederrhein: Das Kloster Kamp und seine Grangien im 12.–13. Jahrhundert, in: Villa–Curtis–Grangia. Landwirtschaft zwischen Loire und Rhein von der Römerzeit bis zum Hochmittelalter, hg. von W. Janssen und D. Lohrmann (Beihefte der Francia, 11), München 1983, S. 205–221
H.-R. Jarck, Das Zisterzienserinnenkloster Lilienthal. Gründung, Verfassung und Stellung zum Zisterzienserorden, Stade 1969
W. Jarecki, Signa loquendi. Die cluniacensischen Signalisten (Saecula Spiritualia, 4), Baden-Baden 1981
G. Jaritz, Die Konventualen der Zisterzen Rein, Sittich und Neuberg im Mittelalter (örtliche Herkunft und ständische Stellung), 2 Teile, phil. Diss. Graz 1973
Ders., Die Reiner Rechnungsbücher (1399–1477) als Quelle zur klösterlichen Sachkultur des Spätmittelalters, in: Die Funktion der schriftlichen Quellen in der Sachkulturforschung (Veröffentlichungen des Instituts für mittelalterliche Realienkunde Österreichs, 1), Wien 1976, S. 145–249, 259–271
I. Joester, Die Wirtschaftshöfe der Prämonstratensersstifte Steinfeld und Krechtsteden im 12.–13. Jahrhundert, in: Villa–Curtis–Grangia. Landwirtschaft zwischen Loire und Rhein von der Römerzeit bis zum Hochmittelalter, hg. von W. Janssen und D. Lohrmann (Beihefte der Francia, 11), München/Zürich 1983, S. 222–241
A. O. Johnsen, De norske cistercienserklostre 1146–1246. Sett i europeisk sammenhang, Oslo/Bergen/Tromsø 1977.
A. O. Johnsen and P. King, The Tax Book of the Cistercian Order, (Det Norske Videnskaps-Akademi, II. Hist.-Filos. Klasse Avhandlinger Ny serie Nr. 16), Oslo/Bergen/Tromsø 1979
R. Jooss, Umrisse einer klösterlichen Wirtschaftsgeschichte, in: Kloster Maulbronn 1178–1978, hg. vom Stiftseplorat und dem Landesdenkmalamt Baden-Württemberg, Maulbronn 1978, S. 58–68

K. Kaczmarek, Die Entstehung und Organisation der polnischen Zisterzienserprovinz im Lichte der »Statuten« aus dem Jahr 1580, in: Zisterzienser zwischen Zentralisierung und Regionalisierung. 400 Jahre Fürstenfelder Äbtetreffen, hg. von H. Nehlsen und K. Wollenberg, Frankfurt a. M. 1998, S. 139–154
H.-D. Kaindl, Geschichte des Zisterzienserstiftes Hohenfurt in Böhmen, Böhm.-Krumau 1930
D. Kahl, Zum Ergebnis des Wendenkreuzzugs von 1147, in: Heidenmission und Kreuzzugsgedanke in der deutschen Ostpolitik des Mittelalters, hg. von H. Beumann (Wege der Forschung, 7), Darmstadt 1963, S. 156–176
J. B. Kaiser, Die Abtei Stürzelbronn (Schriften der Elsaß-Lothringischen Wissenschaftl. Gesellschaft Reihe A, 18), Straßburg 1937
R. Kaiser, Bischofsherrschaft zwischen Königtum und Fürstenmacht. Studien zur bischöflichen Stadtherrschaft im westfränkisch-französischen Reich im frühen und hohen Mittelalter (Pariser Historische Studien, 17), Bonn 1981
G. Kaller, Amtszeiten und Herkunft der Äbte des Zisterzienserklosters Otterberg, in: Archiv für mittelrheinische Kirchengeschichte 22 (1970), S. 65–83
Ders., Otterberg. Eine Stadtgeschichte, Bd. 1, Otterberg ²1984
Ders., Wirtschafts- und Besitzgeschichte des Zisterzienserklosters Otterberg (1144–1561) (Heidelberger Veröffentlichungen zur Landesgeschichte und Landeskunde, 6), Heidelberg 1961
A. Kaspar, Chronik der Abtei Ebrach (Münsterschwarzacher Studien, 18), Münsterschwarzach 1971
E. Kaufmann, Geschichte der Cistercienserabtei St. Urban im Spätmittelalter 1375–1500 (ZSKG Beiheft 17), Freiburg/Schweiz 1956
H. Kellenbenz, Deutsche Wirtschaftsgeschichte 1: Von den Anfängen bis zum Ende des 18. Jahrhunderts, München 1977
J. N. D. Kelly, Reclams Lexikon der Päpste, Stuttgart 1988
J.-P. Kempf, L'Abbaye de Cherlieu XIIᵉ–XIIIᵉ siècles. Économie et société, Vesoul 1976
M. T. Kervingant, Des Moniales face a la Révolution française. Aux Origines des Cisterciennes-Trappistines, Paris 1989
I. Kickh, Abt Seyfried von Rein als Visitator und Reformator der ungarischen Cistercienserklöster, in: CistC 7 (1895), S. 9–15
W. Kimmel, Das Zisterzienserkloster Lilienfeld in der Zeit von seiner Gründung (1206) bis Albrecht II., phil. Diss. Wien 1936
T. N. Kinder (Hg.), Les Cisterciens dans l'Yonne, Pontigny 1999
Dies., Die Welt der Zisterzienser, Würzburg 1997
A. A. King, Cîteaux and her elder daughters, London 1954
Ders., Liturgies of the Religious Orders, London/New York/Toronto 1955
P. King, Cistercian Financial Organisation 1335–1392, in: Journal of Ecclesiastical History 24 (1973), S. 127–143
Ders. The finances of the Cistercian Order in the Fourteenth century (CSS Nr. 85), Kalamazoo 1985
K. Kirsch, Siedlungsarchäologisch-historische Voraussetzungen für die Gründung des Klosters Mariensee/Chorin in einer spätslawischen Siedlungskammer des 12./13. Jahrhunderts, in: Zisterziensische Wirtschafts- und Kulturlandschaft, hg. von W. Schich (Studien zur Geschichte, Kunst und Kultur der Zisterzienser, 5), Berlin 1998, S. 33–47
S. Kleiner, Konstitutionen der Zisterzienserkongregation von Mehrerau, Bregenz 1972

Ders., Die Sendung des Zisterzienserklosters in der heutigen Gesellschaft, in: Anima 8 (1953), S. 93–105
B. Klemenz, Das Zisterzienerkloster Fürstenfeld zur Zeit von Abt Martin Dallmayer 1640–1690, Weißenhorn 1997
D. Klemm, Ausstattungsprogramme in Zisterzienserkirchen Süddeutschlands und Österreich von 1620 bis 1720 (Europ. Hochschulschriften, Reihe 28 Kunstgeschichte, Band 293), Frankfurt a. M./Berlin/Bern 1997
H. W. Klewitz, Die Anfänge des Cistercienserordens im normannisch-sizilischen Königreich, in: SMOSB 52 (1934), S. 236–251
H. M. Klinkenberg, Cîteaux – Spiritualität und Organisation, in: Die Zisterzienser. Ordensleben zwischen Ideal und Wirklichkeit. Ergänzungsband, Köln 1982, S. 113–27
J. Kloczowski, Les Cisterciens en Pologne du XIIe au XIIIe siècle, in: Cîteaux 21 (1970), S. 111–134
Ders., Die Zisterzienser in Klein-Polen und das Problem ihrer Tätigkeit als Missionare und Sellsorger, in: Die Zisterzienser. Ordensleben zwischen Ideal und Wirklichkeit. Ergänzungsband, Köln 1982, S. 71–78
E. Klotz, Geschichte der Deutschen Kunst, Bd. 1, Mittelalter 600–1400, München 1998
H. Klueting, Die Säkularisation im Herzogtum Westfalen 1802–1834, Köln/Wien 1980
D. Knowles/R. N. Hadcock, Medieval Religious Houses: England and Wales, London [2]1971
F. Kobler, Mittelalterliche Werke der bildenden Künste im Kloster Seligenthal, in: Die Zisterzienser. Ordensleben zwischen Ideal und Wirklichkeit, Bonn 1980, S. 379–394
W. Köfler, Zur Wirtschaftsgeschichte des Stiftes Stams, in: 700 Jahre Stift Stams, 1273–1973, Stift Stams 1973, S. 171–195
M. Kögel, Rechts- und Besitzverhältnisse des Klosters Heiligkreuztal bei Riedlingen an der Donau, jur. Diss. masch. schriftl. Tübingen 1959
M. Köhler, Die Bau- und Kunstgeschichte des ehemaligen Zisterzienserklosters Bebenhausen bei Tübingen (Veröff. d. Komm. f. geschichtl. Landeskunde in Baden-Württemberg, Reihe B: Forschungen, 124), Stuttgart 1995
O. Köhler, Die Aufklärung, in: Handbuch der Kirchengeschichte, hg. von H. Jedin, Bd. 5, Freiburg i. Br. 1970, S. 368–408
R. Kottje (Hg.) siehe Niederrheinische Zisterzienser
Ders., Kloster Kamp und seine Bücher im Mittelalter, in: Buchmalerei der Zisterzienser. Kulturelle Schätze aus sechs Jahrzehnten, Stuttgart 1998, S. 28–34
A. Kottmann, Von der Reformation bis in die Barockzeit, in: A. Kottmann/M. Hämmerle, Die Zisterzienserabtei Wettingen, Baden 1996, S. 101–204
A. Kottmann/M. Hämmerle, Die Zisterzienserabtei Wettingen. Geschichte des Klosters Wettingen und der Abtei Wettingen-Mehrerau, Baden 1996
A. J. Krailsheimer, Armand-Jean de Rancé. Abbot of La Trappe. His influence in the Cloister and the World, Oxford 1974
Ders., The Letters of Armand-Jean de Rance, abbot and reformer of La Trappe (CSS 80/81), Kalamazoo 1984
E. Krausen, Der Adel in den bayerischen Zisterzienserkonventen des 17. und 18. Jahrhunderts, in: ASOC 20 (1964), S. 76–84
Ders., Beiträge zur sozialen Schichtung der altbayerischen Prälatenklöster des 17. und 18. Jahrhunderts, in: ZBLG 30 (1967), S. 335–374

Ders., Die Klöster des Zisterzienserordens in Bayern (Bayerische Heimatforschung, 7), München-Pasing 1953

Ders., Die Zisterzienserabtei Raitenhaslach (Germania Sacra NF 11. Das Erzbistum Salzburg 1), Berlin/New York 1977

Ders., Die Zisterzienser des deutschen Sprach- und Kulturraumes im Zeitalter des Barock und der Aufklärung, in: Die Zisterzienser. Ordensleben zwischen Ideal und Wirklichkeit, Bonn 1980, S. 267–284

E. G. Krenig, Mittelalterliche Frauenklöster nach den Konstitutionen von Cîteaux unter besonderer Berücksichtigung fränkischer Konvente, in: ASOC 10 (1954), S. 1–105

W. Krönig, Altenberg und die Baukunst der Zisterzienser, Bergisch Gladbach 1973

O. Kuchenbauer siehe *J. Lang*

N. Kühn/K. P. Wiemer, Die rheinischen Zisterzienser. Neue Orientierungen in rheinischen Zisterzen des späten Mittelalters (Zisterzienser im Rheinland, 4), Köln 1999

G. Künne, Heinrich von Clairvaux (Diss. Tübingen), Berlin 1909

M. Kuhn-Rehfus, Das Zisterzienserinnenkloster Wald (Germania Sacra NF 30. Die Bistümer der Kirchenprovinz Mainz. Das Bistum Konstanz, 3), Berlin/New York 1992

Dies., Wirtschaftsverfassung und Wirtschaftsverwaltung oberschwäbischer Zisterzienserinnenabteien, RJKG 4 (1985), S. 59–91

Dies., Zisterzienserinnen in Deutschland, in: Die Zisterzienser. Ordensleben zwischen Ideal und Wirklichkeit, Bonn 1980, S. 125–147

W. Kunkel, Besitz- und Sozialgeschichte des Zisterzienserinnenklosters Tiefenthal im Rheingau, phil. Diss. Frankfurt a. M. 1980

P. Kunzmann/F. P. Burkard/F. Wiedmann, dtv-Atlas Philosophie, München 1991

D. Kurze, Die Bedeutung der Arbeit im zisterziensischen Denken, in: Die Zisterzienser. Ordensleben zwischen Ideal und Wirklichkeit, Bonn 1980, S. 179–202

F. E. Kwanten, Le collège de Saint-Bernard à Paris. Sa fondation et ses débuts, in: RHE 43 (1948), S. 443–472

A. Laabs, Malerei und Plastik im Zisterzienserorden (Studien zur internationalen Architektur- und Kunstgeschichte, 8), Petersberg 2000

B. K. Lackner, The Eleventh-Century Background of Cîteaux (CSS, 8), Kalamazoo 1972

Ders., The Liturgy of Early Cîteaux, in: Studies in Medieval Cistercian History presented to J. F. O'Sullivan (Cistercian Studies Serie, 13), Shannon 1971, S. 1–34

A.-H. Laffay, Dom Augustin de Lestrange et l'avenir du monachisme (1754–1827) (Histoire religieuse de la France, 12), Paris 1998

E. Landgraf, Mittelalterliche Bodenfliesen aus den Klöstern Eberbach und Bebenhausen, in: Die Zisterzienser. Ordensleben zwischen Ideal und Wirklichkeit, Bonn 1980

Dies., Ornamentierte Bodenfliesen des Mittelalters in Süd- und Westdeutschland 1150–1550, Textband (Forschungen und Berichte der Archäologie des Mittelalters in Baden-Württemberg, 14), Stuttgart 1993

J. Lang/O. Kuchenbauer, 850 Jahre Klostergründung Kaisheim 1134–1984, Festschrift Kaisheim 1984

R. Laprune, L'abbaye cistercienne d'Ecurey-en-Barrois 1144–1791, Bar-le-Duc 1964

H. van Lengen, Geschichte und Bedeutung des Zisterzienser-Klosters Ihlow, in: Res Frisicae. Beiträge zur ostfriesischen Verfassungs-, Sozial- und Kulturgeschichte, Aurich 1978, S. 86–101

J. Laurent et F. Claudon, Diocèses de Langres et de Dijon (Archives Abbayes et prieurés de l'ancienne France, 12), Ligugé/Paris 1941

K. Lauterer, Zur Wirkungsgeschichte der Fürstenfelder Reformstatuten von 1595 bis zu den Zisterziensern der 20. Jahrhunderts, in: Zisterzienser zwischen Zentralisierung und Regionalisierung. 400 Jahre Fürstenfelder Äbtetreffen, hg. von H. Nehlsen und K. Wollenberg, Frankfurt a. M. 1998, S. 713–727

C. H. Lawrence, Medieval Monasticism, London/New York 1984

A. Lebigre, Les Débuts de l'abbaye cistercienne de Buzay en Pays de Rais 1144–1250, in: Revue historique de droit français et étranger Sér. 4, 45 (1967), S. 451–482

J. Leclercq, Comment vivaient les frères convers, in: ASOC 21 (1965), S. 239–258

Ders., Eremus et eremita. Pour l'histoire du vocabulaire de la vie solitaire, in: CCi 25 (1963), S. 8–30

Ders., La vêture »ad succurrendum« d'après le moine Raoul (Studia Anselmiana = Analecta Monastica III), Rom 1955, S. 158–168

Ders., Les intentions des fondateurs de l'Ordre cistercien, in: CCi 30 (1968), S. 233–271; übersetzt: The Intentions of the Founders of the Cistercian Order, in: Cistercian Studies 4 (1969), S. 21–61 und in: The Cistercian Spirit, hg. von B. Pennington, (Cistercian Studies, 3), Spencer 1970, S. 88–133; übersetzt: Objetivos de los fundatores de la Orden Cisterciense, in: Cistercium 22 (1970), S. 164–195, 284–299

Ders., Lettres de S. Bernard: histoire ou littérature?, in: Studi medievali, ser. III, 12 (1971), S. 1–74

Ders., Les Paraboles de Galland de Rigny, in: Analecta monastica 1, in: Studia Anselmiana 20 (1948), S. 167–180

Ders., Lettres d'Odon d'Ourscamp, cardinal Cistercien, in: Studia Anselmiana 37 (1955), S. 145–157

Ders., Nouvelle réponse de l'ancien monachisme aux critiques des Cisterciens, in: Revue bénédictine 67 (1957), S. 77–94

Ders., Pour l'histoire de l'encyclique de Saint Bernard sur la croisade, in: Mélanges E. R. Labande, Études de civilisations médiévale, Poitiers 1974, S. 479–490

Ders., Recueil d'études sur Saint Bernard et ses écrits, Bd. 1–3 (Storia e litteratura, 92, 104, 114), Rom 1962–1969

Ders., Die Spiritualität der Zisterzienser, in: Die Zisterzienser. Ordensleben zwischen Ideal und Wirklichkeit, Bonn 1980, S. 149–156

Ders., Une ancienne rédaction des coutumes cisterciennes, in: RHE 47 (1952), S. 172–176

Ders., Une homélie de Volcuin de Sittichenbach, in: Studi medievali 3. série III, 1 (1962), S. 315–339

Ders., Die Verbreitung der bernhardinischen Schriften im deutschen Sprachraum, in: Bernhard von Clairvaux, Mönch und Mystiker. Internationaler Bernhardkongreß, Mainz 1953, Wiesbaden 1955, S. 176–191

J.-A. Lefèvre, Histoire et institutions des abbayes cisterciennes (XIIe–XVIIe siècle), in: Revue Bénédictine 100 (1990), S. 109–186

Ders., L'évolution des Usus Conversorum de Cîteaux, in: CCi 17 (1955), S. 65–97

Ders., La véritable Carta caritatis primitive et son évolution (1114–1119), in: CCi 16 (1954), S. 5–29

Ders., Que savon-nous du Cîteaux primitif?, in: RHE 51 (1956), S. 5–41

Ders., Saint Robert de Molesme dans l'opinion monastique du XIIe et XIIIe siècle, in: AB 74 (1956), S. 50–84

J.-A. Lefèvre/B. Lucet, Les codifications cisterciennes aux XIIe et XIIIe siècles d'après les traditions manuscrites, in: ASOC 15 (1959), S. 3–22
R. Lehmann, Die ältere Geschichte des Cisterzienserklosters Dobrilugk in der Lausitz, Kirchhain 1917
W. Lehner, Die Zisterzienserabtei Fürstenfeld in der Reformationszeit 1496–1623, Weißenhorn 2000
L. J. Lekai, Germans and the Medieval Cistercian Abbeys in Poland, in: Cîteaux 28 (1977), S. 121–132
Ders., Geschichte und Wirken der weißen Mönche. Die Cistercienser, hg. von A. Schneider, Köln 1958
Ders., Ideals and Reality in Early Cistercian Life and Legislation, in: Cistercian Ideals and Reality, hg. von J. Sommerfeldt (CSS 60), Kalamazoo 1978, S. 4–29
Ders., Nicholas Cotheret and his history of the abbots of Cîteaux, in: Cistercians in the late middle ages, hg. von E. R. Elder (CSS 64), Kalamazoo 1981, S. 70–89
Ders., Medieval Cistercians and Their Social Environment. The Case of Hungary, in: ACi 32 (1976), S. 251–280
Ders., Studien, Studiensystem und Lehrtätigkeit der Zisterzienser, in: Die Zisterzienser. Ordensleben zwischen Ideal und Wirklichkeit, Bonn 1980, S. 165–170
Ders., The Early Cistercians and the Rule of Saint Benedict, in: Mittellateinisches Jahrbuch 17 (1982), S. 96–107
Ders., The Cistercians. Ideals and Reality, Kent (Ohio) 1977
Ders., The Growth of the Cistercian Strict Observance in the Seventeenth Century, in: Revue Bénédictine 73 (1963), S. 127–132
P. Lemcke, Geschichte des Freien Reichsstifts und der Klosterschule Walkenried, Leipzig o. J. (1895)
S. Leutheußer, Die barocken Ausstattungsprogramme der ehemaligen Zisterzienser-Abteikirchen Waldsassen, Fürstenfeld und Raitenhaslach, phil. Diss. München 1993
J.-F. Leroux-Dhuys/H. Gand, Die Zisterzienser. Geschichte und Architektur, Köln 1998
W. Liebhart, Fürstenfeld in Zeitalter des Barock (1690–1796), in: In Tal und Einsamkeit. 725 Jahre Kloster Fürstenfeld. Die Zisterzienser im alten Bayern , Bd. II: Aufsätze, Fürstenfeld 1988, S. 125–139
W. Limacher, Geschichte der Zisterzienserabtei St. Urban im Zeitraum von 1551–1627 (ZSKG Beihefte, 23), Freiburg/Schweiz 1970
F.-K. Freiherr v. Linden, Die Zisterzienser in Europa. Reise zu den schönsten Stätten mittelalterlicher Klosterkultur, Stuttgart/Zürich 1997
B. K. Lindenthal, Die Stadthöfe der Klöster Doberan und Dargun in Mecklenburg, in: CistC 86 (1979), S. 16–29
Ders., Die Stadthöfe des Zisterzienserklosters Haina, in: Hessisches Jahrbuch für Landesgeschichte 31 (1981), S. 63–96
K. Linder, Stift Stams, München 1938
K. Linder, Beiträge zur Geschichte der Klostergrundherrschaft Stams O.Cist. Unter besonderer Berücksichtigung der Leiheformen, in: Beiträge zur Wirtschafts- und Kulturgeschichte des Zisterzienserstiftes Stams in Tirol, zusammengestellt von N. Grass (Schlern-Schriften 146), Innsbruck 1959, S. 1–199
H. Lingenberg, Oliva – 800 Jahre, Lübeck 1986
T. H. Lloyd, The English Wool Trade in the Middle Ages, Cambridge 1977
G.Lobendanz, Die Entstehung der Oberdeutschen Zisterzienserkongregation (1593–1625), in: ACi 37 (1981), S. 66–342

Ders., Die Fürstenfelder Reformstatuten von 1595, in: Zisterzienser zwischen Zentralisierung und Regionalisierung, hg. von H. Nehlsen und K. Wollenberg, Frankfurt a. M. 1998, S. 517–670

R. Locatelli, L'implantation cistercienne dans le comté de Bourgogne jusqu'au milieu du XIIe siècle, in: Cahiers d'histoire 20 (1975), S. 167–225

D. Lohrmann, Die Wirtschaftshöfe der Prämonstratenser im hohen und späten Mittelalter, in: Die Grundherrschaft im späten Mittelalter, Teil I, hg. von H. Patze (Vorträge und Forschungen, Bd. 27), Sigmaringen 1983, S. 205–240

W. Lorenz, Campus Solis. Geschichte und Besitz der ehemaligen Zisterzienserinnenabtei Sonnefeld bei Coburg, Kallmünz 1955

V. Lorenzen, De danske Klostres Bygningshistorie XI: De danske Cistercienserklostres Bygningshistorie, København 1941

B. Lucet, La codification cistercienne de 1202 et son évolution ultérieure (Bibliotheca Cisterciensis, 2), Rom 1964

Ders., Les codifications cisterciennes de 1237 et de 1257 (Sources d'histoire médiévale, 9), Paris 1977

Ders., L'ère des grandes codifications cisterciennes (1202–1350), in: Études d'histoire du droit canonique dédiées à Gabriel Le Bras Bd. 1, Paris 1965, S. 249–262

F. Lütge, Deutsche Sozial- und Wirtschaftsgeschichte, Stuttgart [3]1966

Ders., Geschichte der deutschen Agrarverfassung vom frühen Mittelalter bis zum 19. Jahrhundert (Deutsche Agrargeschichte, Bd. 3), Stuttgart 1967

B. Lymant, Die Glasmalerei bei den Zisterziensern, in: Die Zisterzienser. Ordensleben zwischen Ideal und Wirklichkeit, Bonn 1980, S. 345–356

Ders., Die mittelalterlichen Glasmalereien der ehemaligen Zisterzienserkirche Altenberg, Bergisch Gladbach 1979

F. Machilek, Die Zisterzienser in Böhmen und Mähren, in: Archiv für Kirchengeschichte von Böhmen-Mähren-Schlesien 3 (1973), S. 185–220

M. Märker, Das Zisterzienserkloster Grünhain im Erzgebirge (1236–1536) Frankfurt a. M. 1968

H. Magirius, Die Baugeschichte des Klosters Altzella, Berlin 1962

Ders., Ehemaliges Zisterzienserkloster Altzella, Regensburg 1992

J. B. Mahn, Le pape Benoît XII et les cisterciens (Bibl. de l'École de Hautes Études, 295), Paris 1949

Ders., L'Ordre Cistercien et son Gouvernement des origines au milieu du XIIIe siècle (1098–1265), Paris [2]1982

B. Maier, Kloster Kaisheim. Rechts-, Wirtschafts- und Sozialgeschichte der Zisterzienserabtei von der Gründung bis Mitte des 14. Jahrhunderts, München 1999

K. Maier/M. Keibel-Maier, Kloster Walkenried, in: Kirchen, Klöster, Manufakturen, hg. vom Vereinigten Kloster- und Studienfonds, Braunschweig 1985, S 28–49

C. Maître, La Réforme cistercienne du plain-chant. Étude d'un traité théorique, Brecht 1995

W. Maleczek, Papst und Kardinalskollegium von 1191 bis 1216 (Publ. des Historischen Instituts beim Österreichischen Kulturinstitut in Rom, Bd. 6), Wien 1984

E. Manning siehe *E. Brouette*

E. Manning, Dictionnaire des Monastères Cisterciens, Bd. 2 (La Documentation Cistercienne, 18), Rochefort 1979

P. A. Manrique, Cisterciensium seu verius ecclesiasticorum Annalium a condito Cistercio, Bd. 1–3, Lyon 1642–1649, Bd. 4 Lyon 1654

R. Manselli, Die Zisterzienser in Krise und Umbruch des Mönchtums im 12. Jahrhundert, in: Die Zisterzienser. Ordensleben zwischen Ideal und Wirklichkeit. Ergänzungsband, Köln 1982, S. 29–37
J. Marilier, Catalogue des Abbés de Cîteaux pour le XIIe siècle. Addition et rectification à la Gallia Christiana, in: CistC 55 (1948), S. 1–11 und 63 (1956), S. 1–6
Ders., Les débuts de l'abbaye de Cîteaux, in: Mémoires de la Société pour l'histoire du droit et des institutions des anciens pays bourguignons, comtois et romands 15 (1953), S. 117–122
S. Marosszéki, Les origines du chant cistercien. Recherches sur les réformes du plaint-chant cistercien au XIIe siècle, in: ASOC 8 (1952), S. I–XVI, 1–179
B. A. Marton, Cardinal Jérome Souchier, Abbot of Clairvaux and Cîteaux (1555–1571), in: ACi 38 (1972), S. 77–166
A. Masoliver, Los Cistercienses en España y Portugal, in: L. J. Lekai, Los Cistercienses. Ideales y realidad, Madrid 1987, S. 517–576
Ders., El Catalogo de los Abades Generalis de Cister, in: ACi 44 (1988), S. 185–190
J. Mathy, Histoire de l'Abbaye de Signy, Reims 1970
Maulbronn. Zur 850-jährigen Geschichte des Zisterzienserklosters, hg. vom Landesdenkmalamt Baden-Württemberg (Forschungen und Berichte der Bau- und Kunstdenkmalpflege in Baden-Württemberg, 7), Stuttgart 1997
B. P. McGuire, Brother and Lover: Aelred of Rievaulx, New York 1994
Ders., Conflict and continuity et Øm abbey, Kopenhagen 1976
Ders., Gibt es eine spezifische zisterziensische Spiritualität?, in: CistC 104 (1997), S. 337–357
Ders., Property and Politics at Esrum Abbey 1151–1251, in: Mediaeval Scandinavia 6 (1973), S. 122–150
Ders., The Cistercians in Denmark. Their Attitudes, Roles and Functions in Medieval Society (CSS 35), Kalamazoo 1982
Ders., Wer gründete den Orden von Cîteaux? Überlegungen zum Jubiläumsjahr 1998, in: CistC 105 (1998), S. 45–66
F. van der Meer, Atlas de l'Ordre cistercien, Brüssel/Paris 1965
Mélanges Saint Bernard. XXIVe Congrès de l'Association Bourguignonne des Sociétés Savantes, Dijon 1953
W. Meyer, Zwei Gedichte zur Geschichte des Cistercimer-Ordens, in: Nachrichten von der kgl. Gesellschaft der Wiss. zu Göttingen, Phil.-hist. Klasse 1908, Berlin 1908
J. Miethke, Die Anfänge des Zisterzienserordens, in: Die Zisterzienser. Ordensleben zwischen Ideal und Wirklichkeit, Bonn 1980, S. 41–46
Ders., Bernhard von Clairvaux, in: ebd., S. 47–55
E. Mikkers, Die Charta Caritatis und die Gründung von Cîteaux, in: RJKG 4 (1985), S. 11–22
Ders., Die Spiritualität der Zisterzienser, in: Die Zisterzienser, hg. von J. Sydow, E. Mikkers und A. B. Hertkorn, Stuttgart/Zürich 1989, S. 129–176
Y. Monsees, Das Zisterzienserinnenkloster Gottesthal in Rheingau – Geschichte, Verfassung, Besitz (Veröffentlichungen der Historischen Kommission für Nassau, 42), Wiesbaden 1986
Ders., Histoire de l'Eglise en Belgique 3: L'Eglise féodale 1122–1378, Bruxelles 1945
H. Mosler, Die Cistercienserabtei Altenberg (Germania Sacra NF 2: Das Erzbistum Köln 1), Berlin/New York 1965
C. Mossig, Grundbesitz und Güterbewirtschaftung des Klosters Eberbach im Rheingau 1136–1250. Untersuchungen zur frühen Wirtschaftsverfassung der

Zisterzienser (Quellen und Forschungen zur hessischen Geschichte, 36), Darmstadt/Marburg 1978

C. *Mossig*, Verfassung des Zisterzienserordens und Organisation der Einzelklöster, in: Die Zisterzienser. Ordensleben zwischen Ideal und Wirklichkeit, Bonn 1980, S. 115–124

C. *Muck*, Geschichte von Kloster Heilsbronn von der Urzeit bis zur Neuzeit, Bd. 1, Nördlingen 1879

F. *Müller*, Kloster Buckow. Von seiner Gründung bis zum Jahre 1325, Stettin 1918

G. *Müller*, Beiträge zur Geschichte des Cistercienser-Ordens in Schottland, in: CistC 25 (1913), S. 1–23, 38–56, 68–76, 107–112, 134–145, 168–177, 206–211, 248–252, 275–282, 301–307

Ders., Cîteaux unter dem Abte Alberich (1099–1109), in: CistC 21 (1909), S. 1–12, 41–50, 75–83, 109–118, 140–153

Ders., Cîteaux vom Jahre 1109 bis 1119, in: CistC 28 (1916), S. 1–8, 31–38, 56–62, 86–91, 117–122, 135–142, 161–166, 186–192, 211–216, 227–230

Ders., Generalkapitel der Cisterciensernnen, in: CistC 24 (1912), S. 65–72, 114–119, 152–157

Ders., Die Gründung des St. Bernhardkollegiums in Paris, in: CistC 20 (1908), Anm. 14, S. 38–50

Ders., Studien über das Generalkapitel: Visitatoren, in: CistC 19 (1907), S. 217–227

H. *Muggenthaler*, Kolonisatorische und wirtschaftliche Tätigkeit eines deutschen Zisterzienserklosters im XII. und XIII. Jahrhundert (Deutsche Geschichtsbücherei, 2), München 1924

G. *Musset*, L'abbaye de la Grace-Dieu (Archives historiques de la Saintonge et de l'Aunis, 27), Paris 1898

Naissance et fonctionnement des réseaux monastiques et canoniaux, Saint-Etienne 1991

D. *Negri*, Abbazie Cisterciensi in Italia, Rom 1981

F. *Neininger*, Konrad von Urach († 1227). Zähringer, Zisterzienser, Kardinallegat (Quellen und Forschungen aus dem Gebiet der Geschichte NF 17), Paderborn 1994

A. *Neubauer*, Regesten des Klosters Wörschweiler, Speyer 1921

E. *Neuscheler*, Die Klostergrundherrschaft Bebenhausen, in: Württembg. Jahrbücher für Statistik und Landeskunde 1928, S. 115–185

Neuzelle. Festschrift zum Jubiläum der Klostergründung vor 700 Jahren, 1268–1968, hg. von J. Fait und J. Fritz, München/Zürich 1968

M. G. *Newmann*, The Boundaries of Charity, Cistercian Culture and Ecclesiastical Reform 1098–1180, Stanford 1996

B. *Nicolai*, »Libido aedificandi«. Walkenried und die monumentale Kirchenbaukunst der Zisterzienser um 1200 (Quellen und Forschungen zur Braunschweigischen Geschichte, 28), Braunschweig 1990

Die niederrheinischen Zisterzienser im späten Mittelalter. Reformbemühungen, Wirtschaft und Kultur, hg. von R. Kottje (Zisterzienser im Rheinland, 3), Bonn 1992

H. *Niedermaier*, Klostertranslation bei den Zisterziensern, in: Cîteaux 24 (1973), S. 31–52

W. *Nussbeck*, Beiträge zur Besitzgeschichte des Klosters Lehnin, phil. Diss. Berlin 1912

J.-F. *O'Callaghan*, The Spanish Military Order of Calatrava and its Affiliates, London 1975

C. O'Conbhuidhe, The Abbey of the Rock of Cashel (Hore Abbey), in: Cîteaux 12 (1961), S. 307–320
Ders., The story of Mellifont, Dublin 1958
Ders., Studies in Irish Cistercian History, Dublin 1998
R. Freiin v. Oer, Die Säkularisation von 1803 – Durchführung und Auswirkung, in: Säkularisation und Säkularisierung im 19. Jahrhundert. Beiträge zur Katholizismusforschung, Reihe B: Abhandlungen, hg. von A. Langner, München/Paderborn/Wien 1978, S. 9–29
E. Ortved, Von Generalkapiteln auf dem Festlande außerhalb Cîteaux' während des Großen Schismas, in: CistC 38 (1926), S. 279–291
U. Graf von Oeynhausen, Glashütten in Mecklenburg, in: Jahrbücher des Vereins für mecklenburgische Geschichte 70 (1905), S. 70–135
M. de Oliveira, Origens da Ordem de Cister em Portugal, in: Revista Portuguesa de História 5 (1951), S. 317–355
A. Ostrowitzki, Die Ausbreitung der Zisterzienserinnen im Erzbistum Köln (Rheinisches Archiv, 131), Köln/Weimar/Wien 1993
J. F. O'Sullivan, Cistercian Settlements in Wales and Monmouthshire 1140–1540 (Fordham University Studies, 2), New York o. J.
C. Oursel, La Bible de Saint Etienne Harding et le Scriptorium de Cîteaux (1109–vers 1134), in: Cîteaux 10 (1959), S. 34–59
Ders., Miniature cisterciennes (1109–1134), Mâcon 1960
D. E. Owen, Kirkstall Abbey, Leeds 1955
M. Pacaut, La filiation claravallienne dans la genese et l'essor de l'ordre cistercien, in: Histoire de Clairvaux. Actes du Colloque de Bar-sur-Aube (Clairvaux 22 et 23 Juin 1990), Bar-sur-Aube 1991, S. 135–147
Ders., Les moins blancs. Histoire de l'ordre de Cîteaux, Paris 1993
A. Paffrath, Bernhard von Clairvaux. Leben und Wirken – dargestellt in den Bilderzyklen von Altenberg bis Zwettl, Köln 1984
A. Paffrath, Bernhard von Clairvaux 2: Die Darstellungen des Heiligen in der bildenden Kunst, Bergisch Gladbach 1990
R. Pahncke, Schulpforte. Geschichte des Zisterzienserklosters Pforte, Leipzig 1956
Nigel F. Palmer, Zisterzienser und ihre Bücher. Die mittelalterliche Bibliotheksgeschichte von Kloster Eberbach im Rheingau, Regensburg 1998
J. Paris, Nomasticon Cisterciense, Paris 1670
M. Parisse, La Formation de la Branche de Morimond, in: Unanimité et Diversité Cisterciennes. Filiations – Réseaux – Relectures du XIIe au XVIIe siècle. Actes du Quatrième Colloque International du C.E.R.C.O.R. Dijon, 23–25 Septembre 1998, Saint-Étienne 2000, S. 87–101.
Ders., Les nonnes au Moyen Âge, Le Puy 1983
A.-F. Patraille, L'abbaye de Cîteaux à la fin de l'ancien Régime (années 1770 à 1789). Mémoire de maîtrise, Dijon 1972
H. Pauen, Die Klostergrundherrschaft Heisterbach. Studien zur Geschichte ihrer Wirtschaft, Verwaltung und Verfassung (Beiträge zur Geschichte des alten Mönchtums und des Benediktinerordens, 4), Münster 1913
F. J. Pereira, Note sur le revenu des abbayes de l'ordre de Cîteaux au Portugal (XIVe–XIXe siècles), in: Cîteaux 44 (1993), S. 321–353
B. Peugniez, Routier des Abbayes Cisterciennes de France, Eckbolsheim 1994
M. Peyrafort, La Bibliothèque médiévale de l'abbaye de Pontigny, in: École Nationale des Chartes. Positions des thèses … 1979, S. 97–100

M. Peyrafort-Bonnet, La dispersion d'une bibliothèque médiévale: les manuscrits de l'abbaye de Pontigny, in: Cîteaux 35 (1984), S. 92–128

M. Pfeifer, Gibt es eine Zisterzienserspiritualität? – Die Problematik des zisterziensischen Ursprungscharismas anhand von Texten des 12. und 13. Jahrhunderts, in: Spiritualität und Herrschaft, hg. von O. H. Schmidt, H. Frenzel, D. Pötschke (Studien zur Geschichte, Kunst und Kultur der Zisterzienser, 5), Berlin 1998, S. 10–30

P. Pfister, Klosterführer aller Zisterzienserklöster im deutschsprachigen Raum, Straßburg 1997

H. Pflüger, Schutzverhältnisse und Landesherrschaft der Reichsabtei Herrenalb von ihrer Gründung im Jahre 1149 bis zum Verlust ihrer Reichsunmittelbarkeit im Jahre 1497 (bzw. 1535) (Veröffentlichungen der Kommission für geschichtliche Landeskunde in Baden-Württemberg, Reihe B, 4), Stuttgart 1958

Ders., Die Zisterzienser und die Vogteifrage, in: ZWLG 17 (1958), S. 273–280

F. Pfurtscheller, Die Privilegierung des Zisterzienserordens im Rahmen der allgemeinen Schutz- und Exemtionsgeschichte vom Anfang bis zur Bulle »Parvus Fons« (1265) (Europäische Hochschulschriften Reihe XXIII/Theologie, 13), Bern/Frankfurt a. M. 1972

M. Pigeon, Présence de Saint Bernard à Savigny, in: CCi 52 (1990)

S. Pietschmann, Das Kloster Chorin, in: Klöster und Landschaften. Zisterzienser westlich und östlich der Oder, hg. von U. Knefelkamp und W. F. Reddig, Frankfurt a. d. Oder 1998, S. 60–65

H. Pirenne, Economie and social history of medieval Europe, London 1947

G. Plotzek-Wederhake, Buchmalerei in Zisterzienserklöstern, in: Die Zisterzienser. Ordensleben zwischen Ideal und Wirklichkeit, Bonn 1980, S. 357–378

M. Plouvier, Catalogue des abbés géneraux, in: Pour une histoire monumentale de l'abbaye de Cîteaux 1098–1998 (Studia et Documenta de la Revue Cîteaux commentarii cistercienses, 8), Vitreux 1998, S. 397

M. Plouvier/A. Saint-Denis (Hg.), Pour une histoire monumentale de l'abbaye de Cîteaux 1098–1998 (Studia et Documenta de la Revue Cîteaux commentarii cistercienses, 8), Vitreux 1998

D. Pötschke, Geschichte und Recht der Zisterzienser (Studien zur Geschichte, Kunst und Kultur der Zisterzienser, 2), Berlin 1997

J. Poloni, Les Granges de l'abbaye de Cîteaux (v. 1250–v. 1480), in: L'Économie cistercienne. Géographie – Mutations du Moyen Age aux Temps Modernes, Auch 1983, S. 183–188

E. Power, The Wool Trade in English Medieval History, Oxford 1969

M. Preiss, Die politische Tätigkeit und Stellung der Cisterzienser im Schisma von 1159–1177 (Historische Studien, 248), Berlin 1934

A. Presse, Notes et Documents sur les derniers temps de l'Abbaye de Cîteaux, in: ASOC 10 (1954), S. 169–207

L. Pressouyre, L'Espace Cistercien, Paris 1994

G. V. Price, Valle Crucis Abbey, Liverpool 1952

T. Pyl, Geschichte des Cistercienserklosters Eldena im Zusammenhange mit der Stadt und Universität Greifswald, Teil 1–2, Greifswald 1880–1882

M. Quast, Das Kloster Dobrilugk, in: Klöster und Landschaften. Zisterzienser westlich und östlich der Oder, hg. von U. Knefelkamp und W. F. Reddig, Frankfurt a. d. Oder 1998, S. 69–73

H. Raab, Der Untergang der Reichskirche in der großen Säkularisation, in: Handbuch der Kirchengeschichte, hg. von H. Jedin, Bd. 5, Freiburg i. Br. 1970, S. 533–554

F. Rapp/C. Muller, Koenigsbruck. L'histoire d'une abbaye cistercienne (Annuaire de la Société d'Histoire et d'Archéologie du Ried-Nord 1998), Drusenhein 1998

A. v. Reden-Dohna, Zisterzienser als Reichsstände, in: Die Zisterzienser. Ordensleben zwischen Ideal und Wirklichkeit, Bonn 1980, S. 285–288

J.-P. Redoutey, Note sur l'insertion de l'abbaye de Bellevaux dans la vie économique aux XIIe et XIIIe siècles, in: Mélanges à la Mémoire du Père Anselme Dimier, Teil II Bd. 4, Arbois 1984, S. 729–743

M. Rehfus, Das Zisterzienserinnenkloster Wald. Grundherrschaft, Gerichtsherrschaft und Verwaltung (Arbeiten zur Landeskunde Hohenzollerns, 9), Sigmaringen 1971

M. Reichenmiller, Das ehemalige Reichsstift und Zisterziensernonnenkloster Rottenmünster. Studien zur Grundherrschaft, Gerichts- und Landesherrschaft (Veröffentl. d. Komm. f. geschichtl. Landeskunde in Baden-Württemberg, Reihe B, 28), Stuttgart 1964

Stift Rein 1129–1979. 850 Jahre Kultur und Glaube, Festschrift, hg. von P. Rappold, Rein 1979

H. Reimann, Die historische Bedeutung des Zisterzienserklosters Dargun für die mittelalterliche Entwicklung eines mecklenburgisch-pommerschen Grenzgebiets, in: Zisterziensische Wirtschaft und Kulturlandschaft, hg. von W. Schich (Studien zur Geschichte, Kunst und Kultur der Zisterzienser, Band 5), Berlin 1998, S. 48–63

Ders., Die Wirtschaftstätigkeit der Zisterzienser im Mittelalter: Agrarwirtschaft, in: Die Zisterzienser. Ordensleben zwischen Ideal und Wirklichkeit, Bonn 1980, S. 203 -216

Ders., Zur Ordenspolitik der Askanier. Zisterzienser und Landesherrschaft im Elbe-Oder-Raum, in: Zisterzienser-Studien 1, Berlin 1975, S. 77–96

C. Richter, The Cistercian stained glass of Doberan, in: Studies in: Studies in Cistercian Art and Architecture, Bd. 4, hg. von M. Parsons Lillich, Kalamazoo 1993, S. 161–183

V. Riecke, Frauenklöster des Zisterzienserordens im ehemaligen Bistum Würzburg. Siedlungs- und Baugeschichte der zwischen 1231 und 1250 im Bistum Würzburg gestifteten Frauenzisterzen in der ersten Zeit nach ihrer Gründung, masch. schriftl. Duiss. TH Stuttgart 1945

D. Robinson (Hg.), The Cistercian Abbeys of Britain. Far from the Concourse of Men, London 1998

C. Römer/D. Pötschke/O. H. Schmidt (Hg.), Benediktiner, Zisterzienser (Studien zur Geschichte, Kunst und Kultur der Zisterzienser, 7), Berlin 1999

W. Rösener, Agrarwirtschaft, Agrarverfassung und ländliche Gesellschaft im Mittelalter (Enzyklopädie deutscher Geschichte, Bd. 13), München 1992

Ders., Spiritualität und Ökonomie im Spannungsfeld der zisterziensischen Lebensform, in: Cîteaux 34 (1983), S. 245–274

Ders., Zur Wirtschaftstätigkeit der Zisterzienser im Hochmittelalter, in: Zeitschrift für Agrargeschichte und Agrarsoziologie 30 (1982), S. 42–127

Ders., Bauernlegen durch klösterliche Grundherren im Hochmittelalter, in: Zeitschrift für Agrargeschichte und Agrarsoziologie 27 (1979), S. 60–93

Ders., Grangienwirtschaft und Grundbesitzorganisation südwestdeutscher Zisterzienserklöster vom 12. bis 14. Jahrhundert, in: Die Zisterzienser. Ordensleben zwischen Ideal und Wirklichkeit. Ergänzungsband, Köln 1982, S. 137–164

Ders., Reichsabtei Salem. Verfassungs- und Wirtschaftsgeschichte des Zisterzienserklosters von der Gründung bis zur Mitte des 14. Jahrhunderts (Vorträge und Forschungen. Sonderbd. 13), Sigmaringen 1974

Ders., Südwestdeutsche Zisterzienserklöster unter kaiserlicher Schirmherrschaft, in: ZWLG 33 (1974), S. 24–52

S. Roisin, L'efflorescence cistercienne et le courant féminin de piété au XIIIe siècle, in: RHE 39 (1943), S. 342–378

Dies., L'Hagiographie cistercienne dans le diocèse de Liège au XIIIe siècle, Louvain/Bruxelles 1947

W. Ronneberger, Das Zisterzienser-Nonnenkloster zum Heiligen Kreuz bei Saalburg a. d. Saale, Jena 1932

M. Roscher, Geschichte der Cistercienserabtei Viktring in Kärnten in der Zeit von 1142–1534, phil. Diss. masch. schriftl. Wien 1953

K. Rossel, Die Abtei Eberbach in Rheingau (Denkmäler aus Nassau, 3), Wiesbaden 1862

Ders., Diplomatische Geschichte der Abtei Eberbach zu Rheingau, Bd. 1–3, Wiesbaden 1855, 1858, 1886

B. Rosenman, The tomb canopies and the cloister at Santes Creus, in: Studies in Cistercian Art and Architecture, Bd. 2, hg. von M. Parsons Lillich, Kalamazzo 1984

H. J. Roth, Abtei Marienstatt. Ein Führer zur Architektur und Kunst, Hachenburg 1966

Ders., Die Abtei Marienstatt und die Generalkapitel der Zisterzienser seit 1459, in: Archiv für mittelrheinische Kirchengeschichte 22 (1970), S. 93–127

Ders., Kloster Marienstatt im Westerwald, Neuss 1980

Ders., Bibliographie Marienstatt (Marienstatter Ges. Aufs., 4), Hachenburg 1970

Ders., Altenberg und Marienstatt. Die Beziehungen zweier rheinischer Zisterzen, Bergisch Gladbach 1971

Ders., Bauplastischer Pflanzenschmuck in der Cistercienser-Architektur, in: Die Cistercienser. Geschichte, Geist, Kunst, hg. von A. Schneider u. a., Köln ^{3}1986, S. 510–527

Ders., Die Pflanzen in der Bauplastik des Altenberger Domes. Ein Beitrag zur Kunstgeschichte und zur mittelalterlichen Botanik, Bergisch Gladbach 1976

Ders., Mathematik, Naturwissenschaften, Technik und Medizin bei den Zisterziensern, in: Die Zisterzienser. Ordensleben zwischen Ideal und Wirklichkeit, Bonn 1980, S. 171–178

Ders., Die Zisterzienser im 19. und 20. Jahrhundert, in: Die Zisterzienser. Ordensleben zwischen Ideal und Wirklichkeit, Bonn 1980, S. 303–310

Ders., Zur Wirtschaftsgeschichte der Cistercienser, in: Die Cistercienser. Geschichte, Geist, Kunst, hg. von A. Schneider u. a., Köln ^{3}1986, S. 528–557

R. H. Rouse, Cistercian aids to study in the thirteenth century, in: Studies in Medieval Cistercian History 2 (CSS 24), Kalamazzo 1976, S. 125–149

P. Rückert/D. Planck, Anfänge der Zisterzienser in Südwestdeutschland. Politik, Kunst und Liturgie im Umfeld des Klosters Maulbronn (Oberrheinische Studien, 16), Stuttgart 1999

J. Rüffer, Orbis Cisterciensis. Zur Geschichte der monastischen ästhetischen Kultur im 12. Jahrhundert (Studien zur Geschichte, Kunst und Kultur der Zisterzienser, 6), Berlin 1999

W. Rug, Der »bernhardinische« Plan im Rahmen der Kirchenbaukunst der Zisterzienser im 12. Jahrhundert, Tübingen 1983

Salem, 850 Jahre Reichsabtei und Schloss, hg. von R. Schneider, Konstanz 1984

M. R. Sabrow, Der Stadthof des Zisterzienserklosters Salem in Konstanz von seiner Gründung bis in das 15. Jahrhundert, in: Schriften des Vereins für Geschichte des Bodensees und seiner Umgebung 94 (1976), S. 93–124

Saint Bernard et Le Monde Cistercien, hg. von L. Pressouyre et T. N. Kinder, Paris 1990

M. Schaab, Die Zisterzienserabtei Schönau im Odenwald (Heidelberger Veröffentlichungen zur Landesgeschichte und Landeskunde, 8), Heidelberg 1963

B. Schedl, Das Generalkapitel der Zisterzienserorden im Jahre 1900, in. ACi 51 (1995), S. 111–320

A. M. Scheglmann, Geschichte der Säkularisation im rechtsrheinischen Bayern, Bd. 1–3.2, Regensburg 1903–1908

W. Schenk, Zisterzienser als Gestalter von Kulturlandschaften. Bewertung der landeskulturellen Leistungen und planerischer Umgang mit dem landwirtschaftlichen Erbe, in: Zisterziensische Wirtschaft und Kulturlandschaft, hg. von W. Schich (Studien zur Geschichte, Kunst und Kultur der Zisterzienser, Bd. 5), Berlin 1998 S. 8–32

W. W. Scherer, Untersuchungen zur Personen- und Besitzgeschichte des Zisterzienserklosters Eußerthal (Schriften des Diözesan-Archivs Speyer, 6), Speyer 1983

L. Scherg, Die Zisterzienserabtei Bronnbach im Mittelalter. Studien zur Geschichte der Abtei von der Gründung bis zur Mitte des 14. Jahrhunderts (Mainfränkische Studien, 14), Würzburg 1976

W. Schich, Grangien und Stadthöfe der Zisterzienserklöster im Raum östlich der mittleren Elbe bis zum 14. Jahrhundert, in: Zisterziensische Wirtschaft und Kulturlandschaft, hg. von W. Schich (Studien zur Geschichte, Kunst und Kultur der Zisterzienser, Bd. 5), Berlin 1998, S. 64–98

Ders., Der Handel der rheinischen Zisterzienserklöster und die Einrichtung ihrer Stadthöfe im 12. und 13. Jahrhundert, in: Die niederrheinischen Zisterzienser im späten Mittelalter. Reformbemühungen, Wirtschaft und Kultur, hg. von R. Kottje (Zisterzienser im Rheinland, 3), Köln 1992, S. 49–73

Ders., Die Stadthöfe der fränkischen Zisterzienserklöster in Würzburg. Von den Anfängen bis zum 14. Jahrhundert, in: Zisterzienser-Studien 3 (Studien zur europäischen Geschichte, 13), Berlin 1976, S. 45–94

Ders., Die Wirtschaftstätigkeit der Zisterzienser im Mittelalter: Handel und Gewerbe, in: Die Zisterzienser. Ordensleben zwischen Ideal und Wirklichkeit, Bonn 1980, S. 217–236

Ders. (Hg.), Zisterziensische Wirtschaft und Kulturlandschaft (Studien zur Geschichte, Kunst und Kultur der Zisterzienser, 3), Berlin 1998

Ders., Zum Problem des Einstiegs der Zisterzienser in den Handel im 12. Jahrhundert unter besonderer Berücksichtigung des Ordensstatutes »De nundinis«, in: Historia i Kultura cystersów w dawnej Polsce i ich europejskie Związki, hg. von J. Strzelczyk, Poznań 1987, S. 33–59

Ders., Zur Rolle des Handels in der Wirtschaft der Zisterzienserklöster im nordöstlichen Mitteleuropa während der zweiten Hälfte des 12. und der ersten Hälfte des 13. Jahrhunderts, in: Zisterzienser-Studien 4 (Studien zur europäischen Geschichte, 14), Berlin 1979, S. 133–168

B. Schimmelpfennig, Das Papsttum und die Reform des Zisterzienserordens im späten Mittelalter, in: Reformbemühungen und Observanzbestrebungen im spätmittelalterlichen Ordenswesen, hg. von K. Elm (Berliner Hist. Studien, 14/Ordensstudien, 6), Berlin 1989, S. 399–410

Ders., Zisterzienserideal und Kirchenreform–Benedikt XII. (1334–1342) als Reformpapst, in: Zisterzienserstudien 3 (Studien zur europäischen Geschichte, 13), Berlin 1976, S. 11–43

Ders., Zisterzienser, Papsttum und Episkopat im Mittelalter, in: Die Zisterzienser. Ordensleben zwischen Ideal und Wirklichkeit, Bonn 1980, S. 69–85

M. P. Schindele, »Hie focht an die ordenung und reformacion Benedicti des bapstes des XII« (Kl L 46, 69v). Zur schriftlichen Überlieferung und Wirkungsgeschichte der Reformweisungen von 1335 im Kloster Lichtenthal, in: Viva vox und ratio scipta. Mündliche und schriftliche Kommunikationsformen im Mönchtum des Mittelalters (Vita regularis, 5), Münster 1997, S. 281–306

G. Schlegel, Das Zisterzienserkloster Dargun 1172–1532 (Studien zur Kath. Bistums- und Klostergeschichte, 22), Leipzig 1980

E. Schlichting, Die Wallfahrten und Gnadenbilder der inkorporierten Kirchen Fürstenfelds bis 1803, in: In Tal und Einsamkeit. 725 Jahre Kloster Fürstenfeld, Bd. 2: Aufsätze, hg. von A. Ehrmann, P. Pfister, K. Wollenberg, Fürstenfeldbruck 1988, S. 275–296

F.-J. Schmale, Studien zum Schisma des Jahres 1130 (Forschungen zur kirchlichen Rechtsgeschichte und zum Kirchenrecht, 3), Köln/Graz 1961

B. Schmid, Das Cistercienserkloster Frienisberg (Aurora) und seine Grundherrschaft von seiner Gründung im Jahre 1138 bis zum Ausgang des 13. Jahrhunderts, Bern 1936

J. Schmid, Geschichte der Cistercienser-Abtei St. Urban. Stiftung, Gründung und Aufstieg der Abtei St. Urban bis zum Jahre 1250, Luzern 1930

O. *E. Schmidt*, Kloster Altzelle, Dresden 1932

O. *H. Schmidt, H. Frenzel, D. Pötschke (Hg.),* Spiritualität und Herrschaft (Studien zur Geschichte, Kunst und Kultur der Zisterzienser, 5), Berlin 1998

O. *H. Schmidt/D. Schumann (Hg.),* Zisterzienser in Brandenburg (Studien zur Geschichte, Kunst und Kultur der Zisterzienser, 1), Berlin ²1997

U. Schmidt, Himmelkron. Grundbesitz und wirtschaftliche Verhältnisse des ehemaligen Zisterzienserinnenklosters, in: Archiv für Geschichte von Oberfranken 48 (1968), S. 7–70

W. Schmidt, Die Zisterzienser im Baltikum und in Finnland, in: Suomen Kirkkohistoriallisen Seuran Vuosikirja 29–30 (1939–1940), S. 1–286

P. Schmitz, Geschichte des Benediktinerordens, Bd. 2, übers. von L. Räber, Einsiedeln 1948; Bd. 3, Zürich/Einsiedeln 1955

J. A. Schmoll gen. Eisenwerth, Das Kloster Chorin und die askanische Architektur in der Mark Brandenburg 1260–1320 (Veröffentlichungen der Historischen Kommission beim Friedrich-Meinecke-Institut der Freien Universität Berlin, 2), Berlin 1961

L. Schmugge, Zisterzienser. Kreuzzug und Heidenkrieg, in: Die Zisterzienser. Ordensleben zwischen Ideal und Wirklichkeit, Bonn 1980, S. 57–68

A. Schneider, Die Geistigkeit der Cistercienser, in: Die Cistercienser. Geschichte – Geist – Kunst, hg. von A. Schneider u. a., Köln ³1986, S. 113–142

Ders., Die Geschichte der Zisterzienser, in: Die Cistercienser. Geschichte – Geist – Kunst, hg. von A. Schneider u. a., Köln ³1986, S. 13–53

Ders., Die Cistercienserabtei Himmerod im Spätmittelalter (Quellen und Abhandlungen zur mittelrhein. Kirchengeschichte, 1), Himmerod 1954

Ders., Die Cistercienserabtei Himmerod von der Renaissance bis zur Auflösung 1511–1802, Köln 1976

Ders., Kolonisation und Mission im Osten, in: Die Cistercienser. Geschichte – Geist – Kunst, hg. von A. Schneider u. a., Köln ³1986, S. 70–103
Ders., Lexikalische Übersicht der Männerklöster der Cistercienser im deutschen Sprach- und Kulturraum, in: Die Cistercienser. Geschichte – Geist – Kunst, hg. von A. Schneider u. a., Köln ³1986, S. 639–702
Ders., Skriptorien und Bibliotheken der Cistercienser, in: Die Cistercienser. Geschichte – Geist – Kunst, hg. von A. Schneider u. a., Köln ³1986, S. 395–466
B. Schneider, Cîteaux und die benediktinische Tradition. Die Quellenfrage des Liber Usuum im Lichte der Consuetudines Monasticae, in: ASOC 16 (1960), S. 168–254, 17 (1961), S. 71–114 (tiré à part: Rom 1961)
Ders., Das Papsttum unter dem steigenden Druck des Staatskirchentums, in: Handbuch der Kirchengeschichte, hg. von H. Jedin, Bd. 5, Freiburg i. Br. 1970, S. 609–636
H. B. Schneider, Die Fürstenfelder Reformstatuten 1595, in: ACi 39 (1983), S. 63–180
Ders., Neue Quellen zur Entstehung der Österreichisch-Ungarischen Zisterzienserkongregation (1849–1897), in: ACi 42 (1986), S. 3–192
Ders., Neues zur Frühgeschichte der Österreichisch-Ungarischen Zisterzienserkongregation (1839–1880). Die Wahl von Leopold Wackarz zum Generalvikar und ihre Folgen, in: ACi 52 (1996), S. 136–203
H. B. Schneider siehe *P. Zakar*
R. Schneider siehe *Salem*
R. Schneider, Die Geschichte Salems, in: Salem. 850 Jahre Reichsabtei und Schloß, hg. von R. Schneider, Konstanz 1984, S. 11–153
R. Schneider, Garciones oder pueri abbatum. Zum Problem bewaffneter Dienstleute bei den Zisterziensern, in: Zisterzienser-Studien 1 (Studien zur europäischen Geschichte, 11), Berlin 1975, S. 11–35
Ders., Güter- und Gelddepositen in Zisterzienserklöstern, in: Zisterzienser-Studien 1 (Studien zur europäischen Geschichte, 11), Berlin 1975, S. 97–126
Ders., Lebensverhältnisse bei den Zisterziensern im Spätmittelalter, in: Klösterliche Sachkultur des Spätmittelalters (Veröffentlichungen des Instituts für mittelalterliche Realienkunde Österreichs, 3), Wien 1980, S. 43–71
Ders., Rheinische Zisterzienser im mittelalterlichen Studienbetrieb, in: Die niederrheinischen Zisterzienser im späten Mittelalter, hg. von R. Kottje, Köln 1992, S. 121–136
Ders., Der Zisterzienserkonverse Werner als Wettinger Hofmeister und kurischer Prokurator, in: Festschrift für B. Schwineköper, hg. von H. Maurer und H. Patze, Sigmaringen 1982, S. 309–325
Ders., Stadthöfe der Zisterzienser: Zu ihrer Funktion und Bedeutung, in: Zisterzienser-Studien 4 (Studien zur europäischen Geschichte, 14), Berlin 1979, S. 11–28
Ders., Studium und Zisterzienser mit besonderer Berücksichtigung des südwestdeutschen Raumes, in: RJKG 4 (1985), S. 103–117
Ders., Studium und Zisterzienserorden, in: Schulen und Studium im sozialen Wandel des hohen und späten Mittelalters, hg. von J. Fried (Vorträge und Forschungen, 30), Sigmaringen 1986, S. 321–350
Ders., Vom Klosterhaushalt zum Stadt- und Staatshaushalt. Der zisterziensische Beitrag (Monographien zur Geschichte des Mittelalters, 38), Stuttgart 1994
Ders., Zisterzienser und Stadt, in: CistC 101 (1994), S. 93–112
G. Schnorrenberger, Wirtschaftsverwaltung des Klosters Eberbach im Rheingau 1423–1631 (Veröffentlichungen der Historischen Kommission für Nassau, 23), Wiesbaden 1977

R. Schnyder, Die Baukeramik und der mittelalterliche Backsteinbau des Zisterzienserklosters St. Urban, phil. Diss. Bern 1958
F. Schrader, Die ehemalige Zisterzienserinnenabtei Marienstuhl vor Egeln (Erfurter Theologische Studien, 16), Leipzig 1965
R. Schreiber/M. Köhler, Die »Baugesetze« der Zisterzienser, Meßkirch 1987
K. Schreiner, Zisterziensisches Mönchtum und soziale Umwelt. Wirtschaftlicher und sozialer Strukturwandel in hoch- und spätmittelalterlichen Zisterzienserkonventen, in: Die Zisterzienser. Ordensleben zwischen Ideal und Wirklichkeit. Ergänzungsband, Köln 1982, S. 79–135
U. Schröder, Architektur der Zisterzienser, in: Die Zisterzienser. Ordensleben zwischen Ideal und Wirklichkeit, Bonn 1980, S. 311–344
K. Schulz, Fernhandel und Zollpolitik großer rheinischer Zisterzen, in: Zisterzienser-Studien 4 (Studien zur europäischen Geschichte, 14), Berlin 1979, S. 29–59
B. Schwenk, Aus der Frühzeit der geistlichen Ritterorden Spaniens, in: Die geistlichen Ritterorden Europas, hg. von J. Fleckenstein und M. Hellmann (Vorträge und Forschungen, 26), Sigmaringen 1980, S. 109–140
W. Schwickert, Die Grundherrschaft des Klosters Haina bis 1350, Borna/Leipzig 1927
H. Schwillus/A. Hölscher (Hg.), Weltverachtung und Dynamik (Studien zur Geschichte, Kunst und Kultur der Zisterzienser, 10), Berlin 2000
R. Sebicht, Die Cistercienser und die niederländischen Kolonisten in der Goldenen Aue, in: Zeitschrift des Harzvereins für Geschichte und Altertumskunde 21 (1888), S. 1–74
S. Shahar, Die Frau im Mittelalter, Königstum 1981
J. Söhn, Geschichte des wirtschaftlichen Lebens der Abtei Eberbach im Rheingau, vornehmlich im 15. und 16. Jahrhundert (Veröffentlichungen der Historischen Kommission für Nassau, 7), Wiesbaden 1914
C. Sommer-Ramer, Die Zisterzienser, in: Die Zisterzienser und Zisterzienserinnen, die reformierten Bernhardinerinnen, die Trappisten und Trappistinnen und die Wilhelmiten in der Schweiz, red. von C. Sommer-Ramer und P. Braun (Helvetia Sacra Abt. 3 Bd. 3 Teil 1), Bern 1982, S. 27–66
H. Sommer, Die rechtliche und wirtschaftliche Bedeutung des Cistercienserklosters Camp für den Landesausbau am Niederrhein von der Gründung bis 1302, Bonn 1978
A. Sonntag, Das Kloster Zinna, in: Klöster und Landschaften. Zisterzienser westlich und östlich der Oder, hg. von U. Knefelkemp und W. F. Reddig, Frankfurt a. d. Oder 1998, S. 74–80
K. Spahr, Das Leben des hl. Robert von Molesme, Fribourg 1944
K.-H. Spiess, Bergbaugeschichte einiger sächsisch-thüringischer Zisterzienserabteien, in: Der Anschnitt–Zeitschrift für Kunst und Kultur im Bergbau 11 (1959), S. 12–16
Ders., Die Beziehungen einiger mitteldeutscher Zisterzienserabteien zum dortigen Bergbau, in: ASOC 15 (1959), S. 265–283
R. Sprandel, Das Eisengewerbe im Mittelalter, Stuttgart 1968
R. Stalley, The Cistercian Monasteries of Ireland, London/Newhaven 1987
M. Stark, Die Trennung der »Observantia Strictior« vom Zisterzienserorden (1880–1892). Geschichte und Dokumente, in: ACi 48 (1992), S. 105–310
D. Stehlíková, Siegel und Siegeltypare der Zisterzienser aus Osek (Ossegg), in: 800 Jahre Kloster Ossegg Festschrift, Ossegg 1996, S. 244

W. Steinmann, Der Besitz des Klosters Loccum bis zur Mitte des 15. Jahrhunderts. Eine Studie zur Wirtschaftsgeschichte der Zisterzienser, phil. Diss. masch. schriftl. Göttingen 1956

G. Steinwascher, Die Zisterzienserstadthöfe in Köln, Bergisch Gladbach 1981

Stift Rein 1129–1979. 850 Jahre Kultur und Glaube. Festschrift zum Jubiläum, hg. von Abt P. Rappold, Rein 1979

J. R. Strayer, The Laicization of French and Englisch society in the XIIIth century, in: Speculum 15 (1940), S. 76–86

Studies in medieval cistercian History, presented to J. F. O'Sullivan (Cistercian Studies, 13), Shannon 1971

J. Strzelczyk (Hg.), Historia i Kultura cystersów w dawnej Polsce i ich europejskie Związki, Poznań 1987

J. C. Stübner, Denkwürdigkeiten des Fürstenthums Blankenburg und des demselben incorporierten Stiftsamts, Bd. 1, Wernigerode 1788

U. Stutz, Die Cistercienser wider Gratians Dekret, in: ZRG KA 8 (1919), S. 3–38

D. Stutzer, Die Säkularisation 1803. Der Sturm auf Bayerns Kirchen und Klöster, Rosenheim 1978

Ders., Wirtschaftsverfassung und Wirtschaftstätigkeit bayerischer Zisterzienserklöster im Zeitalter des Barock, in: Die Zisterzienser. Ordensleben zwischen Ideal und Wirklichkeit, Bonn 1980, S. 289–296

M. Suydam, Origins of the Savignac Order. Savigny's role within twelfth-century monastic reform, in: Revue Bénédictine 86 (1976), S. 94–108

H. Svoboda, Die Klosterwirtschaft der Cistercienser in Ostdeutschland (Nürnberger Beiträge zu den Wirtschaftswissenschaften, 19/20), Nürnberg 1930

J. Sydow, Die Zisterzienserabtei Bebenhausen (Germania Sacra, NF 16; Bistum Konstanz, 2), Berlin/New York 1984

Ders., Die Zisterzienser – ein Orden in der Blütezeit hochmittelalterlichen Mönchtums, in: Die Zisterzienser, Stuttgart/Zürich 1989, S. 11–112

C. H. Talbot, The sermons of Hugh of Pontigny, in: Cîteaux in de Nederlanden 7 (1956), S. 5–31

H. Talbot, The Cistercian Abbeys of Scotland, London 1939

W. J. Telesca, The Cistercian Dilemma at the Close of the Middle Ages: Gallicanism or Rome, in: Studies in Medieval Cistercian History presented to J. F. O'Sullivan (CSS, 13), Shannon 1971, S. 163–185

Ders., The Order of Cîteaux during the Concil of Basel 1431–1449, in: Cîteaux 32 (1981), S. 32–63

M. Thalgott, Die Zisterzienser von Kerz, München 1990

A. Thiele, Echternach und Himmerod. Beispiele benediktinischer und zisterziensischer Wirtschaftsführung im 12. und 13. Jahrhundert (Forschungen zur Sozial- und Wirtschaftsgeschichte, 7), Stuttgart 1964

M. Toepfer, Die Konversen der Zisterzienser. Untersuchungen über ihren Beitrag zur mittelalterlichen Blüte des Ordens (Berliner Historische Studien, 10/ Ordensstudien, 4), Berlin 1983

Ders., Die Konversen der Zisterzienserinnen von Himmelspforten bei Würzburg. Von der Gründung des Klosters bis zum Ende des 14. Jahrhunderts, in: Beiträge zur Geschichte der Konversen im Mittelalter, hg. von K. Elm (Berliner Historische Studien, 2/Ordensstudien, 1), Berlin 1980, S. 25–48

M. J. Tomann, Österreichische Zisterzienserkonstitutionen. Zeitdokumente einer Kongregation, ihre Geschichte und Entwicklung 1859–1984, Heiligenkreuz 1987

L. Torres Balbas, Monasterios Cistercienses de Galicia (Bibliofilos Gallegos, 8), Santiago 1954
T. Trapp, Die Zisterzienserabtei Weiler-Bettnach (Villers-Bettnach) im Hoch- und Spätmittelalter (Veröffentl. d. Kommission für saarländische Landesgeschichte und Volksforschung, 27), Saarbrücken 1996
E. Tremp, Mönche als Pioniere, Die Zisterzienser im Mittelalter (Schweizer Pioniere der Wirtschaft und Technik, 65), Meilen 1997
Ders., Wie gründete man ein Zisterzienserkloster?, in: ZSKG 82 (1988), S. 115–141
A. Tuulse, Die Burgen in Estland und Lettland, Dorpat 1942
M. Untermann, Das »Mönchtum« in der früh- und hochmittelalterlichen Klosteranlage, in: Wohn- und Wirtschaftsbauten frühmittelalterlicher Klöster (Veröffentl. Des Instituts für Denkmalpflege ETH Zürich, 12), Zürich 1996, S. 233–257
E. Vacandard, Leben des hl. Bernhard von Clairvaux, Bd. 1–2, Mainz 1897–1898
W. Vahrenhold, Kloster Marienfeld. Besitz- und Wirtschaftsgeschichte des Zisterzienserklosters Marienfeld in Westfalen (1185–1456) (Quellen und Forschungen zur Geschichte der Stadt Warendorf, 4), Warendorf 1966
J. C. Valle Perez (Hg.), El Monacato en Galicia durante la edad media: La Orden del Cister (Fundación Alfredo Branas, Colección Historia Nr. 1), o. O. 1991
C. Vanja, Besitz und Sozialgeschichte der Zisterzienserinnenklöster Caldern und Georgenberg und des Prämonstratenserinnenstifts Hachborn in Hessen im späten Mittelalter (Quellen und Forschungen zur hessischen Geschichte, 45), Darmstadt 1984
C. Veroli, La Revisione musicale bernardiniane e il graduale cisterciense, in: ACi 47 (1991), S. 1–141 und 48 (1992), S. 3–104
G. Vetere siehe *H. Houben*
J. Vila-Grau, Cistercian stained glass windows at Santes Creus, in: Studies in Cistercian Art and Architecture, Bd. 4, hg. von M. Parsons Lillich, Kalamazoo 200 1993, S. 154–160
G. Viti, I Cistercensi in Italia, in: L. J. Lekai, I Cistercensi Ideali e realitá, Rom 1989, S. 501–540
Viva vox und ratio scripta. Mündliche und schriftliche Kommunikationsformen im Mönchtum des Mittelalters, hg. von C. M. Kasper und K. Schreiner (Vita Regularis., 5), Münster 1997
O. Volk, Salzproduktion und Salzhandel mittelalterlicher Zisterzienserklöster (Vorträge und Forschungen, Sonderband 30), Sigmaringen 1984
L. Vones, Geschichte der Iberischen Halbinsel im Mittelalter 711–1480, Sigmaringen 1993
C. Waddell, A Plea for the Institutio sancti Bernardi Quomodo cantare et psallere debeamus, in: Saint Bernard of Clairvaux: Studies Commemorating the Eight Centenary of His Canonization, hg. von B. Pennington (CSS 28), Kalamazoo 1977, S. 180–207
Ders., The Cistercian Institutions and their Early Evolution: Granges, Economy, Lay Brothers, in: L'espace cistercien (Mémoires de la Section d'Archéologie et Histoire de l'Art, 5), Paris 1994
Ders., The Early Cistercian Experience of Liturgy, in: Rule and Life, hg. von B. Pennington (CSS 12), Spencer 1971, S. 77–116
Ders., The Exordium Cistercii and the Summa Cartae Caritatis: A Discussion Continued, in: Cistercian Ideals and Reality, hg. von J. R. Sommerfeldt (CSS 60), Kalamazoo 1978, S. 30–61

Ders., The Exordium Cistercii, Lucan and Mother Poverty, in: Cîteaux Commentarii Cistercienses 33 (1982), S. 379–388

Ders., Introduzione, (al Prologus in antiphonarium), in: Bernhard von Clairvaux, Sämtliche Werke, hg. von G. Winkler, Bd. 2, Innsbruck 1992, S. 797–809

Ders., La carta 10 de Pedro Abelardo y la reforma liturgica cisterciense, in: Cistercium 25 (1973), S. 56–66 bzw. Peter Abelard's Letter 10 and Cistercian Liturgical Reform, in: Studies in Medieval Cistercian History, II, hg. von J. R. Sommerfeldt (CSS 24), Kalamazoo 1976, S. 75–86

Ders., La simplicité che l'abbé de Rancé, in: CCi 41 (1979), S. 94–106

Ders., Notes towards the Exegesis of a Letter by Saint Stephen Harding, in: Noble Piety and Reformed Monasticism, hg. von E. R. Elder (CSS 65/Studies in Medieval Cistercian History, 7), Kalamazoo 1981, S. 10–39

Ders., The Origin and Early Evolution of the Cistercian Antiphonary: Reflections on Two Cistercian Chant Reforms, in: The Cistercian Spirit, hg. von B. Pennington (Cistercian Studies, 3), Spencer 1970, S. 190–223

Ders., Saint Bernard and the Cistercian Office at the Abbey of the Paraclete, in: The Chimaera of His Age. Studies on Saint Bernard of Clairvaux, hg. von E. R. Elder, J. R. Sommerfeldt (Cistercian Studies, 63), Kalamazoo 1980, S. 76–121

Ders., The Summer-Season Molesme Breviary. Troyes, Bibliothéque Municipale Manuscript 807, Introduction, Commentary and Edition I–IIC (Cistercian Liturgy Series 10–13), Gethsemani Abbey/Kentucky 1985

Ders., Toward a new provisional Edition of the Statutes of the Cistercian General Chapter Speculum; in: Studiosorum Speculum. Studies in Honour of L. J. Lekai, O. Cist. (CSS 141), Kalamazoo 1993, S. 384–419

Ders., Two Early Cistercian Libelli Missarum. Edition with Commentary (Cistercian Liturgy Series 19), Gethsemani Abbey/Kentucky 1991

A. Wagner, Der Grundbesitz des Stiftes Zwettl. Herkunft und Entwicklung (Forschungen zur Landeskunde von Niederösterreich, 3), Wien 1938

H. Wagner, Geschichte der Zisterzienserabtei Bildhausen im Mittelalter (Mainfränkische Studien, 15), Würzburg 1976

W. Wagner, Das Zisterzienserinnenkloster Kumbd (Hunsrück) (Schriftenreihe des Hunsrücker Geschichtsvereins, 6), Ratingen/Kastellaun/Düsseldorf 1973

R. Wagner-Rieger, Die Bedeutung des Bauherrn für die Gestaltung von Zisterzienserkirchen, in: I Cisterciensi e il Lazio. Atti delle giornate di studio dell'Istituto di Storia dell'Arte dell'Università di Roma 17–21 maggio 1977, Rom 1978, S. 53–63

A. Waldschmidt, Das Kloster Himmelpfort, in: Klöster und Landschaften. Zisterzienser westlich und östlich der Oder, hg. von U. Knefelkamp und W. F. Reddig, Frankfurt a. d. Oder 1998, S. 66–68

F. Walliser, Cistercienser-Buchkunst. Heiligenkreuzer Skriptorium in seinem ersten Jahrhundert 1133–1240, Heiligenkreuz/Wien 1969

J. v. Walter, Die ersten Wanderprediger Frankreichs Bd. 11, I: Robert von Arbrissel; Bd. II: Vital von Mortain, Bernard von Tiron, Norbert, Leipzig 1903–1908

J. Wardrop, Fountains Abbey and its Benefactors 1132–1300 (CSS 91), Kalamazoo 1987

G. Ware, The White Monks of Waverley, Farnham 1976

S. Warnatsch, Geschichte des Klosters Lehnin 1180–1542 (Studien zur Geschichte, Kunst und Kultur der Zisterzienser, 12.1), Berlin 2000

Ders., Geschichte des Klosters Lehnin 1180–1542. Regestenverzeichnis (Studien zur Geschichte, Kunst und Kultur der Zisterzienser, 12.2), Berlin 2000

W. Wattenbach/F. J. Schmale, Deutschlands Geschichtsquellen im Mittelalter. Vom Tode Kaiser Heinrichs V. bis zum Ende des Interregnums, Bd. 1, Darmstadt 1976

L. Weinrich, Die Liturgie der Zisterzienser, in: Die Zisterzienser. Ordensleben zwischen Ideal und Wirklichkeit, Bonn 1980, S. 157–164

U. Weinmann, Mittelalterliche Frauenbewegung. Ihre Beziehung zu Orthodoxie und Häresie, Pfaffenweiler 1990

H. Weiss, Die Zisterzienserabtei Ebrach. Eine Untersuchung zur Grundherrschaft, Gerichtsherrschaft und Dorfgemeinde im fränkischen Raum (Quellen und Forschungen zur Agrargeschichte, 8), Stuttgart 1962

P. Weißenberger, Die wirtschaftliche Lage der Zisterzienserabtei Schöntal von der Gründungszeit bis zur Mitte des 14. Jahrhunderts, in: ZWLG 10 (1951), S. 39–71

A. Wendehorst, Das Bistum Würzburg, Teil 2: Die Bischofsreihe von 1254–1455 (Germania Sacra N. F. 4), Berlin/New York 1969

G. Wentz, Das Bistum Havelberg (Germania Sacra 1. Abt., 2), Berlin/Leipzig 1933

R. J. Whitwell, English Monasteries and the Wool Trade in the 13th Century, in: Vierteljahrschrift für Social- und Wirtschaftsgeschichte 2 (1904), S. 1–33

S. Wichert, Das Zisterzienserkloster Doberan im Mittelalter (Studien zur Geschichte, Kunst und Kultur der Zisterzienser, 9), Berlin 2000

F. Wiedmann siehe *P. Kunzmann*

G. Wieland, Besitzgeschichte des Reichsstiftes Weißenau, in: Weißenau in Geschichte und Gegenwart, hg. von P. Eitel, Sigmaringen 1983, S. 107–218

A. Wienand, Die Cistercienserinnen, in: Die Cistercienser. Geschichte – Geist – Kunst, hg. von A. Schneider u. a., Köln ^{3}1986, S. 317–330

C. Wilkes, Die Zisterzienserabtei Himmerod im 12. und 13. Jahrhundert (Beiträge zur Geschichte des alten Mönchtums und des Benediktinerordens, 12), Münster 1924

D. Willi, Päpste, Kardinäle und Bischöfe aus dem Cisterzienserorden, Bregenz 1912

D. H. Williams, East of the Oder (An English Introduction to the Medieval Cistercian Settlement and Economy), in: Cîteaux 29 (1978), S. 228–267

Ders., The Welsh Cistercians, Bd. 1–2, Caldey Island 1984

Ders., Cistercian Settlement in the Lebanon, in: Cîteaux 25 (1974), S. 61–74

A. Wilmart, L'ancienne bibliothèque de Clairvaux, in: CCi 11 (1949), S. 101–127, 301–319

G. B. Winkler, Die Ausbreitung des Zisterzienserordens im 12. und 13. Jahrhundert, in: Die Zisterzienser. Ordensleben zwischen Ideal und Wirklichkeit, Bonn 1980, S. 87–104

F. Winter, Die Cistercienser des nordöstlichen Deutschlands, Bd. 1–3, Gotha 1868–1871, NDr. Aalen 1966

H. Wiswe, Die Bedeutung des Klosters Walkenried für die Kolonisation der Goldenen Aue, in; Braunschweigisches Jahrbuch 31 (1950), S. 59–70

Ders., Grangien niedersächsischer Zisterzienserklöster. Entstehung und Bewirtschaftung spätmittelalterlich-frühneuzeitlicher landwirtschaftlicher Großbetriebe, in: Braunschweigisches Jahrbuch 34 (1953), S. 5–134

J. Wollasch, Neue Quellen zur Geschichte der Cistercienser, in: Zeitschrift für Kirchengeschichte 84 (1973), S. 188–232

K. Wollenberg, Die Entwicklung der Eigenwirtschaft des Zisterzienserkloster Fürstenfeld zwischen 1263 und 1632 unter besonderer Berücksichtigung des Auftretens moderner Aspekt, Frankfurt a. M./Bern/New York 1984 (Europäische Hochschulhefte, Reihe III Bd. 210), Frankfurt a. M./Bern/New York 1984

Ders., Wirtschaftliche und soziale Aspekte in den altbayerischen Zisterziensermännerklöstern des 16. und frühen 17. Jahrhunderts, in: Zisterzienser zwischen Zentralisierung und Regionalisierung. 400 Jahre Fürstenfelder Äbtetreffen, hg. von H. Nehlsen und K. Wollenberg, Frankfurt a. M. 1998, S. 337–395

Ders., Die Finanzierung des barocken Klosterneubaus der Zisterzienserklosters Fürstenfeld (1691–1704), in: Cîteaux 46 (1995), S. 305–338

Ders., Aspekte klösterlichen Wirtschaftsverhaltens und kurfürstlicher Klosterpolitik im Zeitalter Max Emanuels, in: ZBLG 59 (1996), S. 67–116

H. Wolter, Das nachgregorianische Zeitalter (1124–1154), in: Handbuch der Kirchengeschichte, hg. von H. Jedin, Band III/2, Freiburg i. Br./Basel/Wien 1968, S. 5ff.

W. Wostri, Die Schweizer Zisterzienserkongregation. Ihre Entstehung und Geschichte, in: ACi 24 (1968), S. 161–301

P. Zakar, Die Anfänge des Zisterzienserordens. Kurze Bemerkungen zu den Studien der letzten zehn Jahre, in: ASOC 20 (1964), S. 103–138, erweitert in: Le origini dell'Ordine Cisterciense. Brevi osservazioni sugli studi degli ultimi quindici anni (1954–1969), in: Notizie Cisterciensi 3 (1970), S. 1–17, 89–111, 189–199

Ders., Der Versuch für das Jahr 1864 ein Generalkapitel des gesamten Zisterzienserordens einzuberufen, in: ACi 44 (1988), S. 201–288

Ders., Histoire de la Stricte Observance de l'Ordre Cistercien depuis ses débuts jusqu'au généralat du cardinal de Richelieu (1606–1635) (Bibliotheca Cisterciensis, 3), Rom 1966

Ders., Regelungen zur Ausübung der Rechte des Abtes von Cîteaux nach der Französischen Revolution (1790–1900), in: ACi 23 (1967), S. 226–375

Ders., Réponse aux Quelques à-propos du Père van Damme sur les origines cisterciennes. Quelques conclusions, in ACi 21 (1965), S. 138–166

P. Zakar/H. B. Schneider, Der Versuch der Trappisten, sich wieder mit dem Zisterzienserorden zu vereinigen (1896–1898), in: ACi 45 (1989), S. 276–428

Y. Zaluska, L'enluminure et le Scriptorium de Cîteaux au XIIe siècle (Cîteaux. Studia et documenta, IV), Cîteaux 1989

H. Zeiß, Zur Frage der kaiserlichen Zisterzienservogtei, in: HJb 46 (1926), S. 594–601

B. Zenker, Die Mitglieder des Kardinalskollegiums von 1130–1159, phil. Diss. Würzburg 1964

G. Zimmermann, Ebrach und seine Stifter – Die fränkischen Zisterzen und der Adel, in: Mainfränkisches Jahrbuch für Geschichte und Kunst 21 (1969), S. 162–182

Ders., Ordensleben und Lebensstandard. Die Cura corporis in den Ordensvorschriften des abendländischen Hochmittelalters (Beiträge zur Geschichte des alten Mönchtums und des Benediktinerordens, 32), Münster i. W. 1973

Die Zisterzienser. Texte von J. Sydow, E. Mikkers und A.-B. Hertkorn, Stuttgart/Zürich 1989

Die Zisterzienser. Ordensleben zwischen Ideal und Wirklichkeit, hg. von K. Elm, P. Joerißen und H. J. Roth (Schriften des Rheinischen Museumsamtes, 10), Bonn 1980

Die Zisterzienser. Ordensleben zwischen Ideal und Wirklichkeit. Ergänzungsband, hg. von K. Elm und P. Joerißen (Schriften des Rheinischen Museumsamtes, 18), Köln 1982

F. Zurbonsen, Hermann Zoestius von Marienfeld und seine Schriften, in: Westdeutsche Zeitschrift für Geschichte und Kunst 18 (1899), S. 146–173

Die Aktualität des Mittelalters

Johannes Fried
Die Aktualität des Mittelalters
Gegen die Überheblichkeit unserer Wissensgesellschaft
96 Seiten, 12 x 18 cm, gebunden
ISBN 3-7995-8301-7

Woher kommt die Vorstellung, Geisteswissenschaften seien unproduktiv und abzuwickeln? Wieso, fragt der bekannte Frankfurter Historiker Johannes Fried, soll das Internet eine qualitativ andere Form des Wissens vermitteln als die mittelalterliche Lateinschule. Beruht doch unser gesamtes Wissen auf Vergangenem – Erfahrenem wie Gedachtem –, was die Beschäftigung mit Geschichte zur beispielhaften »Erfahrungswissenschaft« macht, wie Fried in spitzer Wendung formuliert, denn dieses Etikett tragen sonst die Naturwissenschaften. Ist nicht vielmehr, so fragt Fried in einem zweiten Schritt, die Analyse der Vergangenheit als eigentliche »life science« anzusehen? Fried stellt die These von der Geschichtswissenschaft als Kognitions- und Lebenswissenschaft auf.

Dieser brillante Essay ist ein Zwischenruf gegen die Überheblichkeit der Gegenwart, sich als »Wissensgesellschaft« der Vergangenheit überlegen zu fühlen.

Über einen ersten Vortrag dieses Essays berichtete die *Süddeutsche Zeitung:* »Man rieb sich die Augen..., da erschienen bei Johannes Fried Geschichte und Genom als zwei Seiten derselben Sache.«

Ein neuer Blick auf das hohe Mittelalter

Wolfdieter Haas
Welt im Wandel
Das Hochmittelalter
452 Seiten, 6 Übersichtskarten, 13 x 21 cm
gebunden mit Schutzumschlag
ISBN 3-7995-0102-9

Am Ende des 12. Jahrhunderts sind in allen Lebensbereichen tiefgreifende Veränderungen zu beobachten: Der Horizont erweitert sich in wörtlicher wie in übertragener Bedeutung. So verändert sich das Bildungssystem, die Geldwirtschaft setzt sich durch, und eine neue Architektur entsteht. Nicht nur Westeuropa, sondern auch das byzantinische Reich und die muslimischen Regionen befinden sich in dieser Zeit im Umbruch.

Die ebenso anschauliche wie differenzierte Darstellung weist einen beständigen Wandel nach, wo das hohe Mittelalter sonst eher statisch erschien.

Wolfdieter Haas beschreibt sehr plastisch eine Epoche im Wandel, in die etwa die Anfänge der Universität und die Entstehung der großen Kathedralen fallen. Es werden ebenso Westeuropa wie Byzanz, das Heilige Land, die Kreuzfahrer und die Muslime als Teile einer sich im Ganzen verändernden Welt einbezogen, denn eine überwiegend national orientierte Sicht könnte diesen Wandel nicht erfassen. Eine kommentierte Bibliographie und ein umfassendes Register runden den Band ab.

Jan Thorbecke Verlag Stuttgart